AF222150

Heiko Geue

Evolutionäre Institutionenökonomik:

Ein Beitrag aus der Sicht der österreichischen Schule

Schriften
zu Ordnungsfragen der Wirtschaft

Herausgegeben von

Prof. Dr. Gernot Gutmann, Köln
Dr. Hannelore Hamel, Marburg
Prof. Dr. Klemens Pleyer, Köln
Prof. Dr. Alfred Schüller, Marburg
Prof. Dr. H. Jörg Thieme, Düsseldorf

Unter Mitwirkung von

Prof. Dr. Dieter Cassel, Duisburg
Prof. Dr. Hans-Günter Krüsselberg, Marburg
Prof. Dr. Ulrich Wagner, Pforzheim

Redaktion: Dr. Hannelore Hamel

Band 55: Evolutionäre Institutionenökonomik

 Lucius & Lucius · Stuttgart · 1997

Evolutionäre Institutionenökonomik

Ein Beitrag aus der Sicht der österreichischen Schule

Heiko Geue

7 Tabellen und 10 Abbildungen

 Lucius & Lucius · Stuttgart · 1997

Anschrift des Verfassers:

Dr. Heiko Geue
Handelskammer Hamburg
Adolphsplatz 1
D-20457 Hamburg

Für Judith

Die Deutsche Bibliothek - CIP-Einheitsaufnahme

Geue, Heiko:
Evolutionäre Institutionenökonomik: ein Beitrag aus der Sicht der
österreichischen Schule; 7 Tabellen / Heiko Geue. —Stuttgart:
Lucius und Lucius, 1997

   (Schriften zu Ordnungsfragen der Wirtschaft; Bd. 55)
   Zugl.: Marburg, Univ., Diss. 1996
   ISBN 3-8282-0050-8

© Lucius & Lucius Verlags-GmbH · Stuttgart ·1997
Gerokstraße 51 · D-70184 Stuttgart

Das Werk einschließlich aller seiner Teile ist urheberrechtlich geschützt. Jede
Verwertung außerhalb der engen Grenzen des Urheberrechtsgesetzes ist ohne
Zustimmung des Verlages unzulässig und strafbar. Das gilt insbesondere für
Vervielfältigungen, Übersetzungen, Mikroverfilmungen und die Einspeicherung
und Verarbeitung in elektronischen Systemen.

Druck und Einband: ROSCH-BUCH Druckerei GmbH, 96110 Scheßlitz
Printed in Germany

ISBN 3-8282-0050-8
ISSN 1432-9220

Vorwort des Verfassers

Aus der Berücksichtigung innovativen Verhaltens seitens der Wirtschaftssubjekte ergeben sich vielfältige Anforderungen an die Theorie. Insbesondere ergibt sich hieraus das Problem, wie ökonomische Prozesse eigentlich noch abzubilden sind, wenn sie sich durch Offenheit und Irreversibilität auszeichnen. Sobald diese Offenheit zur Kenntnis genommen wird, stellen sich weitere Fragen nach der Wirkung von Institutionen und ihrer Evolution, aber auch nach dem Nutzen und der Möglichkeit von Ordnungspolitik in einer sich ständig ändernden Welt.

Diesen Fragen wird in der vorliegenden Arbeit nachgegangen, die selbst ein Musterbeispiel für einen evolutionären Prozeß darstellt. Zunächst stand das Erkenntnisobjekt des Wettbewerbs der Währungen im Vordergrund des Interesses. Den Autor beschäftigte die Frage, ob Wettbewerb auf der Geldangebotsseite möglich und effizient ist. Die Beschäftigung mit dieser Problematik führte zur ausführlichen Auseinandersetzung mit dem Gedankengut der „österreichischen Schule" - insbesondere mit den Arbeiten von *Menger, Mises, Hayek* und *Lachmann*. Damit war gleichzeitig schon ein Pfad für die weitere Vorgehensweise angelegt. Bald wurde dem Autor deutlich, daß die Auseinandersetzung mit dem ursprünglichen Forschungsgebiet zu tiefer liegenden Erkenntnisobjekten führte. Quasi als unintendiertes Ergebnis intentionalen Handelns geriet die weitere Forschungsanstrengung auch methodisch in den Bereich der österreichischen Ungleichgewichtstheorie. Das Ergebnis dieses Prozesses stellt die vorliegende Arbeit zur „evolutionären Institutionenökonomik" dar.

Die vorliegende Schrift ist während meiner Zeit als wissenschaftlicher Mitarbeiter an den Lehrstühlen für Wirtschaftstheorie I sowie für Wirtschaftspolitik der Philipps-Universität Marburg entstanden. Die Drucklegung der Arbeit gibt mir Gelegenheit, mich für die erhaltene Unterstützung zu bedanken.

Besonderer Dank gebührt vor allem meinem Doktorvater Prof. Dr. U. Fehl. Stets hat er darauf geachtet, die entwickelte Argumentation kritisch zu durchdenken und mögliche Spielräume der Interpretation zu schließen. Ausgesprochen wichtig war, daß in dieser „strengen" Schule nie die Freude am wissenschaftlichen Arbeiten zu kurz kam, was sich unter anderem in der Förderung meiner Publikationstätigkeit ausdrückte. Besonders dankbar bin ich, daß er mich zum einen jederzeit dazu angehalten hat zu lernen und zum anderen auch die dazu notwendigen Freiräume schuf.

Herrn Prof. Dr. H.G. Krüsselberg habe ich nicht nur für die Übernahme des Zweitgutachtens, sondern auch für die Möglichkeit zu danken, an seinem Lehrstuhl zu arbeiten. Dabei konnte ich von der reichhaltigen Erfahrung eines langen wissenschaftlichen Lebensweges profitieren. Insbesondere die Verbindung von Wirtschaftstheorie und Wirtschaftspolitik mit dem Ziel, gesellschaftliche Mißstände aufzudecken und über Lösungsmöglichkeiten für den Menschen in der Wirtschaft nachzudenken, hat mich immer fasziniert und war auch forschungsleitend für die vorliegende Arbeit.

Ein besonderer Dank gebührt meinem Freund und Kollegen Dipl-Volksw. P. Engelhard, mit dem mich nicht nur lange Jahre wissenschaftlichen Diskurses verbinden, sondern der mich darüber hinaus als kritischer Diskutant in der Endphase der Fertigstellung meiner Arbeit unterstützt hat. Außerdem möchte ich Frau Dipl.-Kauffr. C. Schädel für die Durchsicht des Manuskripts danken.

Ebenfalls bin ich der Universitätsstiftung der Philipps-Universität Marburg zu Dank verpflichtet. Sie hat durch einen großzügigen Druckkostenzuschuß dazu beigetragen, daß das vorliegende Buch in der Schriftenreihe „Schriften zu Ordnungsfragen der Wirtschaft" erscheinen konnte.

Marburg, im Juli 1997   Heiko Geue

Inhalt

Verzeichnis der Abbildungen und Tabellen

1. Einleitung: Ökonomisches Verhalten und die Evolution von Institutionen

Die vorliegende Arbeit verfolgt das von *Illy* auf den Punkt gebrachte Erkenntnisziel moderner sozialökonomischer Untersuchungen:

„Sie will, prinzipiell formuliert, zum Verstehen führen, wie, d.i. nach welchen Gesetzen Subjektives (Bedürfnisse, den Wirtschaftssubjekten verfügbare Gütervorräte, subjektive Wertungen) sich in gesellschaftlichen Beziehungen und Vorgängen (Tausch, Preise) objektiviert, die, ohne von Subjekten getragen zu werden, nicht existieren; und die Gesetzmäßigkeiten aufzeigen, nach welchen die so entstandenen sozialen Beziehungen (Tausch, Preise, Löhne, Renten, Zinsen usw.) wieder auf die subjektiven Tatbestände (individuelle Nachfrage usw.) rückwirken, wie also im Wechselspiel zwischen Subjektivem und Sozialem nicht nur der Preisbildungsvorgang, sondern auch der ganze Wirtschaftsprozeß abläuft" (*Illy* 1949, S. 183).

Insbesondere der theoretischen Aufgabe der Erklärung der Interdependenzen zwischen subjektivem, zielgerichtetem Handeln sowie der Wirkung und Evolution ökonomisch relevanter Institutionen widmen sich die folgenden Ausführungen. Die Arbeit stellt sich damit der von *Vaughn* formulierten Forschungsaufgabe:

„It seems certain that any creative Austrian research programme will have to combine aspects of evolutionary theorizing and the analysis of institutions" (*Vaughn* 1992, S. 273).[1]

Gegenstand der evolutionären Institutionenökonomik ist zum einen die Erklärung des ökonomischen Verhaltens der Wirtschaftssubjekte im Ungleichgewicht unter Berücksichtigung der Wirkungen des institutionellen Rahmens und zum anderen die Evolution der Institutionen selbst. Diese stellt sowohl das Ergebnis intendierten Verhaltens als auch das unintendierte Ergebnis intentionalen Handelns der Individuen dar. Insbesondere wird im Rahmen der vorliegenden Arbeit auf die damit verbundene Problematik der institutionellen Kohärenz eingegangen und der initiative Aspekt des evolutionären Wandels - nämlich das innovative Verhalten, das die Regelevolution gleichsam „anstößt" - in den Vordergrund gestellt.[2]

Kerber, Witt u.a. unterscheiden drei Entwicklungslinien der evolutorischen Ökonomik - österreichische Ansätze, schumpetersche Ansätze sowie die Variations-Selektions-Argumentation -, deren Gemeinsamkeit vor allem in der Berücksichtigung des

---

[1] Die vorliegende Arbeit ist vor allem der Erkenntnisperspektive der österreichischen Schule der Nationalökonomie verpflichtet. Verdeutlicht werden soll außerdem die Verbindung zwischen der Ordnungstheorie und der österreichischen Schule.

[2] Die institutionenökonomischen Fragestellungen, die im Rahmen dieser Arbeit behandelt werden, beziehen sich auf komplexe, offene Gesellschaften. Diese sind gekennzeichnet durch eine große Anzahl von Gesellschaftsmitgliedern, deren soziale Beziehungen weniger durch persönliche Kenntnis als durch Anonymität gekennzeichnet sind. Dadurch entstehen Spannungen, Wissens- und Kontrollprobleme, die sich in geschlossenen Gesellschaften, z.B. kleinen Stammesgesellschaften, in dieser Form nicht ergeben. Vgl. auch *Popper* (1992a, S. 208-212).

Wissensproblems liegt (vgl. Abb. 1.1.).[3]

Abb. 1.1.:   Die drei Entwicklungslinien der evolutionären ökonomischen Theorie

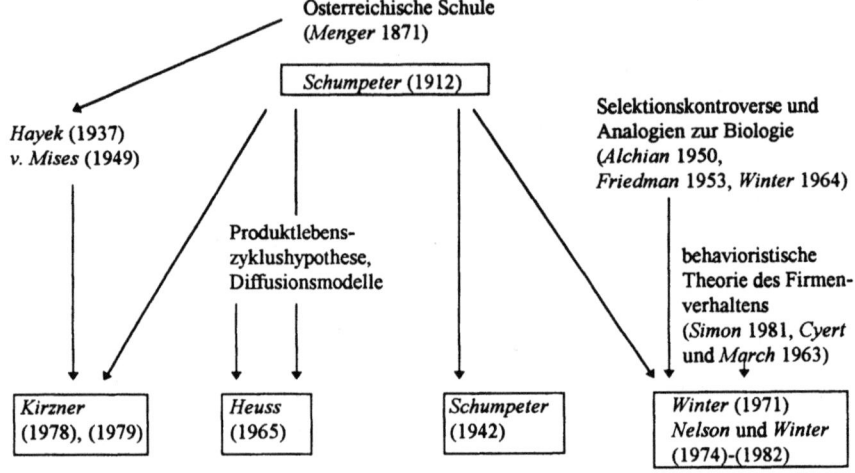

Quelle: *Witt* 1987, S. 33.

Die vorliegende Arbeit bezieht sich auf die Entwicklungslinie des österreichischen Paradigmas. In erster Linie wird auf Literatur zurückgegriffen, die diesem Ansatz verpflichtet ist.[4] Es wird sich jedoch zeigen, daß es Überschneidungen mit den anderen hier unterschiedenen Richtungen gibt - insbesondere was die Annahme der Kreativität menschlichen Handelns sowie die Innovationsanstrengungen der Wirtschaftssubjekte angeht. Zur Verdeutlichung der späteren Vorgehensweise erscheint deshalb eine kurze Erläuterung des dieser Arbeit zugrundeliegenden österreichischen Paradigmas angebracht.

Im Sinne von *Lakatos* kann ein Forschungsprogramm in drei analytische Bereiche eingeteilt werden: den unverletzlichen Kern („hard core"), den schützenden Rahmen

---

[3]   Evolutorische Neo-Schumpeter-Ansätze zeichnen sich durch ihre Konzentration auf Innovationsprozesse aus. Dabei knüpft die Annahme menschlicher Kreativität an die Erklärung von im Wettbewerbsprozeß endogen hervorgebrachten Innovationen sowie Imitationsanstrengungen an. Variations-Selektions-Ansätze arbeiten mit Analogien zur biologischen Evolutionstheorie. Die Variation - begründet durch das innovative Verhalten der Marktakteure - wird i.d.R. als zufällig modelliert, wodurch die Offenheit evolutionärer Prozesse abgebildet wird. Die Selektionsumgebung in Form der Wettbewerbsanstrengungen der Konkurrenten sowie der Wirkung des marktrelevanten Rechts sorgt dann dafür, daß der marktliche trial and error-Prozeß eine bestimmte Richtung erhält (vgl. *Kerber* 1997, S. 38-49).

[4]   Zu nennen sind in erster Linie die Arbeiten *Mengers, Mises', Hayeks, Lachmanns* und *Kirzners.*

(„protective belt") sowie die Erklärungsperspektive und -richtung („positive heuristic"). Der hard core der österreichischen Schule setzt sich aus folgenden Grundannahmen zusammen. Zunächst wird davon ausgegangen, daß Menschen *zielgerichtet handeln*. *Mises* leitet die a priori-Gültigkeit dieses Grundaxioms ab. Diese Annahme der Intentionalität des Handelns führt dazu, daß (Zweck-) Rationalität zum grundlegenden Erklärungsprinzip erhoben wird. *Subjektive Rationalität* bezieht sich auf das Denken in Ziel-Mittel-Kategorien. Aus dem Problem des Handelns unter *Ungewißheit* mit lediglich *begrenztem ex ante Wissen* ergibt sich u.a., daß die Annahme objektiver Rationalität als nicht adäquat zur Erklärung ökonomischen Verhaltens in evolutionären Prozessen angesehen wird. Im *Ungleichgewicht* besteht für den Handelnden darüber hinaus das Problem, daß in der *historischen Zeit* die Informationen, die mittels Ungleichgewichtspreisen diffundieren, interpretationsbedürftig sind. Objektives Maximierungshandeln ist nicht möglich, da das relevante Wissen fehlt. Lediglich innerhalb des individuellen Ziel-Mittel-Rahmens, d.h. unter Berücksichtigung der Begrenztheit des subjektiven Wissens, sind die Wirtschaftssubjekte in der Lage, ihre Ziele bestmöglich zu erreichen. Sie handeln subjektiv rational. Die *Subjektivität des Handelns* führt dazu, daß die *Problematik der Koordination* dezentraler Pläne im Ungleichgewicht in den Mittelpunkt der Betrachtung rückt. Dies begründet Forschungsanstrengungen in Richtung der Suche nach entsprechenden Koordinationsmechanismen, wobei auf die Perspektive des methodologischen Individualismus zurückgegriffen wird (positive Heuristik) (vgl. *Rizzo* 1982, S. 57 f.).[5] Systematisch wird im Rahmen dieser Arbeit auf der individuellen Ebene, auf der Marktebene und auf der Institutionenebene das Phänomen der unintendierten Ergebnisse intentionalen Handelns erforscht. Ökonomie ist „... die *Wissenschaft von den unbeabsichtigten Folgen wirtschaftlichen Handelns*" (*Hoppmann*, 1993, S. 11 (Hervorhebungen des Verfassers)). Der protective belt der österreichischen Schule wird schließlich durch die in dieser Arbeit vorgestellten Theorien Mengers und seiner Nachfolger verdeutlicht werden.

Littlechild untersucht die Unterschiede zwischen dem neoklassischen Paradigma und den österreichischen Ansätzen u.a. bezüglich der Annahmen zum Wissensstand, zur Ungewißheit, zum Lernverhalten sowie zur Gleichgewichtstendenz von Marktprozessen. Er kommt zu folgenden Erkenntnissen, die auch für diese Arbeit elementar sind.

Abb. 1.2.: Neoklassisches und österreichisches Paradigma

	Neoklassik	Gemäßigte Österreicher (insbesondere *Kirzner, Mises, Hayek*)	Radikale Subjektivisten[6] (insbesondere *Lachmann, Shackle*)
Wissen	Zukunft ist prinzipiell bekannt	Unwissenheit als Problem	Unwissenheit

---

[5] Die im Text kursiv hervorgehobenen Begriffe stellen die Kernpunkte des hard core dar; vgl. auch *Klausinger* (1991, S. 92). *Klausinger* ordnet dem neo-österreichischen Forschungsprogramm u.a. die Berücksichtigung realer Zeit, der Ungewißheit sowie der Subjektivität zu, während *Fehl* vom „österreichischen Paradigma" spricht (*Fehl* 1979, S. 586).

[6] Besser: konsequente Subjektivisten.

Ungewißheit	Risiko	Exogen begründete Ungewißheit	Strukturelle, endogen produzierte Ungewißheit; Zukunft ist offen
Lernverhalten	Suchmodelle unter dem Kosten-Nutzen-Kalkül	Findigkeit, um potentielle Erträge durch das Schließen von Koordinationslücken zu realisieren	Handeln ist zukunftsgerichtet, durch Lernen werden jedoch nur Informationen über die Vergangenheit verwertet[7]
Marktprozeß-tendenz	Gleichgewichts-modelle	Gleichgewichtstendenz	Keine Gleichgewichts-tendenz ableitbar
Zeit	modellogische Zeit	historische Zeit	historische Zeit

Quelle: Um den Aspekt der Zeit erweiterte eigene Erstellung der Überlegungen von *Littlechild* (*Littlechild* 1986, S. 28-33).

Als zentrales Problem evolutionstheoretischer Ansätze erweist sich die Frage, inwieweit unter Berücksichtigung der Offenheit innovativer Prozesse, die sich aus nichtantizipierbaren Neuerungen ergibt, Aussagen über das Verhalten der Wirtschaftssubjekte sowie über die Richtung der Prozesse noch möglich sind (vgl. *Kerber* 1996, S. 302). Im Rahmen der vorliegenden Arbeit wird dieses Problem unter Rückgriff auf zwei anthropologische Konstanten angegangen - der Konstanten der Kreativität sowie der Angst vor Veränderungen.[8]

Nun beeinflussen Institutionen zum einen das Handeln der Individuen, zum anderen sind sie selbst Gegenstand der gewinnorientierten Bemühungen der Wirtschaftssubjekte. Der Regelrahmen definiert zulässige und unzulässige Aktionsparameter für wirtschaftliches Handeln. Das führt zunächst dazu, daß sich die innovativen Anstrengungen der Wirtschaftssubjekte auf die erlaubten Aktionsparameter konzentrieren. Dadurch ergeben sich wiederum Pfadabhängigkeiten im Ablauf wissenschaffender und wissenverwertender Wettbewerbsprozesse. Erlaubnis- und Verbotsregeln, aber auch die Regelungsdichte wirken sich sowohl auf die Richtung als auch die Dynamik von Prozessen aus (vgl. *Kerber* 1996, S. 315, 319; *Kerber* und *Vanberg* 1994, S. 16). Infolge der evolutionären Veränderungen wird sich auch der institutionelle Rahmen wandeln. Dies kann das intendierte Ergebnis institutioneller Reformen, aber auch das unintendierte Ergebnis intentionalen Handelns der Wirtschaftssubjekte sein. In diesem Sinne findet eine Ko-Evolution von Marktprozessen und Institutionenwandel statt. Insbesondere die damit verbundenen Probleme für die Kohärenz der Institutionenstruktur sollen im Rahmen dieser Arbeit untersucht werden.

---

[7]   Diese Ansicht ist m.E. unbefriedigend und wird im Rahmen dieser Arbeit durch eine ausgearbeitete Theorie des Lernverhaltens unter Ungewißheit ersetzt.

[8]   In Anlehnung an *Mises* kann die offensichtliche Validität dieser anthropologischen Konstanten mittels reflexiver Introspektion festgestellt werden. Deswegen sind sie jedoch noch nicht a priori wahr - im Gegensatz zu *Mises'* Grundkategorie des intentionalen Handelns. Es ist durchaus möglich, sich menschliches Handeln ohne die Aspekte der Kreativität und der Veränderungsangst vorzustellen. Für die Erklärung der Evolution von Institutionen ist die Annahme der Wirksamkeit dieser Konstanten jedoch elementar.

Die Vorgehensweise sieht dabei wie folgt aus. Zunächst werden im *2. Kapitel* die dogmenhistorischen und wissenschaftstheoretischen Grundlagen der evolutionären Institutionenökonomik dargelegt. Es wird die These erarbeitet, daß die institutionentheoretischen Überlegungen der schottischen Moralphilosophie die Grundlage für die Entwicklung der österreichischen evolutionären Institutionentheorie darstellen. Diese „*Darwinisten* vor *Darwin*" verwenden den Evolutionsgedanken für die Erklärung der Entstehung spontaner Ordnungen, die sich als unintendiertes Ergebnis intentionalen Handelns ergeben können. Darüber hinaus benennen die evolutionären Sozialtheorien *Mandevilles, Humes, Fergusons* und insbesondere *Smiths* Kriterien für funktionsfähige Ordnungen. *Smith* entwickelt einen „historisch-genetischen" Ansatz zur Erklärung der Evolution von Institutionen, der die Grundlage für *Mengers, Lachmanns* und *Hayeks* „kausal-genetische" Ansätze der Institutiontheorie bildet. Es wird gezeigt, daß das klassische Forschungsprogramm der schottischen Moralphilosophen ausgehend vom methodologischen Individualismus, d.h. der Erklärung sozialökonomischer Tatbestände aus der mikroökonomischen Perspektive heraus, unter Berücksichtigung des Faktums der Knappheit der Mittel eigeninteressiertes menschliches Verhalten im institutionellen Rahmen analysiert. Daran anschließend wird das Gedankengut der österreichischen Schule, wie es durch *Menger* und *Mises* sowie die Vertreter der österreichischen Schule der Zwischenkriegsgeneration erarbeitet worden ist, als Grundlage für die evolutionäre Institutionenökonomik fruchtbar gemacht. Es wird gezeigt, daß die konstitutiven Merkmale der österreichischen Schule bereits von *Menger* und seinen direkten Nachfolgern systematisch herausgearbeitet worden sind.

Auf der Basis seiner subjektiven Werttheorie entwickelt *Menger* die nach ihm benannte *Menger*sche Güterordnung, die den vertikalen Aufbau des Produktionsapparates zum Gegenstand hat. Hiermit ist er in der Lage, vor allem die grundlegenden Komplementaritäten von Konsum- und Kapitalgütern, aber auch die Anpassungserfordernisse bei einer sich verändernden Faktoreinsatzstruktur, zu untersuchen.[9] Schon in *Mengers* Güterdefinition, die den Beginn seiner ökonomischen Analyse darstellt, hebt er auf die Bedeutung von historischer Zeit, Irrtum und Wissen ab. Menschen müssen lernen, um die ökonomischen Zusammenhänge begreifen und die entdeckten Kausalitäten für ihre Zwecke nutzen zu können. Im Lernprozeß der Güterentdeckung und -kombination zur Erreichung der subjektiven Ziele sind Irrtümer unvermeidlich, die wiederum weitere Anreize zum Lernen auslösen. Nicht zuletzt aus diesem Grund sind evolutionäre Prozesse durch ihre Offenheit gekennzeichnet.

Mises schließt an die Arbeiten *Mengers* an. Die *Mises*sche Praxeologie ist durch eine enge Verknüpfung von wissenschafts- und wirtschaftstheoretischen Überlegungen gekennzeichnet. Sie wird als axiomatisches System entwickelt, wobei aus der Grundkategorie des intentionalen Handelns alle weiteren, empirisch nicht widerlegbaren Kategorien abgeleitet werden. Verankert werden die Theoreme der Praxeologie in der a priori gültigen Grundaussage: „Human action is purposeful behaviour" (*Mises* 1949, S. 11). Da

---

[9]   Diese Vorstellungen nutzt *Lachmann* später, um sowohl seinen wissenschaftstheoretischen Ansatz, nämlich die Methode des Verstehens, als auch seine Kapital-, Erwartungs- und Marktprozeßtheorie sowie seine Institutionentheorie zu entwickeln.

die Grundkategorie nicht beliebig gewählt, sondern in der Realität mittels reflexiver Introspektion verankert wird, handelt es sich hier um ein synthetisches a priori. Die Praxeologie wird zur Quasi-Formalwissenschaft (vgl. *Engelhard, Fehl* und *Geue* 1996, S. 271 ff.). *Mises'* wirtschaftstheoretische Aussagen basieren auf der um die Vorstellung der subjektiven Rationalität erweiterten *Menger*schen subjektiven Werttheorie. Mit subjektiver Rationalität ist die *ex ante* Rationalität des *homo agens* umschrieben. Der handelnde Mensch muß im Ungleichgewicht unter Ungewißheit mit seinem begrenzten Wissen handeln. Die Annahme der objektiven *ex post* Rationalität des neoklassischen *homo oeconomicus* wird für die Problematik der Erklärung menschlichen Verhaltens in evolutionären Wirtschaftsprozessen als unzutreffend abgelehnt und durch das Menschenbild des *homo agens* ersetzt. Die Praxeologie wird im Rahmen der markttheoretischen Analyse außerdem durch nicht a priori wahre Hypothesen über die Evolution von Institutionen sowie die Verteilung des Wissens und der kognitiven Fähigkeiten der Menschen in einer Gesellschaft ergänzt. Dadurch ergibt sich das Bild, daß der „harte Kern" der *Mises*schen ökonomischen Theorie, nämlich die Theoreme der Praxeologie, nach wie vor a priori wahr sind, und lediglich die Thesen zur Erklärung sozialökonomischer Prozesse, die nicht direkt und ausschließlich aus der Grundkategorie ableitbar sind, der Falsifikation offenstehen.

Die Haushalts- und Nutzentheorie der Zwischenkriegsgeneration der österreichischen Schule der Nationalökonomie - es wird in erster Linie auf die Arbeiten von *Hans Mayer, Richard Strigl, Ewald Schams* und *Leo Schoenfeld* (später *Illy*), *Oskar Morgenstern, Paul N. Rosenstein-Rodan* und *Lionel Robbins* zurückgegriffen - wird unter der Fragestellung behandelt, ob hier die Grundlage für eine zur neoklassischen Gleichgewichtstheorie alternative Nutzentheorie gelegt wurde, die elementarer Bestandteil einer evolutionären Institutionenökonomik sein kann. *Mayer* u.a. entwickeln nutzentheoretische Vorstellungen, die auf den für das Ungleichgewicht elementaren Prämissen der Heterogenität und Komplementarität basieren. Die Bedeutung der Implikationen der historischen Zeit wird für die Nutzentheorie herausgearbeitet. Insbesondere der Tatbestand der periodischen Wiederkehr von (Grund-)Bedürfnissen wird berücksichtigt, was dazu führt, daß das gleichgewichtstheoretische Instrumentarium der Neoklassik für die Erklärung des Konsumentenverhaltens im Rahmen evolutionärer Marktprozesse als inadäquat abgelehnt wird. Auch die institutionenökonomische Theorie wird von *Strigl* fortgeführt. Er entwickelt erste Ansätze zu einer systematischen Property-Rights-Theorie und untersucht die Wirkungen von Institutionen auf ökonomisches Verhalten. Richtungweisend sind seine Vorstellungen über die Notwendigkeit der Komplementarität von Normen und über die Häufigkeit des Konflikts derselben.[10]

Einige wissenschaftstheoretische Überlegungen schließen die Vorarbeiten zur Fundierung der evolutionären Institutionenökonomik ab. Zunächst wird die Perspektive des methodologischen Individualismus als notwendig herausgestellt. Eine Arbeit, die sich mit den Wirkungen und den Veränderungen von Institutionen auseinandersetzt, kommt an

---

[10]   Die Problematik der Kohärenz der Institutionenstruktur unter Berücksichtigung der Veränderungen infolge des institutionellen Wandels steht später im Mittelpunkt der Institutionentheorie *Lachmanns*, der auf den kapital- und institutionenökonomischen Arbeiten *Mengers* und *Strigls* aufbaut.

diesem Fragenkomplex naturgemäß nicht vorbei. *Rothbard* u.a. lehnen sowohl den „naiven Individualismus" - der das Handeln der Individuen isoliert voneinander bzw. unabhängig von Institutionen betrachtet -, als auch jegliche Form des Holismus als unzulänglich ab. Der gesamte, interdependente Prozeß der Evolution von Institutionen aufgrund der Handlungen der Wirtschaftssubjekte und der Beeinflussung des Handelns durch die Institutionen stellt das Erkenntnisobjekt der österreichischen Theorie dar, nicht - wie fälschlich teilweise angenommen - nur die Handlungen der Individuen.

Lachmann, Mayer u.a. grenzen den „kausal-genetischen" Ansatz der österreichischen Schule von den funktionalen Theorien der gleichgewichtstheoretischen Neoklassik ab. Der Prozeßcharakter der Theorie sowie die Notwendigkeit, ökonomisches Handeln auch im Ungleichgewicht zu „verstehen", lassen die Methode des Verstehens als notwendige wissenschaftstheoretische Fundierung ökonomischer Hypothesen erscheinen. Begründet wird diese Vorgehensweise durch *Mises'* Unterteilung des Erkenntnisobjektes in die „res cogitans" (menschliches Denken und Handeln) und die „res extensa" (Tatsachen der realen Außenwelt). Zur Erklärung der Phänomene der res cogitans müssen danach besondere Methoden angewendet werden - nach *Mises* die praxeologische Methode, nach *Lachmann* die Methode des Verstehens. Letztere muß sich insbesondere bei der Erklärung innovativen Verhaltens der Wirtschaftssubjekte in evolutionären Prozessen bewähren. Den Abschluß des 2. Kapitels bilden schließlich *Hayeks* Erläuterungen zur Möglichkeit von Mustervoraussagen über komplexe Phänomene, wie z.B. ökonomische Prozesse. Außerdem wird die Beziehung der hier vorgestellten wissenschaftlichen Methoden zum Kritischen Rationalismus von *Popper* und zu dessen Vorstellungen zur Methode des Verstehens in den Sozialwissenschaften untersucht.

Im *3. Kapitel* wird nach der Klärung des Begriffs der Institution ein zur Neoklassik alternatives Menschenbild - das Bild des *homo discens*, des lernenden Menschen - entwickelt. Im Rahmen dieser Arbeit werden, in Übereinstimmung mit den Untersuchungen der österreichischen Schule, aber beispielsweise auch *Norths*, lediglich *Regeln als Institutionen* begriffen. Organisationen, wie z.B. Unternehmungen oder Behörden, sind keine Institutionen. Regeln beeinflussen das Handeln der Wirtschaftssubjekte, sie determinieren es jedoch nicht. Sie verringern Unsicherheit durch die Stabilisierung von Erwartungen und beinhalten gefilterte Informationen der gesellschaftlichen Vergangenheit. Institutionen sind die gesellschaftlichen Orientierungspunkte, die dazu führen, daß subjektive Erwartungen und subjektives Handeln „objektiviert" werden. Darüber hinaus liefern sie einen wichtigen Teil der Wissensbasis für subjektiv rationale Erwartungen, wodurch die Entscheidungskomplexität der Individuen im Ungleichgewicht verringert wird. Regeln wirken demnach im Ungleichgewicht nicht nur handlungsbeschränkend, sondern auch handlungsermöglichend.

Die Überlegungen zum Menschenbild des *homo discens* sind mit den Vorstellungen zur Wirkung von Institutionen eng verknüpft. Schwerpunkt bildet die Untersuchung der Planbildung der Wirtschaftssubjekte, wobei der Rolle der Erwartungen und des Lernens besondere Aufmerksamkeit geschenkt wird. Dabei wird vor allem auf die Arbeiten *Lachmanns* zurückgegriffen. *Lachmann* wählt den Akt des Planens der Wirtschaftssubjekte als Ausgangspunkt für die Analyse. Intentionales Handeln kann nur als aktiver Teil des Planes, der dem Handeln zugrunde liegt, verstanden werden. Pläne stehen logisch vor dem intentionalen Handeln. Da Erwartungen die Voraussetzung für das in die Zukunft gerichtete Handeln darstellen, wird die Kategorie der Erwartung aus dem intentionalen Handeln abgeleitet. Die Theorie der Erwartungsbildung in der historischen Zeit stellt deshalb einen Eckpfeiler der Untersuchung des innovativen Lernverhaltens von Wirtschaftssubjekten dar.

Zunächst wird die von Lachmann angemahnte Berücksichtigung der Subjektivität von Erwartungen der Wirtschaftssubjekte im Ungleichgewicht begründet. Dabei werden die subjektive Interpretation der Erfahrungen, die prozeßendogene „Produktion" der Ungewißheit der Zukunft, die kreativen Handlungen der Wirtschaftssubjekte sowie die Heterogenität des Humanvermögens angeführt und analysiert. Die Erwartungstheorie der evolutionären Ökonomik - die Theorie der subjektiv rationalen Erwartungen - wird in Auseinandersetzungen mit alternativen Theorien der Erwartungen entwickelt. Diskutiert werden insbesondere die Elastizitätstheorie der Erwartung von *Hicks* und *Lange*, die Erwartungstheorie der potentiellen Überraschung von *Shackle* und die neoklassische Theorie der objektiv rationalen Erwartungen von *Lucas*. Im Gegensatz zu den vorgestellten Theorien bildet die Berücksichtigung der Implikationen der Ungewißheit sowie des begrenzten Wissens den Ausgangspunkt für die Entwicklung der Theorie subjektiv rationaler Erwartungen. Die Grundannahme lautet, daß Wirtschaftssubjekte mit in die Zukunft gerichteten Modellen arbeiten, die nicht objektiv rational, sondern lediglich subjektiv rational sind. Das *ex ante*-Wissen, das in die Erwartungsbildung eingeht, ist wegen der prozeßendogenen „Produktion" von Ungewißheit in evolutionären Prozessen unvollständig. Eine Erwartungsfunktion im neoklassischen Sinne kann deshalb im Rahmen einer evolutionären Theorie nicht formuliert werden. Die folgenden Untersuchungen basieren vielmehr auf der kausal-genetischen Erklärungsmethode. Hiermit wird die Wirkung von Institutionen auf die Handlungen und die Erwartungsbildung der Individuen analysiert. Dabei wird deutlich: Es sind die Regeln, die verhindern, daß Erwartungen in evolutionären Prozessen vollkommenen subjektiv bleiben. Regeln zeichnen sich - trotz der Evolution von Institutionen - stets als erwartungsstabilisierend aus. Dafür sorgt die Regelhierarchie, deren Bedeutung im 4. Kapitel ausführlich analysiert wird.

Die subjektive Theorie des Lernens bildet neben der Theorie der subjektiv rationalen Erwartungen den weiteren Kernpunkt des Menschenbilds des *homo discens*. Der Erwartungsbildungs- und Lernprozeß ist ein interdependenter Prozeß. Wissen, Lernen und Erwartungen sind untrennbar miteinander verbunden. Wissen stellt das Ergebnis von Lernprozessen und zugleich die Voraussetzung für Erwartungsbildungsprozesse dar. Um diese Zusammenhänge herauszuarbeiten, erfolgt der Rückgriff auf die Ansätze von *List*, *Lachmann* und *Popper*. Sowohl die Abhängigkeit des subjektiven Lernens von Institutionen als auch seine problemlösungsgerichtete Aktivität werden untersucht. Die klassische Theorie des Lernens von *List* stellt dabei die älteste der betrachteten Theorien dar. Auf sie wird zurückgegriffen, weil *List* systematisch den Einfluß alternativer institutioneller Arrangements auf die Intensität und Richtung der Lernanstrengungen von Wirtschaftssubjekten analysiert. Die Berücksichtigung der darwinistischen Theorie des Lernens von *Popper* erfolgt dagegen, um eine Vorstellung über die Art und Weise des Lernverhaltens von Menschen zu erhalten und somit innovatives Verhalten besser erklären zu können. *Popper* diskutiert sowohl das wissenschaftstheoretische Problem der Entstehung und Diffusion neuen, überlegenen Wissens als auch die Vorgehensweise der Menschen im Lernprozeß. Seine These lautet, daß aktives Lernen immer den Weg über die Deduktion nehmen muß. Die Theorie steht somit logisch vor der Beobachtung, welche notwendigerweise theoriegetränkt ist. Ausgangspunkt für Lernprozesse ist immer ein Problem. Pläne bzw. Hypothesen müssen getestet und gegebenenfalls durch bessere, ebenfalls wieder zu testende Pläne bzw. Hypothesen ersetzt werden. Angesprochen ist der Konkurrenzkampf der Hypothesen, in dem nur die erklärungskräftigen überleben und die „untüchtigen" Vermutungen eliminiert werden. Das Wachstum des Wissens findet somit durch eine „natürliche" Auslese von Hypothesen statt.

Das Schema der hypothetisch-deduktiven, darwinistischen Theorie des Lernens wird im weiteren für die Erklärung des Handelns und Lernens im Ungleichgewicht herangezogen. Insbesondere werden die Pläne mit dem Lernen und mit der Erwartungsbildung im Ungleichgewicht verknüpft, zugleich aber die Subjektivität des Lernens ebenso berücksichtigt wie der Einfluß der Institutionen auf den interdependenten Plan-, Lern- und Erwartungsbildungsprozeß. Dabei wird u.a. mit der aus der Wissenschaftstheorie übertragenen Vorstellung von *Lakatos* gearbeitet, daß nicht alle Hypothesen des Hypothesenbündels eines Individuums den gleichen Stellenwert für das lernende Wirtschaftssubjekt besitzen. Subjektive Modelle über die ökonomisch relevante Umwelt bestehen aus Kernhypothesen und unterstützenden Hilfshypothesen. Für das Lernverhalten der Akteure am Markt bedeutet dies, es wird aus den subjektiven Erfahrungen in der Weise gelernt, daß zunächst der harte Kern der den Handlungen zugrunde liegenden Hypothesen nicht angetastet wird, zunächst also lediglich ergänzende Hilfshypothesen geopfert werden, wenn sich ein Widerspruch mit der Empirie ergibt. Schließlich wird berücksichtigt, daß Lernprozesse im wettbewerblichen Marktprozeß ihre Richtung nicht zuletzt durch die spezifische Ausgestaltung der Institutionen erhalten.

Die Erkenntnisse, die sich aus dem Menschenbild des *homo discens* ergeben, werden im Kapitel 3.3. auf Marktprozesse bezogen. Hierbei wird zum einen die Abhängigkeit der Richtung des Marktprozesses von Institutionen aufgedeckt, zum anderen die Vorarbeit für die im 4. Kapitel vollendete Darstellung der Ko-Evolution von Markt und Institutionen geleistet.

Innerhalb der österreichischen Schule entwickeln sich die Vorstellungen bezüglich der Erklärung von Marktprozessen von *Mises* über *Kirzner* und *Lachmann* bis hin zu den heutigen Vertretern der österreichischen Schule. So geht *Mises* von einer Gleichgewichtstendenz aus. Diese Tendenz führt er darauf zurück, daß die Marktteilnehmer mit den „richtigen" Erwartungen die Entwicklung des Marktprozesses dominieren werden, weil deren Gewicht im Laufe der Marktentwicklung zunimmt. Der Marktprozeß kann somit gleichsam als „Lernprozeß" in Richtung Gleichgewicht interpretiert werden.

Kirzner knüpft an die Ergebnisse von *Mises* an. Er hebt die für den wettbewerblichen Prozeß entscheidende „Findigkeit" der Marktteilnehmer hervor. Findige Unternehmer entdecken, geleitet vom Gewinnmotiv, neue Ziel-Mittel-Kombinationen, indem sie Koordinationslücken schließen. Dabei berücksichtigt *Kirzner* im Rahmen des „dynamischen Subjektivismus" neben der Zukunftsgerichtetheit des Handelns die Kreativität des Menschen und die Indeterminiertheit ihrer Entscheidungen. Die These

Kirzners und anderer gemäßigter Subjektivisten läuft darauf hinaus, daß der gesamtwirtschaftliche Lernprozeß als unintendiertes Ergebnis findigen, intentionalen Handelns
die Pläne der Wirtschaftssubjekte zu einer immer größeren Übereinstimmung bringt. Auf
den Märkten stellen die findigen Unternehmer durch ihre Arbitragetätigkeit über die
Beseitigung von Koordinationslücken die Gleichgewichtstendenz des Marktprozesses
sicher. *Kirzner* sieht sich bei der Ableitung dieser Gleichgewichtstendenz jedoch mit einigen Problemen konfrontiert. Ein solches Problem stellt die Tatsache dar, daß auch die
findigen Marktakteure Fehler machen können. Weitere Schwierigkeiten bereiten die
Implikationen der historischen Zeit und der *Knight*schen Ungewißheit. Um mit diesen
Problemen fertig zu werden, bezieht *Kirzner* Imagination und Kreativität der handelnden
Akteure als Bestandteile der Findigkeit in seine Theorie mit ein. Mit der Erweiterung
seines Konzeptes versucht er, die Kluft zu *Shackle* und *Lachmann* zu überwinden, die
darin besteht, daß *Kirzners* findige Marktteilnehmer das zu entdecken haben, was es
schon gibt, während *Shackle*, *Lachmann* u.a. davon ausgehen, daß der Unternehmer
etwas kreiert, was es bisher noch nicht gibt und dadurch die Zukunft aktiv mitgestaltet.

Lachmann argumentiert, daß eine generelle Gleichgewichtstendenz *ex ante* nicht
angenommen werden kann, da der subjektive Lernprozeß sowie die Bildung subjektiver,
heterogener Erwartungen lediglich eine individuelle Rationalität widerspiegelt, die mit
der gesellschaftlichen nicht identisch sein muß. Die „Erfolgsaussichten" der Gleichgewichtstendenz hängen von der Kraft und der Geschwindigkeit der koordinierenden
Elemente ab, von den Hindernissen, die in der Zeit überwunden werden müssen und von
der Stärke der gleichgewichtsstörenden Kräfte. *Lachmann* unterscheidet somit zwischen
Gleichgewichts- und Ungleichgewichtskräften, die in einem ständigen Widerstreit liegen
und im Rahmen evolutionärer Prozesse auch ständig endogen reproduziert werden. Deshalb kann *ex ante* nicht abgeleitet werden, daß sich die Gleichgewichtskräfte dauerhaft
oder überwiegend durchsetzen. Hierbei ist insbesondere *Lachmanns* Unterscheidung der
Markttypen in „typische" („ordinary") und in „spekulative" Märkte zu vergegenwärtigen,
die verdeutlicht, daß Marktprozeßtendenzen nicht nur erwartungs-, sondern auch institutionenabhängig sind.

Den Abschluß des 3. Kapitels bildet die Auseinandersetzung mit der Frage, ob es
nicht sinnvoller ist, vor dem Hintergrund der Implikationen der endogenen „Produktion"
von Ungewißheit seitens der Marktakteure selbst, den Begriff des imaginären, sich ständig verändernden, nicht erreichbaren Gleichgewichts durch den Begriff der Ordnung zu
ersetzen, die auch im Ungleichgewicht herrscht. Hierbei wird insbesondere auf die Arbeiten von *Fehl* zurückgegriffen. Der Begriff der Ordnung drückt im Gegensatz zum Begriff
des Gleichgewichts den kontinuierlichen Fluß von Innovation, Akkumulation und Arbitrage aus. Damit wird der Charakter offener evolutionärer Prozesse unabhängig vom
Gleichgewicht ausgedrückt - die Frage der Tendenz von Marktprozessen bezüglich eines
sich ständig ändernden Gleichgewichts wird irrelevant.

Im *4. Kapitel* werden zunächst die Bausteine der österreichischen Theorie über die
Evolution von Institutionen miteinander verbunden und im Vergleich mit dem Ansatz
von *North* diskutiert. Dabei steht insbesondere die Erklärung des Prozesses der nicht
intendierten Evolution von Institutionen im Mittelpunkt der Analyse.

Menger unterscheidet zwei Möglichkeiten der Entstehung von Institutionen - die „organische" Entwicklung und die „pragmatische" Schaffung von Institutionen. Ausgehend von der subjektivistisch ausgerichteten Wirtschaftstheorie hebt er auf die Differenzen zwischen individuellen Handlungsmotivationen und ihren sozialen Konsequenzen ab, die den Grund für die evolutionäre Entstehung komplexer spontaner Ordnungen darstellen. So wichtige Institutionen wie die Sprache, das Geld oder auch das Recht sind evolutionär entstanden. *Menger* entwickelt eine Theorie der Evolution von Institutionen, die vor allem die Diffusion neuen Wissens um die Vorteilhaftigkeit von Verhaltensregeln durch Imitation, motiviert durch das Eigeninteresse der Menschen, erklärt. Am weitesten ausgearbeitet ist *Mengers* Theorie der Evolution des Geldes. Es werden aber auch die Theorie der Staatsentstehung und der Evolution des Rechts untersucht. Als allgemeiner Fall der Evolution von Institutionen wird der interdependente Prozeß der evolutionären Entstehung von Institutionen und ihrer intendierten Weiterentwicklung angenommen.

An die Vorstellungen *Mengers* zur „organischen" Evolution von Institutionen, aber auch zur „pragmatischen" Institutionenschaffung, schließt *Lachmanns* Theorie der Institutionen an. Er stellt die Frage, welche Institutionen der marktwirtschaftlichen Ordnung adäquat sind und wie unter Berücksichtigung ihrer Kohärenz die Struktur der Institutionen sowohl gleichzeitig stabil als auch flexibel sein kann. Dazu unterscheidet er zwischen „äußeren" Institutionen, welche die Voraussetzungen für Märkte darstellen und „inneren" Institutionen als Geschöpfe des Marktes. Außerdem berücksichtigt er „neutrale" Institutionen, die zwar gesellschafts-, nicht aber marktkonform sein müssen. Vor diesem Hintergrund wird die Problematik der Kohärenz unter den Aspekten der horizontalen sowie der vertikalen institutionellen Komplementarität analysiert. Insbesondere das Problem des Einfließens neuer Regeln in die Struktur der Institutionen soll mittels der „Innovationstheorie des Wandels von Institutionen" erklärt werden. Im Gegensatz zu *Menger* setzt *Lachmann* den Akzent auf den „initiativen" Aspekt der Evolution von Institutionen, während Menger vor allem den „evolutionären" Aspekt im Auge hat. Innovative Wirtschaftssubjekte stoßen mit neuen ökonomischen Plänen vor und infolge der Nachahmung der damit verbundenen Handlungen verdichten sich die erfolgreichen Pläne allmählich zu Institutionen. Dabei darf das Charakteristikum der unintendierten Evolution von Institutionen als Ergebnis intentionalen Handelns nicht übersehen werden. Neue Institutionen werden nicht wie neue Produkte als Hypothesen auf dem Markt angeboten und getestet, sie sind das sich im Austauschprozeß bildende unintendierte Ergebnis der Nachfrage nach Institutionen zur Reduktion von Ungewißheit. *Lachmanns* Unterscheidung der äußeren und der inneren Institutionen stellt darüber hinaus ein geeignetes Instrumentarium dar, um das Phänomen der Pfadabhängigkeit institutioneller Evolutionsprozesse einzuordnen.

An die Vorstellungen der schottischen Moralphilosophie sowie *Mengers* über die unintendierte Evolution von Institutionen knüpft auch *Hayeks* Theorie der spontanen Ordnung an. In *Hayeks* Terminologie ist der Ordnungsbegriff nicht deckungsgleich mit dem Begriff der Institution. Ordnungen basieren auf Regeln, d.h. Institutionen, und stellen entweder das intendierte Ergebnis geplanter Aktivitäten dar (taxis) oder sind die Konsequenz eines Prozesses nicht intendierter Ergebnisse intentionalen Handelns der Wirtschaftssubjekte (kosmos). Im Rahmen der Diskussion der Unterscheidungsmerkmale der Ordnungsarten wird insbesondere auf die Beziehung von Ordnungen und Regeln zueinander eingegangen. In diesem Zusammenhang wird das Konstruktivismus-Problem für intendierte institutionelle Reformen wieder aufgegriffen, das bereits im Rahmen der Institutionentheorie *Lachmanns* untersucht wird und für die Ableitung der Kriterien evolutionärer Effizienz in Kapitel 4.5.4. auch aus ordnungstheoretischer Sicht eine Rolle spielt.

Des weiteren entwickelt *Hayek* die Theorie der Regelselektion mit dem Ziel, die Entstehung von Ordnungen zu erklären und die Bedingungen für ihr Überleben zu analysieren. Kulturelle Regeln werden nach *Hayek* durch Imitation übertragen. Dabei besteht immer ein inneres Spannungsverhältnis zwischen dem für die Ordnungsbegründung notwendigen traditionellen Verhalten der Mehrheit der Gruppenmitglieder und dem für den Entwicklungsprozeß kultureller Regeln unerläßlichen „innovativen" Verhalten einzelner Gruppenmitglieder. Zwei grundlegende anthropologische Konstanten menschlichen Handelns stehen hier im Wettstreit - die Kreativität und die Angst vor Veränderungen. Durch die Kombination der Innovationstheorie des Institutionenwandels von *Lachmann* mit *Hayeks* Theorie der Regelselektion wird versucht, die mit diesem Sachverhalt verbundenen Probleme unter expliziter Berücksichtigung der Pfadabhängigkeit der Evolution von Institutionen zu lösen. Die evolutionäre Theorie der Institutionen - wie sie von *Menger*, *Lachmann* und *Hayek* begründet wird - erklärt damit den Wandel von Institutionen aus der Perspektive des methodogischen Individualismus. Institutionen verändern sich nicht primär durch den exogenen Wandel der Umwelt, sondern endogen aufgrund von menschlichen Lernanstrengungen.

An die Diskussion der österreichischen Institutionentheorie knüpft der Theorievergleich mit *Norths* Theorie des institutionellen Wandels als ein Zweig der (heterogenen) Neuen Institutionenökonomik an. Der Vergleich wird zum einen deswegen vorgenommen, um zu zeigen, worin die elementaren Unterschiede zwischen der neoklassischen gleichgewichtstheoretischen Theorie der Institutionen und der evolutionären Institutionenökonomik der österreichischen Schule liegen. Zum anderen wird verdeutlicht, daß sich North mit seinem neueren institutionell/kognitiven Ansatz dem österreichischen Paradigma immer weiter annähert.

North definiert Institutionen im Sinne des Institutionenbegriffs dieser Arbeit als kodifizierte und nicht-kodifizierte (Spiel-)Regeln einer Gesellschaft. Seine Institutionentheorie basiert zunächst vor allem auf dem methodologischen Individualismus, der Transaktionskostentheorie, der Property Rights-Theorie und der Principal-Agent-Theorie, erweitert um die Bedeutung der Ideologie für die Erklärung menschlichen Verhaltens. Nach der kritischen Diskussion von *Norths* Theorie menschlichen Verhaltens, seiner transaktionskostentheoretischen Fundierung der Theorie der Institutionen und der Erklärung des Wandels von Institutionen wird insbesondere die Weiterentwicklung der Theorie zu einem institutionell/kognitiven Ansatz untersucht. Hierbei wird deutlich, daß *North* seit seiner Nobelpreisrede 1994 die Lernanstrengungen der Individuen in der „historischen" Zeit als Hauptgrund für den institutionellen Wandel ansieht. Das Fazit lautet, daß *Norths* Begründungen für die kulturbedingte Pfadabhängigkeit gesellschaftlicher Entwicklungen sowie die Gefahr institutioneller Evolutionsblockaden mit dem Menschenbild des *homo discens* sowie der Theorie des institutionellen Wandels der evolutionären Institutionenökonomik durchaus vereinbar sind.

Den Abschluß dieses Kapitels bildet die Diskussion eines Effizienzkriteriums zur Beurteilung evolutionärer Prozesse sowie die Ableitung von Kriterien für intendierte institutionelle Reformen, die nicht der Anmaßung von Wissen ausgesetzt sind. Ziel ist es, ein Effizienzkriterium aus den elementaren Merkmalen der Ungleichgewichtstheorie abzuleiten, mit dem evolutionäre marktliche und institutionelle Prozesse auch unter Effizienzgesichtspunkten beurteilt werden können. Dazu wird in erster Linie auf die Arbeiten *Hayeks, Kirzners* und *Cordatos* zur Entwicklung eines Effizienzbegriffs unter expliziter Berücksichtigung der Wissensproblematik zurückgegriffen. Es wird gezeigt, wie weit die Theorie schon vorgestoßen ist, wo ihre bisherigen Grenzen liegen und in welchen Punkten sie überwunden werden können, um auf dem Weg, Kriterien evolutionärer Effizienz zu fixieren, voranzukommen.

Die Kriterien für intendierte institutionelle Reformen werden schließlich aus den Vorstellungen *Hayeks* selbst abgeleitet und durch *Poppers* „Stückwerk-Sozialtechnik" ergänzt. Aus österreichischer, aber auch aus ordnungstheoretischer Sicht ist es weder befriedigend, in politische Untätigkeit zu verfallen und auf die Ergebnisse des „passing the test through time" zu warten, noch „konstruktivistische" institutionelle Reformen durchzuführen. Die entwickelten Kriterien für eine aktive, evolutionäre Ordnungspolitik vermeiden beide Extrempositionen und zielen im „middle ground" darauf ab, evolutionäre Effizienz zu sichern.

Das *5. Kapitel* über die Evolution von Währungsverfassungen dient schließlich der Anwendung und Prüfung der in den vorhergehenden Kapiteln gewonnen Einsichten. Anhand der Erfahrungen mit den historischen Fallbeispielen wettbewerblicher Währungsverfassungen in Schottland (1727-1845) und in den USA (1837-1863) wird die Frage beantwortet, wie die historisch beobachtbare Evolution hin zu monopolistischen Währungsverfassungen zu erklären ist. Dabei wird insbesondere der Frage nachgegangen, ob dieser Prozeß ein Zeichen für die Effizienz dieser Art von Währungsverfassung darstellt, oder ob es sich hierbei um den Fall einer institutionellen Evolutionsblockade handelt. Zum Schluß wird eine nach den historischen Erfahrungen naheliegende ordnungskonforme Alternative zu den gegenwärtig vorherrschenden monopolistischen Währungsverfassungen vorgeschlagen - nämlich die Errichtung eines Systems der Freibanken auf der Basis der Goldwährung.

2. Dogmenhistorische und wissenschaftstheoretische Grundlagen einer evolutionären Institutionenökonomik

2.1. Theoriegeschichtliche Quelle: Die schottische Moralphilosophie

2.1.1. Warum schottische Moralphilosophie? - die „*Mandeville-Hume-Smith-Ferguson*-Tradition"

Die im Rahmen dieser Arbeit vorgenommene Behandlung der Ansichten der schottischen Moralphilosophie zu institutionenökonomischen Fragestellungen verfolgt im wesentlichen drei Hauptzwecke. Zum einen wird die Auseinandersetzung mit der schottischen Moralphilosophie zeigen, daß es bereits vor *Darwins* biologischer Evolutionstheorie eine Theorie evolutionärer sozialer Prozesse gab. *Hayek* spricht in diesem Zusammenhang von den „*Darwin*isten vor *Darwin*", womit er insbesondere *Ferguson* und *Hume* meint. Vor allem letzterem wird ein starker Einfluß auf die Innovation *Darwins*, die sozialwissenschaftliche Entwicklungsidee systematisch auf die Erklärung der Evolution biologischer Organismen anzuwenden, zugeschrieben.[1] Aus diesem Grunde ist es nicht unbedingt notwendig, zur Entwicklung der evolutionären Ökonomik auf Biologie-Analogien zurückzugreifen.[2] Der Übergang vom Paradigma biologischer Evolutionstheorien, die - hier sind sich die Nationalökonomen weitgehend einig - die mechanistischen, statischen, komparativ-statischen oder nur zum Teil dynamischen Physikanalogien ersetzen sollen, hin zum Paradigma sozialwissenschaftlicher Entwicklungstheorien, hat jedoch noch weitere gute Gründe. Der zugegebenermaßen schwächste Grund ist darin zu sehen, daß zumindest dort, wo es sozialökonomische Theorievorgänger gibt, ein Ausweichen auf die Naturwissenschaften nicht notwendig erscheint. Notwendig ist vielmehr die Rückbesinnung auf bereits vorhandene oder zumindest angelegte Theorieinhalte. Diese Vorgehensweise wäre dem Stichwort „Stärkung des sozialwissenschaftlichen Selbstbewußtseins" zuzuordnen. Wie bereits erwähnt ist dies der schwächste Grund, dem darüber hinaus der Vorwurf des Dogmatismus und der unproduktiven wissenschaftlichen Selbstbeschränkung gemacht werden könnte. Deshalb sollte er nicht überbetont werden. Sehr viel wichtiger erscheint dagegen das Problem der mangelhaften Übertragbarkeit fundierter Erkenntnisse der biologischen Evolutionstheorie auf sozialwissenschaftliche Problemstellungen, insbesondere auf die Erklärung gesellschaftlicher Entwicklungsprozesse. Wie am Beispiel der Sozialtheorien *Mandevilles*, *Humes* und *Smiths* im folgenden noch verdeutlicht wird, steht hier der Mensch im Mittelpunkt

---

[1]   Vgl. *Hayek* (1969d, S. 142), *Hayek* (1981, S. 210), *Hayek* (1988, S. 23 f.), *Hayek* (1991, S. 73 f.), *Streit* (1992, S. 18 f.), *Vanberg* (1984, S. 87 f.), *Vanberg* (1994, S. 7-11). Interessanterweise weist selbst Witt, einer der bekanntesten Vertreter der neueren Evolutorik, auf die ältere Tradition der sozialwissenschaftlichen gegenüber den biologischen Evolutionstheorien hin (vgl. *Witt* 1989, S. 142). *Max Weber* diskutiert die Beeinflussung *Darwins* durch *Malthus* (vgl. *Weber* 1988a, S. 386). Insgesamt bezieht *Weber* bezüglich des Nutzens direkter Biologie-Analogien für die sozialökonomische Theorie eine vorsichtige Position (vgl. *Lachmann* 1973, S. 7 f.).

[2]   Vgl. als Beispiel für die Verwendung von Biologie-Analogien *Hodgson* (1992a, S. 186 f.) und für ihre Grenzen *Hodgson* (1993, S. 396 f.).

der Theorie. Dieser Sachverhalt begründet den qualitativen Unterschied zu naturwissenschaftlichen Fragestellungen. Die sich aus dem verstreuten Wissen und somit der Notwendigkeit dezentraler Pläne ergebenden Koordinations-, Kontroll- und Entwicklungsprobleme stellen in entwickelten Gesellschaften andere Anforderungen an die Erklärungskraft von ökonomischen Theorien als sie biologische Theorien, die zur Erklärung von Variations-, Mutations- und Selektionsprozessen formuliert worden sind, geben können.[3] Das Paradigma der sozialwissenschaftlichen Entwicklungstheorie wird deshalb im folgenden angewendet und weiter legitimiert.

Ein weiterer Grund zur Auseinandersetzung mit den institutionentheoretischen Vorstellungen der schottischen Moralphilosophie ergibt sich daraus, daß hier die Grundlage für eine prozeßorientierte Theorie der Evolution von Institutionen gelegt wird. Hierauf baut später die österreichische Theorie der Institutionen auf.

Der dritte Hauptzweck der Analyse der Theorieinhalte der schottischen Moralphilosophie ergibt sich schließlich aus der Überzeugung des Autors, daß die vor allem von *Smith* ausgearbeitete Theorie des Wettbewerbs als *Kontroll*verfahren die österreichische Theorie des Wettbewerbs als Koordinations- und Entdeckungsverfahren bereichern und der erweiterte Ansatz das Fundament einer leistungsfähigen evolutionären Institutionenökonomik darstellen kann.

2.1.2. Der Ansatz von *Mandeville* und seine Weiterentwicklung durch *Hume*

Die Vertreter der schottischen Moralphilosophie - zu nennen sind hier vor allem *Adam Ferguson, David Hume* und *Adam Smith* - stützen sich bei ihren Betrachtungen zu gesellschaftlichen Problemen auf eine individualistische Sozialtheorie. Die Handlungen von Individuen und ihre sozialen Auswirkungen werden im Sinne des methodologischen Individualismus zum Erklärungsobjekt der Theorie gemacht. In Anlehnung an die Tradition *Mandevilles* wird eines der Grundprobleme gesellschaftlicher Ordnungen, nämlich die Erklärung, wie eine freiheitliche Gemeinschaft zwischen egoistisch handelnden Menschen möglich ist, untersucht. Im Mittelpunkt steht die Erklärung der Diskrepanz von individuellen Motiven und sozialen Konsequenzen, d.h. das Phänomen der unbeabsichtigten Folgen individuellen Handelns.

2.1.2.1. *Mandevilles* Ansatz

Für *Mandeville* stellt der Egoismus das Grundprinzip menschlichen Handelns dar. Gesellschaftliche Ordnungen ergeben sich deshalb nicht aus einem wie auch immer gearteten Sozialtrieb der Menschen, sondern aus der Verfolgung eigener Interessen, die in einer arbeits- und wissensteiligen Wirtschaft zu gegenseitigen Abhängigkeiten führen. Diese können unter bestimmten institutionellen Voraussetzungen, die noch näher zu untersuchen sein werden, eine funktionsfähige Ordnung ergeben (vgl. *Vanberg* 1975, S.

---

[3] *Mises* weist beispielsweise auf die unüberwindlichen Unterschiede zwischen biologischem und sozialem - bzw. in seiner Terminologie katallaktischem - Wettbewerb hin (vgl. *Mises* 1949, S. 274). Vgl. auch die Übersicht über die Unterschiede zwischen den Erklärungsmustern biologischer und sozialer Evolution von *Schreiter* (1993, S. 5-8).

9 f.; *Bouillon* 1991, S. 4).

Interessant ist, daß *Mandeville* den Grund für *eines* der hervorstechenden Verhaltensmerkmale des Menschen, den Egoismus, klar erkannt hat. In einer Welt der Knappheit ist dieser Charakterzug die Konsequenz, die sich aus den unendlich vielen, unbefriedigten Bedürfnissen ergibt - insbesondere des Wunsches zu überleben. Der an den subjektiven Bedürfnissen orientierte Konsum stellt die Grundlage dar für die Konkurrenz der Menschen um knappe Güter, die wiederum zu Ordnungsproblemen führt. Oder, wie *Mandeville* es formuliert: Weil „die soziale Veranlagung des Menschen auf diesen zwei Faktoren beruht: der großen Zahl seiner Bedürfnisse und den fortwährenden Hindernissen, die sich ihrer Befriedigung entgegenstellen" (*Mandeville*, zitiert nach *Hayek* 1969d, S. 135), entwickelt der Mensch ökonomische Aktivitäten.[4]

In *Mandevilles* berühmter Bienenfabel arbeitet der Autor den Unterschied zwischen Handlungsmotivation und -ergebnis heraus. Die unintendierten Konsequenzen des egoistischen Handelns der Menschen können zu einer spontanen Ordnung führen (vgl. *Vanberg* 1975, S. 10 f.; *Hayek* 1969d, S. 130).[5] *Mandeville* formuliert den Grundgedanken folgendermaßen:

> „Der Allerschlechteste sogar
> Für's Allgemeinwohl tätig war"
> (*Mandeville*, zitiert nach *Hayek* (1969d, S. 128).

Er kombiniert den Evolutionsgedanken mit der Entstehung spontaner Ordnungen und bereitet somit den Boden für die systematische Untersuchung der schottischen Moralphilosophen und später vor allem wichtiger Vertreter der österreichischen Schule zu diesem Thema (vgl. *Bouillon* 1991, S. 6).[6]

Mandeville erläutert seine Ideen anhand der Betrachtung der Entwicklung solch wichtiger und komplexer Institutionen wie des Rechts und der Sprache. Er stellt die Hypothese auf, daß diese Institutionen nicht das geplante Werk eines Gesetzgebers oder eines Philosophen waren, sondern sich in einem langen Lernprozeß über viele Generationen herausgebildet haben (vgl. *Hayek* 1969d, S. 138-140; *Albert* 1977, S. 182).

2.1.2.2. *Humes* Ansatz

David Hume betont in seiner Sozialtheorie ebenso wie *Adam Ferguson* die allgemeinen Gesetzmäßigkeiten menschlichen Verhaltens. Der Mensch - so die Grundannahme

---

[4] Hier soll nicht suggeriert werden, daß Egoismus mit der Zweckrationalität menschlichen Handelns gleichzusetzen ist. Auch altruistisches Verhalten kann zweckrational sein. Im folgenden wird noch deutlich herauszuarbeiten sein, daß angesichts der Knappheit der Mittel und der sich daraus ergebenden Lebensnot eigeninteressiertes Verhalten durch soziale Kontrollen vor Entartungen gehindert werden muß, damit Gesellschaften funktionieren können.

[5] Genauer gesagt geht es in der Bienenfabel um das Phänomen, daß durch einen äußeren, gewollten und gutgemeinten Eingriff (Jupiter und Zeus erfüllen den Wunsch der Arbeitsbienen nach mehr „sozialer Gerechtigkeit") eine gewachsene Ordnung zerstört wird (*Bouillon* 1991, S. 5).

[6] *Hayek* spricht von den Zwillingsideen der Evolution und der spontanen Ordnungsbildung (vgl. z.B. *Hayek* 1969d, S. 128).

der schottischen Moralphilosophie - strebe stets nach einer Verbesserung seiner Lage. Dieses Verhalten sei unabhängig von Ort und historischer Zeit (vgl. *Vanberg* 1975, S. 12-14).[7] *Hume* und *Ferguson* führen damit die individualistische Theorie *Mandevilles* fort. Der an seinem Nutzen orientiert handelnde Mensch bildet das Grundelement ihrer Sozialtheorie, wobei dieses Verhalten nicht unbedingt mit der Egoismus-Annahme *Mandevilles* gleichgesetzt werden muß.[8]

Als logisches Problem ergibt sich für die schottischen Moralphilosophen, die Entstehung von Ordnungen zu erklären. Wie ist es möglich, daß Menschen, die auf ihren Eigennutz bedacht sind, zu einer Ordnung finden können, die nicht durch eine autoritäre Herrschaft garantiert werden muß? Die Lösung des *Hobbes*-Problems (homo homini lupus) liegt in der Kontrolle menschlichen Verhaltens. Sieht *Hobbes* in einem starken Herrscher, gestützt auf ein Machtmonopol, die einzige Möglichkeit für eine menschliche Gemeinschaft, in der nicht „Krieg jeder gegen jeden" herrscht, so heben die schottischen Moralphilosophen die Kontrolle menschlichen Verhaltens durch billigende Reaktionen ihrer Mitmenschen sowie durch die Wirkung von Institutionen hervor. Der Mensch wird als Bedürfniswesen gesehen, das letztendlich nur durch geeignete Regeln kontrolliert werden kann (vgl. *Jonas* 1968, S. 73; *Vanberg* 1975, S. 15). Systematisch arbeitet vor allem *Adam Smith* die Mechanismen zur Kontrolle eigeninteressierten Handelns heraus, deren Existenz die Möglichkeit einer funktionsfähigen Ordnung begründen.[9]

Elementar für funktionsfähige Ordnungen ist außerdem der Reziprozitätsgedanke. Erst durch das begründete Vertrauen auf die Gegenseitigkeit von Leistung und Gegenleistung, das entsteht, wenn die Regeln des Austauschs eingehalten werden, kommt es zur ordnungsschaffenden sozialen Integration. Reziprozität bedeutet, daß der Vorleistende auf die Leistung des anderen vertrauen kann, die erst später erfolgt. Die interdependenten Gedanken des Austauschs und der Reziprozität werden von *Hume* ausdrücklich nicht auf marktliche Transaktionsprozesse beschränkt, sondern können sich auf alle „Leistungen und Handlungen erstrecken, die wir zu unserem gegenseitigen Interesse und Vorteil austauschen können" (*Hume*, zitiert nach *Vanberg* 1975, S. 19).

Hume hebt außerdem die Bedeutung eines konsistenten Systems von Rechtsregeln für den Bestand einer funktionsfähigen Gesellschaft hervor (vgl. *Vanberg* 1975, S. 16 f.). Da in einer Welt der Knappheit auf ihr eigenes Interesse bedachte Menschen im Zuge ihrer bedürfnisorientierten Planverfolgung jedenfalls nicht grundsätzlich harmonieren, ergibt sich die Notwendigkeit, die kollidierenden Interessen irgendwie zu koordinieren.[10] Nach *Hume* ist die notwendige Voraussetzung für die Entstehung gesellschaftlicher Ordnungen

---

[7] Auf die wissenschaftstheoretische Bedeutung der Grundannahme allgemeiner Strukturen menschlichen Verhaltens weist später z.B. *Menger* in seinem zweiten Hauptwerk, den „Untersuchungen über die Methode der Socialwissenschaften, und der Politischen Ökonomie insbesondere" von 1883 hin. Er legt damit die Basis für seine Überlegungen zur Wirtschaftstheorie.

[8] Vgl. dazu insbesondere das Kapitel über *Adam Smiths* Sozialtheorie.

[9] Vgl. die Ausführungen zur Konzeption *Adam Smiths* in diesem Kapitel.

[10] „Die Rechtsordnung hat nur in der Selbstsucht und der beschränkten Großmut der Menschen, im Verein mit der knappen Fürsorge, die die Natur für ihre Bedürfnisse getragen hat, ihren Ursprung" (*Hume*, zitiert nach *Hayek* 1969h, S. 239).

die Einhaltung dreier, seiner Meinung nach grundlegender „Naturgesetze". Die Sicherheit des Besitzes (Privateigentum), seine Übertragung nur durch Zustimmung (Vertragsfreiheit) sowie die Erfüllung von Versprechungen und Verträgen (Grundsatz des „true and fair view") seien die Basis für die weitere Konkretisierung des allgemeinen Rechtsrahmens durch die Gesetze. Nur wenn sich die jeweiligen Regierungen an die „Naturgesetze" halten, kann *Hume* zufolge eine gesellschaftliche Ordnung entstehen und dauerhaft funktionieren (vgl. *Hayek* 1969h, S. 239 f.).

Hume setzt hier dem Naturrecht entsprechende mit funktionsfähigen Ordnungen gleich. Die Geschichte hat jedoch gezeigt, daß es immer wieder lange Phasen der Unterdrückung von Menschen gegeben hat (und gibt), in denen *Humes* „Naturgesetze" mißachtet wurden und die trotzdem stabil waren. Für die Frage nach einer für Entwicklung offenen Ordnung sind die Überlegungen *Humes* dagegen richtungsweisend.

In arbeits- und wissensteiligen Gesellschaften ist es die gegenseitige Abhängigkeit der Wirtschaftssubjekte, die ein funktionsfähiges Regelsystem notwendig macht, das die Menschen dazu verleitet, sich entsprechend dem Reziprozitätsgedanken zu verhalten. Nach *Hume* verfestigen sich solche Reziprozitätsbeziehungen allmählich im Austauschverkehr. Erfahrung, Gewöhnung und Erziehung führen zu zusätzlichen Verhaltensstabilisierungen (vgl. *Vanberg* 1975, S. 18 f.). Hier wird der Zusammenhang zwischen gesellschaftlicher Ordnung und Reziprozität deutlich. Zum einen ist u.a. Reziprozität notwendig, damit sich gesellschaftlich funktionsfähige Regelsysteme herausbilden können und zum anderen sind gewisse Regeln erforderlich, damit Menschen dem Reziprozitätsgebot entsprechen.

2.1.3. Evolutionäre Theorie der schottischen Moralphilosophie

In der bisherigen Argumentation wird der Evolutionsgedanke deutlich. Soziale Institutionen und Regeln werden als ungeplantes, unintendiertes Ergebnis des menschlichen Austauschprozesses interpretiert. *Hume* zufolge entstehen die Rechtsregeln in einem langsamen, ungeplanten Prozeß als Folge der auf die Eigentumssicherung gerichteten menschlichen Handlungen. Die so entstandene Rechtsordnung stellt mit anderen Worten eine spontane Ordnung dar (vgl. *Bouillon* 1991, S. 10 f.; *Langlois* und *Everett* 1994, S. 13). Die Auffassung der griechischen Antike - von der französischen Aufklärung weiterentwickelt und heute etabliert als eine der vermeintlich bedeutenden Erkenntnisse der sozialwissenschaftlichen Theorie -, daß komplexe Ordnungen das Ergebnis geplanten menschlichen Verhaltens auf der Basis der Vernunft und der Rationalität seien, wird abgelehnt. Die Evolution gesellschaftlicher Institutionen wird vielmehr auch als evolutionärer Lernprozeß verstanden.[11] Das Zusammenwirken individueller Lernprozesse, d.h. die Erfahrung von Produktivität bzw. Unproduktivität der eigenen Verhaltensweise im Wettbewerb der dezentralen Pläne „... führt dann zur Institutionalisierung bestimmter Handlungszusammenhänge" (*Jonas* 1968, S. 96).

Auch hier wird wieder die individualistische Basis der schottischen Moralphilosophie deutlich. Durch soziale Rückmeldungen wird im Austauschprozeß „erfolgreiches Verhal-

---

[11]   Vgl. *Hayek* (1981, S. 213 f.), *Hayek* (1991, S. 69 f.), *Vanberg* (1975, S. 23).

ten" erlernt. Zum einen führt das Erlebnis der eigenen Bedürfnisbefriedigung, zum anderen die Art der billigenden Reaktionen der übrigen Wirtschaftssubjekte dazu, daß für das handelnde Individuum Anreize geschaffen werden, zu lernen und dadurch erfolgreiche Pläne aufzustellen. Menschen sind fähig, Rückschlüsse aus ihren Erfahrungen zu ziehen (vgl. *Elsner* 1989, S. 201 f.).[12] Dafür benötigen die Individuen Zeit, in der sich aber die Ausgangsdaten erneut geändert haben können. Der Lernprozeß endet also nie, ökonomische Pläne müssen ständig überprüft und gegebenenfalls geändert werden.[13]

Die evolutionäre Sozialtheorie der schottischen Moralphilosophie ergibt sich quasi automatisch aus dieser Theorieperspektive. Aus dem ständigen Bemühen der Menschen zur Verbesserung ihrer Lage resultiert - so die Annahme von *Hume* u.a. - die treibende Kraft für die Lernanstrengungen der Individuen. Diese Handlungsmotivation führt zu zielorientierten Aktivitäten der Wirtschaftssubjekte (vgl. *Vanberg* 1975, S. 20 f.). Entscheidungen werden jeweils aus der persönlichen Lebenssituation, die sich aus der Erziehung, aus den Gewohnheiten und Erfahrungen sowie den Erwartungen des einzelnen ergibt, getroffen. Die schottische Moralphilosophie berücksichtigt damit, daß Menschen immer innerhalb eines gegebenen institutionellen Rahmens leben, der ihre Handlungen beeinflußt. Gleichzeitig kann dieses Handeln bewußt auf die Veränderung des Rahmens gerichtet sein oder - und das scheint der weitaus häufigere Fall zu sein - die institutionellen Strukturen sind „das Ergebnis menschlichen Handelns, (aber nicht) die Durchführung eines menschlichen Plans."[14]

Vanberg betont, daß die individualistische Sozialtheorie der schottischen Moralphilosophie - auf der die Vertreter der österreichischen Schule aufbauen -,

> „... die institutionelle Struktur einer Gesellschaft als 'gewachsenes' Produkt eines Lern- und Anpassungsprozesses [interpretieren], in den - auf dem Wege steter Korrektur und Modifikation - Erfahrungen eingeflossen sind, die in der Regel den aktuell in einem bestimmten institutionellen Rahmen Handelnden gar nicht bewußt sind, und die ihnen auch gar nicht bewußt zu sein brauchen, damit die institutionellen Regelungsmechanismen 'funktionieren'" (*Vanberg* 1975, S. 29).

Durch die Berücksichtigung der Bedeutung der institutionellen Struktur für die Spezifizierung menschlicher Handlungsanreize gelingt es der schottischen Moralphilosophie, eine evolutionäre Handlungs- und Institutionentheorie aus der Perspektive des methodologischen Individualismus heraus zu entwickeln (vgl. *Albert* 1985, S. 60 f.; *Jonas* 1968,

---

12   *Smith* legt nach Meinung *Elsners* hiermit eine Grundlage für die moderne „Theorie der kognitiven Dissonanzen" (*Elsner* 1989, S. 202). *Jonas* weist darauf hin, daß es ein konstitutives Merkmal der evolutionären Theorie der schottischen Moralphilosophie sei, daß den Menschen die Fähigkeit zugestanden wird, aus ihren Erfahrungen zu lernen (vgl. *Jonas* 1968, S. 77, 85, 92, 96).

13   Eine leistungsfähige ökonomische Theorie muß somit die Implikationen der historischen Zeit in der Analyse mitberücksichtigen. Wird diese durch eine „logische Modellzeit" ersetzt, werden viele Probleme des „trial-and-error"-Lernprozesses der Wirtschaftssubjekte in Form von Koordinations-, Kontroll- und Entwicklungsproblemen ausgeblendet.

14   *Vanberg* (1975, S. 22), wo er *Ferguson* zitiert. Vgl. auch *Böhm* (1994b, S. 298). In diesem Sinne ist „der 'Evolutionismus' der schottischen Moralphilosophie (...) nicht eine Theorie *der* Geschichte, sondern eine Theorie über historische Prozesse ..." (*Vanberg* 1975, S. 25 (Hervorhebung im Original)), womit *Vanberg* auf die Bedeutung der historischen Zeit für die Erklärung evolutionärer Prozesse hinweist.

S. 78, 97). Insbesondere *Adam Smith*, dessen individualistische Sozial- und Institutionentheorie im folgenden etwas ausführlicher analysiert werden soll, untersucht sowohl menschliches Verhalten unter komparativen institutionellen Rahmenbedingungen als auch die Quellen der Veränderung von institutionellen Arrangements selbst.

2.1.4. *Smiths* Sozial- und Institutionentheorie

2.1.4.1. Die Sozialtheorie

Smith betont die zentrale Bedeutung des Wettbewerbs als nicht-autoritäre Kontrolle menschlichen Handelns und Verhaltens. In der Tradition der Ideen des Humanismus und der Aufklärung[15] entwickelt er ein den Erfahrungen entsprechendes Menschenbild - er sieht den „Menschen so wie er *von Natur aus ist* und nicht, wie er nach irgendeiner Norm sein *sollte*" (*Recktenwald* 1976, S. 56 (Hervorhebung im Original))[16] - und sucht nach den Mechanismen, die verhindern sollen, daß sich die Menschen gegenseitig „zerfleischen" („homo homini lupus").

2.1.4.1.1. Kontrollen menschlichen Verhaltens

Smith zufolge gibt es zwei, miteinander im Wettbewerb stehende, anthropologische Konstanten des menschlichen Verhaltens. Das „egoistische Motiv" konkurriert seiner Meinung nach mit dem „Wunsch nach sozialer Anerkennung" (*Elsner* 1989, S. 196 f.). In der „Theorie der ethischen Gefühle" diskutiert *Smith* die Probleme, die sich für die Funktionsfähigkeit von Gesellschaften aus einem ungezügelten individuellen Egoismus ergeben können. *Smith* sucht nach Kontrollen menschlicher Handlungen, die dem von Natur aus auf sich selbst bedachten Menschen gleichzeitig von egoistischem und desinteressiertem Verhalten abhalten. Ein Zuviel an Selbstinteresse, d.h. Egoismus und Selbstsucht, wird ebenso abgelehnt wie ein Zuwenig, d.h. Verantwortungslosigkeit und Faulheit (vgl. *Recktenwald* 1984, S. 51; *Recktenwald* 1990, S. LXXVII).[17] Kontrollen

---

[15] Auf der Basis von Humanismus und Aufklärung wurden eine ganze Reihe von Staatsvorstellungen entwickelt. Die Aufklärung in ihrer Wendung gegen die Scholastik begründet eine Wissenschaft, die sich an der Vernunft sowie der Erfahrung der Menschen orientiert. Die Staatsphilosophen dieser Zeit arbeiten an Entwürfen für wünschenswerte oder auch „nur" funktionierende gesellschaftliche Ordnungen. Zu nennen sind hier *Machiavelli, Grotius, Hobbes, Montesquieu, Morus* u.v.a. Mit dem Humanismus wird eine am Menschen orientierte Philosophie verbunden. Der Mensch ist in seinem Handeln nicht mehr determiniert, sondern als vernunftbegabtes Wesen ein handlungsfähiges und damit auch für sein Handeln verantwortliches Individuum.

[16] Vgl. auch *Recktenwald* (1987, S. 524). *Smiths* Werk gehört innerhalb der Philosophie der Aufklärung eindeutig zur Tradition der englischen und schottischen Moralphilosophie. Diese Abgrenzung gegenüber den französischen Aufklärungsphilosophen erscheint vor allem unter liberaler Perspektive von Bedeutung (vgl. *Hayek* 1969h, S. 232; *Meyer* 1976, S. 18; *Scott* 1937, S. 55-57; *Böhm* 1983, S. 151 f.).

[17] *Recktenwald* führt hierzu überzeugend aus: „Die klassische Ordnungstheorie hat in ihrer realistischen Beurteilung des menschlichen Verhaltens alle Systeme abgelehnt, die einseitig auf dem ungeläuterten oder uneingeschränkten Eigeninteresse, dem *Egoismus*, oder dem *Altruismus* **allein** gründen. Beide Extreme verlangen den anderen Menschen. Sie verstoßen daher gegen dessen Natur, sind Anmaßung oder schwärmerische Utopie. Sie sind Ideologie.

menschlichen Verhaltens sind nach *Smith* die Sympathie, wechselseitiger Beistand, allgemeine Regeln gerechten Verhaltens sowie die Verknüpfung gesellschaftlicher Institutionen zum Wohle der Gemeinschaft (vgl. auch Abbildung 2.1.) (vgl. *Krüsselberg* 1984a, S. 188). Diese Kontrollen fördern das natürliche Selbstinteresse des Menschen, das notwendig ist für die Fähigkeit, Verantwortung zu übernehmen und das sonst nur durch das Gewissen - in *Smiths* Terminologie, den unparteiischen Beobachter - beeinflußt wird. Erst dadurch wird individuelles, eigenorientiertes Verhalten in gesamtgesellschaftlich positive Ergebnisse transformiert (vgl. *Meyer* 1976, S. 18 f.; *Samuels* 1964I, S. 3)![18]

Die Fähigkeit zur Sympathie bedeutet nach *Smith*, daß die Menschen in der Lage sind, Mitgefühl mit anderen Menschen zu empfinden und, damit verbunden, sich bis zu einem gewissen Grad in die Situation eines anderen zu versetzen und ihm so gegebenenfalls beizustehen. Ohne die Sympathie könne eine geordnete Gesellschaft nicht existieren (vgl. *Smith* 1759/1985, S. 1 ff.).[19] Aus der Fähigkeit zum Mitgefühl ergibt sich neben dem tatsächlichen Beobachter außerhalb des Individuums als zweite Kontrollinstanz des menschlichen Verhaltens der unparteiische Beobachter - in moderner Terminologie, das Gewissen (vgl. *Recktenwald* 1976, S. 81 f.; *Skinner* 1984, S. 75-78).[20]

Da diese Kontrolle i.d.R. nicht ausreicht, um gemeinwohlförderndes Verhalten zu induzieren, gibt es in funktionierenden Gesellschaften als zweite Schranke allgemeine und gewachsene Regeln der Ethik und der Moral. Nach *Smith* sind diese Produkt unserer

---

[18] Auf beiden Extremen läßt sich auf Dauer kein zivilisiertes Gemeinwesen aufbauen" (*Recktenwald* 1984, S. 55 (Hervorhebungen im Original)). *Hayek* ist deshalb auch uneingeschränkt zuzustimmen, wenn er feststellt, daß die Klassiker nicht vom Egoismus, sondern dem Eigeninteresse der Menschen ausgehen (vgl. *Hayek* 1952a, S. 25). Schon hier sollte deutlich geworden sein, daß die immer wieder vertretene Ansicht, *Smith* würde den Egoismus gutheißen, schlichtweg falsch ist. Notwendig sind vielmehr die Kontrollen menschlichen Verhaltens, um die Handlungen egoistischer Menschen in eigeninteressierte und zugleich verantwortungsbewußte Aktivitäten zu verwandeln. Erst dann ist die Entwicklung einer wünschenswerten Ordnung möglich. Vgl. zur Einschätzung der verfehlten „Egoismus-Kritik" an *Smith* auch *Hayek* (1952a, S. 24-28) und *Hayek* (1978, S. 268). Dies sollte auch als Hinweis genügen, um das immer wieder diskutierte „*Adam Smith*-Problem" - d.h. die theoretische Diskrepanz zwischen einem vermeintlichen „Egoismus-Ideal" im „Wohlstand der Nationen" und einem vermeintlichen „Altruismus-Ideal" in der „Theorie der ethischen Gefühle" - als Scheinproblem zu entlarven. Vgl. dazu auch *Eckstein* (1985, S. LVIII f.) sowie *Coase* (1976, S. 541).

[19] Der Sympathiebegriff *Adam Smiths* darf nicht mit der Bedeutung, welche die „Sympathie" im heutigen Sprachgebrauch besitzt, verwechselt werden. Vgl. dazu z.B. *Elsner* (1989, S. 199 f.), *Eckstein* (1985, S. LXIV-LXVI), *Recktenwald* (1990, S. XXXVI), *Coase* (1976, S. 529 f.). *Bouillon* befindet sich deshalb im Irrtum, wenn er meint, daß in der Konzeption Smiths „das Streben nach Sympathiegewinn bei den Mitmenschen sozusagen das ethische Korrektiv des individuellen Eigeninteresses [sei]" (*Bouillon* 1991, S. 14). Sympathie bildet lediglich die Grundlage für die Fähigkeit, nach sozialer Anerkennung zu streben. Sie ermöglicht, daß bis zu einem gewissen Grad individuelle Lebenssituationen intersubjektiv nachvollzogen werden können. Daraus ergibt sich, daß erst der Wunsch nach sozialer Anerkennung, nicht schon die Fähigkeit zur Sympathie selbst, ein Korrektiv für die Eigeninteressen der Individuen darstellt. Auch *Loasbys* Interpretation der Sympathie als Substitut für Freundschaft ist nicht überzeugend (vgl. *Loasby* 1982, S. 111).

[20] Wie bereits erwähnt, sieht *Elsner Smiths* Ansatz als Vorläufer der modernen Theorie der kognitiven Dissonanzen an. Das Streben nach sozialer Anerkennung stellt nichts anderes dar als das Streben nach kognitiver Konsistenz (vgl. *Elsner* 1986, S. 227).

Erfahrung und Vernunft und können sich als Sitten und Gebräuche im Zeitablauf durchaus ändern (vgl. *Smith* 1759/1985, S. 341 ff.).

Weiterhin ist ein System positiver Gesetze für ein geregeltes Zusammenleben unverzichtbar. Sie müssen durch Sanktionsmöglichkeiten der Staatsmacht garantiert und durch die Verfassung in ordnungsstiftender Form kombiniert werden.[21] Für große und offene Gesellschaften, in der schon durch die Quantität der Menschen die moralischen Bindungen im Vergleich zu kleinen Gruppen mit direkteren Sanktionsmöglichkeiten gelockert sind, ist darüber hinaus die institutionenbegründete Ordnung des wettbewerblich organisierten Marktes, d.h. die Konkurrenz der Marktteilnehmer, das wirksamste Mittel, um gesellschaftliche Gerechtigkeit und Wohlstand zu erreichen.[22]

Recktenwald hat diese umfassende Sozialtheorie *Adam Smiths* in ein instruktives Schema überführt:

Abb. 2.1.: (Institutionelle) Kontrollen menschlichen Verhaltens

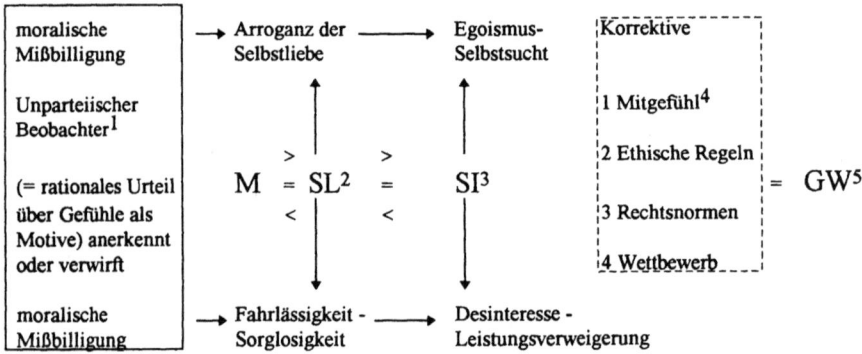

1   „Beobachter" ist ein Prinzip rationalen Urteilens, das moralische Maßstäbe (M) setzt; das Beobachter-Prinzip ist weder *Kants* „transzendentales Gewissen" noch aristotelisch zu verstehen. > und < drücken abweichendes Verhalten von der Harmonie (=) oder Ausgleich zwischen SI (Selbstinteresse) und GW (Gemeinwohl, bonum commune) aus.

2   Eigenliebe (= Motiv für individuelles Handeln) ist ein natürliches Gefühl, „which comes to us from womb and never leaves us till we go into the grave."

3   Selbstinteresse in allen möglichen Äußerungen (z.B. Erwerbsstreben) als Tugend und Laster; als Streben nach Verbesserung unserer Lage ist es ein relatives Ziel - relativ zur Zeit, Raum und Information.

---

21   Vgl. *Krüsselberg* (1983b, S. 75), *Krüsselberg* (1989, S. 88), *Recktenwald* (1984, S. 54).
22   Vgl. *Recktenwald* (1984, S. 54), *Recktenwald* (1985, S. 24), *Recktenwald* (1987, S. 523).
     Kaufmann hebt neben den Koordinationsmechanismen Markt und hierarchische Organisation ein - seiner Meinung nach - drittes zentrales Steuerungsprinzip, die Solidarität, hervor. Nur unter Rückgriff auf diese Kategorie seien soziale Phänomene, wie die Anerkennung bestehender Ordnungen sowie altruistische und kollektivitätsorientierte Verhaltensweisen erklärbar (vgl. *Kaufmann* 1984, S. 158 ff.). Meines Erachtens ist es dagegen sinnvoller, von Regelverhalten statt von Solidarität zu sprechen. Die Überlegenheit des analytischen Begriffs der Regelorientierung ergibt sich aus seiner nicht-normativen Handhabung sowie aus den geeigneten institutionenökonomischen Implikationen. Angeregt wird dadurch nämlich die Auseinandersetzung mit der Bedeutung der Evolution des Rechts sowie nicht-kodifizierter Regeln für menschliches Verhalten. Aus dem Begriff der Solidarität ergibt sich dagegen ein eher soziologischer Forschungsauftrag.

4 Nicht zu verwechseln mit Wohltat oder Altruismus (= beneficience im Unterschied zu benevolence); ohne Mitgefühl ist Vernunft inhuman und machtlos, ohne vernünftiges Urteil bleibt das Mitgefühl taub. Weder auf ihm noch auf Wohltat läßt sich eine Ordnung dauerhaft aufrechterhalten.

5 Gemeinwohl oder bonum commune oder öffentliches Interesse.

Quelle: *Recktenwald* 1985, S. 23.

2.1.4.1.2. Wettbewerb als *Kontroll*verfahren

Smiths Ziel ist es, die wohlstandsfördernden und ordnungsstiftenden Kräfte des freien Marktes zu verdeutlichen.[23] Seine Entdeckung, daß der Wettbewerb um die beste Marktposition ein quasi natürliches System nicht-autoritärer sozialer Kontrolle menschlichen Verhaltens darstellt, ist zentral für die Entwicklung von Ordnungen (vgl. *Krüsselberg* 1984a, S. 190-193; *Samuels* 1964II, S. 99). *Hayek* rückt den Ansatz *Smiths* in die Nähe seiner eigenen Überlegungen zur Lösung von gesellschaftlichen Koordinationsproblemen, die sich aus dem verstreuten Wissen ergeben:

„The recognition that a man's efforts will benefit more people, and on the whole satisfy greater needs, when he lets himself be guided by the abstract signals of prices rather than by perceived needs, and that by this method we can best overcome our constitutional ignorance of most of the particular facts, and can make the fullest use of the knowledge of concrete circumstances widely dispersed among millions of individuals, is the great achievement of *Adam Smith*"(*Hayek* 1978, S. 269).

Die Betonung der zentralen Bedeutung der wohlstands- und freiheitsfördernden Wirkungen des wettbewerblichen Tausches für entwickelte Gesellschaften ist eine der hervorragenden Leistungen des *Smith*schen Werkes. Der Tausch ist in offenen Ordnungen der Kern der Kommunikation zwischen Menschen. Vollzieht er sich freiwillig, d.h. unter wettbewerblichen Bedingungen, ist er ein Zeichen für Freiheit und Friedlichkeit der menschlichen Beziehungen. Durch den Wettbewerb um die beste Marktposition werden individuelle Pläne durch Tausch miteinander koordiniert und der Wohlstand stärker vermehrt, als es ein Plan des weisesten Bürokraten jemals erreichen könnte. Nach *Hayek* kann so gesamtgesellschaftlich mehr Wissen genutzt werden als in jeder anderen Ordnung.[24]

In diesem Zusammenhang muß sich *Smith* auch mit dem Monopolproblem auseinandersetzen. Definiert wird das Monopol über die Abwesenheit aktueller Konkurrenz auf einem Produktmarkt, die es dem alleinigen Anbieter ermöglicht, den Marktpreis und damit seine Gewinne über den Wettbewerbspreis hinaus zu erhöhen. Für einen Monopolmarkt fällt damit die verhaltenskontrollierende Schranke des (aktuellen) Wettbewerbs weg. Es stellt sich nun die Frage, ob sich Monopolisten in liberalen Marktwirtschaften dauerhaft dem Wettbewerbsdruck entziehen können. Nach *Smith* ist dies nur unter

---

[23]   Dabei geht es *Smith* vor allem auch um die Frage, ob und unter welchen Bedingungen eine marktwirtschaftliche Ordnung selbststabilisierende Kräfte besitzt.

[24]   Vgl. *Hayek* (1978, S. 268 f.), *Hayek* (1988, S. 14), *Lachmann* (1994d, S. 249). Zur Bedeutung des Wettbewerbs als sozialer Kontrollinstanz für individuelles Verhalten vgl. auch *Elsner* (1986, S. 222), *Elsner* (1989, S. 204 f.), *Krüsselberg* (1980a, S. 15) und *Krüsselberg* (1984a, S. 211).

bestimmten Bedingungen der Fall. In seiner Analyse kommt er nämlich zu dem Ergebnis, daß die Quellen dauerhafter Marktbeherrschung in spezifischen Privilegien der öffentlichen Hand zugunsten des Monopolisten begründet sind. Diese Monopole basieren auf staatlichen Interventionen, die allein in der Lage sind, den Eintritt potentieller Konkurrenten in den Markt zu verhindern. Positiv gewendet stellt sich Wettbewerb immer dann ein, wenn das natürliche, dem Menschen angeborene Selbstinteresse durch eindeutig definierte - staatlich festzusetzende - Verfügungsrechte sowie durch solche Regelungen in produktive Bahnen gelenkt wird, die keine staatlich garantierten Monopolrechte begründen (vgl. *O'Driscoll* 1982, S. 193-195).[25]

2.1.4.2. Die Institutionentheorie

2.1.4.2.1. Handeln im institutionellen Rahmen

Smiths Analyse ist sowohl handlungs- als auch institutionenorientiert. Er vertritt die Auffassung, daß sich Menschen prinzipiell frei entscheiden können, d.h., nicht durch bestimmte Rahmenbedingungen in ihrem Verhalten determiniert sind. Das Verhalten ist jedoch auch nicht vollkommen indeterminiert, da institutionelle Handlungsbeschränkungen die Handlungsmöglichkeiten der Wirtschaftssubjekte beeinflussen (vgl. *Elsner* 1986, S. 240 f., 251; *Elsner* 1987, S. 8 f.).

Die schottische Moralphilosophie, und hier insbesondere *Smith*, legt die Grundlage für den (aufgeklärten) methodologischen Individualismus, der darauf basiert, daß menschliches Handeln nicht allein aus dem am Eigeninteresse orientierten Wunsch nach Bedürfnisbefriedigung heraus erklärbar ist, sondern auch vom institutionellen Rahmen beeinflußt wird (z.B. regelorientiertes Verhalten) (vgl. *Jonas* 1968, S. 100-103).[26] Dieser avanciert damit zum ökonomischen Erklärungsobjekt, was u.a. bedeutet, daß die Funktionsfähigkeit von Märkten nicht unabhängig vom institutionellen Rahmen erklärbar ist (vgl. *Lachmann* 1963, S. 64).[27]

Dabei ist außerdem zu berücksichtigen, daß *Smiths* Ausführungen implizit die Diffe-

---

[25] Daraus ergibt sich jedoch noch keine Forderung nach dem „laissez-faire"-Staat. *Garrison* weist darauf hin, daß *Smith* zwar der Koordinationsleistung von Märkten bezüglich der Ressourcenallokation vertraut, im Bereich der intertemporalen Allokation aufgrund einer angenommenen Zeitpräferenzrate der Wirtschaftssubjekte von Null jedoch Defizite vermutet, die als Legitimationsgrundlage für eine staatliche Förderung des Aufbaus von volkswirtschaftlichen Vermögensfonds dienen (vgl. *Garrison* 1985b, S. 288-293). Vgl. auch *Elsner* (1986, S. 236), *Krüsselberg* (1984a, S. 210 f.), *Krüsselberg* (1988b, S. 118).

[26] *Song* versucht aus diesem Grunde, *Smith* als frühen Vorläufer des „institutionellen Individualismus" zu deuten (vgl. *Song* 1995, S. 425 ff.). In dem Kapitel über den methodologischen Individualismus wird jedoch nachgewiesen, daß *Smith* ein Vertreter des methodologischen Individualismus ist und es darüber hinaus verwirrend ist, einen „institutionellen" von einem „methodologischen Individualismus" zu trennen. Dadurch wird zu Unrecht suggeriert, daß die Einwirkung von Institutionen auf ökonomisches Verhalten in Theorien, die auf dem methodologischen Individualismus basieren, keine Rolle spiele.

[27] „Die Nationalökonomen der klassischen Schule (...) waren sich dessen bewußt, daß keine Wirtschaftsordnung im luftleeren Raum existieren könne" (*Lachmann* 1963, S. 66). Vgl. auch *Mantzavinos* (1994, S. 17 f.), *Meyer* (1992b, S. 33), *Shearmur* (1992, S. 114).

renzierung von Institutionenebenen enthalten, wobei sich die Hierarchie der Institutionen aus der „Entfernung" zum handelnden Individuum ergibt.

Schema: Institutionenhierarchie bei *Smith*

Macht, Herrschaft, Staat

Tausch und Wettbewerb

Recht, Normen, Sitten und Moral

Werte, Sozialisation

Das Schema ist von unten nach oben zu lesen und verdeutlicht die verschiedenen Korrekturebenen menschlichen, eigennützigen Verhaltens. Die Unterscheidung von Ebenen orientiert sich am Anonymitätsgrad, d.h. der sozialen Distanz, der jeweiligen Institutionenebene zum Individuum. In entwickelten Volkswirtschaften ist eine Vielzahl von ökonomischen Beziehungen durch Anonymität gekennzeichnet. Hier genügen die institutionellen Kontrollen der Moral und der durch Sozialisation erworbenen Werte i.d.R. nicht mehr, um ein „System der natürlichen Ordnung bzw. Freiheit", wie es *Smith* nennen würde, d.h. ein stabiles Marktsystem, zu garantieren. Zusätzliche Institutionenebenen sind notwendig (vgl. *Krüsselberg* 1991, S. 29-32; *Meyer* 1976, S. 18).[28]

Die Sozialisation sowie die Weitergabe von Werten geschieht zuerst und vor allem in der Familie, in die der einzelne hineingeboren wird (vgl. *Elsner* 1989, S. 208; *Samuels* 1964II, S. 95f.).[29] In kleineren Gesellschaften, z.B. Stammesgesellschaften und Stadtstaaten, werden diese Kontrollen menschlichen Verhaltens zusammen mit kodifizierten (Gesetze) und nicht-kodifizierten Regeln (Normen und Moral) unter Umständen schon ausreichen, um eigeninteressiertes Handeln in gemeinnütziges Verhalten zu verwandeln. In entwickelten, komplexen Gesellschaften sind dagegen die direkten Verbindungen zwischen den Gesellschaftsmitgliedern schon aufgrund der Vielzahl der Menschen gelockert. In dieser Situation erscheint neben der staatlichen Garantie gesellschaftlicher Regeln die Bedeutung des wettbewerblichen Tausches auf Märkten als einer der wichtigsten Kontrollmechanismen. Wettbewerb als Kontroll- und (in *Hayeks* Terminologie) Entdeckungsverfahren lenkt das Verhalten und führt zu Koordination und Kooperation. Die Freiheit des einzelnen wird so vor der Entartung in Richtung egoistischen wie auch eigeninteressenlosen Verhaltens geschützt. Es besteht ein immanenter Dualismus von Freiheit und sozialer Kontrolle (vgl. *Samuels* 1964I, S. 4 f.). Der Wettbewerb einer hinreichend großen Anzahl von Konkurrenten beschränkt die Verhaltensmöglichkeiten der

---

[28] *Samuels* weist auf die theoretische Unterscheidung zwischen Moral und Sitten bzw. Bräuchen hin, welche die schottische Moralphilosophie trifft. Die sich im Zeitablauf verändernden Moralvorstellungen wirken vor allem als soziale Kontrolle (vgl. *Samuels* 1964I, S. 6 f.) - hier überwiegt demnach der verhaltensbegrenzende Effekt der Institution -, wohingegen Sitten und Gebräuche, die ebenfalls einem steten Wandel unterliegen, in Marktbeziehungen eher unsicherheitsreduzierend wirken - womit vor allem der handlungsermöglichende Aspekt dieser Institutionen angesprochen ist (vgl. *Samuels* 1964II, S. 91).

[29] *Jonas* weist darauf hin, daß der Aspekt der Vitalvermögensbildung in der Familie, in die der einzelne hineingeboren wird, schon von *Hume* diskutiert wird (vgl. *Jonas* 1968, S. 85, 87).

einzelnen Anbieter und erhöht den Freiheitsgrad der Nachfrager.[30] Die Möglichkeiten, sich opportunistisch zu verhalten, werden eingegrenzt.

Insgesamt arbeitet *Smith* mit der Hypothese, daß es unterschiedliche Kontrollmechanismen gebe, die auf verschiedenen Ebenen wirken. Die Mustervoraussage lautet, wenn auch nur eine Ebene institutioneller Kontrolle wegfällt, wird sich das System nicht in ein System der „natürlichen Freiheit" verwandeln. Das nach *Smith* zentrale Handlungsmotiv des Menschen - das Eigeninteresse - führt nur unter der Voraussetzung funktionierender Kontrollmechanismen zu gesellschaftlich wünschenswerten Ergebnissen. Eindeutig treten die wohlfahrtsstiftenden Wirkungen von Märkten somit nur in einem bestimmten institutionellen Kontext ein. Wie aus dem vorgestellten Schema zu entnehmen ist, sind Markt und Staat zueinander komplementär. Geklärt werden muß jedoch, was in staatlicher und was in marktlicher Regie an Koordination geschehen soll und kann.[31]

Smiths Suche nach dem geeigneten institutionellen Rahmen für eigenorientierte und -interessierte Menschen führt ihn darüber hinaus auch zu der Frage, wie Institutionen entstehen.

2.1.4.2.2. Ansätze zu einer Theorie des institutionellen Wandels

Smith verwendet einen „historisch-genetischen" Ansatz zur Erklärung der Entwicklung von Institutionen. Im historischen Kontext wird das Problem der spontanen Bildung und Veränderung von Institutionen untersucht.[32]

Smiths „invisible hand"-Erklärung der spontanen Marktordnung stellt einen Teil der evolutionären Institutionentheorie der schottischen Moralphilosophie dar. Mit der - häufig mißverstandenen - Metapher von der „unsichtbaren Hand" umschreibt *Smith* die Koordinationsleistung funktionierender Märkte. Die Idee der evolutionären, spontanen Entstehung von Ordnungen, die *Hume* für die Erklärung der Evolution von Rechtsordnungen entwickelte, wendet *Smith* auf die Marktordnung an.[33] Der Unterschied zwi-

---

[30]   Die Intensität des Wettbewerbs erscheint bei *Smith* als Funktion der Zahl der Anbieter.

[31]   Dieser Punkt wird im Kapitel 4.5.4. über die Voraussetzungen für institutionelle Reformen unter Berücksichtigung der Kriterien evolutionärer Effizienz wieder aufgegriffen.

[32]   Dieser „historisch-genetische" Ansatz bildet später die Grundlage für *Mengers* „kausalgenetischen" Ansatz der Entstehungserklärung von Institutionen (vgl. *Elsner* 1989, S. 190 f., 207). *Vanberg* ordnet ein: „An die Stelle einer *individualistisch-kontrakttheoretischen* wurde eine *individualistisch-evolutionistische* Konzeption gesetzt" (*Vanberg* 1983, S. 58 (Hervorhebungen im Original)). *Smith* entwickelt eine nicht-deterministische historische Stufentheorie der Wirtschaftsentwicklung, wobei „... die einzelnen Stufen als institutionelle Gesamtarrangements ..." verstanden werden können (*Elsner* 1986, S. 270). Aus dieser Perspektive sind „Wohlstandsunterschiede (...) das Ergebnis von Varianten in den Gesetzen und Institutionen" (*Krüsselberg* 1983b, S. 74). Kontrakttheoretische Ansätze, wie *Buchanans* verfassungsökonomische Arbeiten, kranken dagegen am problematischen rationalistischen Individualismus kontinentaler Schriftsteller. Vgl. zur Unterscheidung des „echten" und des rationalistischen Individualismus *Hayek* (1952a, S. 12 f., 17-20).

[33]   Vgl. *Hayek* (1969c, S. 101), *Hayek* (1980a, S. 59), *Böhm* (1983, S. 149 ff.), *Brühlheimer* (1991, S. 286), *Garrison* (1985c, S. 309), *Jonas* (1968, S. 105 f.), *Krüsselberg* (1984a, S. 198), *Langlois* (1986b, S. 242), *Winch* (1984, S. 108 f.). Im Zuge der Analyse der Verwendung der mechanistischen Metapher in der Nationalökonomie diskutiert *Ötsch* auch den Ansatz von *Adam Smith*. Er kommt zu dem Ergebnis, daß Smith mit der Analogie von

schen Handlungsmotivation und -ergebnis wird von *Smith* in einer besonders gelungenen Passage seines Hauptwerkes „Wohlstand der Nationen" verdeutlicht, wo er die Gründe eines Kapitalinvestors für seine Inlandsinvestitionen darlegt:

> „Wenn er [der Investor] es vorzieht, die nationale Wirtschaft anstatt die ausländische zu unterstützen, denkt er eigentlich nur an die eigene Sicherheit und wenn er dadurch die Erwerbstätigkeit so fördert, daß ihr Ertrag den höchsten Wert erzielen kann, strebt er lediglich nach eigenem Gewinn. *Und er wird in diesem wie auch in vielen anderen Fällen von einer unsichtbaren Hand geleitet, um einen Zweck zu fördern, den zu erfüllen er in keiner Weise beabsichtigt hat.* Auch für das Land selbst ist es keineswegs immer das schlechteste, daß der einzelne ein solches Ziel nicht bewußt anstrebt, ja, gerade dadurch, daß er das eigene Interesse verfolgt, fördert er häufig das der Gesellschaft nachhaltiger, als wenn er wirklich beabsichtigt, es zu tun. Alle, die jemals vorgaben, ihre Geschäfte dienten dem Wohl der Allgemeinheit, haben meines Wissens niemals etwas Gutes getan (*Smith* 1776/1990, S. 371 (Hervorhebung des Verfassers)).“[34]

Smith verwendet die „invisible hand"-Analogie, um zu erklären, wie komplexe gesellschaftliche Ordnungen entstehen, sich weiterentwickeln und funktionieren, ohne daß sie das Ergebnis eines zentralen Plans sind (vgl. *Langlois* und *Everett* 1994, S. 12 f.).[35] Die spontane Ordnung des Marktes, die auf der unintendierten Evolution der von *Smith* untersuchten Regelhierarchie beruht, entwickelt sich, als ob der Prozeß von einer „unsichtbaren Hand" durchgeführt worden wäre (vgl. *Hoppmann* 1987, S. 38; *Vanberg* 1984, S. 88 f.).[36] Aus dieser Analogie werden in der Literatur häufig falsche Schluß-

---

[34] der „unsichtbaren Hand" im Sinne des bisher Gesagten das „... Konzept einer sich selbst regulierenden Wirtschafts-Maschine ..." umschreibt (*Ötsch* 1993, S. 7-14, insb. 10). Ebenso *Recktenwald* (1990, S. XXXIV). In diesem Kontext muß auch die „unsichtbare Hand-Rolle" Gottes, die man bei *Smith* finden kann, gesehen werden. Gott als der große Architekt des „Universums als Maschine" ist in diesem Sinne natürlich auch für die Funktionsfähigkeit der „Wirtschaft als sich selbst steuernde Maschine" verantwortlich. Naturwie Marktgesetzlichkeiten finden ihren Ursprung bei Gott (vgl. *Coase* 1976, S. 538). Gleichgültig, ob man dieser theologischen Sicht *Smiths* zustimmen will oder nicht, die Kritik *Rothbards*, daß *Smith* die unintendierten Ergebnisse des menschlichen Handelns als gottgewollt ansehe, trifft nicht zu (vgl. *Rothbard* 1987, S. 8). Nach *Smith* sind nicht die konkreten Ergebnisse gottgewollt, sondern die „Wirtschafts-Maschine" als ganze verdankt ihre Funktionsfähigkeit göttlicher Schaffenskraft.

[34] *Bouillon* hat diese Textstelle ausfindig gemacht. Seiner Interpretation der Metapher der „unsichtbaren Hand" ist jedoch allenfalls bis zu der Aussage über die Aufgabe der unsichtbaren Hand zu folgen. Diese sei es, „eine anarchisch-freie Marktwirtschaft in die Schranken eines rechtlichen Rahmenwerkes zu weisen und eine Intervention in den Markt von außen abzuwehren" (*Bouillon* 1991, S. 17). Die unsichtbare Hand steht nicht für die Durchführung von Ordnungs- und die Ablehnung der interventionistischen Prozeßpolitik - wie es *Bouillon* zu sehen scheint -, sondern für die Umschreibung des Phänomens der Evolution spontaner Ordnungen.

[35] Die Autoren diskutieren auch die verschiedenen Typen von „invisible hand"-Erklärungen nach *Ullmann-Margalit*. Sie kommen zu dem Ergebnis, daß *Smiths* Theorie der spontanen Entstehung von Ordnungen sowohl die sog. „aggregate-mold"-Erklärung (Frage des „Wie entstanden?") als auch die sog. „functional-mold"-Erklärung (Frage des „Warum entstanden?") beinhaltet.

[36] Die Institutionentheorie *Smiths* beruht demnach auf dem Gedanken der unintendierten Evolution von Institutionen. Es bleibt jedoch *Menger*, *Lachmann* und *Hayek* überlassen, den Ablauf dieses Prozesses systematisch herauszuarbeiten. Insbesondere ist *Smith* noch nicht in der Lage, die Frage der Entstehungsgründe von Institutionen mit dem Problem der

folgerungen gezogen. Wenn - wie beispielsweise von *Bouillon - Smith* die Annahme unterstellt wird, „daß die Handlungen der Menschen *immer* zum 'Wohlstand der Nationen' führen, auch wenn niemand das beabsichtigt hat" (*Bouillon* 1991, S. 18 (Hervorhebung des Verfassers))[37], wird jegliche Verbindung von *Smiths* Sozialtheorie mit seiner evolutionären Theorie der Institutionen geleugnet. Wie jedoch bereits gezeigt wurde, ist die Theorie der Kontrollen eigennützigen menschlichen Handelns, wie sie *Smith* vor allem in seiner „Theorie der ethischen Gefühle" entworfen hat, zentraler Bestandteil aller seiner ökonomischen und institutionentheoretischen Ausführungen (vgl. *Rosenberg* 1960, S. 560 f.).[38]

Es bleibt als Fazit festzuhalten: Es gibt keine automatische Umsetzung individueller Handlungen in gemeinwohlförderndes Verhalten. Damit der „invisible hand"-Prozeß zu wohlstandsfördernden Ergebnissen führt, bedarf es entsprechender institutioneller Rahmenbedingungen. Das ist - auf den Punkt gebracht - die grundlegende Fragestellung für die Entwicklung einer (ökonomischen) Institutionentheorie.

Wenn nun aber nicht alle am Eigeninteresse orientierten Handlungen der Menschen automatisch zur Steigerung der Wohlfahrt der gesamten Gesellschaft führen, d.h., nicht alle Institutionen freiheits- und wohlstandsfördernd[39] wirken, stellt sich die Frage, ob und wie institutionelle Reformen möglich sind, um individuelles Handeln in sozial akzeptables zu verwandeln. Vertreter der Tradition der französischen Aufklärung vertrauen hier auf die Vernunft des Menschen und formulieren „konstruktivistische" Vorschläge für eine Reform gesellschaftlicher Regeln. *Smith*, wie auch die übrigen Vertreter der schottischen Moralphilosophie, wendet sich gegen diese Vorstellung und begründet damit eine Tradition, die später durch die österreichische Schule der Nationalökonomie, insbesondere durch *Hayek*, weitergeführt wird. *Smith* erläuert seine Ablehnung konstruktivistischen Denkens mit seinem berühmten Schach-Beispiel:

> „The man of system ... seems to imagine that he can arrange the different members of a great society with as much ease as the hand arranges the different pieces upon a chess-board. He does not consider that the pieces upon the chess-board have no other principle of motion beside that which the hand impresses upon them; but that, in the great chess-board of human society, every single piece has a principle of motion of his own, altogether different from that which the legislature might choose to impress upon it."[40]

---

[37] Spannungen in der Struktur der Institutionen, die sich durch den Wandel von Institutionen ergeben, zu verbinden und damit den Prozeß der unintendierten Evolution von Institutionen als Grundlage für die Bildung spontaner Ordnungen näher zu erläutern. Vor diesem Hintergrund ist auch die Kritik von *Song* zu verstehen, der auf das Fehlen eines Feedback-Mechanismus in *Smiths* Institutionentheorie hinweist (vgl. *Song* 1995, S. 440).

[37] Auch *Hayek* scheint die Kritik an der *Smith*schen Formel der „unsichtbaren Hand" aus diesem - vermeintlichen - Grund zumindest zum Teil als nicht unberechtigt anzusehen (vgl. *Hayek* 1969c, S. 102).

[38] Vgl. auch *Hoppmann*, der vor allem auf die Bedeutung „freiheitssichernder Regeln" hinweist (*Hoppmann* 1993, S. 10 f.).

[39] Als institutionelles Effizienzkriterium verwendet *Smith* den Grad der freiheitsfördernden Wirkung von Institutionen.

[40] Zitiert nach *Hayek* (1978, S. 269). Vgl. auch die Diskussion des Schachbeispiels bei *O'Driscoll* (1978, S. 124 f.) und *Jonas* (1968, S. 108).

Smith legt im Grunde mit dieser Analogie die Basis für die später von *Hayek* in den Mittelpunkt seiner theoretischen Erörterungen gerückte Problematik des verstreuten, lediglich dezentral vorhandenen Wissens über die Nutzung spezifischer Umstände von Ort und Zeit und die sich daraus ergebenden Überlegungen zu intendierten institutionellen Reformen, die nicht dem Vorwurf der Anmaßung von Wissen ausgesetzt sind. Vor diesem Hintergrund stellt sich nun aber die Frage, welche Aufgabe der Staat im Wirtschaftsprozeß noch zu übernehmen hat. *Smith* und anderen Vertretern der schottischen Moralphilosophie wird zu Unrecht zugeschrieben, daß sie in einem allgemeinen System des „laissez-faire", in dem dem Staat nur sehr wenige Aufgaben, wie z.B. Verteidigung oder Gewährleistung der Sicherheit für Leib, Leben und Besitz zufallen, die Grundvoraussetzung für den Wohlstand der Nationen sehen würden. Die Vertreter der schottischen Moralphilosophie erkannten durchaus die Bedeutung der staatlichen Rahmengesetzgebung für ökonomische Prozesse. Der Staat hat nämlich die abstrakten Regeln festzulegen, die in *Smiths* System der Kontrolle menschlichen Verhaltens eine für entwickelte Volkswirtschaften zentrale Rolle einnehmen.[41] Die legitimen staatlichen Aufgaben liegen demnach vor allem im Bereich der Ordnungspolitik, weniger im Bereich der Prozeßpolitik.[42]

Zusammenfassend läßt sich das Forschungsprogramm der klassischen Nationalökonomie der schottischen Moralphilosophen wie folgt charakterisieren. Ausgehend vom methodologischen Individualismus, d.h. der Erklärung sozialökonomischer Tatbestände aus der mikroökonomischen Perspektive heraus, wird unter Berücksichtigung des Faktums der Knappheit der Mittel eigeninteressiertes menschliches Verhalten im institutio-

---

[41] Vgl. *Hayek* (1969d, S. 136), *Meyer* (1976, S. 18), *Winch* (1984, S. 95-97). Besitzt der Staat das Gesetzgebungsmonopol (wie es allgemein üblich ist), stellt sich die demokratietheoretische Frage der institutionellen Voraussetzungen zur Verhinderung willkürlicher, machtorientierter Ausübung von Regierungsgewalt. Die hier bestehende natürliche Komplementarität von ökonomischer und politischer Institutionentheorie wird schon von der schottischen Moralphilosophie, u.a. von *Hume*, gesehen (vgl. *Jonas* 1968, S. 89; *Skinner* 1984, S. 85-91).

[42] *Menger* bezeichnet es gar als Geschichtsfälschung, wenn *Smith* als „Doktrinär", als Begründer des „laissez-faire", bezeichnet wird (vgl. *Menger* 1891/1970, S. 223-225, 230). Auch *Rothbard* wendet sich gegen die ebenso alte wie falsche Interpretation des *Smith*schen Werkes. Bei *Rothbard* erhält diese bei *Menger* eindeutig positive Analyse jedoch eine ausgesprochen negative Wendung: „We are very far from the old notion of *Adam Smith* as founder of economic theory and prince of laissez-faire. On the contrary, his devotion to laissez-faire was dubious at best, and his ‘contributions’ to economics were retrograde and disastrous." Auch wirft er *Smith* vor, die Erkenntnisfortschritte der Merkantilisten und Physiokraten, wie z.B. *Cantillon* und *Turgot*, nicht berücksichtigt und an deren Stelle eine unbefriedigendere Theorie gesetzt zu haben: „All of this developed structure of economic theory from the Middle Ages through the 18th century, was swept overboard by *Adam Smith*" (*Rothbard* 1987, S. 6-8). Aus den Ausführungen *Rothbards* wird jedoch nicht ersichtlich, warum er *Smith* mit einer derartigen Inbrunst ablehnt und im Grunde als Unglücksfall der ökonomischen Theoriegeschichte einordnet. Sollte die Kritik allein auf *Smiths* Vorstellungen zur Arbeitswertlehre beruhen, wodurch die physiokratischen Ansätze einer subjektiven Werttheorie verblaßten, wird *Rothbard* der Gesamtleistung des *Smith*schen Werkes jedenfalls nicht gerecht. Zur Klärung dieser Frage bedarf es weiterer Forschung. Die Schärfe seiner Kritik trägt jedenfalls nicht dazu bei, *Rothbards* Argumenten eine größere Überzeugungskraft zu verleihen.

nellen Rahmen analysiert (vgl. *Albert* 1977, S. 183; *Mantzavinos* 1994, S. 19). Die Untersuchung der Existenz von ökonomischen Gesetzmäßigkeiten konzentriert sich dabei nicht nur auf ökonomisches Verhalten bei gegebenem institutionellen Rahmen, sondern bezieht auch Veränderungsprozesse von Institutionen in die Analyse mit ein (vgl. auch *U. Krüsselberg* 1993, S. 20-24).

Das Konzept der Evolution von Institutionen als Ergebnis des Austauschprozesses der Individuen ist insgesamt jedoch erst dann vollständig, wenn neben dem Entstehungsprozeß der damit verbundene Wettbewerbs- und Verdrängungsprozeß explizit in der Analyse berücksichtigt wird. Zu klären ist der Mechanismus, der dazu führt, daß sich neue Institutionen durchsetzen und gegebenenfalls alte ablösen. Vor der Betrachtung der Evolution von Institutionen sind daher die Auswahlkriterien des Handelns und der damit verbundenen Erwartungen der Individuen zu analysieren. Diese Perspektive ist erforderlich, damit das Konzept des handelnden Menschen innerhalb der modernen Evolutionstheorie nicht aus dem Blickfeld gerät. Neben der möglichen effizienzsteigernden Wirkung von Regeln, die natürlich relevant für das Überleben von Institutionen ist, muß im Sinne eines konsequenten Subjektivismus die Perspektive des handelnden Individuums gewählt werden, da es dessen Aktivitäten sind, die letztlich gewollt oder ungewollt dafür sorgen, daß sich bestimmte institutionelle Arrangements durchsetzen und andere nicht.[43] Erst unter Rückgriff auf diesen Erklärungsansatz kann der ansonsten leicht auftretende Irrtum vermieden werden, daß die gesellschaftliche Entwicklung einen Prozeß der Ausscheidung von Institutionen auslöst, der automatisch dazu führt, daß sich immer die besten, d.h. effizientesten institutionellen Arrangements durchsetzen. *Hayek* selbst formuliert den Gedanken der kulturellen Regelevolution teilweise so mißverständlich, daß er sich der Kritik aussetzt, gewachsene spontane Ordnungen automatisch mit erfolgreichen Ordnungen gleichzusetzen, ohne auf die Bedingungen hinzuweisen, die hierfür erfüllt sein müssen.[44] *Hayek* begeht diesen Denkfehler jedoch nicht. In seiner - allerdings nicht zutreffenden - Kritik an *Smiths* vermeintlicher Gleichsetzung spontaner Ordnungen mit den besten aller möglichen Ordnungen, wird deutlich, daß er einen entsprechenden Standpunkt selbst nicht vertritt. *Hayek* formuliert: *Smith* „... schien die Ordnung, die sich spontan von selbst gebildet hatte, zu selbstverständlich auch als die beste aller möglichen Ordnungen anzusehen" (*Hayek* 1969c, S. 102)

Insgesamt bleibt festzuhalten, daß die Ansätze einer evolutionären, sozialwissenschaftlichen Institutionentheorie, welche die Vertreter der schottischen Moralphilosophie entwickelt haben, bereits eine Basis für die Institutionentheorie der österreichischen

---

[43]   So im Ergebnis auch *Vanberg* (1975, S. 28). Im folgenden wird auch weiterhin vom konsequenten Subjektivismus anstatt vom radikalen Subjektivismus die Rede sein. Es hat keinen Sinn, die fundamentale Subjektivität des menschlichen Handelns, Planens und Lernens im Ungleichgewicht zu negieren, nur weil dadurch die Theoriebildung erschwert wird. Vielmehr ist unter Berücksichtigung der Subjektivität des Menschen eine leistungsfähige evolutionäre Theorie zu entwickeln.

[44]   Vgl. die Aussage *Hayeks* zur evolutionären, „anti-rationalistischen" Moral- und Sozialtheorie David Humes: „In diesem Entwicklungsprozeß [der kulturellen Entwicklung] überlebte das, was sich als nützlich erwies, um die menschlichen Bestrebungen erfolgreicher zu verwirklichen, und das weniger Erfolgreiche wurde verdrängt" (*Hayek* 1969h, S. 237).

Schule der Nationalökonomie darstellen. *Smith* und seine Vorläufer legen somit den Grundstein für die evolutionäre Institutionentheorie *Mengers* und die Theorie der spontanen Ordnung *Hayeks.*[45]

Im folgenden werden die Grundlagen der österreichischen Prozeßtheorie anhand der Analyse der Theorieentwicklung ihrer wichtigsten Vertreter dargestellt. Das dadurch gewonnene wirtschaftstheoretische „Fundament" bildet die Basis für die in den nächsten Hauptkapiteln systematisch zu entwickelnde evolutionäre Institutionenökonomik.

2.2. Die österreichische Schule der Nationalökonomie

In diesem Kapitel wird zunächst die von *Menger* erarbeitete Grundlage der österreichischen Schule der Nationalökonomie betrachtet. Die Auseinandersetzung mit seinen Auffassungen - sowie nachfolgend mit den Theorien von *Mises* und einiger weiterer Vertreter der österreichischen Schule der Zwischenkriegsgeneration - erscheint als Vorarbeit für eine evolutionäre Institutionenökonomik unbedingt notwendig. Dadurch wird deutlich, daß viele Erkenntnisse und Ansichten, die sich als elementar für die moderne subjektive Prozeßtheorie der Österreicher herausstellen - als Stichworte mögen hier die „historische Zeit", die „Ungewißheit", das begrenzte Wissen und die „Koordination" genügen -, bei den „älteren" Österreichern schon angelegt sind.

2.2.1. *Mengers* subjektive Wirtschaftstheorie

Mengers Bedeutung für die allgemeine Wirtschaftstheorie ergibt sich schon aus der Tatsache, daß er neben *Jevons* und *Walras* einer der drei Väter der marginalistischen Revolution in der Nationalökonomie ist. Darüber hinaus ist *Menger* der Begründer der sog. österreichischen Schule der Nationalökonomie.

Menger bemüht sich in seinen „Grundsätzen der Volkswirtschaftslehre" um eine geschlossene, allgemeine Preis- und Werttheorie. Die „Wertrevolution" besteht in dem Übergang von der objektiven zur subjektiven Wertlehre. Der für das Individuum subjektive Wert der Güter wird zum Ausgangspunkt der Markttheorie erhoben. In einer Welt der Knappheit läßt sich der Wert von Gütern nur unter Rückgriff auf das bewertende Individuum selbst ermitteln. Die vor *Menger* vorherrschende Methode, die Preise vermehrbarer Produkte aus den Kosten ihrer Herstellung abzuleiten, konnte nicht befriedigen.[46] Es kam zu sog. Wertparadoxien, wobei das einzig Paradoxe die Theorie selbst war. *Menger*, *Jevons* und *Walras* lösten das Problem der Wert- und damit auch Preis- und Markttheorie, indem sie zwischen Gesamt- und Grenznutzen der Güter unter-

---

[45]   Vgl. *Albert* (1977, S. 199 f.), *Böhm* (1994b, S. 296, 298), *Cubeddu* (1993, S. 71), *Hayek* (1969d, S. 142), *Hodgson* (1992b, S. 398), *Horwitz* (1992, S. 7), *Lachmann* (1986, S. 163 f.), *Langlois* (1994a, S. 31), *Langlois* und *Everett* (1994, S. 14), *Leipold* (1996, S. 93), *O'Driscoll* (1978, S. 118), *Vanberg* (1975, S. 80), *Vanberg* (1983, S. 53 f.), *Watrin* (1992, S. 211), *Witt* (1989, S. 141). *Hayek* vertritt die These, daß es den Anschein hat, „... als wenn jene Ideen *Mandevilles* und *Humes* [die Ideen der Evolution und der spontanen Ordnung] hauptsächlich über *Savigny* schließlich zu Carl *Menger* gelangten und damit zur ökonomischen Theorie zurückkehrten" (*Hayek* 1969d, Fn. 58, S. 142).
[46]   Vgl. *Hayek* (1990, S. 22 f.), *Kirzner* (1992a, S. 58), *Mises* (1969, S. 10), *Vaughn* (1994a, S. 17), *White* (1977, S. 3).

schieden. Die individuelle Wertschätzung der einzelnen Einheiten eines Gutes hängt davon ab, wie wichtig die letzte zur Verfügung stehende Gütereinheit für die Befriedigung der Bedürfnisse des Wirtschaftssubjektes ist.[47] Das Bedürfnis stellt den Ausgangspunkt der ökonomischen Aktivität des Individuums dar, seine Befriedigung ist das Ziel der Handlung. Das Konzept der subjektiven Wertermittlung löst somit das Arbeitswertkonzept ab (vgl. *Menger* 1871/1968, S. 77 ff., 120 f.).[48]

In der Formulierung dieser kausalen Zusammenhänge liegt jedoch nicht die originäre, überragende Bedeutung *Mengers*. Das Gesetz des abnehmenden Grenznutzens ist bereits von *Gossen* formuliert worden, wobei weder der Begriff des Grenznutzens selbst - der erst später von *Wieser* geprägt wurde (vgl. *Howey* 1960, S. 145 f.) -, noch *Gossens* theoretische Ausführungen *Menger* zum Zeitpunkt der Veröffentlichung seines ersten Hauptwerkes der „Grundsätze der Volkswirtschaftslehre" im Jahre 1871 bekannt waren.[49] *Mengers* Theorie erhält seine Bedeutung vor allem durch die systematische Anwendung der Idee des Grenznutzens auch auf Situationen, in denen die Bedürfnisbefriedigungsleistung zugleich von andern Gütern als dem gerade betrachteten Konsumgut abhängt.

2.2.1.1. Die *Menger*sche Güterordnung

Auf der Basis seiner subjektiven Werttheorie entwickelt *Menger* die nach ihm benannte *Menger*sche Güterordnung, die den vertikalen Aufbau des Produktionsapparates zum Gegenstand hat. Hiermit ist er in der Lage, vor allem die grundlegenden Komplementaritäten sowohl von Konsum- wie von Kapitalgütern, aber auch die Anpassungserfordernisse bei einer sich verändernden Faktoreinsatzstruktur zu untersuchen. Der Wert eines Gutes wird von seinem Nutzen für das Wirtschaftssubjekt abgeleitet. Damit ist zugleich der Wert der Produktionsfaktoren, die zur Herstellung des Gutes notwendig sind, determiniert, das Zurechnungsproblem ist prinzipiell gelöst.[50] Die

---

[47] Nach wie vor ist das illustrative Winterrock-Beispiel *Böhm-Bawerks* wegen seiner Überzeugungskraft beachtenswert (vgl. *Böhm-Bawerk* 1924, S. 210 f.).

[48] „Der Werth eines concreten Gutes, oder einer bestimmten Theilquantität der einem wirthschaftenden Subjecte verfügbaren Gesammtquantität eines Gutes ist für dasselbe demnach gleich der Bedeutung, welche die wenigst wichtigen von den durch die verfügbare Gesammtquantität noch gesicherten und mit einer solchen Theilquantität herbeizuführenden Bedürfnissbefriedigungen für das obige Subject haben" (*Menger* 1871/1968, S. 107). Daraus folgt: „Der Werth ist nicht nur seinem *Wesen*, sondern auch seinem *Masse* nach subjectiver Natur" (*Menger* 1871/1968, S. 119 (Hervorhebungen im Original)). Eines der klassischen Beispiele für die Subjektivität des Wertes von Gütern stammt von *Robbins*. Er beschreibt die Situation zum Ende des 1. Weltkrieges, am 11. November 1918: „What is relevant is that what at 10.55 a.m. that morning was wealth and productive power, at 11.5 had become 'not-wealth', an embarrassment, a source of social waste. The substance had not changed. The guns were the same. The potentialities of the machines were the same. From the point of view of the technician, everything was exactly the same. But from the point of view of the economist, everything was different. Guns, explosives, lathes, retorts, all had suffered a sea change. The ends had changed. The scarcity of means was different" (*Robbins* 1948, S. 48).

[49] Vgl. *Bloch* (1940, S. 428 f.), *Böhm-Bawerk* (1924, S. 208 f.), *Hayek* (1968, S. X).

[50] Vgl. *Menger* (1871/1968, S. 123 f.), *Kirzner* (1992a, S. 72-74), *Moss* (1978, S. 19 f.), *Negishi* (1989, S. 282), *Stigler* (1937, S. 245). *Menger* konkretisiert seine Aussage im

*Menger*sche Güterordnung verdeutlicht die vertikale Produktionsstruktur. Das Kriterium der Einteilung der Güter ist ihre Nähe zur Bedürfnisbefriedigung. Konsumgüter sind *Mengers* Terminologie zufolge Güter erster Ordnung, die zu ihrer Produktion dienenden Güter sind solche höherer Ordnung, und zwar ist ihr Grad um so höher, je konsumferner sich ihr Platz im Produktionsaufbau befindet. Auch die Güter höherer Ordnung besitzen Güterqualität, da bei ihnen der Kausalzusammenhang zur Bedürfnisbefriedigung ebenfalls, wenn auch nur in mittelbarer Weise, besteht (vgl. *Menger* 1871/1968, S. 9, 67-69, 123 f.; *Utzig* 1987, S. 9).[51]

Es besteht noch ein weiterer wichtiger Unterschied zwischen den Gütern erster und höherer Ordnung. Während Konsumgüter ihren Nutzen autonom entfalten können, hängt die (indirekte) Bedürfnisbefriedigungsfähigkeit eines Gutes höherer Ordnung von dem Vorhandensein weiterer komplementärer Güter der höheren Ordnung ab. Erst durch die Kombination komplementärer Güter höherer Ordnung kann ein Gut niedriger Ordnung geschaffen werden. Zusätzlich sind im Falle von Gütern höherer als der zweiten Ordnung nicht nur die Komplementärgüter dieser Ordnung zur Herstellung eines konsumierbaren Gutes notwendig, sondern auch die Verfügbarkeit über Güter niedrigerer Ordnung. Aus diesen allgemeinen Komplementaritätsanforderungen ergibt sich nach *Menger* das Gesetz der gegenseitigen Bedingtheit der Güter (vgl. *Menger* 1871/1968, S. 11-16, insb. 15; *Stigler* 1937, S. 233).[52]

Menger nennt vier konstitutive Voraussetzungen, die vorliegen müssen, damit von einem Gut gesprochen werden kann: (1) Ein menschliches Bedürfnis; (2) bedürfnisbefriedigende Eigenschaften des Gegenstandes; (3) die Erkenntnis dieses Zusammenhanges seitens des betroffenen Menschen; (4) Verfügungsgewalt über die Sache. Fehlt eine dieser Voraussetzungen, dann ist die Güterqualität aufgehoben (vgl. *Menger* 1871/1968, S. 3). Der Begriff des Gutes wird somit nicht nur aus objektiven, sondern vor allem aus subjektiven Tatbeständen abgeleitet. Es wird bereits deutlich, daß der subjektive Ansatz mit der Betonung der Bedeutung des Wissens für ökonomische Tatbestände und Prozesse untrennbar verknüpft ist (Punkt (3)). Eine subjektive Wirtschafts-

---

Hinblick auf das Zeitelement, das auf die Wertbestimmung einwirkt: „Es ist demnach auch nicht der Werth der Güter niederer Ordnung in der Gegenwart, wornach sich der Werth der entsprechenden Güter höherer Ordnung richtet, sondern vielmehr unter allen Umständen der *voraussichtliche Werth des Productes*, welcher das *massgebende Princip des Werthes* der bezüglichen Güter höherer Ordnung ist" (*Menger* 1871/1968, S. 126 (Hervorhebungen des Verfassers)).

[51] *Jaffé* begründet in seiner „De-Homogenisierung" der Arbeiten von *Menger*, *Jevons* und *Walras* die überragende Leistung *Mengers*, die ihn über die beiden anderen Vertreter der „Grenznutzenrevolution" heraushebt, damit, wie es diesem gelungen sei, die Wert- und Kapitaltheorie miteinander zu verbinden: „No one familiar with the primary literature can doubt for a moment that *Menger's* treatment of the structure of wants in relation to *evaluation* was more profound and more penetrating not only than that of *Walras* who evinced no particular interest in such questions, but also than that of *Jevons* .." (*Jaffé* 1976, S. 519).

[52] Die Vorstellungen *Mengers* zum vertikalen Aufbau der Produktionsstruktur bilden die Grundlage für *Lachmanns* Kapitaltheorie. Diese wird im Zusammenhang mit *Lachmanns* Methode des Verstehens, seiner Erwartungs- und seiner Marktprozeßtheorie noch näher angesprochen.

theorie ohne die Berücksichtigung der Kategorie des Wissens der Wirtschaftssubjekte ist nicht möglich (vgl. *Alter* 1982, S. 153).[53]

Menger bleibt bei seinem Bemühen, die Preise auf den Märkten aus dem Verhalten der Marktteilnehmer abzuleiten, nicht bei der Analyse der Handlungen der Nachfrager stehen. Auch die Angebotsseite wird in die Theorie integriert.[54] Mit den Ansätzen zur Formulierung einer Theorie der Opportunitätskosten gelingt es schließlich *Menger*, die subjektive Nutzentheorie als allgemeine Theorie menschlichen Handelns zu formulieren. Kosten, die das Verhalten der Wirtschaftssubjekte beeinflussen, sind die entgangenen Nutzeneinheiten einer alternativen Verwendung von Produktionsfaktoren.[55]

2.2.1.2. *Mengers* Nutzentheorie

Mengers Nutzentheorie knüpft an seine Überlegungen zur Definition von Gütern und

---

[53] *Vaughn* weist darauf hin, daß die gesamten „Grundsätze der Volkswirtschaftslehre" von der Bedeutung der Kategorie des subjektiven Wissens über ökonomische Tatbestände geprägt sind: „Economic life is built around gaining knowledge and power; knowledge of causal relationships between things and satisfactions (52), knowledge of the relationship between goods of higher order (capital goods in our parlance) and goods of the first order (56-57), knowledge of available quantities of goods (89), knowledge of trading opportunities (170), knowledge of the 'economic' situation (224), and the power to make the best use of one's knowledge. The acquisition of knowledge is an integral part of man's struggle to provide for his economic well-being" (*Vaughn* 1994a, S. 22 (die Seitenzahlen in den Klammern beziehen sich auf die Übersetzung der „Grundsätze der Volkswirtschaftslehre" von *Dingwall, James* und *Bert F. Hoselitz* (New York University Press) von 1981)).

[54] *Kirzner* weist jedoch darauf hin, daß *Menger* die Bedeutung des Unternehmers für ökonomische Prozesse nicht ausreichend berücksichtige. Obwohl *Menger* wichtige, für die Rolle des Unternehmers elementare Themenschwerpunkte anspreche - zu nennen sind hier Wissen, Ungewißheit, Zeit und die Möglichkeit von Fehlern -, entwickle er keine eigenständige Unternehmertheorie. *Kirzner* erklärt dies mit der Konzentration *Mengers* auf werttheoretische Fragestellungen (vgl. *Kirzner* 1978c, S. 31 ff.; *Kirzner* 1992a, S. 76-79). *Martin* diskutiert außerdem die Kritik *Knights* bezüglich der vermeintlich fehlenden Unternehmertheorie bei *Menger*. Sie kommt zu dem Ergebnis, daß *Menger* aus dem Phänomen der Ungewißheit sowie der Aufgabe zur Koordination die Unternehmerrolle in der Ökonomie ableite. Die Problematik der Koordinationsaufgabe ergibt sich aus der Tatsache gegebener Kapitalkomplementaritäten zwischen Gütern höherer Ordnung, die bei der Produktion von Gütern niedriger Ordnung berücksichtigt werden müssen (vgl. *Martin* 1979, S. 279-283).

[55] Vgl. *Hayek* (1990, S. 28 f.), *Kirzner* (1992a, S. 60), *O'Driscoll* (1986a, S. 603 f.), *Streissler* (1989, S. 129). *Menger* formuliert „... als allgemeines Gesetz der Werthbestimmung einer concreten Quantität eines Gutes höherer Ordnung, dass der Werth derselben gleich ist der Differenz zwischen der Bedeutung jener Bedürfnisbefriedigungen, welche im Falle unserer Verfügung über die Quantität des Gutes höherer Ordnung, dessen Werth in Frage ist, und jener, welche im entgegengesetzten Falle, bei jedesmaliger ökonomischer Verwendung der Gesamtheit der uns verfügbaren Güter höherer Ordnung, erfolgen würden" (*Menger* 1871/1968, S. 142). Es ist deshalb schlicht nicht richtig, wenn *Stigler Menger* vorwirft, er habe keine Kostentheorie, er würde die Existenz von Kosten negieren (vgl. *Stigler* 1937, S. 242 f.). *Menger* hat tatsächlich keine objektive Kostentheorie, er lehnt die Arbeitswertlehre ab. Konsequent spricht *Menger* lediglich von subjektiven Kosten, nämlich dem Nutzenentgang der nächstbesten Verwendung. Seine Kostentheorie ist eine subjektive, die nach *Menger* vor allem von *Wieser* weitergeführt und ausgebaut wird (vgl. u.a. *Hayek* 1965, S. 69; *Rizzo* 1992a, S. 92).

zum vertikalen Produktionsaufbau an. Zur Verdeutlichung seiner Theorie des Grenznutzens benutzt *Menger* ein Tableau, auf dem Nutzenskalen abgetragen werden. Da er die Nutzeneinheiten in Zahlen ausdrückt, wurde teilweise vermutet, daß *Menger* auf kardinale Nutzengrößen abstellt. *Menger* weist jedoch selbst darauf hin, daß die Zahlen der Nutzenskalen nicht die absolute, sondern nur die relative Bedeutung der Bedürfnisse zeigen, es sind Ordinal- und keine Kardinalzahlen.[56]

Aufbauend auf der Analyse des Grenznutzens diskutiert *Menger* die Notwendigkeit des Ausgleichs der Grenznutzen für die Erreichung des individuellen Gleichgewichts. Dafür verwendet er wie bei der Grenznutzendiskussion das Tableau der Nutzenskalen. Zehn Nutzenskalen werden entsprechend ihrer Bedeutung für das Individuum in Reihenfolge gebracht und die Bedeutung der Bedürfnisbefriedigungsfähigkeit der abgetragenen Güter (z.B. Skala I: Nahrungsbedürfnis und Skala V: Tabakgenußbedürfnis) durch die Höhe der ordinalen Nutzenzahlen verdeutlicht.

Abb. 2.2.:   Tableau von zehn Nutzenskalen

Nahrungsmittel-
bedürfnis
↓

Tabakgenuß-
bedürfnis
↓

I	II	III	IV	V	VI	VII	VIII	IX	X
10	9	8	7	6	5	4	3	2	1
9	8	7	6	5	4	3	2	1	0
8	7	6	5	4	3	2	1	0	
7	6	5	4	3	2	1	0		
6	5	4	3	2	1	0			
5	4	3	2	1	0				
4	3	2	1	0					
3	2	1	0						
2	1	0							
1	0								
0									

Quelle:*Menger* 1871/1968, S. 93 mit den Ergänzungen zu I: Nahrungsmittelbedürfnis
und zu V: Tabakgenußbedürfnis.

Das Tableau drückt zunächst die relative Bedeutung der Bedürfnisse für das Individuum aus. Bis zu einem subjektiv unterschiedlichen Grad der Vollständigkeit besitzt z.B. das Nahrungsmittelbedürfnis für Menschen, die das Ziel haben weiterzuleben, eine deutlich höhere Bedeutung als das Tabakgenußbedürfnis. Die unterschiedliche Wertigkeit der Güter für das Individuum wird im Tableau dadurch ausgedrückt, daß die Nutzenskalen von links nach rechts mit immer geringeren ordinalen Nutzenzahlen eröffnet werden (vgl. *Menger* 1871/1968, S. 93 f.; *Stigler* 1937, S. 237). Die Lösung der Frage, welche Güter

---

[56]   Vgl. *Hayek* (1968, S. XV), *High* und *Bloch* (1989, S. 351), *Mayer* (1953, S. 59), *Stigler* (1937, S. 240), *Streissler* und *Weber* 1973, S. 231). Daß *Menger* die Zahlen in seinen Nutzenskalen nicht als kardinale Größen auffaßt, wird am deutlichsten in folgender Passage seiner Volkswirtschaftslehre: „Wir glauben, durch diesen Hinweis auf eine gewöhnliche Lebenserscheinung den Sinn der obigen, *lediglich um der Erleichterung der Demonstration* eines eben so schwierigen, als bisher unbearbeiteten Gebietes der Psychologie *gewählten Ziffern* zur vollen Genüge erklärt zu haben" (*Menger* 1871/1968, S. 94 (Hervorhebung des Verfassers)).

das Individuum in welchem Maße in seinem individuellen Gleichgewicht nun konsu-
mieren wird, findet *Menger* in dem später so benannten zweiten *Gossen*schen Gesetz.
Das Individuum wird die Grenznutzen der hier betrachteten zehn Güter zum Ausgleich
bringen.[57]

2.2.1.3. Zeit, Wissen und Irrtum bei *Menger*

Bei *Menger* finden sich schon die meisten der für die österreichischen Schule konstitutiven Theorieinhalte. *Menger* berücksichtigt im Zuge der Erklärung ökonomischen
Verhaltens ebenso die historische Zeit wie die Möglichkeit des Irrtums. Wissen, Lernen,
Zeit und Irrtum sind bei ihm untrennbar miteinander verbunden: „Die Idee der Causalität
ist nun aber unzertrennlich von der Idee der Zeit" (*Menger* 1871/1968, S. 21).[58]

Jaffé beschreibt *Mengers* Menschenbild ausgesprochen illustrativ. Der Mensch ist eine

„... bumbling, erring, ill-informed creature, plagued with uncertainty, forever
hovering between alluring hopes and haunting fears, and congenitally incapable of
making finely calibrated decisions in pursuit of satisfactions" (*Jaffé* 1976, S. 521).

Wirtschaftliches Handeln wird von *Menger* als Planen für die Zukunft interpretiert.
Das Zeitelement und der sich daraus ergebende Wunsch nach Reduzierung von Unsicherheit spielen für die Planung der in einer Welt der Knappheiten miteinander konkurrierenden Bedürfnisbefriedigungswünsche die überragende Rolle.[59]

Fortschritt ist nach *Mengers* Ansicht durch die Zunahme von Wissen, vor allem von
Wissen über vertikale Produktionszusammenhänge, gekennzeichnet (vgl. *Menger*
1871/1968, S. 29; *Vaughn* 1994a, S. 24).[60] Menschliche Erkenntnis ist jedoch immer

---

[57]   Bei *Menger* findet sich: „Steht nun eine Quantität von Gütern Bedürfnissen gegenüber,
         deren Befriedigung für die Menschen eine verschiedene Bedeutung hat, so werden sie
         zunächst jenen Bedürfnissen genügen, oder aber dafür vorsorgen, deren Befriedigung für
         sie die höchste Bedeutung hat. Bleibt ihnen ein Ueberschuss, so werden sie denselben der
         Befriedigung derjenigen Bedürfnisse zuführen, welche im Grade der Bedeutung jenen obi-
         gen Bedürfnissbefriedigungen zunächst stehen, und so fort den allfälligen Rest der Befrie-
         digung der dem Grade nach nächst wichtigen Bedürfnisse." In der dazugehörenden Fußnote
         konkretisiert *Menger* das Gesagte: „... also alle Bedürfnisse bis zu einem gleichen Grade
         der Wichtigkeit der concreten Acte derselben zur Befriedigung gelangen" (*Menger*
         1871/1968, S. 97 f.). *Kirzner* weist in diesem Zusammenhang zu Recht auf die über-
         ragende Bedeutung, die das Wissen über Knappheiten sowie Entscheidungssituationen als
         Ganzes bei *Menger* als Voraussetzung für das Ökonomisieren spielt, hin (vgl. *Kirzner*
         1978c, S. 34 f.; *Vaughn* 1990, S. 382 f.). Spätere Vertreter der österreichischen Schule,
         wie *Hans Mayer, Alexander Mahr* oder auch *Leo Illy* kritisieren die Aussagen des zweiten
         *Gossen*schen Gesetzes dagegen heftig. *W. Weber* äußert außerdem die Überzeugung, daß
         auch *Menger* die Gültigkeit der Aussagen des zweiten *Gossen*schen Gesetzes abgelehnt
         hätte (vgl. *Weber*, 1953, S. 7). Die hier angeführten Textstellen des *Menger*schen Werkes
         lassen diesen Schluß jedoch nicht zu.

[58]   Vgl. auch *Alter* (1990a, S. 331), *Borch* (1973, S. 61, 68), *Jaffé* (1976, S. 520), *Kirzner*
         (1978c, S. 33), *Streissler* (1972, S. 427).

[59]   Vgl. *Alter* (1990b, S. 119), *Hayek* (1968, S. XIV), *O'Driscoll* (1986a, 603), *Streissler*
         und *Weber* (1973, S. 229), *Vaughn* (1994a, S. 24-26), *Wagner* (1978, S. 69).

[60]   In Erweiterung des Ansatzes von *Adam Smith*, der den wirtschaftlichen Fortschritt als
         Funktion der horizontalen Arbeitsteilung auf den Märkten begreift, weist *Menger* auf die
         überragende Bedeutung des Wissens über vertikale Produktionsstrukturen hin. Vgl. dazu

fehlbar. Die wichtigste Quelle für Irrtümer im Rahmen von Wirtschaftsentscheidungen liegt in der Zeitdauer des Produktionsprozesses begründet.[61] Die Kombination der Produktionsfaktoren zur Herstellung von Gütern niedriger Ordnung, d.h. die unternehmerische Aufgabe der Umwandlung von Gütern höherer Ordnung in Güter niedriger Ordnung, ist zeitintensiv (vgl. *Menger* 1871/1968, S. 133, 136 f.; *Zuidema* 1988, S. 23). Konsequenz ist, daß die Güter höherer Ordnung allenfalls der zukünftigen Bedürfnisbefriedigung dienen können, wohingegen Güter erster Ordnung in der Lage sind, aktuelle Bedürfnisse zu befriedigen. Daraus ergibt sich wiederum, daß das Wissen über die Quantität und Qualität Güter erster Ordnung sicherer ist als über die höherer Ordnung (vgl. *Menger* 1871/1968, S. 23; *Borch* 1973, S. 64 f.).[62] Außerdem gewinnt der Informationsaspekt an Bedeutung. Je stärker die Arbeitsteilung und je tiefer die vertikale Produktionsstruktur als Ausdruck für den wirtschaftlichen Fortschritt eines Landes, desto wichtiger werden Informationen über Tauschgelegenheiten.[63]

Die Ungewißheit zukünftiger Güterqualitäten steigt demnach mit der Komplexität ihrer Produktion, die wiederum eine Folge der Wissensakkumulation, d.h. des Fortschritts, ist. Als paradoxes Ergebnis ergibt sich infolge des Anstiegs an Wissen eine Zunahme an Ungewißheit. Da diese jedoch mit einer Zunahme an Wohlstand korreliert ist, begeht *Menger* nicht den Fehler, in eine fortschrittsfeindliche Gesinnung zu verfallen, sondern erweitert seine Theorie um die Analyse der Wirkung von Institutionen. Sie sind in komplexen Marktgesellschaften notwendig, um durch die Bereitstellung von für die Koordination von Plänen relevanten Informationen Ungewißheit zu reduzieren. Schon 1871 weist *Menger* auf die Bedeutung der Rechtsordnung, vor allem des Besitzschutzes, für ökonomische Prozesse hin (vgl. *Menger* 1871/1968, S. 56; *Kirzner* 1990a, S. 101).[64]

---

[61] das Kapitel §5 „Ueber die Ursachen der fortschreitenden Wohlfahrt der Menschen" in *Menger* (1871/1968, S. 26-29).

Vgl. *Menger* (1871/1968, S. 44), *Streissler* (1989, S. 131), *Cubeddu* (1993, S. 65 f.).

[62] *Stigler* weist darauf hin, daß unter Berücksichtigung des Zeithorizontes der Produktion der *antizipierte, erwartete* Konsumgüterwunsch die Güterqualität des Kapitalgutes ausmache (vgl. *Stigler* 1937, S. 234; *Vaughn* 1978, S. 62). Die damit angesprochene Notwendigkeit der Formulierung einer Theorie der Erwartungen ist ein zentrales Thema des nächsten Hauptkapitels.

[63] Vgl. *Menger* (1871/1968, S. 47), *Streissler* (1972, S. 430), *Streissler* und *Weber* (1973, S. 229), *Vaughn* (1994a, S. 33). *White* begründet *Mengers* Zurückhaltung bei der Ableitung eines markträumenden Preises - *Menger* leitet lediglich eine enge Marge ab - mit dem Phänomen der Ungewißheit und des begrenzten Wissens der Marktakteure - zwei zentrale Punkte, die *Menger* systematisch berücksichtigt (vgl. *White* 1990a, S. 353).

[64] *Kirzner* wirft *Menger* im weiteren jedoch vor, interventionistische Staatseingriffe in den Marktpreismechanismus zu legitimieren. Aus *Mengers* Berücksichtigung, daß sich Menschen täuschen können oder schlicht zu wenig Wissen besitzen, um die für sie objektiv optimale Präferenzstruktur zu entwickeln, ergebe sich eine Legitimation für meritorische Staatseingriffe (vgl. *Kirzner* 1990a, S. 102-105). Dagegen weist *Shearmur* darauf hin, daß *Menger Smith* wegen dessen konstruktivistische Haltung kritisiert und immer wieder auf die Bedeutung der Evolution von Institutionen hinweist. Insgesamt ordnet *Shearmur Mengers* Position zwischen reinem Evolutionismus und striktem Konstruktivismus ein (vgl. *Shearmur* 1986, S. 213 f.). *Mengers* Position wird aus folgendem Zitat ersichtlich. Er hängt der Wissenschaft an, „... welche in der Besserung der Lage des Arbeiterstandes und in einer gerechten Einkommensverteilung, indess nicht minder in der Förderung individueller Tüchtigkeit, des Sparsinnes und des Unternehmungsgeistes gleich wichtige Auf-

Bezogen auf den Kapitalbedarf der Unternehmertätigkeit in einer Volkswirtschaft formuliert er den allgemeinen Grundsatz: „Der Credit vermehrt, Rechtsunsicherheit vermindert dieselben [die „Capitalien"]" (*Menger* 1871/1968, S. 150).

Zeit und Irrtum spielen außerdem bei *Mengers* Diskussion sog. „eingebildeter Güter" eine entscheidende Rolle. Hierzu knüpft er an seine Güterdefinition an. Um eingebildete Güter handelt es sich nach *Menger* zum einen, wenn die erste Voraussetzung des Gutscharakters (ein menschliches Bedürfnis) nicht erfüllt ist oder zum anderen sowohl die zweite (die bedürfnisbefriedigende Eigenschaften des Gegenstandes) als auch das Wissen darüber, nämlich die dritte Voraussetzung (die Erkenntnis des Zusammenhangs zwischen Bedürfnis und Eigenschaft des Gegenstandes), nicht erfüllt sind, was jedoch jeweils von dem Wirtschaftssubjekt fälschlicherweise angenommen wird. Diese Kategorisierung erscheint aus der Perspektive einer subjektiven Wirtschaftstheorie inkonsequent. Wer ist die objektive Instanz, die zwischen „richtigen" und „eingebildeten Gütern" unterscheidet? Würde *Menger* hier eine solche objektive Instanz einführen, wäre sein Theoriegeäude tatsächlich inkonsistent.[65] Da er so jedoch nicht vorgeht, erscheint mir die Interpretation *Vaughns* bezüglich dieses Teils der *Menger*schen Theorie überzeugend. *Vaughn* erinnert an den Ausgangspunkt, den *Menger* für seine Wirtschaftstheorie wählt. Er beginnt sein Werk mit den Sätzen: „Alle Dinge stehen unter dem Gesetze von Ursache und Wirkung. Dieses grosse Princip hat keine Ausnahme ..." (*Menger* 1871/1968, S. 1). Diese Kausalitäten gelten immer, sind jedoch dem Menschen nicht immer im vollen Maße bewußt. Menschen müssen erst lernen, die Zusammenhänge zu begreifen und die Kausalitäten für ihre Zwecke zu nutzen. In diesem Lernprozeß sind Irrtümer unvermeidlich. Die subjektive Einschätzung des Nutzens mancher Güter verändert sich im Zeitablauf. Es gibt demnach keine objektive Instanz, die Güter in „eingebildete" und „tatsächliche" einteilt, sondern nur das Individuum selbst, welches lernt und Wissen akkumuliert. Menschen lernen im Zeitablauf, ihre Fehler zu korrigieren.[66] *Ex ante* „eingebildete Güter" werden *ex post* nicht mehr als Güter angesehen. Entscheidende Instanz ist und bleibt dabei das Individuum selbst. Erst das Zusammenspiel von Bedürfnissen, Wissen und Zeit, welche für die Lernprozesse benötigt wird, gibt der Kategorie der „eingebildeten Güter" ihren tieferen Sinn.

Das Wissen über Tauschgelegenheiten bildet außerdem eines von drei Merkmalen, die vorhanden sein müssen, damit es zum Tausch kommt. Weitere Voraussetzung für den *ökonomischen* Tausch stellt nach *Menger* die Abweichung der individuellen, subjektiven Grenznutzenniveaus bezüglich der zu tauschenden Güterquantitäten voneinander dar. Ein Tausch kommt nicht zustande, wenn der jeweilige Nutzen der Tauschpartner dadurch

---

gaben der Staatsgewalt erkennt" (*Menger* 1891/1970, S. 245). Diese mit ordnungstheoretischen Vorstellungen gut vereinbare Aussage zeigt, daß *Menger* offensichtlich keine interventionistischen Staatseingriffe aus seiner Theorie ableitet.

[65] Vgl. dazu die Kritik von *White* (1992a, S. 259).

[66] Vgl. *Vaughn* (1994a, S. 23 f.), *Vaughn* (1990, S. 386), *Kirzner* (1978c, S. 35). Die Interpretation *Vaughns* wird von folgender Textstelle in *Mengers* „Grundsätzen der Volkswirtschaftslehre" unterstützt: „Die Bedeutung der verschiedenen Bedürfnisbefriedigungen, beziehungsweise der einzelnen Acte derselben, ist indess ein Gegenstand der Beurtheilung seitens der wirthschaftenden Menschen, und die bezügliche Erkenntniss somit unter Umständen auch dem Irrthume unterworfen" (*Menger* 1871/1968, S. 121).

nicht erhöht wird. Schließlich stellt die jeweilige Verfügbarkeit über die zu tauschenden Güter die dritte Voraussetzung für den ökonomischen Tausch dar (vgl. *Menger* 1871/1968, S. 158-160).[67]

Beachtenswert ist darüber hinaus - neben vielen weiteren, im Rahmen dieser Arbeit nicht weiter zu vertiefenden Erkenntnissen *Mengers* - seine Analyse der Marktevolution. *Menger* geht davon aus, daß zwischen Leistungs- und Nicht-Leistungsmonopolen unterschieden werden muß. Das Monopol steht am Anfang der Marktentwicklung. Hat der Innovator mit dem Angebot seines Gutes Erfolg und steigt der Bedarf nach seinen Waren an, so wird die Konkurrenz durch diesen Nachfragesog, den der Monopolist infolge seiner monopolistischen Gewinnstrategie (hoher Preis und geringe Angebotsmenge) nicht mehr alleine bedienen kann, quasi automatisch hervorgerufen. Als unintendiertes Ergebnis des gewinnorientierten Verhaltens des Anbieters entwickelt sich ein wettbewerblicher Markt. Das Monopol geht dem wettbewerblichen Markt somit zeitlich und logisch voraus.[68] Der entstehende Wettbewerb ist damit der notwendige soziale Mechanismus, der verhindert, daß der etablierte Monopolist seinen Spielraum am Markt dauerhaft effizienzmindernd ausschöpfen kann (vgl. *Menger* 1871/1968, S. 212; *Zuidema* 1988, S. 32).

2.2.1.4. Das Determinismusproblem

Neben der Berücksichtigung der Kategorien der historischen Zeit, des Wissens und des Lernens der Wirtschaftssubjekte spielt für die Beurteilung evolutionärer ökonomischer Prozesse außerdem noch die Frage, ob menschliches Handeln determiniert ist oder ob sich evolutionäre Prozesse nicht vielmehr durch ihre Offenheit auszeichnen, eine bedeutende Rolle. In diesem Zusammenhang setzt sich *Lachmann* kritisch mit *Mengers* Vorstellung zur Determiniertheit menschlichen Handelns auseinander.

Menger spricht etwas unglücklich von determiniertem Verhalten,[69] womit er ausdrücken möchte, daß Wirtschaftssubjekte bei ihrer Planverfolgung die ökonomischen Gesetzmäßigkeiten nicht ignorieren dürfen, wollen sie Erfolg haben. In jeder Situation gibt es nur einen optimalen Weg, die eigenen Ziele zu erreichen. Dieser ist bestimmt durch die ökonomischen Gesetzmäßigkeiten und die gegebenen Rahmenbedingungen, die allerdings im Zeitablauf nicht konstant bleiben müssen - und es in evolutionären Prozessen auch nicht sind. Da die Wirtschaftssubjekte jedoch nur über begrenztes Wissen verfügen, werden sie den für sie optimalen Weg oftmals nicht finden. *Menger* drückt dies

---

[67] Hieraus wird zudem deutlich, daß Menger nicht einen irgendwie gearteten Trieb der Menschen annehmen muß, der dazu führt, daß Güter getauscht werden, sondern sich der Tausch aus dem gleichen Prinzip ergibt, das die Menschen in einer Welt der Knappheit überhaupt zum Wirtschaften führt: aus ihrem Bestreben, ihre Bedürfnisse möglichst vollständig zu befriedigen. Vgl. auch *Zuidema* (1988, S. 18).

[68] Vgl. *Menger* (1871/1968, S. 201-205), insbesondere S. 202: „Das Monopol als factischer Zustand und nicht als gesellschaftliche Beschränkung der freien Concurrenz aufgefaßt, ist demnach der Regel nach das ältere, das ursprünglichere, die Concurrenz das der Zeitfolge nach spätere ...". Vgl. auch *O'Driscoll* (1982, S. 206 f.).

[69] Vgl. den Anhang VI der „Untersuchungen" *Mengers* über die Methode der Sozialwissenschaften: *Menger* (1883/1969, S. 262-266).

folgendermaßen aus:

> „... so ist der Weg, welcher von den handelnden Menschen zur Erreichung des angestrebten Zieles in der Wirklichkeit betreten zu werden vermag oder thatsächlich betreten werden wird, von vorn herein (...) keineswegs streng determiniert." Die Gründe dafür sind „Willkür, Irrthum und sonstige Einflüsse ..." „Sicher ist dagegen, dass unter den obigen Voraussetzungen stets nur *Ein* Weg der *zweckmässigste* zu sein vermag" (*Menger* 1883/1969, S. 264 (Hervorhebungen im Original)).

Lachmann sieht hierin „einen Rückfall *Mengers* in eine frühe Epoche seines Denkens, in einen starren, an den Idealen der Naturwissenschaft des 19. Jahrhunderts orientierten Determinismus" (*Lachmann* 1973, S. 53) und fragt, ob ohne solche Einflüsse, wie sie *Menger* nennt, jegliches menschliche Handeln determiniert sei (vgl. *Lachmann* 1973, S. 53; *Lachmann* 1994c, S. 216 f.).

Genau dies ist jedoch der entscheidende Punkt. *Menger* geht vom Menschen aus, der lediglich auf der Basis seines subjektiven Wissens handeln kann und dem Wirken der ökonomischen Gesetzmäßigkeiten unterliegt. Wenn die Wirtschaftssubjekte über vollkommene Informationen verfügen würden, also Willkür, Irrtum oder sonstige planenttäuschende Einflüsse ausgeschlossen wären, dann wäre tatsächlich alles menschliche Handeln determiniert.[70]

Um die Determinismus-Diskussion endgültig zu klären, ist es notwendig, sich mit der wissenschaftstheoretischen Position *Mengers* auseinanderzusetzen. Manche Fehlinterpretation des *Menger*schen Werkes kann durch die Besinnung auf *Mengers* Unterscheidung von exakter und realistisch-empirischer Theorie aufgedeckt werden. Danach ist es Aufgabe der exakten Theorie, mit Hilfe der Methode der isolierenden Abstraktion die ökonomischen Gesetzmäßigkeiten in reiner Form zu formulieren.[71] *Mengers* exakte Wirtschaftstheorie stellt damit eine der Wurzeln der neoklassischen Gleichgewichtstheorie dar. Die im Zusammenhang mit der Wirkung und Entwicklung von Institutionen interessierende realistisch-empirische Theorie hat dagegen die Aufgabe, die Typen und typischen Relationen der realen Erscheinungen zu erforschen (vgl. *Menger* 1883/1969, S. 104). Die Zuordnung wird im Rahmen der Berücksichtigung der Zeit für ökonomische Prozesse deutlich. *Menger* unterscheidet zwischen logischer und historischer Zeit, wobei erstere die Grundlage für die exakte Theorie bildet.[72] Die exakte Theorie hat die Auf-

---

[70] *Hayek* greift diese Erkenntnis im Zuge seiner Freiheitsbetrachtungen wieder auf. Er vertritt die Auffassung, daß unvollkommenes Wissen ein für den Menschen typisches Merkmal sei, was beispielsweise dazu führe, daß auch Regelverhalten rationales Verhalten sei (vgl. *Hayek* 1969a, S. 45). Außerdem besteht im Falle vollkommener Informationen keine individuelle Handlungsfreiheit mehr (vgl. *Hayek* 1969f, S. 171).

[71] „Die exacte Richtung der theoretischen Forschung soll uns nun die Gesetze lehren, nach welchen auf Grund dieser so gegebenen Sachlage sich aus den obigen, den elementarsten Factoren der menschlichen Wirthschaft, in ihrer Isolierung von anderen auf die realen Menschheitserscheinungen Einfluss nehmenden Factoren, nicht das reale Leben in seiner Totalität, sondern die complicirteren Phänomene der menschlichen Wirthschaft entwickeln" (*Menger* 1883/1969, S. 45). Vgl. auch *Böhm-Bawerk* (1924, S. 207).

[72] „Die Erscheinungsformen, mit welchen sie [die exakte Theorie] operirt, sind indess nicht nur in Rücksicht auf räumliche, sondern auch auf *zeitliche* Verhältnisse streng typisch gedacht, und die Thatsache der Entwicklung der *realen* Phänomene übt demnach auch keinen

gabe, die exakten Gesetze deduktiv aus dem Axiom des Wunsches nach Bedürfnisbefriedigung in einer Welt der Knappheit abzuleiten, d.h., die „Erscheinungen der
Wirthschaftlichkeit" zu verdeutlichen, welche streng determiniert sind (vgl. *Menger*
1883/1969, S. 265). Im Rahmen der realistisch-empirischen Theorie ist dagegen weder
von der logischen Zeit noch vom Determinismus des ökonomischen Handelns die Rede.

Es bleibt also festzuhalten, daß auch *Menger* menschliches Handeln als nicht-deter-
miniert ansieht. Bei dem Wunsch, subjektive Bedürfnisse durch wirtschaftliches Handeln
zu befriedigen, werden Fehler gemacht, was u.a. an dem *ex ante* unvollkommenen Wissen der Wirtschaftssubjekte liegt. Aus diesen Fehlern werden sie jedoch lernen und neue
Mittelkombinationen ausprobieren, um ihre subjektiven Ziele zu erreichen. Determinismus ist demnach lediglich ein Phänomen der exakten Theorie, nicht jedoch der realistisch-empirischen Theorie (vgl. auch *Boos 1986, 128)*. *Lachmanns* Kritik an *Mengers*
Determinismus-These trifft demnach nicht die gesamte Theorie *Mengers* als einheitliches
Theoriegebäude.[73] Kritisch angemerkt werden kann im Sinne *Lachmanns* jedoch, daß
Menger durch seine Theorieteilung die neoklassische Gleichgewichtstheorie mitbegrün-
det, die gerade die für menschliche Handlungen elementaren Merkmale der Ungewißheit,
des mangelhaften Wissens und der Bedeutung der historischen Zeit vernachlässigt und
damit der Offenheit evolutionärer Prozesse nicht gerecht wird. Außerdem berücksichtigt
Menger noch nicht die Wirkung von Neuerungen auf den ökonomischen Prozeß. Wird
wie in der modernen Ökonomik nicht-antizipierbares innovatives Verhalten zum Gegenstand der Untersuchung gemacht, ergibt sich die Offenheit ökonomischer Prozesse auch
für *Mengers* exakte Theorie.

Lachmann selbst leitet jedenfalls die Indeterminiertheit menschlichen Handelns aus der
Möglichkeit ab, daß - trotz der Knappheit der Ressourcen - die zur Verfügung stehenden
Mittel zur Realisierung alternativer Zwecke kreativ aufgewendet werden können.[74]
Kirzner weist immer wieder darauf hin, daß unternehmerisches Handeln mehr ist als
*Robbins*sches Ökonomisierungshandeln. Die Suche nach überlegenen Ziel-Mittel-Rah-
men ruft neue Verhaltensweisen hervor. *Shackle* spricht in diesem Zusammenhang vom
uncaused cause. Dadurch entflieht das handelnde Individuum dem Entscheidungs-
determinismus.[75]

---

[73] Einfluss auf die Art und Weise aus, in welcher die exacte Forschung das theoretische Problem zu lösen unternimmt" (*Menger* 1883/1969, S. 115) (Hervorhebungen im Original)).
Vgl. zur Beziehung zwischen *Mengers* exakter und realistisch-empirischer Theorie *Engelhard, Fehl* und *Geue* (1996, S. 273-275).

[74] Vgl. *Lachmann* (1984c, S. 163), *Kirzner* (1992b, S. 45 f.), *Vaughn* (1992, S. 263).
Ebenso *O'Driscoll* und *Rizzo* (1986, S. 257).

[75] Vgl. *Hayek* (1981, S. 236), *Langlois* (1982, S. 80), *Vaughn* (1992, S. 254). *Knight* ist der
Meinung, daß in modernen Gesellschaften die Suche nach überlegenen Ziel-Mittel-Rahmen
die Optimierung im gegebenen Rahmen dominiert: „Wir verlangen nicht, daß unsere
Bedürfnisse befriedigt werden, wenn nicht zugleich damit ein Schritt zu 'mehr und besse-
ren' Bedürfnissen getan wird" *Knight* (1932, S. 70). *Meyer* diskutiert das Problem der
Willensfreiheit für die kausale Erklärung menschlicher Handlungen. Er kommt zu dem
Ergebnis, daß sich aufgrund der prinzipiellen Willensfreiheit der Individuen die „Gesetze"
der Sozialwissenschaften lediglich durch Allgemeinheit und Unausweichlichkeit auszeich-
nen, im Gegensatz zu den naturwissenschaftlichen Gesetzen, die durch Allgemeinheit und
Notwendigkeit charakterisiert seien (vgl. *Meyer* 1992b, S. 36). Mit Unausweichlichkeit ist

Auch *Popper* insistiert in seiner Auseinandersetzung mit deterministischen Geschichts-
theorien auf der Indeterminiertheit der Zukunft. Die Unvorhersagbarkeit und Offenheit
der Zukunft ergibt sich aus der Evolution des Wissens der Menschen. Handlungen basieren immer auch auf dem zugrundeliegenden, in der Vergangenheit bis zur Gegenwart
erworbenen Wissen. Zukünftiges Handeln hängt folglich u.a. von zukünftigem Wissen
ab. Da dieses zukünftige Wissen heute nicht bekannt sein kann - wäre es vollkommen
prognostizierbar, könnte es heute schon angewendet werden -, ist die Zukunft offen, d.h.
indeterminiert.[76]

Insgesamt wird deutlich, daß *Menger* die Grundlagen einer subjektiven Wirtschaftstheorie formuliert, die insbesondere durch die Betonung der Subjektivität ökonomischen
Handelns gekennzeichnet ist. Die Planung der Produktion wird dabei unter Rückgriff auf
die *Menger*sche Güterordnung erklärt, wobei zumindest im Rahmen der realistisch-
empirischen Theorie die Implikationen der historischen Zeit und des begrenzten Wissens
der Wirtschaftsakteure berücksichtigt werden. Damit wird gleichzeitig die Grundlage für
eine Theorie nicht-deterministischer, offener Prozesse gelegt.

Im weiteren wird zu klären sein, inwiefern *Mengers* Nachfolger sein komplexes
Forschungsprogramm weitergeführt haben. Bei der Präsentation wichtiger Theorieinhalte
des *Menger*schen Werkes wurde bisher ein zentrales Themengebiet bewußt ausgespart.
Es handelt sich dabei um *Mengers* evolutionäre Theorie der Institutionen. Da auf diese
im 4. Kapitel ausführlich eingegangen wird, mag hier der Hinweis darauf genügen. Hinzu
kommt, daß die Auseinandersetzung mit institutionenökonomischen Fragen in der österreichischen Schule systematisch erst wieder von *Hayek* aufgenommen wurde, da die
direkten Nachfolger Mengers diese Fragestellungen mit wenigen Ausnahmen vernach-
lässigten. Im folgenden wird analysiert, wie *Mengers* Ansichten zur Bedeutung des Wissens, des Lernens, der Zeit und der Ungewißheit sowie deren Implikationen für ökonomische Prozesse - Themen, die gerade in der Neoklassik nur eine untergeordnete Rolle
spielen[77] -, von seinen Nachfolgern weitergeführt werden.

2.2.2. *Mises'* Theorie der Praxeologie

Mises entwickelt die Konzeption *Mengers* weiter. Er entwirft eine praxeologische
Theorie, d.h. eine allgemeine Theorie menschlichen Handelns, um ökonomische Phänomene ausgehend vom Individuum erklären zu können. Praxeologie, d.h. die Wissenschaft

---

dabei der Sachverhalt angesprochen, daß es soziale Zusammenhänge gibt, denen der prinzipiell frei Handelnde nicht entfliehen kann.

[76] Vgl. *Popper* (1987, S. 83-94), *Popper* (1992b, S. 100-103), *Dietl* (1993, S. 19), *Krüsselberg* (1995, S. 96, 100).

[77] *Alter* versucht in einer interessanten - nicht unumstrittenen - Übersicht, Gemeinsamkeiten
und Unterschiede *Mengers* mit der späteren Neoklassik zu verdeutlichen (vgl. *Alter* 1982,
S. 156). *Endres* kritisiert *Alter* bezüglich der Annahmen, *Menger* wäre von einem konstanten Geschmack der Wirtschaftssubjekte und vom Maximierungshandeln ausgegangen, was
Inkonsistenzen bei der Berücksichtigung fehlerhaften Verhaltens (gemessen an einem
objektiven, nicht erreichbaren Ideal) und individueller Lernprozesse seitens *Mengers* her-
vorrufen würde. *Endres* begründet im Gegenteil die Konsistenz der *Menger*schen Theorie
(vgl. *Endres* 1984, S. 898-901). Vgl. zu diesem Thema auch die Gegenüberstellung der
methodischen Unterschiede zwischen *Menger* und *Walras* von *Kauder* (1957, S. 412 f.).

vom menschlichen Handeln, ist nicht nur Forschungsziel, sondern auch Methode wissenschaftlicher Erkenntnis.

Es ist nicht möglich, im Rahmen dieser Arbeit auf alle Facetten des *Mises*schen Werkes einzugehen, das sich vor allem durch die enge Verknüpfung von Wissenschafts- und
Wirtschaftstheorie auszeichnet (vgl. *Engelhard, Fehl* und *Geue* 1996, S. 275-281).[78]
Hier werden *Mises'* Ansichten zur Bedeutung der Subjektivität, des Wissens, des Lernens, der Zeit und der Ungewißheit sowie die sich daraus ergebenden Implikationen für
ökonomische Prozesse analysiert. Dadurch werden Zusammenhänge mit dem *Menger*-
schen Werk aufgedeckt und die weitere Entwicklung der österreichischen Schule der
Nationalökonomie verdeutlicht. Erst auf der Basis der gewonnenen Einsichten *Mengers*
und *Mises'* ist die Weiterentwicklung der kausal-genetischen Institutionentheorie sinnvoll.

2.2.2.1. Wissenschaftstheoretische Grundlagen der Praxeologie

Es ist nicht möglich, dem Werk von *Mises* gerecht zu werden, ohne seine wissenschaftstheoretischen Grundannahmen kurz zu verdeutlichen. Erst nach Kenntnisnahme
der wissenschaftstheoretischen Basis werden *Mises'* Vorgehensweise und die konkreten
Inhalte der subjektiven Wirtschaftstheorie verständlich.

Mises verankert die Aussagen der Praxeologie in der a priori gültigen Grundaussage:
„Human action is purposeful behaviour" (*Mises* 1949, S. 11)[79] Er trennt in eindeutiger
Weise ökonomisch relevantes, bewußtes, zielgerichtetes Handeln - d.h. die Kombination
von Mitteln, um Zwecke zu erreichen - von unbewußtem, rein reflexhaftem Verhalten.
Aus der nicht beliebig gewählten, sondern in der Realität introspektiv verankerten
Grundkategorie wird das gesamte axiomatische Theoriesystem der Praxeologie dedu-
ziert.[80] Durch die logische Deduktion aller weiteren, empirisch nicht widerlegbaren
Kategorien aus der Kategorie des intentionalen Handelns ergibt sich ein in sich geschlos-
senes Denkgebäude zur Untersuchung ökonomischer Tatbestände.[81]

---

[78] Tatsächlich wird die Ansicht vertreten, daß diese enge Verknüpfung der Grund dafür sei,
daß der Praxeologie kein größerer Erfolg beschieden ist (vgl. *Albert* 1994, S. 150; *Meyer*
1981, S. 48; *Vaughn* 1994a, S. 78). Vgl. hierzu beispielsweise auch die Erwiderungen
Blocks auf die Kritik von *Gutiérrez* und auf die Aussagen *Nozicks* zum Forschungsprogramm der Praxeologie (vgl. *Gutiérrez* 1971, S. 327 ff. und *Block* 1973, S. 377 ff.
sowie *Nozick* 1977, S. 353 ff. und *Block* 1980, 397 ff.). *Lange* analysiert die polnische
Tradition der Praxeologie als Wissenschaft vom rationalen Handeln, die sich in ihrem
Erklärungsanspruch signifikant von den Vorstellungen von *Mises* unterscheidet. Dieser
wird vielmehr wegen seines Apriorismus kritisiert (vgl. *Lange* 1963, S. 185 ff., insb. S.
195 f. und 227 f.).

[79] Handeln im *Mises*schen Sinne ist demnach identisch mit aktivem und passivem (bewußten)
Verhalten. „To consume and to enjoy are no less action than to abstain from accessible
consumption and enjoyment" (*Mises* 1949, S. 13). Vgl. auch *Rothbard* (1993, S. 1).

[80] „... the category of action is the fundamental category of epistemology, the starting point of
any epistemological analysis" (*Mises* 1962, S. 8). *Mises* installiert somit ein ontogenetisch-
synthetisches Apriori (vgl. *Engelhard, Fehl* und *Geue* 1996, S. 281-286). Vgl. auch
Hoppe (1993, S. 148-151), *Kirzner* (1960, S. 150 f.).

[81] Vgl. Kapitel 2.2.2.2.

Nach *Mises* ist a priori wahr, daß Menschen zielgerichtet handeln. Diese Einsicht ergibt sich durch reflexive Introspektion, nicht erst durch Erfahrung. Menschen handeln teleologisch, um ihre latente Unzufriedenheit, die sich in einer Welt der Knappheit unweigerlich einstellt, zu überwinden (vgl. *Mises* 1962, S. 2 f., 7 und 18 f.).[82] Handeln stellt somit nichts anderes dar als den Versuch der Menschen, ihre individuellen Ziele zu realisieren. Der Akt des Handelns ist dadurch charakterisiert, daß zunächst die individuellen, subjektiven Ziele festgelegt werden, um im weiteren mit Hilfe der zur Verfügung stehenden Mittel die Realisierung derselben zu versuchen. Die Kategorie des Handelns ist dem Menschen angeboren, sie ist eine menschliche Eigenschaft. Nach Mises finden wir den Begriff und das Wesen des Handelns in uns selbst.[83] Für die Interpretation des Handelns steht uns kein anderes Deutungsschema zur Verfügung als das, was wir durch Einsicht in das Wesen unseres eigenen Handelns gewonnen haben. Das Wissen, daß die Mitmenschen ebenfalls Wesen sind, die bewußt handeln, ist jedem Menschen a priori gegeben. Die Entstehung und die Herkunft dieses Wissens ist nach Mises das Ergebnis biologischer Evolution.[84] Nicht denkmöglich ist danach die Vorstellung, daß Menschen nicht teleologisch handeln würden, und zwar deshalb nicht, weil die Menschheit insgesamt in einer langen Evolutionsgeschichte die Erfahrung gemacht hat, daß Menschen über die Kategorie des Handelns in der Lage sind, in einer durch das Phänomen der Knappheit gekennzeichneten Umwelt zu überleben. Das Grundaxiom kann nicht

---

[82] Vgl. auch *Hoppe* (1983, S. 50), *Meyer* (1986, S. 222), *Rizzo* (1978, S. 50 f.).

[83] Deutlich wird hier die Beeinflussung von *Mises* durch *Kant*. *Mises'* Intention ist es offensichtlich, die Nationalökonomie theoretisch so zu fundieren, daß sie als „eigentliche Wissenschaft" im Kantschen Sinne gilt. „Die Praxeologie entspricht als apriorische Wissenschaft, deren Gewissheit apodiktisch ist, dem Kant'schen Begriff der 'eigentlichen Wissenschaft'" (*Mises* 1940, S. 61 sowie *Mises* 1962, S. 12). Vgl. dazu auch *Meyer* (1981, S. 36 f.) und *Schor* (1991, S. 96). *White* bezeichnet *Mises* als „neo-*Kantian*" (*White* 1977, S. 8). *Rothbard* fundiert die Praxeologie in einer etwas anderen Weise. Er sieht sich stärker beeinflußt von *Aristoteles* und *Thomas von Aquin* als von *Kant*. Für ihn ist das Handelns-Axiom der Praxeologie eher ein empirisches als ein apriorisches Axiom. Damit ist jedoch nicht gemeint, daß das Axiom empirisch überprüfbar sei. Es ist ein empirisches, nicht falsifizierbares Gesetz, das auf innerer und äußerer Erfahrung beruht. *Rothbard* möchte damit erreichen, daß der empirisch relevante Informationsgehalt der Praxeologie stärker in den Vordergrund rückt, ohne den Wahrheitsgehalt der *Mises*schen Theoriekonzeption, der sich aus der a priori-Gültigkeit der praxeologischen Kategorien ergibt, zu verlieren. Vgl. *Rothbard* (1951b, S. 944), *Rothbard* (1957, S. 317 f.), *Rothbard* (1976a, S. 24 f.), *Caldwell* (1984, S. 363). Wie nahe er damit *Mises* steht, zeigt folgende Überlegung. Die Grundkategorie der Praxeologie wird dadurch ermittelt, daß versucht wird, sich das Gegenteil dessen vorzustellen, was als Grundkategorie in Frage kommt. Im Falle der Praxeologie stellt der teleologisch handelnde Mensch die Grundkategorie dar. Es ist undenkbar, daß Menschen nicht zielgerichtet handeln. Dies ist jedoch nur so lange haltbar, wie die Erfahrung, also die Empirie, kein Gegenbeispiel liefert. Wird diese Interpretation akzeptiert, dann wird deutlich, daß selbst kritische Rationalisten mit der Praxeologie als Theoriegebäude leben können. Vgl. dazu auch *Caldwell* (1986, S. 680), *Northrop* (1941, S. 6 f., 12). *Lavoie* ist (nicht nur) aus diesem Grund nicht zuzustimmen, wenn er argumentiert, daß die Praxeologie infolge der Anwendung des Abgrenzungskriteriums *Poppers* (Überprüfbarkeit von Hypothesen) unwissenschaftlich sei (vgl. *Lavoie* 1986, S. 201).

[84] Mit dem Hinweis, daß der menschliche Geist im Laufe der Evolution seine charakteristische Struktur erworben hat, rückt *Mises* in die Nähe der Aussagen der evolutionären Erkenntnistheorie (vgl. *Engelhard, Fehl* und *Geue* 1996, S. 281 f.; *Albert* 1994, S. 155).

bewiesen werden, ist jedoch introspektiv sicher (vgl. *Mises* 1949, S. 34, 39).[85]

Die Praxeologie besteht aus einem System empirisch nicht widerlegbarer Sätze, die das menschliche Handeln erklären können.[86] Das Theoriegebäude der Praxeologie wird ebenso gebildet wie die ebenfalls a priori gültigen Wissenschaften Mathematik und Logik. Von ihnen unterscheidet sich die Praxeologie durch den Aussagegehalt über die reale Welt, der durch das mittels Introspektion gewonnene, in der Realität verankerte Grundaxiom „Menschen handeln zielgerichtet" gesichert wird. Die Grundkategorie der Praxeologie kann nicht beliebig gewählt werden. Sie ergibt sich aus der „... world in which we live and act and which we want to study" (*Mises* 1962, S. 14).[87] Die Grund-annahmen der euklidischen Mathematik sind dagegen frei gewählte Postulate. Die Mathematik ist aus diesem Grunde auch nicht in der Lage, Aussagen über die Realität zu formulieren. Von den empirischen Erfahrungswissenschaften unterscheidet sich die Pra-xeologie dadurch, daß ihre Sätze universelle Gültigkeit beanspruchen können und ihre Erkenntnisse nicht aus der Erfahrung stammen, sondern aus der Vernunft. Sie gehen der Erfahrung voran.[88] Es bleibt festzuhalten, daß „... *die Praxeologie die einzige exakte Wissenschaft von der Wirklichkeit ist"* (*Mises* 1940, S. 60). In diesem Sinne kann sie als „Quasi-Formalwissenschaft" bezeichnet werden.[89]

---

[85] Siehe auch *Mises* (1962, S. 4): „The starting point of all praxeological thinking is (...) a self-evident proposition, fully, clearly and necessarily present in every human mind." und S.6: „The truth of this cognition is as self-evident and as indispensable for the human mind as is the distinct between A and non-A" und schließlich S. 54: „A characteristic mark of an a priori category is that any different assumption with regard to the topic concerned appears to the human mind as unthinkable and self-contradictory." Der potentielle Kritiker befindet sich hier in einer logischen Zwickmühle, aus der er nicht entfliehen kann. Es ist nämlich nicht möglich, gegen die Gültigkeit des teleologischen menschlichen Handelns zu argumentieren, ohne diese für die eigene Argumentation schon akzeptiert zu haben (vgl. *Schor* 1991, S. 96).

[86] Die Empirie spielt für die Überprüfung der Kategorien der Praxeologie keine Rolle (vgl. *Rothbard*, 1976a, S. 32-36). Allein das logische Denken und verbale Urteilen ermöglicht die Aufdeckung von logischen Fehlern in der Ableitung sowie die Überprüfung der Wahr-heit des Grundaxioms. Ist die Beweisführung dagegen logisch schlüssig, so ist die abgelei-te Kategorie ebenso wahr wie das introspektiv ermittelte Grundaxiom, aus dem sie deduziert wurde. Vgl. *Mises* (1933, S. 26 f.), *Mises* (1962, S. 38-41, 69, 71 f.), *Caldwell* (1984, S. 374), *Kastrop* (1993, S. 201-203), *Rothbard* (1951a, S. 181), *Rothbard* (1957, S. 314). *Hoppe* kritisiert *Mises* dafür, daß dieser es versäumt habe, die Praxeologie über den Nachweis der Unmöglichkeit einer „prognostisch verwertbares Wissen hervorbringenden empirischen Handlungswissenschaft" gegen Kritik ein für alle mal abzusichern. Ein Unter-fangen, von dem *Hoppe* glaubt, es selbst leisten zu können (vgl. *Hoppe* 1983).

[87] Das synthetische Apriori der Praxeologie sichert sowohl den Wahrheits- wie auch den in dem Grundaxiom enthaltenen Informationsgehalt (vgl. *Böhm* 1982, S. 46; *Hoppe* 1993, S. 148 f.).

[88] Vgl. *Mises* (1933, S. 12 f.), *Mises* (1962, S. 41 f.), *Rothbard* (1976a, S. 21, 36), *White* (1977, S. 10).

[89] Vgl. zur Begriffsbildung *Engelhard, Fehl* und *Geue* (1996, S. 278). Die Praxeologie als „Quasi-Formalwissenschaft" nutzt die Wahrheit und Sicherheit der formalen, reinen Theo-rie *und* ist in der Lage, durch ihre Verankerung in der Realität über das introspektiv gültige Grundaxiom „Menschen handeln zielgerichtet", Aussagen über die Realität zu treffen: „The theorems attained by correct praxeological reasoning are not only perfectly certain and incontestable, like the correct mathematical theorems. They refer, moreover with the full rigidity of their apodictic certainty and incontestability to the reality of action as it

Alle Sätze der Lehre vom Handeln, der Praxeologie, werden aus dem Grundaxiom des Handelns logisch abgeleitet und gelten universell. Durch die Verbindung des methodologischen Individualismus mit dem methodologischen Apriorismus erhält *Mises* ein Theoriegebäude, von dem er erwartet, wahre Aussagen über die Realität treffen zu können. *Mises* ist sich dabei durchaus bewußt, was die Methode der logischen Deduktion leisten kann und was nicht.[90] Der Charakter der a priori gültigen Praxeologie ergibt sich daraus, daß „all its implications are logically derived from the premises and were already contained in them" (*Mises* 1949, S. 38; *Mises* 1962, S. 12 f.)[91]

Insgesamt äußert sich der Charakter der Praxeologie als „Quasi-Formalwissenschaft" nach *Mises* wie folgt:

> „Praxeology is a theoretical and systematic, not a historical, science. Its scope is human action as such, irrespective of all environmental, accidental, and individual circumstances of the concrete acts. Its cognition is purely formal and general without reference to the material content and the particular features of the actual case. It aims at knowledge valid for all instances in which the conditions exactly correspond to those implied in its assumptions and inferences. Its statements and propositions are not derived from experience" (*Mises* 1949, S. 32).

2.2.2.2. Praxeologie als subjektive Wirtschaftstheorie

Das Komplement zur wissenschaftstheoretischen Vorgehensweise stellt die Weiterentwicklung des methodologischen Subjektivismus seitens *Mises* dar. Die subjektivisti-

---

[90] appears in life and history. Praxeology conveys exact and precise knowledge of real things" (*Mises* 1949, S. 39). Vgl. auch *Caldwell*, dem der Anspruch von *Mises* jedoch zu weit geht (vgl. *Caldwell* 1984, S. 374 f.; *Caldwell* 1986, S. 678 f.).

[91] Vgl. dazu z.B. *Albert* (1968, S. 11-15) oder auch *Popper* (1970, S. 115 f.).
Siehe auch *Mises* (1962, S. 16): „They [die Kategorien menschlichen Handelns] are not merely arbitrary assumptions without any informative value, not mere conventions that could as well be replaced by some other conventions." Ebenso *Rothbard* (1976a, S. 19), *Albert* (1984, S. 49). Gegen den Essentialismus, dem *Mises* dort gefährlich nahe kommt, wo er auf Begriffe und die Ableitung von Erkenntnissen aus den Begriffen vertraut, ohne deutlich zu machen, daß es hierbei um die damit verbundene Theorie geht, wendet sich *Popper*. Es kommt immer auf die Gültigkeit von Theorien an, nie mit welchen Begriffen sie belegt werden. Sprache ist wichtig, um sich über Theorien zu einigen, nicht um aus der Begriffswahl Erkenntnisse abzuleiten (vgl. *Popper* 1994, S. 20-37).
Albert kritisiert - stellvertretend für die „Gemeinde" der Kritischen Rationalisten - den *Mises*schen Versuch, apodiktische Gewißheit zu erlangen, Gewißheit, „... die es nirgends in der Wissenschaft geben kann" (*Albert* 1984, S. 52). Obwohl sich *Mises* durchaus der potentiellen Fehlbarkeit des deduktiv aus dem Grundaxiom abgeleiteten Erkenntnisstandes bewußt ist, hält ihn dieser Fallibilismus nicht davon ab, nach sicherer Erkenntnis zu streben. Fehler, die allenfalls bei der logischen Ableitung der praxeologischen Theoreme vorkommen können, sind nicht durch die Empirie, sondern lediglich durch die Logik aufzudecken (vgl. *Mises* 1949, S. 7, 68). *Popper* hält die Suche nach sicherer, exakter Erkenntnis für falsch. Sie führt seiner Meinung nach zu einem unfruchtbaren Essentialismus und Dogmatismus: „Aber Exaktheit und Gewißheit sind falsche Ideale. Sie sind unerreichbar und deshalb höchst irreführend, wenn man sich an ihnen unkritisch orientiert. Das Streben nach Exaktheit entspricht dem Streben nach Gewißheit; und auf beides sollte man verzichten" (*Popper* 1994, S. 28). *Popper* geht es vor allem um die Vermeidung von Dogmen in der Wissenschaft. Theorien, Axiome, Theoreme, alles sollte im Hinblick auf den Erkenntnisfortschritt kritisch überprüfbar sein.

sche Basis der Praxeologie ergibt sich aus der verwendeten Ziel-Mittel-Perspektive. Für die ökonomische Theorie als Teil der Praxeologie sind die subjektiven Ziele der Menschen Daten. Über sie hat eine positive Theorie keine Aussagen zu treffen, dafür aber über die Mittelwahl und -kombination, mit der die subjektiv rationalen Ziele verfolgt werden.[92]

Mises erweitert die *Menger*sche subjektive Werttheorie um den Begriff der subjektiven Rationalität. Er lehnt die traditionelle Verwendung des Rationalitätsbegriffs ab. Handeln sei immer vernünftig. Die Klassifizierung einzelner Handlungen als „rational" oder „irrational" stelle eine illegitime Wertung menschlichen Handelns durch die objektive ökonomische Theorie dar. Sobald der Beobachter beginnt, individuelle Ziele im Sinne der „objektiven" Vernunft zu diskutieren, werden sie zu Mitteln degradiert. Aus der *Mises*schen Perspektive der Zweckrationalität ist der Ausdruck „rationales Handeln" pleonastisch. Intentionales „Handeln ist ex definitione immer rational" (*Mises* 1933, S. 33).[93] Die Praxeologie hat das Handeln der Menschen zu betrachten und zu erforschen, nicht jedoch zu werten und zu richten.[94] In diesem Sinne ist sie eine positive Theorie der Wahlakte.

Mises wendet sich auch gegen die Idealtypenbildung des *homo oeconomicus*. Infolge des Theorieentwurfs der Praxeologie als subjektive „Quasi-Formalwissenschaft" kann *Mises* die Idealtypenbildung umgehen und alles Handeln - sei es aus „objektiver" Sicht altruistisch, egoistisch, optimierend, kreativ usw. - gleichermaßen berücksichtigen. Der *homo oeconomicus* wird durch den *homo agens* ersetzt. Die subjektive Wirtschaftstheorie wird als Teil einer allgemeinen Verhaltenstheorie konzipiert, wobei die Ökonomie den am besten ausgearbeiteten Teilbereich der Praxeologie darstellt.[95] Praxeologie be-

---

[92] „It is true that economics is a theoretical science and as such abstains from any judgment of value. It is not its task to tell people what ends they should aim at. It is a science of the means to be applied for the attainment of ends chosen, not, to be sure, a science of the choosing of ends. (...) Science never tells a man how he should act; it merely shows how a man must act if he wants to attain definite ends" (*Mises* 1949, S. 10). *Mises* legt größten Wert auf die Abgrenzung der Praxeologie zur Psychologie. Die Praxeologie soll im Gegensatz zur Psychologie die Zielbildung nicht erklären. Vgl. auch *Shearmur* (1992, S. 105-107). Ebenso im übrigen *Robbins* (1948, passim, insb. S. 149).

[93] Damit soll gerade nicht negiert werden, daß sich Menschen aufgrund ihres unvollständigen Wissens jederzeit irren können und Fehler machen. Vgl. *Block* (1980, S. 413), *Caldwell* (1984, S. 364-366), *Cubeddu* (1993, S. 70), *Kirzner* (1978b, S. 58), *Shearmur* (1992, S. 111).
Interessant wäre - im Rahmen einer anderen Arbeit - die Untersuchung der Unterschiede und Gemeinsamkeiten der Verwendung des Rationalitätsprinzips von *Mises* und von *Popper*. Letzterer bezeichnet das Rationalitätsprinzip als Nullprinzip und unterscheidet es von der (subjektiven?) Rationalität der persönlichen Haltung. Vgl. *Popper* (1967/1995, S. 352-359), *Langlois* (1986b, S. 233, Fn. 8), *Suchanek* (1994, S. 89 f.).

[94] „In this sense we speak of the subjectivism of the general science of human action. It takes the ultimate ends chosen by acting man as data, it is entirely neutral with regard to them, and it refrains from passing any value judgments. The only standard which it applies is whether or not the means chosen are fit for the attainment of the ends aimed at" (*Mises* 1949, S. 21).

[95] Vgl. *Mises* (1962, S. 4, 75 f.), *Mises* (1949, S. 62-64), *Meyer* (1981, S. 39), *Kirzner* (1986a, S. 140, 148), *Tuchtfeldt* (1981, S. 14). *Shearmur* bevorzugt die neoklassische Modellbildung, da mit ihrer Hilfe aus den Grundannahmen stärkere, präzisere Sätze dedu-

schreibt die Struktur des Handelns, nicht den Inhalt einzelner Handlungen. Die Ziele des Handelns im konkreten Fall sind offen. Die allgemeine Motivation des intentionalen Handelns kann im Rahmen der *Mises*schen Verhaltenstheorie jedoch bestimmt werden. *Mises* analysiert, daß Menschen immer dann versuchen, ihre Situation zu verbessern, wenn sie mit ihrer Situation unzufrieden sind.[96] Explizite Voraussetzungen des Handelns sind außerdem zum ersten die kognitive Fähigkeit, Alternativen zu erkennen sowie zum zweiten die Meinung, daß durch das eigene Handeln die Unzufriedenheit verringert werden kann.[97]

Aus der Grundkategorie des zielgerichteten Handelns lassen sich im weiteren durch logische Deduktion die Kategorien der Praxeologie ableiten. Zu nennen sind hier u.a. „the means-ends relationship, the time-structure of production, time-preference, the law of diminishing marginal utility, the law of optimum returns etc." (*Rothbard* 1957, S.

---

ziert werden könnten (vgl. *Shearmur* 1992, S. 112-120). Dadurch würde auch die Gefahr „... that purely praxeological subjectivism leads us to explanatory nihilism" gebannt werden (*Shearmur* 1992, S. 119). *Shearmur* weist hier auf ein Problem der *Mises*schen Praxeologie als subjektive „Quasi-Formalwissenschaft" hin. Die Sicherung des Wahrheitsgehalts der Theorie beschneidet den potentiellen Informationsgehalt. *Popper* hat darauf hingewiesen, daß der informative Gehalt einer Theorie mit der Menge der Sätze korrespondiert, die mit der Theorie *nicht* vereinbar sind (vgl. *Popper* 1994, S. 30). *Mises* kann nicht mehr in die Praxeologie an Informationsgehalt „hineinpacken", als sich aus der Grundkategorie ableiten läßt. Es sind mehr Sätze unvereinbar mit der neoklassischen Theorie vom (objektiv) nutzenmaximierenden Wirtschaftssubjekt als mit der praxeologischen Theorie des *homo agens*. Der offensichtliche Vorteil der Praxeologie gegenüber den neoklassischen Modellen besteht jedoch in der Sicherung des Wahrheitsgehalts der „Quasi-Formalwissenschaft" durch die Verankerung der Grundkategorie mittels Introspektion in der Realität. Diese ist im Sinne des Kritischen Rationalismus zudem noch durch die empirische Hypothese der evolutionären Erkenntnistheorie gestützt, die besagt, daß die Kategorien menschlichen Handelns lediglich in phylogenetischer Hinsicht a posterori, aber in ontogenetischer Sicht a priori sind (vgl. *Engelhard, Fehl* und *Geue* 1996, S. 282). Des weiteren ist schließlich zu prüfen, ob die subjektivistische Praxeologie oder die objektivistische Neoklassik ökonomische Tatbestände und Gesetzmäßigkeiten besser erklären kann. Die Gefahr des Nihilismus erscheint dabei um so größer, je unbefriedigender die Übereinstimmung der Aussagen der Theorie mit den Beobachtungen der Praxis ausfällt.

[96] „The incentive that impels a man to act is always some uneasiness. A man perfectly content with the state of affairs would have no incentive to change things. (...) He would not act" (*Mises* 1949, S. 13). *Meyer* nennt dies das „*Mises*sche Handlungsgesetz" und versteht *Mises* so, daß dieser hieraus die Kategorien der Praxeologie ableiten würde (vgl. *Meyer* 1981, S. 40-42). Das *Mises*sche Handlungsgesetz lautet nach *Meyer*: „In allen Situationen wählt der Mensch jeweils das in seinen Augen maximale Element des von ihm wahrgenommenen Möglichkeitsbereichs" (*Meyer* 1980, S. 84). Er ist der Meinung, daß das Handlungsgesetz nur in kognitiv und emotional relativ einfachen oder anspruchslosen Situationen gelte, in wenig strukturierten, ungewissen und dadurch komplexen Situationen jedoch nicht (vgl. *Meyer* 1980, S. 91). Dabei ist jedoch zu berücksichtigen, daß die *Meyer*sche Übersetzung des *Mises*schen Handelns-Axioms nicht unproblematisch ist, wie *Kirzners* Ablehnung des (allerdings von *Meyer* nicht objektiv formulierten) Maximierungsbegriffs zeigt: „The *essential* element in action is goal-pursuit, not maximization, not allocative efficiency, or anything else" (*Kirzner* 1986a, S. 148).

[97] Vgl. *Mises* (1949, S. 14), *Mises* (1933, S. 23) und *Mises* (1962, S. 2 f. sowie S. 77), wo er noch einmal bekräftigt: „But all acting is invariably induced by one motive only, viz., to substitute a state that suits the actor better for the state that would prevail in the absence of his action."

317).[98]

Mises ist in der Lage, viele der elementaren Merkmale der österreichischen Schule sowie allgemein anerkannte Voraussetzungen für ökonomisches Handeln aus dem Grundaxiom des intentionalen Handelns abzuleiten. Er diskutiert u.a. die Kategorie der Kausalität bzw. die Kategorie des Handelns der Menschen in einer von Kausalitäten geprägten Welt. Zielgerichtetes Handeln ist nur möglich, wenn Kausalitäten gegeben sind. In einer Welt vollkommenen Chaos wäre der Mensch orientierungslos, er könnte nicht hoffen, durch sein Handeln seine Situation zu verbessern (vgl. *Mises* 1949, S. 22). Die Erkenntnis über den kausalen Zusammenhang zwischen einem Grund und seiner Auswirkung ist ein erster Schritt im erfolgreichen Lernprozeß des Menschen. Aufgrund der Gültigkeit der Naturgesetze sowie marktgesetzlicher Zusammenhänge kann nur derjenige bezüglich seiner natürlichen und sozialen Umwelt erfolgreich handeln, der die ihr innewohnenden Kausalitäten erkennt. Wenn Menschen handeln, um ihre Unzufriedenheit zu überwinden, ist ihr Handeln zweckgerichtet, teleologisch. Ohne die a priori gegebene Kategorie der Kausalität ist sowohl regelmäßiges Handeln als auch jegliches Lernen aus der empirisch gewonnenen Erfahrung unmöglich (vgl. *Mises* 1962, S. 20 f.). Kausalitäten sind demnach sowohl im menschlichen Handeln als auch in den Naturgesetzen zu entdecken.[99]

Aus der Gültigkeit von Kausalitäten ergibt sich die Kategorie der Regelmäßigkeit.[100] Die Möglichkeit gedanklichen Schließens von vergangenen Erfahrungen auf zukünftige Tatbestände ist nur dann gegeben, wenn die a priori gültige, aus dem Grundaxiom des teleologischen Handelns abgeleitete Kategorie der Regelmäßigkeit gilt. *Mises* legt großen Wert auf die Feststellung, daß selbst der Positivismus somit nicht ohne ein logisches a priori, d.h. vor jeder Erfahrung geltenden Kategorien, auskomme.[101]

Aus den Kategorien der Kausalität sowie der Regelmäßigkeit entwickelt *Mises* seine Vorstellungen zur Theorie des Lernens. Diejenigen Gruppen, die es am besten geschafft

---

[98] Es mag verwundern, daß *Mises* der Meinung ist, daß die Zeitpräferenztheorie als praxeologische Kategorie aus dem Grundaxiom des teleologischen Handelns abgeleitet werden kann. Die Erklärung ist indes die gleiche, mit der das Gesetz des abnehmenden Grenznutzens abgeleitet wird. Zeit stellt für das handelnde Individuum ein knappes Gut dar. Damit reiht sich das Problem der zu bewirtschaftenden Zeit in die allgemeine Theorie der Bewirtschaftung knapper Güter ein und es wird deutlich, daß der heutige Nutzen einen höheren Stellenwert besitzt als der zukünftige. Vgl. auch *Block* (1980, S. 432-434), *Lachmann* (1951, S. 421), *Loy* (1988, S. 66), *Vaughn* (1994a, S. 74).

[99] *Hoppe* spricht von der Komplementarität der Kategorien der Kausalität sowie der Teleologie (vgl. *Hoppe* 1993, S. 161 f.).

[100] „Experience is always the experience of past events and could not teach us anything about future events if the category of regularity were merely a vain assumption" (*Mises* 1962, S. 22).

[101] „And experience could not teach anything if there were no regularity in the concatenation and succession of events" (*Mises* 1962, S. 53). Es wird deutlich, daß *Mises* diese Überlegungen auf die Annahme der für die Möglichkeit von individuellen Lernprozessen notwendigen (zumindest relativen) Konstanz von Natur- und Sozialgesetzlichkeiten bezieht. Ohne diese Art von Regelmäßigkeiten wäre auch die Kategorie der Kausalität unhaltbar. Nicht a priori wahr ist dagegen die Vorstellung von der empirischen Induktion. Diese ist vielmehr - wie *Popper* ausführlich in Auseinandersetzung mit dem *Hume*schen psychologischen Induktionsproblem diskutiert - nicht haltbar (vgl. *Popper* 1995, S. 3, 23-29).

haben, ihr Handeln an die objektiv gegebenen Gesetzmäßigkeiten der realen Welt anzupassen, konnten überleben.[102] Die Erkenntnis des Lernprozesses von Gruppen im historischen Zeitablauf kann ebenso für den individuellen Lernprozeß herangezogen werden. Die wissenschaftstheoretisch a priori erfaßbaren Kategorien, insbesondere aber die Fähigkeit zum Denken, werden als Erbanlage von den Eltern auf die Kinder übertragen (vgl. *Mises* 1962, S. 15 f.). Mit diesen Erbanlagen sind die Kinder nun in der Lage, in einem Lernprozeß erfolgreiches Handeln einzuüben.[103]

Eng verbunden mit der Kategorie der Kausalität ist die Kategorie der Ungewißheit und des sich daraus ergebenden begrenzten Wissens des Menschen. Wären dem Menschen alle künftigen Ereignisse bekannt, würde er nicht intentional zwischen Alternativen wählen, die Zukunft wäre determiniert.[104] Ungewißheit ergibt sich aus dem fehlenden individuellen Wissen über die zukünftigen Handlungen anderer Gesellschaftsmitglieder sowie aus dem unvollkommenen Wissen über heutige und zukünftige Tatbestände in der natürlichen Umwelt, die für das eigene Handeln relevant sind (vgl. *Mises* 1962, S. 46, 65). Ungewißheit ergibt sich außerdem aus den möglichen, nicht vollständig antizipierbaren Veränderungen der eigenen Präferenzordnung. Chaos verhindernde Kausalitäten auf der einen Seite und Unwissenheit aufgrund einer prinzipiell offenen Zukunft auf der anderen Seite bestimmen den Rahmen der Handlungsmöglichkeiten eines jeden Menschen.[105]

Nach *Langlois* können folgende Vorstellungen von Arten der Unsicherheit unterschieden werden.

---

[102] „In the same way in which the evolutionary process eliminated all other groups whose individuals, because of specific properties of their bodies, were not fit for life under the special conditions of their environment, it eliminated also those groups whose minds developed in a way that made their use for the guidance of conduct pernicious" (*Mises* 1962, S. 15 f.). Im Rahmen seiner Theorie der Regelselektion wendet *Hayek* später - unter Kenntnis der Gedankengänge von *Mises*? - den Gedanken der Gruppenselektion an.

[103] *Mises'* Vorstellungen vom Lernprozeß der Menschen sind noch von der Idee des induktiven Lernens beobachteter Sachverhalte geprägt. Im Kapitel über *Poppers* Theorie des Lernens im 3. Kapitel wird jedoch gezeigt, daß Lernen als deduktiver darwinistischer Prozeß des Testens von Hypothesen verstanden werden muß.

[104] Vgl. *Mises* (1962, S. 65), *Rothbard* (1976a, S. 20), *Mises* (1949, S. 105 ff.).

[105] *Meyer* weist zu Recht darauf hin, daß ein freier Wille und das Auftreten von Zufälligkeiten kausale Wirkungszusammenhänge nicht ausschließen (vgl. *Meyer* 1980, S. 95).

Abb. 2.3.: Arten der Unsicherheit

parametric uncertainty		structural uncertainty
subjective probability		
objective probability	'case probability'	structure of decision problem unknown
'class probability' known	non-seraible events	not all states of the world
'risk'	but states of the world known	novelty and entrepreneuship

Quelle: *Langlois* 1994b, S. 120.

Bezüglich der Kategorie der Ungewißheit argumentieren nun sowohl *Vaughn* als auch *Langlois*, daß *Mises* nicht auf den knightschen Ungewißheitsbegriff, d.h. die „echte" oder „strukturelle" Unsicherheit, abhebe.[106] Nicht einigen können sie sich jedoch, mit welcher Art der Unsicherheit *Mises* nun eigentlich arbeitet. *Langlois* ist der Meinung, daß *Mises* auf die „class probability" abhebe (vgl. *Langlois* 1994b, S. 120 f.). *Vaughn* argumentiert dagegen, daß *Mises* auf die „case probability" abstelle, die sich von ersterer dadurch unterscheide, daß „case probability refers to situations in which we understand some of the causal factors that will lead to some future event, but not all of them" (*Vaughn* 1994a, S. 75). *Vaughns* Interpretation ist m.E. zutreffender als *Langlois'* Argumentation. Insgesamt scheint es jedoch so zu sein, daß *Mises* explizit zwar nur die Spielarten der „parametric uncertainty" - nämlich die „class" und die „case probability" - untersucht (vgl. *Mises* 1949, S. 107-113), die Implikationen der „structural uncertainty" jedoch für die Praxeologie berücksichtigt.[107]

Die systematische Berücksichtigung der Ungewißheit als elementares Element für erfolgreiches Handeln macht darüber hinaus einen der Hauptunterschiede zur Handlungstheorie der Neoklassik aus, die nach wie vor prinzipiell vom Maximierungshandeln ausgeht. Die Ungewißheit über die Zukunft beherrscht das menschliche Handeln und Denken. Menschen müssen planen, um auch in der unsicheren Zukunft überleben zu können. Da die Zukunft ungewiß ist, gehen i.d.R. Fehleinschätzungen in die Planung ein. Handeln ist somit immer ein Lernprozeß. Erst *ex post* kann der Erfolg des eigenen Plans beurteilt werden. Da Menschen *ex ante* jedoch mit unvollkommenem Wissen planen und handeln müssen, entspricht die Perspektive des Maximierungshandelns der gleichgewichtstheoretischen Neoklassik nicht der Vorgehensweise menschlichen Handelns im Rahmen

---

[106] Zur *Knight*schen Unterscheidung von Risiko und Ungewißheit vgl. *Knight* (1921/1964, S. 233), *Langlois* und *Cosgel* (1993, S. 459 f.).

[107] „In the real world acting man is faced with the fact that there are fellow men acting on their own behalf as he himself acts. The necessity to adjust his actions to other people's actions makes him a speculator for whom success and failure depend on his greater or lesser ability to understand the future. Every investment is a form of speculation. There is in the course of human events no stability and consequently no safety" (*Mises* 1949, S. 113).

evolutionärer Prozesse.[108]

Aus der apodiktischen Gewißheit, daß Menschen intentional handeln, ergibt sich außerdem denknotwendig der Begriff der historischen Zeit. Handeln bewirkt Veränderung und bedarf somit der Kategorie der Zeit. Wer handelt, unterscheidet notwendig den früheren Zeitpunkt der Unzufriedenheit von dem der Zufriedenheit bzw. reduzierter Unzufriedenheit. Im Begriff des Handelns ist die Zeitabfolge enthalten.[109] Im Gegensatz zu den formalen Theorien der Logik und der Mathematik berücksichtigt die Praxeologie als „Quasi-Formalwissenschaft", welche die Logik, Exaktheit und Wahrheit der formalen Theorie für ihre Aussagen über die Wirklichkeit nutzt, die historische Zeit. Ökonomisches Handeln erhält seine besondere Bedeutung durch die Einmaligkeit und Nichtumkehrbarkeit des Zeitablaufes, durch die subjektiv empfundene Zeit.[110] Das Handeln ist - in moderner Terminologie - von Pfadabhängigkeiten sowie von Irreversibilitäten gekennzeichnet.[111]

Menschliches Handeln geschieht darüber hinaus immer in institutionellen Umwelten. Die Praxeologie ist eine Sozialwissenschaft. *Mises* betrachtet ebenso wie *Menger* keine „*Crusoe*-Ökonomie", sondern das Handeln der Menschen in Gesellschaften, das vielfältigen Einflüssen ausgesetzt ist. Gewohnheit, Sitte, Überzeugung, Herkunft, Recht u.v.m. beeinflussen den Einzelnen in seiner dem Handeln zugrundegelegten Zielwahl. Die Untersuchung des konkreten institutionellen Rahmens ist nach *Mises* jedoch eine Aufgabe der individuellen Wissenschaften, wie z.B. der Geschichtswissenschaft. Alle Sätze der Praxeologie, die aus dem Grundaxiom abgeleitet werden und insgesamt die allgemeine Theorie vom menschlichen Handeln darstellen, gelten dagegen unabhängig vom institutionellen Rahmen (vgl. *Mises* 1933, S. 24 f.; *Anderson* 1992, S. 288 f., 298).[112]

Dies gilt auch für das Gesetz vom abnehmenden Grenznutzen, das aus der Grundkategorie des intentionalen Handelns der Menschen abgeleitet wird. Menschen handeln, um eine unbefriedigende Situation durch eine befriedigendere ersetzen zu können. Sie werden, da ihre Mittel knapp sind, immer zuerst die Güter nachfragen, die ihre Bedürfnisse am besten befriedigen können, bevor sie auf die weniger Nutzen stiftenden Güter zurückgreifen. Praxeologisch betrachtet ist das Gesetz vom sinkenden Grenznutzen nichts anderes als die Umkehrung des Satzes, daß das subjektiv Wichtigere dem Minderwichtigen vorgezogen wird. *Mises* legt großen Wert darauf, eindeutig zu klären,

---

[108] „And he can never know beforehand to what extent his acting will attain the end sought and, if it attains it, whether this action will in retrospect appear - to himself or to the other people looking upon it - as the best choice among those that were open to him at the instant he embarked upon it" (*Mises* 1962, S. 65). Vgl. auch *Ebeling* (1981, S. 18 f.).

[109] Vgl. *Mises* (1949, S. 99), *Rothbard* (1976a, S. 20), *Vaughn* (1994a, S. 73). Es ist deshalb auch nicht richtig, wenn *Böhm* meint, daß die Praxeologie als Logik der Wahl die Implikationen der historischen Zeit nicht berücksichtigen könne (vgl. *Böhm* 1982, S. 47).

[110] Vgl. *Mises* (1949, S. 101 f.), *Mises* (1962, S. 35), *Vaughn* (1994a, S. 73).

[111] Siehe *Vaughn* (1994a, S. 87), die dieses Argument aus der Existenz einer konkreten Kapitalgüterstruktur herleitet: „As a conservative element, capital goods both limit the range of options for future action and provide a stabilizing element in the economic environment."

[112] Deshalb wird in diesem Zusammenhang auch häufig von einer Theorie der „Logik der Wahl" gesprochen. Vgl. beispielsweise *Ebeling* (1981, S. 17).

daß das Gesetz vom sinkenden Grenznutzen nicht psychologisch gewonnen wird, sondern praxeologisch, d.h. a priori wahr ist.[113]

2.2.2.3. Praxeologie und Institutionen

Es bleibt die Frage bestehen, ob *Mises* in der Lage ist, eine allgemeine *sozial*ökonomische Theorie aus der Grundkategorie des zielgerichteten Handelns abzuleiten. Der *Mises*sche Anspruch, mit der a priori gültigen Praxeologie Aussagen über die Funktionsweise marktwirtschaftlicher Prozesse zu formulieren, wird zum Teil heftig kritisiert. Es wird darauf hingewiesen, daß *Mises* in seiner Markttheorie - in *Mises'* Terminologie die Katallaxie[114] - nicht umhin kommt, soziologische Hypothesen über die Evolution von Institutionen sowie die Verteilung des Wissens und der kognitiven Fähigkeiten der Menschen in einer Gesellschaft zu formulieren. Diese allgemeinen Evolutions-, Informations- und Erwartungshypothesen können jedoch nicht als a priori sicher bezeichnet werden (vgl. *Meyer* 1981, S. 43-47; *Rizzo* 1978, S. 51).[115] *Rothbard* analysiert diejenigen empirischen Postulate, die *Mises* neben dem grundlegenden, a priori gültigen Handelns-Axiom annimmt und findet im wesentlichen drei Hilfshypothesen: Erstens „the variety of resources, both natural and human"; zweitens „leisure is a consumer good" und drittens „indirect exchanges are being made", wobei die zweite Annahme eigentlich nicht notwendig ist (vgl. *Rothbard* 1957, S. 315 f.; *Rothbard* 1976a, S. 27).[116] *Mises* berücksichtigt diese Hilfshypothesen systematisch, nicht ad hoc. Es findet demnach keine unerlaubte Immunisierungsstrategie der Theorie statt.[117]

Es bleibt jedoch die Frage bestehen, ob im Rahmen der Praxeologie die Institutionen überhaupt eine Rolle spielen. *Mises* versucht ja gerade, ein Theoriesystem zu entwickeln, bei dem alle Sätze, die aus dem Grundaxiom der Praxeologie abgeleitet werden und insgesamt die allgemeine Theorie vom menschlichen Handeln darstellen, unabhängig vom

---

[113] Vgl. *Mises* (1949, S. 119-127), *Hoppe* (1983, S. 55-59), *Rothbard* (1976a, S. 31), *Vaughn* (1994a, S. 76).

[114] Die Praxeologie ist die allgemeine Theorie vom menschlichen Handeln, wohingegen die darauf aufbauende Katallaxie die Wissenschaft ist, die Marktphänomene betrachtet. Vgl. auch *Lachmann* (1951, S. 414) und *Wright* (1950, S. 229 f.), der allerdings die Praxeologie als philosophische Einführung zur ökonomischen Theorie mißinterpretiert.

[115] *Hayek* thematisiert vor allem die Implikationen des verstreuten, heterogenen Wissens für die Koordinationsaufgabe von Marktprozessen (vgl. *Kirzner* (1986a, S. 147). *Mises* selbst untersucht u.a. im Rahmen der Sozialismusdebatte die Wirkungen der Struktur der Property Rights unter unterschiedlichen institutionellen Rahmenbedingungen auf das Handeln der Wirtschaftssubjekte (vgl. *Anderson* 1992, S. 288).

[116] Die 4. mögliche Annahme des (monetären) Gewinnmaximierungsverhaltens der Unternehmen ist für *Rothbard* „... by no means a necessary part of economic theory" (Rothbard 1957, S. 316). Im Sinne des konsequenten Subjektivismus ist die Zielvorgabe der Theorie für menschliches Verhalten jedoch eindeutig abzulehnen. Die Annahme ist deshalb nicht nur nicht notwendig, sondern darüber hinaus für die subjektive Wirtschaftstheorie nicht sinnvoll.

[117] Hilfshypothesen sind im *Popper*schen Sinn zulässig, wenn durch sie der Gehalt des Satzsystems nicht verringert wird (vgl. *Meyer* 1973, S. 465). Die berücksichtigten empirisch überprüfbaren Hypothesen stellen für die Marktprozeßtheorie zwar einen Teil der Bedingungen dar, aus der die Thesen der Theorie abgeleitet werden, aus der Sicht der Praxeologie sind sie jedoch Hilfshypothesen.

institutionellen Rahmen gelten. Die Suche nach einer allgemeinen Theorie, die das menschliche Handeln unabhängig von Zeit und Ort sicher erklären kann, führt dazu, daß auch vom institutionellen Rahmen abstrahiert wird. Hier wird eine Beschränkung der *Mises*schen Forschungsrichtung deutlich, die sich aus der engen Verknüpfung von Wissenschafts- und Wirtschaftstheorie ergibt. Der Wunsch, wahre, sichere Erkenntnis zu erreichen, führt dazu, daß zwar eine leistungsfähige Theorie individuellen Handelns aus dem Grundaxiom abgeleitet wird. Die Formulierung sozialökonomischer Prozeßtheorien, wie z.B. die österreichische Markttheorie, ist jedoch nicht ohne die Berücksichtigung zusätzlicher Annahmen möglich. Diese zusätzlichen, empirisch überprüfbaren Hypothesen verhindern nun aber, daß das gesamte ökonomische Theoriegebäude den Wahrheitsanspruch und die logische Stringenz - Ableitung aller Kategorien aus dem Grundaxiom des intentionalen Handelns - aufweist, welche die *Mises*sche Praxeologie auszeichnet. Zugleich rückt damit auch die Berücksichtigung von Institutionen für die Erklärung ökonomischer Prozesse in den Mittelpunkt des Interesses. *Mises* selbst formuliert empirisch überprüfbare Hypothesen über die Wirkung von Institutionen, was jedoch - und hierauf sei vor allem wegen der teilweise unhaltbaren Kritik der kritischen Rationalisten noch einmal deutlich hingewiesen - das Theoriegebäude der Praxeologie *nicht* beeinträchtigt. Die abgeleiteten Kategorien der Praxeologie bleiben wahr, lediglich die weiterführenden theoretischen Aussagen, die nicht allein aus der Grundkategorie abgeleitet werden können, sind nicht sicher wahr und stehen der empirischen Überprüfung im Sinne *Poppers* offen (vgl. *Engelhard, Fehl* und *Geue* 1996, S. 286 f.). Die logische Kette des praxeologischen Axiomensystems ergibt sich durch Deduktion aus der Grundkategorie des menschlichen Handelns. Diese Grundkategorie wie auch die daraus abgeleiteten Kategorien gelten a priori. Lediglich die realen Umweltbedingungen, d.h. z.B. die realen Knappheiten der „res extensa", unter denen die praxeologischen Kategorien gelten, stehen nach *Mises* der empirischen Überprüfbarkeit offen.[118]

Es bleibt also festzuhalten, daß *Mises* den Kern seiner subjektiven Wirtschaftstheorie

---

[118] „The question whether or not the real conditions of the external world correspond to these assumptions is to be answered by experience" (*Mises* 1962, S. 44). Sowie auf den S. 44 f.: „But if the answer is in the affirmative, all the conclusions drawn by logically correct praxeological reasoning strictly describe what is going on in reality." *Mises* lehnt den methodologischen Monismus einer „unified science" ab. Das Universum besteht für ihn aus zwei Teilen, dem der Tatsachen der realen Außenwelt, der „res extensa" und dem des menschlichen Denkens und Handelns, der „res cogitans" (vgl. *Mises* 1962, S. 125 sowie *Kastrop* 1993, S. 200). Letzterer äußert auf derselben Seite jedoch fälschlicherweise die Ansicht, daß *Mises* das Denken anstatt des intentionalen Handelns als Ausgangspunkt der Praxeologie wählen würde. Entsprechend der Zweiteilung vertritt *Mises* einen wissenschaftstheoretischen Dualismus. Die Methode der Theoriebegründung mittels Introspektion sowie der Wahrheitskonservierung infolge der aus dem Grundaxiom vorgenommenen Deduktion ist die der res cogitans und die Methode der quantitativen empirischen Forschung ist die der res extensa (vgl. *Mises* 1962, S. 115). *Mises* weist darauf hin, daß es natürlich immer möglich sei, bei der logischen Ableitung von Kategorien Fehler zu begehen, die jedoch ihrerseits immer nur durch Logik - nicht durch empirische Überprüfung - aufgedeckt und verbessert werden können (vgl. *Rothbard* 1951b, S. 945). *Mises* selbst macht übrigens einige Fehler bei der Ableitung von Kategorien. So leitet er z.B. eine Kategorie des Determinismus sowie die Kategorie der Arbeit als Mittel ab - Kategorien, die keineswegs a priori wahr sind.

sicher aus der Grundkategorie des intentionalen Handelns ableiten kann. Empirisch überprüfbare Hilfshypothesen werden außerdem dort berücksichtigt, wo die ökonomische Theorie den Bereich der Erklärung des Verhaltens des isolierten Individuums verläßt und ökonomische Prozesse, d.h. der Interaktion der Wirtschaftssubjekte in der Zeit, analysiert. Mit dieser Kombination a priori wahrer Theoreme über menschliches Verhalten und empirisch überprüfbarer Hypothesen über gesellschaftliche Tatbestände gelingt es *Mises*, seiner Theorie einen höheren Informationsgehalt zu geben, ohne die Sicherheit des „hard core"[119] der Theorie, nämlich der aus der Grundkategorie direkt abgeleiteten Theoreme, zu verlieren.[120]

Die bisherige Argumentation kann mit Hilfe einer Abbildung von Rothbard noch einmal verdeutlicht werden, wobei der a priori gesicherte Wahrheitsgehalt nach unten hin mit zunehmender, systematischer Berücksichtigung empirischer Hilfshypothesen immer weiter abnimmt.

Abb. 2.4.:   Themenbereiche der Praxeologie mit abnehmendem *a priori gesicherten* Wahrheitsgehalt

Praxeology - the general, formal theory of human action:

A. The Theory of the Isolated Individual (Crusoe Economics)
B. The Theory of Voluntary Interpersonal Exchange (Catallactics, or the Economics of the Market)
    1. Barter
    2. With Medium of Exchange
        a. On the Unhampered Market
        b. Effects of Violent Intervention with the Market
        c. Effects of Violent Abolition of the Market (Socialism)

Quelle:*Rothbard* 1951b, S. 945 f.[121]

Am Beispiel der *Mises*schen Verwendung des methodologischen Individualismus als relevante Methode zur Analyse ökonomischer Fragestellungen sei die Problematik der

---

[119] Vgl. auch *Engelhard, Fehl* und *Geue*, 1996, S. 287, wo darauf hingewiesen wird, daß die *Lakatos*sche Vorstellung vom „hard core" durch diese Interpretation eine neue Wendung erhält.

[120] Diese Interpretation wird jedoch nicht allgemein geteilt. *Albert* beispielsweise kritisiert den *Mises*schen Apriorismus. Ohne die Hilfshypothesen würde der „Begriffsapparat" für Aussagen über die Realität lediglich zur Formulierung „historischer" Aussagen führen und sich im Bereich der Theorie in „analytischen" Aussagen erschöpfen. *Albert* ist der Meinung, daß *Mises* nur dort wirklich Erklärungen liefern kann, wo er auf empirisch gehaltvolle psychologische Hypothesen zurückgreift. Damit aber habe sich der *Mises*sche Apriorismus als unhaltbar erwiesen (vgl. *Albert* 1984, S. 52; *Foss* 1992, S. 8-10). Zur Problematik der Berücksichtigung empirisch gehaltvoller *psychologischer* Hypothesen in der Praxeologie später in diesem Kapitel mehr.

[121] Als weitere Themenbereiche der Praxeologie führt *Rothbard* an: C. The Theory of War - Hostile Action; D. The Theory of Games; E. Unknown. Es wird deutlich, daß die Ökonomie den am weitesten ausgearbeiteten Gegenstand der Praxeologie darstellt (vgl. auch *Rothbard* 1993, S. 65).

Berücksichtigung von Institutionen in der allgemeinen Theorie noch einmal erläutert.[122] *Mises'* Theorie der Praxeologie zeichnet sich durch die Verwendung der Methode des methodologischen Individualismus aus. Der Mensch, seine Fähigkeit zu handeln, und seine sich daraus ergebende Freiheit sind der Ausgangspunkt aller ökonomischen Betrachtungen. Der methodologische Kollektivismus wird strikt abgelehnt.[123] *Mises* insistiert darauf, daß alle Handlungen dem Menschen zuzuordenen sind, daß sie aus seinen Motiven und Zielen entspringen.[124] Die Freiheit des Menschen, d.h. die Freiheit seines Willens, ist nach *Mises* lediglich durch die Restriktionen der „res extensa" eingeschränkt.[125] Menschliche Individualität und Kreativität verhindern, daß das Handeln lediglich eine Funktion der Umweltrestriktionen und -einflüsse ist. Hierin besteht der Sinn der Vorgehensweise des methodologischen Individualismus. Ökonomische Tatbestände werden aus der Perspektive des handelnden Menschen erläutert. Das bedeutet nicht, daß äußere Rahmenbedingungen wie z.B. der institutionelle Rahmen unwichtig bzw. vernachlässigbar sind. Die Möglichkeit zum Handeln wird von der Umwelt begrenzt, aber nicht determiniert. Insbesondere erfolgreiches Handeln im Sinne der Erfüllung der erdachten Pläne ergibt sich aus der Fähigkeit des Handelnden, die objektive Realität der externen Welt richtig zu deuten und sich dementsprechend zu verhalten. Die externe Welt - also auch der institutionelle Rahmen - beeinflußt demnach die konkreten Möglichkeiten menschlichen Handelns, was nichts an der von Ort und Zeit unabhängigen Gültigkeit der allgemeinen praxeologischen Kategorien ändert.[126]

Genau dies ist der Punkt, an dem die evolutionäre Institutionenökonomik anknüpft. Es ist das Ziel, durch die Verbindung der allgemein gültigen, vom institutionellen Rahmen unabhängigen ökonomischen Gesetzmäßigkeiten mit den Einwirkungen der institutionellen Rahmenbedingungen auf das Handeln der Wirtschaftssubjekte eine zwar nicht a priori wahre, dafür aber leistungsfähige Theorie ökonomischer Prozesse zu entwickeln.[127]

---

[122] Zur Diskussion des Inhalts und der möglichen Problematik des methodologischen Individualismus bei der Berücksichtigung der Wirkung von Institutionen vgl. das noch folgende Kapitel zum methodologischen Individualismus.

[123] „But society itself is neither a substance, nor a power, nor an acting being. Only individuals act" (*Mises* 1962, S. 78). Sowie auf S. 81: „In studying the actions of individuals, we learn also everything about the collectives and society." Vgl. auch *Albert* (1994, S. 161), *Boettke* (1989a, S. 76).

[124] Vgl. *Mises* (1962, S. 82 und 108), wo er darauf hinweist, daß der methodologische Individualismus die Methode der Nationalökonomie darstelle.

[125] „Actions are directed by ideas, and ideas are products of the human mind, which is definitely a part of the universe and of which the power is strictly determined by the whole structure of the universe" (*Mises* 1962, S. 57).

[126] Vgl. *Mises* (1962, S. 6) sowie *Boettke* (1989b, S. 186), der hier darauf hinweist, daß das Verstehen der Handlungen der Wirtschaftssubjekte durch die Analyse der unintendierten Ergebnisse der intentionalen Handlungen unbedingt ergänzt werden müsse. Erst dann sei die sozialökonomische Theorie komplett und leistungsfähig.

[127] *Mises'* Ansichten zur Evolution von Institutionen zeigen darüber hinaus, daß er sich ebenso wie *Menger* in der Tradition der schottischen Moralphilosophie bewegt. Er ist sich durchaus bewußt, daß viele der am besten funktionierenden Institutionen das unintendierte Ergebnis intentionalen menschlichen Handelns sind. Die in *Mises'* Augen „ideale" Gesellschaft ist die gewachsene Marktgesellschaft, die es den Menschen ermöglicht, frei, d.h. ent-

2.2.3. Die Haushalts- und Nutzentheorie der Zwischenkriegsgeneration der österreichischen Schule der Nationalökonomie

Als Nachfolger der von *Menger, Böhm-Bawerk* und *Wieser* gebildeten ersten Generation der österreichischen Schule sind u.a. *Hans Mayer*, der die Nachfolge auf *Wiesers* Lehrstuhl antrat, sowie *Richard Strigl, Ewald Schams* und *Leo Schoenfeld* (später *Illy*) zu nennen. Im angelsächsischen Raum wurden vor allem die Arbeiten von *F.A. Hayek, Gottfried Haberler, Fritz Machlup, Ludwig Mises, Oskar Morgenstern* und *Paul N. Rosenstein-Rodan* wahrgenommen. Besonders *Lionel Robbins* kommt das Verdienst zu, österreichisches Gedankengut in die angelsächsische Theoriebildung integriert zu haben (vgl. *Kirzner* 1992a, S. 62 f.).

Kernpunkte der Theoriebildung der Zwischenkriegsgeneration der österreichischen Schule stellen der methodologische Individualismus, der methodologische Subjektivismus, die Grenznutzentheorie, die Nutzung des Konzepts der Opportunitätskosten sowie die Berücksichtigung der Zeitstruktur von Konsumtion und Produktion dar (vgl. *Kirzner* 1992a, S. 64 f.). Vor allem an der Nutzen- und Haushaltstheorie wurde in der Zeit nach *Menger* und *Wieser* seitens der Vertreter der österreichischen Schule intensiv gearbeitet. Andere Theoriebereiche, die ebenfalls bei *Menger* angelegt und ausgearbeitet sind, wurden dagegen von den im deutschen Sprachraum tätigen Wissenschaftlern eher vernachlässigt.

Im Rahmen der vorliegenden Arbeit interessieren die Werke der Vertreter der Zwischenkriegsgeneration zur Haushalts- und Nutzentheorie vor allem bezüglich der Fragestellung, ob hier vielleicht die Grundlage für eine zur neoklassischen Gleichgewichtstheorie alternative Nutzentheorie gelegt wurde, die elementarer Bestandteil einer evolutionären Institutionenökonomik sein kann. Eine zur Neoklassik alternative Ungleichgewichtstheorie, die sich lediglich auf Überlegungen zum Unternehmerverhalten konzentriert, wäre nicht vollständig. Auch wenn der Umgang mit Ungewißheit im Ungleichgewicht von jedem Wirtschaftssubjekt unternehmerische Fähigkeiten abverlangt, die Anforderungen und Verhaltensweisen bei der Planung und Durchführung von Produktion und Absatz gegenüber denen der Aufstellung und Durchführung von Konsumplänen sind so weit verschieden, daß es notwendig erscheint, auch über eine entsprechende Nutzen- und Haushaltstheorie zu verfügen, um das Verhalten von Konsumenten im Ungleichgewicht adäquat beschreiben zu können.[128]

2.2.3.1. Auseinandersetzung mit der Neoklassik

Die Vertreter der österreichischen Schule kritisieren insbesondere die Verwendung

---

[128] sprechend ihren subjektiven Werten und Zielen zu entscheiden: „The market economy is the product of a long evolutionary process" (*Mises* 1949, S. 266). Vgl. auch *Cubeddu* (1993, S. 90 f.).
Hayek weist bspw. auf die Rolle des reichen Pionierkonsumenten für das Testen neuer (zunächst Luxus-)Konsumartikel hin (vgl. *Hayek* 1991, S. 55 f., 152-157). Gerade aus der spezifischen Bedeutung des Pionierkonsumenten für die Diffusion von Produkten und damit auch Wissen leitet er die Ablehnung der Steuerprogression ab (vgl. *Hayek* 1952/53, S. 508 f.).

des Indifferenzkurvenansatzes in der neoklassischen Nutzentheorie sowie die Verwendung des kardinalen Nutzenbegriffs in der Wohlfahrtstheorie. Entwickelt wurde dagegen eine Theorie der offenbarten Präferenzen sowie ein auf der ordinalen Nutzentheorie basierendes Gesetz des abnehmenden Grenznutzens.[129] Abgelehnt wird des weiteren die Existenz des zweiten *Gossen*schen Gesetzes vom Ausgleich der Grenznutzen.

Auch die Ansichten zum ersten *Gossen*schen Gesetz stimmen zwischen den Schulen nicht überein. Das Gesetz des fallenden (ordinalen) Grenznutzens bedeutet, daß der Wert, der einer Einheit eines Gutes beigemessen wird, mit steigender Menge dieses Gutes abnimmt. Der Unterschied zur Neoklassik ergibt sich aus der Herleitung des Gesetzes. Die vorherrschende Theorie leitet die Grenznutzenfunktion aus der Existenz einer Nutzenfunktion ab. In der österreichischen Theorie wird dagegen die Existenz einer geordneten Rangfolge von Zielen angenommen, wobei jedes Ziel mit einer Einheit des betrachteten Gutes erreicht werden kann. Mittels Zurechnung wird der Grenznutzen aus der gegebenen Anordnung von Zielen abgeleitet (vgl. *High* und *Bloch* 1989, S. 358). Die mathematische Gleichgewichtstheorie wird als inadäquat zur Erklärung der konkreten Wirtschaftsrechnung abgelehnt (vgl. *Illy* 1949, S. 155).

In Anlehnung an die von *Hans Mayer* getroffene Unterscheidung zwischen kausal-genetischen und funktionellen (Preis-)Theorien sind auch methodisch Unterschiede zwischen der neoklassischen und der österreichischen Nutzen- und Grenznutzentheorie hervorzuheben. Kausal-genetische Theorien haben zum Ziel, mittels Erklärung des Vorgangs der Preisbildung ein *Verstehen* der Marktgesetzlichkeiten zu liefern. Funktionelle, neoklassische Gleichgewichtstheorien leiten dagegen die im Gleichgewicht bestehenden Preise aus der exakten Spezifizierung der Annahmen von Gleichgewichtslösungen ab.[130] Nach *Mayer* hat die funktionelle Theorie bereits in den 30er Jahren aus dem Preisproblem alle Erkenntnisse gezogen, die mit Hilfe einer Gleichgewichtstheorie möglich sind. Notwendig sei nun (1932!) ein Übergang zur Methodik kausal-genetischer Theorien (vgl. *Mayer* 1932, S. 151).[131]

Die Kritik an der Gültigkeit des zweiten *Gossen*schen Gesetzes vom Ausgleich der (gewogenen) Grenznutzen entzündet sich an der übermäßigen Ausdehnung des Substitutionskonzepts, was sich in der allgemeinen Verwendung von Indifferenzkurven in der neoklassischen Haushaltstheorie zeigt. *Mayer* äußert die Vorstellung, daß der Grenznutzen eines Bedürfnisbefriedigungsmittels nach dem Konsum einer gewissen Menge des Gutes auf Null zurückgeht. Das Bedürfnis ist befriedigt. An seine Stelle treten andere Güter, mit deren Hilfe weitere Bedürfnisse befriedigt werden usw. Die jeweiligen Grenznutzenverläufe sind dabei nicht unabhängig voneinander, vielmehr stehen i.d.R. die Nut-

---

[129] Vgl. *High* und *Bloch* (1989, S. 363) und *Schönfeld-Illy* (1924, S. 11-22), wo er die Ablehnung der kardinalen Nutzentheorie und ihre Ersetzung durch die ordinale Nutzentheorie begründet.

[130] Vgl. *Mayer* (1932, S. 148), *Illy* (1949, S. 159), *Zwiedineck-Südenhorst* (1953, S. 25).

[131] Deutlicher kann die Beschränkung der gleichgewichtstheoretischen Haushaltstheorie kaum ausgedrückt werden, als dies *Pareto* im Zusammenhang mit der Entwicklung des gleichgewichtstheoretischen Konzepts der Indifferenzkurvenlinien ausdrückt: „Das Individuum kann verschwinden, wofern es uns nur diese Photographie seiner goûts [Bedürfnisse] zurückläßt" (*Pareto*, zitiert nach *Mayer* 1932, S. 61).

zen in einem komplementären - nicht in einem substitutionalen - Verhältnis zueinander. Dabei gehen die Vertreter der österreichischen Schule davon aus, daß es einseitige, kausale Zusammenhänge sind, die hier eine Rolle spielen. Bedürfnisse werden aktuell infolge der teilweisen oder auch vollständigen Befriedigung vorrangiger Bedürfnisse. Es sind nach dieser Vorstellung demnach nicht alle Bedürfnisse gleichzeitig nebeneinander relevant.[132] Das zweite *Gossen*sche Gesetz, nach dem das Individuum immer danach strebt, die Grenznutzen aller Bedürfnisbefriedigungsaktivitäten durch die zuletzt durchgeführten Konsumanstrengungen auszugleichen, gilt in seiner allgemeinen Form nicht (vgl. *Illy* 1949, S. 165).

Mahr diskutiert die Ablehnung des zweiten *Gossen*schen Gesetzes vor dem Hintergrund einer Realeinkommenserhöhung. Steigt bei gleichbleibenden Preisen das Geldeinkommen, werden andere Wirkungen auf die Bedürfnisbefriedigungsaktivitäten der Wirtschaftssubjekte vorausgesagt als in der neoklassischen Nutzentheorie. Angenommen wird, daß ein Teil der bisher nachgefragten Güter in unveränderter Menge weiter konsumiert wird, der Konsum anderer Güter in verschiedenem Maße erhöht und der wiederum anderer Güter in unterschiedlichem Maße vermindert wird. Schließlich wird erwartet, daß die Nachfrage nach einigen Gütern vollkommen zurückgeht und neue Bedürfnisbefriedigungsmittel an ihre Stelle treten (vgl. *Mahr* 1949, S. 199; *Weber* 1953, S. 8). Damit konfligiert diese Vorstellung mit der Implikation des zweiten *Gossen*schen Gesetzes, daß sich die Nachfrage je nach der Einkommenselastizität der betrachteten Güter c.p. in kontinuierlichem Maße verändert (vgl. *Mahr* 1949, S. 201 f.).

Dieses Gesetz beinhaltet außerdem eine kuriose Implikation, die von den Vertretern der österreichischen Schule deutlich herausgearbeitet wird. Aufgrund der unendlichen Größe menschlicher Bedürfnisse und Ziele sowie der Knappheit der Mittel besteht prinzipiell immer die Situation, daß - sollte das zweite *Gossen*sche Gesetz gelten - rational handelnde Wirtschaftssubjekte lediglich einen Teil des jeweiligen Bedürfnisses befriedigen können. Selbst die Befriedigung der Grundbedürfnisse wie z.B. des Nahrungsmittelbedürfnisses kann bei einem allgemeinen Ausgleich der Grenznutzen unter gegebener Budgetrestriktion nur teilweise erreicht werden, da bei Sättigung eines Bedürfnisses der Grenznutzen des dafür verwendeten Bedürfnisbefriedigungsmittels auf Null fallen würde, im Gegensatz zu den Mitteln, die für die nicht-gesättigten Bedürfnisse ausgegeben werden (vgl. *Mayer* 1932, S. 204).[133] Im Gegensatz dazu gehen Theoretiker wie *Mayer* und *Mahr* in Anlehnung an *Menger* davon aus, daß der Grenznutzen lebensnotwendiger Güter höher ist als der von Konsumgütern mit geringerer Wichtigkeit - bezogen auf das Ziel des Überlebens. *Mahr* formuliert folgende allgemeine Regel zur Grenznutzenunterscheidung von Gütern:

> „Alle Güter, bei denen auch eine geringfügige Erhöhung des Preises genügt, um das Wirtschaftssubjekt zu einer Verminderung der nachgefragten Menge zu veranlassen, haben den gleichen 'gewogenen' Grenznutzen wie das Geld. Alle Güter, bei

---

[132] Vgl. dazu das Kapitel 2.2.3.2.

[133] Trotzdem verteidigt beispielsweise *Morgenstern* die *Tendenzaussage* des zweiten *Gossen*schen Gesetzes und wendet es als Gesetz des Strebens nach intertemporalem Nutzenausgleich an (vgl. *Morgenstern* 1934, S. 453). Auch *Strigl* sieht im Gleichgewicht das zweite *Gossen*sche Gesetz erfüllt (vgl. *Strigl* 1923, S. 130).

denen eine kleine Verteuerung keine solche Wirkung auslöst, haben einen über diesem Niveau liegenden Grenznutzen" (*Mahr* 1949, S. 206).[134]

Es lohnt sich, die hier diskutierte Ablehnung des Grenznutzenausgleichsgesetzes kurz vor dem Hintergrund der neoklassischen Annahmen zu beleuchten, die notwendig sind, damit das zweite *Gossen*sche Gesetz gilt. Voraussetzungen der neoklassischen Grenznutzentheorie bilden die Kontinuität und Stetigkeit der Nutzen- und Grenznutzenkurven sowie die beliebige Teilbarkeit der Güter, die zur Bedürfnisbefriedigung nachgefragt werden (vgl. *Illy* 1949, S. 167 f.; *Weber* 1953, S. 8). Damit wird jedoch deutlich, daß die neoklassische Haushalts- und Nutzentheorie auf sehr strengen Annahmen beruht, die an der Allgemeingültigkeit ihrer Aussagen selbst im Gleichgewicht zweifeln läßt. Für die Erklärung des Konsumentenverhaltens in evolutionären Wirtschaftsprozessen ist die Annahme des Strebens nach einem Ausgleich der Grenznutzen schon aufgrund des Problems des begrenzten Wissens nicht geeignet.

Das Hauptproblem der neoklassischen, paretianischen Nutzentheorie bildet jedoch die allgemeine Verwendung der Annahme der Substituierbarkeit der Güter, die der Bedürfnisbefriedigung dienen. Diese stellt i.d.R. die Grundlage für die Entwicklung von Indifferenzkurvensystemen dar (vgl. *Mayer* 1953, S.60-63). *Mayer, Illy* u.a. werfen der Neoklassik jedoch vor, damit die fundamentale Bedeutung der Komplementaritäten übersehen zu haben, die auch für die Konsumseite elementar sind.[135]

2.2.3.2. Ansatzpunkte einer prozeßorientierten Nutzen- und Haushaltstheorie

Wie bereits angesprochen ist *Mayer* der Meinung, daß sich die Bedürfniswelt eines Individuums durch die Existenz zahlreicher, qualitativ unterschiedlicher Einzelbedürfnisse auszeichne, die weitestgehend in einem kausalen Verhältnis zueinander stehen (erst vollständige Befriedigung des einen Bedürfnisses, bevor die Befriedigung eines zweiten Bedürfnisses angestrebt wird) und deren Befriedigung nicht in einem substitutionalen Verhältnis zueinander stehe, sondern i.d.R. in einem komplementären.[136] Damit wird die Haushalts- und Nutzentheorie in eine allgemeine Prozeßtheorie eingebettet, ohne daß sich die Vertreter der österreichischen Schule dessen offensichtlich voll bewußt gewesen

---

[134] *Mahr* unterscheidet damit den Grenznutzen des Geld-Gutes, der auf dem Tauschwert basiert, von dem monetär definierten, nämlich gewogenen Grenznutzen eines Gutes, der auf dem Gebrauchswert beruht. In der neoklassichen Haushaltstheorie wird dagegen zur Verdeutlichung des zweiten *Gossen*schen Gesetzes vom Ausgleich der Grenznutzen des Geldes gesprochen. Dies ist jedoch nur bezogen auf das Gleichgewicht sinnvoll, wobei außerdem von der Neutralität des Geldes ausgegangen werden muß. Letzteres wird von den Vertreter der österreichischen Schule jedoch abgelehnt.

[135] In der ordinalen Nutzentheorie wird zwar auch mit dem Instrumentarium rechtwinkliger Indifferenzkurven gearbeitet, welche die strikte Komplementarität von Güter(bündel)n ausdrücken, im allgemeinen wird jedoch die Substituierbarkeit von Gütern angenommen.

[136] Vgl. *Illy* (1949, S. 179), *Mayer* (1953, S. 65), *Weber* (1953, S. 9, 11 f.). Allgemein wird hierbei davon ausgegangen, daß zwischen den Bedürfnisbefriedigungsmitteln keine interdependente, sondern eine einseitige, kausale Beziehung besteht. Bedürfnisse bestimmter Qualität werden erst ausgelöst und damit zum Gegenstand ökonomischen Handelns, wenn vorgelagerte Bedürfnisse ganz oder auch nur teilweise befriedigt worden sind (vgl. *Mahr* 1949, S. 203 f.).

sind. Komplementaritäten sind das Resultat von Heterogenitäten, welche vor allem das Ungleichgewicht charakterisieren. In evolutionären Prozessen, die in der historischen Zeit ablaufen, muß zunächst die auf die Pläne der Wirtschaftssubjekte bezogene Komplementarität der heterogenen Mittel berücksichtigt werden. Erst im Zuge der Analyse der Veränderung ökonomischer Pläne gewinnt die sich im Austauschprozeß exogen und endogen ändernde Substitutierbarkeit der Güter an Gewicht (vgl. *Hoppmann* 1967, S. 89). Mittel werden neu kombiniert, um die individuellen Ziele effektiver zu erreichen. Im Zuge der Veränderung der Pläne der Wirtschaftssubjekte entstehen nun wiederum neue Komplementaritäten, der Prozeß setzt sich fort.[137] Nur eine Nutzentheorie, welche die Implikationen der Heterogenitäten von Gütern thematisiert, ist adäquat, um das Verhalten von Konsumenten in evolutionären Marktprozessen zu erklären.[138]

Neben der Berücksichtigung der Heterogenität der Güter ist das Element der historischen Zeit konstitutiv für die Entwicklung einer prozessualen Haushaltstheorie. Dabei wird mit der Erkenntnis von *Mises* gearbeitet, daß alles Handeln zukunftsgerichtet und durch subjektive Rationalität charakterisiert ist.[139] Die Aufstellung und Durchführung von Wirtschaftsplänen geschieht in der historischen Zeit. Dies bedeutet, daß der Zeitbedarf, der notwendig ist, um die jeweiligen Bedürfnisse zu befriedigen, sowie die Dauer des Produktionsprozesses selbst innerhalb einer Theorie der Bewertung der Güter berücksichtigt wird. Insbesondere der Tatbestand der periodischen Wiederkehr von (Grund-)Bedürfnissen muß in die Theorie einfließen.[140]

Morgenstern geht von gleichbleibenden Einkommensperioden aus, die mit den Wirtschaftsperioden nicht identisch sein müssen. Die relative Bedeutung, welche die Güter

---

[137] Vgl. dazu auch Kapitel 3.2.1.

[138] In diese Richtung argumentiert ebenfalls *Zwiedineck-Südenhorst*, der die Grenznutzentheorie insgesamt als zu statisch einschätzt: „... obgleich die Kausalproblematik gesehen wurde, ist die Grenznutzenlehre zu keiner Kausaltheorie gelangt und sie war insoweit hinter der Problemstellung der Klassiker zurückgeblieben" (*Zwiedineck-Südenhorst* 1953, S. 27). Er fordert eine dynamische Theorie auch für die Nachfrageseite von Marktprozessen und kommt schon 1953 zu folgendem Ergebnis bezüglich der Richtung von dynamischen Marktprozessen: „... für die dynamische Theorie ist ein Gleichgewichtsbegriff überhaupt nicht notwendig, ja es ist fraglich, ob das Erfahrungsobjekt, das die dynamische Problemstellung auslöst, das auf Änderung der Marktlage gerichtete Wollen, überhaupt das Gravitieren nach Gleichgewichtslagen noch erkennen läßt" (*Zwiedineck-Südenhorst* 1953, S. 28). Dieser Gesichtspunkt wird im Laufe dieser Arbeit noch ausführlich analysiert.

[139] Vgl. beispielsweise das nutzentheoretische Lehrbuch von *Schönfeld-Illy* (1924, S. 6) oder auch das Lehrbuch von *Mahr* (1959, S. 1 ff.). *Morgenstern* formuliert bereits 1934: „Die Analyse des Zeitelements ist eine der dringendsten Aufgaben, denen sich die theoretische Ökonomie gegenübergestellt sieht" (*Morgenstern* 1934, S. 458).

[140] „Der Grenznutzen einer beliebigen größeren Gütermenge, deren Verwendung auf eine *einzelne* Bedürfnis*periode* abgestellt ist, würde nach dem I. *Gossen*schen Gesetz sehr bald Null erreichen; der Grenznutzen derselben Gütermenge würde jedoch bei Bezugnahme auf die in einem *Zeitraum* immer wieder aktuell werdenden, eine Vielzahl von gleichen Bedürfnissen, ein relativ hoher sein" (*Mayer* 1953, S. 71). Die Berücksichtigung der Zeitkoordinate zusätzlich zur Intensitäts- und zur Mengenkoordinate ermöglicht die Ermittlung der relativen Bedeutung des Gutes für ein Wirtschaftssubjekt in der Zeit. Vgl. zur weiteren Diskussion der Implikationen der Zeitraumbetrachtung für die Nutzentheorie *Mayer* (1953, S. 72-74).

für die Bedürfnisbefriedigungsanstrengungen der Wirtschaftssubjekte haben, wird mittels einer Zeitraumbetrachtung deutlich. *Mayer* und *Morgenstern* gehen davon aus, daß die wirtschaftenden Individuen innerhalb einer Wirtschaftsperiode erst dann zur Befriedigung weniger wichtiger Bedürfnisse übergehen, wenn die Sicherung der (periodisch und unrhythmisch) wiederkehrenden wichtigeren Bedürfnisse innerhalb des betrachteten Zeitabschnittes gewährleistet erscheint (vgl. *Morgenstern* 1934, S. 441). Im Falle ungleicher Bedürfnisrhythmen ergibt sich dabei das Problem der Abstimmung der Bedürfnisbefriedigungsaktivitäten mit den Einkommensperioden. Können der Bedürfnisrhythmus und die Einkommensperioden wegen der institutionellen Starrheit derselben nicht zum Ausgleich gebracht werden, müssen Pläne in der laufenden Einkommensperiode für die zukünftigen Perioden gemacht werden. Die Notwendigkeit der Planung bleibt nicht auf eine Einkommensperiode beschränkt. Mit der erhöhten Komplexität der Planung erhöht sich jedoch auch das Problem des mangelhaften Wissens sowie der Bildung von Erwartungen unter Ungewißheit (vgl. *Morgenstern* 1934, S. 443-449). Die Notwendigkeit der Berücksichtigung von Erwartungen in der Theorie ergibt sich direkt aus der Berücksichtigung der historischen Zeit.[141]

Morgenstern diskutiert außerdem die Leistungsfähigkeit einer Theorie der offenbarten Präferenzen. In diesem Zusammenhang unterscheidet er die Planung der Wahlakte, den Vollzug der Wirtschaftsakte und die zeitliche Folge der Konsumakte. Das zeitliche Zusammenfallen aller drei Phasen ist lediglich bei Annahme unendlicher Reaktionsgeschwindigkeit der Wirtschaftssubjekte möglich. In der Prozeßtheorie, bei Berücksichtigung der historischen Zeit, gibt es dagegen nur zwei Alternativen. Entweder besteht eine zeitliche Trennung des Wirtschaftsplans vom Vollzug der Wahlhandlungen, die mit den Konsumakten identisch sind oder alle drei Phasen der Planaufstellung und -durchführung fallen auseinander. Erstere der beiden Alternativen ist nach *Morgenstern* dann gegeben, wenn die konsumierten Konsumgüter nicht dauerhafter Natur sind, sondern sogleich der Befriedigung der entsprechenden Bedürfnisse dienen. In diesem Fall ist es möglich, mit Hilfe der Beobachtung der offenbarten Präferenzen die Präferenzordnung eines Wirtschaftssubjektes zu ermitteln.[142] Fallen jedoch auch der Vollzug der Wahlhandlungen, d.h. der Kauf des Konsumgutes und der Akt des Konsumierens zeitlich auseinander - angesprochen ist der Konsum dauerhafter Konsumgüter -, reicht eine bloße Beobachtung der Aktivitäten des Wirtschaftssubjektes auf dem Markt nicht aus, um seine Präferenzordnung zu bestimmen (vgl. *Morgenstern* 1934, S. 456). Zumindest müßten alle relevanten Plan- und Handlungsperioden betrachtet werden.

Außerdem offenbart das beobachtbare Handeln die subjektiven Präferenzen der Wirtschaftssubjekte nicht vollständig, da Fehler, die im Ungleichgewicht wegen Unwissenheit

---

[141] Vgl. *Morgenstern* (1934, S. 439) sowie *Morgenstern* (1935, S. 337 ff.), wo er die Problematik der Erwartungsvoraussetzungen der Gleichgewichtstheorie diskutiert und auf S. 357 noch einmal die untrennbare Verknüpfung von Zeit und Erwartungsbildung betont: „Zeit und Erwartung sind ja untereinander, wie sich ergeben hat, in inniger Weise verknüpft."

[142] „Würde man ein sich solcherart verhaltendes Individuum auf dem Markte kurzfristig beobachten, so wäre der Schluß auf die Reihenfolge seiner Wahlakte auf die ihnen im Wirtschaftsplan beigemessene Bedeutung zulässig und man erhielte durch rein äußere Ermittelung seines Verhaltens ein völliges Bild seiner Bedürfnisordnung" (*Morgenstern* 1934, S. 456).

und Unsicherheit begangen werden, mitbeobachtet werden. Zum Zeitpunkt t_0 der Beobachtung wird nicht deutlich, ob ein individueller Fehler des Wirtschaftssubjekts beobachtet wird - was das Individuum selbst nur *ex post* feststellen kann - oder die tatsächlichen Präferenzen des Individuums. Schließlich muß die Möglichkeit berücksichtigt werden, daß neue Güter oder gar neue Bedürfnisse in der Zeit auftreten, welche die intertemporale Planung der Konsumakte verändern. Als Fazit erscheint eine Theorie der offenbarten Präferenzen unter Berücksichtigung der Kritikpunkte nur bedingt leistungsfähig für die Fragestellungen der evolutionären Theorie.[143]

Insgesamt bleibt die österreichische Schule zu dieser Zeit noch der Ökonomiedefinition von *Robbins* verpflichtet. Bedürfnisse bzw. Ziele sind subjektiv und für die ökonomische Theorie Daten (vgl. *Robbins* 1948, S. 16, 24). Technischer Fortschritt spielt für die Nutzentheorie keine bedeutende Rolle. Die Ökonomie hat die Aufgabe, die Kombination von Mitteln zu betrachten und zu erklären, wie die subjektiv vorgegebenen Ziele bestmöglich erreicht werden. Das wirtschaftliche Kalkül wird dabei - anders als bei *Mises*, aber durchaus mit seiner Vorgehensweise vereinbar - direkt aus der Knappheit abgeleitet.[144]

Daraus wird ersichtlich, daß der Sprung zu einer alternativen, prozeßtheoretischen Nutzentheorie nicht vollständig gelungen ist. Es werden zwar Implikationen der historischen Zeit für die Planung und Durchführung bedürfnisorientierter Wahlhandlungen diskutiert. Auch wird auf die Bedeutung der Komplementaritäten für die Nutzentheorie hingewiesen. Daß diese Bedeutung jedoch erst dann fundamental ist, wenn vom Ungleichgewicht ausgegangen wird, wurde weitestgehend nicht erkannt. Insbesondere aus dem Tatbestand der Heterogenität ergibt sich die Notwendigkeit der Komplementaritätsperspektive. Sind Heterogenitäten im Wissen, bei der Kenntnis und Verfügbarkeit von Bedürfnisbefriedigungsmitteln, bei den Bedürfnissen selbst usw. gegeben, ist die Erklärung subjektiv rationalen Handelns nur unter Berücksichtigung der sich daraus ergebenden Komplementaritätsanforderungen möglich.

2.2.3.3. Zeit und Institutionen

Rosenstein-Rodans Analyse des Zeitmoments in der Theorie ist die einzige Abhandlung aus dieser Zeit, die explizit auf die Koordinationsproblematik im Ungleichgewicht eingeht. Insbesondere untersucht er die Problematik der theoretischen Ableitung einer gesicherten Gleichgewichtstendenz ökonomischer Prozesse bei Berücksichtigung der historischen Zeit. Da im Rahmen des Kapitels 3.3. die Frage der *ex ante* Ableitung der Gleichgewichtstendenz unter Rückgriff auf die Ansätze von *Mises*, *Kirzner* und *Lachmann* im Mittelpunkt steht, lohnt es sich hier, die Vorarbeiten *Rosenstein-Rodans* zu diesem Thema zu analysieren.

---

[143]   *Witt* versucht, den Zusammenhang zwischen kognitiven Prozessen und offenbarten Präferenzen schematisch anzudeuten. Auch er kommt dabei zu dem Ergebnis, daß eine Theorie der offenbarten Präferenzen hier an ihre Grenzen stößt (vgl. *Witt* 1987, S. 137 f., insb. Abb. III.b. auf S. 137).

[144]   Vgl. *Mahr* (1949, S. 198), *Mahr* (1959, S. 4-6) sowie *Strigl* (1923, S. 14), der hier vom Tatbestand der Lebensnot spricht.

Rosenstein-Rodan untersucht die Gleichgewichtskräfte, die auf Angebot und Nachfrage sowie auf den Preis in einem Markt einwirken. Er kommt zu dem Ergebnis, daß im Falle eines nicht-simultanen Charakters der Zeitintervalle, in denen Nachfrage und Angebot auf den Preis wirken, und der Zeitintervalle der Rückwirkungen des Marktpreises auf Angebot und Nachfrage, das Gleichgewicht nicht erreicht wird. Vielmehr kommt es zu einem „... perpetuum mobile der Veränderungen" (*Rosenstein-Rodan* 1930, S. 131) *Rosenstein-Rodan* problematisiert auch das theoretische Hilfsmittel der Wahl des Gleichgewichtszustandes als Ausgangs- und Endpunkt der wirtschaftswissenschaftlichen Analyse. Infolge der systematischen Berücksichtigung (jedoch nur exogener) Ungleichgewichtskräfte erkennt er, daß es „... nicht immer zu einem Gleichgewichtszustand kommen [muß]" (*Rosenstein-Rodan* 1930, S. 137). Nur wenn es lange genug keine Veränderungen der exogenen Daten gibt, können sich die Gleichgewichtskräfte durchsetzen, so daß das Gleichgewicht erreicht wird.[145]

Vor diesem Hintergrund prozeßtheoretischer Überlegungen weisen die Vorstellungen der Vertreter der österreichischen Zwischenkriegsgeneration in die richtige Richtung. Festzuhalten ist jedoch, daß insbesondere die Wirkung des institutionellen Rahmens und seiner Veränderungen auf die Handlungen der Wirtschaftssubjekte von der österreichischen Zwischenkriegsgeneration kaum untersucht wird, wobei allerdings auf eine interessante Ausnahme hinzuweisen ist. *Strigl* beschäftigt sich in seinem Werk über die ökonomischen Kategorien der Wirtschaft explizit mit der institutionellen Ausgestaltung von Ordnungen. Er entwickelte erste Ansätze zu einer systematischen Property-Rights-Theorie und untersucht die Wirkungen von Institutionen auf ökonomisches Verhalten.

Zunächst analysiert *Strigl* die Voraussetzungen, die für den *wohlfahrtsteigernden* Tausch erfüllt sein müssen. Er nennt vier wesentliche Bedingungen: genau definierte und akzeptierte Verfügungsrechte über die zu tauschenden Gegenstände; Freiwilligkeit des Tausches; individuelle Freiheit auch bezüglich der zu tauschenden Quantitäten der Güter sowie die Existenz und Akzeptanz eines allgemeinen Tauschmittels.[146] Ähnlich wie bei *Mises* ist es *Strigls* Intention, ein streng deduktives Theoriegebäude zu errichten, das hier jedoch aus vier grundlegenden Kategorien abgeleitet wird: den handelnden Wirtschaftssubjekten, den Gütern, deren Verwendungsmöglichkeiten sowie den gegebenen Wertskalen (vgl. *Strigl* 1923, S. 66-76; *Sweezy* 1934, S. 180). Insbesondere die Verwendungsmöglichkeiten der Güter bezüglich der Verfolgung der individuellen Zwecke sind abhängig von der Ausgestaltung der Verfügungsrechte.

Die Wirkung von Institutionen, insbesondere des kodifizierten Rechts, wird durch den Vergleich mit einer „ungeregelten" Gesellschaft herausgearbeitet. In einer Gesellschaft ohne Recht und Gesetz setzt sich das „Recht des Stärkeren" durch. Wohlfahrtsfördernder Tausch findet nicht statt, dafür Aneignung knapper Ressourcen durch den Stärkeren.

---

[145]   Vgl. *Rosenstein-Rodan* (1930, S. 137-139), wo er seine Vorstellungen recht illustrativ an einem Hase-Hund-Beispiel erläutert (vgl. sein Schaubild auf S. 139).

[146]   Vgl. *Strigl* (1923, S. 24 f., 33 f.) sowie S. 45: „Die Übertragbarkeit der Verfügung über eine Sache ist also eine *soziale Voraussetzung* des Tausches, welche zu den ökonomischen Voraussetzungen hinzutritt oder richtiger: *welche vorliegen muß, bevor die Frage nach den ökonomischen Voraussetzungen überhaupt einen Sinn hat.*" (Hervorhebungen im Original).

Aus dieser Vorstellung leitet *Strigl* die Aufgabe des Staates ab:

„... der staatliche Machtapparat übernimmt den Schutz der Güterverteilung, das wäre im wesentlichen die Funktion, welche Staat und Recht gegenüber der Güterverteilung haben" (*Strigl* 1923, S. 39).

Strigl erkennt zudem, daß in Gesellschaften neben den kodifizierten Regeln weitere Normen existieren, die „... in analoger Weise wirken" (*Strigl* 1923, S. 39).[147] Insbesondere thematisiert er die Notwendigkeit der Komplementarität von Normen sowie das Problem der Häufigkeit des Konflikts derselben (vgl. *Strigl* 1923, S. 51).[148]

Diese kurzen Bemerkungen beziehen sich lediglich auf einen Teil des gesamten, interessanten Werks von *Strigl*. Es sollte jedenfalls deutlich geworden sein, daß institutionenökonomische Fragestellungen in der ersten Hälfte des zwanzigsten Jahrhunderts innerhalb der österreichischen Schule nicht vollkommen vernachlässigt worden sind, bis die österreichische Theorie der Institutionen insbesondere von *Hayek* und *Lachmann* wiederbelebt wurde.[149]

2.3. Wissenschaftstheoretische Fundierung einer evolutionären Institutionentheorie

„Alle Wissenschaften entstehen aus Problemen. Ihre Absichten, *Methoden* und Ergebnisse können nur von ihren Problemen her verstanden werden" (*Eucken* 1961, S. 12 (Hervorhebung des Verfassers)).

Anschließend an die dogmenhistorischen Vorarbeiten ist es das Ziel dieses Kapitels, ein wissenschaftstheoretisches „Fundament" zu liefern, auf dem das „Haus" der evolutionären Institutionenökonomik der weiteren Kapitel gebaut werden kann. Im Sinne *Euckens* geht es in diesem Kapitel um die Grundlegung der Methodik, die den Problemen einer Ungleichgewichtstheorie gerecht wird.

2.3.1. Zum methodologischen Individualismus

Als gemeinsame methodologische Basis dient sowohl der Neoklassik als auch der in manchen Bereichen eng verwandten österreichischen Schule der Nationalökonomie der methodologische Individualismus. Nun ist dieses - von *Schumpeter* so benannte - Theorieprogramm, das die Rückführung sozialer Phänomene auf das individuelle Verhalten zum Gegenstand hat, in der wissenschaftlichen Diskussion keineswegs unumstritten. Nicht nur aus diesem Grunde ist es notwendig, sich im Rahmen dieser Arbeit damit auseinanderzusetzen. Der weitaus wichtigere Grund besteht darin, daß die Beziehung zwischen dem handelnden Individuum und den diese Handlungen mitbestimmenden Institutionen geklärt werden muß. Eine Arbeit, die sich mit den Wirkungen und den Verände-

---

[147] Explizit diskutiert er die Wirkung von Religion und Ethik sowie von politischen Idealen, die durchaus auch revolutionäre Tendenzen auslösen können. Zur Bedeutung von Ethik vgl. insbesondere *Strigl* (1923, S. 109-111).

[148] Ansätze zu einer Theorie der Evolution von Institutionen lassen sich hier jedoch nicht finden.

[149] Vgl. dazu insbesondere das 4. Kapitel.

rungen von Institutionen auseinandersetzt, kommt an diesem Fragenkomplex naturgemäß nicht vorbei.

Seit *Menger* gehen die Vertreter der österreichischen Schule der Nationalökonomie von der grundlegenden Prämisse aus, daß nur Individuen handeln, denken, werten und planen (vgl. *Baird* 1989, S. 205). Kollektive, wie z.B. Unternehmen, Verbände oder Staaten, handeln nicht unabhängig von den Individuen, die sie repräsentieren. Der einzige Weg, Gruppenverhalten zu analysieren, besteht in der Analyse dessen, was die Gruppenmitglieder planen und wie sie handeln. Die Struktur wie auch die Veränderung von sozialen Phänomenen wird unter Rückgriff auf die Handlungen der Individuen erklärt.[150] Die Verwendung des methodologischen Individualismus als Erklärungsperspektive kann deshalb im Sinne von *Lakatos* als heuristisches Postulat der österreichischen Schule verstanden werden (vgl. *Blaug* 1980, S. 92 f.).[151]

Die Kritik an dieser positiven Heuristik entzündet sich an der Verbindung des konsequenten Subjektivismus der österreichischen Schule mit den Implikationen des methodologischen Individualismus. Gefragt wird, ob eine Theorie „isolierter Individuen" oder „ökonomischer *Robinson Crusoes*" adäquat sei für die Analyse sozialer Beziehungen oder ob dies nicht vielmehr ein unproduktiver extremer wissenschaftstheoretischer Individualismus sei.[152] Kritiker berufen sich dabei auf *Menger* selbst, der die Analyse des Verhaltens der Individuen als zentralen Baustein zur Entwicklung ökonomischer Modellvorstellungen verwendet und diese Methode etwas unglücklich als „atomistisch" bezeichnet (vgl. *Hayek* 1990, S. 29; *Hayek* 1968, S. XXI).[153] Ziel *Mengers* ist es,

> „die komplexen Phänomene der durch soziale Beziehungen gekennzeichneten Wirtschaft auf die einfachsten Elemente zurückzuführen, die noch der sicheren Beobachtung unterliegen" (*Hayek* 1990, S. 30).[154]

Rothbard wendet sich jedoch ausdrücklich gegen eine Fehlinterpretation der österreichischen Theoriebasis. Der „naive Individualismus", der das Handeln der Individuen isoliert voneinander bzw. von Institutionen sieht, wird ebenso als unzulänglich abgelehnt wie jegliche Form des Holismus als die Lehre vom Handeln kollektiver Entitäten. Die Beeinflussung der Präferenzen des Individuums durch die Handlungen anderer Menschen, die sich spezifischen Gruppen oder Organisationen zugehörig fühlen, wird sehr

---

[150] Vgl. *Block* (1973, S. 380 f.), *Hodgson* (1994a, S. 63 f.), *Hoppmann* (1987, S. 32), *Kley* (1992, S. 31), *Yeager* (1954, S. 234). *Loy* weist darauf hin, daß die Rückführung sozialer Phänomene nicht nur auf das beobachtbare Handeln erfolgt, sondern - insbesondere von *Lachmann* - die Reduktion weiter auf individuelle Pläne und Erwartungen vorgenommen wird (vgl. *Loy* 1985, S. 234). Vgl. auch stellvertretend für viele Textstellen im Werk *Lachmanns Lachmann* (1973, S. 6).

[151] Vgl. auch *Langlois'* Formulierung einer eng an die Neoklassik angelehnten „österreichischen" Heuristik in *Langlois* (1982, S. 81).

[152] Vgl. *Böhm* (1982, S. 43), *Lange* (1963, S. 285), *Littlechild* (1983, S. 46-48), *Loy* (1988, S. 64).

[153] *Hayek* selbst bezeichnet die Methode des methodologischen Individualismus gerne als „kompositive Methode".

[154] *Hayek* beruft sich dabei auf *Menger* (1871/1968, S. VII). Vgl. außerdem *Menger* (1883/1969, S. 157, Fn. 51, S. 236) sowie *Vaughn* (1994a, S. 29) und *Yeager* (1954, S. 233-235).

wohl berücksichtigt.[155] In diesem Sinne spricht z.B. *Boettke* von einem „sophisticated" Individualismus der österreichischen Schule (vgl. *Boettke* 1989a, S. 76 f.).[156] Ökonomisch relevante Begriffe und Zusammenhänge werden aus der Perspektive des handelnden Individuums erklärt (vgl. *Cubeddu* 1993, S. 78; *Torr* 1992, S. 132).[157] Beispielsweise betont *Menger* die Subjektivität der Ziele sowie des Nutzens und bereitet die Grundlage für die Sichtweise der Subjektivität der Kosten, d.h. insgesamt der Bewertung. *Mises* weist auf die sich daraus ergebende subjektive Rationalität hin. *Lachmann* unterstreicht die Subjektivität der Erwartungen sowie des Lernens und des Wissens, wobei letzteres auch schon bei *Hayek* zu finden ist. Die modernen Österreicher erweitern den Ansatz um die sog. „dynamische Subjektivität", indem sie die Bedeutung der historischen Zeit für ökonomische Prozesse in den Mittelpunkt rücken. Die Verbindung des methodologischen Individualismus mit dem methodologischen Subjektivismus stellt damit einen Teil des „hard core" der österreichischen Schule dar.[158]

Das bedeutet wie bereits angedeutet jedoch nicht, daß die österreichische Theorie bei der Erklärung autonomen individuellen Verhaltens stehen bleibt. Eines ihrer wichtigsten Erkenntnisobjekte besteht in der Erklärung der unintendierten Ergebnisse intentionalen Handelns. Diese Analyse ist jedoch ohne die Berücksichtigung des sozialen und institutionellen Umfelds der handelnden Wirtschaftssubjekte unmöglich.[159] Das (häufig unintendierte) Ergebnis der Handlungen von Menschen besteht nämlich u.a. in der Evolution von Institutionen, die problemlösend wirken. Gleichzeitig bestimmen diese Institutionen wiederum das Verhalten der Menschen. Der gesamte, interdependente Prozeß stellt das Erkenntnisobjekt der österreichischen Theorie dar, nicht - wie fälschlich teilweise angenommen wird - nur die Handlungen der Individuen.

Von den drei möglichen Gesellschaftsvorstellungen - der Vorstellung der Gesellschaft

---

[155]   Die Verwendung des methodologischen Individualismus bedeutet nicht, kulturelle und soziale Beeinflussungen der individuellen Zielwahl zu negieren. Es geht vielmehr um die zweckmäßigste Erklärungsperspektive für ökonomische Tatbestände und Gesetzmäßigkeiten (vgl. *Rothbard* 1976a, S. 30 f.; *Mises* 1962, S. 78-82).

[156]   *Rothbard* bekräftigt diese Position mit folgenden Worten: „To say that only individuals act is not to deny that they are influenced in their desires and actions by the acts of other individuals, who might be fellow members of various societies or groups. We do not at all assume, as some critics of economics have charged, that individuals are 'atoms' isolated from one another" (*Rothbard* 1993, S. 435, Fn. 6). *Sax* diskutiert schon recht früh das Verhältnis des methodologischen, nicht-atomistischen Individualismus zum methodologischen Kollektivismus (vgl. *Sax* 1884/1995, S. 111-115). Vgl. auch *Strigls* Ansichten in *Strigl* (1923, S. 24).

[157]   Auch *Popper* sieht im methodologischen Individualismus die einzig relevante Erklärungsmethode für die Sozialwissenschaften (vgl. *Popper* 1969, S. 133).

[158]   Vgl. nochmals *Langlois'* ausgezeichneten „Comment on Rizzo". Hier vergleicht er u.a. den neoklassischen „hard core" mit seinen eigenen und den Vorstellungen von *Rizzo* zum „österreichischen" „hard core" (vgl. *Langlois* 1982, S. 78-81 sowie *Rizzo* 1982, S. 57-59).

[159]   Vgl. *Boettke* (1989b, S. 186), *Cubeddu* (1993, S. 77 ff.), *Hartwig* (1987, S. 9), *Hayek* (1952a, S. 15 f.), *Hayek* (1965, S. 70), *Krüsselberg* (1988a, S. 14), *Popper* (1992b, S. 109). *Klausinger* spricht von zwei Ebenen des methodologischen Individualismus: der Ebene des Individuums selbst sowie der für entwickelte Sozialwissenschaften ebenso wichtigen Ebene der „Interaktionsstruktur", d.h. der Erklärung gesellschaftlicher Phänomene aus der Perspektive des nicht-autonomen Verhaltens der Individuen (vgl. *Klausinger* 1991, S. 94).

lediglich als Aggregation autonomer Individuen; als handelndes Kollektiv; oder als gesellschaftlicher Prozeß, der die Interdependenzen zwischen den Individuen und den sozialen Institutionen widerspiegelt - ist lediglich die letzte akzeptabel.[160] Diese drei Vorstellungen, die ebenso für Organisationen innerhalb von Gesellschaften, wie z.B. Unternehmungen, unterschieden werden können, repräsentieren in der genannten Abfolge einen „naiven Individualismus", einen „naiven Holismus" sowie einen „aufgeklärten („sophisticated") Individualismus". Für die österreichische Schule stellen gesellschaftliche Ordnungen mehr dar als die Summe ihrer Mitglieder. Es kommt auf die Interdependenzen und damit auf die je gewollten oder unerwünschten, jedenfalls unintendierten, Ergebnisse des zielgerichteten Handelns der Gesellschaftsmitglieder an. Da diese von der österreichischen Schule zum Gegenstand der Untersuchung gemacht werden, ist der Vorwurf des „naiven methodologischen Individualismus" unbegründet.[161]

Im Zusammenhang mit der Analyse der evolutionären Institutionentheorie *Mengers*, insbesondere der Erklärungen des Ursprungs der Institution des Eigentums sowie der Entstehung des Geldes, stellt *Albert* vollkommen zu Recht fest:

> „Sein Beispiel zeigt (...), daß die in der Ökonomie etablierte individualistische Methode durchaus mit einem *theoretischen Institutionalismus* vereinbar ist, das heißt, daß nicht nur Erklärungen sozialer Phänomene unter Berücksichtigung institutioneller Gegebenheiten auf diese Weise prinzipiell möglich sind, sondern sogar Erklärungen für die Entstehung und den Wandel von Institutionen" (*Albert* 1977, S. 199 f. (Hervorhebung im Original)).

2.3.2. Wissenschaftstheoretischer Monismus oder Dualismus? - Zur Methode des Verstehens

Die Methodik des methodologischen Individualismus wird in der österreichischen Theorie durch die Methode des Verstehens ergänzt. *Lachmann, Mayer* u.a. bezeichnen den Ansatz der österreichischen Schule als „kausal-genetische" Ökonomie im Gegensatz zur funktionalen Theorie der Neoklassik.[162] Damit wird vor allem auf den Prozeß-charakter sowie auf den Versuch, subjektives menschliches Handeln zu „verstehen" und nicht nur über mehr oder weniger problematische Annahmen konsistente Theoriegebäude zu errichten, hingewiesen. Die kausal-genetische Theorie berücksichtigt außerdem die Pfadabhängigkeit von Entwicklungen.[163]

Mises wendet sich, wie bereits erläutert, ausdrücklich gegen einen wissenschafts-

---

[160] Vgl. *Clark* (1993, S. 374), *Dow* (1987, S. 341), *Krüsselberg* (1983b, S. 51 f.), *Leipold* (1987, S. 104), *Popper* (1992b, S. 108).

[161] Vgl. z.B. die Kritik von *Clark* (1993, S. 375), *Hodgson* (1994a, S. 64-66) sowie die Antwort von *Torr* auf die Kritik *Hodgsons*: *Torr* (1992, S. 131-135). Hierher paßt auch die Erwiderung *Blocks* auf die Kritik von *Nozick* in *Block* (1980, S. 399-401). In dem Kapitel über *Hayeks* Vorstellungen zur Evolution von Institutionen wird außerdem noch die Frage diskutiert, ob *Hayeks* Theorie der Gruppenselektion mit dem methodologischen Individualismus vereinbar ist. Insbesondere *Vanberg* und *Hodgson* bezweifeln dies (vgl. *Hodgson* 1991, S. 67 ff.).

[162] Vgl. *Lachmann* (1951, S. 417), *Lachmann* (1966a, S. 274), *Lachmann* (1984a, S. 41), *Rizzo* (1990, S. 13), *Rizzo* (1992a, S. 117).

[163] Vgl. *Lachmann* (1994e, S. 169), der hier *Kaldor* zu Rate zieht.

theoretischen Monismus. „Res cogitans" und „res extensa" sind zwei so unterschiedliche Erkenntnisobjekte, daß zu ihrer Erklärung auch unterschiedliche Methoden angewendet werden müssen. Die praxeologische Methode der Theoriebegründung mittels Introspektion sowie der Wahrheitskonservierung infolge der allein aus dem Grundaxiom vorgenommenen Deduktion der Theoreme der Praxeologie stellt nach *Mises* die Methode der „res cogitans" dar. Die Methode der quantitativen empirischen Forschung ist dagegen die der „res extensa" (vgl. *Mises* 1962, S. 115; *Baird* 1989, S. 45 f.). *Mises* vertritt somit den wissenschaftstheoretischen Dualismus.

Auch nach *Lachmann* versagt die naturwissenschaftliche Methode der empirischen Falsifizierung von Hypothesen bei sozialwissenschaftlichen Problemstellungen. Der Grund liegt in dem Erkenntnisobjekt der Wirtschaftstheorie, nämlich der Erklärung menschlichen Verhaltens in Gesellschaften, die durch verstreutes Wissen gekennzeichnet sind. Die fundamentale Subjektivität allen Handelns verhindert eine exakte Formulierung aller relevanten Ausgangstatbestände zur empirischen Überprüfung ökonomischen Verhaltens in Austauschprozessen.[164]

2.3.2.1. *Lachmanns* kapitaltheoretische Fundierung der Methode des Verstehens

Lachmann baut auf den Erkenntnissen der Praxeologie von *Mises* auf. Wie im nächsten Kapitel anhand der Theorie der subjektiven Erwartungen *Lachmanns* erläutert wird, stellt die Analyse der individuellen Pläne und Erwartungen die Grundlage für die Untersuchung von Marktprozessen dar. Die Kategorien des Plans und der Erwartungen werden dem praxeologischen Denkgebäude hinzugefügt. Um sich diesen Kategorien nähern zu können, verwendet *Lachmann* die „Methode des Verstehens". Auch *Mises* äußert sich zu dieser Methode (vgl. *Mises* 1930, S. 142; *Blaug* 1980, S. 92). Diese gehört nach *Mises* jedoch zum Rüstzeug der Geschichtswissenschaft, die ebenso wie die Praxeologie menschliches Handeln analysiert. Dies bedeutet jedoch auch, daß „Verstehens-Thesen", die sich anders als in der Praxeologie auch auf die Erkenntnis subjektiver Ziele beziehen, im Gegensatz zu praxeologischen Kategorien nicht apodiktisch wahr sind.[165]

Trotzdem ist *Lachmann* der Meinung, daß die Methode des Verstehens auch für ökonomische Fragestellungen heranzuziehen sei. Er unterscheidet zwischen dem „Verstehen als historischer Methode", worunter er im wesentlichen Textexegese, aber auch die

---

[164] Vgl. im Prinzip dazu schon *Zwiedineck-Südenhorst* (1953, S. 33). *Lachmann* betont: „Die naturwissenschaftlichen Bewährungsproben stehen uns nicht zur Verfügung, denn diese erfordern eine möglichst vollständige Beschreibung jener konkreten 'Ausgangslage', in der die Bewährungsprobe stattfinden soll. Aber jede menschliche Handlung hängt vom Stande des Wissens der Handelnden ab. Um den Erfordernissen der Bewährungsprobe zu genügen, müßten wir also eine genaue Beschreibung des Wissens aller Handelnden nach Stand und Verteilungsmodus liefern - eine offenbare Unmöglichkeit" (*Lachmann* 1966b, S. 163).

[165] Vgl. *Mises* (1930, S. 142), *Block* (1980, S. 421), *Lachmann* (1951, S. 417), *Lachmann* (1966b, S. 155 f.). *Mises* weist jedoch darauf hin, daß es so etwas wie „Alltags-Verstehen" der Wirtschaftssubjekte gebe: „Understanding is not a privilege of the historians. Is is everybody's business. (...) Everybody uses understanding in dealing with the uncertainty of future events to which he must adjust his own actions" (*Mises* 1949, S. 58). Vgl. auch *High* (1982, S. 166). Offensichtlich hat der Gedanke des „Verstehens" auch schon bei *Max Weber* diesen doppelten Charakter (vgl. *Mühlmann* 1966, S. 22).

Analyse historischen Handelns versteht, und dem „Verstehen als theoretischer Methode,“ worunter er die Sinndeutung von Handlungsverläufen mittels typischer Denkschemen, z.B. Wirtschaftsplänen, subsumiert.[166] In diesem Zusammenhang bezeichnet *Lachmann* in Anlehnung an *Mises* die Wirtschaftsrechnung als analytisches Denkschema. Als wichtiger Teilaspekt des Wirtschaftsplans stellt sie die Grundlage für die auf subjektiver Rationalität beruhenden Planungen und Handlungen der Wirtschaftssubjekte dar.

Lachmann geht es prinzipiell darum, subjektives Handeln im Prinzip zu verstehen und es der Analyse zugänglich zu machen. Die *Mises*sche Praxeologie, die subjektive Handlungen von Wirtschaftssubjekten im Ungleichgewicht erklären kann, ist jedoch aufgrund ihres Wahrheitsanspruchs in ihrem potentiellen Analysespielraum beschnitten. Es gibt nur zwei Möglichkeiten, diesen zu erweitern. Entweder der Wissenschaftler „objektiviert“ die Daten menschlichen Handelns, wie es die Neoklassik macht und leitet daraus weitere Aussagen ab, oder er dringt tiefer in das Phänomen des Handelns ein, als es *Mises* aufgrund des Wahrheitsanspruches konnte. Die erste Lösung erscheint *Lachmann* nicht adäquat, da die fundamentale Subjektivität menschlichen Handelns nicht geleugnet werden kann. Wird sie ignoriert, treffen auch die abgeleiteten Theoreme nicht zu. Eine in diesem Sinne „objektive“ Theorie, die lediglich im Bereich des Nutzens die Subjektivität des Menschen als Annahme akzeptiert, nicht jedoch in den Bereichen der Ziele, der Kosten, der Rationalität, des Wissens und der Erwartungen, kann die Wirklichkeit nicht adäquat beschreiben (vgl. dazu *Lachmann* 1994c, S. 213 f.; *White* 1977, S. 13 f.).

Lachmann wählt die zweite Alternative. Mittels der Methode des Verstehens dringt er tiefer in das Phänomen des Handelns ein, als es *Mises* mit der praxeologischen Methode konnte. Ausgangspunkt bildet die Plananalyse, womit *Lachmann* die Tradition *Max Webers* fortführt.[167] Die Pläne der Individuen dienen als Mittel zur Sinndeutung des Handelns. In diesem Sinne zielt die verstehende Methode darauf ab, beobachtete Ereig-

---

[166] Vgl. *Lachmann* (1966b, S. 154), *Lachmann* (1973, S. 8-10, 16 ff.). *Grinder* verdeutlicht den Gedankengang *Lachmanns*: „Da Denken und Handeln gleichgerichtete Kategorien sind, wird ein Verstehen des Denkens auch ein Verstehen des Handelns erbringen. Ein Handeln verstehen heißt den Gedanken begreifen, der das Handeln in Bewegung setzt“ (*Grinder* 1984, S. 23). *Wieser* weist in der Auseinandersetzung mit den Methoden *Schumpeters* bereits 1911 darauf hin, daß es gerade unter Berücksichtigung der Komplexität des Untersuchungsgegenstandes der ökonomischen Wissenschaft sehr viel leichter sei, „... Beobachtungsreihen von außen her zu bilden, als den inneren Sinn der wirtschaftlichen Akte mit Klarheit zu deuten“ (*Wieser* 1911, S. 402). Darauf komme es letztendlich jedoch an. Auch *Strigl* setzt sich mit der Möglichkeit auseinander, menschliches Handeln zu verstehen. Die Überwindung der Lebensnot, die sich aus der Knappheit der Mittel ergibt, führt dazu, daß Menschen wirtschaften. Der Zweck des Handelns besteht in der Befriedigung von Bedürfnissen. Nach *Strigl* ist das der Ansatzpunkt, der gegeben ist, um mittels Sinndeutung menschliches Handeln zu verstehen (vgl. *Strigl* 1923, S. 91 f., 157-159).

[167] „.... it is by reducing 'action' to 'plan' that we 'understand' the actions of individuals. Plan is the *tertium comparationis* between our mind and the mind of the person who acts“ (*Lachmann* 1943, S. 15 (Hervorhebungen im Original)). Vgl. auch *Langlois* (1986c, S. 172). *Max Weber* versucht, Handeln durch die Unterscheidung von *ex ante* Sinnadäquanz und *ex post* feststellbarer Kausaladäquanz der Handlungen zu „verstehen“ (vgl. *Mühlmann* 1966, S. 22 f.). Zur Methode des Verstehens bei *Max Weber* und ihrer möglichen Relevanz für die Ökonomie vgl. auch *Meyer* (1980, S. 86, 93) sowie *Max Weber* selbst in *Weber* (1988a, S. 390, 393, 396 f.).

nisse mit den Plänen der Wirtschaftssubjekte in Verbindung zu bringen. Die Korrespondenz von Plan und Aktion hat nach *Lachmann* in der Natur kein Gegenstück und begründet die methodologische Autonomie der Sozialwissenschaften gegenüber den Naturwissenschaften.[168]

Plan- und Marktanalyse hängen darüber hinaus eng zusammen. *Lachmann* definiert den Markt als „Sinnzusammenhang" (vgl. *Lachmann* 1966a, S. 262), wobei die Wirtschaftspläne der Marktteilnehmer die Komponenten des Sinnzusammenhangs darstellen. Zur Erklärung von Markterscheinungen müssen sowohl die Komponenten selbst als auch die Koordination derselben untersucht werden.[169]

Lachmann unterscheidet zwei Aspekte der Methode zur Erklärung menschlichen Handelns aus Plänen, den rückwärts- und den vorwärtsschauenden Aspekt. *Hayeks* kompositive Methode erkläre den vorwärtsgerichteten Aspekt. Gegenstand ist die Analyse der Ergebnisse gleichzeitig durchgeführter dezentraler Pläne. Sind sie kongruent, ist das Gleichgewicht erreicht. Im Falle der Inkongruenz werden aufgrund dieser Erfahrungen neue Pläne aufgestellt, die auf anderen, neuen Erwartungen basieren (vgl. *Lachmann* 1984c, S. 150). Dagegen setzt sich die Methode des Verstehens mit dem rückwärtsgerichteten Aspekt der Planaufstellung und -durchführung auseinander. Es wird gefragt, welche Konstellation von Plänen zu einer bestimmten Situation geführt hat (vgl. *Witt* 1987, S. 161). In diesem Sinne versteht *Lachmann* sowohl den methodologischen Individualismus als auch die Berücksichtigung der Subjektivität des Handelns der Wirtschaftssubjekte in der ökonomischen Theorie. Er betont, daß er sich mit keiner Erklärung sozialer Tatbestände zufrieden gibt, die nicht letztlich auf einen menschlichen Plan zurückgeführt wird.[170]

Lachmann nähert sich der Plananalyse aus der Perspektive der Kapitaltheorie. Unternehmerische Entscheidungen über Kapitalgüterkombinationen stellen die Determinanten der Kapitalordnung dar. Kapital ist heterogen und durch Komplementaritäten gekennzeichnet (vgl. *Lachmann* 1956, S. 4; *Lachmann* 1959, S. 237 f.). Außerdem stellen die Funktionen der Kapitalgüter im Zuge der Kapitalgüterkombination den realwirtschaft-

---

[168] Vgl. *Lachmann* (1973, S. 11, 28), *Lachmann* (1986, S. 118 f.), *Kirzner* (1960, S. 156-158) sowie *Albert* (1994, S. 144 f., 157), der *Lachmann* allerdings dafür kritisiert, mit der Weiterentwicklung der *Weber*schen Methode des Verstehens in Richtung des methodologischen Subjektivismus der antinaturalistischen Hermeneutik *Heideggers* und seiner Schüler Tür und Tor geöffnet zu haben. Zur Hermeneutik in den Sozialwissenschaften vgl. insbesondere *Lavoie* (1986, S. 197), *Lavoie* (1990, S. 365-369), wo er ernstlich argumentiert, daß Hermeneutik als Textexegese eine spezielle Form des spontanen Ordnungsprozesses sei, nämlich eines kreativen Entdeckungsprozesses (S. 365). Der kreative Akt bestehe in „... a certain sort of process of interaction with the text." (S. 367). *Rothbard* kritisiert - in der ihm eigenen Art - die Vorgehensweise der Hermeneutiker aufs schärfste (vgl. *Rothbard* 1989, S. 45 ff.).

[169] „Allein für eine Denkweise, die sich um sinndeutendes Verstehen bemüht, ist das nur der erste Schritt. Die eigentliche Aufgabe besteht für sie darin, zu zeigen, wie diese Größenbeziehungen aus geistigen Akten fließen" (*Lachmann* 1966a, S. 263). Vgl. auch *Fehl* (1992, S. 109 f.). *Lachmanns* Markttheorie wird in Kapitel 3.3.3. ausführlich analysiert.

[170] Vgl. *Lachmann* (1973, S. 6), *Lachmann* (1984c, S. 151), *Block* (1973, S. 381), *Loy* (1985, S. 234), *Mongiovi* (1994, S. 260), *Shearmur* (1990, S. 202-207). Hier besteht eine fundamentale Übereinstimmung zwischen *Lachmann* und *Eucken*.

lichen Gegenpart zu den geistigen Plänen der Unternehmer dar.[171] Dementsprechend
dient die Beobachtung der Beträge fehlinvestierten Kapitals dient dem Wissenschaftler
als Kriterium, durch das auch in evolutionären Marktprozessen auf subjektive Fehleinschätzungen der Handelnden bei ihrer Planaufstellung geschlossen werden kann (vgl.
Lachmann 1956, S. 25; *Lewin* 1994, S. 242).[172] Pläne müssen darüber hinaus Kapital-
komplementaritäten berücksichtigen, um selbst eine konsistente Struktur aufzuweisen.
Insofern besteht ein immanenter Zusammenhang zwischen den Anforderungen an die
Plan- und die Kapitalkomplementarität. In jedem Plan müssen die verwendeten Mittel
gedanklich abgestimmt werden, um ein bestimmtes Ziel zu erreichen. Die funktionellen
Eigenheiten der Mittel determinieren die Struktur ihrer Zusammensetzung. Da nach
Lachmann die Kapitalstruktur durch die Verwendungsmöglichkeiten der eingesetzten
Kapitalgüter determiniert ist, bestimmen in diesem Sinn die Kapitalgüter- die Plan-
komplementaritäten.[173] Das eigentliche Planungsproblem besteht demnach in der
Berücksichtigung von (sich im Prozeß wandelnden) Komplementaritäten. Dabei ist nach
Lachmann jedoch auch darauf zu achten, daß letztendlich lediglich in bezug auf einen
gegebenen Plan sinnvollerweise von Faktorkomplementaritäten gesprochen werden kann.
Unter Berücksichtigung der funktionellen Eigenheiten der Kapitalgüter können dieselben
Faktoren bei der Planaufstellung zunächst substituierbar sein und erst im Zuge der
Plandurchführung komplementär werden. In diesem Sinne entsteht eine doppelte Komplementarität. Zum einen determinieren die Kapitalgüter- die Plankomplementaritäten
und zum anderen werden im Zuge der Planaufstellung und -durchführung aus zunächst
substitutionalen Faktoren komplementäre Planfaktoren.[174]

Erst durch den Rückgriff auf diese kapitaltheoretischen Vorstellungen erhält die
Methode des Verstehens ihren eigentlichen „Sinn". Die geistigen Akte der Planauf-

---

[171]   „Capital uses must 'fit into each other'. Each capital good has a function which forms part
of a plan" (*Lachmann* 1956, S. 8). Siehe auch S. 10: „In the first place, there are the
various production plans, which determine the use to which each capital good will be put"
sowie S. 13: „The employment of a number of capital goods in a capital combination
during a given period is embodied in a production plan made at the beginning of the
period." Vgl. auch *Lewin* (1986, S. 211).

[172]   *Lachmann* analysiert die Veränderung von Geldkapitalreserven als Ausdruck für Planerfolg bzw. -mißerfolg ausführlich an einem Beispiel in *Lachmann* (1956, S. 44-46). Siehe
auch *Lachmann* (1986, S. 63): „A capital combination is a material manifestation of a
production plan." *Sheamurs* Kritik am Subjektivismus und der damit verbundenen
Methode des Verstehens trifft deshalb auch nicht zu: „And subjectivism does not, of itself,
give us any suggestion as to how we can discover what actions are in fact taking place"
(*Shearmur* 1990, S. 202).

[173]   „In every plan the instruments and materials used are always 'used together' in order to
attain a given end; their functional difference determines the structure of their mode of use"
(*Lachmann* 1956, S. 53). Das ist jedoch noch statisch gedacht. Wenn die innovative
Umsetzung technischen Fortschritts berücksichtigt wird, kann nicht mehr von einer eindeutigen Determination gesprochen werden. Plan- und Kapitalgüterkompatibilitäten sind dann
vielmehr interdependent.

[174]   Vgl. *Lachmann* (1956, S. 56 f.), *Lewin* (1986, S. 213), *Lewin* (1994, S. 242), *Mongiovi*
(1994, S. 270 f.). Es kann argumentiert werden, daß aus diesem Grund das ökonomische
Phänomen der Komplementarität, das die Aufstellung und Struktur von ökonomischen Plänen beeinflußt, eine praxeologische Kategorie im Sinne von *Mises* darstellt (vgl. *Lachmann*
1956, S. 55).

stellung und Erwartungsbildung können anhand von kapitaltheoretischen Untersuchungen verdeutlicht werden. Der „Sinn" des Handelns der Wirtschaftssubjekte im Ungleichgewicht offenbart sich über die Ordnung und Veränderung der Kapitalstruktur als Ausdruck der unternehmerischen Entscheidungen unter Ungewißheit. Insbesondere die Alternativverwendung von Kapitalgütern gegenüber dem Plan ihres ursprünglichen Einsatzes sagt viel über den Erfolg bzw. Mißerfolg von Plänen im Zeitablauf aus.[175]

Die Methode des Verstehens besteht also nicht in einer irgendwie gearteten „wissenschaftlichen Intuition", etwa einem gefühlsmäßigen Hineinversetzen des wissenschaftlichen Beobachters in die plangeleiteten Handlungen der beobachteten Wirtschaftssubjekte. Im Gegenteil: „Das Verfahren ist ein rationales Verfahren der diskursiven Untersuchung" (*Lachmann* 1973, S. 17).[176]

Mit der Ausarbeitung der Methode des Verstehens durch *Lachmann* ist die wissenschaftstheoretische Grundlage eines zur funktionalen Methode der Neoklassik alternativen Forschungsprogramms der evolutionären Institutionenökonomik formuliert, das jedoch noch ausgebaut werden muß. Der Versuch, menschliches Verhalten im Prinzip zu verstehen,[177] bezieht sich nicht auf das isolierte Individuum. Analysiert wird vielmehr subjektiv rationales Verhalten in ökonomischen Austauschprozessen. In diesem Zusammenhang interessiert zum einen, wie komplexe Phänomene im Prinzip erklärt werden können. Zum anderen ist nach der Prognosefähigkeit der Theorie zu fragen. Aus diesem Grunde erscheint der Rückgriff auf die wichtigsten Elemente der Wissenschaftstheorie *Hayeks* angebracht. Insbesondere die Aussagen zur Möglichkeit von Mustervorhersagen sind im Hinblick auf die Anforderungen einer Theorie der Evolution von Institutionen zu berücksichtigen.[178]

---

[175] Vgl. *Lachmann* (1986, S. 61), *Lachmann* (1956, S. 38 sowie S. 89-96), wo er anhand der Unterteilung von „operating assets" und „securities", entsprechend der strukturellen Beziehungen der Vermögensgegenstände zueinander als Instrumente des Handelns und Planens, Reserveänderungen als Erfolgsindikator benennt. Die Beziehungen der Vermögensgegenstände zueinander stellen für ihn die Kanäle für die Transmission des Wissens dar (vgl. auch *Lewin* 1986, S. 214 f.). Schwierig ist in diesem Zusammenhang jedoch die Berücksichtigung technischen Fortschritts. Im Falle der Durchsetzung einer Innovation am Markt können die Reserven investiert werden, um den zu erwartenden Gewinn zu realisieren. Die zwischenzeitliche Abnahme der Reserven ist dann aber ein Indikator für den Erfolg des ursprünglichen Plans, nicht für seinen Mißerfolg. Demnach ist es notwendig, die Verwendung der Mittel zu betrachten und nicht nur die Richtung der Änderung der Reserven.

[176] Vgl. auch *Rizzo* (1978, S. 53), *Rizzo* (1992b, S. 248). Damit führt *Lachmann* die Vorstellungen *Max Webers* zur „Wirklichkeitswissenschaft" fort (vgl. *Tenbruck* 1986, S. 14-16).

[177] Mehr als eine Erklärung „des Prinzips" der Verhaltens der Wirtschaftssubjekte ist nicht möglich, da die Ausgangsbedingungen, von denen die Individuen bei ihren Handlungen im evolutionären Prozeß ausgehen, nicht vollständig rekonstruiert werden können. Dafür sorgt nicht zuletzt auch die menschliche Kreativität als eines der grundlegenden Phänomene der res cogitans. Vgl. dazu auch das 3. Kapitel.

[178] Mit dem Problem der Vorhersagbarkeit ökonomischer Tatbestände innerhalb einer Theorie ökonomischer Dynamik setzt sich *Northrop* bereits 1941 auseinander. Er kommt zu dem Ergebnis, daß (Muster-)Vorhersagen im Prinzip möglich sind (vgl. *Northrop* 1941, S. 14-16).

2.3.2.2. Mustervoraussagen evolutionärer Wirtschaftsprozesse

Das Erkenntnisziel der ökonomischen Sozialwissenschaft ist nach übereinstimmender Meinung der Vertreter der subjektiven Wirtschaftstheorie nicht die Untersuchung des konkreten Handelns und der Zielbildung der Menschen selbst - dies soll der Psychologie überlassen bleiben[179] -, sondern die Analyse der Resultate der Handlungen. Insbesondere die Erklärung der unbeabsichtigten und ungeplanten Ergebnisse der menschlichen Aktivitäten sind hier von Interesse (vgl. *Hayek* 1979a, S. 45 f.).[180]

Dazu beruft sich neben *Mises* und *Lachmann* auch *Hayek* auf den wissenschaftstheoretischen Dualismus. Anders als *Mises* nimmt er jedoch eine Differenzierung in einfache und komplexe Phänomene vor. Im Falle einfacher Phänomene sind naturwissenschaftliche Verfahren angebracht. Bei komplexen Phänomenen, die sich nicht „sezieren" und im Modellverfahren empirisch überprüfen lassen, muß dagegen der Erkenntnisfortschritt auf andere Weise versucht werden. Daraus folgt, daß die Vorgehensweise *Hayeks* nur dann mit der von *Mises* vollkommen übereinstimmt, wenn mit komplexen Phänomenen auf methodischer Ebene allein die „res cogitans" angesprochen ist.[181]

Bei *Hayek* heißt es unter Bedauern über die wissenschaftstheoretischen Möglichkeiten der Nationalökonomie:

> „Der Fortschritt der Wissenschaft wird sich so in zwei verschiedene Richtungen entwickeln müssen: Während es einerseits gewiß wünschenswert ist, unsere Theorien so falsifizierbar wie möglich zu machen, müssen wir andererseits in Gebiete vorstoßen, in denen, wenn wir vordringen, der Grad der Falsifizierbarkeit notwendigerweise abnimmt. Das ist der Preis, den wir für ein Vordringen in das Gebiet der komplexen Phänomene zu zahlen haben" (*Hayek* 1972, S. 17 f.).

Komplexe Phänomene sind dadurch gekennzeichnet, daß zu ihrer Erklärung neben der Aufgabe des Verstehens individueller Motive und Handlungen die Berücksichtigung der i.d.R. unbeabsichtigten und oft ungewollten Ergebnisse intentionalen Handelns notwendig ist (vgl. *Schor* 1991, S. 97 f.). Die Komplexität des Untersuchungsgegenstandes setzt der wissenschaftlichen Erkenntnis Grenzen. Es ist nicht möglich, Details evolutionärer Prozesse zu erklären. Wissenschaftler müssen sich damit begnügen, Muster ausfindig zu machen und den Untersuchungsgegenstand lediglich „im Prinzip" darzulegen. In *Mayers* Terminologie ausgedrückt ist eine funktionale Erklärung evolutionärer Prozesse letztendlich ausgeschlossen, es bedarf vielmehr der kausal-genetischen Theorie.

Nach *Hayek* sind Mustervoraussagen durchaus möglich. In die Zukunft gerichtete

---

[179] Vgl. die ausführliche Auseinandersetzung *Vanbergs* mit den - wie er es nennt - antireduktionistischen Einstellungen von *Mises*, *Hayek*, *Max Weber* und von *Popper* (vgl. *Vanberg* 1975, S. 84 ff.).

[180] Auch *Popper* ist sich sicher, daß „... *nur eine Minderheit sozialer Institutionen bewußt geplant wird, während die große Mehrzahl als ungeplantes Ergebnis menschlichen Handelns einfach 'gewachsen' ist*" (*Popper* 1987, S. 52 (im Original alles hervorgehoben)).

[181] Vgl. *Kastrop* (1993, S. 200, Fn. 202) sowie *Sweezy* (1936, S. 724 f.), der die Position *Hayeks* bezüglich der Unterschiede der Erkenntnisobjekte und methodischen Möglichkeiten in den Natur- und den Geisteswissenschaften schon 1936 analysiert. Vgl. schließlich auch *Caldwell* (1984, S. 373), der *Hayeks* wissenschaftstheoretische Arbeiten als Synthese von methodologischem Individualismus und *Popper*schem Falsifikationismus interpretiert.

Aussagen der Theorie sind der empirischen Überprüfung zugänglich, d.h. falsifizierbar.[182] Aufgrund der Indeterminiertheit, aber auch der Institutionenabhängigkeit des Handelns, können Mustervorhersagen von komplexen Phänomenen nicht a priori wahr sein.[183] Demnach spielt auch im Bereich von *Hayeks* wissenschaftstheoretischen Überlegungen seine Grundüberlegung von der Begrenztheit und Verstreutheit des subjektiven Wissens eine zentrale Rolle.[184] Gerade der Umgang mit komplexen Phänomenen erfordert eine wissenschaftstheoretisch angemessene Behandlung, um der Gefahr der Anmaßung von Wissen zu entgehen.[185]

Selbst *Popper* schätzt für die Analyse der Probleme der Sozialwissenschaften die Methode des Verstehens als adäquat ein. Er diskutiert die Methode im Zusammenhang mit der Herleitung der Autonomie der Soziologie. Ein Teil der Begründung der Autonomie der Soziologie gegenüber der Psychologie basiert auf der Verwendung der Methode des Verstehens. *Popper* spricht hier von der „objektiv-verstehenden" Sozialwissenschaft. Die Methode besteht darin, die Situationsgerechtheit von Handlungen der Individuen ohne weitere psychologische Hilfe zu analysieren. Das „objektive" Verstehen seitens des Betrachters ergibt sich aus der Analyse der Ziele und der unter den gegebenen Rahmenbedingungen vorgenommenen Kombination der Mittel, die zeigt, ob die Handlung „objektiv" situationsgerecht war.[186] Mittels der Situationsanalyse wird menschliches

---

[182]   Vgl. *Hayek* (1972, S. 10 f.), *Loy* (1988, S. 19), *Schor* (1991, S. 99), *Streissler* (1993, S. 17).

[183]   *Hayek* diskutiert *Darwins* Evolutionstheorie als Beispiel für Mustervoraussagen. Die Auseinandersetzung mit dem komplexen Phänomen der Evolution der Arten zwingt die Biologie dazu, lediglich allgemeine Muster zu beschreiben, ohne konkrete Vorhersagen machen zu können. Ihr empirischer Gehalt besteht demnach vor allem in dem, was ihre Hypothesen verbieten (vgl. *Hayek* 1972, S. 21-24).

[184]   Vgl. *Hayek* (1972, S. 33 f.), *Hayek* (1989, S. 388 f.), *Hoppmann* (1981, S. 219 f.).

[185]   Vgl. *Hayek* (1989, S. 394), *Hoppmann* (1977, S. 21 f.), *Machlup* (1977, S. 55).

[186]   Vgl. *Popper* (1970, S. 120 f.), *Popper* (1992b, S. 114), *Zundel* (1995, S. 74). Das Kennzeichen „objektiv", das der Vorgehensweise der subjektiven Theorie widerspricht, darf nicht falsch interpretiert werden. Damit ist gemeint, daß das Handeln des betrachteten Individuums für den Wissenschaftler verständlich und nachvollziehbar wird, sobald er die Ziele und Rahmenbedingungen kennt, unter denen das Individuum handelt. Ist dieses Wissen gegeben, kann *ex post* „objektiv" beurteilt werden, ob die Handlung modellogisch bzw. situationsgerecht war. *Popper* verdeutlicht dies anhand eines Beispiels zum Problem des historischen Verstehens. Die hypothetische Rekonstruktion der historischen Problemsituation *Galileis* bei dessen Formulierung der Theorie der Gezeiten zeige, wie wichtig für ein angemessenes Verständnis seiner vorläufigen Theorie VT die Kenntnis der Problemsituation P_1 sei. Das Verstehensproblem P^V des Wissenschaftlers liege dabei auf einer höheren Ebene als P_1, es ist ein Metaproblem. Es bezieht sich sowohl auf P_1 als auch auf VT (vgl. *Popper* 1995, S. 176-186). *Caldwell* analysiert *Poppers* Methode der Situationsanalyse im Zusammenhang mit dessen Formulierung des Rationalitätsprinzips als „Nullprinzip" und prüft die Vereinbarkeit der Postulate des Falsifikationismus mit der Idee der Situationsanalyse. Bei der Diskussion des ersten Problemkreises stellt sich die Frage, ob *Popper* subjektive Rationalität der Wirtschaftssubjekte annimmt. *Caldwell* kommt hier zu dem (unbefriedigenden, aber wohl realistischen) Ergebnis, daß *Poppers* Aussagen letztendlich drei Interpretationsmöglichkeiten offen lassen (vgl. *Caldwell* 1991, S. 13-22). Vgl. dazu auch *Langlois* (1990, S. 692 f.). Des Weiteren vertritt *Caldwell* die akzeptable These, daß die Idee der Situationsanalyse mit den methodischen Anforderungen des Falsifikationismus kompatibel sei, wenn die kritizistische (und fallibilistische) Haltung und nicht die (direkte) empirische Überprüfbarkeit als Kriterium für Theoriebildung und -weiterentwick-

Handeln „verstehbar" gemacht. Darunter ist die (vorläufige) Erklärung der Handlung mit Hilfe der idealisierten, d.h. vom Beobachter vorgenommenen, Rekonstruktion der Problemsituation vor dem (institutionellen) Hintergrund des Handelnden zu verstehen. Entsprechend aufgebaute Modelle der Situationsanalyse stehen dadurch der intersubjektiven Überprüfbarkeit offen (vgl. *Popper* 1995, S. 184 f.).[187] In der notwendigen Berücksichtigung des institutionellen Rahmens zur Lösung der Aufgabe, Handeln zu „verstehen", sieht *Popper* eine weitere Begründung für die Autonomie der Soziologie (und der Ökonomie) von der Psychologie.[188] Mittels der institutionentheoretisch untermauerten Situationsanalyse wird es erst möglich, die zentrale Forschungsaufgabe der Sozialwissenschaften zu erfüllen, nämlich „... ungewollte und oft unerwünschte soziale Folgen menschlichen Handelns zu erklären" (*Popper* 1970, S. 120).[189]

Es sei hier darauf hingewiesen, daß die Anwendung der Methode der Situationsanalyse nichts an *Poppers* Verteidigung des wissenschaftlichen Monismus in Form der Vorgehensweise des kritischen Rationalismus ändert. Wie diese Ansichten konsistent miteinander verbunden sind, werden die folgenden Ausführungen zeigen.

Poppers Nähe zu *Hayek* - bzw. *Hayeks* Nähe zu *Popper* - dokumentiert die übereinstimmende Einschätzung der Komplexität des Erkenntnisobjekts in den Sozialwissenschaften. *Popper* unterscheidet zwei Arten von wissenschaftlichen Problemen:

> „Die erste Art ist das Problem, ein einziges oder eine ziemlich kleine Anzahl von *einzelnen Ereignissen* zu erklären oder vorauszusagen. (...) Die zweite Art von Problem ist das Problem, eine bestimmte *Art oder* einen bestimmten *Typ* von Ereignis zu erklären oder vorauszusagen" (*Popper* 1967/1995, S. 350 (Hervorhebungen im Original)).[190]

Popper - wie auch *Hayek* - ordnet die zweite Art von Problemen den Sozialwissenschaften als Erklärungsobjekt zu. Aufgrund der Komplexität des Untersuchungsgegenstandes sei es im allgemeinen nicht möglich, Fragestellungen der ersten Art zu beantworten. Die Komplexität zwinge vielmehr den Sozialwissenschaftler zur Konstruktion von Modellen mittels der Situationsanalyse.[191]

Trotzdem spricht sich *Popper* für den methodologischen Monismus in den Wissen-

---

187   lung gewählt wird (vgl. *Caldwell* 1991, S. 27 f.). Kritischer äußert sich *Zundel* (1995, S. 75-77).
      Popper gibt allerdings zu, daß die Überprüfung von Modellen oft nicht leicht ist. Dieses Problem existiert jedoch auch in den Naturwissenschaften (vgl. *Popper* 1967/1995, S. 353).

188   Vgl. *Popper* (1992b, S. 106 f.). Vgl. auch *Popper* (1987, S. 15), *Suchanek* (1994, S. 93).

189   Vgl. auch *Suchanek* (1994, S. 90 f.).

190   Zur Beziehung *Popper-Hayek* vgl. *Caldwell* (1991, S. 6), *Schor* (1991, S. 92), *Suchanek* (1994, S. 92).

191   Vgl. *Popper* (1967/1995, S. 351), wo er sich explizit auf *Hayek* beruft, sowie *Popper* (1987, S. 10 und S. 30), wo er auf die damit verbundenen Prognoseprobleme eingeht und S. 108, wo er nochmals seine Verbundenheit mit *Hayek* dokumentiert (in einen Widerspruch bei der sonst klaren Komplexitätsunterscheidung gerät er jedoch auf den Seiten 110 und 112). Interessant ist auch, daß *Popper* Darwins Theorie der Evolution in Anlehnung an *Hayek* als „Erklärung im Prinzip" bezeichnet, um damit auf ihre Erklärungskraft, aber auch auf ihre Erklärungsgrenzen aufmerksam zu machen (vgl. *Popper* 1994, S. 250 f.).

schaften aus. Wie sind diese Aussagen zu vereinbaren? *Popper* ist der Meinung, daß Natur- und Geisteswissenschaften aufgrund der unterschiedlichen Komplexität ihrer Untersuchungsgegenstände zwar verschiedene Instrumente verwenden müssen, aber die gleiche kritische Methode. Die Modelle der Geisteswissenschaften wie auch die Theorien der Naturwissenschaften werden mit ein und derselben Methode entwickelt. Potentielle Lösungen werden vorgeschlagen und kritisiert. Hält ein Lösungsversuch der Kritik nicht stand, wird er verworfen. Kann er sich behaupten, wird er (vorläufig) akzeptiert: „Die Methode der Wissenschaft (...) ist eine kritische Fortbildung der Methode des Versuchs und Irrtums („trial and error")" (*Popper* 1970, S. 106).[192]

Unmißverständlich wendet sich *Popper* jedoch gegen die Forderung der Übernahme der Methode des verfehlten methodologischen Naturalismus oder Szientismus seitens der Geisteswissenschaften. Diese auch für die Naturwissenschaften abzulehnende induktive Vorgehensweise als Ideal für die Geisteswissenschaften darzustellen, mit dem diese in die Lage versetzt werden sollen, Objektivität zu erreichen, ist deswegen in doppeltem Sinne falsch (vgl. *Popper* 1970, S. 107; *Popper* 1995, S. 189 f., 192). Der methodologische Monismus wird allein bezüglich der kritischen Methode der Aufstellung und Widerlegung von Vermutungen sowie des grundsätzlichen Fallibilismus, d.h. also der Kernpunkte des „kritischen Rationalismus", eingefordert. Die unterschiedliche Eignung der verwendeten Instrumente - Theorienüberprüfung durch Versuchsanordnungen in den Naturwissenschaften und Modellkonstruktion im Sinne des situationsgerechten Verstehens, d.h. der Situationsanalyse in den Geisteswissenschaften - ergibt sich dagegen aus dem Komplexitätsgrad des jeweiligen Erkenntnisobjektes. Damit ergibt sich insgesamt als Fazit, daß unter Berücksichtigung der notwendigen Verwendung unterschiedlicher methodischer Instrumentarien wissenschaftlicher Fortschritt allein durch die hypothetisch-deduktive Methode des kritischen Testens von Vermutungen erreicht werden kann (vgl. *Popper* 1995, S. 189-191).

Insgesamt stellen die in diesem Kapitel diskutierten Ansätze das wissenschaftstheoretische Fundament der evolutionären Institutionenökonomik dar. Ausgehend vom methodologischen Individualismus besteht auch innerhalb einer Ungleichgewichtstheorie die Möglichkeit, menschliches Verhalten zu verstehen und abzubilden sowie Mustervorhersagen für ökonomische Prozesse zu formulieren. Die Komplexität des Untersuchungsgegenstandes macht dabei die „Methode des Verstehens" notwendig. Dadurch besteht die Möglichkeit, sowohl subjektives Verhalten unter struktureller Unsicherheit und unter Berücksichtigung des begrenzten Wissens der Wirtschaftssubjekte als auch die unintendierten Folgen des zielgerichteten Handelns *im Prinzip* zu erklären und entspre-

---

[192] Bezüglich der in Klammern gesetzten Vorläufigkeit der Akzeptanz von Hypothesen bestehen unter Wissenschaftlern erfahrungsgemäß die größten Meinungsunterschiede (vgl. z.B. das Streben von *Mises* nach endgültiger Wahrheit). Wissensfortschritt als kritischer, evolutionärer Prozeß, durchgeführt von der Gesamtheit der Wissenschaftsgemeinde wird jedoch automatisch immer wieder die (oft als schmerzhaft empfundene) Vorläufigkeit von Theorien aufzeigen. Vgl. zur Bedeutung des Wissenschaftsbetriebs für die Objektivität der Wissenschaft insgesamt und damit für die Möglichkeit des Erkenntnisfortschritts *Popper* (1970, S. 112 f.). Zur Charakterisierung der *Popper*schen Erkenntnislehre als inventiv-evolutorisch sowie des Wettbewerbsgedankens in diesem Zusammenhang vgl. *Meyer* (1972, S. 273, 280-282).

chende Mustervorhersagen für Prozesse marktlicher und institutioneller Veränderung zu formulieren. Insofern werden die Grenzen der a priori wahren Praxeologie überschritten - allerdings unter Inkaufnahme des Verlusts des absoluten Wahrheitsanspruchs.

2.4. Zusammenfassung der bisherigen Ergebnisse

Da dieses Kapitel die dogmenhistorische und wissenschaftstheoretische Grundlage der in den folgenden Kapiteln vorgenommenen Ausarbeitung der evolutionären Institutionenökonomik darstellt, seien die wichtigsten Thesen der bisherigen Analyse quasi als „Erinnerungsposten" noch einmal kurz genannt.

Die Verbindung zwischen der schottischen Moralphilosophie und der österreichischen Nationalökonomie basiert in erster Linie auf dem Gedanken der *Entstehung spontaner Ordnungen als unintendiertes Ergebnis intentionalen Handelns*. Die Wirkung von Institutionen wird dabei aus der Perspektive der *Kontrolle menschlichen Verhaltens* untersucht.

Die Besonderheit der Arbeiten der Vertreter der österreichischen Schule besteht seit Menger in der systematischen Untersuchung *subjektiver Kategorien des Handelns* in ökonomischen Prozessen unter expliziter Berücksichtigung der *historischen Zeit*, der *echten Unsicherheit*, des *begrenzten Wissens* und der *Koordinationsproblematik*. Die Subjektivität des Menschen äußert sich dabei in erster Linie in seinen Zielen, Wertungen (insbesondere den Kosten), seinem Wissen und damit seiner Rationalität. Darin manifestiert sich auch die *Offenheit evolutionärer Prozesse*. Menschliches Verhalten ist *nicht determiniert*.

Wissenschaftstheoretisch wird aus der Perspektive des *methodologischen Individualismus* mit der *Methode des Verstehens* gearbeitet. Hierauf basiert der „*kausal-genetische*" Ansatz als Methode der Prozeßtheorie. Der interdependente Prozeß der Evolution von Institutionen und der Beeinflussung des Handelns der Wirtschaftssubjekte durch die Institutionen ist mit diesem Ansatz zu untersuchen. Gegebenenfalls sind auch *Mustervoraussagen* für diese *komplexen Phänomene* zu formulieren.

3. Institutionen und Verhalten

„Das wesentliche Thema des Ökonomen besteht darin, menschliches Verhalten innerhalb sozialer Institutionen zu untersuchen, nicht aber abstraktes menschliches Verhalten als solches" (*Buchanan* 1971, S. 99).

„Wir brauchen aber eine solche Theorie [eine Theorie der Institutionen], da ohne sie die Theorie des Handelns, die der praxeologischen Methode Ausdruck verleihen soll, unvollständig wäre" (*Lachmann* 1973, S. 55).

„Somit lassen sich unsere Handlungen nicht ohne Berücksichtigung unserer sozialen Umgebung, sozialer Institutionen und ihrer Funktionsweise erklären" (*Popper* 1992b, S. 107).

3.1. Der Begriff der Institution

Im Rahmen dieses Kapitels werden vor allem die Fragen zu klären sein, was Institutionen sind und wie sie wirken. Insbesondere für die im nächsten Kapitel zu leistende Aufgabe der Formulierung eines adäquaten Menschenbildes ist die Klärung dieser Fragen notwendig. Wenn Menschen aufgrund ihres begrenzten Wissens und der dem Handeln inhärenten Ungewißheit in sich ändernden Entscheidungssituationen nicht in der Lage sind, objektiv rational ihre Mittel bezüglich der angestrebten Ziele zu optimieren, rückt in der evolutionären Theorie die Erklärung und Berücksichtigung von Lernprozessen als Teil der Analyse ökonomischen Verhaltens in den Mittelpunkt der Betrachtung (vgl. *Langlois* 1986a, S. 5 f.; *Langlois* 1990, S. 691 ff.). Dabei ist die Wirkung von Institutionen elementarer Bestandteil der Erklärung der Koordination subjektiver Pläne.

Nicht nur die Analyse ökonomischen Verhaltens wäre jedoch ohne die Berücksichtigung der Wirkungen des institutionellen Rahmens unvollständig. Auch für die Erklärung der Evolution von Institutionen, die das Thema des nächsten Hauptkapitels bilden wird, stellt der Institutionenrahmen - nicht nur aufgrund der notwendigen Berücksichtigung von Pfadabhängigkeiten - den Ausgangspunkt der Untersuchung dar:

> „*Institutionally-unbounded choice alone cannot explain the origins of an institution.* (...) The economist cannot explain the origin of an institution without making reference to the previous institutional setting as one element in the explanation" (*Rizzo* 1992b, S. 250 (Hervorhebungen im Original)).

Es wurde bereits darauf hingewiesen, daß seit *Menger* in der österreichischen Schule der Nationalökonomie auch die Wirkung und die Evolution von Institutionen untersucht wird. *Menger, Böhm-Bawerk, Wieser, Strigl, Mises, Hayek* und *Lachmann*, um hier nur einige Namen zu nennen, entwickeln Bestandteile einer allgemeinen evolutionären Institutionentheorie, die im 4. Kapitel konsistent verbunden werden. Aber auch andere Schulen der Nationalökonomie, wie z.B. der amerikanische Institutionalismus, die deutsche Ordnungstheorie oder die neoklassischen „New Institutional Economics" setzen sich mit institutionenökonomischen Fragen auseinander.[1] Um so überraschender und bedenk-

---

[1]   Vgl. beispielsweise die Untersuchung der Gemeinsamkeiten und Unterschiede der Institutionentheorien der österreichischen Schule sowie des amerikanischen Institutionalismus von

licher ist die Tatsache, daß kein allgemein anerkannter Institutionenbegriff existiert. „Der Begriff der (ökonomischen) Institution hat offensichtlich nicht den gleichen Rang wie andere ökonomische Grundkategorien" (*Elsner* 1986, S. 199).[2] Die existierenden Unterschiede bei der Verwendung des Institutionenbegriffs zwingen deshalb zur Offenlegung des Sinngehalts des Begriffs und zur Verdeutlichung, welche Definition der Institutionen der vorliegenden Arbeit zugrundeliegt.

Es existieren prinzipiell mindestens drei Möglichkeiten, sich dem Gegenstand der Institution zu nähern. Zum einen kann die einschlägige Literatur durchgesehen werden, um additiv aus den bisher formulierten Begriffsdefinitionen die charakteristischen Merkmale von Institutionen herauszufiltern. Abgesehen davon, daß dies eine wissenschaftlich unbefriedigende Vorgehensweise darstellt, wird sich jedoch zeigen, daß auf diesem Wege das Problem existierender Unterschiede bei der Begriffsvorstellung nicht überwunden werden kann. Zum anderen kann der Begriff über die Funktionen konkretisiert werden, welche Institutionen erfüllen. Schließlich ist es möglich, durch die Erklärung der Evolution von Institutionen den Charakter derselben näher zu bestimmen.[3]

Nach einer kurzen Literaturübersicht zur Kategorie der Institution soll deshalb versucht werden, über die Analyse der Funktionen, welche Institutionen erfüllen, den Begriff der Institution zu klären. Dabei wird auch die Evolution von Institutionen eine Rolle spielen, obwohl sie erst im 4. Kapitel systematisch untersucht wird.

3.1.1. Der Institutionenbegriff in der Literatur

Zunächst stellt sich die Frage, ob Institutionen sowohl Organisationen als auch Regeln sind. Bereits hierüber besteht in der Literatur keine Einigkeit. Alle logisch möglichen Auffassungen werden vertreten: nur Organisationen sind Institutionen[4]; Organisationen und Regeln sind Institutionen[5]; nur Regeln sind Institutionen.[6] Die letzten beiden Vor-

---

Samuels (1989, S. 53 ff.).

[2] Vgl. auch *Dietl* (1993, S. 35), *Wiese* (1956, S. 297 f.). *Elsners* Definition der Institutionen erscheint leider auch wenig überzeugend: „Institutionen sind zu verstehen als *Instrumente* zur Lösung bestimmter *gesellschaftlicher* Problemlagen bzw. zur Verfolgung bestimmter Ziele oder zur Erfüllung bestimmter Bedarfe" (*Elsner* 1986, S. 199 (Hervorherbungen im Original)). Der Definitionsversuch wirft mehr Fragen auf, als er Fragen beantwortet (Charakter der Instrumente?; welche Problemlagen?; welche Ebene: Gesellschaft oder Individuum?). Schon 1989 präsentiert er außerdem eine weitere Institutionendefinition: „An institution is defined here as a decision or behavior *rule* (or pattern of behavior) governing the activities of individuals in *recurrent multipersonal* situations" (*Elsner* 1989, S. 191 (Hervorherbungen im Original)).

[3] Insgesamt erinnern die Schwierigkeiten der Bestimmung des Phänomens der Institution stark an die Probleme, die mit der Begriffsbestimmung des Geldes verbunden sind. Auch hier ist es schwierig, eine allgemein akzeptierte Definition zu formulieren. Im wesentlichen werden daher zwei (ökonomische) Alternativen der Geldbestimmung diskutiert. Zum einen wird sich dem Phänomen des Geldes über die Funktionen, die dieses Medium erfüllt, genähert. Geld ist dementsprechend das, was die Geldfunktionen erfüllt. Zum anderen wird die Analyse der Evolution des Geldes direkt zur Begriffsbestimmung herangezogen.

[4] Vgl. *Kornai* (1975, S. 84). Diese Sicht wird sonst nicht vertreten und kann auch nicht überzeugen.

[5] Vgl. *Dietl* (1993, S. 35 f., 71) sowie die Übersicht von *Langlois* (1992, S. 168). Soweit es sich um Organisationen handelt, wird gelegentlich auf die Bedeutung der „Bemannung" der

stellungen werden im folgenden weiter analysiert.

Dietl beispielsweise untersucht Gemeinsamkeiten und Unterschiede von Regeln und Organisationen, die von ihm als Institutionen bezeichnet werden. Gemeinsam sei diesen Institutionen, daß sie die Grundlage für die Erwartungsbildung der Wirtschaftssubjekte darstellen. Der Unterschied bestehe zum einen in dem Sanktionspotential (vgl. *Dietl* 1993, S. 36 f.).[7] Zum anderen wird auf das unterschiedliche „Aktivitätspotential" verwiesen. Regeln führen kein Eigenleben. Organisationen werden dagegen von Menschen geführt. Wenn Organisationen erst einmal bestehen, verfolgen ihre Mitglieder institutionenspezifische Eigeninteressen. Individuelle Eigeninteressen und Motive führen innerhalb von Organisationen zu Konflikten bezüglich der Einkommens-, Eigentums- und Machtverteilung. Zusätzlich spielen die institutionenspezifischen Interessen eine Rolle. Die Mitglieder von Organisationen werden in Übereinstimmung mit ihren individuellen Eigeninteressen die „Ziele der Organisation" vertreten. Die in den Organisationen tätigen Menschen sind aus diesem Grunde prinzipiell in der Lage, bei Veränderungen in der Umwelt in Form von neuen Anforderungen aktiv auf diese zu reagieren. Das gemeinsame Überlebensmotiv der Organisationsmitglieder führt dazu, daß sie innerorganisatorische Kompromisse eingehen werden, um das Überleben der Organisation zu sichern.[8] Regeln verfügen über dieses Schutzpotential dagegen nicht. Deutlich wird, daß außer der Annahme, sowohl Regeln als auch Organisationen stellten eine Grundlage für die Erwartungsbildung der Individuen dar, die Unterschiede überwiegen.[9]

Institutionen hingewiesen. Damit ist insbesondere das Kontrollproblem dieser Institutionen angesprochen, da die Kontrolle durch Menschen erfolgt. Vgl. dazu etwa *Meyer* (1992a, S. 63), *Richter* (1995, S. 133) und *Popper*: „The working of institutions, as of fortresses, depends ultimately upon the persons who man them" (*Popper* 1969, S. 133 f.). Vgl. auch *Popper* (1944/1995, S. 298), *Popper* (1987, S. 123), *Popper* (1969, S. 133 f.), *Popper* (1992a, S. 151).

[6]   Diese Ansicht wird u.a. von *North* - und der österreichischen Schule - vertreten (vgl. *North* 1995, S. 10).

[7]   Die Beispiele, die *Dietl* zur Erläuterung seiner Position anführt, weisen darauf hin, daß er Regeln gegenüber Organisationen *ex ante* ein höheres Sanktionspotential zuzuschreiben scheint. *Dietl* kommt außerdem zu dem überraschenden Schluß, daß „... es sich bei den Institutionen um eine echte Teilmenge der (nicht endlichen) Menge aller möglichen Erwartungen" handelt (*Dietl* 1993, S. 37). Nämlich die Teilmenge, die sich dadurch auszeichne, daß die Erwartungen sozial sanktionierbar seien. Dauerhaftigkeit stelle dagegen kein Kriterium für Institutionen dar. Auch sozial sanktionierbare Erwartungen, die einmaligen Charakter haben, werden von ihm als Institutionen bezeichnet (vgl. *Dietl* 1993, S. 38). Damit unterscheidet sich sein Ansatz signifikant von anderen Institutionentheorien. Ansonsten scheint nämlich die relative Beständigkeit von Institutionen als eines ihrer konstitutiven Merkmale allgemein anerkannt zu sein (vgl. z.B. *Elsner* 1986, S. 199).

[8]   Vgl. *Kornai* (1975, S. 87-89), der die Problematik des Bestehens und des Wandels von Organisationen im Sozialismus untersucht.

[9]   Im Vorgriff auf das nächste Kapitel sei hier kurz die Funktion der Erwartungsstabilisierung angesprochen, die in Reinform nur von Regeln geleistet wird. Es gibt jedoch auch Überlegungen, daß z.B. staatliche Organisationen im Marktprozeß zur Erwartungsstabilisierung beitragen. Da hier nicht das Motiv der Gewinnorientierung zugrunde liege, sondern im Idealfall soziale Motive, sei es nach dieser Argumentation prinzipiell möglich, daß sie erwartungsstabilisierend wirken. Vgl. z.B. *Keynes'* Analyse der Wirkung staatlicher Investitionen auf die langfristigen Erwartungen der Wirtschaftssubjekte in *Keynes* (1936/1994, S. 138). Trotzdem besteht als Unterschied zur Wirkung von Regeln, daß staatliche Organi-

Von der Ordnungstheorie, den Österreichern, aber auch der neoklassischen „New Institutional Economics" wird dagegen die Ansicht vertreten, daß nur Regeln Institutionen sind. Das Sanktionspotential von Regeln scheint neben dem Kriterium der Dauerhaftigkeit das konstitutive Merkmal in der Definition der Institutionen in der Ordnungstheorie darzustellen.[10] *Hayek* weist dagegen auf die Wissenskomponente von Institutionen hin. Regeln verkörpern Wissen.[11] Insbesondere die aus dem evolutionären Wettbewerbsprozeß hervorgegangenen Institutionen sind „... das Produkt eines langsamen Evolutionsprozesses, in dessen Verlauf weit mehr Erfahrung und Kenntnis in sie eingegangen sind, als irgendeine einzelne Person überhaupt besitzen kann" (*Hayek* 1969, S. 86). *Lachmann* unterscheidet äußere und innere Institutionen. Erstere repräsentieren den Ordnungsrahmen einer Gesellschaft - d.h. die Verfassungsbestimmungen und Gesetze, welche die Funktionsfähigkeit von Märkten begründen -, letztere sind das Ergebnis intentionaler Handlungen auf der Marktebene (vgl. *Langlois* 1986a, S. 19; *Schüller* 1986, S. 35).[12] Nach *North* sind Institutionen schließlich kodifizierte und nicht-kodifizierte Regeln (vgl. *North* 1992, S. 3).

Dieser nicht erschöpfende Überblick verdeutlicht die Vielfalt der mit dem Begriff der Institution verbundenen Inhalte. Im folgenden wird die Funktion von Institutionen untersucht, um ihren Charakter zu enthüllen. Die letztendlich sinnvolle Abgrenzung der Regeln als Institutitionen von den Organisationen ergibt sich in erster Linie aus der Betrachtung der Funktionen von Institutionen.

3.1.2. Die Funktion von Institutionen

Institutionen übernehmen im Ungleichgewicht neben der Funktion der Verhaltenskontrolle vor allem die handlungsermöglichenden Funktionen der Unsicherheitsreduzierung sowie der Wissensbereitstellung.

Institutionen verringern Ungewißheit durch die Stabilisierung von Erwartungen.[13]

---

sationen ihre Politik, auch wenn sie nicht am Gewinnmotiv ausgerichtet ist, diskretionär ändern und damit sogar zur Erwartungsenttäuschung beitragen können.

[10] *Leipold* definiert Institutionen folgendermaßen: „Institutionen sind sozial anerkannte Regeln für angemessenes Verhalten der Individuen in sich wiederholenden Entscheidungssituationen" (*Leipold* 1987, S. 104). Vgl. auch *Leipold* (1989, S. 14). Neuerdings betont er den Sanktionscharakter stärker: „Institutionen [sind] ein System von wechselseitig respektierten und sozial sanktionierbaren Regeln oder Restriktionen des Verhaltens" (*Leipold* 1996, S. 105).

[11] Vgl. *Horwitz* (1994b, S. 282), *Langlois* (1992, S. 167) und siehe *Langlois* und *Everett* (1994, S. 12): „Institutions are, after all, stored knowledge ready and waiting for individuals to adopt."

[12] *Lachmann* untersucht die Wirkungen von Institutionen vor allem bezüglich ihrer Orientierungs- und Koordinationsfunktion (vgl. *Loy* 1985, S. 239; *Vaughn* 1992, S. 266 sowie das Kapitel zur Institutionentheorie Lachmanns in diesem Buch).

[13] *Horwitz* untersucht ausgesprochen instruktiv den Einfluß von Institutionen auf die Diffusion des Wissens sowie die damit verbundene Erwartungsbildung: „Institutions enable us to make use of the knowledge of others in order to make our own expectations more accurate and thus increase the degree of order in the market. It is worth noting that this argument does not say that market institutions increase the *quality* of our knowledge, in that they make our knowledge increasingly correct. Instead, the claim is that market institutions

Diese Funktion erfüllen sie, indem sie als Orientierungsmaßstab für die in die Zukunft gerichteten Entscheidungen der Wirtschaftssubjekte dienen. Subjektive Pläne und Erwartungen, die sich auf die Einhaltung von Regeln stützen, werden in diesem Sinne „objektiviert". Folge ist, daß Komplexität reduziert wird und Institutionen dadurch eine Koordinationsleistung wahrnehmen.[14]

Es ist jedoch gewiß übertrieben zu erwarten, daß - wie *Elsner* argumentiert - Institutionen die Ungewißheit für das handelnde Individuum auf Null reduzieren (vgl. *Elsner* 1989, S. 204). Institutionen verringern Ungewißheit immer nur bezüglich der geregelten Inhalte. Demnach werden z.B. Präferenzänderungen regelorientiert handelnder Wirtschaftssubjekte nach wie vor die Erwartungen anderer Wirtschaftssubjekte, die mit dieser Geschmacksänderung nicht gerechnet haben, enttäuschen. Selbst wenn sich demnach jedes Wirtschaftssubjekt an die existierenden abstrakten *und* konkreten Regeln halten würde, können die Erwartungen des Einzelnen zum einen immer noch durch den diskretionären Handlungsspielraum der Individuen und zum anderen durch die nach wie vor unvorhersagbaren Pläne kreativer Wirtschaftssubjekte enttäuscht werden. Letztere sind in der Lage, mit neuen Verhaltensweisen, die in den bisherigen Regeln nicht berücksichtigt werden, den regelorientiert Handelnden zu überraschen. Außerdem unterliegt das Handeln - selbst wenn alle Akteure ihr traditionelles Verhalten nicht ändern sollten - der Ungewißheit aufgrund von unvorhersehbaren exogenen Datenänderungen.[15]

Neben der Frage der Reduzierung von Ungewißheit durch Institutionen erfordert vor allem der Wissensaspekt im Rahmen einer evolutionären Institutionentheorie eine intensive Untersuchung. Subjektives Wissen ist in ungleichem Maße zwischen den Wirtschaftssubjekten verstreut. Die Wissensbestandteile bzw. die dezentralen Pläne, die auf der Basis dieses Wissens aufgestellt und durchgeführt werden, müssen koordiniert wer-

---

[14]   allow us to *use* the knowledge of others, even when that knowledge is incorrect, to help formulate future plans of action" (*Horwitz* 1994b, S. 283).
Vgl. *Blaas* (1982, S. 264), *Elsner* (1986, S. 200), *Fehl* (1988a, S. 163), *Fehl* (1994, S. 204), *Hayek* (1952a, S. 34), *Hoppmann* (1993, S. 8 f.), *Lachmann* (1973, S. 41, 45-47), *Lachmann* (1994h, S. 285), *Popper* (1944/1995, S. 298), *Schüller* (1987, S. 78), *Shearmur* (1992, S. 117), *Weber* (1988b, S. 473 f.) sowie *Langlois* (1986c, S. 173-179), der den Institutionen außerdem die Funktion, die Entropie der handelnden Akteure auf das Entropieniveau der Umgebung zu senken, zuschreibt. Vgl. außerdem *Dietl* (1993, S. 86 f.), der hier unter anderem von „institutionalisierten Erwartungen" spricht und damit selbst verdeutlicht, daß seine Defintion der Institutionen als sozial sanktionierbare Erwartungen zu kurz gegriffen ist. Der Sanktionscharakter steht dabei wohl außer Frage, aber Institutionen sind keine Erwartungen. Sie wirken lediglich direkt auf die Erwartungen der Wirtschaftssubjekte ein. Hier verwechselt *Dietl* die Wirkung mit dem Charakter. Die Konfusion nimmt schließlich noch zu, wenn *Block* die Meinung vertritt, daß das individuelle Handeln sowie die Institutionen ein und dasselbe seien: „There are not two kinds of things - individual actions and institutions. Rather, they are one and the same" (*Block* 1980, S. 405). Hier verwechselt *Block* die Entstehungsgeschichte von Institutionen, nämlich als (häufig unintendiertes) Resultat intentionalen Handelns, mit den durch diese Handlungen geschaffenen Institutionen selbst.

[15]   *Blaas* leitet die „außerordentliche Vielfalt von Institutionen" aus den vielfältigen Aspekten der Unsicherheit ab, auf die Institutionen vermindernd einwirken (vgl. *Blaas* 1982, S. 279). *Langlois* hebt die Bedeutung von Institutionen vor dem Hintergrund der „strukturellen Unsicherheit" hervor (vgl. *Langlois* 1994b, S. 120 f.).

den. Das eigentliche Problem besteht in der „... Verwertung von Wissen, das niemandem in seiner Gesamtheit gegeben ist" (*Hayek* 1952c, S. 104). Die Wissenskommunikation erfolgt in Marktwirtschaften über das Preissystem sowie über Institutionen (vgl. *Baird* 1987, S. 193 f.). *Langlois* spricht von Institutionen als „interpersonal stores of coordinative knowledge" und sieht darin ihre „informational-support function" (*Langlois* 1986b, S. 237).[16] Zu berücksichtigen ist, daß es verschiedene Arten von Wissen gibt. *Hayek* unterscheidet das Wissen über die besonderen Umstände von Ort und Zeit, das durch den privaten Charakter sowie die häufig nur temporäre Bedeutung gekennzeichnet ist, von wissenschaftlichen Erkenntnissen.[17] Ersteres ist - wie *Mises* und *Hayek* in der Sozialismusdebatte nachgewiesen haben - nicht zentralisierbar. Genau diese Art des Wissens, das nicht-wissenschaftliche Wissen, ist jedoch im Laufe gesellschaftlicher Evolutionsprozesse in die Regeln von heute eingeflossen. Gewachsene Regeln beinhalten dementsprechend nicht-zentralisierbares Wissen. Im Gegensatz dazu ist es durchaus möglich und oft auch der Fall, daß in politisch geschaffene Institutionen wissenschaftliches Wissen eingeht. Auch auf diesen Aspekt in der Regelunterscheidung wollte *Hayek* mit der Bemerkung hinweisen, daß in gewachsene Institutionen mehr Wissen eingegangen ist als dies jemals bei bewußt im politischen Prozeß geschaffenen Institutionen der Fall sein kann.[18] Es ist demnach nicht nur die Menge, sondern auch die Art des Wissens, die den Unterschied ausmacht.

Elsner weist auf einen weiteren Aspekt der Art des Wissens hin, das in Institutionen gespeichert ist. Institutionen beinhalten die gefilterten Informationen der gesellschaftlichen Vergangenheit. In diesem Sinne ist ihr Charakter vergangenheitsorientiert. Dies hat jedoch Implikationen für die Wirkung und die Evolution von Institutionen. Einerseits haben sich im Idealfall die überlegenen Regeln der Vergangenheit durchgesetzt. Andererseits ist das Handeln zukunftsgerichtet. Durch diese unterschiedliche zeitliche Ausrichtung der koordinierenden und kontrollierenden Institutionen sowie der bedürfnisorientierten Handlungen der Menschen kann es zu Spannungen kommen. *Elsner* spricht aufgrund des time-lags zwischen neuen Anforderungen an gesellschaftliche Koordinations- und Kontrolleistungen von Institutionen und ihrer Umsetzung von einer „technological-institutional-dichotomy" (*Elsner* 1989, S. 210). *O'Driscoll* weist auf den zeitverbindenden Aspekt hin, der durch Institutionen geleistet wird: „It is through institutions that the present and future are bound up with the past" (*O'Driscoll* 1994, S. 130).[19] Auch

---

[16]   Institutionen als „Sammelstellen" interpersonellen Koordinationswissens verringern die kognitiven Anforderungen an die Handelnden sowie das notwendige Wissen, um die eigenen Ziele zu erreichen (vgl. *Langlois* 1986b, S. 247). Die Informationswirkung von Institutionen ist jedoch nicht leicht zu fassen. *O'Driscoll* weist vollkommen zu Recht darauf hin, daß „laws and institutions have a significant impact on human behavior precisely because *some facilitate* and *some inhibit* the flow of information that is necessary for adaptation in a changing world" (*O'Driscoll* 1978, S. 119 (Hervorhebungen des Verfassers)). Als Beispiel sei an die Patentgesetzgebung erinnert.

[17]   Vgl. *Hayek* (1952c, S. 106 f., 111), *Baird* (1987, S. 202), *Garrison* (1986a, S. 442).

[18]   Vgl. *Hayek* (1969b, S. 86), *O'Driscoll* und *Rizzo* (1985, S. 39), *Vaughn* (1994b, S. 230).

[19]   Bereits *Veblen* - ein Vertreter des amerikanischen Institutionalismus - weist auf die vergangenheitsorientierte Anpassung von Institutionen und die dadurch nicht perfekte Übereinstimmung mit den Erfordernissen der Gegenwart hin (vgl. *Veblen* 1993, S. 186; *Fehl* und *Schreiter* 1996, S. 186).

bezüglich dieser Problematik erscheint die im 4. Kapitel zu erarbeitende Verbindung zwischen den Vorstellungen der schottischen Moralphilosophie zur verhaltenskontrollierenden Wirkung von Institutionen und der Idee der koordinierenden Wirkung von Institutionen seitens der österreichischen Schule sinnvoll.

Schließlich findet sich in der institutionenökonomischen Literatur immer wieder die Bemerkung, daß Institutionen ökonomisches Verhalten determinieren würden.[20] Im 2. Kapitel wurde bereits die These der Indeterminiertheit der Handlungen von Wirtschaftssubjekten diskutiert, die auch nicht durch die Berücksichtigung der Wirkung von Institutionen relativiert wird. Unabhängig davon, ob der verhaltenskontrollierende oder der verhaltensermöglichende Aspekt betont wird, ergibt sich die Erkenntnis, daß Regeln die Handlungen der Gesellschaftsmitglieder lediglich beeinflussen, sie jedoch nicht determinieren. Vielmehr unterliegen Institutionen selbst dem Anpassungsdruck. Das Überleben von Institutionen, seien sie nun im Austauschprozeß der Menschen evolutionär entstanden oder politisch intendiert, hängt nämlich immer davon ab, ob sie die ökonomischen Gesetzmäßigkeiten berücksichtigen.[21] *Böhm-Bawerk* und *Mises* thematisieren dies in ihren Betrachtungen zur Machtbeschränkung des Staates und seiner Wirtschaftspolitik durch ebensolche Gesetze im Wirtschafts- und Sozialgeschehen.[22] Aber auch Vertreter der Klassik sowie der Ordnungstheorie weisen darauf hin, daß ökonomisches Verhalten institutionell *beeinflußtes* (nicht determiniertes) Verhalten sei (vgl. *Hartwig* 1987, S. 9).[23]

Diese Einsicht hat nun aber zur Folge, daß menschliches Handeln nicht nur bedürfnis-, sondern auch institutionenorientiert zu verstehen ist.[24] Normen, Regeln, Moden u.v.m.

---

[20] Vgl. beispielsweise *Hoppmann* (1987, S. 32). Mit dieser Frage hat sich *Strigl* bereits 1923 auseinandergesetzt (vgl. *Strigl* 1923, S. 52 f., 112 f.).

[21] Diese Vermutung beruht auf der These, daß mit Hilfe von Institutionen langfristig eher die Suche nach überlegenen Ziel-Mittel-Kombinationen unterdrückt werden kann als das Streben der Wirtschaftssubjekte nach Zielerreichung im gegebenen Ziel-Mittel-Rahmen. Diese Aussage hängt mit der Hypothese zusammen, daß sich weniger Menschen innovativ als traditionell verhalten. Es ist einfacher, für eine gewisse Zeit wenige Menschen in ihrem Streben nach der Verwirklichung neuer Ziel-Mittel-Kombinationen zu unterdrücken, als viele Menschen in ihrem Streben nach der Zielverwirklichung in gegebenen Ziel-Mittel-Rahmen zu behindern. Diese Thesen werden im Zusammenhang mit der im nächsten Hauptkapitel vorgenommenen Ableitung von Kriterien evolutionärer Effizienz eine wichtige Rolle spielen.

[22] „Denn es liegt auf der Hand, daß ein künstliches Eingreifen in die volkswirtschaftlichen Prozesse von vornherein nur dann einen Sinn hat, wenn man die Vorfrage, ob die Macht gegenüber den 'natürlichen Gesetzen' des ökonomischen Geschehens überhaupt etwas vermag, bejahend zu beantworten imstande ist" (*Böhm-Bawerk* 1914, S. 214). Vgl. auch *Mises* (1940, S. 668-671).

[23] Siehe auch *Meyer* (1980, S. 97), der die Ansichten *Mills* zur Bedeutung der Institutionen für die Ergebnisse von Wirtschaftsprozessen zitiert: „Aber obwohl die Regierungen und Völker die Macht besitzen, darüber zu entscheiden, *welche* Institutionen existieren, können sie dennoch nicht bestimmen, *wie* sie funktionieren" (Hervorhebungen im Original).

[24] „Der Mensch handelt auch in seinem Streben nach Bedürfnisbefriedigung in Ansehung gesellschaftlicher Normen. Was Bedürfnisse sind und wie diese befriedigt werden, wird gesellschaftlich festgelegt" (*Jonas* 1968, S. 103). Er stellt dabei fest, daß dies die Ansicht der Vertreter der schottischen Moralphilosophie gewesen sei. Anstatt „festgelegt" erscheint mir der Terminus „mitbestimmt" jedoch deutlich passender, weil korrekter. *Popper* wendet

gehen in den Wunsch nach Bedürfnisbefriedigung ein. Auch durch diese Beeinflussung werden subjektive Ziele und Wertungen „objektiviert", nicht jedoch determiniert. In diesem Zusammenhang kann auf die These von *Garrison* verwiesen werden, daß die österreichische, subjektive Wirtschaftstheorie im Regelfall gemäßigte Positionen zwischen möglichen wissenschaftlichen Extrempositionen einnimmt. Dies gelte sowohl für die Wissensannahmen als auch für die Diskussion der Gleichgewichtstendenz von Marktprozessen und die Rolle der Institutionen. In einer Welt perfekter Ordnung wären Institutionen ebenso überflüssig wie in einer Welt des vollkommenen Chaos unmöglich (vgl. *Garrison* 1982, S. 134).[25]

Insgesamt stellen Institutionen demnach nicht nur Beschränkungen des Verhaltens dar, sondern sind außerdem auch Voraussetzung für erfolgreiches Handeln in komplexen, sich ständig ändernden Umwelten.[26] Im Rahmen der Entwicklung des Menschenbildes des *homo discens* im nächsten Kapitel gilt es deshalb, u.a. die Wirkung von Institutionen auf die Erwartungsbildung sowie auf die Lernanstrengungen der Wirtschaftssubjekte zu untersuchen.

3.2. Die Entwicklung einer evolutionären subjektiven Handelnstheorie: Das Menschenbild des *homo discens*

3.2.1. Pläne, Erwartungen und Handeln unter Ungewißheit

Es wurde im letzten Hauptkapitel gezeigt, daß *Menger* und *Mises* die Bedeutung des begrenzten Wissens und der Ungewißheit für die subjektive ökonomische Theorie betonen. Daran knüpfen *Lachmann* u.a. an und entwickeln den methodologischen Subjektivismus der österreichischen Schule zum sog. „dynamischen Subjektivismus" weiter. Dabei stellen sie in erster Linie auf die Subjektivität der Erwartungen, des Lernens und der Zeitwahrnehmung ab.[27] Insbesondere die herausragende Bedeutung der kreativen Lernanstrengungen der Wirtschaftssubjekte führt dazu, daß im Rahmen der vorliegenden Arbeit das Menschenbild des *homo agens* durch das Menschenbild des *homo discens*, des lernenden Menschen, erweitert und ersetzt wird, um ökonomische Prozesse und die Evolution von Institutionen erklären zu können.[28]

---

sich gegen den umfassenden Erklärungsanspruch der Psychologie in den Sozialwissenschaften mit dem Hinweis auf die Bedeutung institutioneller Rahmenbedingungen für rationales Handeln und die Notwendigkeit der Erklärung unintendierter (oft unerwünschter) Folgen intentionalen Handelns (vgl. *Popper* 1992b, S. 113; *Popper* 1970, S. 122; *Popper* 1969, S. 124 f.).

[25] Die Österreicher gehen von der Annahme unvollkommenen, subjektiven Wissens aus. Weder vollkommenes Wissen noch totale Unwissenheit, die sich aus vollkommener Unsicherheit ergeben könnte, werden unterstellt (vgl. *Garrison* 1982, S. 131 f.).

[26] Vgl. dazu auch das Kapitel 3.3.4.2.

[27] *Fehl* weist darauf hin, daß die neoklassische Gleichgewichtstheorie sowohl die Implikationen realer, historischer Zeit als auch die der menschlichen Kreativität ausspart und deshalb durch die Betrachtung evolutionärer Prozesse ergänzt werden muß (vgl. *Fehl* 1994, S. 199).

[28] Auch *Herrmann-Pillath* ist der Meinung, „... daß die Strukturierung eines zur Neoklassik konkurrierenden Forschungsprogramms an der Formulierung eines alternativen Men-

3.2.1.1. Zur Planungsgrundlage des Handelns

Nach *Lachmann* ist es nicht möglich, ohne Berücksichtigung der grundlegenden Subjektivität menschlichen Planens und Agierens Handeln im Ungleichgewicht zu erklären. Insbesondere die subjektiven Wertungen, die sich in den Wahlakten und in den Erwartungen manifestieren, bilden die Grundlage für die Pläne der Wirtschaftssubjekte.[29]

Lachmann wählt den Akt des Planens der Wirtschaftssubjekte als Ausgangspunkt für die ökonomische Theorie. *Mises* hatte gezeigt, daß es a priori wahr ist, daß Menschen intentional handeln. Nach *Lachmann* kann menschliches Handeln nur als Teil, als aktiver Part des Planes, der dem Handeln zugrunde liegt, verstanden werden.[30] Pläne sind logische Schemata, die zielgerichtetes Handeln erst ermöglichen, indem sie den geistigen Rahmen für die verfolgten Zwecke bilden. Der Plan steht demnach logisch vor dem intentionalen Handeln.[31] Es ist ebenso möglich, die Kategorie des Planens aus dem zielgerichteten Handeln wie aus dem fundamentalen empirischen Phänomen der Knappheit abzuleiten. Letzteres nimmt *Lachmann* an geeigneter Stelle selbst vor, wo er betont, daß Pläne wegen der Vielfalt individueller Ziele und der Knappheit der zur Verfügung stehenden Mittel notwendige Denkschemata zur Strukturierung von Handlungsalternativen darstellen. Analytisches Hilfsmittel stelle dabei vor allem die Wirtschaftsrechnung dar (vgl. *Lachmann* 1973, S. 27; *Lachmann* 1966b, S. 161).[32]

Aus diesen Gründen ist nach *Lachmann* der individuelle Wirtschaftsplan der

---

schenbildes ansetzen müßte" (*Herrmann-Pillath* 1996, S. 85). Ebenso äußert sich *Fehl* bezüglich der Intention *Witts*, das Forschungsprogramm einer evolutorischen Theorie zu formulieren: „Es geht letztendlich um ein verändertes Menschenbild als Basis der [evolutorischen] Theorie" (*Fehl* 1988c, S. 738). Meines Erachtens macht es die positive Formulierung einer evolutionären Prozeßtheorie notwendig, ein passendes Menschenbild sowie ein - im nächsten Hauptkapitel vorgestelltes - evolutionäres Effizienzkriterium zu entwickeln. Ansonsten läuft die Ungleichgewichtstheorie in Gefahr, ihre Identität lediglich über die negative Abgrenzung zur neoklassischen Gleichgewichtstheorie zu erhalten.

[29] „We act by virtue of the fact that we think before" (*Lachmann* 1951, S. 415).

[30] „Action is the carrying out of the project designed to bring about imagined ends" (*Vaughn* 1994a, S. 153) und *Lachmann*: „In the field of human action we 'explain' phenomena as the outcome of the pursuit of plans" (*Lachmann* 1951, S. 418). Siehe auch *Rizzo* (1990, S. 16): „The 'plan' is the basic unit of analysis." Die wesentlichen Gemeinsamkeiten des *Lachmann*schen Werkes mit den Vorstellungen und der Vorgehensweise von *Mises* werden immer wieder deutlich. Die Praxeologie stellt die Grundlage für *Lachmanns* Theorie der subjektiven Erwartungen dar, auch der Kategorie des Wirtschaftsplanes kann aus der Grundkategorie des intentionalen Handelns abgeleitet werden. *Lachmann* betont: „Die Handelnden orientieren sich an Plänen. Dafür gibt es in der Natur keine Parallele" (*Lachmann* 1966b, S. 167) und: „Die Daseinsberechtigung der praxeologischen Methode beruht darauf, daß menschliches Handeln in gedanklicher Form, als Plan, existiert, bevor es in Raum und Zeit abläuft" (*Lachmann* 1973, S. 36). Vgl. auch *Vaughn* (1992, S. 264).

[31] Vgl. *Lachmann* (1943, S. 15-17), *Lachmann* (1973, S. 30, 35), *O'Driscoll* (1978, S. 132). Siehe außerdem *Lachmann* (1966b, S. 164): „Dem Handelnden dient der Plan als Richtschnur, er orientiert sich daran." und *Lachmann* (1994b, S. 219), wo er den Plan, der dem Handeln zugrunde liegt, als „... 'blueprint' or scheme of intended action" bezeichnet.

[32] So auch schon *Schönfeld-Illy* (1924, S. 6) und später *Mises* im Zusammenhang mit der Bedeutung der Geldrechnung für die Wirtschaftsplanung und -kalkulation unter Ungewißheit (vgl. *Mises* 1949, S. 213 ff.; *Rothbard* 1976b, S. 171 f.).

„Zentralbegriff allen marktwirtschaftlichen Handelns" (*Lachmann* 1966a, S. 266).[33]
Außerdem stellt die Berücksichtigung der Zeitdimension die Voraussetzung für die
Analyse intentionalen Handelns dar: „Die österreichische Theorie bedarf der Zeit-
dimension, da geistige Akte nur in der Zeit möglich sind" (*Lachmann* 1966b, S. 160).

In Fortführung des Forschungsprogramms von *Morgenstern*[34] analysieren *Rizzo* u.a.
die Implikationen der Bedeutung der Zeit für den Planungsprozeß. Entwickelt wird ein
dynamisches Konzept der Zeit. Zeit vergeht sowohl während der Planung selbst als auch
während der Abfolge der Planperioden. *Rizzo* ist der Meinung, daß sich die jeweilige
Wahrnehmung der Zeit signifikant unterscheide:

> „... the process of planning takes place in time as lived (the dynamic view of
> time) while the contents of the plan itself are in a spatialized and intellectualized
> time (the static view of time)" (*Rizzo* 1994, S. 111).[35]

Zeit wird demnach subjektiv wahrgenommen, entscheidungsrelevante Zeit ist heterogen. Aufgrund der damit verbundenen Indeterminiertheit des Handelns sowie der potentiellen Überraschung der Handelnden (*Shackle*) ist in evolutionären Wirtschaftsprozessen lediglich intentionales Handeln, i.d.R. nicht jedoch Optimierungshandeln möglich. Stattdessen ist dem Menschen prinzipiell die Fähigkeit zu kreativem Handeln gegeben.[36] Die im Ungleichgewicht notwendige Suche nach überlegenen Ziel-Mittel-Kombinationen dominiert das *Robbins*sche Ökonomisieren, das sich auf einen gegebenen Ziel-Mittel-Rahmen bezieht. Das Handeln der Wirtschaftssubjekte zielt somit auch auf die Restriktionen des Handelns. Die Umgestaltung des institutionellen Rahmens kann ein Mittel zur Erreichung individueller Zwecke sein. Der im nächsten Hauptkapitel analysierte Wandel von Institutionen ist daher im Prinzip prozeßendogen zu erklären (vgl. auch *Schreiter* 1993, S. 11).

Pläne als gedankliche Schemata zur Strukturierung von in der Zukunft liegenden Handlungsalternativen enthalten die zu verfolgenden Zwecke, die Mittel und die möglichen Handlungsfelder sowie deren Begrenzungen. Pläne und Wissen, aber auch Erwar-

---

[33] „Action is guided by plans, i.e. by thought, and all action has to be interpreted as the outward manifestion of such plans" (*Lachmann* 1976a, S. 57). Die Ordnungstheorie Freiburger und Marburger Schule weist darauf hin, daß alles ökonomische Handeln - nicht nur das marktwirtschaftliche - auf der Planung beruht. Der Systemvergleich basiert in erster Linie nicht auf den Eigentumsordnungen, sondern auf den Planungsordnungen, die natürlich interdependent sind. Unterscheidungskriterium ist nicht, ob geplant wird - es wird in jeder Wirtschaftsordnung geplant -, sondern auf welcher Ebene geplant wird. Unterschieden wird die dezentrale, über Märkte koordinierte Planung von der zentralen Planung.

[34] Vgl. *Morgenstern* (1934, S. 444-449), wo er in § 8 die Zusammenhänge von Einkommens- und Planperiode, der Planaufstellung und der Erwartungen sowie das Problem des unvollkommenen Wissens bei und für die Planaufstellung diskutiert; sowie *Morgenstern* (1935, S. 345), wo er die Rolle vergangener Erfahrungen für wirtschaftliches Verhalten untersucht und damit den Boden für die Theorie der Pfadabhängigkeit „bestellt".

[35] Vgl. auch *Baird* (1987, S. 191).

[36] „The passage of time involves 'creative evolution'; that is, processes produce unpredictable change" (*O'Driscoll* und *Rizzo* 1985, S. 62). Siehe auch *O'Driscoll* und *Rizzo* (1986, S. 255), wo sie jedoch etwas unglücklich davon sprechen, daß „... individuals follow rules of thumb", anstatt die Intentionalität des Handelns zu betonen.

tungen sind demnach untrennbar miteinander verknüpft.[37] Die Veränderung von Daten, aber auch des eigenen Wissenstandes, führt dazu, daß Pläne geändert und den neuen Rahmenbedingungen angepaßt werden (vgl. *Lachmann* 1994b, S. 220).[38] Grundlage für die Änderung der Pläne bilden die auf dem erweiterten Wissensbestand beruhenden subjektiven Erwartungen.[39] Da Erwartungen die Voraussetzung für das in die Zukunft gerichtete Handeln darstellen, kann die Kategorie der Erwartung aus dem intentionalen Handeln abgeleitet werden. Ohne die Bildung der Erwartung, daß durch das Handeln die gegenwärtig unbefriedigende Situation durch eine befriedigendere ersetzt werden kann, ist die Vorstellung zielgerichteten, geplanten Handelns undenkbar. Aus dem Grundaxiom des intentionalen Handelns ergeben sich demnach denklogisch die praxeologischen Kategorien des Plans und der Erwartungen.[40] Der Einsatz knapper Mittel zur Verwirklichung in der Zukunft liegender Ziele kann nur auf der Grundlage gegenwärtiger Pläne und Erwartungen erfolgen.[41] Deshalb sind Erwartungen als endogener Bestandteil in die Theorie zu integrieren:[42]

„Das Ineinanderspiel der Erwartungen ist demnach ein wesentliches Element, ein Kernprozeß evolutorischen Wirtschaftsablaufes" (*Weber* und *Streissler* 1961, S. 330).[43]

3.2.1.2. Begründung der Subjektivität von Erwartungen

Der dynamische Subjektivismus *Lachmanns* basiert in erster Linie auf der Annahme,

---

[37] Insbesondere das Wissen über die eigenen Ziele und Fähigkeiten sowie über die sich bietenden Alternativen bestimmt die Güte der Pläne.

[38] „Im Grunde beruht doch jeder neue Plan auf der Revision eines früheren Planes" (*Lachmann* 1966a, S. 273). Siehe auch *Lachmann* (1976c, S. 148): „The firm and its resources are immersed in the stream of knowledge. Technical progress in the form of 'learning by doing' probably takes place within the firm's walls. But new knowledge usually reaches it by way of the markets for ist products, factor services and alternative capital goods that might be added to, or used as substitutes in, the existing capital combinations." Zum Lernprozeß von Wirtschaftssubjekten im Ungleichgewicht siehe das nächste Kapitel.

[39] „All expectations derive their economic meaning from the plans they guide" (*Lachmann* 1994b, S. 227). Siehe auch *Lachmann* (1956, S. 23): „The formation of expectations is thus a continuous process, an element of the larger process of the transmission of knowledge."

[40] *Lachmann* wundert sich denn auch zu Recht, warum *Mises* die Kategorie der Erwartungen nicht zentral thematisiert, zumal er das Problem der Ungewißheit für die Fähigkeit zur ökonomischen Kalkulation diskutiert (vgl. *Lachmann* 1982, S. 36-38; *Mittermaier* 1992, S. 14 f.).

[41] *Lachmann* unterscheidet dementsprechend auch zeitlich zwischen Mitteln und Zielen. Während Ziele nur in der Zukunft liegen können, müssen die Mittel, die bezogen auf die Ziele definiert werden, zum Teil auch in der Gegenwart existieren (vgl. *Lachmann* 1994b, S. 219, 224).

[42] Hier wenden sich *Lachmann* und später u.a. auch *Lucas* gegen die Art der Behandlung der Erwartungen durch *Keynes*, der ihre Bedeutung zwar erkennt, sie aber als exogene Variable in die Theorie integriert (vgl. *Hodgson* 1988, S. 217 ff.).

[43] Nach *Morgenstern* und *Shackle* ergibt sich die Notwendigkeit der Berücksichtigung von Erwartungen in der Theorie direkt aus der Berücksichtigung der historischen Zeit und der Ungewißheit (vgl. *Morgenstern* 1934, S. 439; *Morgenstern* 1935, S. 357; *Krüsselberg* 1969, S. 50 f.).

daß Erwartungen außerhalb des Gleichgewichts subjektiv sind.[44] Diese Aussage gilt es im folgenden zu erläutern, da sie für die in Kapitel 3.2.1.4. entwickelte Theorie subjektiv rationaler Erwartungen konstitutiv ist. Im wesentlichen können vier Begründungen für die Subjektivität von Erwartungen angeführt werden.

(1) Subjektive Interpretation der Erfahrungen.

Das Wissen im Zeitpunkt t_0 ist abhängig von den Erfahrungen, die das Wirtschaftssubjekt im Zeitraum t_{0-x} gemacht und subjektiv interpretiert hat. Erfahrungen stellen gleichsam das Rohmaterial der Erwartungen dar.[45] Die Erwartungen bezüglich der Zukunft, also bezüglich des zeitlichen Handlungsraumes t_{0+x}, für den der Plan aufgestellt wird, sind somit in dem Maße subjektiv, in dem die Interpretation der Erfahrungen subjektiv ist. *Lachmann* stellt sich die Verarbeitung der Erfahrungen als Transformationsprozeß durch einen „Filter" des menschlichen Geistes vor, der die wahrgenommenen ökonomischen Daten in subjektive Erfahrungen umwandelt.[46] Der undefinierbare Charakter dieses Prozesses führt dazu, daß das Ergebnis nicht antizipierbar ist. Geist und Verstand des Menschen als „Filter" subjektiv wahrgenommener Informationen sind autonom. Dadurch sind aber auch die Erwartungen subjektiv, trotz vergleichbarer Erlebnisse gibt es eine Vielfalt der Erwartungen.[47]

(2) Strukturelle Unsicherheit der Zukunft.

---

[44] Es ist sogar möglich, daß Erwartungen auch im Gleichgewicht subjektiv sind, wenn *Hayeks* Definition des Gleichgewichts als Planungs- und Erwartungsübereinstimmung zugrundegelegt wird. Es ist nämlich nicht notwendig, daß alle Wirtschaftssubjekte im Gleichgewicht die objektiven Knappheiten richtig erkannt haben, d.h., im Sinne der Theorie der (objektiv) rationalen Erwartungen über richtige Modelle verfügen. Es ist durchaus ausreichend, wenn sich alle Wirtschaftssubjekte bezogen auf ihre Ziel-Mittel-Schemata im individuellen Gleichgewicht befinden. Diese Situation kann schon dann gegeben sein, wenn nicht jedes Wirtschaftssubjekt den objektiv bestmöglichen Ziel-Mittel-Rahmen erreicht hat. Es müssen nur alle Individuen subjektiv davon überzeugt sein, die optimale Ziel-Mittel-Kombination realisiert zu haben. Die Erwartungen sind dann in dem Sinne subjektiv, daß sie sich nicht auf die objektiv optimale Situation beziehen. Sie wirken trotzdem nicht gleichgewichtszerstörend, da dem Wirtschaftssubjekt annahmegemäß die individuell superioren Alternativen nicht bekannt sind (vgl. auch *O'Driscoll* und *Rizzo* 1985, S. 81).

[45] Vgl. *Lachmann* (1956, S. 20 f.), *Lachmann* (1986, S. 29), *Lewin* (1994, S. 235), *Loy* (1985, S. 234 f.).

[46] Bezüglich der Subjektabhängigkeit des Wissens äußert *Streit* unter Berufung auf *Hayeks* „Sensory Order", daß „... das Gehirn ständig aus sich selbst entwickelte Komplexitätsreduktion der Wirklichkeit [leistet]" (*Streit* 1992, S. 3).

[47] Vgl. *Lachmann* (1943, S. 14, 17 f.), *Lachmann* (1979, S. 6), *Lachmann* (1984a, S. 35), *Lachmann* (1984e, S. 183), *Hodgson* (1988, S. 235), *O'Driscoll* (1978, S. 129 f.), *Rizzo* (1992, S. 125). *Lachmann* stellt sich den Prozeß der Erwartungsbildung folgendermaßen vor: „We analyse the situation, as we see it, in terms of *forces* to which we attribute various degrees of strength. We disregard what we believe to be *minor forces* and state our expectations in terms of the results we expect the operation of the *major forces* to have. Which forces we regard as major and minor is of course a matter of judgment. Here the subjective element of interpretation is seen at work" (*Lachmann* 1956, S. 23 f. (Hervorhebungen im Original)). Aus genau diesem Grund favorisiert *Lachmann* den später noch zu diskutierenden Ansatz des „practical range" von *Lange*, mit dem ein adäquates Kriterium zur Unterscheidung von signifikanten und wirkungslosen Preisänderungen bezüglich der Erwartungsbildung geliefert wird.

Die Subjektivität der Erwartungen ergibt sich nicht nur aus dem unvollkommenen, subjektiven und in der Vergangenheit erworbenen Wissen, sondern auch aus der strukturellen Unsicherheit der Zukunft.[48] Weil sie in eine unsichere, nur vorstellbare, aber nicht vollständig antizipierbare Zukunft gerichtet sind, sind Erwartungen notwendigerweise subjektiv. *Lachmann* prägt die eingängige Vorstellung: „The future is unknowable, though not unimaginable" (*Lachmann* 1976a, S. 59). Handlungen basieren auf der Erwartung über die Konsequenzen der Wahl der subjektiv wahrgenommenen Alternativen. Bereits *Mises* weist darauf hin, daß diese mit dem Ziel ergriffen werden, eine unbefriedigende Situation gegen eine befriedigendere einzutauschen. Im Moment der Entscheidung existieren die Alternativen jedoch nur als Gedankeninhalte, nicht aber als faktische Gegebenheiten. Im Rahmen der Entscheidung wird deshalb zwischen Zukunftsvorstellungen gewählt, was wiederum die Konsequenzen des Handelns ungewiß macht. Zum einen muß die Interpretation der Beobachtungen, die als Plangrundlage dienen, nicht richtig sein. Zum anderen können zutreffende Informationen bis zum Ende der Plandurchführung in einer sich durch innovatives Verhalten der Wirtschaftssubjekte verändernden Welt entwertet worden sein. Aus der Offenheit der Zukunft und der damit verbundenen Unvollkommenheit des Wissens folgt, daß Erwartungen nicht objektiv sein können, sondern subjektiv sind.[49]

Zwischen dem erwartungsabhängigen Entschluß über einen konkreten Mitteleinsatz und seinen faktischen, ökonomischen Auswirkungen liegt stets ein mehr oder minder langer Zeitraum. Da die Zukunft prinzipiell offen ist, unterliegen die Entscheidungen immer der Ungewißheit. Erwartungen, historische Zeit und Ungewißheit sind deshalb interdependente Kategorien der Praxeologie.

(3) Kreative Handlungen der Wirtschaftssubjekte.

Im Zuge der Verfolgung subjektiver Ziele verhalten sich die Wirtschaftssubjekte zumindest zum Teil kreativ, so daß die Zukunft auch aus diesem Grunde nicht determiniert sein kann.[50] Die Suche nach überlegenen Ziel-Mittel-Kombinationen sowie ihre Schaffung macht die Zukunft sowohl für das handelnde Individuum als auch für die übrigen Wirtschaftssubjekte ungewiß. Da es allenfalls bedingt möglich ist, die Ergebnisse des kreativen Handelns der übrigen Wirtschaftssubjekte zu antizipieren, sind die Erwartungen auch aus diesem Grunde subjektiv (vgl. *Fehl* 1992, S. 107 f.; *O'Driscoll* und *Rizzo* 1985, S. 29). *Kerber* unterscheidet beispielsweise drei Arten der Veränderung des Wissens: die direkte Umwelterfahrung, neue Informationen aus der Kommunikation zwischen den Wirtschaftssubjekten sowie die permanente Eigenaktivität des menschlichen Gehirns als Quelle nicht-determinierter Kreativität (vgl. *Kerber* 1989, S. 49 sowie *Streit* 1992, S. 3). Die aus analytischen Gründen vorgenommene Trennung der miteinander verwobenen Arten macht deutlich, daß die Subjektivität des Wissens und der damit verbundenen Erwartungen nicht lediglich ein Ergebnis unterschiedlicher, subjektiver Inter-

---

[48]   Vgl. *Mongiovi* (1994, S. 259), *Streissler* (1973, S. 177), *Utzig* (1987, S. 213).
[49]   Vgl. *Dietl* (1993, S. 20), *Lachmann* (1976a, S. 57-59), *Lachmann* (1984e, S. 183, 187 f.), *Egger* (1978, S. 21, 25 f.), *Yeager* (1987, S. 16 f.).
[50]   Vgl. *Lachmann* (1973, S. 35), *Lachmann* (1994b, S. 219 f.), *O'Driscoll* und *Rizzo* (1985, S. 25).

92

pretationen ein und derselben Umweltinformationen darstellt, sondern durchaus auch ein Produkt der kreativen Denktätigkeit des menschlichen Gehirns sein kann (vgl. auch *Kerber* 1989, S. 51).

(4) Heterogenität des Humanvermögens.

Der wichtigste Grund, auf dem alle bisher genannten Begründungen der Subjektivität der Erwartungen letztendlich aufbauen, ergibt sich aus der Existenz der Heterogenität der Humanvermögensbestände. Sowohl für die Interpretation der Vergangenheit als auch für die Antizipation der Zukunft spielen die kognitiven Fähigkeiten der Handelnden die zentrale Rolle. Zusätzlich variiert sowohl die Geschwindigkeit als auch die Güte der Planaufstellung und -durchführung mit den subjektiven Fähigkeiten der Wirtschaftssubjekte. Vor allem in entwickelten Volkswirtschaften, die sich durch eine extreme Komplexität (nicht nur) des ökonomischen Systems auszeichnen, spielt dieser Aspekt eine bedeutende Rolle für die Erfolgschancen des Handelns - definiert als die Erreichung des individuellen Gleichgewichts.[51]

Die Subjektivität der Erwartungen läßt sich mit Hilfe der Theorie des Humanvermögens von *Krüsselberg* begründen, da hiermit ein analytisches Raster geliefert wird, das die Heterogenität der Menschen, bezogen auf ihre Fähigkeiten und Möglichkeiten, zum Ausgangspunkt der Theorie wählt.[52] Humanvermögen wird dabei als „... allgemeines Handlungspotential eines Menschen bezüglich seiner marktmäßigen und nichtmarktmäßigen Verwendung [verstanden]" (*Krüsselberg* 1977, S. 240). Das Handlungspotential ergibt sich zum Teil aus vererbten Fähigkeiten sowie durch Investitionen in das Humanvermögen (vgl. *Krüsselberg* 1977, S. 247, Abb. 2). Durch diese Investitionen wird zunächst Vitalvermögen, d.h. Daseinskompetenz, geschaffen, die es dem Individuum ermöglicht, auf wechselnde Anforderungen in allen Lebenslagen zu reagieren.[53] Der Nutzen der Bildung von Humanvermögen ist dabei ordnungsabhängig. Die institutionellen Rahmenbedingungen beeinflussen die Möglichkeiten, gebildetes Humanvermögen auch einkommensstiftend zu nutzen. In Marktwirtschaften entscheiden darüber hinaus die Wertungen Dritter, vermittelt über Märkte, inwiefern das individuelle Arbeits- und Entscheidungsvermögen des einzelnen als Erwerbs- oder als Nicht-Erwerbshumanvermögen genutzt werden kann.

Die Theorie des Humanvermögens kann nun auf die Kategorie des subjektiven Wissens und damit auf die Subjektivität der Erwartungen bezogen werden. Wissen stellt als Grundlage des Handlungspotentials einen Teil des Humanvermögens einer Person dar.[54]

---

[51] Vgl. *Lachmann* (1956, S. 14 f.), *Lachmann* (1994b, S. 225), *Lachmann* (1975, S. 5).
[52] Vgl. z.B. *Krüsselberg* (1988c, S. 301, 308). Daß die Begründung von Heterogenitäten der Menschen bezogen auf ihre Fähigkeiten, Präferenzen, Pläne und Erwartungen als theoretisch notwendig erscheint, obwohl dies empirisch jederzeit feststellbar ist, ist ein Phänomen, das sich nur durch die Verwendung und übermäßige Ausdehung der Homogenitätsannahme in der Gleichgewichtstheorie erklären läßt. Im Ungleichgewicht stehen im Gegensatz zum Gleichgewicht die Heterogenitäten (nicht nur) der Menschen im Vordergrund. Vgl. zur Ungleichheit von Menschen auch *Lachmann* (1966b, S. 158).
[53] Dabei steht das Individuum immer im Interessenkonflikt zwischen heutigem Konsum und der Investitionsentscheidung, die zukünftigen Konsum ermöglichen soll.
[54] Siehe auch *Yeager* (1987, S. 11), der hier allerdings von „a kind of 'human capital'" - der

Lernprozesse differieren zwischen Menschen, die über unterschiedliche Humanvermö-
genspotentiale verfügen. Identische Erlebnisse werden von den Individuen unterschiedlich verarbeitet und gehen als Erfahrungen in die Plangrundlage ein. Grund sind die
unterschiedlichen angeborenen Fähigkeiten, aber auch die Unterschiede im Human-
vermögensbestand zu Beginn des jeweiligen Lernprozesses. Zusätzliches Wissen muß
komplementär zum bisherigen Wissen erworben werden.[55] Die Subjektivität des Wissens
und des Lernens führt nun aber dazu, daß auch die Erwartungen, die zumindest zum Teil
auf dem Wissen des Handelnden basieren, subjektiv sind. Gleichzeitig ist jedoch der
Humanvermögensbegriff auch ein ordnungsabhängiger Begriff. Aussagen über die Bildung von Humanvermögen sind systematisch mit der Analyse der Voraussetzungen für
die Nutzung des Humanvermögens verbunden. Damit ist jedoch die Bedeutung der Institutionen für den Lern- und Erwartungsbildungsprozeß von Menschen angesprochen. Wie
bereits diskutiert, wirken Institutionen erwartungsstabilisierend. Gesellschaftliche Regeln
sind als Orientierungspunkte ein wichtiges Mittel zur Erreichung der individuellen
Zwecke. Sie verhindern letztendlich, daß die Erwartungen der Menschen mit unterschiedlichen Humanvermögensbeständen vollkommen subjektiv sind.[56] Wären Erwartungen allein durch ihren subjektiven Charakter gekennzeichnet, würde ihre Berücksichtigung in der Theorie dazu führen, daß kausale Zusammenhänge nicht mehr modelliert werden könnten. Die Offenheit menschlicher Handlungen, geleitet durch die Subjektivität der Erwartungen und begründet durch die prinzipielle Möglichkeit der Kreativität,
würde die kausal-genetische Erklärung ökonomischer Prozesse verhindern.[57] Durch die
im folgenden noch zu berücksichtigende Rolle der Institutionen wird die im Kern immer
bestehende Subjektivität der Erwartungen relativiert und somit ein ansonsten drohender
wissenschaftlicher Nihilismus verhindert.

Zusammenfassend kann festgestellt werden, daß sich die Subjektivität der Erwartungen zum einen aus der Heterogenität des Humanvermögens ergibt, die sich in der
subjektiven Interpretation der Erfahrungen in unterschiedlichen Lernprozessen sowie der
Möglichkeit, mittels kreativer Handlungen superiore Ziel-Mittel-Kombinationen zu erreichen, ausdrückt. Zum anderen ist die damit eng verbundene, strukturelle Unsicherheit der
Zukunft zu nennen. Das eigentliche Problem der Unsicherheit der Zukunft ergibt sich
nämlich nicht aus den prinzipiell immer möglichen exogenen Schocks, sondern aus der
Möglichkeit innovativen, nicht antizipierbaren Verhaltens der Wirtschaftssubjekte. Die
Ungewißheit entsteht zumindest zum Teil endogen (vgl. auch *O'Driscoll* und *Rizzo*
1986, S. 258).

---

[55] richtige Begriff wäre human assets - spricht.
Wie bereits im vorhergehenden Hauptkapitel erörtert, müssen die Heterogenität und die
sich hieraus ergebenden Komplementaritätsanforderungen als Ausgangspunkt der
Ungleichgewichtstheorie gewählt werden. Diese Aussage bezieht sich auf alle Kategorien
der ökonomischen Theorie, insbesondere aber auf das Humanvermögen. Die Subjektivität
ist der Ausdruck der faktischen Heterogenität der Menschen. Heterogenität und Subjektivität sind demnach untrennbar miteinander verbunden (vgl. auch *Fehl* 1986, S. 79 f.).

[56] Die Wirkung von Institutionen auf die Erwartungsbildung ist ein zentrales Thema des
Kapitels 3.2.1.4. über die Theorie subjektiv rationaler Erwartungen.

[57] Vgl. *Hoppe* (1983, S. 27 f.), *Utzig* (1987, S. 260) und im Prinzip auch *Lowe* (1965, S. 66
f.).

3.2.1.3. Alternative Theorien der Erwartung

Bisher wurde die Subjektivität der Erwartungen begründet. Noch nicht geklärt ist dagegen die Frage, ob alle ökonomisch relevanten Datenänderungen die Erwartungsbildung gleichermaßen beeinflussen oder ob differenzierte Hypothesen über Ursache und Wirkung getroffen werden können. In diesem Kapitel geht es demnach darum, den Vorgang der Erwartungsbildung zu „verstehen".

Zunächst wird dabei auf diejenigen Erwartungstheorien eingegangen, mit denen sich auch schon *Lachmann* kritisch auseinandersetzt. *Hicks* unterscheidet in seiner Elastizitätstheorie der Erwartung den Einfluß von Preisänderungen auf die Erwartung anhand der jeweils angenommenen Erwartungselastizitäten. *Lange* entwickelt das analytische Instrument des Preiserwartungsspielraums, um Erwartungsreaktionen unter Ungewißheit erklären zu können. Die im Laufe der Analyse jedoch deutlich werdende begrenzte Verwendbarkeit dieser Ansätze für die Erklärung der Bildung individueller Erwartungen führt zur kritischen Auseinandersetzung mit *Shackles* Erwartungstheorie der potentiellen Überraschung. Kurz wird außerdem noch auf die Behandlung der Erwartungen in der Gleichgewichtstheorie eingegangen, bevor die Bestandteile der Theorie subjektiv rationaler Erwartungen entwickelt werden.

3.2.1.3.1. Die Elastizitätstheorie der Erwartung und der Preiserwartungsspielraum

Das Konzept der Elastizität der Erwartungen von *Hicks* ist einer der wenigen frühen Versuche, die Erwartungen theoretisch handhabbar zu machen und sie in die allgemeine Wirtschaftstheorie zu integrieren. Zu diesem Zweck grenzt *Hicks* den Einfluß der herrschenden Preisstruktur auf die Erwartungsbildung von allen anderen nicht-ökonomischen und ökonomischen Einflüssen ab, die auf das Individuum wirken. Im weiteren interessieren ihn nur die „Preiseinflüsse", wobei er mit der Hypothese arbeitet, daß der Preiseinfluß sowohl unterschiedliche Intensitätsgrade als auch verschiedene Ansatzpunkte besitzt. Die Elastizität der Erwartungen[58] kann nun je nach Individuum und betrachteter ökonomischer Situation unterschiedlich sein. *Hicks* analysiert alle möglichen Fälle in den Elastizitätsbereichen von negativen Elastizitäten bis hin zu positiven Elastizitäten größer Eins. Im Falle unelastischer Erwartungen (Elastizität von Null) können die Elastizitäten für die Analyse vernachlässigt werden. Bei einer Elastizität von Eins werden bei Veränderungen der aktuellen Preise die gleichen Veränderungen in Richtung und Stärke bezüglich zukünftiger Preise erwartet. Entsprechen die Erwartungen dagegen einer Elastizität von größer Eins, glauben die Wirtschaftssubjekte, einen Trend zu erkennen und extrapolieren die Raten der Preisveränderungen entsprechend in die Zukunft. Schließlich wird im Falle negativer Elastizitäten ein Umschwung der Preisentwicklung erwartet.[59] Im

---

[58]   *Hicks* definiert die Elastizität der Erwartungen folgendermaßen: „I define the elasticity of a particular person's expectations of the price of commodity X as the ratio of the proportional rise in expected future prices of X to the proportional rise in its current price" (*Hicks* 1965a, S. 205).

[59]   Vgl. *Hicks* (1965a, S. 205), *Lange* (1977, S. 101 f.), *Lowe* (1965, S. 55 f.) und *Baumol* (1970, S. 85 f.), der auf die restriktive Annahme aufmerksam macht, die der Idee der Elastizität der Erwartungen zugrunde liegt. Notwendig ist die Annahme, daß die Wirtschafts-

folgenden wendet sich *Hicks* der Erwartungselastizität von Eins zu, da er davon überzeugt ist, daß dieser Fall „... is of such obvious importance that we ought to make a
practice of working out that case, whenever it is relevant" (*Hicks* 1965a, S. 206).[60]
Erwartungselastizitäten von Eins stellen nach *Hicks* die Grenze zwischen der Stabilität
und Instabilität eines Marktes bzw. einer Volkswirtschaft dar. Wenn die Erwartungselastizitäten der Wirtschaftssubjekte (bei konstantem Zinssatz) größer Eins sind, dann ist
das System instabil. Die Raten gegenwärtiger Preisänderungen werden in die Zukunft
extrapoliert, was beispielsweise bei einer Preissteigerung in der Gegenwart dazu führt,
daß die Nachfrage das Angebot übersteigt, so daß der Preis weiter steigen wird. Dieser
Prozeß setzt sich, solange sich die Elastizität der Erwartungen nicht ändert, fort. Das
System ist instabil (vgl. *Hicks* 1965a, S. 255).[61]

Lowe konkretisiert die für die Systemstabilisierung notwendige Erwartungshypothese
anhand der Unterscheidung von Mengen- und Preiserwartungen. Ausgehend von der
Vorstellung objektiver Rationalität hegen die Wirtschaftssubjekte „stabile Erwartungen",
wenn die Mengenerwartungen eine positive Elastizität besitzen, während die Preiserwartungen eine Elastizität von kleiner Eins (einschließlich des Grenzfalls der Preis-
erwartungselastizität von Null, d.h. der unelastischen Erwartungen) aufweisen (vgl. *Lowe*
1965, S. 56, 179, 299 f.).[62]

Hicks unterscheidet zwar Wirtschaftssubjekte, die mit größerer bzw. geringerer Sensitivität auf identische Preisveränderungen reagieren. Er argumentiert jedoch, daß die
Analyse für jedes einzelne Individuum sowie jede einzelne Problemlösungsaktivität
weder möglich noch nötig sei (vgl. *Hicks* 1965a, S. 205). Indem er lediglich Gruppen mit
unterschiedlichen Erwartungselastizitäten vergleicht, versäumt er es jedoch, die Gründe
für unterschiedliche Sensitivitäten und deren Veränderungen zu analysieren. Die Subjek-

---

[60] subjekte davon ausgehen, daß sich *alle* zukünftigen Preise des betrachteten Gutes entsprechend der Erwartungsleastizität entwickeln. „This means that if, for example, the price
expected next period rises more than in proportion while that expected in the subsequent
period rises less than in proportion to a rise in current price, the measure cannot be used"
(*Baumol* 1970, S. 86).

[60] *Lange* weist darauf hin, daß Erwartungselastizitäten von Eins nicht bedeuten müssen, daß
es sich hierbei um statische Erwartungen handelt. Es wird lediglich erwartet, daß sich die
Preise proportional zu den gegenwärtigen Preisveränderungen ändern (vgl. *Lange* 1977, S.
103). Mit anderen Worten: nur wenn die Preisveränderung in der Gegenwart Null beträgt,
ist die Elastizität der Erwartungen von Eins mit statischen Erwartungen gleichzusetzen.

[61] Später untersucht *Hicks* auch die Erfahrungsabhängigkeit von Erwartungen. Aufgrund der
Existenz von Erwartungs-lags bestimmen letztendlich aktuelle Preise und bisher erworbene
Kenntnisse die Erwartungen. Preiserwartungen und Gleichgewichtspreise sind nicht rezi-
prok determiniert (vgl. *Hicks* 1965b, S. 63-67). Siehe insbesondere *Hicks* (1965b, S. 66):
„Though changes in actual prices do affect expectations, and changes in expectations do
affect actual prices, cause precedes effect. The lag may be short, but (in principle) it is
always there."

[62] Im Falle stabilisierender Erwartungen wirkt eine Preiserhöhung (Preissenkung) so, daß die
Käufer ihre Nachfrage in die Zukunft (Gegenwart) verlagern, während die Verkäufer ihr
Angebot in der Gegenwart erhöhen (in die Zukunft verschieben) (vgl. *Lowe* 1965, S. 56).
Für die Existenz eines dynamischen Gleichgewichts sind Mengenerwartungen der Elastizi-
tät von Eins sowohl bei Käufern, als auch bei Verkäufern notwendig, sowie von beiden
Gruppen Preiselastizitätserwartungen von Null (vgl. *Lowe* 1965, S. 322).

tivität der Erwartungen wird bei dieser Vorgehensweise nicht deutlich. Allein die Zeit-
abhängigkeit der Erwartungselastizität wird von *Hicks* thematisiert. Er formuliert die
Hypothese, daß Erwartungen mit zunehmendem Zeithorizont elastischer werden (vgl.
Hicks 1965a, S. 272-274).[63] *Lachmann* rückt den *Hicks*schen Ansatz in die Nähe der
Gruppenpsychologie und kritisiert ihn wegen der dem Ansatz implizit zugrunde liegenden Annahme, daß Menschen sich in gleichen Situationen zu unterschiedlichen Zeit-
punkten konstant verhalten.[64] Die Annahme der Konstanz des Verhaltens beinhaltet
einen Determinismus des Handelns, der allenfalls für die Gleichgewichtsanalyse anzunehmen ist, sich jedoch für die Fragestellungen einer evolutionären Theorie als nicht
adäquat erweist. Aus dem Streben nach überlegenen Ziel-Mittel-Kombinationen mittels
innovativer Handlungsweisen ergibt sich gerade, daß in ähnlichen zukünftigen Situationen anders gehandelt werden kann.

Lowe wiederum ist der Meinung, daß die Bedeutung der Erwartungen mit der Komplexität des Systems zunehme. Dies hänge mit dem Zeithorizont der Planung zusammen.
In entwickelten Volkswirtschaften, die sich durch die Tiefe ihrer Umwegproduktion auszeichnen, sei die Annahme der stabilisierenden Wirkung der Erwartungen aufgrund „...
der Ausdehnung des Zeithorizontes der Marktsubjekte in eine ungewisse Zukunft (...)
nicht länger möglich" (*Lowe* 1965, S. 66).[65] Damit verfolgt *Lowe* dieselbe Argumentation wie *Hicks*: Erwartungen werden mit zunehmendem Zeitabstand immer elastischer
und das System damit instabiler.

Hier wird die mangelnde Institutionenorientierung der Argumentation sowohl von
Hicks als auch von *Lowe* deutlich. Die Entwicklung von Volkswirtschaften ruft sowohl
erwartungsdestabilisierende als auch -stabilisierende Kräfte hervor. Im nächsten Hauptkapitel wird zwar zusammen mit der Möglichkeit institutioneller Fehlentwicklungen
ausführlich diskutiert, daß der Vorgang der Evolution von Institutionen keineswegs
immer ein rationaler Prozeß vernunftbegabter Individuen sein muß, die im politischen
Prozeß über die relevanten Regeln entscheiden, welche dann die Erwartungen stabilisieren. Es besteht jedoch ein immanenter Zusammenhang zwischen dem Anstieg un-

---

[63] *Hicks* leitet dieses Argument aus der Überlegung ab, daß Wirtschaftssubjekte für weit in
    der Zukunft liegende Zeiträume nicht mehr in der Lage seien, Erwartungen zu formulieren.
    Damit ergibt sich jedoch die paradoxe Situation, daß sich ein System als stabil erweist,
    wenn die Erwartungen kurzfristiger Natur sind (und die Elastizität der Erwartungen kurz-
    fristig nicht größer als Eins sind), während im Fall langfristiger Erwartungen das System
    nach dieser Überlegung instabil ist. Die Stabilität des Systems ist demnach erwartungs-
    zeitabhängig. *Hicks* sieht zwar das Problem, schätzt es aus der Perspektive der Gleich-
    gewichtstheorie jedoch als nicht gravierend ein (vgl. *Hicks* 1965a, S. 272). Im Rahmen
    einer Prozeßtheorie stellt diese Annahme jedoch ein Problem für die Ableitung der Gleich-
    gewichtstendenz von Marktprozessen dar. Zudem weisen *Weber* und *Streissler* darauf hin,
    daß es mit zunehmender Ungewißheit der Erwartungen zu einer Verkürzung des Zeithori-
    zontes und der Planungsperiode von Marktteilnehmern kommen wird (vgl. *Weber* und
    Streissler 1961, S. 335).
[64] „Only such invariability of reaction would entitle us to use intensity of reaction as a crite-
    rion of classification" (*Lachmann* 1943, S. 19). Vgl. auch *Lachmann* (1994a, S. 124 f.).
[65] *Lowe* führt das Argument auch im Rahmen seiner dogmenhistorischen Überlegungen an.
    Die Erwartungstheorie spielt seines Erachtens in der Klassik keine Rolle, erst mit den
    Auswirkungen der industriellen Revolution wurden die Erwartungen auch für die ökono-
    mische Theorie „entdeckt" (vgl. *Lowe* 1965, S. 90-95).

sicherheitssteigernder Komplexität[66] und der dadurch ausgelösten Nachfrage nach unsicherheitsreduzierenden Institutionen. Die Berücksichtigung des zunehmenden Zeithorizonts in der Planung, den technisch anspruchsvolle Produktionsmethoden sowie die zunehmende Arbeits- und Wissensteilung den handelnden Wirtschaftssubjekten abverlangt, führt deshalb nicht automatisch dazu, daß Erwartungen immer elastischer werden. Die Ko-Evolution von Institutionen verhindert diesen Automatismus. Der Nettoeffekt ist im vorhinein keineswegs klar.[67]

Ähnlich wie *Keynes* leitet *Lowe* aus der Instabilität der Erwartungen, die sich aus der Komplexität entwickelter Volkswirtschaften und der damit verbundenen Langfristigkeit von Investititionen ergeben, die Notwendigkeit staatlicher Politik zur Erreichung des volkswirtschaftlichen Gleichgewichts ab. Das aufgrund der hohen Elastizität der Erwartungen instabile System kann seiner Meinung nach durch öffentliche Informationspolitik sowie diskretionäre Wirtschaftspolitik stabilisiert werden. In der Regel reiche sogar die Androhung entsprechender Maßnahmen für den erwartungsstabilisierenden Erfolg aus.[68]

Ebenso wie *Keynes* übersieht *Lowe* jedoch die Gefahr destabilisierender Aktivitäten des Staates. Die Vertreter des Staates verfolgen auch Eigeninteressen und besitzen keineswegs mehr Wissen als die Akteure am Markt - schon gar nicht das koordinationsrelevante Wissen über die Nutzung der spezifischen Umstände von Ort und Zeit. Es besteht vielmehr die begründete Annahme, daß Bürokraten in den Verwaltungen des Staates zwar über Expertenwissen im Sinne *Max Webers* verfügen mögen, aber die Anforderungen bezüglich des Wissens und der Fähigkeiten nicht erfüllen, die Unternehmer besitzen müssen. Nicht nur *Mises* und *Knight* benennen als spezifisch unternehmerisches Humanvermögen die Fähigkeit, mit Ungewißheit umzugehen. Über diese Art der Fähigkeit werden Bürokraten i.d.R. nicht verfügen. Selbst wenn sie darüber verfügen, fehlt der Mechanismus, der Unternehmer dazu zwingt, im Sinne des Systems zu agieren. Einerseits mangelt es in Bürokratien an der Gewinnmotivation und andererseits am Wettbewerb (vgl. *Leipold* 1989, S. 21 f.).[69] Außerdem existieren time-lags, welche die intendierte Wirkung der Prozeßpolitik des Staates vermindern oder sogar in nachteilige Ergebnisse transformieren können. Insgesamt bestehen demnach gute Gründe dafür, auch den staatlichen Aktivitäten nicht per se erwartungsstabilisierende oder - destabilisiernde Wirkungen zuzuschreiben. Dazu ist zumindest immer eine Analyse der volkswirtschaftlichen Situation sowie der Art der Politik des Staates notwendig. Ord-

---

[66] Im historischen Prozeß ergab sich die unsicherheitssteigernde Komplexität in entwickelten Gesellschaften bisher in erster Linie aus der Evolution der Technik sowie durch den sich daraus ergebenden zunehmenden Kapitalbedarf zur Finanzierung neuer Techniken.

[67] So im Prinzip auch *North*, dessen Nähe zur österreichischen Theorie der Evolution von Institutionen im 4. Kapitel herausgearbeitet wird (vgl. *North* 1994b, S. 385).

[68] Vgl. *Lowe* (1965, S. 179-181, sowie S. 254-256), wo er *Keynes* Postulat der Starrheit der Löhne als Legitimation für Staatseingriffe diskutiert und darauf hinweist, daß selbst bei Aufgabe dieser Annahme die Instabilität des Systems bestehen bliebe, „... falls in kritischen Situationen die Konsumenten und Investoren elastische Erwartungen hinsichtlich künftiger Preise, Löhne und Kapitalerträge hegen" (*Lowe* 1965, S. 255 f.).

[69] Um Mißverständnissen vorzubeugen, sei festgestellt, daß sich die Analyse auf die Interventionspolitik des Staates mittels bürokratischen Expertenwissens und nicht auf die verwaltungsinterne, hierarchische Koordination des Staatssektors bezieht.

nungspolitik, die sich an den Erfordernissen der Märkte orientiert, kann beispielsweise sehr wohl erwartungs- und damit systemstabilisierend wirken.[70]

Es bleibt festzuhalten, daß mit dem Ansatz der Erwartungselastizitäten weder eine zunehmende Destabilisierung marktwirtschaftlicher Volkswirtschaften abgeleitet noch die erwartungsstabilisierende Wirkung staatlicher Aktivitäten sicher begründet werden kann.

Nicht nur den Folgerungen, die insbesondere *Lowe* aus dem Konzept der Erwartungselastizitäten gezogen hat, mangelt es an Überzeugungskraft. Auch das Konzept an sich offenbart einige Defekte. *Lachmann* kritisiert die rein mechanische Erklärung der Beziehung zwischen aktuellen und erwarteten Preisen. Es wird lediglich der Grad der Preisveränderungen berücksichtigt, ohne in der Analyse die Art der Preisänderungen zu erfassen. Die Angabe einer Elastizität der Erwartung impliziert, daß jede Preisveränderung zu einer der Elastizität entsprechenden Änderung der Preiserwartungen führt. Ob die Preisänderung *ex ante* als wahrscheinlich oder unwahrscheinlich eingeschätzt wurde oder ob sie gar vollkommen überraschend kam, wird nicht berücksichtigt (vgl. *Lachmann* 1994a, S. 127 f., *Lachmann* 1954, S. 27 f.).[71] Erwartungen sind untrennbar mit Unsicherheit verbunden. Die Implikationen der Ungewißheit für die Erwartungsbildung werden jedoch in dem bisher diskutierten Konzept der Erwartungselastizität nicht beachtet.[72] Außerdem fehlt die Berücksichtigung des Aspektes, daß Zukunftserwartungen in heutigen Preisen enthalten sind. Von daher bestimmen gegenwärtige Erwartungen nicht nur zukünftige Preise, sondern auch gegenwärtige Preise. Die Antizipation zukünftiger Preise bei einer Erwartungselastizität von größer Eins müßte demnach auch auf die gegenwärtigen Preisveränderungen wirken. Die Preise ändern sich stärker, als es den gegenwärtigen, subjektiv wahrgenommenen Knappheiten entspricht.

Diesen Kritikpunkten versucht *Lange* gerecht zu werden. Zur Analyse der Auswirkungen von Änderungen der Preiserwartungen unter Ungewißheit arbeitet er mit dem analytischen Instrument des Preiserwartungsspielraums („practical range"). *Lange* geht davon aus, daß jedes Wirtschaftssubjekt eine Vorstellung von dem ungefähren Preis des als Bedürfnisbefriedigungs- oder als Produktionsmittel dienenden Gutes hegt. Es gibt einen erwarteten Preisspielraum um den subjektiv wahrscheinlichen Wert des betrachteten Gutes herum. *Lange* ist nun der Meinung, daß Unternehmer und Konsumenten nicht den gesamten möglichen Preiserwartungsbereich in ihren Entscheidungen berücksichtigen. Er stellt vielmehr die Hypothese auf, daß die Extremwerte an beiden Enden der Wahrscheinlichkeitsverteilung aufgrund ihrer geringen Eintrittswahrscheinlichkeit außer acht gelassen werden. Der um die Extremwerte verminderte Bereich wird als Preiserwartungsspielraum bezeichnet, wobei die Größe des Erwartungsbereichs das Maß für

---

[70]   Vgl. zur Analyse des Politikversagens aus ordnungstheoretischer Sicht *Leipold* (1989, S. 22-26).

[71]   *Hicks* berücksichtigt an einer Stelle zwar die Unsicherheit bei der Erwartungsbildung, führt dies jedoch nicht systematisch im Zusammenhang mit dem Ansatz der Elastizität der Erwartungen aus (vgl. *Hicks* 1965a, S. 126).

[72]   „Echte" Unsicherheit bzw. Ungewißheit und Unwissenheit sind nicht dasselbe. Letzteres drückt den Mangel an Kenntnissen unabhängig vom Zeitpunkt aus, während die ersten beiden synonym zu verwendenden Begriffe den Zeitaspekt explizit berücksichtigen und damit die Indeterminiertheit der Zukunft (vgl. *Littlechild* 1986, S. 28 f.).

die Ungewißheit der subjektiven Preiserwartungen darstellt. Je größer der Wahrscheinlichkeitsbereich, desto unbestimmter ist die Erwartung.[73]

Damit versucht *Lange*, die Implikationen der Ungewißheit in seinem Konzept der Elastizitätserwartung zu berücksichtigen.[74] Außerdem bietet die Einführung des analytischen Instruments des Preiserwartungsspielraums eine Erklärung für das Phänomen, daß sich nicht bei jeder noch so kleinen Preisvariation die Preiserwartungen ändern. Die Erwartungsbildung wird von Kräften beeinflußt, die subjektiv interpretiert werden. Die geringer eingeschätzten oder wahrgenommenen Kräfte werden vernachlässigt und die als wichtiger eingestuften berücksichtigt (vgl. *Lachmann* 1956, S. 23 f.).

Lachmann greift die Idee des Preiserwartungsspielraums zur Berücksichtigung der Ungewißheit bei der Erwartungsbildung auf. Innerhalb des „practical range" befindet sich die Indifferenzzone des „inner range", was bedeutet, daß Preisänderungen in der Nähe des subjektiv angenommenen Wertes des Gutes die Erwartungen nicht verändern. Um den „inner range" herum liegt der „outer range". Beide zusammen bilden den Preiserwartungsspielraum, dessen Größe güter- und zeitabhängig ist und zudem von Individuum zu Individuum variiert. An den inneren Rändern des „practical range", d.h. im „outer range", werden die Erwartungen zunehmend unelastisch, da kaum noch mit einer weiteren Preisveränderung in die gleiche Richtung gerechnet wird. Deshalb können individuelle Erwartungen auch unter Ungewißheit zumindest so lange prozeßstabilisierend wirken, wie die Grenzen der jeweiligen „practical ranges" nicht durchbrochen werden oder sie sich aus anderen Gründen, z.B. aufgrund des Wissenszuwachses infolge von Lernprozessen, ändern. Interessant wird es, wenn die tatsächliche Preisentwicklung eine der Grenzen des Preiserwartungsspielraums durchstößt. In diesem Fall werden die betroffenen Individuen, „schockiert" durch die unerwartete Preisänderung, ihre Erwartungen anpassen. In der Übergangszeit sind ihre Erwartungen elastisch.[75]

Der „practical range" mit seiner Unterscheidung des „inner" und des „outer range" bietet zwar ein adäquates Kriterium zur Unterscheidung von signifikanten und wirkungslosen Preisänderungen bezüglich der individuellen Erwartungsbildung. Zur Verwendung des Konzepts in einer evolutionären Theorie müssen jedoch nicht nur die Veränderungen der Breite des Preiserwartungsspielraums, sondern auch seine Verschiebung aufgrund der subjektiven Interpretation von Marktdaten und der Veränderung subjektiver Erwartungen im Lernprozeß berücksichtigt werden. Insbesondere die Implikationen „echter" Unsicherheit und begrenzten Wissens sind für die Erwartungsbildung zu berücksichtigen.

---

[73]   Vgl. *Lange* (1977, S. 111 f.), *Lachmann* (1994a, S. 125), *Lachmann* (1956, S. 30).

[74]   Allerdings versucht *Lange*, durch einen Kunstgriff dem Problem letztendlich doch wieder zu entfliehen. Aus der Annahme, daß Wirtschaftssubjekte eindeutige weniger eindeutigen Erwartungen vorziehen, leitet er die Äquivalenz von Preisen, die höherer Ungewißheit unterliegen und wahrscheinlicheren Preisen, die aus Verkäufersicht niedriger bzw. aus Käufersicht höher sind, ab (vgl. *Lange* 1977, S. 112-116). Siehe insbesondere S. 114, wo er die Intention seiner Vorgehensweise offenbart: „Mit Hilfe dieses Kunstgriffes lassen sich ungewisse Preiserwartungen auf gewisse Preiserwartungen zurückführen."

[75]   Vgl. *Lachmann* (1994a, S. 126), *Lachmann* (1956, S. 31-33, 65), *Garrison* (1986b, S. 92). *Lachmann* beruft sich hier auf die Gedanken *Langes*, nicht jedoch auf ähnliche Vorstellungen *Shackles*. Dies ist einigermaßen ungewöhnlich, da er *Shackles* Theorie kennt (und kritisiert).

Gelingt es, den Ansatz so auszubauen, daß damit auch die sich im interaktiven Prozeß verändernden Erwartungsspielräume unterschiedlicher (Gruppen von) Individuen verdeutlicht werden können, steht hiermit prinzipiell ein Instrumentarium zur Verfügung, mit dem die Erwartungsbildung unter Ungewißheit und damit auch individuelles Handeln im Ungleichgewicht analysiert und „verstanden" werden kann.[76]

Um das Konzept des um die Idee des *practical range* erweiterten Ansatzes der Erwartungselastizitäten für die Analyse der Erwartungsbildung in evolutionären Wirtschaftsprozessen nutzen zu können, müssen der Charakter von Ungleichgewichtspreisen sowie die Implikationen „echter" Unsicherheit systematisch berücksichtigt werden. Dies wird im Rahmen der Entwicklung der Theorie der subjektiv rationalen Erwartungen noch zu leisten sein. Zuvor ist jedoch noch zu klären, inwiefern *Shackles* Erwartungstheorie der potentiellen Überraschung die Untersuchung der Erwartungsbildung unter spezifisch evolutionären Fragestellungen bereichern kann. Den Abschluß dieses kurzen Überblicks über alternative Erwartungstheorien, der nicht den Anspruch auf Vollständigkeit erhebt, bildet die kritische Auseinandersetzung mit aktuellen gleichgewichtstheoretischen, makroökonomischen Erwartungstheorien.

3.2.1.3.2. *Shackles* Erwartungstheorie der potentiellen Überraschung

Shackles Intention ist es, ein analytisches Instrumentarium bereitzustellen, mit dem die Erwartungsbildung von Wirtschaftssubjekten unter expliziter Berücksichtigung der Ungewißheit erklärt werden kann.[77] Aufgrund der Ungewißheit der Zukunft und des begrenzten Wissens der handelnden Individuen ist es nicht möglich, sichere Erwartungen zu bilden. Es ist jedoch trotzdem möglich zu handeln. *Shackle* fragt nun, wie Menschen zwischen unsicheren, in der Zukunft liegenden Alternativen wählen (vgl. *Shackle* 1943, S. 102).

Ausgangspunkt stellt die Hypothese dar, daß Wirtschaftssubjekte im Prozeß der Erwartungsbildung aufgrund des begrenzten Wissens und der Unsicherheit, die mit den in die Zukunft gerichteten Handlungen verbunden ist, bezüglich des Eintretens eines Ereignisses keine Punkterwartungen hegen können. Ebenso wie *Lachmann* und *Lange* ist er der Meinung, daß die Wirtschaftssubjekte mit einem Erwartungsbereich arbeiten. Fallen Ereignisse in den mit hoher Wahrscheinlichkeit erwarteten Teilbereich, ist die Überraschung gering. Der Restbereich wird prinzipiell zwar auch wahrgenommen, es wird jedoch nicht erwartet, daß das Ereignis in diesen hineinfällt. Wenn es dennoch in diesem Bereich stattfindet, ist die Überraschung um so größer. Dementsprechend defi-

---

[76]   *Mongiovi* kritisiert *Lachmann* wegen dessen Verwendung des „practical-range"-Konzeptes von *Lange* (vgl. *Mongiovi* 1994, S. 263 f.). Die Überzeugungskraft seiner Argumente leidet jedoch unter der fehlenden Unterscheidung zwischen der Betrachtungsebene des Individuums und der volkswirtschaftlichen Ebene.

[77]   Vgl. *Shackle* (1986, S. 284 f.), *Ford* (1994a, S. 70-75), *Pheby* (1994, S. 282). Insbesondere ist es *Shackles* Ziel, den Wahrscheinlichkeitenansatz in der Entscheidungstheorie durch eine leistungsfähigere, weil echte Unsicherheit berücksichtigende Theorie zu ersetzen. Vgl. dazu auch *Shackle* (1972, S. 370-408), *Weber* und *Streissler* (1961, S. 333). Bereits von der Stockholmer Schule wird die „Überraschung" zur Bestimmung der Erwartungsbildung von Individuen herangezogen (vgl. *Machinek* 1968, S. 75).

niert *Shackle* das Maß der Erwartung als „potentielle Überraschung" (*Shackle* 1943, S. 101; *Shackle* 1952, S. 3 f., 10).[78] Wird beispielsweise eine Preisentwicklung für ein Gut im Bereich von 100 bis 150 DM erwartet, ist das Maß der potentiellen Überraschung, wenn der Preis sich tatsächlich in diesem Bereich einpendelt, gering. Sollte sich jedoch ein Preis von 200 DM einstellen, wird das Wirtschaftssubjekt extrem überrascht sein. Hiermit wird deutlich, daß das Maß der potentiellen Überraschung hypothesenabhängig ist und daß Erwartungen von zwei Komponenten abhängen: dem „outcome" einer Handlungsalternative sowie dem Maß der „potentiellen Überraschung", die mit den Ergebnissen dieser Alternative verbunden ist.

Mit der Einteilung des Erwartungsbereichs in die erwarteten und die unerwarteten Zonen sind die Vorarbeiten für *Shackles* Entwicklung der „potential-surprise"-Funktion schon geleistet. Die „potential-surprise"-function lautet: $y = f(x)$, wobei y das Maß für die potentielle Überraschung darstellt, die mit alternativen Ereignissen x verbunden ist. Den Bereich, bei dem das Maß der potentiellen Überraschung Null ist, nennt *Shackle* ebenso wie *Lachmann* und *Lange* den inneren Bereich („inner range"). Tritt ein Ereignis in diesem Bereich ein, ist das Wirtschaftssubjekt nicht überrascht, da es diese Situation erwartet hat. Die potentielle Überraschung y ist in diesem Fall Null.[79] *Shackle* stellt nun die Hypothese auf, daß das handelnde Individuum nicht allen möglichen Ergebnissen einer Handlung, mit derem Eintreten es gleichermaßen rechnet, dasselbe Maß an Aufmerksamkeit schenken wird. In dem inneren Bereich wird der Handelnde sich vielmehr lediglich auf die beste und die schlechteste Hypothese dieses Bereichs konzentrieren (vgl. *Shackle* 1942, S. 79).[80] Dementsprechend baut sich nun die „potential-surprise"-Funktion auf.

---

[78]   Es ist deshalb nicht richtig, wenn *Prisching* argumentiert, daß *Shackle* und *Lachmann* behaupten würden, „... that no foresight is possible, that we know nothing" (*Prisching* 1989, S. 57).

[79]   Vgl. *Shackle* (1943, S. 104), *Shackle* (1952, S. 4), *Ford* (1994a, S. 84).

[80]   Diese Annahme ist nicht auf den zero-potential-surprise-Funktionsbereich beschränkt, sondern bildet die allgemeine Grundlage für *Shackles* Theorie der Erwartungsbildung unter Ungewißheit. Vgl. beispielsweise *Shackle* (1986, S. 283).

102

Abb. 3.1.:   „Potential-surprise"-function: y = f(x) sowie „stimulation-function":
$\phi = \phi \{x, f(x)\}$

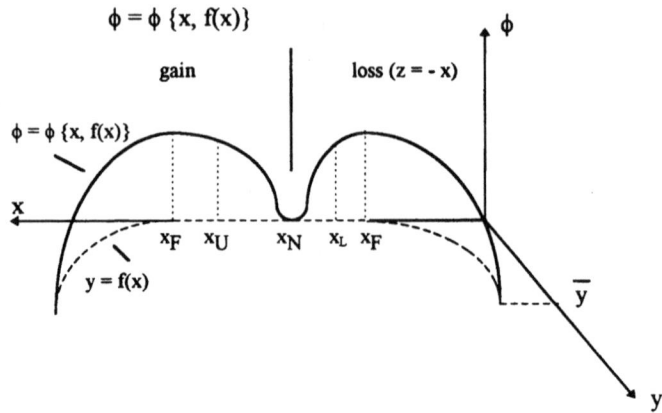

Legende: x_F = focus values of x; x_N = neutral value of x; x_U = upper extreme of inner range; x_L = lower extreme of inner range.

Quelle: Mit ergänzenden Angaben versehene Fig. 2 aus *Shackle* (1942, S. 82).

Erläuterung: Zwischen x_L und x_U befindet sich der inner range; $\overline{y}$ stellt das Maximum der potentiellen Überraschung dar; x_F repräsentiert jeweils die beste und die schlechteste Hypothese.[81]

Die Verwendung der „potential-surprise"-Funktion wird ergänzt durch die Anreiz-Funktion („stimulation-function"), welche die Zufriedenheit bzw. Unzufriedenheit, die mit einer Alternative verbunden ist, mit der Erwartung des Eintritts der Alternative kombiniert. Es ist nämlich nicht davon auszugehen, daß Wirtschaftssubjekte lediglich Alternativen in ihren Entscheidungskalkülen berücksichtigen, die sie mit Sicherheit erwarten. Auch solche Ereignisse werden eine Rolle spielen, die noch als prinzipiell möglich angesehen werden. Erst die Alternativen, die als vollkommen unwahrscheinlich gelten (Niveau y $\overline{in}$ der Abbildung), bleiben bei der Entscheidungsfindung unberücksichtigt.

Die Intensität des Gefühls ϕ („intensity of feeling") ist eine Funktion sowohl des Maßes des Gewinns bzw. des Verlusts, der mit der konkreten Alternative verbunden wird, als auch des Maßes der potentiellen Überraschung: $\phi = \phi \{x, f(x)\}$ („stimulation-function"). Ereignisse, die nicht erwartet werden (y = $\overline{y}$), besitzen demnach unabhängig von dem damit verbundenen Gewinn bzw. Verlust ebensowenig positive Funktionswerte ϕ wie Ereignisse, die zwar erwartet werden, denen von dem Individuum aber kein Gewinn oder Verlust zugeordnet wird. Letzterer Fall soll nach *Shackle* annahmegemäß mit dem Wert $x_N = 0$ verbunden sein. Nur an diesem Punkt ist somit sowohl die „stimulation-function" $\phi = \phi \{x, f(x)\} = 0$, als auch die „potential-surprise"-function y = f(x) = 0.[82] Das handelnde Individuum wird sich annahmegemäß - wie oben bereits erläutert - auf die Extremwerte x_F der stimulation-function konzentrieren. Dies sind die

---

[81]   Vgl. *Shackle* (1942, S. 82), *Shackle* (1943, S. 100), *Shackle* (1952, S. 11-13).
[82]   Vgl. *Shackle* (1942, S. 81), *Shackle* (1943, S. 105), *Shackle* (1952, S. 18-22).

Punkte, bei denen ϕ maximale Funktionswerte erreicht. *Shackle* spricht von „focus-values of x" (*Shackle* 1942, S. 82; *Shackle* 1943, S. 105). Zur Ermittlung dieser Punkte greift *Shackle* auf das Konzept der Indifferenzkurven zurück. Ausgehend von der Annahme, daß die „stimulation-function" ϕ eine kontinuierliche Funktion darstellt, kann für jeden Wert von ϕ eine Indifferenzkurve ermittelt werden, welche die Kombinationen von Gewinnhöhe und Erwartungsintensität (g, y) bzw. Verlustgröße und Erwartungs-intensität (l, y) abbildet. In den Punkten, in denen sich die „potential-surprise"-function und die Indifferenzkurven nun tangieren, befinden sich die „focus-values of x", d.h. der beste und der schlechteste erwartete Wert einer Handlungsalternative. Die Tangential-punkte sind damit diejenigen Punkte, in denen die „stimulation-function" ihr Maximum erreicht (vgl. *Ford* 1994a, S. 86-89). Diese Vorgehensweise wird für alle Handlungs-alternativen wiederholt. Im nächsten Schritt werden die mit dieser Methode ermittelten zusammengehörigen „focus-gain"-"focus-loss" Orientierungspaare der berücksichtigten Handlungsalternativen in eine Rangfolge gebracht. Die alternativen Handlungsmöglich-keiten werden anhand dieser Werte miteinander verglichen. Die bezogen auf die Wahr-scheinlichkeit ihres Eintretens beste Alternative wird gewählt.[83]

Shackle bietet damit eine ausgearbeitete Theorie der erwartungsabhängigen Entschei-dung unter Berücksichtigung des Phänomens der potentiellen Überraschung an. Mittels des mikroökonomischen Instrumentariums wird gezeigt, wie Erwartungen die Entschei-dungsfindung beeinflussen. Es wird jedoch auch deutlich, daß *Shackle* letztendlich ebenso wie *Lange* versucht, Unsicherheit handhabbar zu machen. Unsichere attraktive Alternativen werden mit sicheren, weniger attraktiven Alternativen verglichen, bevor die letztendliche Wahl getroffen wird. Es besteht jedoch die Frage, ob das Individuum im Ungleichgewicht über genügend Wissen verfügt, um entsprechende Erwartungen bilden zu können. Zur Angabe einer „potential-surprise"-function zum Zeitpunkt t_0 mag das Wirtschaftssubjekt noch in der Lage sein. Die Funktion wird sich im Lernprozeß jedoch ständig ändern, also nicht stabil sein. Wie bereits im Kapitel über die wissenschafts-theoretischen Grundlagen der evolutionären Theorie diskutiert, ist die kausal-genetische Erklärung der funktionalen im Ungleichgewicht aus diesen Gründen vorzuziehen. Die Problematik der Wissensannahmen sowie die Statik des Konzepts der Erwartungs-funktion wird schließlich durch *Shackles* Entwicklung der Stimulationsfunktion, bei die Intensität von Gewinnen und Verlusten mit den jeweils damit zusammenhängenden Erwartungen ausgedrückt wird, nur noch verstärkt (vgl. *Ford* 1994a, S. 156-160). Schließlich setzt die Reihung der Alternativen anhand ihrer erwarteten „focus-values",

---

[83] Um die individuell beste Alternative zu ermitteln, werden eine „gambler-opportunity"-curve, welche die Randpunkte x_L und x_U der verschiedenen, der jeweiligen Handlungs-alternative zugehörigen, inner ranges zueinander in Beziehung setzt und eine „gambler-indifference-map" verwendet, welche die jeweiligen „focus-gain"-"focus-loss" Paare abbil-det. Der Tangentialpunkt der „gambler-opportunity"-curve mit einer der Kurven der „gambler-indifference-map" determiniert schließlich die Wahl der damit verbundenen Alternative, welche die subjektiv optimale Mischung von Unsicherheitsmaß und Gewinn-chance bzw. Verlustrisiko darstellt (vgl. *Shackle* 1945, 13-16; *Shackle* 1952, S. 81-87, insbesondere Figure 3 auf S. 14; *Ford* 1994a, S. 86-88). *Windspergers* Kritik der ver-meintlich fehlenden „Operationalisierung dieses Unsicherheitskonzepts" offenbart sich damit als unzutreffend (vgl. *Windsperger* 1988, S. 32).

die notwendig ist, um die beste Handlungsalternative zu ermitteln, mehr spezifisches Wissen voraus, als es dem Individuum in evolutionären Prozessen gegeben sein kann.

Lachmann kritisiert *Shackle* außerdem im Hinblick darauf, daß er seine Theorie lediglich für das Gleichgewicht des isoliert handelnden und Erwartungen bildenden Individuums formuliere, ohne die Analyse auf die Veränderung des Wissens und der Erwartungen im Wirtschaftsprozeß auszudehnen. Die Perspektive der Marktprozeßanalyse mit den wichtigen Aspekten der Diffusion des Wissens und der Koordinationsproblematik von Plänen und Erwartungen werde nicht wahrgenommen. Die Wissensabhängigkeit der Erwartungen und damit die endogene Veränderung der Erwartungen im Marktprozeß wird in dem zeitpunktbezogenen Ansatz des isolierten Individuums nicht adäquat behandelt (vgl. *Lachmann* 1956, S. 27).[84]

Nicht nur *Shackles* Ansatz, sondern in vielleicht noch höherem Maße die gleichgewichtsorientierten Erwartungstheorien zielen am eigentlichen Problem vorbei. Im folgenden wird gezeigt, daß auch *Lucas* mittels der Formulierung spezifischer Annahmen das Problem der Erwartungsbildung unter Ungewißheit letztlich eliminiert.

3.2.1.3.3. Erwartungen in der Gleichgewichtstheorie

Die Vertreter der österreichischen Schule wenden sich gegen die keynesianischen und monetaristischen Theorien der adaptiven sowie gegen die neoklassische Theorie der rationalen Erwartungen und damit weitgehend gegen die Art der Behandlung der Erwartungen seitens der Makroökonomik insgesamt. Die Aggregation der subjektiven Erwartungen der Wirtschaftssubjekte, um sie in deterministischen oder halb-deterministischen Modellen zu berücksichtigen, ist methodisch nicht befriedigend. Da die Volatilität und Subjektivität der Erwartungen auf der Subjektivität der Interpretation vergangener und gegenwärtiger Daten beruht, können sich Erwartungen eines Teils der Wirtschaftssubjekte im Extremfall selbst dann ändern, wenn die ökonomischen Rahmenbedingungen konstant bleiben.[85] Deshalb müssen Erwartungen zunächst als prozeßendogenes, subjektives Phänomen auf der Mikroebene in die Theorie integriert werden, um in einem weiteren Schritt ihre Auswirkungen auf makroökonomische Entwicklungen berücksichtigen zu können (vgl. *Lachmann* 1986, S. 99 f., 147).[86]

---

[84] Vor dem Hintergrund der Kritik ist es vielleicht nicht mehr so erstaunlich, daß *Shackle* seine Theorie der Erwartung nur in den einschlägigen Publikationen behandelt, jedoch in seinen übrigen Arbeiten mit diesem Konzept nicht arbeitet. Hierüber wundert sich beispielsweise *Ford* (vgl. *Ford* 1994a, S. 157).

[85] In diesem Zusammenhang kann auf das Wirken der von Hesse in die Theorie integrierten „kognitiven Kreation" verwiesen werden. Als anthropologische Konstante drückt sie die Fähigkeit des Menschen zur Kreativität aus, die nach *Hesse* auf die Schöpfung von Informationen mittels der menschlichen Erkenntnistätigkeit beschränkt ist. Die Natur, Materie und Energie stellen dagegen die gegebenen Rahmenbedingungen für menschliches Handeln auf dieser Welt dar (vgl. *Hesse* 1992, S. 116-118; *Hesse* 1995, S. 30).

[86] *Hodgson* analysiert die Berücksichtigung der Erwartungen bei *Keynes*. Dieser unterscheidet zwischen kurz- und langfristigen Erwartungen, um die Implikationen der Unsicherheit für die ökonomische Modellbildung, die er durchaus sieht, zu umgehen. Kurzfristige Erwartungen werden so behandelt, daß sie nur von makroökonomischen Größen wie Investition, Sparen, Beschäftigung u.v.m. abhängen, wodurch die Bildung deterministischer (in

Bezüglich der Theorie der rationalen Erwartungen können zwei Versionen unterschieden werden, wobei jedoch weder die „strenge" noch die „schwache" Version das eigentliche Koordinationsproblem erfaßt, das sich in der Subjektivität der Erwartungen spiegelt (vgl. *Garrison* 1986a, S. 443; *Witt* 1987, S. 159 f.).[87] In der „strengen" Version wird postuliert, daß die Wirtschaftssubjekte alle verfügbaren Informationen nutzen und diese im Rahmen ihrer Modelle über die ökonomische Wirklichkeit in optimaler Weise analysieren. Dadurch wird im Rahmen makroökonomischer Modelle sichergestellt, daß die handelnden Wirtschaftssubjekte alle systematischen, vorhersehbaren Veränderungen in ihren Erwartungen und damit in ihren Wirtschaftsplänen berücksichtigen (vgl. *O'Driscoll* 1979, S. 154). In der „schwachen" Version wird lediglich angenommen, daß die Informationssuche am Grenznutzen-Grenzkosten-Kalkül ausgerichtet wird.

Beispielhaft sei im folgenden das Erwartungsbildungsmodell von *Lucas* angeführt. Ziel ist es, die elementaren Bestandteile der Theorie objektiv rationaler Erwartungen herauszuarbeiten, um auf dieser Grundlage in einem weiteren Schritt den Unterschied zur Theorie der subjektiv rationalen Erwartungen zu verdeutlichen.

Lucas entwickelt folgende Erwartungsfunktion, mit der das Ziel der Wirtschaftssubjekte, ihren Erwartungsnutzen zu maximieren, modelliert wird (*Lucas* 1989, S. 14):

$$E \{\Sigma \, \beta^t R_i(a_t, s_t, z_t)\}.[88]$$

Der Inhalt des Operators $E \{.\}$ besteht in der über die Zeit aufsummierten „Auszahlung" ($R_i(a, s, z)$) für das Wirtschaftssubjekt i, wobei die erwartete Summe mit dem Diskontierungsfaktor β diskontiert und maximiert wird. Annahmegemäß wählt das Wirtschaftssubjekt i zum Zeitpunkt t die Aktion a_i aus der Menge der möglichen Aktionen Ω_i (a_{-i}, s, z), die durch den Systemzustand s, die Aktion z der „Natur" (etwas unglücklich wählt *Lucas* diesen Begriff für die im wesentlichen damit angesprochene staatliche Wirtschaftspolitik) sowie die von allen anderen Wirtschaftssubjekten gewählten Aktionen a_{-i} determiniert ist (vgl. *Lucas* 1989, S. 13).[89] Die Erwartungsfunktion stellt demnach eine Hypothese darüber dar, welche Variablen die Erwartungen der Wirtschaftssubjekte beeinflussen.

Lucas unterstellt im folgenden objektiv rationale Erwartungen, d.h.

---

[87] der Folgezeit nicht nur keynesianischer) Modelle möglich wird, während langfristige Erwartungen aufgrund des Phänomens der Unsicherheit weitestgehend indeterminiert - in der Terminologie *Lachmanns* „subjektiv" - sind (vgl. *Hodgson* 1988, S. 218-230; *O'Driscoll* und *Rizzo* 1985, S. 216 f.).

„*Lucas* collapses the entire future into the present by claiming that expectations of market participants are 'rational'" (*Garrison* 1986b, S. 93). Interessanterweise diskutiert *Hayek* schon 1936/37 die Implikationen der Annahme „richtiger" Voraussicht für die Erklärung des Vorgangs, wie es zum Gleichgewicht kommt (vgl. *Hayek* 1952b, S. 64-67).

[88] *Lucas'* Ziel ist es, ein Konjunkturmodell zu entwickeln, aus dem Aussagen über die Auswirkungen von Änderungen in der Wirtschaftspolitik gewonnen werden können. Insbesondere sollen die Komponenten des Verhaltens, die gegenüber den entsprechenden Veränderungen invariant sind, von denjenigen isoliert werden, die reagieren.

[89] Der Vektor s_t beinhaltet eine Reihe von Komponenten, von denen *Lucas* nur einige exemplarisch nennt, wie z.B. den Konsum, den Kapitalstock und die Lagerbestände sowie (unspezifiziert) politische Variablen (vgl. *Lucas* 1989, S. 8).

„... daß die Wirtschaftssubjekte sowohl die Funktionen a(.), z(.) und die Verteilung der Zustände s_t, die durch Verteilungsfunktionen F und G definiert ist, *kennen*
als auch die Erwartung E{.} richtig bilden" (*Lucas* 1989, S. 14 (Hervorhebung im
Original)).[90]

Damit wird jedoch das eigentliche Wissensproblem, das sich in evolutionären Wirt-
schaftsprozessen für subjektiv rational handelnde Wirtschaftsakteure ergibt, mittels
Annahme aus der (Gleichgewichts-)Theorie verbannt. Die Frage, wie ein aus dem
Gleichgewicht geratenes System wieder in ein Gleichgewicht findet, wird durch die
Annahme, daß die Wirtschaftssubjekte über die richtigen Modelle verfügen und dement-
sprechende Erwartungen bilden sowie danach handeln, beantwortet.[91]

Auch die „schwache" Version der Theorie der rationalen Erwartungen ändert an dieser unbefriedigenden Vorgehensweise nichts. Es wird zwar in diesem Falle nicht mehr
angenommen, daß die Wirtschaftssubjekte über die richtigen Theorien und alle relevanten
Informationen verfügen. Die Annahme lautet nun lediglich, daß sie als rational handelnde
Akteure Informationen und Wissen so lange sammeln werden, bis der Grenznutzen der
letzten aufgenommenen Information bzw. der letzen Einheit Wissen, die erlernt wurde,
den Grenzkosten entspricht. Dadurch ist das Erreichen des Gleichgewichts wieder
gewährleistet (vgl. *Ebeling* 1986, S. 41 f.; *O'Driscoll* 1979, S. 157).[92]

Auch die „schwache" Version umgeht das eigentliche Problem ökonomischen Handelns. Informationen bzw. Wissen sind nicht homogen, sondern heterogen. Die Heterogenität und Unvollkommenheit des Wissensstandes führt dazu, daß komplementäres
Wissen gesucht werden muß. Altes, „problematisches" Wissen muß revidiert werden.
Dies bedeutet, daß sich die Lernanstrengungen der Wirtschaftssubjekte in der gleichen
ökonomischen Situation je nach ursprünglichem Wissensstand u.U. erheblich unterscheiden. Über eine ausgearbeitete Theorie des Lernens verfügen die Modelle der Theorie der
(objektiv) rationalen Erwartungen nicht. Durch die gesetzten Annahmen erübrigt sich
eine solche ja auch. Sowohl die Vertreter der Theorie der rationalen Erwartungen als
auch *Keynes* erklären den Erwerb von Wissen und die Erwartungsbildung mittels der
Logik induktiver (Wahrscheinlichkeits-)Modelle (vgl. *Hodgson* 1988, S. 234). Wie im
Kapitel über die Theorie des Lernens noch gezeigt wird, ist diese Verhaltensannahme

---

[90] Auf dieser Hypothese baut *Lucas* im weiteren sein Konjunkturmodell auf und kommt nach
der Diskussion des Informationsproblems für die Wirtschaftssubjekte (S. 103-111) zu der
Schlußfolgerung, „... daß die privaten Wirtschaftssubjekte kontingente Pläne für die
gegenwärtigen und künftigen Variablen wählen, die unter ihrer Kontrolle sind, und dabei
ihre *Erwartungen* über das Verhalten der anderen Wirtschaftssubjekte als gegeben annehmen" (*Lucas* 1989 S. 112 (Hervorhebung im Original)). Damit ist das Koordinationsproblem privater Pläne „gelöst" und die Problematik von Konjunkturschwankungen wird
auf die Beziehungen zwischen dem privaten und dem staatlichen Sektor beschränkt.

[91] „... dann folgt daraus unmittelbar, daß durch die Annahme rationaler Erwartungen bereits
ein Gleichgewicht angenommen, nicht aber begründet ist" (*Utzig* 1987, S. 250). Siehe auch
S. 255: „Die Hypothese rationaler Erwartungen eliminiert durch ihr alleiniges Interesse am
Gleichgewichtszustand also gerade das Problem, das *Hayek* für das wichtigste ökonomische Problem hält [das Koordinationsproblem]."

[92] Immer wieder ist in der Literatur die Formulierung zu finden, daß die Wirtschaftssubjekte
die Informationen so gut wie möglich nutzen würden. *Hodgson* weist jedoch zu Recht auf
die Beliebigkeit dieser Aussage hin (vgl. *Hodgson* 1988, S. 231).

allenfalls für das Gleichgewicht sinnvoll, wo erfolgreiches Handeln mittels Induktion in die Zukunft transformiert werden kann - nur Neues kann auf diese Weise nicht erlernt werden. Das Ungleichgewicht ist dagegen durch die Suche nach überlegenen Alternativen der Bedürfnisbefriedigung bzw. der Gewinnerzielung gekennzeichnet. Allein die deduktive Vorgehensweise des Testens von Hypothesen, d.h. des Lernens aus Fehlern in einem trial-and-error-Prozeß, ist hier letztlich adäquat. Nur so ist gewährleistet, daß überlegene Alternativen erkannt werden und im Prozeß Wissen diffundiert (vgl. *Harper* 1994, S. 58 f.).[93]

Des weiteren mögen in ungleichgewichtigen Marktprozessen zwar die Grenzkosten der Informationsbeschaffung hinlänglich bekannt sein,[94] der Grenznutzen jedoch auf keinen Fall. Welchen Nutzen beinhalten beispielsweise Informationen, die in Ungleichgewichtspreisen enthalten sind? Gleichgewichtspreise informieren korrekt über die relativen Knappheiten. Preise im Ungleichgewicht können dies jedoch nicht leisten. Ungleichgewichtspreise weisen darauf hin, daß die gebildeten Hypothesen der Wirtschaftssubjekte über die relativen Knappheiten i.d.R. falsch und daß die Pläne und Erwartungen der Akteure am Markt noch nicht konsistent sind. Wo der Fehler jedoch liegt, erschließt sich für das lernende Individuum nicht ohne Interpretation der erhaltenen Informationen.[95] Der subjektive Charakter dieses Interpretationsprozesses wird von *Lachmann* ausführlich untersucht. Die Interpretationsbedürftigkeit der Informationen bzw. des Wissens führt dazu, daß der Grenznutzen der Informationsbeschaffung sowie des Lernens im Ungleichgewicht nicht bestimmbar ist. Die Formulierung eines Suchmodells mit dem Ziel, ein Optimum abzuleiten, negiert damit die Problematik der sich aus Unsicherheit, begrenztem Wissen und dem Zeitbedarf des Handelns ergebenden Entscheidungssituation des Individuums. Die Koordinationsproblematik wird per Annahme aus der Analyse verbannt.[96]

---

[93]   Unter Hypothese wird in Anlehnung an *Popper* die „... Vermutung darüber verstanden, daß ein Problem in der angenommenen Weise gelöst werden kann, wobei unter einem Problem ein unbefriedigender Zustand verstanden wird" (*Ritter* 1995, S. 227).

[94]   Selbst diese Aussage ist nicht unproblematisch, da - worauf z.B. *Kirzner* hinweist - alle Kosten außerhalb des Gleichgewichts subjektiv, d.h. Opportunitätskosten - und zwar wie *Kirzner* betont, subjektive Opportunitätskosten - sind (vgl. *Kirzner* 1986b, S. 140 ff.). *Ebeling* ist der Meinung, daß gerade in der Auswahl der richtigen Informationen und ihrer korrekten Interpretation, d.h. in der Güte der subjektiven Erwartungsbildung, das eigentliche unternehmerische Element verborgen ist (vgl. *Ebeling* 1986, S. 51 f.).

[95]   Vgl. *Ebeling* (1986, S. 45) und *Kirzner* (1992a, S. 160), der die Bedeutung der Entdeckungsfunktion findigen Handelns gerade bezüglich der Existenz von Ungleichgewichtspreisen betont. *Felderer* und *Homburg* analysieren die Wissensproblematik zwar nicht so konsequent wie im vorliegenden Text, weisen jedoch auch auf die Problematik des Irrtums hin: „Bei der Abwägung der Kosten und Nutzen mag es deshalb gut sein, daß ein rationales Wirtschaftssubjekt meint: eine rationale Erwartungsbildung sei der Mühe nicht wert, weil die Grenzkosten der Informationsbeschaffung den daraus erzielbaren Grenznutzen frühzeitig übersteigen. Kurzum, rational mag es gerade sein, auf eine rationale Erwartungsbildung zu verzichten" (*Felderer* und *Homburg* 1989, S. 283).

[96]   Vgl. *Littlechild* (1986, S. 30 f.), *O'Driscoll* (1979, 158-160), *Hodgson* (1988, S. 233 f.), *Kirzner* (1992a, S. 155-157), *Streit* und *Wegner* (1989, S. 185). Erstaunlich ist, wie klar *Morgenstern* diesen Sachverhalt im Rahmen seiner Untersuchung der Vorgehensweise der allgemeinen Gleichgewichtstheorie schon 1935 geschildert hat: „Die Voraussetzungen

Die Subjektivität der Erwartungen führt dazu, daß ökonomische Modelle immer einen nicht-deterministischen Charakter haben müssen.[97] Problemlösendes Vermutungswissen ändert sich prozeßendogen und ist weder als Datum noch als exogene Variable in die Theorie nachträglich integrierbar.[98] Die Katallaxie als Forschungsprogramm versucht deshalb, der Forderung nach Berücksichtigung endogener Wissens- und Erwartungs-änderungen gerecht zu werden.[99]

3.2.1.4. Die Entwicklung einer Theorie subjektiv rationaler Erwartungen

Unter Berücksichtigung der Implikationen der Unsicherheit sowie des begrenzten Wissens, dessen Problematik sich für die Erwartungsbildung vor allem in der Interpreta-tionsbedürftigkeit von gegenwärtigen Ungleichgewichtspreisen zeigt, wird im folgenden eine Theorie subjektiv rationaler Erwartungen entwickelt, die auf *Lachmanns* Theorie der subjektiven Erwartungen basiert und die Wirkung des institutionellen Rahmens auf die Erwartungsbildung explizit berücksichtigt.

3.2.1.4.1. Zur subjektiven Rationalität der Erwartungsbildung

Zunächst muß berücksichtigt werden, daß sich Wirtschaftssubjekte in evolutionären Prozessen an Ungleichgewichtspreisen orientieren. Wenn heutige und zukünftige Preise über die Kategorie der Erwartungen in Beziehung gesetzt werden, muß Klarheit über den

---

dieser Art, die die Gleichgewichtsanalyse machen muß, sind im wesentlichen, daß alle beteiligten Personen die relevanten Vorgänge in der Zukunft richtig voraussehen und daß diese Voraussicht nicht nur die Veränderung in den objektiven Daten, sondern auch das Verhalten aller anderen Personen einschließen muß" (*Morgenstern* 1935, S. 339). Kritisch diskutiert er im folgenden diese Annahmen vor allem unter dem Zeit- und Wissensaspekt, mit dem Ergebnis auf S. 357: „Zeit und Erwartung sind ja untereinander, wie sich ergeben hat, in inniger Weise verknüpft."

[97] Auch *Fehl* wendet sich gegen die Art der Berücksichtigung der Erwartungen in den Theo-rien der statischen, autoregressiven oder der rationalen Erwartungen. Die in diesen Theo-rien beinhaltete Annahme der Uniformität der Erwartungen verträgt sich nicht mit der Möglichkeit kreativen Handelns der Wirtschaftssubjekte und der sich daraus ergebenden Heterogenität und Subjektivität der Erwartungen (vgl. *Fehl* 1992, S. 108).

[98] Aus diesem Grund sind selbst stochastische Modelle problematisch.

[99] Vgl. *Garrison* (1986b, S. 91), *Lachmann* (1986, S. 113-115), *Loy* (1985, S. 236), *Hodgson* (1988, S. 236-238), wo er darauf hinweist, daß sich die Erwartungs-Modelle der Keynesianer, der Vertreter der Theorie der rationalen Erwartungen sowie der Österreicher bezüglich ihres Determinismus-Grades unterscheiden. Der Ansatz von *Keynes* sei nur bezüglich der langfristigen Erwartungen indeterminiert, ansonsten deterministisch; der Ansatz von *Lucas* und anderen sei deterministisch und der Ansatz der Österreicher in-deterministisch. Auch wenn diese Kategorisierung bezüglich des Ansatzes von *Lucas* nicht ganz zutreffend ist - *Lucas* verwendet u.a. stochastische Modelle (vgl. *Lucas* 1989, passim, insbesondere S. 2, 35 ff.) - so trifft die Analyse bezüglich der Berücksichtigung der Impli-kationen der Unsicherheit für ökonomisches Verhalten in der Theorie weitestgehend zu. *Utzig* wählt ein etwas anderes Unterscheidungskriterium. Seiner Meinung nach zeichnen sich neoklassische Erwartungskonzepte dadurch aus, daß „... die Gewichtung von bekann-ter Vergangenheit und unbekannter Zukunft eindeutig so vorgenommen [wird], daß das, was Vergangenheit und Zukunft gemeinsam haben, dominiert," während die Theorie der subjektiven Erwartungen darauf basiert, daß „... die Gewichtung von Vergangenheit und Zukunft so vorgenommen [wird], daß das, was Vergangenheit und Zukunft trennt, domi-niert" (*Utzig* 1987, S. 259 f.).

Charakter von Gegenwartspreisen bestehen. Gegenwartspreise sind nicht lediglich durch vergangene Marktentwicklungen und gegenwärtige Knappheiten bestimmt, sondern sind nicht zuletzt Gegenwartssymbole der in die Zukunft gerichteten Erwartungen (vgl. *Utzig* 1987, S. 268). Im Gleichgewicht ergibt sich aus der Zukunftsberücksichtigung kein Problem. Preise drücken dort die objektiven relativen Knappheiten aus. Im Ungleichgewicht ist der Gedanke, daß in den Gegenwartspreisen Zukunftsinformationen enthalten sind, ungleich wichtiger, da folgenreicher. Gegenwartspreise enthalten Informationen darüber, welche Knappheiten die Wirtschaftssubjekte bezogen auf ihre zukünftigen Bedürfnisse erwarten. Da sich das System annahmegemäß (noch) nicht im Gleichgewicht befindet, werden Erwartungen dadurch enttäuscht, daß die Wirtschaftssubjekte hinzulernen und sich die Bedürfnisstrukturen ändern. Ungleichgewichtspreise enthalten damit problematische Hypothesen der Wirtschaftssubjekte über zukünftige ökonomische Tatbestände. In diesem Sinne müssen Ungleichgewichtspreise interpretiert werden. Das individuelle Ergebnis dieser Interpretation bildet zusammen mit den subjektiven Erwartungen die Basis für die in die Zukunft gerichteten ökonomischen Pläne und Entscheidungen.

Die *Basishypothese* der Theorie subjektiv rationaler Erwartungen lautet deshalb, daß Wirtschaftssubjekte mit in die Zukunft gerichteten Modellen arbeiten, die nicht objektiv rational sind, sondern lediglich subjektiv rational im Sinne einer *ex ante*-Rationalität unter Ungewißheit.[100]

Die Bedeutung dieser Hypothese kann am besten in Auseinandersetzung mit der Theorie objektiv rationaler Erwartungen verdeutlicht werden. Dazu sei das bereits vorgestellte Erwartungsbildungsmodell von *Lucas* herangezogen. *Lucas* ist der Meinung, daß das „System" s_t, d.h. die zurückliegenden Pläne und Erwartungen, die in den heutigen Kapitalstock eingegangen sind, die Hypothesen über die Verhaltensweisen der übrigen Wirtschaftssubjekte a_t und die Veränderungen der „Natur" z_t - d.h. insbesondere der staatlichen Wirtschaftspolitik - die Erwartungen beeinflussen.[101] Zur Erinnerung sei noch einmal die entsprechende Funktion genannt:

$$E \{\Sigma \beta^t R_i(a_t, s_t, z_t)\} \text{ (\textit{Lucas} 1989, S. 14).}^{102}$$

Zunächst ist darauf hinzuweisen, daß in der evolutionären Theorie keine Erwartungsfunktion formuliert werden kann. Wie bereits im Kapitel über die wissenschaftstheoretischen Grundlagen der evolutionären Prozeßtheorie analysiert, basieren die wirtschaftstheoretischen Untersuchungen der vorliegenden Arbeit auf der kausal-genetischen Erklä-

---

[100]   *Suchanek* verdeutlicht, wie subjektive Rationalität und Erwartungsbildung theoretisch zusammenhängen: „Die methodische Reaktion auf die Intentionalität menschlichen Handelns ist, daß (Zweck-)Rationalität zum grundlegenden *Erklärungsprinzip* wird. (Zweck-)Rationalität beruht auf kausalen Zusammenhängen, trägt jedoch den oben genannten Merkmalen des Wollenkönnens und der Erkenntnisfähigkeit Rechnung, indem es systematisch auf die *erwarteten Folgen* des Handelns abstellt bei der Erklärung der betreffenden Handlungen" (*Suchanek* 1994, S. 86 (Hervorhebungen im Original)).

[101]   Mit der Hypothese, daß der heutige Kapitalstock vergangene Erwartungen verkörpert, arbeitet bereits *Keynes*: „Vergangene Erwartungen, die sich noch nicht ausgewirkt haben, sind aber in der heutigen Kapitalausrüstung verkörpert" (*Keynes* 1936/1994, S. 44). Siehe auch *Horwitz* (1994b, S. 286): „Capital is both subjective and historical."

[102]   Legende: Aktionen a_i; Systemzustand s; Aktion z der „Natur".

rungsmethode. Die kausal-genetische Methode hat zum Ziel, mittels Erklärung des Vorgangs der Bildung von Erwartungen ein *Verstehen* des Erwartungsmoments zu erreichen. Nur so kann die - von *Lucas* nicht berücksichtigte - Interdependenz der Variablen in der *Lucas*schen Erwartungsfunktion und die Endogenität ihrer Entwicklung berücksichtigt werden.

Objektiv rationale Erwartungen bedeuten - wie bereits ausgeführt -, daß die Wirtschaftssubjekte vollständiges Wissen über die Funktionen a(.), z(.) und die Verteilung der Zustände s_t besitzen sowie die Erwartung E{.} *ex ante* richtig bilden. Im Gegensatz dazu muß eine Theorie subjektiv rationaler Erwartungen von der Annahme ausgehen, daß die Wirtschaftssubjekte zum Zeitpunkt t lediglich mit subjektiven Modellen über a, z und s arbeiten. Das *ex ante*-Wissen, das diesen Modellen zugrundeliegt, ist wegen der endogenen „Produktion" von Ungewißheit in evolutionären Prozessen unvollständig und unsicher. Aufgrund der Heterogenität des Humanvermögens werden sich darüber hinaus selbst im Falle identischer Informationen die individuellen Informationsverarbeitungsergebnisse der Wirtschaftssubjekte unterscheiden. Die individuellen Maße der potentiellen Überraschung bzw. der subjektiven Preiserwartungsspielraums differieren sowohl im interpersonellen wie auch im intertemporalen Vergleich. Die Erwartungen der Wirtschaftssubjekte sind im Prozeß weder stabil noch homogen, sondern ändern sich endogen, da sie wissensabhängig sind und sich das Wissen im Zuge des Wirtschaftsprozesses verändert. Die noch näher zu untersuchende Diffusion von Wissen als - volkswirtschaftlich willkommenes, jedoch einzelwirtschaftlich nicht unbedingt erwünschtes - unintendiertes Ergebnis intentionalen Handelns führt zu einer endogenen Änderung der Erwartungen.

Im Gegensatz zur Theorie objektiv rationaler Erwartungen sind im Rahmen einer Theorie subjektiv rationaler Erwartungen die endogenen Veränderungen von a (d.h. der individuellen Einschätzungen über die Verhaltensweisen der übrigen Wirtschaftssubjekte) und des „Systems" s in der Analyse zu berücksichtigen. Die Hypothese, mit der im folgenden gearbeitet werden soll, lautet im Gegensatz zu *Lucas*, daß Wirtschaftssubjekte auch im Ungleichgewicht relativ gute Modelle über die Wirkung von Institutionen sowie der Wirtschaftspolitik bilden können, *soweit* der Staat das konstituierende Prinzip der Konstanz der Wirtschaftspolitik einhält und revolutionäre Phasen der gesellschaftlichen Entwicklung aus der Analyse ausgeblendet werden.[103] Das Maß der potentiellen Überraschung wird bei rechtzeitigen Ankündigungen einer in sich konsistenten Wirtschaftspolitik i.d.R. Null betragen.[104] Der „inner range" der Erwartungsbildung über die Aktionen des Staates wird nicht verlassen. Aus der Perspektive der Stabilität der Erwartungen

---

[103] Hier dürfte der Hinweis genügen, daß Wirtschaftssubjekte in revolutionären Zeiten nicht in der Lage sind, relativ stabile subjektiv rationale Erwartungen zu bilden, da die nicht-antizipierbare Änderung grundlegender gesellschaftlicher Regeln destabilisiernd auf die Erwartungsfunktion wirkt.

[104] Aufgrund der Annahme der subjektiven Interpretation objektiver Daten seitens der Wirtschaftssubjekte kann hier einschränkend nur vom Regelfall gesprochen werden. Einzelne Individuen mögen auch im Falle einer konstanten und konsistenten Wirtschaftspolitik andere Schlüsse aus den Daten ziehen und dementsprechend abweichende Erwartungen hegen, deren Enttäuschung dann mit einer potentiellen Überraschung von größer als Null verbunden ist.

wird die überragende Bedeutung einer regelorientierten Politik deutlich. Ad hoc-Änderungen einer diskretionären, vermeintlich „systemstabilisierenden" Wirtschaftspolitik bewirken nach dieser Hypothese exakt das Gegenteil der intendierten Wirkungen (vgl. auch *Garrison* 1986b, S. 98 f.).[105]

Die Fragen, die es im folgenden zu beantworten gilt, lauten zum einen, wie Wirtschaftssubjekte mit begrenztem Wissen und unter Berücksichtigung des Problems der Ungewißheit die subjektiven Modelle bilden, die in die Erwartungsbildung eingehen. Dabei muß analysiert werden, wie sie im Wirtschaftsprozeß aus der Enttäuschung ihrer Erwartungen lernen. Zum anderen muß aber auch die Frage beantwortet werden, ob *Lucas* alle relevanten Faktoren in seiner Erwartungsfunktion berücksichtigt hat oder ob die Theorie subjektiv rationaler Erwartungen von einem komplexeren Erwartungsbildungsprozeß ausgehen muß.

Aus analytischen Zwecken sei das individuelle Gleichgewicht des Handelnden zum Ausgangspunkt der Argumentation gewählt. Dies ist nach *Lachmann* legitim, der wiederholt darauf hinweist, daß die Idee des Gleichgewichts auf der individuellen Ebene verwendet werden kann. *Lachmann* wehrt sich lediglich gegen die Ausdehnung des Konzepts auf die Markt- und insbesondere die gesamtwirtschaftliche Ebene.

Befindet sich das Wirtschaftssubjekt im individuellen Gleichgewicht, wird es seine Pläne und die Erwartungen zunächst nicht ändern. Die subjektiven Modelle, die in die Erwartungsbildung eingegangen sind, haben sich zumindest so weit als leistungsfähig erwiesen, als das Individuum sein persönliches Gleichgewicht erreichen konnte.[106] Weder wird erwartet, daß durch die Umkombination der gegebenen Mittel die verfolgten Ziele besser erreicht werden können, noch existiert im Moment eine Idee, wie mittels kreativen Handelns neue, individuell superiore Ziel-Mittel-Kombinationen erreicht werden könnten. Die subjektiv rationalen Erwartungen lauten dementsprechend, daß durch keine Änderung der gegebenen Pläne der subjektive Nutzen erhöht werden kann.

Es gibt nun prinzipiell zwei Möglichkeiten, die dazu führen, daß sich die Gleichgewichtserwartungen ändern und das individuelle Gleichgewicht verlassen wird:

(1) Die passive Variante besteht darin, daß im evolutionären Wirtschaftsprozeß Erwartungen enttäuscht werden. Die in die Erwartungsbildung eingegangenen subjek-

---

[105]   Die Einschätzung der Wirkung von Wirtschaftspolitik stellt einen der wichtigsten Unterschiede zu den Vorstellungen postkeynesianischer Autoren dar, die ansonsten erstaunlich große Übereinstimmung mit wichtigen neoösterreichischen Thesen aufweisen. Postkeynesianer leiten aus der Existenz von Unsicherheit, fehlender Markttransparenz, unvollständiger Informationen im Ungleichgewicht sowie der Berücksichtigung des Zeitproblems die Notwendigkeit interventionistischer Eingriffe des Staates in den Marktprozeß ab. Im Gegensatz zu den Neoösterreichern, die das Ungleichgewicht mit der Stabilität von Ordnungen als vereinbar ansehen - wie dies beispielsweise *Fehl* in der Theorie der dissipativen Strukturen exemplarisch herausgearbeitet hat - zeichnet sich der postkeynesianische Ansatz durch den Glauben an die Instabilität des marktlichen Sektors und die wohltuenden Wirkungen von Staatsinterventionen aus (vgl. z.B. *Hewel* und *Neubäumer* 1991, S. 499).

[106]   Individuelles Gleichgewicht muß nicht als gleichbedeutend mit der vollkommenen Kenntnis der objektiven Tatsachen definiert werden. Die Existenz des individuellen Gleichgewichts bedeutet zunächst nur, daß auf der Basis des gegenwärtigen, unvollkommenen Wissensstandes keine Anreize gegeben sind, die Situation zu verbessern.

tiven Modelle haben sich als unvollständig erwiesen. Für das Wirtschaftssubjekt ergibt sich das Problem, wie es auf die Erwartungsenttäuschung reagieren soll, damit es das individuelle Gleichgewicht wieder erreicht. Für die Art und Weise der Reaktion spielt dabei das Maß der potentiellen Überraschung eine wichtige Rolle. Dem Individuum stellt sich die Frage, wie leistungsfähige Modelle gebildet werden können, welche die sich wandelnde Realität zutreffender beschreiben können als die bisher verwendeten. Demnach begründet die Erwartungsenttäuschung die Motivation zu lernen.

(2) Die aktive Variante ergibt sich aus der Möglichkeit, daß Wirtschaftssubjekte aufgrund von Lernprozessen neue, kreative Ideen zur Verbesserung ihrer Ziel-Mittel-Kombinationen entwickeln. Mittels kognitiver Kreation erfolgt die Ausarbeitung neuer subjektiver Handlungs- und Erwartungsmodelle. Nicht wegen der Veränderung äußerer Umstände wird gehandelt, sondern aufgrund der Erwartung, die ökonomische Situation durch innovatives Verhalten zu verbessern. Dadurch ergibt sich letztendlich auch die Dynamik evolutionärer Prozesse.[107]

Individuelle Gleichgewichte werden demnach nicht nur als Reaktion auf äußeren Druck verlassen, sondern auch aus eigenem Antrieb. Lernprozesse führen dazu, daß neue Hypothesen über die Zukunft gebildet werden. Innovatives Handeln, das den initiativen Teil evolutionärer Prozesse bildet, wird möglich. Als Folge aktiver Lernprozesse - deren Charakter im nächsten Kapitel analysiert wird - erreichen Wirtschaftssubjekte zum einen ihr individuelles Gleichgewicht *und* sind zum anderen in der Lage, kraft ihres kreativen Geistes dieses zugunsten vermuteter überlegener individueller Gleichgewichte wieder zu verlassen. Sowohl das Wissen über die Mittel, die eingesetzt werden können, um bereits festgelegte Ziele zu erreichen, als auch die Ziele selbst ändern sich dabei im Lernprozeß.

Bevor entsprechende Prozesse analysiert werden, muß jedoch noch die zweite Frage nach der Vollständigkeit der bisher berücksichtigten Elemente des Erwartungsbildungsprozesses beantwortet werden. Die Theorie subjektiv rationaler Erwartungen, welche die Begrenztheit des den Erwartungen zugrundeliegenden Wissens thematisiert, muß die Wirkung von Institutionen auf die Handlungs- und Erwartungsbildungsmöglichkeiten von Individuen berücksichtigen. Unter Berücksichtigung des Instruments der potentiellen Überraschung ist die Verknüpfung der Subjektivität der Erwartungen mit der Wirkung von Institutionen zu leisten, die in der Lage sind, subjektives Handeln zu „objektivieren".

3.2.1.4.2.   Zur Wirkung von Institutionen auf die Erwartungsbildung

Die Subjektivität individueller Erwartungen ist ein Ausdruck der Komplexität der Entscheidungssituation von Wirtschaftssubjekten in entwickelten Gesellschaften. In kleinen, überschaubaren Stammesgesellschaften, die in ihrem organisatorischen Aufbau an die Institution des Hauses im europäischen Mittelalter erinnern mögen, sieht sich der Handelnde mit relativ einfach strukturierten Entscheidungssituationen konfrontiert. Die sozialen Beziehungen sind aufgrund der Überschaubarkeit der Gesellschaftsmitglieder

---

[107]   Meines Erachtens hat *Rizzo* exakt diese Art des Lernens im Sinn, wenn er von „learning by learning" spricht: „This knowledge is enhanced by our own unique perspective, past knowledge, and current particular circumstances" (*Rizzo* 1990, S. 27).

stabil. Der soziale Druck in Richtung Konformität des Handelns ist vergleichsweise groß. Persönliche Bindungen, seien sie familiärer oder auch nachbarschaftlicher Art, halten die Gesellschaft zusammen. Normen, religiöse Überzeugungen und überlieferte Verhaltensweisen sind weitestgehend ausreichend, um das Eigeninteresse menschlichen Handelns zu kontrollieren. Erst in entwickelten Gesellschaften, die durch die Anonymität der sozialen Beziehungen gekennzeichnet sind, gewinnen die weiteren Kontrollen menschlichen Handelns wie kodifizierte Regeln in Gesetzes- und Verfassungsform sowie der Wettbewerb als Kontrollverfahren (nicht nur) hinsichtlich der Stabilisierung von Erwartungen an Bedeutung.[108]

Im folgenden wird deshalb sowohl der Einfluß von Institutionen als auch die Wirkung des Wettbewerbs auf die Erwartungsbildung untersucht. Insbesondere ist zu klären, ob der Wettbewerb neben den Aufgaben der Kontrolle individuellen Verhaltens und der Diffusion von Wissen auch die Aufgabe der Stabilisierung von Erwartungen übernimmt. Für letzteres spricht die These, daß die Gewinnmotivation unternehmerischen Handelns im wettbewerblichen Marktprozeß als angleichende Kraft auf die Erwartungsbildung der Wirtschaftssubjekte wirkt. Hohe Pioniergewinne des Produktinnovators wecken beispielsweise bei den nachstoßenden Imitatoren die Erwartung, ebenfalls Gewinne realisieren zu können. In den frühen Marktphasen des Marktprozesses werden die Gewinnerwartungen der Konkurrenten dabei i.d.R. noch recht unterschiedlich sein. Die Mustervoraussage der Marktprozeßtheorie lautet nun, daß der Wettbewerb dazu führen wird, daß sich die Gewinnerwartungen der Wettbewerber im Laufe des Marktprozesses verringern und damit annähern. In diesem Sinne wirkt der Wettbewerb als Kontrollverfahren in Richtung einer Angleichung subjektiver (Gewinn-)Erwartungen. Der Marktprozeß bewegt sich in Richtung Gleichgewicht (vgl. *Rizzo* 1990, S. 25 f.). Dem eben beschriebenen Prozeß steht nun aber der Charakter des Wettbewerbs als wissenschaffender und wissenverwertender Prozeß gegenüber. So verstandener Wettbewerb zwingt die Wirtschaftssubjekte zur Suche überlegener Ziel-Mittel-Kombinationen. Die gleichgewichtszerstörende Energie innovativen Verhaltens führt zur Enttäuschung bisheriger Erwartungen. Der Wettbewerb beinhaltet demnach gleichgewichtsgerichtete und damit erwartungsstabilisierende Kräfte ebenso wie ungleichgewichtsgerichtete Kräfte. Es ist somit *ex ante* keineswegs eindeutig, welche Wirkung der Wettbewerb auf die Erwartungsbildung der Wirtschaftssubjekte ausübt. Trotzdem ist auch unter Berücksichtigung der prozeßendogenen Veränderung ökonomischer Pläne die Bildung subjektiv rationaler Erwartungen nicht autonom. Auch im Ungleichgewicht herrscht Ordnung, die auf die subjektiven Erwartungen einwirkt. Der Dreiklang der Marktprozeßkräfte - zu nennen sind Arbitrage, Akkumulation und Innovation - führt dazu, daß eine „Selektionsordnung" für die Erwartungsbildung entsteht. Nach *Fehl* wirkt diese im Ergebnis als „... a coordination process *ex ante*" (*Fehl* 1986, S. 81).[109] Die Marktprozeßkräfte garantieren damit nicht die Rich-

---

[108]   Dieser Gedankengang geht auf die im 2. Kapitel vorgestellte Sozial- und Institutionentheorie *Adam Smiths* zurück.

[109]   *Schreiter* spricht in diesem Zusammenhang unter Rückgriff auf *Hayek* von der Produktion des „Überlappungswissens", das sich ergibt, wenn sich die Erwartungen der Wirtschaftssubjekte auf dieselben äußeren Umstände beziehen und das dazu führt, daß die subjektiven Daten objektiviert werden (vgl. *Schreiter* 1993, S. 83).

tung des Marktprozesses hin zum Gleichgewicht und damit die immer größere Übereinstimmung individueller Erwartungen, sondern wirken im Ungleichgewicht ordnungsbegründend.[110] Sie verhindern damit auch, daß sich subjektiv rationale Erwartungen im Marktprozeß willkürlich ändern.[111]

Eindeutig ist dagegen der Einfluß der Institutionen auf die Erwartungsbildung. Soweit Regeln Verhalten kontrollieren, stabilisieren sie auch die subjektiven Erwartungen der Gesellschaftsmitglieder.[112] Der Grund liegt darin, daß Institutionen die Art und Weise der Problemlösungsaktivitäten der Wirtschaftssubjekte in einer Gesellschaft beeinflussen. Nach *Rizzo* wird die Subjektivität individueller Erwartungen durch die Wirkung von Ressourcenbegrenzungen und den Einfluß vergangener Entscheidungen auf heutige, individuelle Wahlhandlungen beschränkt. Er geht von Pfadabhängigkeiten aus, die auch auf die Erwartungsbildung wirken. Diese resultieren aus dem gemeinsamen Bestand des Wissens sowie aus den in Gesellschaften angeglichenen Überzeugungen, Interpretationsmethoden und Werten der Gesellschaftsmitglieder (vgl. *Rizzo* 1992, S. 128).[113] *North* würde hier von der Bedeutung der „Ideologie" sprechen.[114] *Lachmann* sieht in den Institutionen überindividuelle Denkschemata, die auf die Denkschemata ersten Grades, die Pläne, einwirken.[115] Dadurch stellen Institutionen als Orientierungsmaßstab Mittel für intentionales menschliches Handeln dar. Durch die Reduktion der Volatilität der Pläne der übrigen Wirtschaftssubjekte wird die Planaufstellung des Individuums erleichtert[116] und die Subjektivität der Erwartungen vermindert.

Zur Erklärung des Erwartungsbildungsprozesses muß demnach gegenüber den Vor-

---

[110] Vgl. dazu auch das Kapitel 3.4.1.
[111] Insgesamt wird dieser hier nur angedeutete Gedankengang im Kapitel 3.3. zur Untersuchung der Tendenz von Marktprozessen wieder aufgegriffen und ausführlich diskutiert.
[112] Vgl. *Hodgson* (1988, S. 225 f.), *Windsperger* (1988, S. 69-71), *Witt* (1995, S. 17) sowie *Lowe* (1965, S. 84 f., 94 f.), der ebenda die Institutionen- und Technikabhängigkeit der Erwartungen diskutiert. Nur in diesem Sinne ist auch der bereits diskutierten These *Lowes* zu folgen, daß die Erwartungsbedeutung komplexitäts-, nämlich institutionen- und technikabhängig ist (vgl. *Lowe* 1965, S. 66 sowie das Kapitel 3.2.1.3.1.).
[113] Im nachstehenden Kapitel über die Theorie des Lernens wird mittels der Übertragung wissenschaftstheoretischer Erkenntnisse von *Lakatos* auf die Erklärung individueller Lernprozesse eine eigene Theorie präsentiert, die Pfadabhängigkeiten im Lernverhalten der Wirtschaftssubjekte begründet.
[114] Die Bedeutung der Pfadabhängigkeit für die Evolution von Institutionen wird im 4. Kapitel auch unter Rückgriff auf die Arbeiten *Norths* systematisch untersucht.
[115] „Nun gibt es auch überindividuelle Denkschemen, nämlich die Institutionen, an denen sich die Denkschemen ersten Grades, die Pläne, orientieren müssen und die deshalb zu einem gewissen Grade der Koordinierung individueller Pläne dienen. Sie stellen gewissermaßen 'zwischenmenschliche Orientierungstafeln', Denkschemen zweiten Grades, dar. Ihnen wird sich die Praxeologie, für die bisher der Plan und seine Struktur begreiflicherweise im Vordergrund des Interesses gestanden haben, künftig in zunehmendem Maße zuwenden müssen" (*Lachmann* 1966b, S. 167).
[116] Vgl. *Lachmann* (1963, S. 63, 66), *Langlois* (1986c, S. 173), *Vaughn* (1992, S. 266), *Lachmann* (1973, S. 45 f.). Siehe auch *Lachmann* (1973, S. 79): „Institutionen dienen zur Koordination von Plänen in Großgesellschaften." *Garrisons* Hypothese, daß *Lachmann* die Subjektivität der Erwartungen als bestimmendes Element für die Richtung von Marktprozessen nicht durch den institutionellen Rahmen beeinflußt sieht, ist hiermit wohl falsifiziert (vgl. *Garrison* 1986b, S. 97).

stellungen von *Lucas* die Wirkung gesellschaftlicher Regeln r_t berücksichtigt werden. Abstrakt formulierte Regeln verbieten in allgemeiner, nicht-diskriminierender Weise bestimmtes Verhalten. Soweit sich die Akteure an die Regeln halten, wirken die Institutionen komplexitätsreduzierend. In die subjektiven Modelle der Gesellschaftsmitglieder über das Verhalten der Wirtschaftssubjekte a_t und die Aktionen des Staates z_t geht die Hypothese ein, daß die verbotenen Aktionsparameter nicht genutzt werden, um ökonomische Vorteile zu realisieren. Das in den Regeln enthaltene gesellschaftliche Wissen geht gleichermaßen in die subjektiven Erwartungen der Gesellschaftsmitglieder ein. Auch wenn die Interpretation der Regelinhalte subjektiv ist, wird als Folge die subjektiv rationale Erwartungsbildung auch im Ungleichgewicht eine gewisse Übereinstimmung aufweisen. Neben der Subjektivität der Wahrnehmung der Regelwirkung verhindert die prinzipielle Möglichkeit zur kognitiven Kreation eine vollkommene Angleichung individueller Erwartungen. Die grundsätzliche Subjektivität der Erwartungen bleibt auch unter Berücksichtigung des Einflusses von Institutionen bestehen, sie wird jedoch dadurch gemildert.[117]

Es bleibt die Frage bestehen, ob dieses Ergebnis auch bei Berücksichtigung der Evolution von Institutionen gilt. Bisher wurde mit der Voraussetzung gearbeitet, daß die Regeln der Marktordnung stabil sind, damit subjektive Erwartungen durch die Verringerung der Ungewißheit der Zukunft stabilisiert und individuelle Pläne über den Markt koordiniert werden können (vgl. *Lachmann* 1973, S. 63; *Lavoie* 1994, S. 275 f.). Wenn sich nun aber Regeln im Evolutionsprozeß ändern, können sie Erwartungen in der beschriebenen Weise nicht stabilisieren und angleichen. Um dieses Problem zu lösen, ist es notwendig, die Hierarchie der Regeln zu berücksichtigen. Auf ihre Bedeutung weisen bereits *Lachmann*, aber auch die Vertreter der Ordnungstheorie sowie die der Constitutional Economics hin.[118] Es wird mit der Hypothese gearbeitet, daß sich die Institutionen, die in der Hierarchie der Regeln oben stehen, nicht so rasch wandeln,[119] wie sich das Verhalten der Gesellschaftsmitglieder und damit die Zustände des Systems ändern können. Institutionen wie z.B. allgemein anerkannte Vertragsformen, die als „Geschöpfe des Marktes" stärker dem Wandel unterliegen, stehen in der Rangordnung dagegen tiefer. Damit wird deutlich, daß auch unter Berücksichtigung der Evolution von Institutionen, aufgrund des unterschiedlichen Tempos des Wandels von Institutionen und der Veränderung von Märkten, Institutionen als Orientierungspunkte dienen und damit Wissen bereitstellen, das für die subjektiv rationale Bildung von Erwartungen verwendet werden kann.[120] Die begründete Annahme der Subjektivität der Erwartungen führt nicht dazu,

---

[117] „Plans are not made *in vacuo*, and the planner has therefore to draw a mental picture of the situation in which he will have to act, of the constellation of circumstances which he cannot, or at least thinks he cannot, change and which to him are 'data'" (*Lachmann* 1943, S. 20 (Hervorhebung im Original)).

[118] Vgl. die Analyse der *Lachmann*schen Unterteilung der Institutionen in äußere und innere im nächsten Hauptkapitel. Vgl. auch *Langlois* (1986c, S. 185 f.) sowie *Kerber* (1996, S. 305 f., 323-325).

[119] Ausgenommen ist der Fall gesellschaftlicher Revolutionen, wobei auch hier in der Geschichte bisher immer nur einige Institutionen, nicht jedoch das gesamte Institutionengefüge „revolutioniert" wurde.

[120] *Windsperger* analysiert den Zusammenhang zwischen dem Ausmaß ökonomischer Veränderungen und den kognitiven Fähigkeiten zur Erwartungsbildung folgendermaßen: „Je

daß eine positive, mittels Mustervoraussagen prognosefähige, ökonomische Theorie nicht möglich ist.

Zusammenfassend betrachtet geht die Theorie subjektiv rationaler Erwartungen davon aus, daß Wirtschaftssubjekte *ex ante* lediglich in der Lage sind, ökonomisch relevante Sachverhalte subjektiv zu interpretieren. Die von *Lachmann* und *Krüsselberg* begründete These von der Heterogenität des Humanvermögens führt dazu, daß Erwartungen subjektiv sind. Eine *ex ante*-Rationalität der Erwartungen ist dabei institutionenabhängig. Institutionen sowie regelorientierte Wirtschaftspolitik stabilisieren subjektive Erwartungen und ermöglichen dadurch die Planaufstellung und -durchführung der Wirtschaftssubjekte. Durch die Bereitstellung von (vergangenheitsbezogenem) Wissen erhöhen Institutionen die der individuellen Erwartungsbildung zugrundeliegende *ex ante*-Rationalität der Wirtschaftssubjekte.

Festgehalten sei auch, daß unter der Voraussetzung einer entsprechend ausgestalteten Wirtschaftspolitik die Aktionen des Staats z_t erwartungsstabilisierend wirken. Demgegenüber unterliegt das Verhalten der Wirtschaftssubjekte a_t und der Produktionsaufbau der Wirtschaft s_t in evolutionären Wirtschaftsprozessen endogenen Veränderungen. Die subjektiven Modelle, die Wirtschaftssubjekte bezüglich der Handlungen anderer Wirtschaftssubjekte sowie der sich daraus ergebenden Systemveränderungen bilden, unterliegen einem ständigen, endogenen Wandel, der noch ausführlich analysiert wird. Trotz der durch die Marktkräfte hervorgerufenen, sich ständig erneuernden „Selektionsordnung" der Erwartungsbildung wirken die kreativen Verhaltensweisen der Wirtschaftssubjekte a_t und die dadurch begründeten Umkombinationen der Kapitalgüter im Produktionsaufbau s_t eher erwartungsdestabilisierend.[121] Die subjektiven Modelle über diese Elemente der Erwartungsbildung unterliegen einer dauernden Änderungsanforderung. Die Endogenität der Erwartungen führt dazu, daß das Maß der potentiellen Überraschung ständig variiert. Im Gegensatz zu *Lucas*, der konjunkturelle Schwankungen aus der Problematik des unvollständigen Wissens über die Aktionen des Staates z_t ableitet[122], liegt das Problem für die Möglichkeit der rationalen Bildung von Erwartungen in den endogenen Veränderungen von a_t und s_t begründet - Variablen, die *Lucas* als antizipierbar voraussetzt.

Um das ökonomische Handeln der Menschen in evolutionären Prozessen besser „verstehen" zu können, sind die Beziehungen zwischen der Erwartungsbildung, der Planaufstellung, individuellen Fehlern und der Veränderung des Wissens näher zu unter-

---

geringer die kognitiven Fähigkeiten der Wirtschaftssubjekte sind, je größer der Komplexitäts- und Veränderungsgrad der Umwelt ist und je länger der Planungshorizont ist, desto geringer ist der zum Zeitpunkt der Erwartungsbildung bestehende Grad des relevanten Wissens in Bezug auf den Planungshorizont und desto weniger adäquat repräsentiert das bestehende Modell plus Datenbasis die zukünftige Umwelt" (*Windsperger* 1988, S. 66) - und desto wichtiger ist die wissensvermittelnde und erwartungsstabilisierende Wirkung von Institutionen, müßte hier hinzugefügt werden.

[121] Durch die Bildung von Erwartungen über die Erwartungen der übrigen Wirtschaftssubjekte ergibt sich die Endogenität der Erwartungen (vgl. *Hayek* 1980a, S. 58; *O'Driscoll* und *Rizzo* 1986, S. 259).

[122] Diese Hypothese ist kompatibel mit unserer Einschätzung der Wirkung diskretionärer Wirtschaftspolitik.

suchen. Dazu sind zunächst die Bestandteile einer Theorie des Lernens zu entwickeln, bevor in einem weiteren Schritt der Charakter evolutionärer Wirtschaftsprozesse herausgearbeitet wird. Erst nach geleisteter Verknüpfung der Einsichten der Theorie des Lernens mit den bisher entwickelten Überlegungen zur Erwartungstheorie ist die Theorie der subjektiv rationalen Erwartungen vollständig ausgearbeitet.

3.2.2. Theorie des Lernens

Wissen und Lernen sind untrennbar miteinander verbunden: Wissen ist das Ergebnis von Lernprozessen.[123] Aus der Tatsache des Begrenzung des subjektiven Wissens der Wirtschaftssubjekte ergibt sich das Koordinationsproblem in komplexen Volkswirtschaften. Um das Wissensproblem systematisch in die evolutionäre Theorie zu integrieren, ist es erforderlich, über geeignete Vorstellungen bezüglich individueller und sozialer Lernprozesse zu verfügen. Eine adäquate Theorie des Lernens ist insbesondere dann notwendig, wenn von der Hypothese ausgegangen wird, daß die kulturelle Evolution als Prozeß des Wachstums von Wissen charakterisiert ist.[124]

Die neoklassische Gleichgewichtstheorie klammert die Bedeutung des Lernens der Wirtschaftssubjekte für die Entwicklung von Marktprozessen weitestgehend aus. Im Gleichgewicht haben die Wirtschaftssubjekte ausgelernt. *Hahn* unterstreicht diese Aussage mit folgender Überlegung:

> „I shall want to say that an agent is *learning* if his theory is not independent of the date *t*. It will be a condition of the agent being in equilibrium that he is not learning" (*Hahn* 1973, S. 19 (Hervorhebungen im Original))[125]

In evolutionären Marktprozessen ist das ungleich verteilte Wissen der Wirtschaftssubjekte dagegen begrenzt und ändert sich darüber hinaus ständig. Während der Diffusion des Vorsprungswissens einzelner Akteure über den Marktmechanismus erarbeiten sich andere Marktteilnehmer neue Erkenntnisse. Das bisherige Wissen veraltet (vgl. *Lachmann* 1984a, S. 42). Außerdem werden erlernte Kenntnisse mit der Zeit zum Teil auch wieder verlernt. Insgesamt führt dies dazu, daß Planinkonsistenzen, Fehler und Irrtümer das Ungleichgewicht kennzeichnen, was verdeutlicht, daß Zeit, Wissen, Planen und Lernen zusammen gehören.[126]

In evolutionären Wirtschaftsprozessen ist die Gefahr von Irrtümern und Fehlern nicht auf den Bereich der Kombination der Mittel bei gegebenen Zielen beschränkt. Im

---

[123] „Knowledge is more a matter of learning than of the exercise of absolute judgment. Learning requires time, and in time the situation dealt with, as well as the learner, undergoes change" (*Knight* 1921/1964, S. 243).

[124] „Kulturelle Evolution wird, mit anderen Worten, als ein Prozeß *sozialen oder kollektiven Lernens* betrachtet, in dem die Problemlösungskapazität in der Gesellschaft zunimmt" (*Vanberg* 1994, S. 5 f.).

[125] Vgl. auch *Berger* (1970, S. 10). *Littlechild* trifft die ausgesprochen instruktive Unterscheidung, daß der neoklassische Ansatz durch „risk and revision (of probability estimates)" charakterisiert sei, während österreichische Ansätze durch „ignorance and alertness (to hitherto unperceived opportunities)" sowie „indeterminacy and imagination" - und m.E. durch creativity - gekennzeichnet seien (*Littlechild* 1986, S. 30).

[126] Vgl. *Egger* (1978, S. 32-35), *Langlois* (1986a, S. 5 f.), *Shearmur* (1992, S. 111).

Zusammenhang mit der aktiven Suche nach überlegenen Ziel-Mittel-Kombinationen bezieht sich die Möglichkeit zum Irrtum auch auf die gesamte Kombination[127] - wobei die Irrtümer aus der Perspektive der subjektiven Wirtschaftstheorie immer nur die Wirtschaftssubjekte selbst *ex post* feststellen können. Aus diesen Gründen erscheint die systematische Berücksichtigung des Lernenverhaltens von Wirtschaftssubjekten für die Entwicklung einer evolutionären Institutionenökonomik von überragender Bedeutung. Dazu erfolgt im folgenden der Rückgriff auf die Theorien des Lernens von *List*, *Lachmann* und *Popper*. Ziel ist es, durch die Kombination dieser Ansätze eine umfassende Theorie zu erhalten, die den Anspruch hat, menschliches Lernen im Ungleichgewicht unter unterschiedlichen institutionellen Rahmenbedingungen zu erklären. Auf dieses Weise wird das zum *homo oeconomicus* der Neoklassik alternative Menschenbild des *homo discens* vervollständigt.

3.2.2.1. *Lists* milieubedingte Theorie des Lernens

Die Theorie des Lernens von *List* stellt die älteste der hier betrachteten Theorien dar. Sie wird analysiert, weil sie von vornherein die Einwirkungen unterschiedlicher institutioneller Rahmenbedingungen auf die individuellen Lernanstrengungen berücksichtigt.

List entwickelt eine milieubedingte Lerntheorie, die u.a. die Grundlage für seine bekannteren Theorien des Erziehungszolls sowie der Theorie der produktiven Kräfte darstellt. Ausgangspunkt bildet die These, daß zwischen der historischen Entwicklung einer Volkswirtschaft und ihrer Produktionsstruktur ein immanenter Zusammenhang besteht.[128] Um den industriellen Entwicklungsvorsprung anderer Länder aufzuholen, empfiehlt *List* das Instrument des Erziehungszolls. Dabei geht er von gewissen, im folgenden zu analysierenden Vorstellungen über die produktiven Kräfte einer Volkswirtschaft sowie über die Fähigkeiten von Menschen, insbesondere die Fähigkeit zu lernen, aus.

Die volkswirtschaftliche Produktivität ist nach *List* nicht nur von den materiellen Kräften abhängig, wie der Ertragskraft des Bodens sowie der Produktivität des Kapitalstocks, sondern vor allem von den geistigen Kräften einer Gesellschaft (vgl. *Köhler* 1908, S. 82). Der Zustand einer Volkswirtschaft sei das Ergebnis der geistigen Anstrengungen der Menschen in Form von Entdeckungen, Erfindungen, Verbesserungen und Vervollkommnungen (vgl. *List* 1930, S. 179; *Krüsselberg* 1977, S. 238). Außerdem stelle ein geeigneter institutioneller Rahmen die Voraussetzung für die Entfaltung der produktiven Kräfte einer Volkswirtschaft dar. Die Geschichte habe gezeigt, daß

„Arbeitsamkeit, Sparsamkeit, Erfindungs- und Unternehmungsgeist der Indivi-

---

[127] Im Prinzip präsentiert *Knight* diesen Gedankengang schon 1932! Vgl. *Knight* (1932, S. 59-61) und siehe S. 69: „Von jedem modernen Menschen wird weniger Tätigkeit auf die Befriedigung gegebener Bedürfnisse als auf die Suche nach neuen Gütern, auf den Erwerb neuer Bedürfnisse, auf die Auskundschaftung des Gebietes der Werte aufgewendet." Hierbei sind Irrtümer möglich.

[128] Diese empirische Regelmäßigkeit, mit der *List* arbeitet, deutet er nicht in eine historische Gesetzmäßigkeit um (vgl. *Meyer* 1974, S. 96, 101). Hier umschreibt *Meyer Lists* These folgendermaßen: „... daß zwischen dem Anteil der Industrie an der Wertschöpfung und dem Entwicklungsstand (Volkseinkommen/Kopf) eine positive Korrelation besteht."

duen nirgends Bedeutendes zustandegebracht haben, wo sie nicht durch die bürgerliche Freiheit, die öffentlichen Institutionen und Gesetze (...) unterstützt gewesen sind" (*List*, zitiert nach *Meyer* 1974, S. 103).[129]

Dies ist kurz umrissen der Hintergrund, vor dem *List* seine milieubedingte Lerntheorie entwickelt. Die Abhängigkeit der Lernanstrengungen der Menschen von der Ausgestaltung des institutionellen Rahmens wird unter Rückgriff auf die horizontale Arbeitsteilung in der Industrie und die regionale Arbeitsteilung in der Landwirtschaft erläutert.

Das Unterscheidungsmerkmal der beiden Milieus liegt in erster Linie in den unterschiedlichen Erfolgsaussichten für produktive Lernprozesse. Der Agrarsektor ist *List* zufolge vor allem durch drei Merkmale charakterisiert. Die geringe Marktorientierung wegen eines relativ hohen Selbstversorgungsgrades, die Betonung körperlicher vor den geistigen Kräften sowie die mangelhafte Rückkoppelung für erfolgreiches Handeln aufgrund der Abhängigkeit der landwirtschaftlichen Produktion von der Natur führen dazu, daß das Klima für Lernprozesse in der Landwirtschaft eher negativ ist. Die Anreizstruktur für innovatives Verhalten ist denkbar schlecht. Dagegen unterscheiden sich die Verhältnisse in der Industrie grundlegend von denen der Landwirtschaft. Kennzeichen der Industrie ist eine hohe Marktorientierung, was sich darin äußert, daß die Fähigkeiten im Umgang mit den Kunden sowie Erfindungsgabe und Geschick bei der Behauptung im Wettbewerbsprozeß über Erfolg oder Mißerfolg entscheiden. Die positive Rückkopplung zwischen den eigenen Fähigkeiten und Anstrengungen und dem Unternehmenserfolg führt dazu, daß Lernprozesse erfolgreich abgeschlossen werden können. Insgesamt besteht im Gegensatz zum Agrarsektor eine institutionell abgesicherte Anreizstruktur, die Lernprozesse fördert (vgl. *List* in *Köhler* 1908, S. 184 f.; *Meyer* 1974, S. 105 f.). Damit liefert *List* eine Erklärung für die Entstehung von neuem Wissen an verschiedenen Stellen in der volkswirtschaftlichen Produktion. Aber auch die milieubedingten Unterschiede für die Diffusion des Wissens versucht er zu erklären. Der Wunsch nach sozialer Anerkennung sowie die Erarbeitung und Verteidigung von Gewinnen im Wettbewerb stellen nach *List* die Mechanismen dar, die dazu führen, daß als unintendiertes Ergebnis eigenorientierten Verhaltens die Diffusion des neuen Wissens im Marktprozeß stattfindet.[130]

Damit liefert *List* eine Theorie, welche die Wirkung von Institutionen auf das Lernverhalten von Wirtschaftssubjekten zum Gegenstand hat. Um das Verhalten der Men-

---

[129] An anderer Stelle äußert sich *List* recht optimistisch zur Leistung des institutionellen Rahmens: „Verfassung, Gesetze und Institutionen gewähren ihren Angehörigen einen hohen Grad an Sicherheit und Freiheit, befördern Religiosität, Sittlichkeit und Wohlstand, haben mit Einem Wort die Wohlfahrt der Bürger zum Zweck" (*List* 1930, S. 210). Vgl. auch *Gurbaxani* (1989, S. 613).

[130] „Der Wunsch, sich bei seinen Mitbürgern in Ansehen zu setzen oder zu erhalten, und die ewige Mitbewerbung seiner Konkurrenten, die seine Existenz und Prosperität fortwährend bedroht, sind ihm ein scharfer Sporn zu unaufhörlicher Tätigkeit, zu rastlosem Fortschreiten. (...) Diese Verhältnisse produzieren bei dem Manufakturisten eine Energie, die beim rohen Ackerbau nirgends wahrzunehmen ist" (*List*, zitiert nach *Meyer* 1974, S. 106). Genau diese Möglichkeit industrieller Lernprozesse möchte *List* mit seinem „Erziehungszoll" geschützt wissen. Der Zoll soll damit einen geschützten Raum für die Durchführung dieser Lernprozesse schaffen. „Keineswegs dachte *List* an eine administrative Lenkung der Ressourcen" (*Meyer* 1974, S. 118). Vgl. dazu beispielsweise *List* (1927, S. 191-195), *List* (1930, S. 183, 220 f.).

schen in evolutionären Prozessen „verstehen" zu können, ist es außerdem jedoch noch notwendig, die Art und Weise des Lernens zu untersuchen. Dazu wird auf *Poppers* darwinistische Theorie des Lernens zurückgegriffen.

3.2.2.2. *Poppers* darwinistische Theorie des Lernens

Popper diskutiert sowohl das wissenschaftstheoretische Problem der Entstehung und Diffusion neuen, überlegenen Wissens als auch die Vorgehensweise der Menschen, die Lernprozesse durchlaufen. Seiner Meinung nach kann aktives Lernen im Gegensatz zum passiven Lernen nur deduktiv erfolgen. Pläne bzw. Hypothesen müssen getestet und gegebenenfalls durch bessere, ebenfalls zu testende Pläne bzw. Hypothesen ersetzt werden. Bedeutet dies nun, daß induktives Lernen nicht möglich ist?

Poppers These lautet, daß die Theorie vor der Beobachtung steht. Beobachtung ist immer theoriegetränkt. Ausgangspunkt stellt immer ein Problem dar (vgl. *Popper* 1970, S. 104 f.; *Popper* 1995, S. 270). Mittels Beobachtung können infolge der Enttäuschung bisheriger Theorien zwar neue Probleme entdeckt werden. Die Beobachtung kann jedoch logisch nicht am Anfang aller Probleme stehen.[131] Die Funktion der Beobachtung besteht vielmehr darin, die (vorläufige) Annahme oder die Falsifikation einer Hypothese zu begründen. *Popper* geht logischerweise von der Existenz angeborenen Wissens aus. Wären Menschen - und Tiere - bei der Geburt ohne (falsifizierbare) Hypothesen ausgestattet, könnten sie sich nicht orientieren. Sie hätten keine Vorstellungen, was sie beobachten müssen, um zu überleben.[132]

Popper lehnt die Erkenntnistheorie des Alltagsverstandes, die er abwertend auch „Kübeltheorie des Geistes" nennt, ab. Diese geht davon aus, daß Menschen durch Induktion lernen, d.h., durch wiederholte Beobachtung Regelmäßigkeiten entdecken und entsprechende Theorien, Vermutungen, Pläne aufgestellt (vgl. *Popper* 1995, S. 3, 61-63).[133] Dieser Ansatz geht auf *Humes* psychologisches Induktionsproblem zurück. Als Schutz vor der Orientierungslosigkeit ist es nach *Hume* verständlich, daß Menschen trotz des logischen Induktionsproblems - das besagt, daß das Schließen von beobachteten, wiederholten Einzelfällen auf andere, nicht erfahrene Fälle logisch nicht gerechtfertigt ist - erwarten, daß zukünftige Erfahrungen den vergangenen entsprechen werden (vgl. *Popper* 1995, S. 4).

---

[131]   „Ich behaupte sogar, daß die Beobachtung aus *logischen Gründen* nicht allen Problemen vorausgehen kann, wenn sie auch offenbar manchen Problemen vorausgeht - etwa solchen Problemen, die sich aus einer Beobachtung ergeben, die eine Erwartung enttäuscht oder eine Theorie widerlegt" (*Popper* 1995, S. 271 (Hervorhebung im Original)).

[132]   „Ich behaupte: Jedes Tier wird mit Erwartungen oder Antizipationen geboren, die man als Hypothesen formulieren könnte, als eine Art hypothetischen Wissens" (*Popper* 1995, S. 271). Siehe auch S. 72: „Alles erworbene Wissen, alles Lernen besteht in der Veränderung (möglicherweise Verwerfung) irgendeines Wissens oder einer Disposition, die schon vorhanden waren; und letzten Endes in der Veränderung angeborener Dispositionen" (im Original alles hervorgehoben). Vgl. auch *Meyer* (1992a, S. 51 f.), *Radnitzky* (1995, S. 23).

[133]   Auch in der Ökonomie gibt es entsprechende Ansätze, die auf diesen (falschen) Vorstellungen beruhen. Vgl. bspw. zum Lernverhalten von Konsumenten *Weinberg* (1981, S. 41-47, 136, 143-145).

Popper ist dagegen der Meinung, daß die Induktion, d.h. die Entstehung dogmatischen Wissens durch beobachtete Wiederholung, ein Mythos sei. Seine Lerntheorie bezeichnet er als „nichtinduktiv", was bedeutet, daß der Lernprozeß nicht von Wiederholungen abhängt.[134] Menschen - und Tiere - verspüren ein allgemeines Bedürfnis nach einer Welt, die ihren Erwartungen entspricht. Sie suchen nach Regelmäßigkeiten. Dieses Bedürfnis ist nach *Popper* ein angeborener Trieb. Orientierungslosigkeit kann den Tod bedeuten - bzw. im wirtschaftlichen Leben den ökonomischen Verlust. Deshalb testen Individuen ständig Hypothesen über Regelmäßigkeiten und halten oft dogmatisch an ihnen fest (vgl. *Fleischmann* 1984, S. 30-34). Es besteht eine psychologische Hürde, alte und bewährte Theorien aufzugeben und neue zu testen.[135] Nach *Popper* zeigt die logische Analyse, daß sich Theorien und Erwartungen ohne und vor jeder Wiederholung bilden und

> „... sie sich nur so bilden können, weil Wiederholung Ähnlichkeit voraussetzt, und diese setzt einen Gesichtspunkt voraus - eine Theorie, eine Erwartung" (*Popper* 1995, S. 24).

Popper lokalisiert drei Bedeutungen des Wortes „Lernen", die zu unterscheiden sind: entdecken, nachahmen und zur Gewohnheit machen (einüben). Ersteres erscheint dabei als Überbegriff. Das Nachahmen und Einüben sind Formen des Entdeckens, wobei immer mit der deduktiven Methode des Versuchs und Irrtums gearbeitet wird (vgl. *Popper* 1995, S. 154). Daß nicht mittels Induktion, d.h. aus der theorielosen Beobachtung von Regelmäßigkeiten, gelernt wird, ist im Fall des Lernens durch Nachahmung unmittelbar einsichtig, wenn davon ausgegangen wird, daß vor der Beobachtung die Hypothese stehen muß, was beobachtet wird. Wie sieht es jedoch bei der Art des Lernens durch Einübung, durch Wiederholung aus? Ist es auch an dieser Stelle sinnvoll, die Induktion als Verfahren abzulehnen? *Poppers* These lautet hier ebenfalls, daß es keine echten Wiederholungen gibt, sondern nur einen Prozeß der hypothesengeleiteten Fehlerelimination, bei dem sich ändernde Quasiwiederholungen automatisiert bzw. unbewußt verinnerlicht werden. Durch (reine) Wiederholung kann nichts Neues erlernt werden (vgl. *Popper* 1994, S. 64 f., 70; *Fleischmann* 1984, S. 20).[136]

Die obige Argumentation setzt *nicht* voraus, daß Menschen immer *bewußt* durch das

---

[134] Vgl. *Popper* (1994, S. 58), *Popper* (1987, S. 105 f.), *Fleischmann* (1984, S. 12-14), *Harper* (1994, S. 54).

[135] Dieser Punkt wird in Kapitel 3.2.2.3.2. wieder aufgegriffen.

[136] Nicht nur aus diesem Grund - es wurde bereits auf die Anforderungen hingewiesen, die sich an das Lernen als Problemlösungsaktivität in evolutionären Prozessen ergeben - sind die Vorstellungen beispielsweise von *Langlois* und *Loasby* nicht überzeugend, die auch nach der Auseinandersetzung mit *Poppers* Thesen die Meinung vertreten, daß Menschen sowohl deduktiv als auch induktiv lernen (vgl. *Langlois* 1986b, S. 234; *Loasby* 1983, S. 108 f.). *Loasby* beruft sich hier auf den amerikanischen Psychologen *Kelly*, der die Meinung vertritt, daß Menschen sich wie Wissenschaftler verhalten würden, „... as people whose 'ultimate aim is to predict and control'" (*Loasby* 1983, S. 108). Vgl. auch *Loasby* (1993, S. 205). Dazu werden Informationen ausgewählt und anschließend interpretiert. Diese induktive Vorgehensweise wird mit psychologischen Annahmen begründet. Mittels dieses Ansatzes erhofft sich *Loasby*, menschliches Handeln zu verstehen. Der Rückgriff auf diese psychologisch fundierte Induktionstheorie des Handelns reicht jedoch nicht an die Erklärungskraft des Ansatzes von *Popper* heran.

(deduktive) Testen von Hypothesen lernen und sich orientieren. Vielmehr wird der beschriebene Prozeß häufig unbewußt vonstatten gehen. Diese Tatsache könnte erklären, warum die Methode der Induktion zunächst einsichtig erscheint, sich jedoch bei näherem Hinsehen als nicht haltbar herausstellt.

Poppers Interesse gilt im folgenden der Frage nach dem Wachstum des Wissens. Hypothesen sind der Ausgangspunkt von Lernprozessen. Durch Beobachtungen werden sie entweder (vorläufig) bestätigt, so daß das Individuum damit weiter arbeiten kann oder falsifiziert und durch leistungsfähigere Hypothesen ersetzt. Das Wachstum des Wissens stellt sich demnach dar als Prozeß der Bewegung „... von alten Problemen hin zu neuen, und zwar durch Vermutungen und Widerlegungen" (*Popper* 1995, S. 270).[137]

Dieser darwinistische Lernprozeß der Individuen setzt eine kritische Haltung gegenüber bisherigen Problemlösungen voraus. Dogmatisches Festhalten an bewährten Hypothesen funktioniert lediglich innerhalb des Zeitraums, in dem sich die Gegebenheiten nicht ändern. Sobald neue Probleme auftreten oder sich die alten aufgrund neuer Tatbestände ändern, hilft nur noch das kritische Überprüfen der Theorien weiter. Lernen zeichnet sich durch die Widerlegung bisheriger Vermutungen, durch Versuch und Fehlerelimination aus. Gleichgültig, welches Ergebnis die Anstrengungen haben - ob die bisherige Hypothese sich als (vorläufig) leistungsfähig zeigt und beibehalten wird oder ob sie falsifiziert und durch neue Vermutungen ersetzt wird -, das Individuum wird daraus lernen.[138] Das Handlungspotential wird erweitert. Potentielle, in der Zukunft liegende Probleme sind prinzipiell besser handhabbar, da sich die Fähigkeiten des Lernenden erhöht haben.

Popper spricht von einem Konkurrenzkampf der Hypothesen, in dem nur die „tüchtigen", d.h. erklärungskräftigen, überleben und die untüchtigen Vermutungen eliminiert werden. Das Wachstum des Wissens findet demnach durch eine „natürliche Auslese von Hypothesen" statt.[139] Aus diesem Grund bezeichnet *Popper* seine Theorie des Lernens als „darwinistische Theorie des Wachtums des Wissens" (*Popper* 1995, S. 274).[140]

---

[137] Vgl. auch *Harper* (1996, 56).

[138] Vgl. *Popper* (1995, S. 64, 272 f.), *Boland* (1994, S. 159 f.), *Langlois* (1986b, S. 233), *Meyer* (1972, S. 278). *Popper* weist auch darauf hin, daß ein begrenzter Dogmatismus bezüglich des Festhaltens an bisherigen Hypothesen Sinn hat, um zu verhindern, daß eigentlich erklärungskräftige Hypothesen infolge der Kollision mit der Empirie zu schnell aufgegeben werden. Insgesamt muß jedoch der kritische Aspekt des Hypothesen-Testens überwiegen, um nicht in einen unproduktiven Dogmatismus zu verfallen.

[139] Vgl. *Popper* (1995, S. 273), der bewußt diese Analogie zu *Darwins* Vorstellung der natürlichen Auslese in der Biologie verwendet.

[140] Die tabula-rasa Theorie des Geistes, die in der Betonung der völligen Leere des Bewußtseins bei der Geburt über die Annahmen der Kübeltheorie des Alltagsverstandes noch hinausgeht, bezeichnet *Popper* als grundfalsche, vordarwinistische Theorie (vgl. *Popper* 1995, S. 62, 67). Er verwendet folgende Unterscheidung der Theorien: „Die Theorie des nicht auf Wiederholung beruhenden Lernens kann als *selektiv* oder darwinistisch bezeichnet werden, während die Theorie des induktiven oder repetitiven Lernens eine Theorie des *instruktiven* Lernens ist; sie ist lamarckistisch" (*Popper* 1994, S. 58 (Hervorhebungen im Original)). Vgl. auch *Vanberg* (1994, S. 14).

Der Wissensfortschritt, d.h. der kritische Lernprozeß, kann durch ein einfaches Schema verdeutlicht werden, das den deduktiven Charakter allen Lernens verdeutlicht:

$$P_1 \rightarrow VT \rightarrow FE \rightarrow P_2$$

mit P = Problem; VT = vorläufige Theorie; FE = bewertete Fehlerelimination (vgl. *Popper* 1995, S. 149; *Popper* 1994, S. 190).

Das erweiterte Modell berücksichtigt sowohl die Konkurrenz der Hypothesen, als auch ihre jeweilige kritische Prüfung (vgl. *Popper* 1995, S. 254, 300; *Harper* 1994, S. 71-73):

$$
\begin{aligned}
&\quad\quad VT_a \rightarrow FE_a \rightarrow P_{2a} \\
P_1 \rightarrow\ &\quad\quad VT_b \rightarrow FE_b \rightarrow P_{2b} \\
&\quad\quad VT_n \rightarrow FE_n \rightarrow P_{2n}.
\end{aligned}
$$

Die kritische Bewertung macht deutlich, daß es sich bei Lernprozessen nicht um einen kumulativen, sich wiederholenden Vorgang handelt, sondern um einen Prozeß der Fehlerelimination, der fortschreitet und niemals beendet ist. Dieser Vorgang enthält eine rationale (weil kritische) Theorie der Emergenz, wobei die emergenten Schritte, die auf eine neue Ebene des (Un-)Wissens führen, zunächst die neu entdeckten Probleme (P_2) sind. Aus der phantasievollen Kritik ergibt sich der Zuwachs des subjektiven Wissens (vgl. *Popper* 1995, S. 151, 153). Die Kreativität des Denkens und Handelns zeigt sich dabei nicht nur in der geeigneten Wahl einer vorläufigen Theorie, die dazu beiträgt, den Wahrheitsgehalt der Vermutung aufzudecken, sondern auch in der Durchbrechung des bisher angenommenen Bereichs der möglichen Vermutungen. Da die Aufstellung neuer Hypothesen einen Akt „schöpferischen" Denkens darstellt, spricht Popper in diesem Zusammenhang von „kritischer Phantasie" (*Popper* 1994, S. 61 f.). Kreativität im Handeln und konstruktive Kritik alter Hypothesen bedingen sich demnach gegenseitig.

Die „Tüchtigkeit" von Hypothesen ist immer im Hinblick auf das zu lösende Problem einzuschätzen, dem sie gegenüberstehen. Aus diesem Grund kann im doppelten Sinn nur von einer relativen Tüchtigkeit gesprochen werden. Zum einen ist die favorisierte Hypothese günstigstenfalls diejenige, die das Problem besser löst und der Kritik eher standhält als alternative Hypothesen. Das Individuum kann jedoch nicht sicher sein, die beste mögliche Lösung gefunden zu haben. Zum anderen ändern sich die Probleme ständig. Eine heute akzeptable Lösung kann in Zukunft aufgrund veränderter Tatbestände nicht mehr adäquat sein. Der Lernprozeß endet deshalb nie.

In diesem Sinne erlangt nach *Popper* darüber hinaus die sokratische Idee des Nichtwissens eine neue Dimension. Mit jedem Problem, das mittels der Methode des kritischen Testens von Hypothesen gelöst wird, tauchen neue, bisher verborgene und noch ungelöste Probleme auf. Zusätzlich wächst jedoch auch die Erkenntnis über die Relativität unseren Wissens.[141] An den zentralen Stellen seines Gesamtwerkes spricht sich *Popper*

---

[141] *Popper* äußert zwei sich bedingende Thesen zum Wissen bzw. Unwissen der Menschheit: „Wir wissen eine ganze Menge." und „Unsere Unwissenheit ist grenzenlos und ernüchternd" (*Popper* 1970, S. 103). Es sollte auch deutlich geworden sein, daß sich *Popper*

für den Versuch aus, die eigenen Theorien zu kritisieren - um eventuell gemachte Fehler aufzudecken. Dadurch und durch die damit verbundene Auffassung eines konsequenten Fallibilismus erhöht sich die Chance, aus den eigenen Fehlern zu lernen.[142] Dies zeichnet die verwendete Methode aus:

> „Bewußtes Lernen aus unseren Fehlern, bewußtes Lernen durch dauernde Korrektur ist das Prinzip der Einstellung, die ich den 'kritischen Rationalismus' nenne" (*Popper* 1987, S. IX; vgl. auch S. 69).

Die hypothetisch-deduktive, darwinistische Theorie des Lernens, also das Aufstellen von Vermutungen, Hypothesen, Plänen - als Synonyme verwendet - und deren laufende Prüfung bietet ein Schema, das sich zur Erklärung menschlicher Handlungen verwenden läßt. Handlungen werden dabei als Problemlösungsversuche interpretiert (vgl. *Popper* 1995, S. 185). Dieses Schema wird im folgenden für die Erklärung des Handelns und Lernens im Ungleichgewicht verwendet. Dadurch kann eine Theorie entwickelt werden, mit deren Hilfe analysiert wird, wie sich Wirtschaftssubjekte bei der Bewältigung von - im Ungleichgewicht definitionsgemäß auftretenden - Planenttäuschungen verhalten.[143]

3.2.2.3. Erwartungen und Lernen im Ungleichgewicht

> „Enttäuschte Erwartungen zwingen uns, unsere Erwartungen zu *korrigieren*. Der Vorgang des Lernens besteht zum größten Teil aus solchen Korrekturen, aus der Elimination von [enttäuschten] Erwartungen" (*Popper* 1995, S. 357 (Hervorhebungen im Original)).

Lernprozesse werden nicht nur von dem gesammelten Wissen beeinflußt, sondern wirken auch auf die in die Zukunft gerichteten Erwartungen ein. Handeln ist immer zukunftsorientiert. Der interdependente Prozeß des Lernens und der Erwartungsbildung wird im folgenden unter expliziter Berücksichtigung der Wirkung des institutionellen Rahmens herausgearbeitet. Erst dann ist das Bild des *homo discens* so weit vollständig, daß sowohl evolutionäre Marktprozesse als auch die Evolution von Institutionen unter Rückgriff auf die entwickelten Verhaltenshypothesen erklärt werden können.

Zunächst wird in Analogie zur Vorgehensweise in Kapitel 3.2.1. über die Theorie der Erwartungen die Subjektivität der individuellen Lernprozesse begründet, bevor in einem weiteren Schritt auf die Interdependenz von Lern- und Erwartungsbildungsprozessen

---

damit gegen den naiven Ansatz der reinen Akkumulation des Wissens wendet, ohne die Idee des Wachstums des Wissens aufzugeben (vgl. *Popper* 1969, S. 129).

[142] „Jede Entdeckung eines Irrtums bedeutet einen wirklichen Fortschritt in unserem Wissen" (*Popper* 1961/1992, S. 468).

[143] Die Induktion als Verhaltensorientierung findet wahrscheinlich nur im Gleichgewicht ihren angemessenen Platz, da hier nichts Neues mehr gelernt werden muß. Der Lernprozeß ist beendet. Die Erkenntnisse können mittels Induktion in die Zukunft extrapoliert werden. Die Voraussetzung für die Induktion ist gegeben: „Die Zukunft wird wahrscheinlich von der Vergangenheit nicht allzu verschieden sein" (*Popper* 1994, S. 214). Zugleich muß jedoch darauf hingewiesen werden, daß die kognitive Kreation der Menschen auch im Gleichgewicht wirkt. Von daher besteht immer die Möglichkeit, daß Menschen mittels des Testens neuer Hypothesen aktiv das Gleichgewicht verlassen.

unter Berücksichtigung des Einflusses von Institutionen abgehoben wird.

3.2.2.3.1. Die Subjektivität des Lernens

Im Gegensatz zu neoklassischen Theorien des Lernens, die dadurch gekennzeichnet sind, daß Lernen als reiner Anpassungsprozeß an die objektiven Verhältnisse angesehen wird - wie etwa beim *Bayes*schen Lernprozeß[144] -, ist es notwendig, daß eine evolutionäre Theorie des Lernens auf dem methodologischen Subjektivismus beruht (vgl. auch *Witt* 1987, S. 159; *Witt* 1990, S. 12). Insbesondere ist zu berücksichtigen, daß Lernen am Markt ein aktiver Prozeß der Fehlersuche sowie des Testens von Plänen sein wird.

Lernen im ökonomischen Prozeß beruht zunächst ebenso wie die Erwartungsbildung auf Plänen. Pläne als logische Schemata stellen die Hypothesen des Wirtschaftssubjektes über den Markterfolg dar. Ausdruck des Lernprozesses ist dabei die Erfahrung des Planversagens, gefolgt von der Planrevision, die auf geänderten Erwartungen beruht.[145] Die Plangrundlage des Handelns wurde bereits ausführlich analysiert - vgl. Kapitel 3.2.1.1. Im folgenden wird darauf aufbauend der Zusammenhang zwischen Planaufstellung, Planrevision und Lernen im ökonomischen Prozeß analysiert.

Zunächst wird mit der Hypothese gearbeitet, daß sich die Motivation zum Lernen in Anlehnung an *Mises'* Untersuchung der Motivationsgrundlage intentionalen Handelns aus der Unzufriedenheit des Individuums mit der aktuellen Situation ergibt, verknüpft mit der Erwartung, durch neu erlernte Fähigkeiten, die eigene Situation zu verbessern (vgl. *Vaughn* 1990, S. 394). Die Subjektivität des Lernvorgangs wird dabei durch folgende Überlegungen verdeutlicht.

Ebenso wie bei der Begründung der Subjektivität der Erwartungen ergibt sich das Hauptargument für die Annahme der Subjektivität des Lernens aus der Heterogenität der Bestände an Humanvermögen.

Lachmann argumentiert, daß Unternehmer sowohl aus ihren Erfahrungen mit technischen Verfahren als auch aus den Erfahrungen am Markt unterschiedliche Schlüsse ziehen und auf dieser Basis unternehmerische Entscheidungen treffen.[146] Lernen beruht demnach auf dem endogenen Prozeß der subjektiven Interpretation von Marktinformationen.[147] Da die Informationen subjektiv interpretiert und verarbeitet werden, sind auch die vorläufigen Hypothesen zu ihrer Erklärung sowie die bewertete Fehlerelimination, die zu neuen Plänen führt, subjektiv. Selbst institutionalisierte Lernprozesse z.B. in Schulen und Hochschulen garantieren nicht dieselbe Interpretation der Lerninhalte. Die Heterogenität des Humanvermögens produziert ebenso wie im Falle der Erwartungen heterogene Ergebnisse.

---

[144] Vgl. die ausführliche Diskussion zum Lernverhalten in Modellen mit rationalen Erwartungen bei *Utzig* (1987, S. 250-255).

[145] Vgl. zur Analyse der Gründe des Planversagens *Lachmann* (1943, S. 15), *Lachmann* (1966a, S. 265), *Lachmann* (1984c, S. 148), *Langlois* (1986c, S. 172 f.), *Egger* (1976, S. 21).

[146] „Der Marktprozeß ist keine Einbahnstraße" (*Lachmann* 1984a, S. 46).

[147] Vgl. *Harper* (1994, S. 50), *Loasby* (1983, S. 107), *Loy* (1985, S. 234).

Der aktive Prozeß des Lernens zeichnet sich - wie bereits diskutiert - nach *Popper* durch den Versuch der Widerlegung bisheriger Vermutungen aus. Ziel ist es, eine überlegene Lösung für das vorliegende Problem zu finden. Dazu werden subjektive, u.U. miteinander konkurrierende Hypothesen aufgestellt und im Lernprozeß getestet. Durch diesen kritischen, darwinistischen Prozeß des Hypothesen-Testens wird das individuelle Handlungspotential erhöht. Der Zuwachs des subjektiven Wissens ergibt sich aus dem „*Einstein*-Verhalten", d.h., der phantasievollen und damit subjektiven Kritik bisheriger Lerninhalte.[148] Da nicht nur die Qualität, sondern auch der Umfang an individuellem Humanvermögen heterogen ist, werden Wirtschaftssubjekte, die vor dem gleichen (ökonomischen) Problem stehen, unterschiedliche Vermutungen über die Lösung des Problems formulieren. Die qualitative und quantitative Heterogenität des Wissens und der Fähigkeiten wird dazu führen, daß verschiedene Wege zur Problemlösung eingeschlagen werden. Insgesamt werden sich die Ergebnisse des schöpferischen „Einstein-Verhaltens" entsprechend der Heterogenität der Menschen voneinander unterscheiden. Damit ist aber der gesamte Lernprozeß durch Subjektivität gekennzeichnet.

Nach *Lachmann* ist selbst der Prozeß des „learning by doing" eher durch Subjektivität als durch Objektivität gekennzeichnet. *Lachmann* ordnet „learning by doing" als dynamische Produktdifferenzierung ein, als schleichenden technischen Fortschritt, in dem sich die Heterogenitäten der Lernprozesse der Menschen offenbaren.[149] Sie lernen unterschiedlich schnell, mit unterschiedlicher Fehlerrate und unterschiedlich viel, d.h., Qualität und Quantität der individuellen Lernprozesse sind heterogen. Auch in diesem Sinne stellt das Lernen der Menschen ein subjektives Phänomen dar (vgl. *Lachmann* 1986, S. 57, 110; *Lachmann* 1966a, S. 272).[150]

---

[148]   Vgl. *Popper* (1995, S. 153), siehe aber insbesondere S. 25: „Der Hauptunterschied zwischen Einstein und einer Amöbe ist der, daß Einstein *bewußt auf Fehlerbeseitigung aus ist*. Er versucht, seine Theorien zu widerlegen: Er verhält sich ihnen gegenüber bewußt *kritisch* und versucht sie daher möglichst scharf, nicht vage zu *formulieren*. Dagegen kann sich die Amöbe nicht kritisch gegenüber ihren Erwartungen oder Hypothesen verhalten, weil sie sich ihre Hypothesen nicht *vorstellen* kann: Sie sind ein Teil von ihr" (Hervorhebungen im Original). *Utzig* unterscheidet frei nach *Popper* sog. „Amöben-Verhalten" als Ausdruck für die passive Reaktion auf Erwartungsenttäuschungen von sog. „*Einstein*-Verhalten", das die Änderung der Erwartungsfunktion im Zuge des Lernprozesses unter Zufallseinfluß umschreiben soll (vgl. *Utzig* 1987, S. 265-267). Wesentlich passender erscheint mir die Bezeichnung „*Einstein*-Verhalten" jedoch als Umschreibung für die kreative Suche nach neuen, besseren Problemlösungsmöglichkeiten und der damit verbundenen Erwartungsbildung.

[149]   „Learning by doing" verdeutlicht die Tatsache, daß infolge des Gebrauchs von Werkzeugen, Geräten oder weiteren Mitteln aller Art Erfahrungen gemacht und Fertigkeiten erworben werden. Der Lernprozeß ist Begleiterscheinung der Produktion. Unternehmerische Innovationen führen im Zuge des Produktionsprozesses dazu, daß neue Fertigkeiten erlernt werden. Werden dadurch gegebene Aufgaben effizienter ausgeführt, erhöht sich das Humanvermögenspotential der Beschäftigten. Wird in dem „learning by doing"-Prozeß jedoch altes Wissen dadurch entwertet, daß neue Methoden der Produktion erlernt und eingesetzt werden, zeichnet sich auch die Humanvermögensbildung durch einen Prozeß der „schöpferischen Zerstörung" aus.

[150]   *Stigler* und *Becker* beschäftigen sich im Rahmen der Produktionstheorie des Haushalts mit learning by doing-Effekten. Ist die (Schatten-)Preiselastizität der Nachfrage des Haushalts nach dem produzierten Endprodukt groß, ergibt sich ein positiver Zirkel der Human-

Diese Erkenntnisse stimmen auch mit *Poppers* Theorie des Lernens überein. Es gibt keine Ausnahme von der hypothetisch-deduktiven Methode des Lernens. Der „learning by doing" Vorgang des Nachahmens und Einübens von Arbeitsabläufen ist ebenso wie das Verfahren des kritischen Testens von ökonomischen Plänen am Markt als subjektiver Prozeß der hypothesengeleiteten Fehlerelimination gekennzeichnet. Der Lernende verdeutlicht sich mit einem mentalen Modell den jeweiligen Lerninhalt. Erklärt das subjektive Modell die Umwelt befriedigend, wird er damit weiterarbeiten und im Prozeß des „learning by doing" die Vorgehensweise in sich ändernden Quasiwiederholungen hypothesengeleitet verfeinern. Wird das Problem nicht zufriedenstellend erklärt, werden alternative Hypothesen getestet, um zum Erfolg zu kommen. Die Vorgehensweise beim „learning by doing" unterscheidet sich demnach nicht von übrigen subjektiven Lernvorgängen.

Es bleibt die Frage zu beantworten, ob trotz der individuellen Subjektivität von Lernprozessen die Marktkräfte nicht doch in Richtung einer Homogenisierung dieser Lernprozesse wirken. Insbesondere *Kirzner* unterscheidet explizit zwischen individuellen Lernanstrengungen und dem spontanen, sozialen Lernprozeß auf der Marktebene.

Unterscheidungsmerkmal stellt dabei die natürliche Unwissenheit dar.[151] Da Wissen im evolutionären Marktprozeß endogen geschaffen wird und über den Marktmechanismus diffundiert, ist es für das einzelne Individuum nicht möglich, zum Zeitpunkt der jeweiligen Entscheidung über alles relevante Wissen zu verfügen. In diesem Sinne ist das Ungleichgewicht durch natürliche Unwissenheit der Individuen gekennzeichnet. Auch individuelle Lernanstrengungen können diese nicht beheben.

Daraus ergibt sich die Bedeutung des spontanen Lernprozesses auf der Marktebene. Durch die *ex ante* nicht vermeidbaren Fehler einzelner Wirtschaftssubjekte ergeben sich Koordinationslücken. Für findige, innovative Marktteilnehmer eröffnet sich die Möglichkeit, diese Koordinationslücken gewinnbringend zu schließen. Dadurch werden auf der Marktebene als unintendiertes Ergebnis des unternehmerischen Handelns Informationen entdeckt - bzw. aus der Perspektive *Lachmanns* Zukunft kreiert -, die von den übrigen

---

vermögensproduktion, da mit steigendem Humanvermögen die Produktionszeit verlängert wird und dadurch im Laufe der Zeit wiederum das Humanvermögen. *Stigler* und *Becker* diskutieren das Beispiel der Produktion von Musik, verweisen aber auch auf die Möglichkeit negativer Zirkel, z.B. bei der Produktion des Gutes „Euphorie" mittels des Inputfaktors Heroin (vgl. *Becker* und *Stigler* 1977, S. 78-80; *Fleischmann* 1984, S. 24 f.). Die unterschiedlichen Elastizitäten der Nachfrage der Wirtschaftssubjekte führen dazu, daß diese unterschiedlich viel Zeit auf die Produktion des entsprechenden Endproduktes verwenden und dadurch unterschiedlich schnell und viel lernen. Die learning-by-doing-Ergebnisse hängen demnach von den individuellen Präferenzen ab. Kritisch ist bei diesem Ansatz anzumerken, daß Lernen hier lediglich als Funktion der Zeit modelliert wird. Ist die Nachfrage nach dem Endprodukt elastisch, wird mehr Zeit auf die Produktion verwendet, bis ein qualitativ überlegenes Produkt hergestellt wird. Die Heterogenitäten im Humanvermögen, d.h. die Unterschiede in den Fähigkeitspotentialen der Menschen werden dabei jedoch nicht berücksichtigt. Aufgrund dieser Unterschiede sieht der Regelfall jedoch so aus, daß Menschen mit gleichem Zeitaufwand unterschiedlich schnell und viel lernen.

[151] *Kirzner* spricht von der „utter ignorance" und meint damit die Situation, wenn „one is ignorant of the fact that there is a specific fact which one does not know" (*Kirzner* 1992a, S. 22). Deswegen hier die Übersetzung mit „natürlicher" Unwissenheit.

Marktteilnehmern nun auch wahrgenommen und gewinnbringend verwendet werden können.[152] Der Marktprozeß, wie ihn sich *Kirzner* vorstellt, führt demnach dazu, daß natürliche Unwissenheit abgebaut wird, was allein durch autonome Lernanstrengungen nicht möglich wäre.

Kirzners Analyse ist im Prinzip zuzustimmen - auch wenn er die Möglichkeit kreativer Lernprozesse unterschätzt. Trotz individueller Lernanstrengungen und sozialer Lernprozesse auf der Marktebene ist das Ungleichgewicht durch natürliche Unwissenheit gekennzeichnet. Nach *Lachmann* ist es im Evolutionsprozeß *ex ante* jedoch keinesfalls sicher, daß die subjektiven Lernanstrengungen der Wirtschaftssubjekte dazu beitragen, die Gleichgewichtstendenz von Marktprozessen zu verstärken. Lernen die Akteure „falsch", d.h., interpretieren sie die Informationen im Ungleichgewicht so, daß sich die Grundlagen ihrer Wirtschaftspläne von den realen Knappheiten entfernen, anstatt sie immer besser zu antizipieren, ist es möglich, daß Lernprozesse vom *ex post*-Gleichgewicht wegführen, anstatt das Erreichen des Gleichgewichts zu begünstigen.[153]

Die Annahme der Angleichung individueller Lernprozesse als Folge des Wirkens der Marktkräfte ist jedoch noch aus einem weiteren Grund problematisch. Findiges Verhalten zeichnet sich u.a. durch die Fähigkeit zur Imagination und zur Kreativität aus.[154] Imagination ist notwendig, da Koordinationslücken in der Zukunft geschlossen werden. Hier ist die Fähigkeit zur subjektiven Interpretation gegenwärtiger Informationen und zur erfolgreichen Antizipation zukünftiger Koordinationslücken gefragt. Selbst findige Marktteilnehmer werden nun aber nicht in perfekter Weise über diese Fähigkeiten verfügen und deshalb Fehler machen. Der Marktprozeß als spontaner, sozialer Lernprozeß kann sich temporär durchaus vom Gleichgewicht entfernen. Wenn zudem die Kreativität findiger Marktteilnehmer nicht lediglich auf das Schließen von Koordinationslücken hin definiert wird, sondern auch die Möglichkeit der Schaffung neuer Tatsachen in den Vordergrund gerückt wird, ist die Ableitung der Angleichung individueller Lernprozesse infolge des Wirkens der Marktkräfte keineswegs sicher. Im evolutionären Marktprozeß ist es durchaus möglich, daß die Kraft kreativer Innovation die Kräfte der Akkumulation und der Arbitrage dominiert. Insofern bleibt die Annahme der Subjektivität des Lernens auch unter Berücksichtigung des Wirkens der Marktkräfte bestehen.

Im folgenden wird unter Rückgriff auf die bisherigen Erkenntnisse zunächst der Zusammenhang zwischen Lern- und Erwartungsbildungsprozeß verdeutlicht, bevor der Einfluß der Institutionen auf die Subjektivität des Lernens untersucht wird.

---

[152] Vgl. die ausführliche Diskussion der *Kirzner*schen Lern- und Marktprozeßtheorie im Kapitel 3.3.2.1.2.

[153] *O'Driscoll* glaubt, in diesem Zusammenhang ein Problem bei *Lachmann* gefunden zu haben: „Indeed, I suspect that there is no coordination in the conventional sense in *Lachmann's* system. For him apparently, *ex ante* plans bear no relation to *ex post* reality. There is not even reason to believe that actors will move in the right direction in correcting past errors" (*O'Driscoll* 1978, S. 132 (Hervorhebungen im Original)). Vgl. auch *Fehl* (1986, S. 74).

[154] Dieser Punkt wird im Kapitel 3.3.2.2.3. über Kreativität, Innovationen und historische Zeit in *Kirzners* Theorie der Findigkeit noch ausführlich diskutiert.

3.2.2.3.2. Interdependente Lern- und Erwartungsbildungsprozesse

Pläne stellen die gedanklichen Schemata dar, die Menschen im Ungleichgewicht in die Lage versetzen, intentional zu handeln. Der von *Lachmann* beschriebene interdependente Prozeß der Erwartungsbildung, der Planaufstellung, des Lernens und der Planrevision bis hin zur erneuten Planaufstellung weist deutliche Parallelen zu *Poppers* Vorstellung des Hypothesen-Testens auf.[155] Diese Parallelen gilt es im folgenden herauszuarbeiten und mit der Theorie subjektiv rationaler Erwartungen zu verknüpfen. Dabei wird die Übertragung von *Poppers* Theorie des Lernens auf ökonomische Fragestellungen durch die Nutzung der Überlegungen von *Lakatos* vervollständigt.

Erwartungen sind Hypothesen über die Entwicklung wahrgenommener Parameter in der Zukunft. In diesem Sinne stellen Erwartungen eine spezielle Form des Vermutungswissens dar, nämlich Vermutungen, die allein in die Zukunft gerichtet sind. Zum Zeitpunkt t_0 bildet das Wirtschaftssubjekt Erwartungen auf der Basis des Bestands an hypothetischem Wissen, das den bisherigen darwinistischen Prozeß des Testens von Hypothesen erfolgreich durchlaufen hat. Im Sinne der Theorie subjektiv rationaler Erwartungen bestimmen die - auf der Basis des begrenzten, dafür aber getesteten Vermutungswissens gebildeten - individuellen Modelle über die Umwelt die Erwartungsbildung. Die Erwartungshypothesen gehen in die Planaufstellung ein und werden im Zuge der Plandurchführung (vorläufig) bestätigt oder falsifiziert.[156] Durch den Prozeß des kritischen Testens von Erwartungshypothesen werden diese schließlich in Vermutungswissen transformiert, das die Grundlage für die nächste Entscheidung unter (neuen) Erwartungen bildet. Erfahrungen, die sich insbesondere aus Fehlern, deren Interpretation und darauf basierender, in die Zukunft gerichteter Fehlervermeidungsstrategien ergeben, werden in diesem Prozeß gesammelt. Dies drückt sich darin aus, daß sich das Vermu-

---

[155] *Lachmann* sieht im Lernen aus Fehlern und aus anderen Erfahrungen die problemlösende Aktivität der Menschen verkörpert. Es ist „zu zeigen, daß alles planmäßige Handeln als Versuch einer Problemlösung anzusehen ist" (*Lachmann* 1966a, S. 267). „The business man who forms an expectation is doing precisely what a scientist does when he formulates a working hypothesis. Both, business expectation and scientific hypothesis serve the same purpose; both reflect an attempt at cognition and orientation in an imperfectly known world, both embody imperfect knowledge to be tested and improved by later experience" (*Lachmann* 1956, S. 23). Vgl. dazu auch *Lachmann* (1986, S. 49, 52, 64). Auch *Kerber* und *Loasby* arbeiten mit der Vorstellung, daß das Verhalten der Wirtschaftssubjekte auf dem Markt mit der Idee des Testens von Hypothesen umschrieben werden kann (vgl. beispielsweise *Kerber* (1997, S. 32), *Kerber* und *Vanberg* (1994, S. 7 f.), *Loasby* (1993, S. 213-215). Interessanter Weise stellt bereits *Abbott* in seiner Theorie des Qualitätswettbewerbs auf diesen Zusammenhang ab: „In Übereinstimmung mit diesem Bild [der Bewegung im Dunkeln] stellt sich die Produktvariation dar als ein Prozeß des Experimentierens, mit dessen Hilfe die Produzenten *neue* Hypothesen über die Grundbedürfnisse der Konsumenten und über die Qualitäten der Güter, die diesen Bedürfnissen am besten entsprechen könnten, überprüfen. Da absolute Sicherheit nicht erreicht werden kann, ist dieser Prozeß von nie endender Dauer" (*Abbott* 1958, S. 78 (Hervorhebung im Original)).

[156] *Lachmann* spricht hier von der Verifikation der Hypothesen (vgl. *Lachmann* 1956, S. 24). Dies ist jedoch mißverständlich, da der gesamte Prozeß der Erwartungsbildung, Planaufstellung, der Plandurchführung und der Interpretation der neuen Erfahrungen, d.h. der ökonomische Prozeß des „Hypothesen testen" im Ungleichgewicht, das durch natürliche Unwissenheit gekennzeichnet ist, immer nur ein Prozeß der Falsifikation von Hypothesen sein kann.

tungswissen zum Zeitpunkt t_1 von dem ursprünglichen Wissen unterscheidet. Nach der Theorie der subjektiv rationalen Erwartungen werden die subjektiven Modelle, die in die Erwartungsbildung eingehen, entsprechend der subjektiven Interpretation der neuen Informationen unter Berücksichtigung des Maßes der potentiellen Überraschung, das mit den neuen Daten verbunden ist, verändert. Das Wirtschaftssubjekt lernt in dem Sinne, daß sich das subjektive Vermutungswissen zum Zeitpunkt t_1 so geändert hat, daß die wahrgenommenen Informationen, die zur Erwartungsenttäuschung geführt haben, mit einer subjektiven Theorie erklärt werden können - d.h., daß neue Modelle gebildet werden, die in die neuen Erwartungshypothesen eingehen. Die Menge des hypothetischen Wissens nimmt im Lernprozeß zu. Welche Schlüsse aus diesem subjektiven Prozeß jedoch gezogen werden, wird von Individuum zu Individuum verschieden sein. Der Lernprozeß ist weder determiniert, noch garantiert er, daß Erwartungen gebildet werden, die zum individuellen oder gar zum marktlichen Gleichgewicht führen.[157]

Rationales Planen und Handeln wird außerdem noch dadurch erschwert, daß der Mensch immer mit Hypothesenbündeln bezüglich wahrgenommener Probleme arbeitet. Die Hypothesen, mit denen der Handelnde sich seine Umwelt erklärt, sind nicht voneinander unabhängig. *Harper* führt als Musterbeispiel die Verknüpfung subjektiver Theorien eines Unternehmers an, der seine Produktion bezüglich der erwarteten Nachfrage plant. In die unternehmerische Entscheidungssituation gehen danach sowohl die subjektiven Erwartungen über die latente Nachfrage und die Produktivität der unternehmerischen Investitionen als auch z.B. über die Aktivitäten des Staates ein (vgl. *Harper* 1994, S. 60 f.). I.d.R. werden demnach nicht einzelne Hypothesen mit der Empirie konfrontiert, sondern ganze Hypothesenbündel. Daraus ergibt sich jedoch das Problem, daß eine einzelne Hypothese des Bündels nicht autonom falsifiziert werden kann. Die Komplexität evolutionärer Wirtschaftsprozesse führt dazu, daß individuelle Hypothesen lediglich in Verbindung mit ihren Zusatzhypothesen getestet werden können. Dadurch entsteht jedoch das Problem, daß der Marktakteur im Falle eines Mißerfolgs nicht sicher wissen kann, ob die Kernhypothesen oder die ergänzenden Hilfshypothesen durch die Ergebnisse des Marktexperiments widerlegt worden sind. Selbst beim Planerfolg kann sich der Handelnde nicht sicher sein, ob der Erfolg ein Zeichen der (vorläufigen) Richtigkeit des gesamten Hypothesenbündels ist, oder ob er trotz einiger falscher Hypothesen zustande gekommen ist.[158]

Im folgenden wird mit der aus der Wissenschaftstheorie übertragenen These gearbeitet, daß nicht alle Hypothesen des Hypothesenbündels eines Individuums den gleichen Stellenwert genießen. Subjektive Modelle über die ökonomisch relevante Umwelt beste-

---

[157]   Vgl. *Baird* (1987, S. 197), *Fehl* (1986, S. 74). Vgl. auch *Hoppmann* (1981, S. 222); *O'Driscoll* und *Rizzo* (1985, S. 63 f.).

[158]   Die Vermutung, daß es nicht möglich ist, einzelne Hypothesen aus einem Hypothesenbündel autonom zu falsifizieren, wird als sog. *Duhem-Quine*-These bezeichnet (vgl. *Harper* 1994, S. 62; *Loasby* 1993, S. 205 f.). *Lakatos* unterscheidet eine schwache Form der These von einer starken. Die schwache Interpretation „.... leugnet nur die Möglichkeit der *Widerlegung* einer *getrennten* Komponente eines theoretischen Systems. In ihrer *starken Interpretation* schließt die *Duhem-Quine*-These jede *rationale* Auswahl-Regel zwischen den Alternativen aus" (*Lakatos* 1974, S. 178 (Hervorhebungen im Original)). Lediglich die schwache Form ist mit dem methodologischen Falsifikationismus vereinbar.

hen aus Kernhypothesen und unterstützenden Hilfshypothesen. Es stellt sich nun die Frage, welche Hypothesen der Marktakteur durch den negativen Ausgang eines Marktexperiments als falsifiziert ansieht. In Anlehnung an die Übertragung von *Poppers* wissenschaftstheoretischen Erkenntnissen auf die Theorie des Lernens, kann zur Lösung dieses Problems auf die Vorstellungen von *Lakatos* zurückgegriffen werden. *Lakatos* unterscheidet einen harten Kern bzw. die negative Heuristik wissenschaftlicher Theorien von dem ihn schützenden Gürtel ergänzender Hilfshypothesen und einer positiven Heuristik, welche die Richtung der Forschung vorgibt. Nun ist es so, daß prinzipiell jede These des Hypothesenbündels widerlegbar ist. Im Falle einer Diskrepanz zwischen empirischer Überprüfung und theoretischer Erklärung eines Problems wird der harte Kern der Hypothesen jedoch zunächst als unveränderlich angesehen, währenddessen die Hilfshypothesen der Falsifizierung offenstehen und ggfs. geändert werden. So wird der Kern der Theorie geschützt.[159]

Übertragen auf das Lernverhalten der Akteure am Markt bedeutet dies, daß im Falle des Fehlschlagens ökonomischer Pläne zunächst die ergänzenden Hilfshypothesen geändert werden, um den ökonomischen Erfolg herbeizuführen. Erst bei dauerhaften negativen Rückmeldungen wird der harte Kern des subjektiven Weltbildes in Frage gestellt und ggfs. geändert. Selbst der aktive Part des Lernens ist durch die Übertragung des Wissenschaftsprogramms im Prinzip erklärbar. Je nach Ausgestaltung ist die positive Heuristik in der Lage, das kreative Wirtschaftssubjekt zu inspirieren, nach neuen Problemlösungsmechanismen zu suchen und diese auszuprobieren. Die positive Heuristik gibt die grobe Richtung vor, in die geforscht wird und kreativ entwickelte Hypothesen zur Problemlösung getestet werden.[160] Der Kern und der schützende Gürtel ergänzender Hypothesen stellen dabei die geistigen Mittel dar, mit denen die problemlösenden Aktivitäten durchgeführt werden (vgl. im Prinzip auch *Harper* 1994, S. 70 f.).

Harper folgert, daß mit diesem Ansatz erklärt werden kann, warum Unternehmer selbst bei identischen Wirtschaftsplänen unterschiedliche Erkenntnisse aus dem Fehlschlagen ihrer Pläne ziehen. Je nachdem, ob der Grund des Fehlschlagens einer Hypothese des Kerns oder einer Hypothese des schützenden Gürtels des Hypothesenbündels zugeordnet wird, werden die Unternehmer unterschiedlich reagieren. Im ersten Fall wird das Wirtschaftssubjekt die wesentlichen Elemente des Plans weiterverfolgen und erwar-

---

[159] „Man kann alle wissenschaftlichen Forschungsprogramme durch ihren 'harten Kern' charakterisieren. Die negative Heuristik des Programms verbietet uns, den Modus tollens gegen diesen 'harten Kern' zu richten. Statt dessen müssen wir unseren Scharfsinn einsetzen, um 'Hilfshypothesen' zu artikulieren, ja selbst zu erfinden, die dann einen Schutzgürtel um den Kern bilden. Und wir müssen den Modus tollens auf sie umlenken. Es ist dieser Schutzgürtel von Hilfshypothesen, der dem Stoß der Überprüfung standhalten, der geordnet und wiedergeordnet, ja sogar völlig ersetzt werden muß, um den so gehärteten Kern zu verteidigen" (*Lakatos* 1974, S. 129 f. (Hervorhebung im Original)). Vgl. auch *Haesler* (1979, S. 266-269), *Loasby* (1993, S. 206 f.).

[160] „Die positive Heuristik besteht aus einer partiell artikulierten Reihe von Vorschlägen oder Hinweisen, wie man die 'widerlegbaren Fassungen' des Forschungsprogramms verändern und entwickeln soll und wie der 'widerlegbare' Schutzgürtel modifiziert und raffinier gestaltet werden kann. (...) Die positive Heuristik skizziert ein Programm, das eine Kette immer komplizierter werdender *Modelle* zur Simulierung der Wirklichkeit darstellt" (*Lakatos* 1974, S. 131 f. (Hervorhebung im Original)).

ten, daß es in Zukunft mit dieser Strategie Erfolg haben wird. Im zweiten Fall werden dagegen die grundlegenden Annahmen des ursprünglichen Plans in Frage gestellt und versucht, einen neuen Plan auf der Grundlage der gewonnenen Einsichten zu entwickeln (vgl. *Harper* 1994, S. 71). Mit Hilfe der Übertragung des wissenschaftstheoretischen Ansatzes von *Lakatos* auf den Vorgang des Lernens im evolutionären Prozeß ist es möglich, ökonomisches Lernverhalten im Prinzip zu erklären. Auch die Subjektivität des Lernens wird dadurch noch einmal begründet.

Durch die Berücksichtigung des Phänomens, daß Menschen nicht alle Hypothesen über ihre Umwelt gleichermaßen der Falsifikation und dem Fallibilismus öffnen, wird die Pfadabhängigkeit von Entwicklungen - die im Kapitel über die Evolution von Institutionen noch eine entscheidende Rolle spielen wird - schon auf der Ebene des Individuums begründet. Wirtschaftssubjekte lernen pfadabhängig in Richtung ihrer positiven Heuristik. Der harte Kern ihrer Hypothesen über relevante Problembereiche wird zunächst nicht angetastet, lediglich ergänzende Hilfshypothesen werden bei Widerspruch mit der Empirie geopfert. Dadurch bewegt sich der gesamte Lernprozeß in eine gewisse Richtung, die durch die positive Heuristik und den Inhalt der Hypothesen des harten Kerns bestimmt wird. Ein Wechsel des Lernpfades, der beispielsweise bei dauerhaften negativen Rückwirkungen seitens der Umwelt angebracht erscheint, muß die hohen Hürden des harten Kerns sowie ggfs. der positiven Heuristik überwinden.

Die Verbindung der Elemente der Theorie der subjektiv rationalen Erwartungen mit der hypothetisch-deduktiven Theorie des pfadabhängigen Lernens ist nun aber erst dann vollständig, wenn die Wirkung der potentiellen Überraschung auch für den interdependenten Lern- und Erwartungsbildungsprozeß berücksichtigt wird. Zunächst sei in diesem Zusammenhang auf den Vorgang des (passiven) Lernens aus der Planenttäuschung eingegangen. Lediglich wenn das mit einer Enttäuschung des Plans verbundene Maß an potentieller Überraschung niedrig ist, kann davon ausgegangen werden, daß der harte Kern des Hypothesenbündels unangetastet bleiben wird. Das Individuum wird nur den ergänzenden Gürtel an Hypothesen ändern, um mit einer neuen Theorie das Problem besser erklären zu können. Nicht ganz so eindeutig kann die Reaktion im Falle eines hohen Maßes an potentieller Überraschung vorhergesagt werden. Nun ist es durchaus möglich, daß das Individuum auch den Kern des Hypothesenbündels überprüfen und ggfs. ändern wird. Die wissenschaftstheoretischen Erkenntnisse von *Lakatos* sind bei der Übertragung auf ökonomische Fragestellungen demnach um die Wirkung des Maßes an potentieller Überraschung zu ergänzen, um das Lernverhalten der Wirtschaftssubjekte zu „verstehen" (vgl. Abbildung 3.2.).

Wie bereits diskutiert, zeichnet sich individuelles Lernen außerdem durch die Möglichkeit aktiven, kreativen Testens neuer Hypothesen aus. Dieser Prozeß muß logisch nicht durch eine Planenttäuschung angestoßen werden. Die Fähigkeit zur kognitiven Kreation versetzt das Individuum in die Lage, neue Hypothesen zu entwickeln, um das individuelle Gleichgewicht zu verlassen. Damit ist jedoch der Fall der potentiellen Überraschung von Null angesprochen. Die Veränderung des Hypothesenbündels beruht nicht auf einer mehr oder weniger erwarteten Planenttäuschung, sondern auf einer neuen Idee. Es ist jedoch anzunehmen, daß der harte Kern der Hypothesen dadurch nicht angegriffen wird. Offen ist dagegen, ob nur der Hypothesengürtel oder auch die individuelle positive

Heuristik der kreativen Änderung des Verhaltens des Wirtschaftssubjektes unterliegt. Hier wird jedenfalls mit der Annahme gearbeitet, daß aktive Lernanstrengungen eines Individuums nicht auf den harten Kern des verwendeten Hypothesenbündels, sondern lediglich auf den Hypothesengürtel und u.U. auch auf die positive Heuristik gerichtet sind.

In der folgenden Abbildung werden die Gemeinsamkeiten und Unterschiede der diskutierten Theorien der Erwartungsbildung und des Lernens noch einmal verdeutlicht. Insbesondere wird gezeigt, wie mit Hilfe der Übertragung wissenschaftstheoretischer Erkenntnisse auf die Erklärung interdependenter Erwartungsbildungs- und Lernprozesse die Theorie subjektiv rationaler Erwartungen durch die subjektive Theorie des Lernens vervollständigt wird.

Abb. 3.2.:　　Darwinistische Theorien der Bildung von Erwartungen und von Lernprozessen

Popper	Lachmann	Theorie subjektiv rationalen Lernens und der Erwartungsbildung
Lösungen von Problemen	*Gewinnorientiertes Planen und Handeln*	*Kreative Suche nach überlegenen Ziel-Mittel-Kombinationen*
Problem	Planaufstellung auf der Basis begrenzten Wissens, Unsicherheit und subjektiver Erwartungen	Planaufstellung auf der Basis begrenzten Wissens, Unsicherheit und subjektiv rationaler Erwartungen, d.h. subjektiver Hypothesen über die Umwelt, die mit unterschiedlichen Maßen potentieller Überraschung (M.p.Ü.) verbunden und entweder dem "Kern" oder dem "schützenden Gürtel" des Hypothesenbündels zuzuordnen sind
konkurrierende Lösungsversuche	Handeln und subjektive Ergebniswahrnehmung	Handeln und subjektive Ergebniswahrnehmung: Erwartungen werden (vorläufig) bestätigt oder falsifiziert
Elimination	Subjektive Planbewertung unter Verwendung der neuen Informationen	M.p.Ü.=0　M.p.Ü. hoch　M.p.Ü. niedrig Kern Gürtel　Kern Gürtel　Kern Gürtel
Problem　Problem	Planaufstellung auf der Basis von mehr (subjektiven) Wissen, neuer subjektiver Erwartungen, aber nach wie vor unter Ungewißheit	weitere Plandurchführung　aktives Lernen, d.h. kreative Bildung neuer Ziel-Mittel-Kombinationen = Planrevision　passives Lernen, d.h. Reaktion auf veränderte Informationen = Planrevision

t

Inwiefern durch diese Art von Lernprozessen eine Gleichgewichtstendenz von

Marktprozessen abgeleitet werden kann, wird im Kapitel 3.3. ausführlich diskutiert.[161] Zuvor muß nur noch die Wirkung der institutionellen Rahmenbedingungen auf die interdependenten Lern- und Erwartungsbildungsprozesse untersucht werden.

3.2.2.3.3. Zur institutionellen Nicht-Neutralität von kreativen Lernprozessen

Die institutionelle Nicht-Neutralität individueller, kreativer Lernprozesse kann am Beispiel des Problems der Induzierung technischen Fortschritts demonstriert werden. Diese Induzierung wird zur ökonomischen Aufgabe, wenn berücksichtigt wird, daß technischer Fortschritt u.a. das Resultat sozialer Prozesse ist, die durch gewinnorientiertes subjektives Lernen der Wirtschaftssubjekte aus ihren Erfahrungen in der Produktion und im Konsum sowie aus ihren Erfahrungen im Marktgeschehen gekennzeichnet sind (vgl. auch *Lachmann* 1994e, S. 176). Das neue Wissen entsteht zum Teil endogen im Marktprozeß über den Wettbewerbsmechanismus (vgl. *Lachmann* 1976a, S. 55 f.). Als volkswirtschaftlich wünschenswertes unintendiertes Ergebnis gewinnorientierten Verhaltens diffundiert das Wissen im evolutionären Wirtschaftsprozeß. Die Dynamik des Prozesses ergibt sich dabei zum einen aus der Intensität individueller Lernanstrengungen und zum anderen aus dem Wirken des verhaltenskontrollierenden Wettbewerbsmechanismus, wobei *ex ante* weder die Richtung noch die Geschwindigkeit, mit der technische Änderungen durch innovative Wirtschaftssubjekte in den Marktprozeß „eingespeist" werden, bekannt ist (vgl. *Lachmann* 1966a, S. 271).

Lists Milieutheorie des Lernens weist auf die Institutionenabhängigkeit von Erwartungs- und Lernprozessen hin. Das „Milieu" bzw. der institutionelle Rahmen beeinflußt die Anreiz- und Opportunitätskostenstruktur, zu lernen, neue Ideen zu entwickeln und sie auszuprobieren. Institutionen stellen damit gleichsam eine Voraussetzung für die Möglichkeit individuellen Lernens sowie der Lernprozesse auf der Marktebene dar. Da Lernen und Erwartungsbildung auf dem Wissensstand der Wirtschaftssubjekte basiert, wirkt sich die Wissensverteilung innerhalb einer Gesellschaft auf die Ergebnisse entsprechender Prozesse aus. Die Arbeits- und Wissensteilung und damit auch die Wissensverteilung hängen nun wiederum auch vom institutionellen Rahmen ab (vgl. *Fehl* und *Schreiter* 1992, S. 165). Damit ist die Nicht-Neutralität der institutionellen Rahmenbedingungen für individuelle und gesellschaftliche Lernprozesse begründet. Nicht nur die Wissensteilung, sondern auch die Richtung, der Anreiz und die Verwendung der Wissenszunahme sind abhängig vom institutionellen Rahmen.[162] Regeln, die die Aneig-

---

[161] *Hayeks* Voraussetzungen des Gleichgewichts basieren auf der Vorstellung der Plan- und Erwartungskoordination. Besteht demnach ein Gleichgewicht, müssen sich Erwartungs- und Lernprozesse zuvor angeglichen haben. Es bestehen jedoch Zweifel, ob selbst *Hayeks* Gleichgewicht, das - wie bereits besprochen - nicht vollkommene Übereinstimmung individuellen Wissens mit den objektiven Daten voraussetzt, möglich ist. Wegen der endogenen Veränderungen im Zuge der Erwartungs- und Lernprozesse der Wirtschaftssubjekte in entwickelten Gesellschaften wird sich vielmehr immer ein kontinuierlicher Marktprozeß ergeben (vgl. dazu *Baird* 1987, S. 197-201, wo er die Vorstellungen *O'Driscolls* und *Rizzos* zu diesem Thema diskutiert). Vgl. auch die Theorie der dissipativen Strukturen von *Fehl* (1986, S. 80-82).

[162] Vgl. auch *Loasby* (1983, S. 113 f.), der die Bedeutung der Ausgestaltung der Organisationsstruktur für die Richtung und Intensität des Informationsflusses und damit für die

nung der Erträge innovativen Verhaltens verhindern, wirken sich beispielsweise negativ auf die Anreize für individuelle Lernprozesse aus.[163]

Auf die Wissenskomponente des institutionellen Rahmens wurde bereits in Kapitel 3.1. hingewiesen. *Langlois* ist beispielsweise der Meinung, daß Institutionen Informationsfunktionen übernehmen. Sie seien „... interpersonal stores of coordinative knowledge" (*Langlois* 1986b, S. 237). Diese interpersonellen Sammelstellen des Koordinationswissens verringern die kognitiven Anforderungen an die Handelnden. Die Problemlösungsaktivitäten in Form von trial-and-error-Prozessen werden durch die Komplexitätsreduktion seitens bestehender Institutionen unterstützt, zum Teil beschränkt, zu einem anderen Teil aber auch erst ermöglicht.[164] Die erfolgreiche Durchführung von Lernprozessen setzt die Möglichkeit der kausalen Zuordnung von Ursache und Wirkung ebenso voraus, wie es notwendig ist, daß die individuellen, mit den verfolgten Plänen zusammenhängenden Erwartungen nicht dauernd mit einem hohen Maß an potentieller Überraschung enttäuscht werden. Ist die Umwelt zu komplex und dadurch die Zukunft zunehmend unsicher, ist intentionales Handeln im Extremfall nicht möglich. Institutionen sorgen dafür, daß Handeln und Lernen in komplexen Gesellschaften dennoch möglich sind.[165]

In der Situation struktureller Unsicherheit orientieren sich handelnde Individuen an Regeln und entwickeln aufgrund ihrer begrenzten kognitiven Fähigkeiten Routinen, um geistige Kapazitäten für schwierige, individuell wichtige Probleme zur Verfügung zu haben. Die institutionellen Rahmenbedingungen wirken auf die Lernanstrengungen der Menschen ebenso ein wie der innere Trieb zur Bedürfnisbefriedigung: „Der Mensch ist ebenso sehr ein Regeln folgendes wie ein zweckgeleitetes Lebewesen" (*Hayek* 1980a, S. 27; *Boettke* 1989a, S. 79). *Hayek* arbeitet einen der Gründe für das Regelverhalten der Menschen heraus. Außerhalb des Gleichgewichts führt das begrenzte Wissen der Individuen dazu, daß sie sich sowohl bewußt als auch unbewußt an Regeln orientieren, die ihrem Leben Stabilität verleihen. Der Mensch entscheidet nicht in jeder Situation von Grund auf neu, indem er alle ihm zu diesem Zeitpunkt verfügbaren Informationen gleichermaßen berücksichtigt. Vielmehr orientiert er sich an seinen Erfahrungen, die wiederum durch den Umgang mit Regeln entstanden sind. Die verinnerlichten Regeln bilden gleichsam einen Teil des individuellen Hypothesenbündels über die Umwelt. Die subjektive Wichtigkeit der jeweiligen Regel drückt sich dabei für das Individuum darin aus, ob es diese institutionelle Hypothese dem Kern oder dem schützenden Gürtel des eigenen Hypothesenbündels zuordnet. Die Begrenztheit des Wissens und die strukturelle Unsicherheit im evolutionären Marktprozeß führt dazu, daß Regelverhalten subjektiv

---

[163] Begrenzung der Interpretationsmöglichkeiten der Daten hervorhebt.
Vgl. *Kerber* (1996, S. 317 f.), der hier die wahrscheinlichen Folgen einer rechtlich geforderten Kompensation von Wettbewerbern seitens ihrer innovativen Konkurrenten diskutiert.

[164] Vgl. *Langlois* (1986b, S. 247), *Barry* (1981, S. 26), *Witt* (1995, S. 18 f.). Vgl. auch schon *Max Weber* (1988b, S. 473 f.).

[165] In diesem Sinne ist auch nach institutioneller Effizienz zu fragen. Diese Frage wird im Kapitel 4.5. noch ausführlich diskutiert.

rational ist.[166]

Als unintendiertes Ergebnis von Routinen- und Regelverhalten - dessen intentionales Ergebnis zunächst in der Nutzung von Kapazitäten des begrenzten kognitiven Erkenntnisapparates für subjektiv wichtigere Entscheidungen besteht - ergibt sich die Erwartungsstabilisierung anderer Wirtschaftssubjekte (vgl. *Ebeling* 1986, S. 48 f.). Durch Routinen- und Regelverhalten werden die Verhaltensweisen der Wirtschaftssubjekte und dadurch indirekt auch die Systemzustände stabilisiert (vgl. auch *Nelson* 1994, S. 250 f.). Insbesondere erhalten die Wirtschaftssubjekte dadurch die Zeit, die sie benötigen, um ihre Lernprozesse erfolgreich durchzuführen. Der interdependente Lern- und Erwartungsbildungsprozeß des kritischen Testens von Hypothesen läuft in der historischen Zeit ab.

Damit wird deutlich, daß ein hohes Maß an Ungewißheit, das z.B. weit entfernt vom möglichen Gleichgewicht herrschen mag, nicht dauerhaft erwartungsdestabilisierend wirken muß.[167] Unter Voraussetzung eines funktionierenden, stabilen institutionellen Rahmens und der Konstanz der Wirtschaftspolitik kann in Phasen intensiver „Produktion" endogener Ungewißheit durch innovatives und kreatives Verhalten einzelner Wirtschaftssubjekte der Grad der Ungewißheit durch das Routinen- und Regelverhalten der übrigen Wirtschaftssubjekte verringert werden - so daß der durch das Maß der potentiellen Überraschung ausgedrückte Nettoeffekt der Ungewißheit moderat ausfällt.[168] Eine gewisse Stabilität individueller, subjektiv rationaler Erwartungen ist demnach auch im evolutionären Wirtschaftsprozeß möglich. Entscheidend ist die Ausgestaltung des institutionellen Rahmens, die Geschwindigkeit seiner Veränderung sowie die Intensität und Auswirkung des Spannungsverhältnisses zwischen individuellem, innovativem Verhalten

---

[166]   *Hayek* äußert sich hier folgendermaßen: „Es mag paradox klingen, daß rationales Handeln es erfordern soll, Kenntnisse, die wir haben, bewußt außer acht zu lassen; aber das gehört zu der Notwendigkeit, uns mit unserer unvermeidlichen Unkenntnis vieler Tatsachen abzufinden, die relevant wären, wenn wir sie kennen würden" (*Hayek* 1969a, S. 45). Vgl. ebenso *Langlois* (1990, S. 693), *Langlois* (1994a, S. 30), *Nelson* (1994, S. 250), *O'Driscoll* und *Rizzo* (1986, S. 258), *Schmidt* und *Moser* (1992, S. 194), *Shearmur* (1992, S. 117). Auch nach *Max Weber* ist menschliches Verhalten nicht objektiv rationales Verhalten i.S. der neoklassischen Kosten-Nutzen-Modelle mit den dafür elementaren Annahmen eines relativ hohen Wissensstandes - sondern vor allem Regelverhalten. Durch Institutionen werden menschliche Erwartungen und Verhaltensweisen stabilisiert (vgl. *Weber* 1988b, S. 473 f.).

[167]   *Weber* und *Streissler* sind der Meinung, daß empirische Studien darauf hinweisen, daß „... je größer die Ungewißheit der Reaktionserwartungen der Unternehmer ist, desto stärker ihr Festhalten an der eingespielten Marktstrategie und der *Gewohnheitscharakter ihres Verhaltens* sind" (*Weber* und *Streissler* 1961, S. 336 (Hervorhebungen im Original)).

[168]   *Max Weber* analysiert den gesellschaftlichen Zwang in Richtung geordnetes Verhalten und spricht von „Verpflichtung" und dem Einsatz von „Zwangsapparaten" (vgl. *Weber* 1988b, S. 465 f., 472). *Elsner* analysiert den Zwang zu Routineverhalten aufgrund des sozialen Drucks in Gesellschaften und der sich daraus ergebenden Erwartungsstabilisierung (vgl. *Elsner* 1989, S. 202). Auf der anderen Seite erschwert sozialer Druck in Richtung konformen Verhaltens der Gesellschaftsmitglieder kreatives und innovatives Verhalten auch wieder. Diese Problematik wird im Rahmen der Diskussion der *Hayek*schen Theorie der Regelselektion weiter analysiert.

und dem vergangenheitsbezogenen Inhalt der Institutionen.[169]

Bisher wurde noch nicht thematisiert, daß sich Lernprozesse nicht allein auf das Testen von Hypothesen am Markt unter gegebenen institutionellen Rahmenbedingungen, sondern auch auf die Veränderung des institutionellen Rahmens selbst beziehen. Um diesen Zusammenhang zu verdeutlichen, sei in Vorgriff auf das 4. Kapitel kurz auf *Hayeks* Vorstellungen zur sozio-kulturellen Evolution eingegangen.

Hayek unterscheidet drei Ebenen der Evolution der menschlichen Gesellschaft. Die erste Ebene besteht in der biologischen Evolution der menschlichen Spezies. Die zweite Ebene ist die der Wissensevolution infolge des individuellen Lernens und die dritte Ebene bezieht sich auf den Tatbestand der sozio-kulturellen Evolution, d.h. der Entstehung und Entwicklung von Institutionen.[170]

Die dritte Ebene ist durch einen kulturellen Lernprozeß gekennzeichnet, in dem sich die Erfahrungen und Lernergebnisse von Individuen in Verhaltensregeln ansammeln (vgl. *Vanberg* 1994, S. 16 f.; *Witt* 1989, S. 144). Das Wissen, das in den gewachsenen Institutionen enthalten ist, ist deshalb so wertvoll, weil es eine große Menge an im Evolutionsprozeß kritisch getesteten Wissen darstellt. Genau in diesem Sinne wirken Institutionen als „interpersonal stores of knowledge". Die Aufbewahrung des Wissens und der Erfahrung findet demnach nicht nur in menschlichen Gehirnen statt. Institutionen als Sammelstellen des in der Vergangenheit im Evolutionsprozeß kritisch getesteten Wissens ermöglichen intentionales Handeln unter echter Unsicherheit. In diesem Sinne stellen Institutionen ein Teil des Vermögens einer Gesellschaft dar.[171] Deswegen ist auch die Unterscheidung zwischen gewachsenen und gesetzten Institutionen so wichtig. In gewachsenen Institutionen ist die enthaltene Menge an Wissen größer als in vernunftmäßig am „Reißbrett" entstandenen Institutionen. Der Grund besteht darin, daß in erstere das im Prozeß getestete Wissen von mehr Individuen eingeflossen ist, als dies aufgrund der mangelnden Zentralisierbarkeit von Wissen im politischen Prozeß der Schaffung von Institutionen jemals der Fall sein kann.

Insgesamt zielt die Idee des kulturellen Lernprozesses auf die Interdependenzen zwischen individuellen Lernprozessen und den Wirkungen von Institutionen ab. Inwiefern die Regelselektion im Evolutionsprozeß selbst stattfindet, ist dabei Thema des nächsten Hauptkapitels.

---

[169]   *Elsner* spricht in diesem Zusammenhang von der „technological-institutional-dichotomy" (*Elsner* 1989, S. 210). Die hier angesprochene Dichotomie wird im Rahmen der Untersuchung der Evolution von Institutionen wieder aufgegriffen.

[170]   Vgl. *Blankart* und *Stoetzer* (1991, S. 168), *Vanberg* (1994, S. 19 f.), *Witt* (1989, S. 143).

[171]   Die zu überindividuellen Erfahrungen verdichteten individuellen Lernprozesse der Gesellschaftsmitglieder führen - so eine exemplarische Textstelle aus den Schriften *Hayeks* - schließlich zu einem Ergebnis, das „die Summe von Erfahrungen darstellt, die zum Teil als explizites Wissen von Generation zu Generation weitergegeben wird, zum größten Teil aber in Werkzeugen und Institutionen verkörpert ist, die sich überlegen zeigten ..." (*Hayek* 1991, S. 74). Vgl. auch *Baird* (1989, S. 226).

3.2.3. Das Menschenbild des *homo discens* - eine Zusammenfassung der wichtigsten Merkmale

Diese kurze Zusammenfassung der wichtigsten Merkmale des entwickelten Menschenbildes dient als „Erinnerungsposten" für die folgenden Untersuchungen zur Tendenz evolutionärer Marktprozesse sowie zur Evolution des institutionellen Rahmens.

Das Menschenbild des *homo discens*, des lernenden Menschen, vereinigt die elementaren Bestandteile des Menschenbilds des *homo agens* mit den Überlegungen zur Bedeutung des Wirtschaftsplans, zur Subjektivität der Erwartungsbildung und zum individuellen Lernverhalten. Insbesondere wird dabei die Beeinflussung des interdependenten Lern- und Erwartungsbildungsprozesses durch den institutionellen Rahmen berücksichtigt.

Zuallererst ist das entwickelte Menschenbild durch die Fähigkeit des *homo discens* zum „*Einstein-Verhalten*" charakterisiert. Der *homo discens* stellt die treibende Kraft im evolutionären Wirtschaftsprozeß dar. Sowohl die initiative Schaffung von Wissen als auch seine evolutionäre Diffusion beruht auf der Fähigkeit des Menschen zu lernen. Damit steht nicht mehr die Erklärung des ökonomischen Verhaltens der *Robbins*schen Kombination von Mitteln zur Erreichung gegebener Ziele im Mittelpunkt der Analyse, sondern die Untersuchung der unter Ungewißheit und mit begrenztem Wissen durchgeführten individuellen *Suche nach überlegenen Ziel-Mittel-Kombinationen und deren Umsetzung* in der historischen Zeit.

Dabei spiegelt sich der „hard core" der österreichischen Schule im Menschenbild des *homo discens* wider. Basis bildet die von *Menger* und *Mises* begründete subjektive Wirtschaftstheorie. Ausgehend von der Subjektivität der Ziele, der Wertungen, des Wissens und der Rationalität der Menschen wird zunächst die *Grundlage der Planung* allen intentionalen Handelns betont. Der individuelle Wirtschaftsplan stellt den Zentralbegriff allen ökonomischen Handelns dar. Pläne als gedankliche Schemata zur Strukturierung der zukünftigen Handlungsalternativen enthalten die verfolgten Zwecke, die Mittel und die möglichen Handlungsfelder sowie die (nicht nur institutionellen) Begrenzungen der Handlungsalternativen.

Neben der Kategorie der Planung kann aus dem Grundaxiom des zielgerichteten Handelns die Kategorie der Erwartung logisch abgeleitet werden. Ausführlich wird zunächst die *Subjektivität der Erwartungen* begründet und der Nutzen der Vorstellungen von der Elastizität der Erwartungen, vom Preiserwartungsspielraum und von der Idee des „*Maßes der potentiellen Überraschung*" kritisch diskutiert. Auf die letzten beiden Analyseinstrumente wird im Zusammenhang mit der Entwicklung der *Theorie subjektiv rationaler Erwartungen* und der Erklärung des interdependenten Lern- und Erwartungsbildungsprozesses zurückgegriffen.

Die Basishypothese der Theorie subjektiv rationaler Erwartungen lautet, daß Wirtschaftssubjekte mit subjektiv rationalen, in die Zukunft gerichteten mentalen Modellen arbeiten. Das *ex ante Wissen*, das diesen Modellen zugrundeliegt, ist wegen der endogenen „Produktion" von Ungewißheit in evolutionären Prozessen unvollständig und unsicher. Wegen des Einflusses von Institutionen werden subjektiv rationale Erwartungen im Evolutionsprozeß jedoch nicht willkürlich gebildet, sondern weisen Ähnlichkeiten auf. *Die Subjektivität der Erwartungen wird durch das Wirken von Institutionen relativiert.*

Neben der Berücksichtigung der subjektiven Erwartungsbildung bildet die Erklärung des Lernverhaltens der Individuen im institutionellen Kontext den weiteren Schwerpunkt des Menschenbilds des *homo discens.* Durch die Übertragung der wissenschaftstheoretischen Vorstellungen *Poppers* und *Lakatos'* sowie der Theorie des Lernens von *Popper* auf das Lernverhalten von Wirtschaftssubjekten im evolutionären Marktprozeß wird der interdependente Lern- und Erwartungsbildungsprozeß erklärt. *Lernen* ist gekennzeichnet duch die *hypothetisch-deduktive Vorgehensweise* des kritischen Testens von Vermutungen. Nicht alle Hypothesen eines Hypothesenbündels stehen dabei gleichermaßen der Veränderung offen. Die Annahme lautet vielmehr, daß das Wirtschaftssubjekt zunächst erst Hypothesen aus dem schützenden Hypothesengürtel an der Empirie scheitern lassen wird, bevor der harte Kern des Hypothesenbündels geändert wird.

Aktives Lernen ist darüber hinaus durch die Möglichkeit gekennzeichnet, das indviduelle Gleichgewicht auch aus eigenem Antrieb und nicht nur als Reaktion auf äußeren Druck zu verlassen. Der *interdependente Prozeß des Lernens und der Erwartungsbildung* ist dabei sowohl durch das dogmatische Festhalten an bisherigen Problemlösungsvorstellungen - insbesondere, wenn sie dem harten Kern des Hypothesenbündels zuzuordnen sind - als auch durch die Fähigkeit des *kreativen Testens von Problemlösungen* gekennzeichnet. Letztere stellt darüber hinaus den wichtigsten Grund dafür dar, daß menschliches Handeln nicht determiniert ist. Trotz bestehender ökonomischer Gesetzmäßigkeiten, die für erfolgreiches menschliches Handeln nicht ignoriert werden können, bleibt Raum für menschliche Kreativität bestehen.[172]

Die kompexitätsreduzierende Wirkung von Institutionen stellt darüber hinaus eine wichtige Voraussetzung für individuelle und soziale Lernprozesse dar.

Unter Rückgriff auf das Menschenbild des *homo discens* wird im weiteren die Analyse evolutionärer Marktprozesse durchgeführt, bevor im 4. Kapitel die Bestimmungsgünde der Evolution von Institutionen untersucht und Kriterien in Richtung evolutionäre Effizienz entwickelt werden. Dieser Zwischenschritt ist notwendig, damit die im 4. Kapitel aufgestellte Hypothese von der Ko-Evolution von Märkten und Institutionen als Resultat der Lernanstrengungen von Wirtschaftssubjekten einsichtig wird.

3.3. Der Einfluß des institutionellen Rahmens auf die Tendenz von Marktprozessen

„Process analysis, we may say, combines the equilibrium of the decision-making unit, firm or household, with the disequilibrium of the market" (*Lachmann* 1956, S. 40).

In der österreichischen Schule ist die Evolution der Vorstellungen darüber, wie Marktprozesse funktionieren, eng verknüpft mit der Evolution des Subjektivismus, die sich von *Menger* über *Mises, Lachmann* und *Shackle* bis hin zu den heutigen Vertretern dieser Theorierichtung erstreckt:

---

[172] Vgl. *Kerber* (1992, S. 172), *Lachmann* (1966b, S. 162), *Lachmann* (1984d, S. 163).

„We may describe the evolution of subjectivism from *Menger* through *Mises* to *Shackle* as an evolution from a subjectivism of given wants through one of given ends to that of active minds" (*Lachmann* 1982, S. 39).

Die konsequente Berücksichtigung menschlicher Subjektivität in der Theorie - Gegner der österreichischen Schule sprechen vom radikalen Subjektivismus -, verbunden mit der Berücksichtigung der Implikationen der historischen Zeit und der strukturellen Unsicherheit, führt dazu, daß die Gleichgewichtstendenz evolutionärer Marktprozesse nicht mehr *ex ante* ableitbar ist. Innerhalb der österreichischen Schule bestehen erhebliche Unterschiede bezüglich der Vorstellung über die Gleichgewichtstendenz von Marktprozessen.[173]

Im Rahmen dieses Kapitels wird deshalb - unter Zugrundelegung des entwickelten evolutionären Menschenbilds des *homo discens* - das Problem der Gleichgewichtstendenz von Marktprozessen in erster Linie anhand der Vorstellungen von *Mises, Kirzner* und *Lachmann* diskutiert. Insbesondere wird die Rolle der Institutionen für die Tendenz der Prozesse thematisiert. Die dabei entwickelten Erkenntnisse werden im 4. Kapitel, das die Erklärung der Evolution von Institutionen zum Thema hat, von Relevanz sein.

3.3.1. *Mises'* Theorie der Gleichgewichtstendenz

Das *Mises*sche Konzept des *homo agens* beschränkt die Analyse nicht auf das statische Allokationsproblem, d.h. die Optimierung gegebener Mittel für subjektive Zwecke, sondern thematisiert außerdem die Problematik der Festlegung des Zweck-Mittel-Rahmens, innerhalb dessen Menschen handeln (vgl. *Kirzner* 1978a, S. 26 f.). Seine Handelnstheorie basiert auf der Annahme, daß die Suche nach neuen Zielen und bisher unbekannten Ressourcen einer natürlichen Neigung des *homo agens* entspringt, die sich aus dem ständigen Unbehagen über die im Vergleich zu den Bedürfnissen knappen Ressourcen ergibt (vgl. *Kirzner* 1978a, S. 27). Diese psychologischen Überlegungen besitzen lediglich ergänzenden Erklärungscharakter, da die Praxeologie - wie bereits ausführlich diskutiert - auf dem introspektiv nachvollziehbaren Grundaxiom des intentionalen Handelns beruht und demnach ohne psychologische Hilfshypothesen ökonomisch relevantes Handeln erklären kann.

Mises' Unternehmertheorie basiert auf der a priori gültigen, aus dem Handelnsaxiom abgeleiteten Kategorie der Unsicherheit (vgl. *Mises* 1949, S. 254). Der Begriff des Unternehmers besitzt bei *Mises* zwei Bedeutungen. Zum einen beinhaltet (zukunftsgerichtetes) Handeln wegen der strukturellen Ungewißheit der Zukunft immer ein spekulatives Element. In diesem Sinne ist *jeder* Marktteilnehmer ein Unternehmer.[174] Nicht einige wenige, aktiv handelnde Marktakteure vollenden entweder das Gleich-

---

[173]   Es ist deshalb nicht richtig, daß *Blaug* die österreichische Schule dadurch charakterisiert, daß sie zwar nicht Gleichgewichtstheorie sei (das stimmt), jedoch die allgemeine Gleichgewichtstendenz von spontanen Marktprozessen als gegeben annehme (das muß differenzierter betrachtet werden) (vgl. *Blaug* 1990, S. 186).

[174]   „The term entrepreneur as used by catallactic theory means: acting man exclusively seen from the aspect of the uncertainty inherent in every action" (*Mises* 1949, S. 254).

gewicht („neoklassischer Optimierungsautomat") oder bringen das System aus dem Gleichgewicht („Schumpeterscher Unternehmer"), sondern „in any real and living economy every actor is always an entrepreneur and speculator" (*Mises* 1949, S. 253).[175] Zum anderen versteht *Mises* das Unternehmertum als Spezialisierung in dem Sinne, daß begabte „Bewerter" der ungewissen Zukunft die Unternehmerrolle in den Entscheidungszentren der Unternehmen übernehmen. Diese stellen die treibende Kraft hinter dem gleichgewichtsgerichteten Wettbewerbsprozeß dar und garantieren über ihre besonderen Fähigkeiten die Effizienz des marktwirtschaftlichen Systems.[176]

Im Rahmen der Katallaxie betreibt *Mises* sowohl Modelltheorie als auch Prozeßtheorie. Im Gegensatz zu der idealen Modellkonstruktion der „evenly rotating economy" (ERE)[177] betont er, daß „the market is a process" (*Mises* 1949, S. 258).[178]

Mises berücksichtigt in seiner Prozeßtheorie sowohl die Rolle der Erwartungen und die des begrenzten Wissens als auch die Rolle der Institution des Geldes, die erst die ökonomische Kalkulation ermögliche.[179] Seine Formulierung der Markttheorie als Prozeßtheorie, die das Planen und Handeln der Wirtschaftssubjekte in der Zeit analysiert, benötigt Erwartungshypothesen, die nicht a priori wahr sein können - womit der Faden zur Diskussion aus dem Kapitel über den Wahrheitsgehalt der Praxeologie wieder aufgenommen ist. Werden Erwartungen in die Analyse integriert, unterliegen sie der empiri-

---

[175] Vgl. außerdem *Böhm* (1989, S. 42 f.), *Kirzner* (1986a, S. 148 f.), *Zlabinger* (1994, S. 44).

[176] Vgl. *Kirzner* (1981a, S. 51 f.), *U. Krüsselberg* (1993, S. 142 f.), *Lavoie* (1981, S. 62 f.), *Vaughn* (1994a, S. 83), *Zlabinger* (1994, S. 44 f.). *Mises'* Herleitung der Unternehmerfunktion, nämlich die Spezialisierung auf den Umgang mit Ungewißheit, weist große Ähnlichkeiten mit der Konzeption *Knights* auf (vgl. *Knight* 1921/1964; passim, insb. S. 271, 276, 280). *High* diskutiert *Mises'* enge Verknüpfung der Unsicherheit mit der Unwissenheit. Die Funktion des Unternehmers sei es, mit Unsicherheit umzugehen, was Unwissenheit impliziere (vgl. *High* 1982, S. 161 f.).

[177] Die ERE wird als generelles Gleichgewicht auf einen Zeitraum bezogen definiert. Dieses ergibt sich bei Abwesenheit der Änderung exogener Daten (vgl. *Böhm* 1989, S. 32-34). *Vaughn* weist darauf hin, daß *Mises* unbefriedigenderweise drei Gleichgewichtsbegriffe benutze: den „plain state of rest"; den „final state of rest" sowie die „evenly rotating economy" (vgl. *Vaughn* 1994a, S. 81 f.). Trotz der Formulierung der ERE als analytisches Hilfsmittel lehnt *Mises* die Gleichgewichtstheorie zur Erklärung von Marktphänomenen ab (vgl. *Mises* 1961, S. 131; *Caldwell* 1989, S. 96).

[178] Vgl. auch *Littlechild* (1982, S. 86) und *Kirzner* (1994c, S. 105 f.).

[179] Vgl. *Mises* (1949, S. 230-232, 260), *Ebeling* (1981, S. 16), *Ebeling* (1994, S. 90), *Garrison* (1982, S. 135), *Kirzner* (1992a, S. 112 f.), *Vaughn* (1990, S. 397), *Vaughn* (1994a, S. 78-80). Die Institution des Geldes stellt die notwendige Voraussetzung dafür dar, daß Preise als Knappheitsindikator die Grundlage für die Ermittlung von Opportunitätskosten bilden, ohne die nach *Mises* keine rationale Wirtschaftsrechnung möglich wäre (vgl. *Buchanan* 1969, S. 21, 34; *Heuß* 1993, S. 102; *Lavoie* 1981, S. 59; *Rockwell* 1995, S. 5). In diesem Sinne ist nach *Mises* Geld auch niemals neutral (im Sinne der qualitativen Neutralität). *Rothbard* vertritt darüber hinaus die Meinung, daß die Nutzung des Geldes als Tauschmittel eine praxeologische Kategorie sei: „'Money' is a praxeological category, arising when the market chooses a commodity to serve as a general medium of exchange" (*Rothbard* 1951a, S. 182). Rothbard übersieht dabei jedoch, daß die Evolution des Geldes ein unintendiertes Ergebnis intentionalen Handelns der Marktteilnehmer darstellt. Die Nutzung des Geldes als Tauschmittel ist aus diesem Grund nicht direkt aus dem Grundaxiom des intentionalen Handelns ableitbar. Vgl. dazu auch das 4. Kapitel über die Evolution von Institutionen sowie das 5. Kapitel zur Evolution von Währungsverfassungen.

schen Überprüfung (vgl. *Böhm* 1982, S. 46 f.; *Foss* 1992, S. 9).[180] Nicht nur die Katallaxie, sondern die gesamte Praxeologie kommt nicht ohne eine systematische Berücksichtigung der Erwartungen aus. Da nach *Mises* Handeln immer zukunftsgerichtet ist, sind alle damit verbundenen Vorgänge - wie das Bewerten, Planen und Denken - von Erwartungen über zukünftige Tatbestände geleitet. Unter Berücksichtigung der geleisteten Begründung der Subjektivität der Erwartungen ist nun zu fragen, wie *Mises* die Gleichgewichtstendenz von Marktprozessen begründet.

Mises leitet die Gleichgewichtstendenz aus der Annahme ab, daß diejenigen Marktteilnehmer mit den „richtigen" Erwartungen die Entwicklung des Marktprozesses bestimmen werden. Heutige Gewinne stellen die Belohnung für zutreffende Einschätzungen, Hypothesen bzw. Pläne der Vergangenheit dar.[181] Die Gewinnmotivation der Marktteilnehmer, mit anderen Worten, ihr Bemühen, Fehler zu vermeiden bzw. aus Fehlern zu lernen, führt nach *Mises* dazu, daß Marktprozesse eine inhärente Tendenz zum Gleichgewicht besitzen (vgl. *Kirzner* 1992b, S. 54; *U. Krüsselberg* 1993, S. 140 f.). Im Wettbewerb werden die Investoren mit den zutreffenden Erwartungen infolge der erwirtschafteten Gewinne und ihrer erfolgreichen Kapitalakkumulation Marktanteile auf Kosten der Wirtschaftssubjekte mit den unzutreffenden Erwartungen hinzugewinnen. Ihr Gewicht bei der weiteren Marktentwicklung nimmt demnach zu; der Marktprozeß als Lernprozeß bewegt sich in Richtung Gleichgewicht.[182] Elementare Voraussetzung für die Gleichgewichtstendenz von Marktprozessen ist dabei, daß der institutionelle Rahmen falsche Erwartungen bestraft und richtige belohnt (vgl. *Mises* 1961, S. 134 f., *Garrison* 1986b, S. 96 f.).

Die Effizienz des marktlichen Systems wird darüber hinaus durch den gleichen Mechanismus gewährleistet, der für die Gleichgewichtsrichtung des Marktprozesses sorgt. Die Gewinnorientierung der im Wettbewerb stehenden Unternehmer führt dazu, daß als unintendiertes Ergebnis ihres eigennützigen Verhaltens die Konsumentenwünsche kostengünstig erfüllt werden und sogar technischer Fortschritt in den Prozeß eingespeist

---

[180] *Ebeling* diskutiert die Frage, ob *Mises* über eine ausgearbeitete Theorie der Erwartungen verfügt, und ist im Gegensatz zu *Lachmann* der Meinung, daß Mises eine entsprechende Theorie unter Rückgriff auf das *Weber*sche Konzept der Idealtypenbildung entwickelt hat (vgl. *Ebeling* 1994, S. 83 ff.; *Lachmann* 1982, S. 36, 38). *Mises* äußert sich explizit zur Rolle der Erwartungen im ökonomischen Prozeß in dem Kapitel „Spekulation" in *Mises* (1961, S. 133 f.). Dort heißt es unter anderem: „Da über die Gestaltung der Zukunft nichts mit Sicherheit vorausgesagt werden kann, beruht jegliches auf Bedarfsdeckung gerichtete Tun auf Vermutungen und Erwartungen." In diesem Zusammenhang sei außerdem zunächst nur darauf hingewiesen, daß, sobald Erwartungen in der Theorie eine Rolle spielen, automatisch auch die institutionelle Struktur, unter der diese Erwartungen gebildet werden, von Relevanz ist.

[181] Vgl. *High* (1982, S. 167 f.), *Lachmann* (1951, S. 419 f.), *Meyer* (1981, 45). *Mises* sieht die unternehmerische Kraft in Richtung des unrealisierbaren Endzustandes der ERE wirken (vgl. *Mises* 1961, S. 134 f.; *Kirzner* 1981a, S. 53).

[182] „In the market economy the better people are forced by the instrumentality of the profit-and-loss system to serve the concerns of everybody, including the hosts of inferior people" (*Mises* 1962, S. 112). Sieh auch *Mises* (1949, S. 335): „The essential fact is that it is the competition of profit-seeking entrepreneurs that does not tolerate the preservation of *false* prices of the factors of production." (Hervorhebung im Original).

wird.[183]

In diesem Sinne verwendet *Mises* die nicht unproblematische Bezeichnung der Konsumentensouveränität. Diese soll ausdrücken, daß der Konsument in Marktwirtschaften über die bedürfnisorientierte Wertung der ihm angebotenen Güter letztendlich darüber entscheidet, was ein Gut wert ist und welcher Anbieter Gewinne oder Verluste erleidet (vgl. *Mises* 1961, S. 131 f.). *Vaughn* weist hier jedoch nicht zu Unrecht darauf hin, daß sich Marktprozesse besser als interaktive Prozesse darstellen lassen, in denen auch die Anbieter z.B. in Form von Produktinnovationen die Entscheidung darüber mittragen, was letztendlich produziert wird (vgl. *Vaughn* 1994a, S. 84). *Rothbard* bevorzugt genau aus diesem Grunde den Ausdruck der individuellen Souveränität in Marktprozessen gegenüber dem der Konsumentensouveränität.[184]

3.3.2. *Kirzners* "Findigkeit" als Grundlage der Gleichgewichtstendenz

Kirzner lehnt die analytische Konstruktion des ökonomisierenden *Robbins*schen Wirtschaftssubjektes als Erklärungsmodell für sozialökonomische wettbewerbliche Prozesse als unzulänglich ab (vgl. *Kirzner* 1978a, S. 27).[185] Maximierende Marktteilnehmer sind lediglich in einem Rahmen vorstellbar, in dem das Wissen über die relevanten Marktdaten prinzipiell schon vorhanden ist und es nur noch darum geht, die nun eindeutig determinierte Optimalsituation zu ermitteln und zu realisieren. In einer solchen Welt spielen beispielsweise Transaktionskosten eine herausragende Rolle. Diese müssen beim Vorgang des Optimierens berücksichtigt werden.[186]

Um jedoch die Bedeutung marktlicher Prozesse in ihrer ganzen Dimension erfassen zu können, ist es notwendig, den Vorgang der Koordination begrenzten Wissens im Marktprozeß zu betrachten (vgl. *Kirzner* 1981b, S. 115 f.). Auf der Basis ihres subjektiven Wissens schmieden Marktteilnehmer ihre Pläne, die über das Preissystem wettbewerblicher Märkte koordiniert werden. Im Prozeß dieser Koordination werden Erwar-

---

[183] Vgl. *Mises* (1949, S. 270-272), *Mises* (1961, S. 135), *Kirzner* (1981a, S. 54 f.), *Popper* (1970, S. 120).

[184] Vgl. *Rothbard* (1993, S. 560-562), wo er *Hutt* wegen dessen normativer Wendung der Konsumentensouveränität heftig kritisiert. Vgl. dazu auch *Hutt* (1936/1990, Kapitel 16, S. 257-272), der hier u.a. auf die Bedeutung von Institutionen, insbesondere der Regeln des Wettbewerbs sowie des Rechts hinweist. *Yeager* spricht auch von Investoren-Souveränität (vgl. *Yeager* 1987, S. 14). Der Begriff der individuellen Souveränität von *Rothbard* ist jedoch passender, da umfassender. *Kerber* unterscheidet etwas umständlich individuelle Freiheit und Konsumentensouveränität. Er benötigt damit zwei Begriffe, um das auszudrücken, was Rothbard mit dem Begriff der individuellen Souveränität meint (vgl. *Kerber* 1989, S. 33 f., 76, 82 f.).

[185] Siehe auch *Kirzner* (1978a, S. 76): „*Rein Robbins'sche Ökonomisierungsakitivität ist niemals wettbewerblich; reine Unternehmeraktivität ist es immer.*" (Hervorhebungen im Original). *Kirzner* verwendet die Terminologie des *Robbins*schen Maximierers durchgehend.

[186] Um Mißverständnissen vorzubeugen sei hier darauf hingewiesen, daß *Robbins* nicht vom Optimieren spricht - dies behauptet *Kirzner* ja auch nicht - sondern vom Ökonomisieren im Ziel-Mittel-Rahmen, wobei die Ziele der Ökonomie von den Individuen vorgegeben werden. Dabei berücksichtigt *Robbins* durchaus auch Implikationen der historischen Zeit, der Unsicherheit und der Unwissenheit (vgl. *Robbins* 1948, passim, beispielsweise S. 14, 78, 92).

tungen enttäuscht, nicht alle Pläne können vollständig erfüllt werden. Es setzt - wie bereits analysiert - ein Lernprozeß ein. Zumindest die enttäuschten Marktakteure revidieren ihre Erwartungen und stellen neue Pläne auf, mit denen sie hoffen, ihre Bedürfnisse besser befriedigen zu können (vgl. *Hoppmann* 1981, S. 222). Im Zuge dieses Lernprozesses werden als unintendiertes Ergebnis individuellen intentionalen Handelns Informationen an andere Marktteilnehmer übertragen. Dabei signalisieren die ökonomischen Informationen des Marktsystems in Form von Preisen, angebotenen und nachgefragten Mengen, Lagerkapazitäten usw. die objektiven Knappheiten bezogen auf die „subjektiven Daten" (*Hoppmann* 1981, S. 224).

3.3.2.1. Das Phänomen der Findigkeit

Kirzner hebt die für den wettbewerblichen Prozeß entscheidende „Findigkeit" der Marktteilnehmer hervor. Er bezeichnet die „Findigkeit bezüglich möglicher neuer lohnender Ziele und bezüglich neuer verfügbarer Ressourcen (...) als das *unternehmerische Element* bei der menschlichen Entscheidungsbildung ..." (*Kirzner* 1978a, S. 28). Die Koordinationsleistung wettbewerblicher Märkte besteht in der Wissensübertragung des individuell vorhandenen Wissens zwischen Marktteilnehmern. Unternehmertum, d.h. Findigkeit bezüglich neuer Marktdaten, wird für die *Entdeckung* neuer Ziel-Mittel-Kombinationen benötigt. Die *Kirzner*sche Fragestellung lautet in Anlehnung an *Hayek*, wie durch den Marktprozeß den Marktteilnehmern Wissen vermittelt wird.[187] Dabei weist er immer wieder darauf hin, daß das unternehmerische Element nicht in der *Robbins*schen Ökonomisierung liegt, sondern in der Findigkeit, Gewinnchancen zu erkennen und zu nutzen, die sich aus Koordinationsmängeln ergeben (vgl. auch *Klausinger* 1991, S. 92).

Findigkeit drückt die Fähigkeit aus, im Marktprozeß (räumliche, preisliche, temporale usw.) Koordinationslücken zu entdecken und diese zum Zweck der Gewinnrealisierung zu schließen. Damit hebt *Kirzner* auf die Arbitrage ab. Im folgenden muß jedoch beachtet werden, daß *Kirzner* seiner Theorie einen sehr weiten Arbitragebegriff zugrunde legt. Unter Arbitrage i.w.S. subsumiert er nämlich sowohl die traditionell verwendete Arbitrage i.e.S. als auch die Marktkräfte der Akkumulation und der Innovation.[188] Die Bedeutung dieses Kunstgriffs offenbart sich insbesondere bei der Ableitung der Gleich-

---

[187] Genau in der Wahl superiorer Ziel-Mittel-Kombinationen besteht der Unterschied zum *Robbins*schen Ökonomisierer (vgl. *Kirzner* 1978a, S. 31; *Kirzner* 1982a, S. 141; *Kirzner* 1984, S. 193; *Vaughn* 1992, S. 254).

[188] *Kirzner* verdeutlicht seine Vorstellungen über das Wirken der Marktkräfte vor allem in Auseinandersetzung mit der Unternehmertheorie *Schumpeters* (vgl. *Kirzner* 1978a, passim, insb. S. 58-60, 101-106). „Ich betrachte den Unternehmer nicht als Quelle schöpferischer Ideen ex nihilo, sondern als *findig* bezüglich der Gelegenheiten, die *bereits bestehen* und auf ihre Entdeckung warten. Auch in der wirtschaftlichen Entwicklung ist der Unternehmer als jemand anzusehen, der Gelegenheiten nicht schafft, sondern auf sie reagiert, der Gewinngelegenheiten nicht erzeugt, sondern sie wahrnimmt. Wenn gewinnträchtige, kapitalintensive Produktionsmethoden technisch möglich sind und das Sparvolumen zur Bereitstellung des nötigen Kapitals ausreicht, dann wird Unternehmertum benötigt, um sicherzustellen, daß die Innovation auch tatsächlich erfolgt" (*Kirzner* 1978a, S. 59 f. (Hervorhebungen im Original)).

gewichtstendenz des Marktprozesses.

3.3.2.1.1. Dynamischer Subjektivismus

Es gibt nach *Kirzner* zwei Aspekte unternehmerischen Handelns, die weit über das hinaus gehen, was mit *Robbins*scher Ökonomisierung umschrieben werden kann. Zum einen kann ökonomisches Handeln nicht durch das Postulat objektiver Rationalität innerhalb gegebener Handlungsalternativen adäquat abgebildet werden. Es bedarf vielmehr der Perspektive der individuellen, subjektiven Auswahl der Ziel-Mittel-Handlungsrahmen. Zum anderen ist menschliches Handeln abseits vom Gleichgewicht konstitutiert durch die Entdeckung von Fehlern (vgl. *Kirzner* 1982a, S. 143).[189]

Kirzner spricht im Zusammenhang mit der Wahl von Ziel-Mittel-Rahmen von dem Konzept des dynamischen Subjektivismus, das sich seiner Meinung nach aus der systematischen Verknüpfung der subjektiven Elemente der Wirtschaftstheorien von *Mises* und *Hayek* ergibt (vgl. *Kirzner* 1986a, S. 144). Dynamischer Subjektivismus berücksichtigt - im Gegensatz zum sog. statischen Subjektivismus - sowohl die Zukunftsgerichtetheit des Handelns als auch die Indeterminiertheit menschlicher Entscheidungen. Mises' Menschenbild des *homo agens* ersetzt die Vorstellung von der mechanischen, allokativen Aktivität des objektiv rationalen Maximierens, während *Hayeks* Berücksichtigung des verstreuten, subjektiv unvollständigen Wissens explizit auf die Rolle des Wissens und Lernens im ökonomischen Prozeß verweist (vgl. *Kirzner* 1986a, S. 147-154). Statischer Subjektivismus beruht dagegen auf der Annahme, daß die subjektiven Präferenzen quasi „mechanisch" die Entscheidungen determinieren. Innerhalb gegebener Ziel-Mittel-Rahmen wird so die Logik der Wahl zelebriert (vgl. *Kirzner* 1986a, S. 138 f.; *Salerno* 1982, S. 251 f.).[190]

Im Vergleich mit dem statischen Subjektivismus berücksichtigt der dynamische Subjektivismus, daß die Wirtschaftssubjekte bei der Formulierung ihrer Wünsche zwischen gedachten Alternativen wählen müssen, die erst in der Zukunft existent werden. Dies bedeutet jedoch, daß im Moment der Wahl nicht alle Ziele gegeben sind, sondern sich teilweise erst bei der Ausführung der Wahl ergeben. Im Entscheidungsprozeß verändert sich der Ziel-Mittel-Rahmen (vgl. *Kirzner* 1986a, S. 141-143).[191]

3.3.2.1.2. Findigkeit und Lernprozesse auf der Marktebene

Kirzners Konzept der Findigkeit basiert auf dem Gedanken des dynamischen Subjektivismus. Dabei ist die Findigkeit im Marktprozeß nicht auf die gewinnorientiert handeln-

---

[189] *Kirzner* versäumt es hier, zunächst auf die Bedeutung des „Fehler-Machens" hinzuweisen.

[190] Dieser statische Subjektivismus ist seit *Robbins* auch in die angelsächsische Neoklassik eingeflossen (vgl. *Kirzner* 1992b, S. 48; *Mittermaier* 1992, S. 9). Dadurch ist zwar österreichisches Gedankengut auch außerhalb des deutschsprachigen Raumes mit neoklassischen Überlegungen kombiniert worden, die bereits von *Menger* geleistete Grundlegung der später systematisch weiterentwickelten Vorstellungen vom dynamischen Subjektivismus ging dabei jedoch verloren.

[191] *Kirzner* ist der Meinung, daß auch Menger über relevante Elemente des dynamischen Subjektivismus verfügt hat (vgl. *Kirzner* 1986a, S. 140).

den Unternehmer beschränkt. *Kirzner* wendet sich ausdrücklich gegen die Definition von Unternehmertum als Produktionsfaktor „überlegenes Wissen". Findigkeit beweist jeder Marktteilnehmer, der Gewinn- und Einkommenschancen entdeckt. Arbeitnehmer, die ihren Wert für das Unternehmen entdecken und höhere Löhne durchsetzen, sind ebenso findig wie Unternehmer, die mittels neuer, überlegener Ressourcenkombinationen Gewinne realisieren (vgl. *Kirzner* 1978a, S. 53-55).[192]

Die Bedeutung der Findigkeit als menschliche Eigenschaft leitet *Kirzner* vor allem aus dem Phänomen natürlicher Unwissenheit (utter ignorance) als Quelle des Phänomens potentieller Überraschung und der gewinnorientierten Entdeckung ab. Wie bereits in Kapitel 3.2.2.3.1. erläutert, beschreibt natürliche Unwissenheit die Situation der handelnden Wirtschaftssubjekte in evolutionären Prozessen. Individuelle Fehler resultieren daraus, daß im Prozeß der Mangel an relevanten Informationen unvermeidbar ist. Da sich die natürliche Unwissenheit in erster Linie auf die fehlende Möglichkeit bezieht, durch individuelle, autonome Lernprozesse mehr über die spezifischen Bestandteile des Wissens anderer Wirtschaftssubjekte zu erfahren, kann der Mangel an Informationen auch nicht durch ein verbessertes Verständnis der akkumulierbaren Informationen behoben werden. Die dadurch entstehenden Koordinationslücken auf der Marktebene stellen die Voraussetzung für gewinnorientiertes, findiges Verhalten dar (vgl. *Kirzner* 1990b, S. 29 f.).

Findigkeit als der für den Markterfolg entscheidende Teilaspekt menschlichen Handelns lenkt die Aufmerksamkeit auf die wichtige Humanvermögenskategorie des Vitalvermögens (Daseinskompetenz). Aus dem Handlungspotential der Wirtschaftssubjekte, entsprechend ihren Bedürfnissen Mittel intentional und innovativ zu kombinieren, ergeben sich Gewinnchancen am Markt. Marktteilnehmer ohne oder mit nur geringen entsprechenden Fähigkeiten eröffnen durch ihre Handlungen findigen Marktteilnehmern immer wieder Handlungsspielräume. Koordinationslücken entstehen nicht nur infolge exogener Schocks, sondern endogen als subjektiv *unerwünschtes* unintendiertes Ergebnis der intentionalen Verfolgung individueller Ziele. Diese Lücken in der Koordination stellen nun aber gleichzeitig Gewinnchancen für findige Unternehmer dar.[193] Indem diese auf ihr Vitalvermögen zurückgreifen, erbringen sie bei der Wahrnehmung bisher noch nicht entdeckter Gewinnmöglichkeiten als nicht intendiertes, volkswirtschaftlich jedoch *erwünschtes* Ergebnis ihrer Handlungen Koordinationsleistungen für das gesamte System. Dadurch entwickelt sich der Marktprozeß im Sinne eines spontanen Lernprozesses.[194]

---

[192] Die aus dem Phänomen der unter Ungewißheit handelnden Wirtschaftssubjekte gewonnene Vorstellung, daß das unternehmerische Element jedem Wirtschaftssubjekt zugänglich ist, d.h., daß jeder ein Unternehmer ist (oder sein kann), verdeutlicht *Kirzners* enge Verbindung zu *Mises*, auf den diese Vorstellung zurückgeht (vgl. *Kirzner* 1982a, S. 139; *Kirzner* 1982b, S. 4).

[193] In diesem Kontext ist der umfassende Unternehmerbegriff von *Mises*, d.h. „jeder ist ein Unternehmer", angesprochen. Wenn in der vorliegenden Arbeit ansonsten ohne weiteren Hinweis vom Unternehmer die Rede ist, wird der traditionelle Unternehmerbegriff verwendet.

[194] „For us the existence of systematic market forces means the existence of *a spontaneous process of learning*" (*Kirzner* 1992a, S. 201 (Hervorhebungen im Original)). Vgl. auch

Kirzners Vorstellungen zum spontanen Lernprozeß stimmen mit der darwinistischen Lerntheorie *Poppers* überein, auch wenn er sich auf das Erkenntnisobjekt der Marktebene konzentriert. *Kirzner* untersucht nicht nur die autonomen Lernanstrengungen von Individuen, sondern auch deren Wechselwirkungen mit den Vorgängen auf der Marktebene. Die treibenden Kräfte des Lernprozesses stellen dabei nach *Kirzner* Enttäuschungen, Überraschungen und Entdeckungen der Wirtschaftssubjekte dar. Enttäuschungen ergeben sich häufig aus „über-optimistischen" Plänen und aus individuellen Fehlern. Individuelle Planhypothesen werden im Marktprozeß falsifiziert. Dadurch ergeben sich nun aber Gewinnmöglichkeiten für findige Unternehmer. Diese zwingen die übrigen Marktteilnehmer, ihre Lernanstrengungen zu intensivieren, d.h., neue, verbesserte Planhypothesen am Markt zu testen. Dadurch ergibt sich ein spontaner Lernprozeß auf der Marktebene, dessen treibende Kraft gewinnorientiert und -motiviert handelnde, findige Marktteilnehmer darstellen (vgl. *Kirzner* 1992a, S. 42, 203 f.). Der Marktprozeß funktioniert demnach auch bei der Existenz individueller, natürlicher Unwissenheit. Durch den sozialen Lernprozeß auf der Marktebene wird das findige Individuum mit mehr Wissen versorgt, als es allein durch individuelle Lernanstrengungen hätte erwerben können. Für findiges menschliches Handeln besteht in sich endogen wandelnden Umwelten ständig Spielraum und Notwendigkeit.[195]

Das relevante Wissen ist in evolutionären Marktprozessen somit weniger das entdeckte Wissen über Marktdaten als vielmehr *„die Findigkeit, d.h. das 'Wissen', wo Marktdaten zu entdecken sind"* (*Kirzner* 1978a, S. 54 (Hervorhebungen im Original)). Unternehmerische Leistung besteht nicht in der Maximierung der sich aus Vermögensbeständen ergebenden Quasi-Renten - hierzu fehlt in ungleichgewichtigen Marktprozessen einfach das Wissen -, sondern in der Transformation von Ressourcen in superiore, gewinnbringendere Gelegenheiten, die anderen Wirtschaftssubjekten bisher noch nicht bekannt sind (vgl. *Kirzner* 1978a, S. 50; *Streit* und *Wegner* 1989, S. 186).

Die *Kirzner*sche Thematisierung der Suche nach Gewinnchancen mittels findigen Handelns darf deshalb nicht mit dem gleichgewichtstheoretischen Konzept der Gewinnmaximierung verwechselt werden. Nach *Kirzner* ist es inhaltlich nicht korrekt, von Gewinnmaximierung selbst bei vollständig vorhandenem Wissen zu sprechen, da in diesem Fall „in Wirklichkeit *nicht* Unternehmergewinne, sondern eher aus dem Eigentum der bereits erworbenen Ressourcen abgeleitete Quasi-Renten [maximiert werden]" (*Kirzner* 1978a, S. 42 f. (Hervorhebung im Original)). Das Konzept der Gewinnmaximierung verdeckt in der neoklassischen Theorie der Unternehmung ebenso wie das Konzept der Nutzenmaximierung in der entsprechenden Theorie der Haushaltung die Entscheidungsbildung der handelnden Menschen als Tatbestand der Findigkeit.[196]

---

[195] das Kapitel zur Theorie des Lernens.
Vgl. *Kirzner* (1978a, S. 175), *Kirzner* (1992b, S. 51 f.), *Kirzner* (1994c, S. 106 f.), *White* (1977, S. 16).

[196] Vgl. *Kirzner* (1978a, S. 46-50), wo er ein hypothetisches Beispiel zur Erläuterung diskutiert. Die Gewinntheorie *Kirzners* kann außerdem als Arbitragetheorie des Gewinns charakterisiert werden, wobei sich die Gewinngelegenheiten für findige Marktteilnehmer aus der unvollkommenen Marktkoordination ergeben (vgl. *Kirzner* 1978a, S. 54, 68 f.; *Baird* 1989, S. 216). Auch hier wird die Beeinflussung der *Kirzner*schen Theorie durch *Mises*

3.3.2.2. Die Gleichgewichtstendenz von Marktprozessen

Die These *Kirzners* und anderer gemäßigter Subjektivisten lautet, daß der soziale Lernprozeß auf dem Markt als unintendiertes Ergebnis findigen, intentionalen Handelns der erfolgreichsten Wirtschaftssubjekte fortlaufend zu einer immer größeren Übereinstimmung gebracht wird. Subjektives Wissen und subjektive Pläne werden zunehmend koordiniert. Mißerfolge bewirken systematische Erwartungs- und damit auch Planänderungen bezüglich der erfolgreichen Ziel-Mittel-Kombinationen.[197] Die spontane Ordnung des Marktsystems besitzt deshalb nach *Hoppmann* „die charakteristischen Eigenschaften eines evolutorischen Systems mit homöostatischer Kontrolle" (*Hoppmann* 1981, S. 225).

Demnach stellen gewinn- und nutzenorientiert handelnde Unternehmer die Gleichgewichtstendenz von Marktprozessen sicher. Koordinationslücken, die sich z.B. in Preisdivergenzen oder ungenützten Marktnischen offenbaren, werden mittels Findigkeit quasi „automatisch" entdeckt und geschlossen (vgl. *Kirzner* 1982a, S. 141, 147; *Loy* 1988, S. 25-27). Damit untermauert *Kirzner* mit der Kategorie der Findigkeit die These von *Mises*, daß sich im Wirtschaftsprozeß die erfolgreichsten Wirtschaftssubjekte durchsetzen und damit die Entwicklung des Systems bestimmen werden.

3.3.2.2.1. Die Unterscheidung von underlying und induced variables

Um die Gleichgewichtstendenz von Marktprozessen abzuleiten, unterscheidet *Kirzner* exogene Veränderungen der „underlying variables" (UVs) und den endogenen Wandel der „induced variables" (IVs). Unter UVs werden Präferenzen der Wirtschaftssubjekte, die Bevölkerung(sentwicklung), die Existenz natürlicher Ressourcen sowie technische Möglichkeiten in Form von Inventionen subsumiert. Unter IVs sind die Marktkräfte sowie die Marktelemente in Form von Preisen, Produktionsmethoden und produzierten Mengen zu verstehen. *Kirzner* sieht in ihnen die direkten Erklärungsobjekte der Ökonomie. Die UVs stellen dabei die Rahmenbedingungen dar, auf deren Basis die IVs wirken, was bedeutet, daß die IVs durch die UVs nicht vollständig determiniert sind (vgl. *Kirzner* 1992a, S. 38 f., 42). Durch findige Unternehmer bewirkte Änderungen in den IVs würden sich zunächst auch ohne Veränderungen in den UVs fortsetzen. Erstere konstituieren auch den Marktprozeß. Dieser bewegt sich nach *Kirzners* Vorstellung nun aber in Richtung Gleichgewicht, d.h. auf die exogen vorgegebenen UVs zu. *Kirzner* vertraut dabei auf die findigen Marktteilnehmer, die *innovativ* die durch die ursprüngliche Veränderung der UVs hervorgerufenen Koordinationslücken wahrnehmen und schließen.[198] Dadurch wird aber deutlich, daß *Kirzner* auch in den innovativen Anstrengungen der Wirtschaftssubjekte eine gleichgewichtsgerichtete Kraft sieht. Innovationen stellen einen Teil der findigen Arbitragetätigkeit der Wirtschaftssubjekte dar. Durch unterneh-

---

[197]   deutlich.
Vgl. beispielsweise *Hoppmann* (1981, S. 222-225), *O'Driscoll* (1978, S. 128 f.), *Vaughn* (1992, S. 254) sowie *Kirzner* (1978a, S. 57, 167-179). Siehe insbesondere S. 177, wo er die gleichgewichtsgerichtete Koordinationsleistung der findigen Unternehmer betont: „Das Prinzip ist einfach und deutlich: Koordination von Wissen sorgt für eine Koordination des Handelns."

[198]   Vgl. *Kerber* (1997, S. 36), *Loasby* (1982, S. 115), *Loasby* (1983, S. 105), *Vaughn* (1990, S. 403).

merisches Handeln werden keine Koordinationslücken geschaffen, sondern immer nur geschlossen. Blieben die UVs demnach über längere Zeit konstant, endete der Prozeß schließlich im Gleichgewicht (vgl. *Kirzner* 1992a, S. 43-45).[199]

Obwohl die gewinnmotivierte Findigkeit eine Gleichgewichtstendenz hervorruft, kann sie allein das Erreichen des Gleichgewichts nicht garantieren. Veränderungen der UVs und dadurch verursachte neue Anstöße für Veränderungen in den IVs verhindern, daß das gesamtwirtschaftliche Gleichgewicht letztendlich erreicht wird. Dieses ist nach Kirzner dadurch charakterisiert, daß es keine unentdeckten Gewinnmöglichkeiten mehr gibt. Die Gleichgewichtssituation setzt dabei nicht voraus, daß alle Wirtschaftssubjekte über vollkommenes Wissen verfügen, sondern lediglich, daß sie vollkommenes Wissen über die Methoden besitzen, mit denen mittels Kostenaufwand die relevanten Informationen beschafft werden können.[200]

Da *Kirzner* nicht vom Gleichgewichtszustand ausgeht, sei hier kurz auf die Referenzsituation hingewiesen, von der aus er über die Tendenz von Marktprozessen urteilt. Durch das findige Verhalten werden *ausgehend von dem Zustand der betrachteten Anfangsperiode* Entscheidungen immer besser koordiniert (vgl. *Kirzner* 1984, S. 200).[201] *Kirzner* arbeitet dabei mit der Hypothese, daß auch Ungleichgewichtspreise in der Lage sind, über die Aufdeckung von Koordinationslücken die Koordinationsfunktion mitzuübernehmen, soweit findige, gewinnorientiert handelnde Marktteilnehmer vorhanden sind (vgl. *Kirzner* 1984, S. 198, 200). Es ist nicht korrekt, lediglich Gleichgewichtspreisen, welche die realen Knappheiten objektiv richtig wiedergeben, die Funktion der Wissensübermittlung zuzugestehen. *Kirzner* betont unter Berufung auf *Hayek*, daß Ungleichgewichtspreise die Funktion besitzen, Anreize für ihre eigene Modifikation zu liefern. Dies geschieht im Laufe des Marktprozesses. Dabei wird deutlich, daß nicht die Preise

---

[199] Ausgesprochen interessant ist, daß bereits *Abbott* die Theorie der Innovation von *Schumpeter* ablehnt und ebenso wie *Kirzner* mit der Vorstellung arbeitet, daß Innovationen als Gleichgewichtskraft wirken: „Es ist wichtig zu bemerken, daß nach der hier vorgetragenen Theorie [*Sweezys* Kritik an *Schumpeter*] die Innovation ein Teil eines Anpassungsvorganges ist, der zum Gleichgewicht strebt, obwohl natürlich dem ersten Anschein nach und in der herrschenden Theorie eine Innovation eine Störung des Gleichgewichts bedeutet, da sie Kosten- und Nachfragestrukturen verändert. *Innovation führt zum Gleichgewicht*, weil sie das Streben nach jener nie erreichbaren Gleichgewichtssituation enthält, in der alle Produkte diejenigen Qualitäten besitzen, die - in den Grenzen der Naturgesetze und der übrigen nicht beeinflußbaren Elemente der Umwelt der Menschen - die Grundbedürfnisse der Konsumenten auf ideale Weise befriedigen" (*Abbott* 1958, S. 80 (Hervorhebung des Verfassers)).

[200] „Ignorance may be consistent with market equilibrium to the extent that it is known that removal of this ignorance is not worth the cost of such removal" (*Kirzner* 1990b, S. 26). Demnach ist nur natürliche Unwissenheit im Gleichgewicht ausgeschlossen, nicht jedoch rational in Kauf genommene Unwissenheit.

[201] Trotzdem ist die Annahme einer Gleichgewichtstendenz, im Sinne von mehr Koordination, auch methodisch problematisch, wenn sich - wie im laufenden Text noch zu zeigen sein wird - die Markttatbestände im Laufe des Marktprozesses ständig ändern und ein Vergleich der Daten in der Periode t_n mit dem gewählten Anfangspunkt t_0 nicht mehr durchführbar ist. Die Koordination hat sich dann verändert, aber hat der Grad der Koordination auch zugenommen? Wenn die Daten sich ständig ändern, was bedeutet dann Gleichgewichtstendenz?

selbst vorhandene Informationen übermitteln, sondern daß im „Wettbewerbsprozeß als Entdeckungsverfahren" von findigen Marktteilnehmern durch die subjektive Interpretation der Preisinformationen herausgefunden wird, mit welchen ökonomischen Aktivitäten Gewinne realisiert werden können. Als unintendiertes Ergebnis des unternehmerischen Handelns werden dadurch schließlich Koordinationslücken geschlossen.[202]

Heuß vermißt bei *Kirzner* jedoch die Betonung der akkumulativen und der innovativen Kraft des Unternehmertums (vgl. *Heuß* 1993, S. 108, Fn. 9). Akkumulation und Arbitrage sowie Innovation stellen den Dreiklang der Marktkräfte dar, welche die Marktordnung bestimmen (vgl. *Fehl* 1986, S. 75 f.; *Fehl* 1994, S. 201 f.). Wie bereits angedeutet, gipfelt *Kirzners* Hervorhebung der Arbitrage in der Subsumption der Akkumulation und der Innovation unter den mit der (räumlichen, preislichen usw.) Arbitragetätigkeit auf das engste verbundenen Begriff der Findigkeit. Damit scheint die Gleichgewichtstendenz unternehmerischen Handelns theoretisch gesichert zu sein. *Heuß* weist jedoch zu Recht darauf hin, daß allein durch die Begriffswahl die Wirkung unternehmerischer Handlungen nicht auf einen Teilaspekt begrenzt werden kann. Innovative Marktakteure sind Wirtschaftssubjekte,

„.... die nicht Differenzen eliminieren, sondern erst Differenzen durch das Neue schaffen, oder anders ausgedrückt, *Menschen, die nicht Komplexität reduzieren, sondern aufbauen"* (*Heuß* 1993, S. 108, Fn. 9 (Hervorhebungen des Verfassers)).

3.3.2.2.2. Fehler und Wissen

Kirzner steht bei der Ableitung der Gleichgewichtstendenz von Marktprozessen vor dem Problem, wie er die Möglichkeit, daß auch findige Wirtschaftssubjekte Fehler begehen, berücksichtigt. Der Marktprozeß besitzt aufgrund des Tatbestands fehlerhaften menschlichen Handelns immer auch eine Tendenz zum Ungleichgewicht. Problematisch für die logische Ableitung der Gleichgewichtstendenz wird dieser Faktor jedoch erst, wenn angenommen wird, daß selbst findige Marktteilnehmer Fehler begehen.

Stigler klagt zu Recht ein, daß eine „Theorie des Fehlermachens" und „-korrigierens" in der Ökonomie fehlt und entwickelt werden muß (vgl. *Stigler* 1976, S. 216). Wie bereits diskutiert worden ist, bedingen sich Fehler und Lernen gegenseitig. *Kirzners* Markttheorie basiert - wie er selbst immer wieder betont - auf *Mises'* Menschenbild des *homo agens*. Der *homo agens* handelt subjektiv rational, d.h. intentional, und macht dabei Fehler. Um hierbei mögliche Mißverständnisse von vornherein auszuschließen, sei noch einmal betont, daß Irrtum nicht mit Irrationalität gleichzusetzen ist. Irrtum und subjektive Rationalität schließen sich nicht aus, sondern bedingen sich gegenseitig.[203]

Wie sind nun aber Fehler der Wirtschaftssubjekte zu erklären bzw. in der Theorie zu berücksichtigen? *Kirzner* wendet sich ebenso wie *Mises* gegen die Theorie der objektiven Rationalität, der die Annahme einer individuell unabhängigen, intersubjektiv gültigen Existenz einer Werteskala zugrunde liegt, mit deren Hilfe entschieden werden kann, ob

---

[202] Vgl. *Kirzner* (1984, S. 203-205), *Kirzner* (1992a, S. 116-118), *Kirzner* (1992a, S. 160).
[203] „Rational *Mises*ian human actors *are* human enough to err" (*Kirzner* 1978b, S. 58 (Hervorhebung im Original)).

sich das betrachtete Individuum objektiv rational verhält oder aber Fehler macht (vgl. *Kirzner* 1978b, S. 60). Vor diesem Hintergrund diskutiert er, inwiefern es gerechtfertigt ist, aufgrund natürlicher Unwissenheit von fehlerhaften Entscheidungen zu sprechen. Seiner Meinung nach ist es nicht sinnvoll, in diesem Zusammenhang den Begriff des (vermeidbaren) Fehlers zu verwenden. Der Grund besteht in dem Faktum der natürlichen Unwissenheit im Marktprozeß.[204] Wirtschaftssubjekte begehen im Wirtschaftsprozeß unvermeidbare Fehler, die daraus resultieren, daß der Handelnde nicht alle relevanten Informationen zum Zeitpunkt der Entscheidung besitzen kann. Solche Defekte werden auf Märkten in (reine) Gewinnmöglichkeiten übersetzt, die wiederum findige Marktteilnehmer wahrnehmen können (vgl. *Kirzner* 1990b, S. 23, 25). Damit berücksichtigt *Kirzner* auch für die evolutionäre „Theorie des Fehlermachens" die Subjektivtät des Wissens.

Der Tatbestand natürlicher Unwissenheit wird außerdem ebensowenig als Grundlage für vermeidbare Fehler akzeptiert wie der Vorwurf, nicht mehr Informationen gesammelt zu haben, um mit mehr Wissen besser zu entscheiden. In der Situation natürlicher Unwissenheit ist der Handelnde nicht in der Lage, alle relevanten Informationen zu sammeln, da er überhaupt nicht wissen kann, welche Informationen ihm fehlen (vgl. *Kirzner* 1990b, S. 29).[205]

Damit die Vorstellung von der subjektiven Rationalität unter Ungewißheit nicht zur Leerformel degeneriert, muß außerdem zwischen vermeidbaren und - aufgrund der Tatsache der natürlichen Unwissenheit - unvermeidbaren Fehlern unterschieden werden. Vermeidbare Fehler können durch individuelle, autonome Lernanstrengungen behoben werden. Diese Art der Fehler ergibt sich immer dann, wenn individuelle Lernprozesse noch nicht an die „Grenze der natürlichen Unwissenheit" gestoßen sind und dadurch prinzipiell verfügbare Wissenskomponenten und Fähigkeiten bei der Zielverfolgung nicht oder nur ungenügend genutzt werden (vgl. *Kirzner* 1978b, S. 68).[206] Die Berücksichtigung vermeidbarer Fehler ist demnach vereinbar mit der Grundannahme der Subjektivität des Wissens. Auch das Argument, daß Menschen subjektiv rational handeln, um ihre Ziele zu erreichen, garantiert darüber hinaus auf keinen Fall, daß jede subjektiv bekannte Alternative im Entscheidungsprozeß auch tatsächlich berücksichtigt wird. In dieser Weise verstandene X-Ineffizienz beruht auf fehlerhaftem Verhalten, das jedoch durch

---

[204] „... actions based on mistaken knowledge appear *not* to be errors" (*Kirzner* 1978b, S. 62 (Hervorhebung im Original)). Siehe auch S. 65: „And where, as a result of imperfect knowledge, an agent achieves a position less preferred than an equally available alternative position, we have seen that he too cannot, within the framework of the information he believed to be relevant, be convicted of error."

[205] Im Rahmen der Informationsökonomik wird die Suche nach neuen Informationen ebenfalls modelliert. Entscheidungsregel bildet die Grenzkosten-Grenznutzen-Regel. Diese setzt jedoch voraus, daß der Suchende weiß, wonach er sucht und den Nutzen der zukünftigen Informationen richtig einschätzen kann. Die Optimierung der Informationssuche setzt demnach relevante Wissenselemente schon voraus. Das eigentliche Entscheidungs- und Koordinationsproblem wird aufgrund der gleichgewichtsspezifischen Annahmen der Informationsökonomik aus der Analyse verbannt (vgl. *Kirzner* 1990b, S. 29; *Kirzner* 1992a, S. 155-157).

[206] „Genuine error occurs *where a decision maker's ignorance is not attributable to the costs of search, or of learning or of communication*" (*Kirzner* 1992a, S. 189 (Hervorhebungen im Original)).

intentionales Lernen aufgehoben werden kann - im Gegensatz zu Fehlern, die auf natürlicher Unwissenheit beruhen.

Vermeidbare Fehler sind demnach insgesamt dadurch gekennzeichnet, daß sie prinzipiell durch autonome, individuelle Lernanstrengungen behoben werden können. Zur Beseitigung individuell unvermeidbarer Fehler ist dagegen das Wirken des Marktmechanismus notwendig. Dabei eröffnen nicht nur individuell unvermeidbare, sondern auch vermeidbare Fehler den Raum für findige Aktivitäten der Marktkonkurrenten (vgl. *Kirzner* 1978b, S. 71; *Kirzner* 1982a, S. 147 f.).

Nun wird auch deutlich, wie *Kirzner* die Vorstellung von der Gleichgewichtstendenz von Marktprozessen durch seine Theorie des „Fehlermachens" untermauert. Sowohl „objektive" Fehler, die sich aus natürlicher Unwissenheit ergeben und deshalb durch individuelle Lernanstrengungen nicht vermeidbar sind, wie auch vermeidbare Fehler, die durch individuelle Lernanstrengungen prinzipiell beseitigt werden können, bedingen Koordinationslücken im Marktsystem, die von findigen Konkurrenten entdeckt und geschlossen werden können. Anreiz dazu bietet die mit der Schließung der Koordinationslücke verbundene Gewinnmöglichkeit. Die in dieser Weise beschriebene unternehmerische Aktivität ist gleichbedeutend mit der systematischen Elimination von Fehlern. Selbst wenn dabei wiederum unvermeidbare Fehler begangen werden, wirkt die Humanvermögenskategorie der Findigkeit in Richtung der Schließung von Koordinationslücken.[207] Dadurch ist die Gleichgewichtstendenz des Marktprozesses begründet.

Es bleibt jedoch die Frage bestehen, ob Kirzner die Humanvermögenskategorie der Findigkeit nicht so formuliert hat, daß unternehmerisches Verhalten mit erfolgreichem Verhalten gleichzusetzen ist. Vermeidbare Fehler im Verhalten der Wirtschaftsakteure wären dann gleichzusetzen mit Handlungsweisen, die alles andere als findig sind und lediglich unvermeidbare Fehler könnten auch dem findig Handelnden unterlaufen. Das Konzept der Findigkeit würde in einem begrifflichen Zirkelschluß enden: Findig ist derjenige, der unternehmerisch handelt und Koordinationslücken schließt, und: die unternehmerische Tätigkeit des Schließens von Koordinationslücken ist gekennzeichnet durch Findigkeit. Ohne die explizite Berücksichtigung der Aspekte der Ungewißheit, der Indeterminiertheit der Zukunft und der Implikationen der realen Zeit, die *Kirzner* im folgenden vornimmt, könnte dem Ansatz der Vorwurf gemacht werden, daß unternehmerische Verluste ex definitione ausgeschlossen wären (unternehmerisch = findig), daß nur noch die Ressourceneigentümer Verluste erleiden könnten (vgl. *High* 1982, S. 166; *Littlechild* 1986, S. 32 f.).

3.3.2.2.3. Kreativität, Innovationen und historische Zeit

Nicht nur *High* ist der Meinung, daß *Kirzner* im Laufe der Zeit einen Entwicklungsprozeß durchgemacht hat.[208] *Kirzners* Schwerpunkte bilden zunächst (1) die Ersetzung

---

[207] Vgl. *Kirzner* (1978b, S. 74), *Kirzner* (1990b, S. 31), *Kirzner* (1992a, S. 190), *Erdmann* (1993, S. 45).

[208] *Mantzavinos* unterscheidet beispielsweise drei Entwicklungsphasen im Werk *Kirzners*. Von der interlokalen Arbitrage (Ausnützung von Profitchancen) über die intertemporale Arbitrage („richtige" Visionen unter Unsicherheit) gelangt er zur dritten Phase, die durch

des maximierenden *homo oeconomicus* durch den intentional handelnden, in sich verändernden Zweck-Mittel-Zusammenhängen denkenden *homo agens*, (2) die Gewinntheorie, die auf dem findigen Ausnützen von Koordinationslücken basiert und (3) die dadurch begründete Ableitung der Gleichgewichtstendenz von Marktprozessen (vgl. *High* 1982, S. 161). In erster Linie wegen der Existenz natürlicher Unwissenheit erhält dabei die Arbitragetätigkeit findiger Marktteilnehmer ihre Bedeutung. In einem weiteren Schritt berücksichtigt *Kirzner* außerdem die Implikationen der Unsicherheit für intentionales Handeln. Dieser Punkt spielte bei *Kirzner* - als Schüler von *Mises* - zwar schon immer eine Rolle, wird jedoch erst im Laufe seines wissenschaftlichen Werkes adäquat herausgearbeitet. Aus der Berücksichtigung struktureller Unsicherheit ergibt sich nun aber ein weiteres Problem für die Ableitung der Gleichgewichtstendenz von Marktprozessen. Wie schon *Mises* innerhalb der Praxeologie aus der Intentionalität des Handelns logisch ableitet, ist menschliches Handeln immer zukunftsgerichtet. Darauf basiert auch das Gedankengebäude *Kirzners*. Damit ergibt sich jedoch das von *Lachmann* geschilderte Problem der Subjektivität der Erwartungen. Heute wahrgenommene Koordinationslücken müssen über den „Filter" des menschlichen Verstands in zukunftsorientierte Pläne transformiert werden. Das bedeutet, daß findige Unternehmer über zukünftige Situationen subjektive, mentale Modelle bilden, die in die individuelle Erwartungsbildung eingehen, und darauf aufbauend Pläne für findige Aktionen ausarbeiten. Eine heute entdeckte Koordinationslücke kann demnach nur in der Zukunft geschlossen werden. Das bedeutet wiederum, daß sich erfolgreiches unternehmerisches Handeln durch die Bildung „richtiger" Erwartungen auszeichnet. Die Richtigkeit der Erwartungen kann jedoch immer nur *ex post*, anhand des Gewinns, festgestellt werden. Auch *Kirzner* kommt mit seinem Konzept der Findigkeit demnach nicht um die Anerkennung der Rolle der Erwartungen für ökonomisches Handeln herum.[209] Außerdem ist die Zukunft sowohl ungewiß wie auch indeterminiert. Dieser - bereits diskutierte - Tatbestand führt, zusammen mit der Zukunftsgerichtetheit menschlichen Handelns nun aber dazu, daß von der Kreierung der Zukunft durch unternehmerisches Handeln gesprochen werden kann. Koordinationslücken sind dann jedoch nicht mehr exogen gegeben, sondern werden prozeßendogen durch die erwartungsgeleiteten Handlungen der Wirtschaftssubjekte geschaffen.[210]

Kirzner erkennt die Implikationen dieser Argumentation für sein Konzept der Findigkeit und spricht im folgenden davon, daß Findigkeit die Fähigkeit von Menschen sei, eine Vorstellung („imagination") über die Zukunft zu formulieren und diese zu kreieren.[211] Imagination und Kreativität werden damit zu elementaren Bestandteilen der Findig-

---

[209] die Berücksichtigung von Innovationen im Konzept charakterisiert sei (vgl. *Mantzavinos* 1994, S. 137 f.). *Mantzavinos* übersieht hier jedoch, daß *Kirzner* von vornherein die Innovation als Unterfall der findigen Arbitragetätigkeit subsumiert. *Mantzavinos'* Phaseneinteilung ist demnach nur partiell zu folgen.
Siehe *Loasby* (1982, S. 119), der hier noch folgende Gegenüberstellung von *Kirzner* und *Shackle* formuliert: „*Kirzner's* entrepreneurs are alert, *Shackle's* are creative."

[210] Noch 1983 kritisiert *Loasby Kirzner* im Hinblick darauf, daß dieser die Anforderungen an unternehmerisches Handeln, die sich aus der Zukunftsgerichtetheit des Handelns und der damit verbundenen Notwendigkeit der Gestaltung der Zukunft nach den eigenen (findigen?) Vorstellungen ergeben, unterschätze (vgl. *Loasby* 1983, S. 107).

[211] „... the entrepreneur may, by his own creative actions, in fact construct the future as he wishes it to be" (*Kirzner* 1982a, S. 155 (Hervorhebungen im Original)).

keit.[212] Nach *Kirzner* sind zwar nach wie vor die zu entdeckenden Gewinnmöglichkeiten prinzipiell bereits vorhanden. Zu ihrer Entdeckung greifen findige Unternehmer jedoch auf ihre Fähigkeiten der Kreativität und der Imagination zurück (vgl. *Vaughn* 1992, S. 260).[213]

Mit dieser Erweiterung seines Konzeptes versucht *Kirzner*, die Kluft zwischen ihm und *Shackle* sowie *Lachmann* zu überwinden, die darin besteht, daß *Kirzners* findige Marktteilnehmer das zu entdecken haben, was es schon gibt, während *Shackle*, *Lachmann* u.a. davon ausgehen, daß der Unternehmer etwas kreiert, was es bisher noch nicht gibt.[214] *Kirzner* versucht die Probleme zu lösen, die sich aus der Berücksichtigung der Zukunftsgerichtetheit des Handelns und der Indeterminiertheit der Zukunft ergeben, ohne das Konzept des findigen Unternehmers, dem nach wie vor die Koordinationsfunktion im Marktprozeß zuerkannt wird, aufgeben zu müssen. Koordinationslücken, die sich z.B. in Preisdivergenzen ausdrücken, werden nach wie vor durch gewinnmotiviertes findiges Handeln geschlossen (vgl. *Kirzner* 1982a, S. 152 f.).[215]

Die Berücksichtigung der Implikationen der historischen Zeit für findiges, unternehmerisches Handeln wirft jedoch noch weitere Probleme für das Konzept *Kirzners* auf.[216] Nicht allein der findige Unternehmer kann kraft seiner Handlung die Zukunft gestalten. Veränderungen ergeben sich sowohl durch exogene Schocks, d.h., Veränderungen der „underlying variables" (UVs) - die dadurch notwendigen Anpassungen stellen jedoch kein prinzipielles Problem für den Ansatz *Kirzners* dar -, als auch endogen durch die mehr oder weniger findigen Pläne und Planausführungen anderer Marktteilnehmer. Die

---

[212]   Einige Textstellen mögen diese - nach Kenntnisnahme der teilweise deutlichen Kritik an dem Konzept der Findigkeit vielleicht nicht ganz so überraschende - Wendung in der Theorie Kirzners belegen: „We call this motivated propensity of man to formulate an image of the future man's *alertness*. (...) Alertness must, importantly, embrace the awareness of the ways in which the human agent can (...) in fact *create* the future for which his present acts are designed. (...) This alertness, broadly conceived, embraces those aspects of imagination and creativity through which the individual may himself *ensure* that his envisaged future will be realized" (*Kirzner* 1982a, S. 149, 150, 151 (Hervorhebungen im Original)). Vgl. auch *High* (1982, S. 163 f.) und siehe S. 166: „It will still be true, as Kirzner emphasizes, that people will be alert to possible profit opportunities. *But where there is uncertainty, these opportunities are only possibilities*"(Hervorhebungen des Verfassers).

[213]   *Kirzner* hebt ganz in der Tradition von *Mises* die konstitutive Bedeutung der Ungewißheit für evolutionäre Marktprozesse hervor: „It is not that markets work in spite of the open-ended uncertainty surrounding human action, but rather that they work *precisely because* of this quality of human action" (*Kirzner* 1989, S. 234).

[214]   „Yet the difference between noticing what is already there and creating what is yet to be is the crux of the difference between the two ways of understanding Austrian economics" (*Vaughn* 1990, S. 403). Vgl. auch *Loy* (1988, S. 32 f.).

[215]   „... the volatility and indeterminancy of expectations, on the open-ended uncertainty associated with the passage of 'real' time, and on the creativity and spontaneity of human decisions, should not be thought to imply the complete denial of systematic market processes" (*Kirzner* 1994b, S. 40).

[216]   Wie bei *Vaughn* werden auch hier zunächst die Implikationen der Ungewißheit behandelt, die sich schon ohne die Berücksichtigung der Probleme der historischen Zeit aus dem Wissensproblem ergeben, um erst in einem weiteren Schritt die Zeitimplikationen für das Konzept der Findigkeit zu untersuchen (vgl. *Vaughn* 1992, S. 258).

unerwarteten, nicht antizipierbaren Veränderungen, die sich in der Zeit ergeben, die der
Akteur benötigt, um seinen (findigen) Plan in die Tat umzusetzen, führen dazu, daß das
Maß der natürlichen Unwissenheit gegenüber einer zeitpunktbezogenen Betrachtung
steigt. In seinen Arbeiten zur „Theorie des Fehlermachens" berücksichtigt *Kirzner* dieses
Problem jedoch nicht. Dadurch bleibt die Frage ungelöst, wie hoch das Maß an natürlicher Unwissenheit sein darf, damit aus findigem Marktverhalten noch die Gleichgewichtstendenz von Marktprozessen abgeleitet werden kann.[217]

Auf alle Fälle besteht infolge der Berücksichtigung der historischen Zeit kein gesicher-
ter systematischer Zusammenhang mehr zwischen heutigen und zukünftigen Koordinationslücken. Die marktlichen Veränderungen in der (realen) Zeit können die Aktivitäten
des findigen Marktteilnehmers überholen.[218] Deshalb kann Findigkeit *ex ante* nicht mehr
als erfolgreiches Verhalten definiert werden. Dies hat den Vorteil, daß durch die Formulierung des Begriffs nicht mehr suggeriert wird, daß das betrachtete theoretische Problem
gelöst sei.

Als Reaktion auf die genannten Probleme erweitert *Kirzner* seinen Begriff der Findigkeit schließlich nochmals und berücksichtigt nun auch die „alertness to the future". Die
intertemporale Findigkeit bezieht sich nicht mehr auf die Gewinnmöglichkeiten, die sich
aus gegenwärtigen Koordinationslücken ergeben - diese Art der intertemporalen Findigkeit hatte *Kirzner* als Schüler von *Mises* infolge der Berücksichtigung der Zukunftsgerichtetheit des Handelns naturgemäß schon immer im Auge -, sondern auf *spekulative*
Gewinne, d.h. Gewinnerwartungen, die sich aus intertemporalen Koordinationslücken
ergeben (vgl. *Kirzner* 1982a, S. 154).[219] In dieser Weise definierte Findigkeit berücksichtigt über die Notwendigkeit zukunftsgerichteter Bewertung („judgment") und den
Vorgang der Erwartungsbildung die Implikationen der realen Zeit. Findigkeit beinhaltet
nun die Fähigkeit, unter Ungewißheit erfolgreich kreativ zu bewerten und imaginativ
Erwartungen zu bilden. In dieser Weise definierte Findigkeit leistet die für die Herleitung
der Gleichgewichtstendenz von Marktprozessen notwendige intertemporale Arbitrage.[220]
Dabei ist möglich, daß sich findige Unternehmer zunächst täuschen, wenn sich beispielsweise Gewinnmöglichkeiten im Laufe der Plandurchführung als Verlustgeschäft herausstellen und somit aus der *ex post*-Perspektive Ressourcen verschwendet werden. Auch
findige Unternehmer können demnach Verluste erleiden. Der Wettbewerb der Unternehmer um Gewinngelegenheiten wird nach *Kirzner* jedoch dazu führen, daß sich in der
Tendenz die gleichgewichtsbildende Kraft der Unternehmer durchsetzt, ohne daß je ein

---

[217] Es wird nicht deutlich, ob *Kirzner* das Problem sieht. Jedenfalls wendet er sich gegen die -
wie er meint - Überbetonung der Implikationen der realen Zeit, wie sie z.B. von *O'Driscoll*
und *Rizzo* formuliert werden (vgl. *Kirzner* 1994b, S. 42-44).

[218] „And again, what was an opportunity at one moment in time could turn into a failure in the
next" (*Vaughn* 1992, S. 259).

[219] „To be a successful entrepreneur one must now possess those qualities of vision, boldness,
determination, and creativity ..." (*Kirzner* 1982a, S. 155). *High* drückt dies fogendermaßen
aus: „Under the new conception, the entrepreneur coordinates present and future actions"
(*High* 1982, S. 164). Vgl. auch *U. Krüsselberg* (1993, S. 142 f.).

[220] Vgl. *Kirzner* (1994c, S. 108 f.), *Mantzavinos* (1994, S. 125), *Vaughn* (1992, S. 256 f.).
Damit berücksichtigt *Kirzner*, daß der Prozeß des Entdeckens und Schließens von Koordinationslücken nicht erwartungsunabhängig abläuft (vgl. auch *O'Driscoll* 1978, S. 131).

Gleichgewicht erreicht werden kann.[221]

Kirzner verortet seinen Ansatz in Anlehnung an die *Garrison*-These im „middle ground" der konkurrierenden Unternehmer- und Marktprozeßhypothesen. Danach sind die Thesen *Kirzners* und weiterer Vertreter der österreichischen Schule eingebettet in zwei extreme Sichtweisen. Das eine Extrem bildet die Neoklassik mit dem Unternehmerbild des optimierenden Reaktionsautomaten und der Vorgehensweise der Untersuchung von Gleichgewichtslagen, wobei die Problematik der Aufgabe der Koordination dezentraler Pläne letztendlich durch die spezifischen Annahmen gelöst wird. Das andere Extrem bilden nach *Kirzner* die Theorien von *Shackle* und mit Abstrichen auch von *Lachmann*. Nach *Shackle* sind menschliche Entscheidungen originären, imaginativen und auch kreativen Ursprungs und nicht als Reaktion auf die Umwelt des Handelnden zu deuten (vgl. *Shackle* 1994, S. 135). Aus dieser Perspektive kann keine Markttendenz abgeleitet werden, welche die Pläne der Wirtschaftssubjekte als unintendiertes Ergebnis intentionalen Handelns zu immer größerer Übereinstimmung bringt. Zwischen diesen beiden Ansätzen sieht *Kirzner* seine Theorie im „middle ground" angesiedelt (*Kirzner* 1992a, S. 3-8).

Abschließend ist noch anzumerken, daß *Kirzner* die Gleichgewichtstendenz von Marktprozessen weitestgehend ohne Berücksichtigung der Rolle des institutionellen Rahmens ableitet. Trotzdem wird dort, wo er auf die elementare Bedeutung „institutioneller Freiheit" für den Einsatz unternehmerischer Aktionsparameter zur Schließung von Koordinationslücken verweist, deutlich, daß er einen entsprechenden institutionellen Rahmen zumindest implizit berücksichtigt (vgl. *Kirzner* 1992b, S. 59).[222]

3.3.3. *Lachmanns* Markttheorie

Mises' und *Kirzners* Ableitung der Gleichgewichtstendenz von Marktprozessen wird von sog. „radikalen Subjektivisten" nicht vertreten, wie *Lachmann* u.a. fälschlicherweise häufig bezeichnet werden.[223] Sie argumentieren vielmehr, daß eine generelle Gleichgewichtsorientierung *ex ante* nicht angenommen werden kann, da der subjektive Lern-

---

[221] *Vaughn* ist jedoch nach wie vor nicht zufrieden mit *Kirzners* Ableitung der Gleichgewichtstendenz. Sie fragt sich nun: „If the data are constantly changing, what does equilibrium mean, anyway?" (*Vaughn* 1992, S. 259).

[222] Explizit verweist *Kirzner* 1994 auf diesen Zusammenhang: „The uniquely valuable character of the spontaneous forces of the market process rests entirely on non-market-generated institutions which frame the market" (*Kirzner* 1994a, S. 109). Ebenso *Kirzner* (1990b, S. 23): „The market economy consists of an institutional framework that transforms such errors into discovery-stimulating profit opportunities." *Erdmann* nennt als Beispiel für Märkte, auf denen häufig das Überwiegen von Ungleichgewichts- über Gleichgewichtstendenzen empirisch festgestellt werden kann, die internationalen Finanzmärkte (vgl. *Erdmann* 1993, S. 45). Inwiefern dies auf institutionelle Defizite zurückzuführen ist, wäre noch zu untersuchen. Nach *Garrison* wirkt ein *entsprechend ausgestalteter* institutioneller Rahmen gleichgewichtsfördernd. Die Ausgestaltung des institutionellen Rahmens entscheidet über die Tendenz von Marktprozessen: „If institutional arrangements are such that correct expectations are consistently rewarded and incorrect expectations are consistently penalized, the resulting market process will exhibit equilibrating tendencies" (*Garrison* 1986b, S. 99).

[223] „Konsequente Subjektivisten" ist die weitaus zutreffendere Bezeichnung.

prozeß der Individuen ihre heterogene individuelle Rationalität widerspiegelt, die nicht mit der gesellschaftlichen identisch sein muß. Auf der Basis ihres subjektiven Wissens sowie ihrer subjektiven Erwartungen handelnde Menschen können demnach ihre Pläne in eine Richtung verändern, die der Tendenz zum marktlichen Gleichgewicht entgegengerichtet ist.

Lachmann definiert den Markt als einen „Sinnzusammenhang". Die Wirtschaftspläne der Marktteilnehmer stellen dabei die Komponenten des Sinnzusammenhangs dar. Diese Komponenten müssen - wie bereits erläutert - mittels der Methode des Verstehens analysiert werden, um ökonomisches Handeln zu begreifen. *Lachmann* versteht den Markt im Sinne von *Mises* ebenso wie *Kirzner* als Prozeß. In diesem Prozeß orientieren sich die Marktteilnehmer an den Handlungen der übrigen Wirtschaftssubjekte, wobei als wichtigster Orientierungspunkt die aktuellen und erwarteten Gewinne fungieren (vgl. *Lachmann* 1966a, S. 276; *Lachmann* 1984e, S. 179).

3.3.3.1. Erwartungen und die Heterogenität und Komplexität von Kapitalstrukturen

Lachmanns markt- und kapitaltheoretische Überlegungen sind eng miteinander verbunden, wie die folgenden Ausführungen zeigen werden. Im Gegensatz zu *Kirzner* betont *Lachmann* eher die akkumulative Kraft unternehmerischen Handelns unter systematischer Berücksichtigung der Rolle der Erwartungen. Schwerpunkte der Analyse bilden dabei in erster Linie die Berücksichtigung von Kapitalkomplementaritäten im Aufbau der einzelwirtschaftlichen und der volkswirtschaftlichen Produktion sowie die Frage, ob auch Erwartungen im Marktprozeß diffundieren und damit eine Gleichgewichtstendenz abgeleitet werden kann.

Ausgangspunkt stellt das Gewinnmotiv des unternehmerischen Handelns dar (vgl. dazu *Lachmann* 1975, S. 31, 39). Kapitalgewinne bzw. -verluste sind das Maß für den Erfolg bzw. Mißerfolg der Pläne der Unternehmer. Der Plan bestimmt die Kombination des festen wie des flexiblen Kapitals. Im Falle einer erfolgreichen Plandurchführung erzielt der Unternehmer nicht nur ein höheres Einkommen, sondern es erhöht sich auch der Wert der festen Kapitalgüter, die plangemäß verwendet wurden. Das Kapital[224] bildet die Quelle des Quasirentenstromes und erhöht den Verfügungsspielraum des Unternehmers. Gegenteilige Wirkungen ergeben sich aus dem Fehlschlagen eines Planes.[225] *Lachmann* verwendet das Konzept der *Menger*schen Güterordnung und bezeichnet die Güter höherer Ordnung als „Rückgrat" eines Planes oder als „Sammelstelle der Erwartungen", auf denen der Plan beruht (*Lachmann* 1966a, S. 274 f.).[226]

Gewinnmotivierte Kapitalakkumulation führt zu einer erhöhten Komplexität der Kapitalstruktur. Was beinhaltet jedoch die erhöhte Komplexität? Infolge der vor allem durch technischen Fortschritt zunehmenden Kapitalakkumulation wird (in Analogie zu *Schum-*

---

[224] Nach *Krüsselberg* das Vermögen.
[225] Die Kombination der verwendeten Kapitalgüter erbringt nicht nur ein geringeres Einkommen als erwartet, sondern es sinkt zusätzlich der Wert der verwendeten Kapitalgüter selbst.
[226] In diesem Sinne hat das Kapital eine Wissensdimension: „Capital is *resources* (information and other resources) plus meaning" (*Lewin* 1994, S. 235).

peters schöpferischer Zerstörung) altes Kapital zerstört, die „Kapitalteilung" (in Analogie zur Arbeitsteilung) erhöht sich, und die Kapitalspezialisierung nimmt zu. Neue, komplexere Komplementaritäten und Unteilbarkeiten sind das Ergebnis, das erhöhte Anforderungen an die Arbeits- und Wissensteilung in wachsenden Volkswirtschaften und damit an deren institutionellen Rahmen stellt. Komplementaritäten sind daher nicht nur ein Phänomen des Ungleichgewichts innerhalb der Produktionspläne und der Kapitalstruktur von Unternehmen, sondern auch der gesamten Volkswirtschaft. Auf volkswirtschaftlicher Ebene sind die Komplementaritäten das Ergebnis des Spiels der Marktkräfte, welche die Arbeits- und Kapitalteilung, aber auch die Wissensteilung, bestimmen.[227]

Wie bereits analysiert, wird das Planungsproblem dadurch erschwert, daß sich die Informationen, die in den Marktpreisen, den Kapitalgüterwerten und den Gewinnen enthalten sind, außerhalb des Gleichgewichts als interpretationsbedürftig erweisen. Da das Handeln immer zukunftsgerichtet ist, stellt die Antizipation der Entwicklung der Marktpreise und Gewinne unter Ungewißheit eine der wichtigsten Aufgaben unternehmerischen Handelns dar. Objektive Möglichkeiten werden subjektiv interpretiert. Die Fähigkeiten der Interpretation von Daten und der Antizipation von Entwicklungen variieren dabei von Individuum zu Indivduum beträchtlich.[228] Aufgrund der Zukunftsgerichtetheit des Handelns und Planens sind die subjektiven Erwartungen der Marktteilnehmer für die Entwicklung des Marktprozesses elementar. Im Gegensatz zur Diffusion des Wissens[229] ist es nach *Lachmann* jedoch fraglich, ob der Marktmechanismus darüber hinaus auch die Diffusion überlegener Erwartungen leistet. Das Problem bestehe darin, daß zum Zeitpunkt der Erwartungsbildung zwar das Wissen über die bisherige Marktentwicklung eingehe, aber kein in die Zukunft reichendes Erfolgskriterium existiere. Der Markt leiste demnach nur die Koordination der Erwartungen, nicht aber die Diffusion überlegener Erwartungen selbst.[230]

Es wird deutlich, daß *Lachmann* exakt die Unterscheidung zwischen Erwartungen und Wissen verwendet, die in der vorliegenden Arbeit verwendet wird und in Kapitel 3.2.2.3.2. bereits erläutert wurde. Wird nämlich der Wissensbegriff dieser Arbeit zu-

---

[227] Vgl. *Lachmann* (1956, S. 79-86), *Lewin* (1994, S. 241 f.), *Krüsselberg* (1984b, S. 54), *Krüsselberg* (1997, S. 167-169).

[228] Vgl. *Lachmann* (1951, S. 419 f.), *Lachmann* (1966a, S. 274), *Lachmann* (1956, S. 22). Vgl. dazu auch den Ansatz von *Krüsselberg*.

[229] *Lachmann* weist schon 1951 darauf hin, daß der Marktprozeß durch Wissensdiffusion und Selektion gekennzeichnet ist: „The essence of the matter is that the market process promotes the spreading of knowledge through the promotion of those capable of interpreting market data and of thus transforming them into market knowledge, and the elimination of those who cannot read the signs of the market" (*Lachmann* 1951, S. 420). Vgl. auch *Lachmann* (1954, S. 30), *Lachmann* (1966a, S. 274 f.). Siehe außerdem *Lachmann* (1956, S. 28): „'Market', in the true economic sense, means a process of exchange and allocation reflecting the transmission of knowledge" (Im Original alles hervorgehoben).

[230] „The market, of course, cannot diffuse „superior expectations" in the sense in which it diffuses superior knowledge because *ex ante* no criterion of success can exist. It cannot make bulls and bears change their expectations, but it nevertheless can coordinate these" (*Lachmann* 1976a, S. 59). „Evidently expectations are not economic results in the sense in which prices and output quantities are. No economic process *determines* them" (*Lachmann* 1956, S. 20 (Hervorhebung im Original)). Vgl. zur Erwartungskoordination auch *Shearmur* (1990, S. 207).

grundegelegt - Wissen wird als hypothetisches Vermutungswissen gekennzeichnet, das sich ständig bewähren muß -, kann zum einen zwar keine feste Grenze zwischen hypothesengeleiteter Vermutung und hypothesengeleiteter Erwartung gezogen werden. Zum anderen gibt es jedoch sowohl zeitliche als auch qualitative Kriterien zu ihrer Unterscheidung. Das (vorläufige) Vermutungswissen zum Zeitpunkt t_0 wurde in einem darwinistischen Verfahren des Testens von Hypothesen erworben. Dieses in der Vergangenheit kritisch getestete Vermutungswissen bildet die Grundlage für die in die Zukunft gerichteten Erwartungshypothesen, die logischerweise zum Zeitpunkt t_0 noch nicht getestet werden konnten. Im Zuge der Plandurchführungen werden sie allerdings getestet und gehen ggfs. in das Vermutungswissen des Handelnden ein. Wenn nach *Lachmann* nun aber Erwartungen nur koordiniert werden, im Marktprozeß jedoch nicht diffundieren, müssen die Gründe analysiert werden, warum auf diesen Märkten der Lernprozeß nicht in der beschriebenen Weise funktioniert. Im Kapitel 3.3.3.3. wird diese Fragestellung wieder aufgegriffen und gezeigt, daß *Lachmann* besagte These nicht allgemein, sondern lediglich bezüglich eines bestimmten Markt- und damit auch Erwartungstyps annimmt.

3.3.3.2. Das Gleichgewicht und die Tendenz von Marktprozessen

Zunächst ist zu klären, wie *Lachmann* den Begriff des Gleichgewichts behandelt. *Lachmann* wendet sich gegen die Übertragung des auf einzelwirtschaftlicher Ebene sinnvollen, in der Logik der Wahlakte angelegten, analytischen Instruments des Gleichgewichts auf die gesamtwirtschaftliche Ebene. Allenfalls für bestimmte Märkte sei der Begriff noch sinnvoll. „Geht man darüber hinaus, wird die Logik der Wahlakte bis zur Sinnlosigkeit verzerrt" (*Lachmann* 1966a, S. 267).[231]

Demnach wird deutlich, daß sich *Lachmann* nicht gegen den Begriff des Gleichgewichts als solchen oder gar gegen dessen analytische Verwendung in der Theorie wendet, sondern daß er eine adäquate Verwendung des Gleichgewichtskonzepts anmahnt. In der undifferenzierten Verwendung des Gleichgewichtsbegriffes für die drei Ebenen Individuum, Markt und Wirtschaftssystem sieht er einen Mißbrauch begründet. Ist der Gleichgewichtsbegriff auf der individuellen Ebene unproblematisch - Individuen sowie hierarchisch geführte Haushalte und Unternehmen streben nach dem individuellen Ausgleich ihrer subjektiven Pläne, wobei das Koordinationsproblem zwischen den handelnden Einheiten keine Rolle spielt -, so trifft der Begriff nur nur noch für bestimmte Märkte zu - relevantes Kriterium stellt die Geschwindigkeit der Änderung der ökonomischen Daten dar. Für das Wirtschaftssystem als Ganzes kann schließlich nicht mehr sinnvoll vom Gleichgewicht gesprochen werden, da dieses nur in einer statischen Welt möglich wäre, die jedoch im Falle innovativen Verhaltens der Wirtschaftssubjekte nicht existiert. Da es aufgrund der Subjektivität der Erwartungen und des Lernens zu endogenen Veränderungen auch der Rahmenbedingungen kommt, ist die Vorstellung von der gesamtwirtschaftlichen Gleichgewichtssituation utopisch. Der Sinn des Gleichgewichtskonzepts nimmt demnach mit der zunehmenden Koordinationsproblematik von der einzelwirt-

---

[231] Vgl. auch *Lachmann* (1975, S. 5), *Lachmann* (1976b, S. 131), *Fehl* (1979, S. 584 f.), *Hayek* (1952b, S. 52).

schaftlichen bis hin zur gesamtwirtschaftlichen Ebene immer weiter ab.[232]

Darüber hinaus ist es für *Lachmann* im Gegensatz zu *Kirzner* keineswegs sicher, daß sich der Marktprozeß immer mit einer Tendenz zum Gleichgewicht entwickelt. Die Theorie der subjektiven Erwartungen *Lachmanns* mündet in die Analyse der Voraussetzungen zur Erreichung eines Marktgleichgewichts. Die Erfolgsaussichten der Gleichgewichtstendenz hängen danach von der Geschwindigkeit der koordinierenden Elemente, von den Hindernissen, die in der Zeit überwunden werden müssen, und von der Stärke der gleichgewichtsstörenden Kräfte ab.[233] Insbesondere die Geschwindigkeit, mit der die Wirtschaftssubjekte lernen, ist für die Richtung der Marktprozesse, aber auch für die Evolution von Institutionen, von Bedeutung (vgl. *Lachmann* 1979, S. 6; *O'Driscoll* 1978, S. 132).[234]

Lachmann unterscheidet zwischen Gleichgewichts- und Ungleichgewichtskräften. Stärkste Gleichgewichtskraft ist dabei der Versuch der Wirtschaftssubjekte, ihr individuelles Gleichgewicht durch zielgerichtetes Handeln zu erreichen. Dazu müssen sie aus den Fehlschlägen früherer Pläne lernen. Ungleichgewichtskräfte, die den Marktprozeß in ständiger Bewegung halten, ergeben sich dagegen aus dem Auftreten unerwarteter exogener Datenänderungen - die auch *Kirzner* mittels der Annahme sich wandelnder „underlying variables" (UVs) berücksichtigt - sowie der aus der Marktentwicklung entspringenden Inkongruenz dezentraler Pläne, dem Zeitbedarf des Reagierens auf neue Informationen sowie der subjektiven Interpretation ökonomischer Tatbestände und der sich daraus ergebenden Subjektivität der Erwartungen.[235] Danach spiegelt die Subjektivität der individuellen Lernprozesse die Heterogenität der Marktakteure wider. Insbesondere auf den „asset markets", deren Besonderheiten in Kapitel 3.3.3.3. systematisch untersucht werden, besteht keine stabile Beziehung zwischen individueller Lernanstrengung und der Tendenz der Marktentwicklung zum Gleichgewicht. Es ist möglich, daß die auf der Basis ihres subjektiven Wissens sowie ihrer subjektiven Erwartungen handelnden Menschen ihre Pläne in eine Richtung verändern, die der Tendenz zum marktlichen Gleichgewicht entgegengerichtet ist.

Insgesamt stellen zwar die exogenen Störungen ein wichtiges Hemmnis für das Erreichen von Marktgleichgewichten dar, „was aber in Wirklichkeit die gleichgewichtsstrebigen Kräfte hemmen wird, ist die in einer ungewissen Welt unvermeidliche Divergenz der Erwartungen und die daraus folgende Inkongruenz der Pläne" (*Lachmann*

---

[232] Vgl. *Lachmann* (1986, S. 141 f.), *Lachmann* (1984a, S. 44), *Lachmann* (1984c, S. 146), *Lachmann* (1984e, S. 184 f.), *Lewin* (1994, S. 237), *Loy* (1985, S. 236).

[233] „Im allgemeinen können wir sagen, daß die Chance, einen Gleichgewichtszustand wirklich zu erreichen, um so größer ist, je schneller die koordinierenden Kräfte wirken können" (*Lachmann* 1975, S. 16). Siehe auch S. 17: „Umgekehrt muß man Hindernisse auf dem Weg zum Gleichgewicht, wie viele es auch sein mögen, als überwindbar betrachten und gleichgewichtsstörende Kräfte als zu schwach ansehen, um das Ergebnis zu stören."

[234] Dieser Punkt wird im nächsten Hauptkapitel wieder aufgegriffen.

[235] Vgl. *Lachmann* (1984a, S. 46), *Lachmann* (1956, S. 66 f.), *Lachmann* (1986, S. 16, 56 f. und S. 125-127), wo er explizit auf die Rolle der Spekulanten neben den Arbitrageuren und den Innovatoren eingeht. Vgl. auch *Rizzo* (1992a, S. 126) sowie *O'Driscoll* (1978, S. 128-134), wo dieser zum Teil (vgl. S. 133 f.) jedoch noch Schwierigkeiten mit *Lachmanns* Ansatz offenbart.

1984e, S. 186).

In erster Linie berücksichtigt *Lachmann* damit die Unwissenheit, die historische Zeit und über die Subjektivität des Lern- und Erwartungsbildungsprozesses auch die strukturelle Unsicherheit und die innovative Kreativität menschlichen Handelns als Kräfte, die in Richtung Ungleichgewicht wirken. Da er nicht wie *Kirzner* zwischen „underlying" und „induced variables" unterscheidet, sondern berücksichtigt, daß sich auch individuelle Präferenzen im Marktprozeß endogen ändern oder selbst Inventionen bis zu einem gewissen Grad prozeßendogen entstehen, kann und will er diese Kräfte nicht als gleichgewichtsgerichtet bezeichnen.

Zur Erläuterung der Entwicklung des Marktprozesses greift *Lachmann* außerdem auf die zentrale Idee der schottischen Moralphilosophie zurück. Die unintendierten Folgen intentionalen Handelns, die dort als Quellen für das evolutionäre Entstehen der Ordnung des Marktes lokalisiert wurden, dienen *Lachmann* als Erklärungselement für die Richtung des Marktprozesses. Damit schließt sich der Kreis, der von *Mandeville* begründet und von *Hume, Smith, Ferguson, Menger* und *Hayek* weitergeführt wurde. Selbst wenn für einen Moment die Marktkraft der Innovation aus der Analyse ausgeblendet wird, ist es nicht sicher, daß sich die Gleichgewichtstendenz durchsetzt. Vielmehr ist es selbst unter dieser restriktiven Annahme so, daß lediglich die unintendierten Folgen *erfolgreichen* Handelns die Gleichgewichtstendenz begründen, wohingegen die unintendierten Folgen *erfolglosen* Handelns die Quelle für die Ungleichgewichtsentwicklung von Marktprozessen darstellen (vgl. *Lachmann* 1973, S. 41).[236] Wird zudem wieder die Marktkraft der Innovation berücksichtigt, die *Lachmann* ebenso wie *Schumpeter* und anders als *Kirzner* als gleichgewichtszerstörend ansieht, wirkt selbst ein Teil des erfolgreichen Handelns, nämlich das innovative Verhalten, in Richtung Ungleichgewicht. Insbesondere wenn die Fähigkeit des *homo discens* zur aktiven Bildung neuer Ziel-Mittel-Kombinationen infolge kreativer Lernanstrengungen berücksichtigt wird, erscheint die Annahme einer allgemeinen Gleichgewichtstendenz von Marktprozessen nicht angebracht und die Idee des gesamtwirtschaftlichen Gleichgewichts utopisch.

> „Wir müssen daraus den Schluß ziehen, daß in einer Welt, die sich in Bewegung befindet, sowohl Kräfte, welche die Divergenz der Pläne verringern, als auch solche, welche die Divergenz zu vergrößern suchen, am Werk sein werden und daß es unmöglich ist vorherzusagen, welche dieser beiden Kräftegruppen im konkreten Falle die Oberhand behalten wird" (*Lachmann* 1973, S. 42).[237]

Um die oben genannte Hypothese weiter zu untermauern, ist es notwendig, die Voraussetzungen des volkswirtschaftlichen Aufbaus der Produktionsstruktur mit der Unterscheidung der Märkte von *Lachmann* kombiniert zu betrachten. Erst dadurch wird deutlich, bei welcher Art von Märkten die Annahme der Erreichung des Gleichgewichts sinn-

---

[236] „The consequences of action, whether intended or unintended, remain the economists' concern" (*Lachmann* 1994h, S. 279). *Loy* ist aus diesem Grunde auch nicht zu folgen, wenn sie behauptet, daß *Lachmanns* konsequenter Subjektivismus nichts anderes bedeutet, „... als die vollständige Preisgabe des zweiten Erklärungsziels der österreichischen Schule, nämlich des Aufzeigens der unbeabsichtigten Konsequenzen absichtsvollen Handelns" (*Loy, 1985* S. 238).

[237] Vgl. auch *Mongiovi* (1994, S. 259).

voll ist bzw. bei welchen nicht und was dies für Implikationen für die Idee des volkswirtschaftlichen Gleichgewichts beinhaltet.

3.3.3.3. Zwei Typen von Märkten

Für das Verständnis des gesamten Ansatzes von *Lachmann* ist es notwendig, die von ihm vorgenommene Unterscheidung der Märkte zu berücksichtigen. Sonst besteht die Gefahr, daß wegen der Betonung der Ungleichgewichtskräfte fälschlicherweise auf die mangelhafte Möglichkeit subjektiv rationalen Lernens geschlossen und am Ende sogar behauptet wird, mit Hilfe des Ansatzes von *Lachmann* könne eine überlegene Koordinationseffizienz zentraler Planung gegenüber der dezentralen Planung am Markt abgeleitet werden (vgl. *Loy* 1985, S. 236-238).[238]

Lachmann unterscheidet zwischen „typischen" („ordinary") Märkten und „spekulativen" Märkten. Typische Märkte zeichnen sich durch eine relative Konstanz und Transparenz von Angebot und Nachfrage aus. Dazu gehört, daß im wesentlichen die Marktteilnehmer entweder der Angebots- oder der Nachfrageseite angehören, ohne ständig die Seiten zu wechseln. Als Beispiel nennt *Lachmann* einen örtlichen Gemüsemarkt. Auf diesen Märkten sei es korrekt, vom Wettbewerb als Entdeckungsverfahren zu sprechen. Aufgrund der überschaubaren Änderung der Daten - z.B. durch Innovationen oder Präferenzenänderungen - ergibt sich im allgemeinen eine Angleichung der subjektiven Erwartungen, so daß sich die Gleichgewichtstendenz trotz existierender Ungleichgewichtskräfte immer wieder durchsetzt (vgl. *Lachmann* 1994g, S. 271) - oder sich nach *Fehl* zumindest eine Ordnung im Ungleichgewicht bildet.[239]

Ganz anders sieht die Situation dagegen auf den spekulativen Märkten, wie z.B. Wertpapier- oder Devisenmärkten aus. Hier wechseln die Akteure ständig die Marktseiten. Orientierungspunkte stellen die aktuellen und erwarteten Preisänderungen dar. Gewinne werden durch Arbitrage zwischen jetzigen und zukünftigen Preisen erzielt, nicht durch die Versorgung der Konsumenten entsprechend ihren Präferenzen, wie auf den typischen Märkten. Die Marktteilnehmer offenbaren durch ihre Markthandlungen allenfalls ihre Zeitpräferenzen, in erster Linie jedoch ihre Erwartungen bezüglich künftiger Marktentwicklungen (vgl. *Lachmann* 1984b, S. 96). Die Subjektivität der Erwartungen ergibt sich hier vor allem aus der unterschiedlichen Interpretation der beobachteten Preisfluktuationen sowie aus der Bildung der Erwartungen über die Vorgehensweise anderer Marktteilnehmer. Pläne und Erwartungen müssen aufgrund der sich dauernd

---

[238] Hier „verrennt" sich *Loy* vollkommen. Ihre ansonsten gute Analyse gipfelt in dem Vorwurf, daß *Lachmann* und andere Österreicher wichtige ökonomische Fragestellungen, die Bestandteil einer dynamischen Markttheorie sein müßten, systematisch ausklammern würden: „Warum es trotz aller Unsicherheit und aller unerwarteten Ereignisse noch Märkte gibt und inwieweit die subjektive Überzeugung der Marktteilnehmer berechtigt ist, daß planmäßiges (rationales) Handeln ebenso wie Lernen aus Erfahrung meist möglich und sinnvoll ist, muß unklar bleiben, wenn nicht Fragen, wie die nach der Bildung der Erwartungen, der Motivation, des Entscheidungsverhaltens, und nach den Bedürfnisstrukturen auch als ökonomisch relevant anerkannt und in die theoretische Analyse einbezogen werden" (*Loy* 1985, S. 238). Dieser Kritik ist nach der intensiven Auseinandersetzung mit dem Forschungsprogramm *Lachmanns* nicht zu folgen - sie rennt vielmehr offene Türen ein.

[239] Vgl. dazu das nächste Kapitel.

ändernden Marktdaten schnell angepaßt werden. Es kommt zu sich interpersonal sowie intertemporal kurzfristig und deutlich ändernden Erwartungen bezüglich der zukünftigen Marktentwicklung. Vor diesem Hintergund fungiert der Markt nach *Lachmann* nicht in erster Linie als Entdeckungsverfahren, sondern als Verfahren zur Kooridnation von Erwartungen (vgl. *Lachmann* 1994g, S. 271-273; *Lachmann* 1984c, S. 158). Die Komplexität und Volatilität der Märkte verhindert, daß am Markt getestete, überlegene Erwartungen diffundieren, d.h., daß sie als Vermutungswissen in den Wissensbestand der Individuen eingehen. Da sich die Marktdaten ständig ändern, sind Tagesgleichgewichte nicht stabil. Aus den zutreffenden Erwartungshypothesen der Vergangenheit können keine Hinweise für die Entwicklung des Marktes in der Zukunft gezogen werden. Das bedeutet jedoch nichts anderes, als daß auf diesen Märkten die Ungleichgewichtskräfte die Gleichgewichtskräfte dominieren. Die Gleichgewichtstendenz erscheint somit abhängig vom Markttypus. Die Sensitivität der Erwartungen und damit die Möglichkeit zu erfolgreichen Lernprozessen variiert je nach betrachtetem Markttyp.[240] Um Mißverständnissen vorzubeugen sei noch einmal darauf hingewiesen, dies bedeutet nicht, daß der Koordinationsmechanismus dieser Art des Marktes nicht funktioniert.[241] Begründet wird allein das Überwiegen der Ungleichgewichts- über die Gleichgewichtskräfte.

Das wirft jedoch sogleich die Fragen auf, welche Märkte als spekulative Märkte in einer Volkswirtschaft angesehen werden können,[242] wie wichtig diese für die Volkswirtschaft sind und ob ihre Bedeutung eher abnehmend oder eher zunehmend ist. *Lachmann* ordnet den „asset markets" die „markets for capital goods" und die „financial markets" zu. Sie bilden „... the core of a market economy: they are in fact its central markets" (*Lachmann* 1994f, S. 261).[243] In einer Marktwirtschaft besteht die Funktion der „asset markets" - vor allem die der Börse - in der Bewertung der Rechtstitel der Anteile auf Kapitalgüterkombinationen. Die Börse fungiert jedoch nicht nur als Bewerter gegenwärtiger, sondern eben auch künftiger erwarteter Erfolge oder Mißerfolge. Sie ist der „... zentrale Terminmarkt für künftige Kapitalerträge mit unbestimmtem Horizont" (*Lachmann* 1966a, S. 275). Damit stellt sie aber eine der wichtigsten Voraussetzungen für die intertemporale Koordination der Pläne der Wirtschaftssubjekte auf den Einzelmärkten der Volkswirtschaft dar. Darüber hinaus wird offensichtlich, daß die auf den Kapitalmärkten festzustellende „Rastlosigkeit" der Erwartungs- und Preisbildung auch von den Entwicklungen auf den Einzelmärkten abhängt. Unter Berücksichtigung der Interdependenz der Märkte kann mit der Hypothese gearbeitet werden, daß die Sensitivität der Erwartungen über die Börsenpreisentwicklung der gehandelten Rechtstitel vor allem die Lern- und Erwartungsbildungsanstrengungen der Wirtschaftssubjekte auf

---

[240] Vgl. *Lachmann* 1994b, S. 227; *Lachmann* 1994e, S. 173; *Lachmann* 1994f, S. 264.

[241] „Daß dieser Preis sich von Tag zu Tag ändert, zeigt die Sensitivität des Preisbildungsmechanismus gegenüber den Erwartungen, und nicht seine mangelnde Funktionsfähigkeit" (*Lachmann* 1966a, S. 276).

[242] *Loasby* leitet aus der Existenz der strukturellen Unsicherheit, unter der die Wirtschaftssubjekte ihre Erwartungen bilden, ab, daß die meisten Märkte einen spekulativen Charakter besitzen (vgl. *Loasby* 1982, S. 122).

[243] „Es ist sogar kaum eine Übertreibung, wenn man sagt, daß es ohne Effektenbörse keine Marktwirtschaft geben kann" (*Lachmann* 1984c, S. 157). Vgl. auch *Krüsselberg* (1984b, S. 57 f.).

den übrigen Märkten der Volkswirtschaft reflektiert. Damit ergibt sich die Sensitivität der Erwartungen in erster Linie daraus, daß Erwartungen über Erwartungen gebildet werden. Das bedeutet aber letztendlich nichts anderes, als daß bisher noch nicht getestete, in die Zukunft gerichtete Hypothesen über ebenfalls bisher noch nicht getestete in die Zukunft gerichtete Hypothesen anderer Wirtschaftssubjekte gebildet werden. Werden die Hypothesen im Marktprozeß nun aber getestet, ergibt sich das Phänomen, daß ersteren durch die Veränderung der letzteren die Basis entzogen wird. Dadurch wird der darwinistische Lernprozeß des hypothetisch-deduktiven Testens der in die Zukunft gerichteten Hypothesen aber unterbrochen. Die ursprüngliche Erwartungshypothese wird durch die Änderung der Erwartungen anderer Wirtschaftssubjekte obsolet.[244] Nur so ist zu verstehen, daß die über Erwartungen gebildeten Erwartungen im Marktprozeß lediglich im Sinne instabiler Tagesgleichgewichte koordiniert werden, nicht jedoch diffundieren.[245]

Insgesamt wird jedenfalls deutlich, warum sich *Lachmann* gegen die Verwendung des Gleichgewichtsbegriffs auf volkswirtschaftlicher Ebene wendet. Aufgrund der hohen Volatilität der spekulativen „asset markets" und der - so *Lachmann* - dominierenden Rolle dieser Märkte für entwickelte Volkswirtschaften, kann ein „long-run equilibrium" nicht abgeleitet werden (vgl. *Lachmann* 1976a, S. 60; *Langlois* 1986c, S. 189; Fn. 2). Dabei ist insbesondere auf die Interdependenz der Märkte hinzuweisen, die sich in den Komplementaritäten der Kapitalstruktur widerspiegelt. Die durch die Überlegenheit der Ungleichgewichtskräfte über die Gleichgewichtskräfte erzeugten Schwankungen auf den „asset markets", welche die Vermögensbestände täglich neu bewerten und aus diesem Grund eine überragende Stellung im volkswirtschaftlichen System einnehmen, verhindern das Erreichen eines allgemeinen Gleichgewichts.[246]

Als Fazit ist festzuhalten, daß *Lachmann* weder eine analytische, noch eine empirische Marktprozeßtendenz zum Gleichgewicht allgemein annimmt.[247] Vielmehr ist die Unterscheidung der Markttypen zu beachten. Durch die komplexitätsreduzierende Wirkung der institutionellen Rahmenbedingungen der „typischen" Märkte werden hier Erwartungen nicht nur koordiniert, sondern können im Marktprozeß auch diffundieren. Dies

---

[244] Dieses Problem stellt sich in sozialen Prozessen im Prinzip zwar für jeden individuellen Lernprozeß. Das entwickelte Vermutungswissen des Individuums bezieht sich dabei notwendigerweise immer auf sich ändernde Phänomene, wie z.B. das Verhalten der Marktkonkurrenten oder der Produktivität von Produktionsprozessen usw. Nur bei der Bildung von Erwartungen über Erwartungen ist jedoch der Fall gegeben, daß in die Zukunft gerichtete Hypothesen über bisher noch nicht im Evolutionsprozeß getestete Phänomene gebildet werden.

[245] „The most important function of the Stock Exchange in our world is not to serve as a channel for the diffusion of knowledge about what has been (a minor role), but to offer machinery for the profitable expression of expectations about what men think will happen in the future (its major role)" (*Lachmann* 1992, S. 35).

[246] „Marshallian markets for individual goods may for a time find their respective equilibria. The economic system never does" (*Lachmann* 1976a, S. 61).

[247] *Rizzo* trifft diese Unterscheidung zur Untersuchung der *Hayek*schen Vorstellungen zur Tendenz von Marktprozessen (vgl. *Rizzo* 1990, passim, insb. S. 15 f.). Nach *Rizzo* ist die Nähe zum Gleichgewicht das Kriterium, ob der Lern- und Erwartungsbildungsprozeß der Wirtschaftssubjekte letztendlich zum Gleichgewicht führt (vgl. *Rizzo* 1990, S. 19 f.).

stellt nun aber die Voraussetzung dafür dar, daß sich die Gleichgewichtstendenz immer wieder durchsetzen kann. Im Gegensatz dazu sind die „asset markets" dadurch gekennzeichnet, daß Erwartungen über Erwartungen lediglich koordiniert werden können, nicht aber diffundieren und dadurch keine Gleichgewichtstendenz des Marktprozesses abgeleitet werden kann. Damit wird noch einmal die Bedeutung der Erwartungen für die Marktevolution verdeutlicht.

Marktprozeßtendenzen sind jedoch nicht nur erwartungs-, sondern auch institutionenabhängig. Durch die Unterscheidung der zwei Typen von Märkten berücksichtigt *Lachmann* diesen Zusammenhang eher indirekt. *Lachmann* betrachtet mit dem örtlichen Gemüsemarkt und der Börse die zwei äußeren Ränder im Spektrum existierender Märkte. Die systematische Behandlung der Wirkung des institutionellen Rahmens auf das gesamte Marktspektrum steht demnach noch aus.

3.3.4. Die Bedeutung institutioneller Rahmenbedingungen für die Ableitung von Markttendenzen: Ordnung versus Gleichgewicht

Zur Klärung der Frage, wie Institutionen auf die Tendenz von Marktprozessen wirken, ist es notwendig, zunächst den hier verwendeten Begriff des Gleichgewichts noch einmal zu präzisieren und kritisch zu diskutieren. Dazu wird auf *Hayeks* Definition des Gleichgewichts zurückgegriffen. Dieser stellt nicht allein auf die zu koordinierenden Pläne ab. Da das Handeln der Menschen immer zukunftsgerichtet ist, ergibt sich ein stabiles Gleichgewicht auf der Marktebene erst dann, wenn die Erwartungen der Wirtschaftssubjekte übereinstimmen (vgl. *Hayek* 1952b, S. 57-61).[248]

Aus dieser Definition des Gleichgewichts folgt, daß eine Tendenz zum Gleichgewicht ihrerseits eine Tendenz zu einer immer größeren Übereinstimmung sowohl des Wissens als auch der Erwartungen der Individuen voraussetzt (vgl. *Hayek* 1952b, S. 63 f.; *Kerber* 1989, S. 72).[249] *Hayek* weist darauf hin, aus diesem Grund sei es nicht notwendig, daß die Daten längere Zeit konstant bleiben, um einen stabilen Gleichgewichtszustand zu erreichen. Vielmehr sei es vollkommen ausreichend, „... daß die Menschen lernen werden (d.h., daß ihre subjektiven Daten mit einander und mit den objektiven Fakten in Einklang kommen werden)" (*Hayek* 1952b, S. 70).[250]

---

[248] „Es scheint, daß der Gleichgewichtsbegriff nichts anderes bedeutet, als daß die Voraussicht der verschiedenen Mitglieder der Gesellschaft in einem speziellen Sinn richtig ist." Und wenig später: „Richtige Voraussicht ist also nicht, wie es manchmal verstanden wird, eine Vorbedingung, die erfüllt sein muß, damit ein Gleichgewicht erreicht werden kann. Sie ist vielmehr das definierende Merkmal des Gleichgewichtszustandes" (*Hayek* 1952b, S. 60). Vgl. auch *Ebeling* (1986, S. 42), *Littlechild* (1982, S. 88), *Loy* (1988, S. 24), *Utzig* (1987, S. 217, 249).

[249] Bezüglich der Wissenskomponente kann sich die Gleichgewichtssituation auch dadurch ergeben, daß einige Wirtschaftssubjekte nicht vollständig über die objektiven Gegebenheiten informiert sind. Es genügt, daß sie sich bezüglich ihres individuellen Ziel-Mittel-Rahmen im Gleichgewicht befinden, ohne über die Kenntnis superiorer Ziel-Mittel-Kombinationen zu verfügen (vgl. *Hayek* 1952b, S. 73 f.). Vgl. auch *Klausinger* (1991, S. 84-86).

[250] Die Anwesenheit von Lernprozessen und die daraus folgende Gleichgewichtstendenz von Marktprozessen formuliert *Hayek* als empirische Hypothese. Er ist darüber hinaus der Meinung, diese Annahme aus „empirischen Gründen" treffen zu dürfen (vgl. *Hayek* 1952b,

Nach *Hayek* ist es im Rahmen der Untersuchung von Marktprozessen sinnvoller, den Begriff der Ordnung anstatt den des Gleichgewichts zu wählen. Das Gleichgewicht ist dadurch definiert, daß die relevanten Tatsachen bereits entdeckt sind und dadurch der Wettbewerbsprozeß abgeschlossen ist. Der Begriff der Ordnung besitzt dagegen den Vorteil, die Dynamik evolutionärer Prozesse einzuschließen (vgl. *Hayek* 1969i, S. 255 f.).

Außerdem ist der institutionelle Aspekt des Gleichgewichts zu berücksichtigen. Traditionelle Gleichgewichtsdefinitionen beziehen sich lediglich auf die Marktebene. Institutionen wirken nun aber auf die Marktkoordination ein. Solange der institutionelle Rahmen als gegeben angenommen wird, spielt dieser Aspekt noch keine Rolle für die Ableitung des marktlichen Gleichgewichts. Werden jedoch die Änderungen in der institutionellen Struktur berücksichtigt, ist es notwendig, die Gleichgewichtsdefinition auch auf die Ebene der Institutionen auszudehnen. Im nächsten Kapitel über die Evolution von Institutionen werden die Quellen des institutionellen Wandels ausführlich untersucht. Ohne Kenntnis der Ergebnisse dieser Analyse ist es aber bereits möglich zu berücksichtigen, daß intentionales Handeln auch auf die Veränderung des Institutionenrahmens gerichtet sein kann. Außerdem wirken die unintendierten Ergebnisse intentionalen Handelns auf die Entwicklung der Institutionenebene ein. In die Definition des Gleichgewichts einer evolutionären Institutionentheorie muß demnach eingehen, daß im Gleichgewicht nicht nur die Pläne und Erwartungen auf der Marktebene koordiniert sein müssen, sondern daß auch keine Anreize bestehen dürfen, die institutionelle Struktur zu ändern.[251]

Nach dieser Konkretisierung des umfassenden Gleichgewichtsbegriffs stellt sich letztendlich die Frage, ob es im Rahmen der evolutionären Wirtschaftstheorie noch sinnvoll ist, mit dem Gleichgewichtsbegriff auf der Marktebene zu arbeiten. *Lachmann* wendet sich letztendlich nur gegen die Verwendung des Gleichgewichtsbegriffs auf volkswirtschaftlicher Ebene. Für die Betrachtung einzelner Märkte oder aber für die Frage nach der Tendenz von Marktprozessen erscheint er ihm aber noch sinnvoll. Im folgenden wird jedoch herausgearbeitet, daß die Entwicklung von Marktprozessen besser durch den Ordnungs- als durch den Gleichgewichtsbegriff verdeutlicht werden kann. Letzterer sollte darüber hinaus allein auf der Ebene des Individuums verwendet werden.

Kerber sieht den Charakter von evolutionären Marktprozessen vor allem in der Nichtantizipierbarkeit von Datenveränderungen begründet. Aufgrund der Nichtdeterminierbarkeit von Wissensveränderungen, die sich aus der subjektiven Interpretation objektiver Tatbestände *sowie* der Kreativität des menschlichen Geistes ergeben, sei es nicht möglich, eine Gleichgewichtstendenz von Marktprozessen, die sich durch die zunehmende Übereinstimmung von Wissen und Erwartungen der Wirtschaftssubjekte auszeichnet,

---

S. 64, 70, 76). Siehe auch *Utzig* (1987, S. 226): „Daß es eine bloße <u>Tendenz</u> zum Gleichgewicht ist, ergibt sich daraus, daß die Individuen in ihrer Erwartungsbildung dennoch Fehler begehen, daß es sie gleichwohl gibt, daraus, daß die Individuen aus den Enttäuschungen lernen" (Hervorherbung im Original).

[251] Vgl. auch *Colander* (1994, S. 126), der den Gedanken, Institutionen im Gleichgewichtsbegriff zu berücksichtigen, im Rahmen der Stabilitätsuntersuchung des Institutionenrahmens behandelt.

allgemeingültig abzuleiten. Im Rahmen evolutionärer Marktprozesse komme es „... zu einer permanenten endogenen Produktion von nichtantizipierbaren Veränderungen, an die sich die Wirtschaftssubjekte per definitionem nicht ex-ante anpassen können" (*Kerber* 1989, S. 73).[252]

Die Permanenz, die sich aus der Endogenität der nichtantizipierbaren Veränderungen ergibt, führt dazu, daß sich das System in ständiger Bewegung und zu jedem Zeitpunkt im Ungleichgewicht befindet. Weder eine Dominanz der Ungleichgewichtstendenz noch der Gleichgewichtstendenz ist ableitbar. Wirtschaftsprozesse sind offene, historische und irreversible Entwicklungsprozesse (vgl. *Kerber* 1989, S. 74-76).[253] Unter Rückgriff auf die Erkenntnisse der Theorie des Lernens können Wirtschaftsprozesse verdeutlicht werden als eine kontinuierliche Folge von Vermutungen, Erwartungen und deren Widerlegung, d.h., es werden ständig problemlösende Ideen generiert und kritisch getestet. Die Zukunft wird nicht entdeckt, sondern kreiert (vgl. *Harper* 1994, S. 52, 58 f.).[254]

Fehl plädiert deshalb für die Ersetzung des Gleichgewichtsbegriffs durch den Ordnungsbegriff. Unter Berücksichtigung der ständigen Wirkung der Marktkräfte - Innovation, Arbitrage und Akkumulation - muß die Welt der Marktprozesse notwendigerweise eine Welt des Ungleichgewichts sein. Bedeutet dies nun aber auch, daß im Prozeß ständig „disorder" herrscht? *Fehl* ist nicht dieser Meinung. Er argumentiert, daß neben dem am Markt spontan entstehenden System der Selektionsprofile, Institutionen in Form gesetzlicher und moralischer Regeln, Ordnung auch im Ungleichgewicht begründen.[255] Der Begriff der Ordnung drückt im Gegensatz zum Begriff des Gleichgewichts den kontinuierlichen Fluß von Innovation, Akkumulation und Arbitrage aus. Dies sind die Marktkräfte, die sowohl ein „Explodieren" des Systems, wie auch das Erreichen des Gleichgewichts verhindern. Die spontane Ordnung - oder auch der Begriff der dissipativen Struktur[256] - ist der Ausdruck für die Ordnung im Marktprozeß (vgl. *Fehl* 1986, S. 75 f.).[257] Arbitrage ist die Kraft, die dazu führt, daß sich der Marktprozeß, der aufgrund

---

[252]   Nach *Kerber* wirken die endogenen Innovationen als Ungleichgewichtskraft, da sie Markterwartungen enttäuschen. Gleichzeitig rufen sie jedoch Gleichgewichtskräfte hervor, da die Wirtschaftssubjekte versuchen, die sich aus der nunmehr geringeren Koordinationsleistung des Systems ergebenden Ineffizienzen abzubauen (vgl. *Kerber* 1989, S. 73 f.). Noch umfassender erscheint *Fehls* Berücksichtigung von drei systematisch wirkenden Marktkräften: Innovation, Akkumulation und Arbitrage.

[253]   Wie bereits bei der Untersuchung der Ansätze einer alternativen, prozeßorientierten Haushalts- und Nutzentheorie diskutiert worden ist, kommt bereits *Zwiedineck-Südenhorst* zu dem Ergebnis, daß im Rahmen der Analyse dynamischer Marktprozesse das Arbeiten mit einem Gleichgewichtsbegriff nicht notwendig und die Ableitung einer Gleichgewichtstendenz problematisch sei (vgl. *Zwiedineck-Südenhorst* 1953, S. 28).

[254]   „... the future is not there to be discovered, but must be created" (*Shackle* 1969, S. 16).

[255]   Vgl. *Fehl* (1983, S. 75), *Fehl* (1988a, S. 163 f.), *Fehl* (1994, S. 200-203), *O'Driscoll* und *Rizzo* (1985, S. 85-88). Damit ist der handlungsermöglichende Aspekt von Institutionen angesprochen.

[256]   „Für den Sozialwissenschaftler, speziell für den Ökonomen, ist es dabei von besonderem Interesse, daß die Theorie dissipativer Strukturen einen *Ordnungsbegriff* entwickelt, der im Gegensatz zu überkommenen physikalischen Vorstellungen nicht auf Gleichgewichts-, sondern auf Ungleichgewichtszustände abhebt" (*Fehl* 1983, S. 65 (Hervorhebung im Original)). Vgl. auch *Fehl* (1986, S. 82).

[257]   „And it is exactly this distance from the state of equilibrium that makes possible the emer-

innovativen Unternehmerverhaltens durch Heterogenitäten gekennzeichnet ist, in Richtung Homogenität bewegt. Ohne die Marktkraft der Arbitrage wäre das Preissystem nicht in der Lage, aktuelle Bewertungsprozesse im Austauschprozeß der Marktakteure zu reflektieren. Auf der anderen Hand wäre der Mechanismus der Arbitrage nutzlos ohne den Innovationsprozeß, der Heterogenität dadurch produziert, daß Neuheiten in das ökonomische System eingeführt werden. Sowohl die Tätigkeiten der Arbitrage als auch die der Innovation sind außerdem verknüpft mit den Aktivitäten der Produktion und Akkumulation, welche die reale Wirkung von Arbitrage und Innovation erst ermöglichen.[258] In evolutionären Marktprozessen, die dadurch charakterisiert sind, daß sich die Marktdaten ständig ändern, ist es sinnvoller, die Marktkräfte in bezug auf die Schaffung von Heterogenität oder Homogenität zu formulieren, anstatt in bezug auf ein imaginäres Gleichgewicht. Aufgrund der Kreation von Zukunft seitens der Menschen selbst ändern sich ständig die Marktdaten, die im Marktgleichgewicht aufeinander bezogen werden müßten. Der evolutionäre Prozeß der Wissensschaffung und -verbreitung ist dauerhaft und „open-ended".[259] Die Ordnung im Ungleichgewicht ist daher eine „Ordnung der Aktivität".[260]

Wie bereits im Kapitel über die Entwicklung einer Theorie subjektiv rationaler Erwartungen diskutiert, konkretisiert *Fehl* insbesondere bezüglich der Wirkung der Erwartung seine Vorstellung der Ordnung im Ungleichgewicht und der Wirkung der Marktkräfte. Aus der in evolutionären Prozessen inhärenten Ungewißheit und Indeterminiertheit zukünftiger Marktentwicklungen ergibt sich das Phänomen, daß Wirtschaftssubjekte lediglich subjektive Modelle über die zukünftigen Tatbestände bilden können und bis zu einem gewissen Grad die Zukunft selbst gestalten. Diese Modelle gehen in die Erwartungsbildung im Rahmen des subjektiven Lernprozesses ein.[261] Die Subjektivität der Erwartungen, die zu jedem Zeitpunkt im Marktprozeß gegeben ist, verhindert letztendlich die Koordination der individuellen Pläne der Wirtschaftssubjekte. Die Ordnung im Ungleichgewicht entsteht jedoch dadurch, daß im Zuge des Wirksamwerdens der Marktprozeßkräfte Arbitrage, Akkumulation und Innovation im Marktprozeß eine „Selektionsordnung" entsteht, an der sich auch die Erwartungsbildung orientieren kann, dadurch aber gleichzeitig auf die Selektionsordnung zurückwirkt. Diese Ordnung wirkt

---

gence of a structure which implies an order sui generis, to be clearly distinguished from the order of equilibrium or near-equilibrium" (*Fehl* 1986, S. 77). *Witt* spricht in diesem Zusammenhang von „lebensfähiger Koordination" (*Witt* 1992, S. 43).

[258] Vgl. *Fehl* (1983, S. 77, 80), *Fehl* (1986, S. 78-80), *Fehl* (1994, S. 201 f.).

[259] Vgl. *Baird* (1987, S. 198 f.), *Langlois* (1994a, S. 33), *Rizzo* (1994, S. 114). Dieses Argument gewinnt noch weiter an Überzeugungskraft, wenn berücksichtigt wird, daß sich nicht nur die Marktdaten ständig ändern, sondern in langsameren Maße auch der institutionelle Rahmen. Dies ist eine weitere Quelle endogener Veränderungen - die im 4. Kapitel ausführlich untersucht wird -, welche den methodischen Nutzen eines unerveränderlichen Referenzgleichgewichts weiter schmälert.

[260] Nach *Fehl* geht es darum, „... eine Theorie evolutorischer Prozesse zu entwerfen, die Ungleichgewicht mit Struktur bzw. Ordnung, Ordnung mit Aktivität bzw. Prozeß, Prozeß mit Evolution, Evolution mit Selektion und all dies schließlich mit Selbstorganisation in Verbindung bringt" (*Fehl* 1983, S. 74).

[261] „Subjectivity of expectations (or of imaginations) by no means does exclude learning processes and thus the diffusion of new knowledge" (*Fehl* 1986, S. 80).

als ein Koordinationsprozeß *ex ante*, der trotz der Subjektivität der Erwartungen verhindert, daß das System „explodiert". Erwartungen werden im Marktprozeß eben nicht unabhängig von den Marktkräften gebildet.[262] Nicht zuletzt bestimmt die Ausgestaltung des institutionellen Rahmens, ob die individuelle Erwartungsbildung, die der „Selektionsordnung" der Marktkräfte ausgesetzt ist, als unintendiertes Ergebnis intentionalen Handelns tatsächlich auch ordnungsstiftend wirkt.[263]

3.3.5. Marktprozeß und der Einfluß von Institutionen - eine Zusammenfassung der wichtigsten Erkenntnisse

Bevor im nächsten Kapitel die österreichische Theorie der Evolution von Institutionen mit dem Ansatz von *North* verglichen wird, dient eine kurze Zusammenfassung der Erinnerung an die wichtigsten Ergebnisse der bisherigen Analyse.

Die österreichische Schule legt besonderes Augenmerk auf die Koordinationsleistung von Wirtschaftssystemen, wobei sich diese Perspektive quasi automatisch aus der Berücksichtigung des verstreuten und begrenzten Wissens der Wirtschaftssubjekte im evolutionären Wirtschaftsprozeß ergibt. Unter Zugrundelegung des für die evolutionäre Theorie konstitutiven Menschenbildes des *homo discens* wurde der Frage der Gleichgewichtstendenz von Marktprozessen nachgegangen. In erster Linie anhand der Vorstellungen von *Mises*, *Kirzner* und *Lachmann* wurde gezeigt, wie heterogen die Ansichten innerhalb der österreichischen Schule zu diesem Thema sind.

Mises' Unternehmertheorie basiert auf der a priori gültigen Kategorie der Unsicherheit. Unternehmerisch tätig ist derjenige, der trotz bestehender Ungewißheit Entscheidungen trifft, im Marktprozeß demnach jeder. Nach *Mises* werden jedoch diejenigen Marktteilnehmer mit den „*richtigen"* *Erwartungen* die Entwicklung des Marktprozesses bestimmen. Richtig sind nun aber die Erwartungen, die *ex post* durch Gewinne belohnt werden. Durch das Streben der Unternehmer nach *Gewinn* und die *Verdrängung* der weniger erfolgreichen Konkurrenten im Marktprozeß wird die *Gleichgewichtstendenz* begründet.

Auf diesen Gedankengängen baut *Kirzners* Konzept der *Findigkeit* auf. Findige Marktteilnehmer entdecken die sich im Marktprozeß ergebenden Koordinationslücken und realisieren durch deren Schließung Gewinne. Durch diese *Arbitragetätigkeit* wirkt der Unternehmer als gleichgewichtsbildende Kraft. Ursprünglich hebt *Kirzner* dabei in erster Linie auf das Problem des subjektiven Wissens ab. Im Marktprozeß herrscht das Phänomen *natürlicher Unwissenheit*, das ausdrückt, daß Individuen auch durch individuelle Lernanstrengungen nicht alles entscheidungsrelevante Wissen erwerben können. Damit subjektive Pläne über den Markt trotzdem koordiniert werden, bedarf es der Figur des findigen Unternehmers, der gewinnmotiviert Koordinationslücken schließt. Trotz der natürlichen Grenze für individuelle Lernanstrengungen wird so die *Tendenz zum Gleichgewicht* begründet.

---

[262] Vgl. *Fehl* (1986, S. 81), wo er darauf hinweist, daß eine zu große Uniformität der Erwartungen im Rahmen von Marktprozessen, u.a. im Hinblick auf Innovationen, sogar kontraproduktiv wirken kann. Vgl. auch *Fehl* (1983, S. 81).

[263] Vgl. *Fehl* (1988a, S. 164 f.), *Fehl* (1994, S. 203), *O'Driscoll* (1978, S. 120).

Durch die Unterscheidung sog. „underlying variables" (UVs) von den „induced variables" (IVs) ist *Kirzner* außerdem in der Lage, seinen weiten Arbitragebegriff - Akkumulation und Innovation werden unter dem Begriff der Arbitrage subsumiert - zu konkretisieren und die Ableitung der analytischen Gleichgewichtstendenz des Marktprozesses zu sichern. Selbst unter Berücksichtigung *struktureller Unsicherheit* und der *historischen Zeit* setzen danach findige Marktteilnehmer ihre *individuelle Kreativität* ein, um die durch die exogene Veränderung der UVs entstandenen Koordinationslücken mittels einer *innovativen Neukombination* der IVs zu schließen.

Lachmann wendet sich gegen diese Ausdehnung des Arbitragebegriffs. Seine Markttheorie basiert auf der engen Verknüpfung mit seinen kapitaltheoretischen Überlegungen und der Theorie subjektiver Erwartungen. Die analytische Verwendung des Gleichgewichtsbegriffs erscheint ihm nur auf der individuellen Ebene uneingeschränkt sinnvoll. Darüber hinaus kann seiner Meinung nach nur für sog. „*typische Märkte*" die *Gleichgewichtstendenz* abgleitet werden. „*Spekulative Märkte*" wie z.B. die Börse zeichnen sich dagegen durch die Volatilität der auf diesen Märkten koordinierten Erwartungen aus. Hier werden die *Gleichgewichts- von den Ungleichgewichtskräften dominiert*. Aufgrund der volkswirtschaftlich überragenden Bedeutung dieser Märkte erscheint darüber hinaus die Vorstellung vom volkswirtschaftlichen Gleichgewicht oder aber von einer Tendenz dorthin als zweifelhaft.

Abschließend wird die weitestgehend fehlende Berücksichtigung des Einflusses von Institutionen auf die Tendenz von Marktprozessen in der Debatte kritisiert. Dabei wird zum einen ein um die *institutionelle Perspektive erweiterter Gleichgewichtsbegriff* diskutiert. Zum anderen wird in erster Linie unter Rückgriff auf die Arbeiten von *Fehl* die *Ersetzung des Begriffs des Gleichgewichts durch den Begriff der Ordnung* vorgeschlagen. Dadurch wird verdeutlicht, daß es auch in offenen, irreversiblen Entwicklungsprozessen, die sich durch die Permanenz nichtantizipierbarer Veränderungen auszeichnen, Ordnung gibt. Gleichzeitig wird damit die Frage der Gleichgewichtstendenz von Marktprozessen obsolet.

4. Die Evolution von Institutionen

Damit Märkte funktionieren können, muß der entsprechende institutionelle Rahmen wirken. Im Rahmen dieses Kapitels wird den Bestimmungsgründen für die Evolution von Institutionen nachgegangen. Insbesondere die Erklärung des Prozesses der unintendierten Evolution von Regeln wird im Mittelpunkt der Analyse stehen. Unter Berücksichtigung des Menschenbilds des *homo discens*, des lernenden Menschen, und der Analyse der Funktionsweise evolutionärer Marktprozesse werden in erster Linie die Ansätze *Mengers*, *Lachmanns* und *Hayeks* zu einer konsistenten, evolutionären Theorie der Institutionen verknüpft. Dabei wird die „Zwillingsidee von Evolution und spontaner Ordnung" systematisch ausgearbeitet.

Die Analyse der österreichischen Theorie der Evolution von Institutionen knüpft an den Vorarbeiten des 2. Kapitels zur Institutionentheorie der schottischen Moralphilosophie an. *Menger* und *Hayek* setzen die Tradition der evolutionären Ansätze von *Mandeville*, *Hume* und *Smith* fort (vgl. *Hayek* 1980a, S. 38 f.; *Hayek* 1969c, S. 100 f.),[1] und *Lachmanns* Institutionentheorie fügt sich nahtlos in die von *Menger* und *Hayek* noch nicht geschlossenen Erklärungslücken ein.

Gemäß der ursprünglich (evolutions)optimistischen Auffasssung der neoklassisch geprägten Neuen Institutionenökonomik setzen sich im Zeitablauf effiziente Institutionen durch. Als Effizienzkriterium dient dabei die Senkung von Transaktionskosten, was bedeutet, daß effiziente Institutionen die Transaktionskosten ökonomischen Handelns minimieren. Mit Hilfe des mikroökonomischen Instrumentariums der Neoklassik werden die Wirkungen der Institutionen systematisch auf Kosten-Nutzen-Kalküle der rational handelnden Individuen zurückgeführt. Daraus wird die Effizienzhypothese formuliert, die besagt, daß sich im wettbewerblichen Ausscheidungsprozeß die jeweils effizientesten, d.h., am stärksten transaktionskostensenkenden Institutionen durchsetzen.[2]

Die Transaktionskostentheorie des Institutionenwandels stellt die zur marktlichen Gleichgewichtstheorie komplementäre Antwort der Neoklassik auf die Forderung dar, Institutionen in der Analyse zu berücksichtigen. Eine Theorie des Wandels von Institutionen als Teil einer umfassenden evolutionären Institutionenökonomik muß dagegen konsequent prozeßorientiert formuliert werden. Unter Verwendung der elementaren Bestandteile des österreichischen „hard core" ist die österreichische Theorie der Institutionen zu entwickeln. Dabei ist insbesondere sowohl auf den handlungsbegrenzenden als auch auf den verhaltensermöglichenden Aspekt von Institutionen einzugehen[3] und eine

---

[1] *Hayek* wird nicht müde, immer wieder zu betonen, daß der Gedanke der Evolution den Sozialwissenschaften entsprungen ist und von *Darwin* erst später aufgegriffen wurde: „Diese Moralphilosophen des achtzehnten Jahrhunderts und die historischen Schulen des Rechts und der Sprache können sehr wohl als *Darwin*isten vor *Darwin* bezeichnet werden" (*Hayek* 1980a, S. 40).

[2] Vgl. dazu *Hartwig* (1987, S. 17), *U. Krüsselberg* (1993, S. 58 f.), *Leipold* (1989, S. 21), *Reuter* (1994, S. 9), *Schüller* (1987, S. 82).

[3] Nur in einer Welt, die dadurch gekennzeichnet ist, daß die Menschen lediglich über begrenztes Wissen verfügen und sich aufgrund der im Ungleichgewicht konstitutionellen Unsicherheit zudem in ihren Einschätzungen und Erwartungen ständig täuschen können,

Alternative für das neoklassische Effizienzkriterium der Senkung von Transaktionskosten zu erarbeiten.

Im folgenden wird zunächst *Mengers* Theorie der Institutionen untersucht. Dabei wird deutlich werden, daß seine Vorstellungen bezüglich der Evolution des Geldes, des Staates und des Rechts bereits die Grundlage für eine allgemeine Theorie der Evolution von Institutionen bilden.[4] Auf seinen Vorarbeiten bauen jedenfalls sowohl *Lachmann* als auch *Hayek* auf. Insgesamt ergibt sich daraus eine konsistente österreichische Theorie der Evolution von Institutionen. Im Vergleich mit dem neoklassischen Ansatz *Norths* werden im weiteren die spezifischen Unterschiede der evolutionären Theorie zur Gleichgewichtstheorie der New Institutional Economics herausgearbeitet.[5] Dabei wird auch untersucht, inwiefern sich *North* im Laufe der Zeit mit der Entwicklung eines institutionellen/kognitiven Theorieansatzes dem österreichischen Paradigma annähert. Die abschließende Analyse - die gleichzeitig die Überleitung zum nächsten Hauptkapitel der Evolution von Währungsverfassungen bildet - ist der Möglichkeit politischer Reformen unter Berücksichtigung des Problems der Konstruktivismusgefahr gewidmet.

4.1. *Mengers* evolutionäre Theorie der Institutionen

4.1.1. Die Entstehung von Institutionen

Menger diskutiert im Zuge des sogenannten Methodenstreits mit der Historischen Schule u.a. die Problematik der Entstehung und Veränderung von Institutionen. Das dritte Buch seiner „Untersuchungen über die Methode der Socialwissenschaften, und der Politischen Oekonomie insbesondere" handelt von dem „organischen Verständnis der Socialerscheinungen". Hier unterscheidet er prinzipiell zwei Möglichkeiten der Entstehung von Institutionen - die „organische" Entwicklung und die „pragmatische" Schaffung von Institutionen -, wobei schon der Titel des Kapitels auf den Schwerpunkt der weiteren Untersuchung hinweist. *Menger* leitet seine Analyse mit folgenden Worten ein: „Zwischen den natürlichen Organismen und einer Reihe von Gebilden des socialen Lebens besteht sowohl in Rücksicht auf ihre Function als auch auf ihren Ursprung eine gewisse Aehnlichkeit" (*Menger* 1883/1969, S. 139).

Zur Entwicklung seiner Theorie der Institutionen greift *Menger* auf die subjektive Handlungstheorie der „Grundsätze der Volkswirtschaftslehre" zurück. Ausgehend von dem Erkenntnisobjekt der „menschlichen *Individuen* und ihre(n) *Bestrebungen*" (*Menger* 1883/1969, S. 157, Fußnote 51 (Hervorhebung im Original)) hebt er auf die Differenz zwischen individueller Handlungsmotivation und den sozialen Konsequenzen des

---

werden Institutionen beispielsweise zur Erwartungsstabilisierung benötigt (vgl. *Lachmann* 1973, S. 45 f., 63; *Langlois* 1986c, S. 174; *Weber* 1988b, S. 473 f.).

[4] Auch *Lachmann* sieht in *Menger* den Begründer der modernen evolutionären Institutionentheorie, was ihn jedoch nicht daran hindert, Teile der Theorie der Institutionen von *Menger* zu kritisieren (vgl. *Lachmann* 1973, S. 52 f., 61).

[5] *Norths* wirtschaftshistorische und -theoretische Analyse hat das Ziel, den langfristigen Entwicklungspfad von Wirtschafts- und Gesellschaftssystemen durch den Pfad des Wandels der für die Gesellschaft relevanten Institutionen zu erklären (vgl. *North* 1989, S. 667).

einzelwirtschaftlichen Handelns ab.[6] Insbesondere diese Differenz ist der Grund für die Entstehung komplexer spontaner Ordnungen, die „vernünftige, rationale" Menschen nie bewußt schaffen könnten. Durch das Handeln der Menschen in Familien, in nachbarschaftlichen Beziehungen, auf Märkten etc. entstehen gesellschaftlich wichtige Institutionen evolutionär, sie bilden sich im Austauschprozeß der Individuen heraus. Letztendlich sind sie das Ergebnis menschlichen Handelns, nicht aber menschlichen Entwurfs (vgl. *Hayek* 1969c, S. 97 ff.).

Im Zusammenhang mit dem Phänomen der unintendiert entstehenden Institutionen spricht *Menger* von dem vielleicht merkwürdigsten Problem der Sozialwissenschaften:

> „Wieso vermögen dem Gemeinwohl dienende und für dessen Entwickelung höchst bedeutsame Institutionen ohne einen auf ihre Begründung gerichteten *Gemeinwillen* zu entstehen?" (*Menger* 1883/1969, S. 163 (Hervorhebung im Original)).[7]

Menger greift mit dem in der beschriebenen Weise formulierten Forschungsprogramm die Ideen der schottischen Moralphilosophie zu *diesem* Thema nach über einem Jahrhundert wieder auf.[8] Das, was *Hayek* die Hauptaufgabe der Sozialwissenschaft nennt, nämlich „... die Erklärung der (sozialen) Phänomene als unbeabsichtigtes Ergebnis der Ursprünge von Handlungen" (*Hayek* 1969c, Fn. 12, S. 101),[9] eint die schottische Moralphilosophie mit der von *Menger* begründeten realistisch-empirischen Theorie sowie den Vorstellungen *Hayeks* und ebenfalls *Poppers*.[10]

---

6   „Die Socialphänomene, deren Ursprung ein 'organischer' ist, charakterisiren sich dagegen dadurch, dass dieselben sich als die unbeabsichtigte Resultante individueller d.i. individuelle Interessen verfolgender Bestrebungen der Volksglieder darstellen, demnach, im Gegensatze zu den vorhin gekennzeichneten Socialgebilden, allerdings die unbeabsichtigte sociale Resultante individual-teleologischer Factoren sind" (*Menger* 1883/1969, S. 182). Vgl. auch *O'Driscoll* (1986b, S. 155), *Rizzo* (1992b, S. 249), *Vaughn* (1994a, S. 30) und *Menger* (1883/1969, S. 164 f., 182 f.). Auf S. 164 äußert sich *Menger* folgendermaßen: „Das Recht, die Sprache, der Staat, das Geld, die Märkte, alle diese Socialgebilde in ihren verschiedenen Erscheinungsformen und in ihrem steten Wandel sind zum nicht geringen Theile das unreflectirte Ergebniss socialer Entwicklung: die Güterpreise, die Zinsraten, die Bodenrenten, die Arbeitslöhne und tausend andere Erscheinungen des socialen Lebens überhaupt und der Volkswirthschaft insbesondere weisen genau die nämliche Eigenthümlichkeit auf." Vgl. auch *O'Driscoll* (1986b, S. 155).

7   Die Anstrengungen zur Untersuchung dieses fundamentalen Problems ordnet *Rizzo* im Sinne von *Lakatos* der positiven Heuristik der österreichischen Schule der Nationalökonomie zu (vgl. *Rizzo* 1982, S. 63).

8   *Menger* ist zwar der Meinung, daß *Smith* und seine Nachfolger im Umgang mit gewachsenen Institutionen und ihrer Bedeutung für das Funktionieren von Wirtschaftsordnungen einen zu großen Pragmatismus an den Tag legten. Er kommt jedoch nicht umhin, ihre Leistungen auf diesem Gebiet zu würdigen (vgl. *Menger* 1883/1969, S. 207). Im Bereich der Werttheorie wendet sich *Menger* dagegen eindeutig gegen die objektive Werttheorie *A. Smiths* und anderer Klassiker. Vgl. zur Meinung *Mengers* über *Smith* auch *Vanberg* (1975, S. 80 ff.), *Vanberg* (1989, S. 337, Fn. 3).

9   Vgl. auch *Alter* (1990b, S. 111 f.).

10   Vgl. *Alter* (1990a, S. 331, 336), *Cubeddu* (1993, S. 68, 89), *Hayek* (1969d, S. 142), *Vanberg* (1975, S. 80), *Vaughn* (1990, S. 386 f.). *Menger* selbst weist darauf hin, daß vor ihm schon *Montesquieu* und *Burke* über evolutionäre Institutionentheorien verfügten (vgl. *Menger* 1883/1969, S. 201 f.). *Popper* ist der Meinung, daß die Erklärung unbeabsichtig-

Nach *Menger* sind so wichtige Institutionen wie die Sprache, das Geld oder auch das Recht evolutionär entstanden. Sie sind gerade „nicht (...) das Ergebnis einer (...) Uebereinkunft der Gesellschaftsmitglieder, beziehungsweise der positiven Gesetzgebung ...“ (*Menger* 1883/1969, S. 141).[11] Hier können Analogien zur naturwissenschaftlichen, darwinistischen Artenforschung gebildet werden, die jedoch - hierauf weist *Menger* immer wieder ausdrücklich hin - nicht übertrieben werden dürfen.[12] In seinen wissenschaftstheoretischen Ausführungen zur Analogiebildung zwischen biologischen Selektionstheorien und einer sozialwissenschaftlichen evolutionären Ökonomik diskutiert er mögliche Erklärungsprobleme. Insgesamt basiert *Mengers* kausal-genetische Theorie weder auf gleichgewichtstheoretischen, funktionalen Ansätzen noch auf biologischen Variations- und Selektionstheorien. Seine Überlegungen stellen vielmehr eine Weiterentwicklung der *Smith*schen evolutionären Institutionentheorie dar (vgl. u.a. *Dietl* 1993, S. 51).[13]

Menger nennt zwei Faktoren, die die Evolution von Institutionen bestimmen: die „Marktgängigkeit“ von Gütern oder Verhaltensweisen, die zu Institutionen werden, sowie die Gewohnheit. Auch hier berücksichtigt er - ebenso wie in seiner allgemeinen Wirtschaftstheorie -, welche Bedeutung die historische Zeit, die Ungewißheit und die Begrenzung des Wissens für den einzelnen besitzen. Zur Umsetzung ihrer Wirtschaftspläne benötigen Wirtschaftssubjekte Zeit. Aus diesem Zeitbedarf ergibt sich nun aber Ungewißheit bezüglich der Planerfüllungsmöglichkeiten.[14] Deshalb suchen Menschen Orientierungspunkte für ihr Handeln. *Menger* ist der Meinung, daß Beobachtung im Zusammenspiel mit dem eigeninteressierten Streben nach Sicherheit bezüglich der eigenen Planumsetzung dazu führt, daß die Güter, Worte oder Regeln gesucht und benutzt

---

ter (und häufig individuell unerwünschter) Folgen intentionalen Handelns die eigentliche Aufgabe der Sozialwissenschaften darstelle (vgl. *Popper* 1969, S. 124 f.; *Popper* 1970, S. 119 f.; *Popper* 1987, S. 124). Derselben Meinung ist *Vaughn* (1982, S. 23).

[11]   Weitere Beispiele für gewachsene Institutionen finden sich u.a. in *Menger* (1883/1969, S. 163, 164). Vgl. auch *Boettke* (1989a, S. 80), *Prisching* (1989, S. 48), *Vanberg* (1989, S. 336 f., 341), *Yeager* (1988, S. 93), *Zuidema* (1988, S. 30).

[12]   Siehe *Menger* (1883/1969, passim, insbesondere S. 143 f.): „Erstens, dass nur ein Theil der Socialerscheinungen eine Analogie mit den natürlichen Organismen aufweist,“ sowie S. 149: „... aber selbst dort, wo es sich um socialwissenschaftliche Probleme handelt, welche eine gewisse äussere Aehnlichkeit mit jenen der Physiologie und Anatomie haben, kann sie keine schlechthin der Physiologie oder Anatomie entlehnte, sondern stets nur eine *socialwissenschaftliche* im strengsten Verstande dieses Wortes sein“ (Hervorhebung im Original) und 151: „Die Analogie in dem obigen Sinne, als Methode der *Forschung*, ist ein unwissenschaftlicher Irrweg; als Mittel der *Darstellung* mag sie für gewisse Zwecke und für gewisse Stadien der Erkenntniss der Socialphänomene indess immerhin sich als nützlich erweisen“ (Hervorhebungen im Original). Vgl. auch das Kapitel 2.1.1.

[13]   Dies muß selbst *Hodgson*, der den Ansätzen, die mit biologischen Analogien arbeiten, nahe steht, anerkennen. Drei Textstellen mögen dies belegen: „Indeed, there is a direct lineage in the approach to evolutionary theory from *Smith* through to the Austrian School.“; „Of course, *Menger* did not use the term 'genetic' with the modern, biological meaning.“ und „The *Menger*ian evolutionary process is *Smith*ian in character ...“ (*Hodgson* 1992b, S. 398 f. sowie *Hodgson* 1994b, S. 104).

[14]   *Moss* spricht von den „coordinative uncertainties“, die zur Institutionenentstehung führen (vgl. *Moss* 1978, S. 22, 29; *Vaughn* 1978, S. 63).

werden, die sich im Tauschverkehr als am marktgängigsten erwiesen haben.[15] Verallgemeinert kann die Marktgängigkeit dabei auch als „... spillover benefits to others in the
form of increased knowledge of potential advantages or increased ability to pursue their
interests" (*Vaughn* 1994a, S. 30) bezeichnet werden.[16] Damit eng verknüpft ist die
Gewohnheit. Nicht jedes Gesellschafts- und Tauschmitglied muß am Anfang des
(unintendierten) Prozesses der Institutionenentstehung um die Marktgängigkeit des
Gutes wissen. Es reicht, wenn die „Pionier-Nachfrager" mit ihrem Verhalten Erfolg
haben und das Wissen über die Marktgängigkeit einer Ware über die Gewohnheit
diffundiert (vgl. *Menger* 1883/1969, S. 176 f.).[17] *Menger* entwickelt damit eine Theorie,
die Hinweise auf den Prozeß des Entdeckens von überlegenen Gelegenheiten gibt und die
Transmission neuer Informationen durch Imitation, motiviert durch das Eigeninteresse
der Menschen, erklärt (vgl. *Vaughn* 1994a, S. 31).[18]

Neben der unintendierten Evolution von Institutionen diskutiert *Menger* eine zweite
Möglichkeit der Institutionenentstehung, die Entwicklung durch Übereinkunft im politischen Prozeß. Die damit getroffene Unterscheidung der Institutionen nach dem Kriterium ihrer Entstehung in „organisch" entstandene und „pragmatisch" geschaffene Institutionen ist eine ähnliche, wie sie *Hayek* später vornimmt, wenn er die Arten der Ordnung
in spontane Ordnungen und Organisationen unterteilt.[19] Im Zusammenhang mit der

---

[15]   Zwei Textstellen mögen das Gesagte belegen: „Jeder Einzelne konnte für sich leicht die
Beobachtung machen, dass nach gewissen Waaren, namentlich nach solchen, welche einem
sehr allgemeinen Bedürfnisse entsprachen, eine grössere Nachfrage auf dem Markte vorhanden war, als nach anderen, und dass er demnach unter den Bewerbern um diese Güter
leichter solche fand, welche bestimmte, von ihm begehrte Güter feilboten, als wenn er sich
mit minder absatzfähigen Waaren zu Markte begab." Und: „Das ökonomische Interesse
der einzelnen wirthschaftenden Individuen führt sie demnach bei gesteigerter Erkenntnis
ihrer *individuellen* Interessen ohne alle Uebereinkunft, ohne legislativen Zwang, ja *selbst
ohne jede Berücksichtigung des öffentlichen Interesses* dazu, ihre Waaren gegen andere
absatzfähigere hinzugeben ..." (*Menger* 1883/1969, S. 175 und 176 (Hervorhebungen im
Original)).

[16]   *Mengers* Erklärungsansatz nimmt damit moderne Theorien, die positive
Netzwerkexternalitäten zur Erklärung der Evolution marktlicher Institutionen heranziehen,
vorweg. Neuerdings versuchen beispielsweise *Kiwit* und *Voigt*, institutionelle Pfadabhängigkeiten mit dem Ausmaß spezifischer Investitionen in Sach- und Humanvermögen, der
kognitiven Verankerung von Institutionen und schließlich mit der Existenz von Netzwerkexternalitäten zu erklären (vgl. *Kiwit* und *Voigt* 1995, S. 136, Tab. 2 sowie zur Kritik
daran *Leipold* 1996, S. 109 f.).

[17]   *Mengers* evolutionäre Institutionentheorie beinhaltet damit eine soziale Theorie des Lernens. *Zuidema* spricht hier von einem Prozeß sozialen Lernens (vgl. *Zuidema* 1988, S. 32;
Vaughn 1994a, S. 31). *Hodgson* verweist auf einen Prozeß kontinuierlichen Feedbacks
(vgl. *Hodgson* 1992b, S. 398; *Hodgson* 1994b, S. 104).

[18]   Vgl. auch die Ausführungen zu *Mengers* Vorstellungen zur Evolution des Geldes in Kapitel 4.1.3.

[19]   Vgl. *Lachmann* (1994f, S. 261), *Langlois* und *Everett* (1994, S. 14), *Prisching* (1989, S.
48). Interessant ist in diesem Zusammenhang, daß schon *Menger* die falsche, weil zu un-
differenzierte, Einteilung der Institutionen seitens der alten Griechen und ihrer Nachfolger
kritisch diskutiert. Dies ist ein Punkt, auf den später *Hayek* ganz besonderen Wert legt
(vgl. *Menger* 1883/1969, S. 166 ff. und das Kapitel 4.3.1). In diesem Zusammenhang kann
darauf verwiesen werden, daß *Langlois* eine interessante Matrix entwickelt, in der er die
Einteilung verschiedener Arten von Institutionen nach *Menger* und *Hayek* übersichtlich
abbildet (vgl. *Langlois* 1992, S. 168).

intendierten Schaffung von Institutionen wehrt sich *Menger* ausdrücklich gegen die seiner Meinung nach dogmatischen Einstellungen „extremer" Richtungen. Angesprochen sind dabei die Auffassungen, daß nur evolutionär gewachsene Institutionen funktionieren würden bzw. zum anderen, daß alle Institutionen vernunftmäßig geschaffen werden sollten.[20] Hierbei muß jedoch berücksichtigt werden, daß auch intendiert geschaffene Institutionen im Zeitablauf andere Wirkungen entfalten können, als ihre Schöpfer dies erwartet haben (vgl. dazu auch *Weber* 1988b, S. 472). Der Unterschied in der Entwicklung von Institutionen liegt also nicht in den jeweiligen Wirkungen, diese können jeweils nur *ex post* sicher festgestellt werden, sondern in der Art der Entstehung und in den damit verbundenen Problemen. Aus diesem Grunde kann auch nicht *ex ante*, nur durch Hinweis auf die Art der Entstehung der Institution, eine Überlegenheit der einen oder anderen Gruppe von Institutionen sicher abgeleitet werden (vgl. *Boettke* 1989a, S. 80).

Menger entwickelt seine Theorie der Evolution von Institutionen in erster Linie unter Rückgriff auf das Beispiel der Evolution des Geldes. Trotz des eindeutigen „Zuschnitts" der Theorie auf die Entwicklung der Institution des Geldes liefert er damit die Basis für eine allgemeine evolutionäre Theorie der Institutionen, die anhand der Theorie der Staatsentstehung und der Theorie der Entwicklung des Rechts weiter konkretisiert werden kann.

4.1.2. Die Theorie der Staatsentstehung und die Evolution des Rechts

Nach *Menger* ist die Entstehung von Staatengebilden in erster Linie aus der Verfolgung individueller Interessen zu erklären, nicht aus einem zweckgerichteten Gemeinwillen. In der Situation der Ungewißheit über das Verhalten anderer Menschen hat der Vorteil des Schutzes einer Gruppe, der sich der einzelne anschließen konnte, dazu geführt, daß Gemeinwesen entstanden sind. In diesem Sinne ist die Staatsentstehung eine evolutionäre. Die gegenüber ungeregelten und damit unsicheren Beziehungen überlegenen Verhaltensregeln innerhalb der Gruppe haben sich im Wettbewerb durchgesetzt und eine staatliche Ordnung begründet.[21] Gewohnheit und die „Marktgängigkeit" im weiteren Sinne, d.h. die positiven spillovers der geregelten Beziehungen in der Gruppe, führen dazu, daß ordnungsbegründende Regeln entstehen und das Staatsgebilde wachsen kann. *Menger* lehnt damit eindeutig jegliche Spielart der Vertragstheorie der Staatsent-

---

[20] „Ein großer Theil der socialen Gebilde ist (...) das Resultat einer auf ihre Begründung und Entwicklung gerichteten Zweckthätigkeit der Menschen." Und: „Wenn demnach von einem „organischen Ursprunge" der Socialgebilde, oder, richtiger gesagt, eines Theiles dieser letzteren, überhaupt die Rede sein kann, so vermag sich dies lediglich auf den Umstand zu beziehen, dass ein Theil der Socialphänomene das Ergebniss des auf ihre Begründung gerichteten *Gemeinwillens* (der Uebereinkunft, der positiven Gesetzgebung u.s.f.), ein anderer Theil dagegen das unreflectirte Ergebniss der auf die Erreichung wesentlich *individueller* Zwecke gerichteten menschlichen Bestrebungen (die unbeabsichtigte Resultante dieser letzteren) ist" (*Menger* 1883/1969, S. 143 und S. 145 (Hervorhebungen im Original)).

[21] Dieser Gedanke ist bei *Menger* angelegt. Er wird jedoch erst von *Hayek* systematisch zum Erklärungsgrund für die Evolution von Institutionen ausgebaut. Trotzdem spricht *Hayek* *Menger* das Verdienst zu, die Grundlage für eine Theorie der spontanen Ordnungen gelegt zu haben (vgl. *Hayek* 1969c, S. 102).

stehung ab.[22] Als ebenso falsch empfindet er jedoch die Vorstellung, daß die Staaten-entstehung allein evolutionär zu erklären sei. Die Weiterentwicklung gesellschaftlicher, institutioneller Arrangements erfolge oft durch zweckgerichtete staatliche Politik und führe schließlich zu den modernen Staaten, wie wir sie heute kennen (vgl. *Menger* 1883/1969, S. 179-181).[23] Dabei spielt insbesondere die - weiter unten analysierte - Evolution des Rechts eine bedeutende Rolle. Insofern wendet sich *Menger* sowohl gegen laissez-faire-Forderungen - d.h. gegen die Vorstellung von der automatischen Über-legenheit evolutionär entstandener Institutionen - als auch gegen den politischen Kon-struktivismus, der bei intendierten institutionellen Reformen immer droht.[24]

Damit stellt sich auch die Frage, ob mit der Erklärung der Evolution von Institutionen als kombiniertem „organischen" und „pragmatischen" Prozeß gegenüber den beiden „reinen" Fällen nicht der allgemeinere Fall der Institutionenentstehung angesprochen ist. Zumindest dort, wo im Zuge der Entwicklung moderner Gesellschaften u.a. soziale staatliche Ziele verfolgt werden, nimmt dies Menger offensichtlich an.[25]

Mengers Theorie der Evolution des Rechts, die er vor allem im Anhang VIII „Ueber den „organischen" Ursprung des Rechtes und das exacte Verständniss desselben" seiner „Untersuchungen über die Methode der Socialwissenschaften" entwickelt, verbindet ebenfalls die evolutionäre mit der politisch intendierten Institutionenentstehung und -entwicklung. Die Evolution des Rechts ist nach *Menger* eines der besten Beispiele für die unintendierte Entwicklung von Institutionen, die das Wohl der Gesellschaft fördern.[26] Im Zusammenhang mit der Verfolgung ihrer Ziele in Austauschbeziehungen, z.B. am Markt, führt das nutzenorientierte Handeln der Menschen dazu, daß sie sich für den Schutz ihrer Interessen einsetzen, d.h., entsprechende Regeln nachfragen.[27] Das subjektive Interesse

---

[22] „Ebenso irrig, ja in noch höherem Masse unhistorisch ist indess die Theorie, dass alle Staaten ursprünglich durch eine auf die Begründung derselben gerichtete Uebereinkunft oder durch eine auf den obigen Zweck gerichtete bewusste Thätigkeit einzelner Gewalt-haber oder Gruppen von solchen entstanden seien" (*Menger* 1883/1969, S. 179).

[23] *Vanberg* kritisiert *Menger* wegen dessen fehlender Unterscheidung der spezifischen Eigen-arten der Evolution des Geldes und der Evolution von Staaten (vgl. *Vanberg* 1989, S. 341). Es sollte hier jedoch deutlich geworden sein, daß es sich bei *Mengers* institutionenökono-mischen Überlegungen um eine allgemeine Theorie handelt, die nicht fallweise je nach Untersuchungsobjekt geändert werden muß. Sowohl die Geld- als auch die Staatsentste-hung erklärt *Menger* als kombinierten Prozeß der evolutionären Entstehung und der inten-dierten Weiterentwicklung - die natürlich nicht verhindern kann, daß es zu unintendierten Entwicklungen kommt - der ordnungsbegründenden Institutionen.

[24] Siehe *Prisching*, (1989, S. 48-51), der auf S. 51 *Menger* zuschreibt, „... that he did not deny that man has a chance to design social institutions." Vgl. auch *Shearmur* (1986, S. 213-215), *Vanberg* (1984, S. 58 f.).

[25] „Dass in diesen 'organischen' Werdeprocess die legislative Gewalt nicht selten eingreift und solcherart die Ergebnisse desselben beschleunigt oder modificirt, ist klar." Und: „Institutionen, welche auf organischem Wege entstanden sind, finden ihre Fortbildung und Neugestaltung durch die den socialen Zielen zugewandte zweckbewusste Thätigkeit der öffentlichen Gewalten" (*Menger* 1883/1969, S. 181).

[26] „Hier tritt uns nämlich, wie oben beim Gelde, ein sociales Gebilde entgegen, welches im eminentesten Sinne das Gemeinwohl fördert, ja dasselbe geradezu bedingt und sich doch nicht als das Ergebniss eines dahin zielenden Willens der Gesellschaft darstellt" (*Menger* 1883/1969, S. 271). Vgl. auch *Anderson* (1992, S. 296 f.).

[27] „Was von Jedem als sein Interesse erkannt ist, dessen Schutz wird auch zum Interesse

also, verbunden mit dem Wissen um die Verbesserung der eigenen Situation durch den
Einfluß der nachgefragten Regel - nicht jedoch unbedingt auch um ihre volkswirtschaftliche Wirkung - führt dazu, daß Institutionen entstehen. Wenn im Laufe der Zeit diese
Regeln auch gewohnheitsmäßig verfolgt werden, kann es außerdem geschehen, daß sie
bestehen bleiben und befolgt werden, auch wenn das Wissen um ihre Wirkung verloren
geht (vgl. *Menger* 1883/1969, S. 276 f., 283).[28] Es ist möglich, daß durch diesen Prozeß
Wissen verallgemeinert wird, über das sonst nur wenige (zumindest nicht alle) Mitglieder
einer Gesellschaft verfügen würden.[29] Die Menschen sind in der Lage, subjektiv rational
zu handeln, unabhängig davon, ob sie im konkreten Fall über die Kenntnis der Regelwirkung verfügen oder nur aus Gewohnheit so handeln, „als ob" sie das Wissen besitzen
würden. Das Wissen diffundiert, ohne daß es jedem Individuum bewußt sein muß.[30]

Mit der Erklärung des Entstehung des Rechts als unintendiertes Ergebnis intentionalen
Handelns der Gesellschaftsmitglieder ist nach *Menger* jedoch nur ein Teilbereich der
Rechtsevolution beschrieben. Er weist darauf hin, daß gerade die Rechtsetzung oft ein
Herrschaftsakt der Herrschenden darstellte. Zusammen mit dem „Juristenstand" wurden
Regeln bewußt im politischen Prozeß durchgesetzt und verändert und damit auch die
Evolution von Staatsordnungen beeinflußt (vgl. *Menger* 1883/1969, S. 279-282). Der
evolutionäre Rechtsentstehungsprozeß und der intendierte Prozeß der Regelsetzung
laufen bei Menger demnach nicht nebeneinander her, sondern greifen ineinander und
schaffen dadurch teilweise Probleme. Die ursprüngliche Rechtsentstehung ist bei *Menger*
eindeutig eine evolutionäre. Erst der weitere Prozeß ist auch von (teilweise irrtümlichen)
intendierten Reformen geprägt, die das Recht insgesamt ebenfalls weiterentwickelt
haben.[31]

---

jedes Einzelnen, und es entsteht in der Bevölkerung solcherart das Bewusstsein, dass die
Befolgung jener Regeln im concreten Falle nicht dem freien Ermessen der Einzelnen an-
heimgestellt, sondern gesichert werden müsse" (*Menger* 1883/1969, S. 275).

[28] *Menger* sieht in der Entwicklung des Gewohnheitsrechts einen Fall der unintendierten Insti-
tutionenentwicklung vorliegen: „... als ja das Gewohnheitsrecht zwar nicht das reflectirte
Ergebniss des auf das Gemeinwohl hinzielenden Gemeinwillens, wohl aber, wie wir sahen,
ein Ergebniss *individueller menschlicher Bestrebungen* ist ..." (*Menger* 1883/1969, S.
285 (Hervorhebungen im Original)). Es wird deutlich, daß *Menger* den initiativen Beginn
der Regelevolution nicht ausführlich erklärt. Zur Untersuchung dieses Sachverhalts wird
im Kapitel 4.2.2. auf *Lachmanns* Innovationstheorie der Entstehung von Institutionen zurückgegriffen.

[29] „*unverstandene Weisheit*' in den auf organischem Wege entstandenen socialen Institutionen (...) wurde von den Vertretern der obigen Richtung überhaupt übersehen ..."
(*Menger* 1883/1969, S. 283 (Hervorhebungen im Original)). *Menger* weist darauf hin, daß
eine mangelhafte Einsicht in die Wirkung von Institutionen - über das objektive Wissen,
das Institutionen verkörpern - dazu führe, daß falsche Reformen durchgeführt würden.
Siehe die auf das eben angeführte Zitat nachfolgenden Aussagen: „... und die Frucht hier-
von auf dem Gebiete der praktischen Politik war eine unreife Kritik bestehender socialer
Institutionen, an welche sich nicht minder unreife Reformbestrebungen schlossen" (*Menger*
1883/1969, S. 283).

[30] *Menger* wendet sich ebenso wie im Fall der Theorie der Staatsentstehung gegen eine Vertragstheorie der Rechtsentstehung (vgl. *Menger* 1883/1969, S. 277).

[31] Siehe *Menger* (1883/1969, S. 282), insbesondere den letzten Absatz: „Der Juristenstand
hat denn auch, zumeist im Dienste der Staatsgewalt, überall eine tiefgehende Reform der
Volksrechte vollzogen, allerdings nicht ohne in einzelne aus der Natur der Sache hervor-

Insgesamt wird deutlich, daß *Mengers* Theorie der Staatsentstehung und seine Überlegungen zur Evolution des Rechts eng miteinander verbunden sind. Die Entwicklung von Staatengebilden basiert ebenso auf der spontanen Bildung von Verhaltensregeln wie auf der Evolution des Rechts. Die ursprüngliche Entstehung ist jeweils eine evolutionäre, die sich in erster Linie aus dem Streben der Menschen nach Reduzierung der Ungewißheit in zwischenmenschlichen Beziehungen erklären läßt. Im Zuge der Weiterentwicklung von Institutionen spielen aber auch intendierte institutionelle Reformen eine Rolle, die jedoch ebenso wie die rein evolutionäre Entstehung von Regeln keine Garantie für die Evolution überlegener Ordnungen darstellen.

4.1.3. Die Evolution des Geldes

Am weitesten ausgearbeitet ist *Mengers* Theorie der Evolution des Geldes. Er entwickelt eine marktökonomische Theorie der Geldentstehung, deren Basisthese folgendermaßen lautet: Im Austauschprozeß der Individuen bildet sich als unintendiertes Ergebnis intentionalen Handelns die „organische" Institution des Geldes heraus.[32]

Insbesondere wendet sich *Menger* gegen die Staatstheorie der Geldentstehung, die bis in die Antike zurückreicht (vgl. *Barry* 1981, S. 21; *Dietl* 1993, S. 96). Im Zuge seiner Erklärung der Evolution des Geldes diskutiert er einen alten Fehler der sozialwissenschaftlichen Forschung, auf den besonders auch *Hayek* hinweist. In Anlehnung an die griechische Antike (*Platon, Aristoteles* u.a.) wird fälschlicherweise davon ausgegangen, daß nur dann gesellschaftliche Institutionen entstehen, wenn sie durch den Gemeinwillen, d.h. durch legislative oder auch nur zielorientierte Übereinkunft der Menschen geschaffen werden.[33] *Menger* ist dagegen der Meinung, daß diese Sichtweise zu kurz greift. Es mag durchaus historische Beispiele eines gesetzlich geschaffenen Geldes geben, wie auch moderne Währungsreformen i.d.R. durch einen legislativen Akt durchgeführt werden.[34] Trotz dieser Beispiele darf jedoch nicht vergessen werden,

> „dass in den meisten dieser Fälle die gesetzliche Bestimmung erweislich nicht sowohl die Einführung einer bestimmten Waare als Geld, als vielmehr die Anerkennung einer bereits zum Gelde gewordenen Waare als solche bezweckte" (*Menger* 1883/1969, S. 174; ebenso in *Menger* 1909/1970, S. 41).[35]

Als weiteres Indiz für die nicht-staatliche Entstehung des Geldes aufgrund eines Konsenses der Marktpartner dienen darüber hinaus Zeiten exorbitant hoher Inflationsraten, in denen der Staat infolge seiner verfehlten Geldpolitik die Einflußmöglichkeiten auf die Währung weitgehend verliert und diese von den Marktakteuren durch eine alternative

---

[32] gehende Irrthümer zu verfallen." Vgl. auch *O'Driscoll* (1986a, S. 606).
Vgl. *Arnold* (1980, S. 342), *Hodgson* (1992b, S. 396), *Hodgson* (1994b, S. 103), *Langlois* (1994a, S. 31), *Vaughn* (1990, S. 387).

[33] Vgl. *Menger* (1883/1969, S. 167, 173 ff.), *Mises* (1940, S. 366 f.), *Prisching* (1989, S. 47).

[34] Vgl. *Menger* (1883/1969, S. 173 f.), *Menger* (1909/1970, S. 15 f.), *Rothbard* (1976b, S. 170).

[35] Derselbe Erklärungszusammenhang gilt m.E. auch für chartales Geld. In der Regel wurden die Waren zum „Opfergeld" bestimmt, die einen hohen Gebrauchs- und Tauschwert besaßen. Diese Deutung ist in der Geldtheorie jedoch umstritten.

Währung ersetzt wird (vgl. *Horwitz* 1992, S. 163 f.).[36] In diesen Fällen ist auch in entwickelten Volkswirtschaften ein Gut nicht infolge eines staatlichen Rechtsaktes zum Geld geworden, sondern durch seine allgemeine Anerkennung im Wirtschaftsverkehr. Wenn sich das Gut gewohnheitsmäßig als Geld durchgesetzt hat, ist es nun durchaus möglich, daß der Staat das neue Geld als gesetzliches Zahlungsmittel anerkennt und dadurch seine Verkehrsmäßigkeit deutlich erhöht.[37] Das ändert jedoch nichts an dem ursprünglichen marktlichen, nicht-staatlichen Grund der Geldentstehung.[38]

In der Regel wird die Frage, was Geld ist, im Hinblick auf die Erfüllung der Geldfunktionen beantwortet. Geld ist danach das Medium, das gilt, d.h., das die Geldfunktionen - Tausch- und Zahlungsmittel-, Recheneinheits- und Wertaufbewahrungsfunktion - erfüllt.[39] Den Eigenschaften der Institution des Geldes kann sich jedoch auch über die Klärung der Frage, wie Geld im historischen Prozeß entstanden ist, genähert werden. Dadurch werden zugleich das Potential sowie die Erfolgsaussichten möglicher Reformansätze bezüglich der Änderung von Währungsverfassungen deutlich.

Ausgangspunkt für die Erklärung der Evolution des Geldes stellt die Frage nach dem subjektiven Wert des Geldes dar. Eine Ware wird im Tauschverkehr nur dann angenommen, wenn sie entweder einen Gebrauchswert für das Individuum besitzt - dann ist dieses Gut kein Geld - oder aber einen Tauschwert besitzt - dann besitzt dieses Gut Geldcharakter.[40] Nach *Menger* werden die tauschenden Individuen neben dem Tausch zur Befriedigung von Gebrauchszwecken nur solche Güter annehmen, von denen sie erwarten, daß sie einen sicheren Tauschwert besitzen, d.h., marktgängig sind.[41] Dabei entscheidet der zukünftige Tauschwert darüber, ob sie ihr Endziel, nämlich die Befriedigung alternativer zukünftiger Bedürfnisse, auch wirklich erreichen. Aus diesem Grund werden nun aber zunächst nur Güter mit einem hohen Gebrauchswert als Tauschmittel verwendet. Für den Verkäufer des Gebrauchsgutes besteht Ungewißheit bezüglich der späteren Verwendbarkeit des Tauschmittels. Er wird deshalb spätestens als Ergebnis eines Lernprozesses ein Tauschgut mit einem hohen Gebrauchswert[42] einem mit einem niedrigeren

---

[36] Vgl. auch die Unterschuchung zur Funktionsspaltung der Geldfunktionen von *Meyer* und *Schüller* (1976, S. 15).

[37] Vgl. *Menger* (1909/1970, S. 17, Fn. 1), *Heinemann* (1969, S. 94), *Strigl* (1937, S. 128 f.). Sobald der Staat in die evolutionäre Entwicklung von Institutionen eingreift, besteht jedoch die Gefahr der Anmaßung von Wissen. Aus diesem Grunde müssen Kriterien entwickelt werden, mit deren Hilfe konstruktivistische institutionelle Reformen von solchen Reformen unterschieden werden können, die nicht dem Vorwurf der Anmaßung von Wissen ausgesetzt sind. Vgl. dazu das Kapitel 4.5.4.

[38] Ebenso *Issing*: „Money was initially a product of the discovery process of competition, of gradual cultural evolution" (*Issing* 1993, S. 12).

[39] Vgl. beispielsweise *Menger* (1909/1970, S. 92-97), wobei er hier die überragende Bedeutung der Tauschmittelfunktion für die Evolution des Geldes betont.

[40] Es ist auch möglich, daß ein Gegenstand gleichzeitig beide Arten des Wertes bis zu einem gewissen Grad erfüllt, wie dies beispielsweise beim Gold (als Schmuck und als Geld) der Fall sein kann.

[41] Vgl. *Horwitz* (1992, S. 84), *Mises* (1932, S. 311), *Yeager* (1954, S. 238). Ausführlich diskutiert *Menger* die Kriterien der Marktgängigkeit - vor allem ein kulturell hoher Gebrauchswert, begrenzte quantitative Verfügbarkeit, Gewohnheit und Macht - in seinem Artikel „Geld" (vgl. *Menger* 1909/1970, S. 10 f.).

[42] *Menger* stellt sich den Lernprozeß folgendermaßen vor: „Bei dieser Sachlage liegt für jeden

vorziehen. Der Käufer des Gebrauchsgutes wird dieses Ansinnen akzeptieren, solange der Nutzen aus dem Tauschgeschäft für ihn noch positiv ist. In diesem kumulativen, selbstverstärkenden Prozeß des Tausches unter Ungewißheit bildet sich schließlich das marktgängigste Gut als Institution heraus - das Geld.[43]

Nach *Menger* stellen folgerichtig die Tauschmittel- und die Recheneinheitsfunktion des Geldes die Grundlagen für die Evolution des Geldes dar. Ein Gut kann neben seinem Gebrauchswert nur dann einen Tauschwert erhalten, wenn es als Tauschmittel geeignet ist. Der Tauschwert ergibt sich dabei aus der Eignung des Geldes, auch zu einem späteren Zeitpunkt zum Tausch gegen bedürfnisbefriedigende Güter geeignet zu sein. Hiermit ist die Bedeutung der Wertaufbewahrungsfunktion des Geldes angesprochen. Nur die Güter, die sehr wertbeständig sind (wie z.B. in früheren europäischen Zeiten Vieh oder später weltweit Gold und Silber) erweisen sich als am absatz- und zirkulationsfähigsten und bilden sich als Geld heraus.

Es ist somit anzunehmen, daß sich im gewohnheitsmäßigen Tauschverkehr das Gut mit dem höchsten, möglichst dauerhaft gesicherten Tauschwert durchsetzt.[44] Da die

---

Einzelnen, welcher Güter zu Markte bringt (um sie gegen Güter seines speziellen Bedarfs umzusetzen), der Gedanke nahe, dieselben, wenn sein Zweck, wegen der geringen Marktgängigkeit seiner Güter, unmittelbar nicht erreichbar ist, auch gegen solche Güter auszutauschen, deren er selbst zwar nicht unmittelbar benötigt, die indes beträchtlich marktgängiger als die seinen sind. (...) Diese Erkenntnis ist sicherlich nirgends bei allen Gliedern eines Volkes gleichzeitig entstanden; es wird vielmehr, wie bei allen Kulturfortschritten, zunächst nur eine Anzahl von wirtschaftenden Subjekten den aus dem obigen Vorgange für ihre Wirtschaft sich ergebenden Vorteil erkannt haben. (...) *Das Interesse der einzelnen Wirtschaftssubjekte an ihrer Güterversorgung hat dieselben mit fortschreitender Erkenntnis dieses ihres Interesses - ohne Übereinkunft, ohne legislativen Zwang, ja ohne jede Rücksichtnahme auf das gemeine Interesse - dazu geführt, in Verfolgung ihrer individuellen Zwecke vermittelnde Tauschakte mehr und mehr, schliesslich als eine normale Form des Güterumsatzes vorzunehmen"* (Menger 1909/1970, S. 8 f. (Hervorhebungen des Verfassers)). Damit zeichnet *Menger* die Innovationstheorie der Institutionenentstehung von *Lachmann* bereits vor - diese wird im Kapitel 4.2.2. analysiert (vgl. auch *Selgin* und *White* 1987, S. 440 f.).

[43] „The process is cumulative, with the most marketable commodities becoming enormously more marketable and with this increase spurring their use as media of exchange" (*Rohtbard* 1993, S. 164). Vgl. außerdem *Menger* (1883/1969, S. 177), *Dietl* (1993, S. 97 f.), *Elsner* (1987, S. 10), *Hodgson* (1992b, S. 397), *Langlois* und *Everett* (1994, S. 15), *Negishi* (1989, S. 283 f.), *O'Driscoll* und *Rizzo* (1985, S. 193-196), *Rothbard* (1985, S. 2 f.), *Sennholz* (1985, S. 21). *O'Driscoll* ist der Meinung, daß *Menger* mit dem Kriterium der Marktgängigkeit die moderne Vorstellung der Transaktionskostentheorie antizipiert hat. Marktgängige Güter, die als Geld akzeptiert werden, verringern die Kosten des Tauschs (vgl. *O'Driscoll*, 1994, S. 127). *Menger* geht jedoch weit über die Transaktionskostentheorie hinaus, indem er die Erwartungen, die Unsicherheit, das begrenzte Wissen und die Lernanstrengungen der Wirtschaftssubjekte mit der Idee der Marktgängigkeit berücksichtigt (vgl. auch *O'Driscoll* 1986a, S. 608 f.). Dieser Begriff stellt den handlungsermöglichenden Aspekt der Institution des Geldes in den Vordergrund und nicht den aus der Gleichgewichtsperspektive wichtigen Aspekt der Transaktionskostensenkung, wobei sich beides natürlich nicht ausschließt.

[44] *Menger* unterscheidet dabei zwischen dem inneren und dem äußeren Tauschwert des Geldes (vgl. zur Erläuterung *Menger* 1909/1970, S. 73 ff.). *Clark* kritisiert die Geldentstehungstheorie *Mengers*. Er ist der Meinung, daß das Geld vor dem Markt existiert hat und die Evolution von Gesellschaften, die auf dem Marktaustausch basieren, erst ermög-

Gewohnheit gesellschafts- und kulturabhängig ist und die Akzeptanz des Gutes Geld von den Erwartungen bezüglich des zukünftigen Tauschwertes und damit des erfahrungs-beeinflußten Vertrauens der Wirtschaftssubjekte bestimmt wird, ist die Evolution des Geldes von Pfadabhängigkeiten geprägt (vgl. *Hodgson* 1992b, S. 400 f.; *Hodgson* 1994b, S. 105).[45] *Menger* verdeutlicht dies anhand der Analyse der je nach Kulturkreis unterschiedlichen Güter, die im Prozeß der Evolution des Geldes akzeptiert wurden.[46]

Insgesamt wird deutlich, daß *Menger* auch zur Erklärung der Evolution des Geldes auf das Handeln der Wirtschaftssubjekte in der historischen Zeit, unter Ungewißheit, abhebt. In diesem Sinne ist die Institution des Geldes ein Phänomen des Ungleich-gewichts (vgl. *Dietl* 1993, S. 99; *Robbins* 1948, S. 78). Insbesondere stellt sie die Vor-aussetzung für arbeits- und wissensteilige Gesellschaften dar. Erst durch Geld wird es möglich, daß in hohem Maße umwegig produziert werden kann und daß dezentrale Wirt-schaftspläne über den Preismechanismus koordiniert werden. In diesem Sinne ist Geld ein gesellschaftliches Phänomen und deshalb auch immer nicht-neutral (qualitative Nicht-neutralität).[47]

4.2. *Lachmanns* Theorie der Institutionen

Lachmanns Theorie der Institutionen schließt sowohl an *Mengers* Vorstellungen zur „organischen" Evolution als auch zur „pragmatischen" Schaffung von Institutionen an. Dabei geht es ihm um die ordnungstheoretische Frage, welche Institutionen der markt-wirtschaftlichen Ordnung adäquat sind und welche nicht.[48] Dies führt dazu, daß neben

---

lichte (vgl. *Clark* 1993, S. 382). Auch *Hodgson* kritisiert *Mengers* Theorie der Evolution des Geldes. Seiner Meinung nach fehlt sowohl die Betonung der Rolle, die der Staat bei der Qualitätssicherung einnimmt, als auch die Spezifizierung der Spielregeln, die für die Evo-lution des Geldes die Voraussetzung bilden (vgl. *Hodgson* 1992b, S. 402-408; *Hodgson* 1994b, S. 106 f.). Sowohl *Clark* als auch *Hodgson* übersehen jedoch die von *Menger* be-schriebene Ko-Evolution von Markt und Geld. Außerdem wirken Staatsinterventionen *ex ante* nicht effizienzsichernd, da hier im Gegensatz zur spontanen Geldevolution („passing the test of time") ein Effizienzmechanismus fehlt, der qualitätssichernd wirkt.

[45] In diesem Zusammenhang fordert *Hodgson* staatliche Interventionen zur effizienzfördern-den Korrektur evolutionärer Geldentwicklungspfade. Er übersieht hierbei jedoch, daß durch eine interventionistische Wirtschaftspolitik die Pfadabhängigkeit von Entwicklungs-prozessen nicht aufgehoben wird, sondern lediglich andere, *ex ante* durch keinen Effi-zienzmechanismus gesicherte Pfade eingeschlagen werden. In der modernen Literatur ist im Zusammenhang mit dem Phänomen pfadabhängiger Entwicklung auch von Netzwerkgütern bzw. -effekten die Rede (vgl. *Hodgson* 1992b, S. 400 f.; *Horwitz* 1994b, S. 282; *Leipold* 1996, S. 104-108). Siehe auch *Kiwit* und *Voigt* (1995, S. 128): „Kennzeichnend für diese Effekte ist, daß der Nutzen der Teilnehmer eines Netzwerkes positiv mit der Zahl der Nut-zer variiert."

[46] Vgl. *Menger* (1909/1970, S. 12, 14), *O'Driscoll* (1994, S. 129), *Schüller* (1983b, S. 302 f.). Währungswettbewerb muß deshalb keineswegs zum Endzustand nur einer Währung führen.

[47] Vgl. *Boettke* (1989b, S. 187), *O'Driscoll* (1994, S. 126), *Rothbard* (1985, S. 4 f.). „Das Geld erweitert somit den individuellen Entscheidungsspielraum. Es schafft zusätzliche Handlungsmöglichkeiten" (*Dietl* 1993, S. 100). *Mises* vertritt beispielsweise im Rahmen der Sozialismusdebatte die Meinung, daß ökonomische Kalkulation ohne Geld unmöglich sei (vgl. *Vaughn* 1990, S. 397).

[48] *Lachmann* verweist in diesem Zusammenhang auch auf die schottische Moralphilosophie:

der Erklärung der Evolution von Institutionen das Problem der institutionellen Kohärenz der Wirtschaftsordnung im Mittelpunkt der Untersuchung steht (vgl. *Lachmann* 1963, S. 64; *Vaughn* 1992, S. 267 f.).[49]

4.2.1. Die Kohärenzproblematik der Institutionenordnung

Lachmanns Analyse der Kohärenzproblematik der Institutionenordnung ist gekennzeichnet durch die Unterscheidung zwischen „äußeren und inneren - beabsichtigten und unbeabsichtigten - Institutionen" (*Lachmann* 1973, S. 74).[50] Die inneren Institutionen füllen dabei die Lücken, die in jeder Ordnung äußerer Institutionen entstehen müssen, und stabilisieren somit die Institutionenordnung.[51] Die inneren Institutionen sind „Geschöpfe, nicht Voraussetzungen des Marktes" (*Lachmann* 1963, S. 67). *Lachmann* meint nun selber, daß nicht alle Institutionen in dieses Schema passen würden. „Öffentliche Arbeitsnachweise", eine „freiwillige Gerichtsbarkeit" oder „Lohnfestsetzung durch Tarifvertrag" nennt er als Beispiele für neutrale Institutionen, die „... *gesellschaftskonform* sein [müssen], aber sie brauchen nicht, und noch weniger zu jedem beliebigen Zeitpunkt, *marktkonform* zu sein" (*Lachmann* 1963, S. 69 (Hervorhebungen im Original)).

Lachmann wählt für seine Unterscheidung der Institutionen offensichtlich das Kriterium der Marktorientierung, nicht jedoch das Kriterium der Entstehungsgeschichte. Äußere Institutionen müssen als *Voraussetzung* für das Funktionieren von Märkten gegeben sein.[52] Sie können sich evolutionär oder auch als Ergebnis intendierter Handlungen wandeln. Innere Institutionen entstehen aus dem Marktprozeß heraus als unintendiertes Ergebnis intentionalen Handelns. Obwohl sie Geschöpfe des Marktes sind,[53]

---

[49] „In an earlier age *Adam Smith* and his contemporaries, the Scots philosophers, had been well aware of the legal and institutional framework within which all market relations are embedded" (*Lachmann* 1992, S. 41).

[49] Die Idee der Auseinandersetzung mit der Problematik der Kohärenz der Institutionenordnung ergibt sich wohl daraus, daß *Lachmann* von Haus aus Kapitaltheoretiker ist. Aus der Perspektive der evolutionären Kapitaltheorie, die besonderes Augenmerk auf die Heterogenität und die Komplementaritätsanforderungen an die Kapitalstruktur legt, liegt auch die Frage nach der Kohärenz von Institutionen nahe. Vgl. auch die Analyse von *Lewin* in *Lewin* (1994, S. 250).

[50] Zu *Lachmanns* Aussagen zur Kohärenzproblematik vgl. *Lachmann* (1973, S. 68 ff. und 119 ff.). Er untersucht die Kohärenz anhand von vier Merkmalen: Dauerhaftigkeit (Permanenz), Widerspruchsfreiheit, Einheit und umfassende Komplementarität (Lückenlosigkeit), wobei vor allem letzteres im Regelfall nicht gegeben ist.

[51] Vgl. *Lachmann* (1973, S. 73 f.) sowie *Lachmann* (1963, S. 67 f.), wo er explizit auf die Verknüpfung seiner Ansichten mit dem ordnungstheoretischen Ansatz von *Eucken* hinweist.

[52] Unter äußeren Institutionen sind beispielsweise die Verfassungsregeln des Rechts auf Privateigentum, der Vertragsfreiheit, der Berufsfreiheit etc. zu verstehen, aber auch die moralischen, ethischen oder religiösen Regeln, die im Sinne der Sozialtheorie A. Smiths das Verhalten des Individuen in einer Gesellschaft kontrollieren (vgl. auch *Mittermaier* 1992, S. 19; *Schüller* 1983a, S. 149 f.).

[53] Als innere Institutionen sind z.B. das Geld, Vertragstypen, Unternehmensformen oder etwa Clearingeinrichtungen zu nennen (vgl. auch *Schüller* 1983a, S. 159 f.). Zudem sind dies alles marktkonforme innere Institutionen.

müssen die inneren Institutionen lediglich nicht im Widerspruch zu den äußeren Institutionen stehen, nicht aber unbedingt auch marktkonform sein. Die nicht-marktkonformen inneren Institutionen bezeichnet *Lachmann* zu Analysezwecken als „neutrale" Institutionen.[54] Aus dem Nutzenstreben der Wirtschaftssubjekte ergibt sich nach *Lachmann* wenigstens der Tendenz nach die Kohärenz (nicht die Marktkonformität) der inneren Institutionen zueinander sowie zu den äußeren Institutionen (vgl. *Lachmann* 1963, S. 75 f.).[55]

Die Problematik der Kohärenz muß somit unter zwei Aspekten analysiert werden. Zum einen ist für funktionierende Marktordnungen auf die horizontale Komplementarität der äußeren Institutionen zu achten, die den Rahmen für den Ablauf der Marktprozesse in der Volkswirtschaft bilden. Zum anderen muß die vertikale Komplementarität zwischen inneren und äußeren Institutionen sichergestellt werden, damit es nicht zu Spannungen zwischen den Ebenen der Institutionen sowie der Handlungsebene kommt (vgl. *Lachmann* 1973, S. 119 f.). In erster Linie ergeben sich dabei die Probleme der Kohärenz im Bereich der vertikalen Komplementarität. Potentielle Spannungen erwachsen aus der Flexibilitätsanforderung an die inneren und aus der Stabilitätsanforderung an die äußeren Institutionen.[56]

Im evolutionären Wirtschaftsprozeß besteht das Problem des „Einfließens" neuer Regeln, die sich als Reflex auf neue Verhaltensweisen ergeben. Die institutionelle Ordnung muß einerseits stabil sein, damit sie als Orientierungspunkt für das ökonomische Handeln der Wirtschaftssubjekte fungieren kann, andererseits aber über eine gewisse Flexibilität verfügen, damit auf neue Entwicklungen reagiert werden kann. Darin besteht

---

[54] Lediglich gesellschaftskonforme, nicht notwendigerweise jedoch marktkonforme und deswegen „neutrale" innere Institutionen sind z.B. Tarifverträge oder Arbeitsschutzklauseln etc. Es ist nicht klar, ob *Lachmann* der Zuordnung zustimmen würde, daß marktkonforme innere Institutionen evolutionär entstehen, während nicht-marktkonforme innere Institutionen, d.h., „neutrale" Institutionen, intendiert geschaffen werden. Meines Erachtens ergibt diese Einteilung jedoch Sinn.

[55] *Vanberg* ist der Meinung, daß *Lachmanns* Unterscheidung eine „... zwischen zwei Arten von auf den Markt bezogenen Institutionen [sei]" (*Vanberg* 1994, S. 44 f.). Es sollte jedoch deutlich geworden sein, daß das Kriterium der Marktkonformität nur für die inneren Institutionen gilt, nicht jedoch für die äußeren. Gerade die relative Unabhängigkeit der äußeren Institutionen vom Marktgeschehen führt nicht selten dazu, daß marktliche Prozesse nicht die Effizienz erreichen, die sie erst bei marktkonformer Ausgestaltung des gesamten Institutionenrahmens gewährleisten. Auf S. 45 sieht *Vanberg* übrigens genau dieses Problem.

[56] *Langlois* betont die Verfassungsperspektive des Ansatzes. Er interpretiert *Lachmanns* Einteilung der Institutionen in innere und äußere als die mit der Hierarchie der Planungen vergleichbare Hierarchie der Institutionen. Erstere zeichnet sich durch einen abnehmenden Abstraktionsgrad von der obersten bis zur untersten Planebene aus. Die höchste Ebene der Institutionen - die Verfassungsebene - koordiniert die höchste Ebene der Planungen usw. Der stabile Rahmen äußerer Institutionen führt nach *Langlois* dazu, daß die kognitiven Fähigkeiten der Menschen freigesetzt werden, damit sie ihre jeweiligen Pläne durchführen können. Die Stabilität der Rahmenbedingungen garantiert über stabile Rückmeldungen, d.h. über die Reduktion von Ungewißheit, Zeit zum Lernen, welche die Wirtschaftssubjekte benötigen, um ihre Pläne in detaillierter, exakter Form zum Erfolg zu bringen. Aus dieser Perspektive erscheint selbst die Arbeitsteilung als abhängig vom stabilen Rahmen äußerer Institutionen (vgl. *Langlois* 1986c, S. 185-187).

jedoch ein Zielkonflikt: „A permanent legal order and a continuous flow of legislation are evidently incompatible notions" (*Lachmann* 1994d, S. 252).[57] Das Problem der gleichzeitigen Flexibilität und Stabilität der Institutionenordnung führt wieder zurück zu der Unterscheidung der Institutionen von *Lachmann*. Es ist offensichtlich, daß die äußeren Institutionen den Part des Stabilisators zu übernehmen haben und die inneren Institutionen als gewachsenes Ergebnis der innerhalb des Rechtsrahmens ablaufenden marktlichen Lernprozesse die Flexibilität des Systems garantieren.[58] Die Ausgestaltung der äußeren Institutionen beeinflußt dabei die Möglichkeit spontaner Lernprozesse. Als ausgesprochen wichtige äußere Institution erscheint *Lachmann* die Garantie der Vertragsfreiheit. Ist sie gegeben, stellt sie über die Möglichkeit des Testens neuer Vertragsformen eine der „Hauptquellen unbeabsichtigter Institutionenbildung [dar]" (*Lachmann* 1973, S. 81).[59]

Die Kohärenz der institutionellen Ordnung ist jederzeit durch den spontanen sowie den politisch intendierten Wandel von Institutionen gefährdet. *Lachmann* erwähnt in diesem Zusammenhang drei interdependente Probleme:

„1. jene, die aus der Vielfalt der Ursprünge (Interessen) entstehen - Kohärenz;
2. jene, die aus dem Ablauf der Zeit und der Notwendigkeit der Anpassung bestehender Institutionen an neue Institutionen entstehen - Flexibilität, Veränderung;
3. jene, die aus der Ungewißheit hinsichtlich der Frage entstehen, welche neuen Institutionen es zu einem zukünftigen Zeitpunkt geben wird - Flexibilität, Veränderung, Anpassung an eine unbekannte Zukunft" (*Lachmann* 1973, S. 75).

Die mit der institutionellen Kohärenz, Flexibilität, Veränderung und Anpassung an eine unbekannte Zukunft verbundenen interdependenten Probleme stellen das Erkenntnisobjekt der Theorie der Institutionen von *Lachmann* dar.

Ebenso wie *Lachmann* stellt auch die Ordnungstheorie die Frage nach den für eine marktwirtschaftliche Ordnung elementaren institutionellen Rahmenbedingungen. Insbesondere *Schüller* greift den Ansatz von *Lachmann* auf. Aus der Perspektive der Ordnungstheorie nennt *Schüller* unter Berufung auf *Eucken* folgende äußere Institutionen, die existieren müssen, damit das Problem der vertikalen Kohärenz in marktwirtschaft-

---

[57] Vgl. auch *Horwitz* (1994b, S. 283).

[58] Vgl. *Lachmann* (1994d, S. 258-260), *Lachmann* (1973, S. 73 f.), *Vaughn* (1992, S. 267) sowie *Schüller* (1983a, S. 158) und *Schüller* (1986, S. 43), der auf die Bedeutung von Lern- und Erfahrungsprozessen für die Evolution innerer Institutionen hinweist. Erstaunlicherweise wird das Problem des Zielkonflikts zwischen den gleichzeitigen Anforderungen bezüglich Stabilität und Flexibilität im Hinblick auf den institutionellen Rahmen in der institutionentheoretischen Forschung immer noch nicht allgemein wahrgenommen (vgl. dazu die Aussagen von *Langlois* 1986c, S. 179).

[59] Vgl. auch *Streit* und *Wegner* (1989, S. 191), die hier jedoch die Meinung vertreten, daß äußere Institutionen immer Transaktionskosten senken würden. Hier verwechseln sie allerdings die Wirkung innerer und äußerer Institutionen miteinander. Äußere Institutionen als notwendige Rahmenbedingungen für Marktprozesse können durchaus Transaktionskosten erhöhen - und wirken auch oft in diese Richtung, man denke nur an gesetzlich festgelegte Marktzutrittsbeschränkungen oder administrative Preisfestsetzungen -, während innere Institutionen als Geschöpfe des Marktes über ihren tauschermöglichenden Aspekt i.d.R. Transaktionskosten senken werden. Schon in der Klassik wurde darüber hinaus die Bedeutung der Institutionen des Eigentums und der Vertragsfreiheit für die Entwicklung von Marktprozessen und damit der Wohlfahrt eines Landes erkannt und diskutiert (vgl. *Lachmann* 1994d, S. 249, 259; *Langlois* 1986c, S. 189).

lichen Gesellschaften entschärft wird: die Sicherung des Geldwertes (Primat der Währungsverfassung), die Garantie des Rechtsschutzes in Form der Verhinderung von Gewalt, des Schutzes von Eigentum und der Sicherung von Vertragsfreiheit, des freien Marktzugangs sowie der Haftung im Rahmen der Wettbewerbspolitik (vgl. *Schüller* 1986, S. 35-43; *Schüller* 1983a, S. 149-158). Diese in *Euckens* Terminologie konstituierenden Prinzipien einer Wettbewerbsordnung stellen aus ordnungstheoretischer Sicht die äußeren Institutionen einer funktionierenden marktwirtschaftlichen Ordnung dar.

Mit der Unterscheidung in äußere und innere - sowie neutrale - Institutionen nähert man sich der Frage, unter welchen Bedingungen das Problem der Kohärenz der Institutionenstruktur, insbesondere unter Berücksichtigung des Institutionenwandels, lösbar ist. Aus der Evolutionsperspektive kann die These formuliert werden, daß sich langfristig in Volkswirtschaften um so mehr marktkonforme innere Institutionen durchsetzen werden, je weniger Hemmnisse für innovatives Verhalten durch die äußeren Institutionen begründet werden. Die Analyse der intendierten Schaffung von Institutionen hat demnach auf der Ebene der äußeren sowie der neutralen Institutionen anzusetzen.[60] Ist der äußere Rahmen entsprechend ausgestaltet, werden sich auf der Marktebene die institutionellen Arrangements bilden, die sich aus der Nachfrage nach institutionellem Wandel seitens der Marktakteure sowie des innovativen Angebots neuer Verhaltensregeln ergeben.[61]

Dies führt *Lachmann* zu der Frage, wie Institutionen entstehen und welche Kräfte zu ihrem Wandel ursächlich beitragen. Dabei entwickelt er eine Theorie der Evolution von Institutionen, die vor allem auf den initiativen Aspekt der unintendierten Entwicklung abhebt.

4.2.2. Die Innovationstheorie des Institutionenwandels

Zunächst setzt sich *Lachmann* kritisch mit den Vorstellungen *Mengers* zum Wandel von Institutionen auseinander. Zum einen lehnt er *Mengers* „Bedürfnistheorie der Institutionen"[62] als unzureichend ab. Bestimmungsgründe der Evolution von Institution sind bei *Menger* die auf die Nachfrageseite abstellenden Kriterien der Gewohnheit und der Marktgängigkeit. Nach *Lachmann* fehlt jedoch ein Kriterium, das verdeutlicht, welche Bedürfnisse der Individuen durch ihr Handeln zur Evolution von Institutionen führen und welche nicht.[63] Zum anderen hält er *Mengers* „praxeologische Theorie der Institutio-

---

[60] „Bei den äußeren Institutionen fehlt diese Gebundenheit an das Marktgeschehen Sie hören nicht auf, zu bestehen, wenn sie keinen Gewinn abwerfen, da sie das ohnehin kaum jemals tun. Aber das bedeutet nicht, daß es hier keine Kohärenz geben kann, nur, daß es sie nicht von allein gibt. Die Forderung nach einer 'konsequenten Wirtschaftspolitik' bedeutet ja doch nichts anderes, als daß die Herstellung einer kohärenten Ordnung hier bewußten politischen Handelns bedarf" (*Lachmann* 1963, S. 76). Damit ist auch *Mongiovis* Vorwurf, *Lachmann* schenke dem intendierten Wandel institutioneller Rahmenbedingungen wenig Beachtung, entkräftet (vgl. *Mongiovi* 1994, S. 265 und Fn. 11 auf S. 274 f.). Vgl. auch *Horwitz'* Kritik an *Mongiovis* These in *Horwitz* (1994b, S. 284).

[61] Dieser Gedankengang ist mit den Vorstellungen der deutschen Ordnungstheorie vollkommen vereinbar. Ordnungspolitik ist danach notwendig, um Wirtschaftsprozesse in effizienter Weise zu ermöglichen.

[62] Die Bezeichnung ist eine Wortschöpfung von *Lachmann*.

[63] „Aber nicht jedes Bedürfnis schafft eine Institution. Die Schwäche dieser Theorie liegt

nen"[64] für vielversprechend. Der Erklärung der evolutionären Entstehung von Institutionen als Resultat sozialer Kräfte, als unbeabsichtigtes Ergebnis zielgerichteten Handelns und nicht als Produkt intendierter, „vernünftiger" institutioneller Reformen schließt sich *Lachmann* an (vgl. *Lachmann* 1973, S. 52; *Torr* 1992, S. 135). Damit setzt er die Traditionen *Mengers* sowie der evolutionären Institutionentheorie der schottischen Moralphilosophie fort.

Im Gegensatz zu *Menger* setzt *Lachmann* allerdings den Akzent der Erklärung auf die „Angebotsseite" der Evolution von Institutionen, ohne die von *Menger* analysierten Prozesse auf der „Nachfrageseite" zu vernachlässigen. In erster Linie entwickelt er seine evolutionäre Institutionentheorie in Anlehnung an die marktliche Innovationstheorie *Schumpeters*. Innovative Wirtschaftssubjekte erkennen, daß es mit neuen Plänen möglich ist, ihre Interessen wirksamer als zuvor zu verfolgen. Damit werden sie zu Auslösern der Entstehung von Institutionen: „erfolgreiche Pläne kristallisieren sich so allmählich zu Institutionen" (*Lachmann* 1973, S. 61).[65] Der Mechanismus ist analog zur Markttheorie als Prozeß des plangerichteten Vorstoßes und der Nachahmung des Verhaltens zu verstehen. Aus den Plänen erfolgreicher Innovatoren werden infolge der Nachahmung durch Imitatoren im Laufe der Zeit Institutionen. In Anlehnung an *Max Weber* unterscheidet *Lachmann* die Gruppe der Menschen, die erfolgreiche, ihren Interessen dienende Pläne aufstellen, von der Gruppe der Nachahmer. Erstere stoßen durch ihr innovatives Verhalten den institutionellen Evolutionsprozeß an. Ebenso wie *Max Weber* vermutet *Lachmann* jedoch in der Gruppe der Imitatoren den Großteil der Menschen in einer Gesellschaft[66] - was bis zu einem gewissen Grad die relative Stabilität des institutionellen Rah-

---

darin, daß sie uns kein Kriterium zur Unterscheidung zwischen jenen Bedürfnissen liefert, die durch entsprechende Institutionen Befriedigung finden werden, und jenen, bei denen dies nicht der Fall sein wird" (*Lachmann* 1973, S. 61). In seinem Essay „Über politische Institutionen" übt er implizit Kritik an *Mengers* Bedürfnistheorie der Institutionen: „Es ist ein Irrtum, diese institutionelle Ordnung als nahtloses Gewebe vorzustellen, als vollkommen einheitliche Struktur, die auf dem einfachen Prinzip aufgebaut ist, daß jeweils einem bestimmten Bedürfnis die entsprechende Institution gegenübersteht" (*Lachmann* 1973, S. 121). *Lachmanns* Analyse ist zuzustimmen. Es sollte in den Ausführungen zu *Mengers* evolutionärer Institutionentheorie in der vorliegenden Arbeit jedoch deutlich geworden sein, daß auch *Menger* nicht einer entsprechenden, „naiven" Bedürfnistheorie der Institutionen anhängt.

[64] Auch diese Wortschöpfung stammt von *Lachmann*. Die offensichtliche Analogie zu *Mises'* Theorie der Praxeologie verdeutlicht *Lachmanns* Intention, das von *Mises* entwickelte und von *Lachmann* selbst fortgeführte Gedankengut der subjektivistisch ausgerichteten Wirtschaftstheorie auf die Institutionentheorie anzuwenden.

[65] „Wenn man der Geschichte einer Institution nachgeht, ist es oft sehr nützlich, die Denkweise, den „Geist", der Elite hervorzuheben, die sie geschaffen hat" (*Lachmann* 1973, S. 64). Als Beispiel ist an die Entstehung der Banknote in England zu denken. Im England des 17. Jahrhunderts nahmen Goldschmiede Edelmetall als Einlagen an und gaben dafür Empfangsscheine aus. Als diese im Handel übertragbar wurden und die Schmiede lernten, daß sie trotz der kontinuierlich stattfindenden Abhebungen des Publikums über einen „Bodensatz" an Gold verfügten, kamen innovative Goldschmiede auf die Idee, mehr in Gold einlösbare Scheine auszugeben, als sie tatsächlich über Gold verfügten. Durch die Verfolgung ihrer eigenen Interessen und die Nachahmung durch ihre Konkurrenten wurde nun aber der Grundstein für die Evolution der Banknote gelegt. Vgl. dazu auch das Kapitel 5.1.

[66] „Hier wie auch sonst ist die Nachahmung der Erfolgreichen die wichtigste Form, in der

mens von Volkswirtschaften erklärt. Die offensichtliche Analogie zur schumpeterschen Innovationstheorie von Neuerung und Nachahmung führt *Lachmann* zu der Aussage,

„... daß die Theorie der Institutionen das soziologische Gegenstück zur Wettbewerbstheorie in der Wirtschaftswissenschaft ist. In beiden Fällen sind Neuerung und Nachahmung die komplementären Elemente praktisch ein und desselben sozialen Prozesses" (*Lachmann* 1973, S. 62).[67]

Einen wichtigen Grund für institutionelle Veränderungen sieht auch *Lachmann* im Wandel der Bedürfnisse. Seiner Meinung nach reicht jedoch eine „Bedürfnistheorie der Institutionen" nicht aus, da man außer der Nachfrage- auch die Angebotsseite betrachten müsse. Die Durchsetzung neuer Institutionen bedarf zusätzlich zu dem Vorhandensein bestimmter Bedürfnisse der „unternehmerische[n] Fähigkeit des Neuerers sowie seiner erfolgreichen Nachahmer" (*Lachmann* 1973, S. 70). Es bedarf eines „Prozesses der schöpferischen Zerstörung" - so *Lachmann* mit explizitem Hinweis auf *Schumpeter*:

„Unbeabsichtigte Institutionen entstehen, verändern sich und vergehen unter der Einwirkung des Genies ihrer Initiatoren, des Scharfsinns der Nachahmer dieser Initiatoren, der Anpassungsfähigkeit ihrer Benützer und der destruktiven Potenz jener Menschen, die neue, die alten verdrängende Institutionen schaffen" (*Lachmann* 1973, S. 122).

Eine weitere Parallele zwischen Institutionen- und Markttheorie wird bei der Analyse

---

sich die Massen die Vorgehensweisen der Eliten zu eigen machen" (*Lachmann* 1973, S. 62). *Max Weber* verfügt zwar nicht über eine ausgearbeitete Theorie der Institutionen, er setzt sich jedoch - vor allem im Rahmen seiner rechtssoziologischen Betrachtungen - mit der Entstehung von organisierten Institutionen, in *Webers* Terminologie den „Anstalten", auseinander. Der Prozeß der Entstehung von Institutionen wird auf der Ebene von Gruppen analysiert. Die These, die er entwickelt, lautet, daß institutionelle Arrangements i.d.R. durch „Oktroyierung" durchgesetzt werden. Die Gruppe derjenigen Gesellschaftsmitglieder, die einen bestimmten Zweck verfolgt und das größte Interesse an den neuen Normen hat, zwingt die Institution den anderen Gesellschaftsmitgliedern auf oder „suggeriert" sie ihnen zumindest. Eine zweite Gruppe, die aus den Exekutivorganen, die für die Durchführung der institutionellen Regeln verantwortlich sind, besteht, kann die Regeln subjektiv anders beurteilen, als sie von den Initiatoren gedacht waren. Schon dies kann die Wirkungen der Institution gegenüber den Erwartungen der ersten Gruppe verändern. Weitere „Verfälschungen" ergeben sich aus den Handlungsweisen einer dritten Gruppe, die die neuen Regeln in ihrem Interesse auslegen, benutzen oder auch umgehen. Diese „aktive" Gruppe unterscheidet sich von der vierten, eher „passiven" Gruppe. Diese schließlich - und hier vermutet *Weber* die „Masse" der Gesellschaftsmitglieder - lernt durch Gewohnheit die neuen sanktionierten und damit erwartungsstabilisierenden Verhaltensweisen, die „... meist ohne alle Kenntnis von Zweck und Sinn, ja selbst Existenz, der Ordnung innegehalten [werden]" (*Weber* 1988b, S. 472 f.; *Lachmann* 1973, S. 48, 56). In einem weiteren Schritt wäre es nun interessant zu untersuchen, wie die erste Gruppe reagiert, wenn die neue Institution von der zweiten und dritten Gruppe anders ausgelegt und benützt wird, als sie sich das vorgestellt hat.

[67] Dieses Bekenntnis zur Analogiebildung ist etwas überraschend, da er *Menger* noch eine Seite vorher dessen Analogiebildung zwischen Institutionenevolution und Marktprozessen vorwirft: „Hier wie auch sonst war *Menger* allzusehr dazu geneigt, von der Analogie des Marktes auszugehen." Dadurch wird jedoch deutlich, daß es *Lachmann* nicht um die Negierung des Nutzens von Analogiebildungen geht - er wendet sie ja selbst an -, sondern darum, die seiner Meinung nach richtige Analogiebildung durchzuführen. Vgl. auch *Langlois* (1986a, S. 15).

der Wirkungen neuer Institutionen deutlich. Ebenso wie bei der Durchsetzung von Innovationen werden existierende, auf Plänen basierende Erwartungen der übrigen Wirtschaftssubjekte durch die nicht-antizipierte Institutionenevolution enttäuscht. Die Pläne müssen an die neuen Bedingungen angepaßt werden (vgl. *Lachmann* 1973, S. 72).

Es sollte deutlich geworden sein, daß das Unterscheidungsmerkmal zwischen *Lachmanns* und *Mengers* Theorien der Evolution von Institutionen darin besteht, daß *Lachmann* stärker als *Menger* auf den „initiativen" Aspekt der Institutionenevolution abhebt.[68] Außerdem ist es notwendig, *Lachmanns* Vorstellung der initiativen, unintendierten Institutionenentstehung von der intendierten Schaffung von Institutionen zu unterscheiden. Im ersten Fall ist das *innovative Verhalten* des Wirtschaftssubjekts auf den *persönlichen Erfolg* am Markt, in nachbarschaftlichen Beziehungen, im kulturellen Austausch usw. gerichtet - und als *unintendiertes Ergebnis des intentionalen Handelns* entstehen daraus Regeln -, wohingegen im zweiten Fall von vornherein das *intendierte* Ziel der Schaffung bzw. Änderung von Institutionen verfolgt wird.[69]

Lachmanns Analogiebildung zum *Schumpeter*-Unternehmer auf der Ebene der Institutionen darf wegen des individuell begrenzten Wissens über den Zusammenhang zwischen dem eigenen, innovativen Verhalten und der Entstehung einer Institution nicht überstrapaziert werden. Eines der wichtigsten Charakteristika des evolutionären Prozesses der Institutionenentstehung ist, daß Institutionen als unintendiertes, in manchen Fällen ungewolltes Ergebnis zielgerichteten Handelns der Menschen entstehen. Die individuelle Verfolgung des Wirtschaftsplanes dient dabei nicht direkt dem Ziel, eine Institution zu schaffen. Vielmehr sollen Bedürfnisse befriedigt bzw. Gewinne erzielt werden. Wenn dadurch Institutionen entstehen, werden selbst diejenigen, deren Pläne und darauf aufbauende Handlungen die Auslöser der Institutionenentstehung waren, den Zusammenhang, der zwischen ihren Aktivitäten und der neu entstandenen Institution besteht, häufig nicht erkennen. Dies liegt an der Komplexität des Prozesses und an den vielen hierin involvierten Personen.[70]

---

[68] Im Rahmen der Entwicklung seiner Kapitaltheorie steht bei *Lachmann* dieser „initiative" Aspekt der Entwicklung von Institutionen allerdings noch nicht im Vordergrund. Kräfte, die gegen die Gleichgewichtstendenz von Marktprozessen wirken, sieht er dort in Preisinflexibilitäten, dem Zeitbedarf bei Anpassungen von Plänen an neue Marktdaten sowie dem Problem der subjektiven Interpretation objektiver Marktdaten begründet. Diese Marktkräfte führen nun dazu, daß Institutionen wie z.B. die Börse als unintendiertes, aber volkswirtschaftlich wünschenswertes Ergebnis intentionalen Handelns entstehen, wodurch das Preissystem vor diesen disintegrierenden Kräften geschützt wird (vgl. *Lachmann* 1956, S. 66 f.).

[69] Bei der Betrachtung der Schaffung intendierter Institutionen ist durchaus die Figur des politischen Unternehmers, der nach seinen Interessen den politischen Prozeß zu beeinflussen versucht, verwendbar - vgl. dazu auch die Ansichten *Max Webers*. Auch das Verhalten der Marktakteure kann direkt auf die Änderung des institutionellen Rahmens nach ihren Ansichten ausgerichtet sein. In diesem Falle besteht hier die gleiche Gefahr der Anmaßung von Wissen wie beim politisch intendierten Institutionenwandel „von oben". Die Diskussion der Gefahr des Konstruktivismus bei der Durchführung intendierter institutioneller Reformen wird im Rahmen des Kapitels 4.5.4. ausführlich geleistet.

[70] *Lachmann* selbst betont, „... daß die ungewollten Folgen menschlicher Aktionen sehr oft weit wichtiger sind als die gewollten und daß sie eigentlich das interessanteste Problem der

Es gibt jedoch noch weitere wichtige Unterschiede zwischen dem Marktprozeß und dem Prozeß der Entstehung von Institutionen. *Lachmanns* markttheoretische Analyse konzentriert sich auf die Voraussetzungen für die subjektiv rationale Durchführung ökonomischer Pläne im evolutionären Prozeß. Dabei erscheint die Erforschung von Planfehlschlägen und -revisionen ebenso wichtig wie die Analyse der Wirkungen erfolgreicher Pläne. Angesprochen ist damit das Wissensproblem. Der innovative Unternehmer verfolgt den Plan, das neue Produkt, die neue Produktionstechnik usw. am Markt durchzusetzen, um mit Hilfe der neuen Idee Gewinne zu realisieren. Die Suche nach überlegenen Ziel-Mittel-Kombinationen ist intentional auf den Markterfolg gerichtet. Hat der Innovator Erfolg, treten bei Abwesenheit staatlicher oder nicht-wettbewerblicher Marktzutrittsbeschränkungen Imitatoren in den Markt ein. Der Marktprozeß entwickelt sich. Etwas anders verhält es sich bei der marktlichen Entstehung innerer Institutionen. Das Handeln der Marktakteure ist nicht direkt auf die Entwicklung einer Institution gerichtet - zu denken ist hier beispielsweise an die Verwendung einer neuen nicht-kodifizierten Vertragsklausel, um den Erfolg einer Geschäftsverbindung abzusichern. Als Voraussetzung der erfolgreichen Durchführung gewinnorientierter Wirtschaftspläne wird seitens der Marktteilnehmer mit der verwendeten Klausel auf die Verminderung von Ungewißheit hingearbeitet. Die neue Vertragsform gilt dabei zunächst nur zwischen den Tauschpartnern. Trägt sie jedoch zum Erfolg der Transaktion bei, werden auch andere Marktakteure diese Klausel verwenden. Schließlich kann es sein, daß sie allgemein im Geschäftsverkehr anerkannt wird und u.U. auch noch der Gesetzgeber durch eine gesetzliche Anerkennung der Vertagsklausel ihre „Verkehrsgeeignetheit" erhöht.

Neue Institutionen werden demnach nicht wie neue Produkte als Hypothesen auf dem Markt angeboten und getestet,[71] sondern sind das sich im Austauschprozeß bildende Ergebnis der Nachfrage nach Unsicherheitsreduktion. Evolutionär entstandene Institutionen sind ein Prozeßergebnis aus dem Zusammenspiel des Innovators und der Imitatoren. Im Gegensatz zur Marktebene, auf der der Innovator ohne die Mitwirkung von Imitatoren marktfähige Produkte produzieren und bereitstellen kann, sind auf der Ebene der Institutionen die interaktiven Anstrengungen der Plandurchführung sowohl des initiativen Innovators als auch der Imitatoren notwendig, um das „Endprodukt" Institution entstehen zu lassen. Die „Produktion" gewachsener Institutionen findet auf der Transaktionsebene statt. Institutionen sind dann das Produkt der initiativen Verfolgung von Ideen und Plänen, d.h., der aktiven Lernanstrengungen des Innovators und der imitativen Lernprozesse der übrigen Wirtschaftssubjekte.[72]

Lachmann analysiert das Phänomen der Institutionenentstehung in Anlehnung an

---

analytischen Sozialwissenschaften darstellen" (*Lachmann* 1973, S. 29).

[71] *Ritter* überträgt diese Analogie zur *Popper*schen Falsifikationsidee auf Institutionen (vgl. *Ritter* 1995, S. 233). Diese Analogiebildung ist jedoch nur für den Fall der intendierten Institutionenschaffung zu befürworten. Außerdem überzeugt auch nicht, daß *Ritter* die heterogene Gruppe der „Institutionen, Organisationen, kulturelle[n] Vorkehrungen und Politik (...) als Hypothesen zur Lösung der in diesem Zusammenhang entstehenden Probleme [ansieht]" (*Ritter* 1995, S. 233).

[72] Auf die Hemmnisse der Institutionenevolution, die sich aus sozialen Widerständen gegen innovatives Verhalten ergeben, wird im Kapitel über *Hayeks* Theorie der Evolution spontaner Ordnungen eingegangen.

Menger außerdem als wechselseitigen evolutionären und politischen Prozeß.[73] Anhand der Evolution des Unternehmensrechts und der bundesdeutschen Mitbestimmungs-gesetzgebung in den 70er Jahren erläutert er die bestehenden Interdependenzen zwischen den Formen der Entstehung von Institutionen. Im ökonomischen Prozeß auftretende Neuerungen erzeugen eine Nachfrage nach neuen, gesetzlich legitimierten institutionellen Arrangements. Sie lösen dadurch eine Spannung aus, da die noch auf alte Zustände zugeschnittenen institutionellen Rahmenbedingungen existieren. Die Beseitigung dieser „Spannung" ist jedoch im allgemeinen Interesse und ruft Initiativen zur Klärung der Situation hervor. Dabei stellt die Notwendigkeit eines Minimums an Kalkulierbarkeit als Voraussetzung für arbeits- und wissensteiliges Wirtschaften die treibende Kraft hinter dem Prozeß der Unternehmensgesetzgebung als langem wechselseitigen Prozeß dar.[74]

Vaughn ist der Meinung, daß Lachmann auch mit seiner Innovationstheorie der Evolution von Institutionen das Problem der gleichzeitigen Stabilität und Flexibilität des Institutionenrahmens nicht lösen kann (vgl. *Vaughn* 1992, S. 267 f.). Dabei vernachlässigt sie jedoch seine Unterscheidung in äußere und innere Institutionen. *Lachmanns* Innovationstheorie des Wandels von Institutionen bezieht sich zwar sowohl auf die Evolution innerer als auch äußerer Institutionen. Innere Institutionen entstehen jedoch durch den interdependenten Prozeß der Innovation und Imitation neuer gewinnorientierter Verhaltensweisen auf Märkten und weisen aus diesem Grund auch eine gewisse Flexibilität auf. Die äußeren Institutionen wandeln sich dagegen wesentlich langsamer. Im Gegensatz zu den inneren Institutionen müssen diese Regeln nicht marktkonform sein. Spannungen, die sich durch innovatives Verhalten der Wirtschaftssubjekte auf der Marktebene ergeben, entwickeln einen wesentlich höheren Druck in Richtung Anpassung der inneren Institutionen als auf die Änderung äußerer Institutionen. Dadurch, daß auf dieser Ebene der regeländernde Charakter des Wettbewerbsprozesses nur begrenzt wirkt, weisen die äußeren Institutionen eine gewisse Stabilität auf.[75]

Da auf der Ebene der äußeren Institutionen der Wettbewerbsdruck vergleichsweise gering ist, erscheint es um so wichtiger, daß im Rahmen „kluger" Ordnungspolitik institutionelle Anreize geschaffen werden oder zumindest institutionelle Hemmnisse so abgebaut werden, daß innovatives Verhalten honoriert und die notwendige Flexibilität der

---

[73] In der Tradition *Mengers* ist *Lachmann* der Meinung, daß bei historischen Prozessen immer wieder beobachtet werden kann, daß „... ursprünglich unbeabsichtigten Institutionen späterhin der Charakter der Absichtlichkeit verliehen wird, indem man ihnen eine Rechtsform gibt" (*Lachmann* 1973, S. 12).

[74] „Participants in the venture needed this minimum of 'calculability'. (...) Company law, in short, the joint creation of market growth and the legislative embodiment of ideas pertaining of the market, is the final product of a long process of interaction of business men and lawyers who invested their experience, their ingenuity and their skills in it" (*Lachmann* 1994d, S. 255).

[75] Vgl. auch die Diskussion *Kerbers* bezüglich der Folgen der *Hesse*schen Aufgabe der Invarianzthese äußerer Variablen zur Erklärung der Gerichtetheit der übrigen Variabeln. Wenn berücksichtigt wird, daß sich der institutionelle Rahmen wandelt, wird es methodisch schwierig, die Wirkungen des Rechts als Selektionsumgebung für evolutorische Wirtschaftsprozesse zu bestimmen. Notwendig wird dadurch die Unterscheidung von Institutionenebenen bezüglich der Geschwindigkeit ihres Wandels (vgl. *Hesse* 1987, S. 212-215; *Kerber* 1996, S. 305 f., 323-325).

Institutionenstruktur über den Wettbewerbsmechanismus gesichert wird.[76]

Durch eine entsprechende Ordnungspolitik werden positive Pfadabhängigkeiten induziert. In der historischen Zeit sind Evolutionsprozesse zum einen weitestgehend irreversibel und zum anderen pfadabhängig. Sowohl der gesetzliche als auch der nicht-kodifizierte Regelrahmen zeichnen sich dadurch aus, daß sie die Aktionsparameter der Wirtschaftssubjekte unterschiedlich beeinflussen. Einige Gruppen von Aktionsparametern werden gesellschaftlich negativ sanktioniert, während der Gebrauch anderer Parameter mit Anreizen versehen ist. Dementsprechend werden je nach kulturellem und gesetzlichem Regelrahmen andere Aktionsparameter im Transaktionsprozeß eingesetzt und weiterentwickelt. Dadurch entwickeln sich kulturell eingebundene Wirtschaftsprozesse als offene, historische und irreversible Prozesse je nach der Ausgestaltung gesellschaftlicher Institutionen in bestimmte, teilweise unterschiedliche Richtungen.[77] Mittels der *Lachmann*schen Unterscheidung verschiedener Formen von Institutionen kann dieses Phänomen näher untersucht werden. Äußere Institutionen stellen die Voraussetzung für die Funktionsfähigkeit von Märkten dar, ermöglichen zugleich aber auch die Evolution der inneren Institutionen. Im Zuge des Wandels der inneren Institutionen, dessen Richtung von der Ausgestaltung der äußeren Institutionen beeinflußt wird, entsteht ein Anpassungsdruck auf die äußeren Institutionen. Die Probleme der Kohärenz der Struktur der Institutionen verschärfen sich. Wenn sich daraufhin als unintendiertes Ergebnis intentionalen Handelns keine Änderung der äußeren Institutionen ergibt, welche die Kohärenz wiederherstellt, werden ordnungspolitische Grundsatzentscheidungen notwendig. In beiden Fällen erfolgt damit die Ersetzung bzw. Verbesserung traditioneller Institutionen jedenfalls nicht unabhängig von der Geschichte des hier beschriebenen Musters eines irreversiblen Prozesses. Die Entwicklung ist pfadabhängig.[78]

Hier ist außerdem die Verbindung des Menschenbilds des *homo discens* mit der Wirkung kultureller, traditioneller Regeln notwendig, um die Analyse der Wirkung von Pfadabhängigkeiten zu vertiefen und Anforderungen an eine kohärente Ordnungspolitik zu formulieren. Die in einer Volkswirtschaft gemeinsame kulturelle Basis führt dazu, daß sich die Hypothesenstruktur der Wirtschaftssubjekte und damit die Art und Richtung von Lernanstrengungen ähneln. Insbesondere die positive Heuristik, aber auch die Entscheidung darüber, welche Erklärungshypothesen dem harten Kern der individuellen Vorstellungen zuzuordnen sind und welche lediglich den schützenden Gürtel um diese elementaren Überzeugungen bilden, unterscheiden sich zwar von Individuum zu Individuum, nicht jedoch gleichermaßen wie zwischen Vertretern unterschiedlicher Gesellschaften. Die

---

[76]   Bezüglich der Aufgaben „kluger" Ordnungspolitik formuliert *Fehl*: „Der Zweck der Anpassung besteht hier darin, Arbitrage, Akkumulation und Neuerung wieder voll wirksam werden zu lassen, das heißt, Freiheit und Wettbewerb zu sichern" (*Fehl* 1988a, S. 164). Hier soll mit „kluger" Ordnungspolitik eine evolutionär effiziente Politik umschrieben werden, deren Kriterien im Kapitel 4.5. diskutiert werden.

[77]   Vgl. *Kerber* (1992, S. 188 f.). Vgl. zum Konzept der Pfadabhängigkeit auch *Schreiter* (1993, S. 116-124).

[78]   *Schreiters* Überlegung, daß die Evolution der inneren Institutionen unter Berücksichtigung der Wirkung äußerer Institutionen *u. U.* pfadabhängig verläuft, kann demnach eindeutig, ohne die Einschränkung, formuliert werden und muß auch auf die Evolution der äußeren Institutionen ausgedehnt werden (vgl. *Schreiter* 1993, S. 339 f., Fn. 23).

Problemlösungsaktivitäten der Mitglieder einer Gesellschaft - insbesondere die Erwartungsbildung, die darauf basierende Plandurchführung sowie die sozialen Rückmeldungen - weisen gegenüber dem Verhalten der Mitglieder anderer Gesellschaften i.d.R. gewisse Ähnlichkeiten auf.

Letztendlich ergeben sich daraus je nach Volkswirtschaft spezifische Kapitalstrukturen. Die in der Vergangenheit gehegten Planhypothesen der Wirtschaftssubjekte werden durch die Struktur des heutigen Kapitalstocks verdeutlicht. Durch das Erfordernis der Berücksichtigung von Kapitalkompatibilitäten wird das volkswirtschaftliche Veränderungspotential eingegrenzt. Diese Begrenzungen begründen Pfadabhängigkeiten der wirtschaftlichen Entwicklung, die sich wiederum auf die Veränderung innerer Institutionen und indirekt auch auf die Evolution äußerer und neutraler Institutionen auswirken. Als Folge ist bei der intendierten Reform von Institutionen sowohl die kulturabhängige Vorgehensweise der Wirtschaftssubjekte bei der Problemlösung als auch die Begrenzung des volkswirtschaftlichen Veränderungspotentials aufgrund gegebener Kapitalkomplementaritäten zu beachten, um die Kohärenz der Institutionenstruktur nicht zu gefährden.

Bevor jedoch die Analyse intendierter institutioneller Reformen, die nicht dem Vorwurf der Anmaßung von Wissen ausgesetzt sind, im Kapitel 5 geleistet wird, ist die österreichische Theorie der Evolution von Institutionen noch durch *Hayeks* Theorie der spontanen Ordnung zu vervollständigen.

4.3. *Hayeks* Theorie der spontanen Ordnung

Hayek greift die Frage nach der Möglichkeit einer sich selbst regulierenden spontanen Ordnung, die sich die schottische Moralphilosophie schon gestellt hatte, wieder auf. Seine Untersuchung über die Arten der Ordnung ist eingebettet in eine umfassende Theorie kultureller Evolution.[79]

Für die Frage, in welchen gesellschaftlichen Bereichen politisch geschaffene Ordnungen und in welchen spontane Ordnungen unter Freiheits- und Effizienzgesichtspunkten wünschenswert sind, müssen zunächst die Unterscheidungsmerkmale beider Ordnungsarten herausgearbeitet werden. Zuvor muß jedoch noch darauf hingewiesen werden, daß *Hayeks* Begriff der Ordnung nicht mit dem Begriff der Institution zu verwechseln ist. Nach *Hayek* stellen Ordnungen entweder das intendierte Ergebnis geplanter Aktivitäten dar (Organisationen oder geplante Gesellschaftsentwürfe) oder sind die Konsequenz eines Prozesses unintendierter Ergebnisse intentionalen Handelns der Wirtschaftssubjekte (spontane Ordnungen).[80] Beide Arten der Ordnung basieren auf Regeln, d.h. Institu-

---

[79] Erst wenn für die Entstehung von Ordnungen und ihre Selbstreplikation eine befriedigende Erklärung gefunden wird, sind z.B. Aussagen über die Evolution von Währungsordnungen sinnvoll, wie sie im nächsten Hauptkapitel analysiert werden.

[80] Vgl. *Böhm* (1994b, S. 298), *Fehl* (1994, S. 197), *Hayek* (1980a, S. 59). *Hayek* definiert: „Mit 'Ordnung' werden wir durchwegs einen *Sachverhalt* beschreiben, *in dem eine Vielzahl von Elementen verschiedener Arten in solcher Beziehung zueinander stehen, daß wir aus unserer Bekanntschaft mit einem räumlichen und zeitlichen Teil des Ganzen lernen können, richtige Erwartungen bezüglich des Restes zu bilden, oder doch zumindest Erwartungen, die sich sehr wahrscheinlich als richtig erweisen werden*" (*Hayek* 1980a, S.

tionen. Damit unterscheidet *Hayek* explizit zwischen Institutionen bzw. der Evolution von Institutionen und der dadurch begründeten Entstehung von Ordnungen. In diesem Sinne ist auch seine Formulierung von der „Zwillingsidee von Evolution und spontaner Ordnung" zu verstehen (*Hayek* 1969e, S. 156; *Hayek* 1981, S. 215).[81]

Neben dem Unterscheidungsmerkmal der Entstehungsart werden im folgenden die weiteren von *Hayek* verwendeten Merkmale zur Differenzierung von Ordnungen diskutiert.

4.3.1. Arten der Ordnung und ihre Evolution

Hayek diskutiert drei Primärmerkmale, mit deren Hilfe intendiert geschaffene Ordnungen (taxis) von gewachsenen Ordnungen (kosmos) unterschieden werden können. Die intendiert geschaffenen Ordnungen zeichnen sich durch einen mäßigen Komplexitätsgrad aus und sind außerdem für einen bestimmten Zweck entworfen worden. Spontane Ordnungen entstehen dagegen durch das Handeln der Menschen, ohne jedoch das intendierte Ergebnis ihrer Planung zu sein. Dadurch kann ein wesentlich höherer Komplexitätsgrad erreicht werden als im Fall der Ordnung als Resultat der Überlegungen eines menschlichen Geistes. Demnach dient eine komplexe, abstrakte Ordnung auch nicht einem einzigen Zweck. Insgesamt sind damit als Primärmerkmale zur Unterscheidung von Ordnungen die *Entstehungsweise*, der *Komplexitätsgrad* sowie die *Anzahl der verfolgten Zwecke* zu nennen.[82] Dagegen ist die Art der Regel, welche die jeweilige Ordnung begründet, *nicht* als Unterscheidungsmerkmal geeignet.[83]

Die Analyse geschaffener Ordnungen ist nach Hayek vergleichsweise unproblematisch, da es hierbei lediglich darauf ankomme, das Zusammenspiel der Interessen und Ziele derjenigen Individuen zu berücksichtigen, die am Ordnungsbildungsprozeß beteiligt sind. Der (ursprüngliche) Zweck der geschaffenen Ordnung läßt sich aus den Zielen ihrer Begründer ableiten (vgl. *Hayek* 1980a, S. 60; *Kley* 1992, S. 14).[84] Dies können sowohl Organisationen als auch Gesellschaftsentwürfe bzw. Ordnungsreformen sein, die einem bestimmten Zweck dienen. Dabei besteht die Untersuchung des Koordinationsproblems in der Analyse der konkreten Regeln (Befehle, Bestimmungen; thesis) in geschaffenen

---

[81]   57 (Hervorhebungen im Original)).
    Die sich aus den Verhaltensregelmäßigkeiten der Individuen ergebende spontane Ordnung oder auch Handelnsordnung wird als das Ergebnis eines Evolutionsprozesses angesehen. Spontane Ordnungen stellen abstrakte, d.h. nicht konkrete Ordnungen, oder auch komplexe bzw. polyzentrische Ordnungen dar.

[82]   Vgl. *Hayek* (1980a, S. 60 f.), *Hayek* (1969a, S. 34 f.), *Arnold* (1980, S. 343), *Cubeddu* (1993, S. 94). Nach *Kley* können als weitere Merkmale der Unterscheidung noch die divergierenden Koordinationsmechanismen der beiden Ordnungsarten sowie die unterschiedliche Problematik der Erklärung (auf die *Hayek* wiederholt hinweist) herangezogen werden (vgl. *Kley* 1992, S. 16-18).

[83]   Spontane Ordnungen beruhen zwar auf abstrakten Regeln (nomos), geschaffene Ordnungen beruhen dagegen sowohl auf konkreten (thesis) als auch auf abstrakten Regeln (vgl. *Hayek* 1969g, S. 211-213).

[84]   Als wichtige Organisationsbeispiele nennt *Hayek* die Familie, die Firma, die Aktiengesellschaft, Verbände und alle öffentlichen Einrichtungen einschließlich der Regierung (vgl. *Hayek* Bd. 1, S. 70). Vgl. auch *Langlois* (1992, S. 176 f.), *Vanberg* (1981, S. 13).

Ordnungen bzw., im Falle größerer geschaffener Organisationen oder auch Reformvorhaben, ihr Zusammenspiel mit den dann auch hier notwendig werdenden abstrakten
Regeln (nomoi). Letztere gelten für eine unbestimmte Zahl zukünftiger Fälle, zum anderen sind sie negativ formuliert.[85]

Es mag überraschen, daß *Hayek*, der die Erklärung der Entwicklung spontaner Ordnungen für die Sozialwissenschaften als vorherrschende Aufgabe ansieht, zugesteht, daß
intendiert geschaffene Ordnungen (taxis) wichtig für die Evolution von Gesellschaften
waren und sind, denn „... viele Errungenschaften der Menschheit beruhen auf diesem
Verfahren" (*Hayek* 1969a, S. 34). Wie bereits dargelegt, knüpft diese Hypothese jedoch
an die Tradition *Mengers* an und ist auch mit den Vorstellungen *Lachmanns* vereinbar.

Trotzdem favorisiert *Hayek* die Evolution spontaner Ordnungen. Diese sind als unintendierte Ergebnisse intentionalen Handelns[86] aufgrund des „natürlichen Ausschei-
dungsprozesses" der ihnen zugrunde liegenden abstrakten Regeln, d.h., des trial-and-
error Prozesses, der sich im „passing the test of time" ausdrückt, effizient und
wünschenswert (*Hayek* 1988, S. 75).[87] In die abstrakten Verhaltensregeln, die sich im
Evolutionsprozeß durchgesetzt haben, ist mehr kritisch getestetes Wissen eingegangen,
als dies bei der intendierten Schaffung von Ordnungen jemals der Fall sein kann. Auch
wenn eine Organisation als Beispiel einer geschaffenen Ordnung neben den konkreten
Regeln auf abstrakten Regeln beruht, ist ihr potentieller Komplexitätsgrad gegenüber
einer spontanen Ordnung immer begrenzt. *Hayek* betont: „Je komplexer eine Ordnung
ist, die wir anstreben, desto mehr sind wir für ihre Herstellung auf spontane Kräfte
angewiesen" (*Hayek* 1969a, S. 33). Diese Aussage ist die logische Konsequenz seiner
erkenntnistheoretischen Annahme, daß der menschlichen Erkenntnisfähigkeit Grenzen
gesetzt sind. Das Planungsvermögen der Menschen ist auf die Schaffung von Ordnungen
mit einem geringen Komplexitätsgrad beschränkt (vgl. *Hayek* 1980a, S. 61, 63 f.;
Bouillon 1991, S. 21 f.).

In Übereinstimmung mit *Menger* und den schottischen Moralphilosophen ordnet
Hayek als evolutionär entstandene Institutionen die Regeln der Sprache, der Moral, des
Rechts, der Schrift und auch des Geldes als Begründer der dadurch entstandenen spontanen, komplexen Ordnungen ein. Hier ist das von *Menger* lokalisierte Grundphänomen
der Sozialwissenschaften angesprochen. Durch das Handeln der Menschen, nicht jedoch
durch ihren Entwurf, können unter bestimmten Umständen - die noch zu klären sein

---

[85]   Vgl. *Hayek* (1969g, S. 211 f.), *Hayek* (1991, S. 180), *Blankart* und *Stoetzer* (1991, S. 167).

[86]   Wie bereits betont, setzt *Hayek* die Tradition der schottischen Moralphilosophie, die von *Menger* aufgegriffen wurde, fort (vgl. *Cubeddu* 1993, S. 81; *Hayek* 1988, S. 69 f.; *Lei-pold* 1996, S. 101; *Streissler* 1993, S. 14 und *Langlois* 1986b, S. 236). Letzterer weist auf die nicht nur in diesem Punkt enge Verknüpfung der Forschungsprogramme *Hayeks* und *Poppers* hin. Vgl. dazu auch *Popper* (1969, S. 125) und *Popper* (1970, S. 122).

[87]   *Hayek* zufolge „... gründet sich die evolutionistische Auffassung auf die Einsicht, daß das Ergebnis des Experimentierens vieler Generationen mehr Erfahrung verkörpern kann, als der einzelne Mensch besitzt" (*Hayek* 1991 S. 78). Vgl. auch *Arnold* (1980, S. 341), *Schmidt* und *Moser* (1992, S. 192), *Vaughn* (1994b, S. 230). Siehe außerdem *Vanberg* (1981, S. 24), der hier von der „... Aufspeicherung von Erfahrungen in allmählich gewach-senen Institutionen" spricht.

werden - unintendierte, spontane Ordnungen entstehen (vgl. *Hayek* 1977, S. 19; *Shear-mur* 1994, S. 198).[88]

Wichtig erscheint es, den Planungsaspekt der Ordnungsschaffung deutlich herauszu-stellen. Beide Arten der Ordnung sind das Ergebnis menschlicher Planung. Der konstitu-tive Unterschied zwischen intendiert geschaffenen und evolutionär gewachsenen Ord-nungen besteht deshalb auch nicht im Element der Planung, sondern in der Qualität ihrer Anwendung. Geschaffene Ordnungen stellen das Ergebnis einer zielorientierten Planung dar. Dagegen sind spontane Ordnungen zwar auch das Ergebnis menschlichen Handelns und Planens, aber „die Intentionen sind nicht auf das dann unbeabsichtigt entstehende System gerichtet" (*Bouillon* 1991, S. 25).[89]

In diesem Zusammenhang ist - im Vorgriff auf die Diskussion des Kapitels 4.5. - der Hinweis auf die Konstruktivismus-Kritik *Hayeks* angebracht. *Hayek* wendet sich gegen die Vorstellung, daß gesellschaftliche Institutionen durch Interventionen vernunftbegab-ter Menschen geschaffen werden könnten. Konstruktivistische Illusionen schlagen auf-grund der Komplexität der zu schaffenden Ordnungen fehl (vgl. *Hayek* 1981, S. 220; *Prisching* 1989, S. 55). Die Idee des konstruktivistischen Rationalismus bezieht sich dabei auf die Vorstellung, alle oder zumindest viele der existierenden Institutionen einer Gesellschaft aufgrund des Modells eines rationalen Gesellschaftsentwurfs zu ersetzen.[90]

---

[88] Nach *Hayek* ist „... ein Großteil dessen, was wir Kultur nennen, eine solche spontan ge-wachsene Ordnung, die weder völlig unabhängig von menschlichem Handeln entstand, noch planmäßig geschaffen wurde ..." (*Hayek* 1969a, S. 36). *Hayek* wendet sich ausdrück-lich gegen die „unglückliche" Dichotomie der griechischen Antike in natürliche (gewachsene) und künstliche (vom Menschen geschaffene) Ordnungen. In seinen Werken argumentiert er immer wieder, daß es eine gesonderte dritte Klasse von Phänomenen gibt, welche die eigentliche Erklärungsaufgabe für die Sozialwissenschaften darstelle und die „von *Adam Ferguson* beschrieben wurde als 'das Ergebnis menschlicher Handlung, aber nicht menschlichen Entwurfs'" (*Hayek* 1980a, S. 37 und *Hayek* 1969c, S. 97 f.). Vgl. dazu auch *Böhm* (1994b, S. 297 f.), *Cubeddu* (1993, S. 94 f.), *Popper* (1992a, S. 77 f.).

[89] *Böhm* weist auf die Möglichkeit hin, daß aus konstruierten Regeln als unintendiertes Er-gebnis spontane Ordnungen entstehen können (vgl. *Böhm* 1994b, S. 299). Diese These ist vollkommen vereinbar mit der Überlegung *Mengers*, daß die Evolution von Institutionen i.d.R. einen kombinierten Prozeß von evolutionärer und intendierter Entwicklung darstellt. Bezüglich der Unterscheidung der Ordnungen anhand der Hierarchie der Planung besteht außerdem eine fundamentale Gemeinsamkeit zur Ordnungstheorie *Eucken*scher und *Hen-sel*scher Prägung (vgl. *Schüller* 1987, S. 79).

[90] „Rationalismus in diesem engen Sinn ist die Doktrin, die unterstellt, daß alle Institutionen, in deren Genuß die Menschheit steht, in der Vergangenheit erfunden worden sind und in der Zukunft erfunden werden sollten im klaren Wissen um die wünschenswerten Wirkungen, die sie hervorbringen" (*Hayek* 1969b, S. 79). Vgl. auch *Blankart* und *Stoetzer* (1991, S. 168), *Vaughn* (1994b, S. 234). In diesem Zusammenhang bietet es sich an, kurz auf die Unterschiede zwischen dem Ansatz von *Hayek* und dem von *Buchanan* - einem der wich-tigsten Vertreter der Constitutional Economics - einzugehen. Nach *Buchanans* eigener Aussage bestehen nämlich in genau diesem Punkt - und nicht bezüglich der Berücksichti-gung menschlicher Subjektivität in der Theorie - die größten Differenzen zwischen seiner Auffassung und der von *Hayek* (vgl. *Buchanan* 1992, S. 134 f.; *Leipold* 1987, S. 125). Bezüglich des „institutionellen Möglichkeitsraumes" - der sich nach *Buchanan* aus dem menschlichen Verhalten im Rahmen gegebener abstrakter Regeln ergibt - vertraut er im Gegensatz zu *Hayek* der intendierten Änderung institutioneller Strukturen, solange nicht institutionelle Reformen versucht werden, die implizit voraussetzen, „... daß die Menschen

Dagegen ist *Hayek* der Meinung, daß im Prozeß der evolutionären Entstehung von Institutionen mehr nicht-zentralisierbares Wissen in diese Institutionen geflossen ist, als vernunftbegabte rationale Planer jemals im Rahmen intendierter institutioneller Reformen nutzen können. Aus diesen Gründen ist das konstruktivistische Bemühen, komplexe Ordnungen mittels der intendierten Setzung von Institutionen zu entwickeln, abzulehnen.[91]

Bisher wurden bereits einige Aspekte des Zusammenhangs zwischen Regeln und Ordnungen diskutiert. Im folgenden soll dieser jedoch systematisch untersucht werden, damit im nächsten Schritt *Hayeks* Theorie der Regelselektion diskutiert werden kann.

Regeln begründen Ordnungen. Nach *Hayek* stellen Regeln die bestimmenden Ordnungskräfte dar. Es „sind die Regeln, die das Verhalten der Elemente beherrschen, aus denen die Ordnungen gebildet sind" (*Hayek* 1969a, S. 37). Die Elemente, d.h. in menschlichen Gesellschaften die Individuen, bestimmen jedoch die Art der Entwicklung. Weist ihr Handeln aufgrund des institutionellen Rahmens eine gewisse Regelmäßigkeit auf, resultiert daraus eine Handelnsordnung (vgl. *Hayek* 1980a, S. 62, 66).[92] Dabei muß weder die Wirkung der Institutionen den einzelnen Individuen vollständig bekannt sein, noch ist es notwendig, daß die Regelgerichtetheit ihres Verhaltens das gewollte Ergebnis ihrer überlegten Planung ist. Nicht das Wissen führt zur Ordnungsentstehung, sondern die Regelmäßigkeit des Verhaltens der Gesellschaftsmitglieder, d.h. die Gewohnheit (vgl. *Hayek* 1969a, S. 38 f., 45; *Machlup* 1977, S. 60).[93] Institutionen beinhalten in diesem Sinne nicht-zentralisierbares Wissen.[94]

In seinem Aufsatz „Arten der Ordnung" diskutiert *Hayek*, welche Arten von Regeln

---

[91] sich ganz anders verhalten werden, als es jenen Mustern entspricht, die sich aus der unbewußten Befolgung der kulturell geformten abstrakten Regeln ergeben" (*Buchanan* 1981, S. 47 f.).
Vgl. *Hayek* (1988, passim, insbesondere S. 75-77), *Hayek* (1991, S. 4), *Baird* (1989, S. 226), *Leipold* (1996, S. 101-103), *Machlup* (1977, S. 38), *Vanberg* (1981, S. 12 f.). Siehe außerdem *Hayek* (1981, S. 222): „*Wir haben unser Wirtschaftssystem nicht entworfen, dazu waren wir nicht intelligent genug*" (im Original alles hervorgehoben).

[92] *Hayek* nennt hier als eine bedeutende ordnungsstiftende Regelmäßigkeit des Handelns der Wirtschaftssubjekte in entwickelten Industriegesellschaften die Notwendigkeit, arbeiten zu müssen, um ein Einkommen zu erzielen. Dies führt dazu, daß „sie in der Regel einen größeren Ertrag ihrer Bemühungen einem kleineren vorziehen" (*Hayek* 1980a, S. 68).

[93] Charakterisierend für *Hayeks* Einschätzung menschlichen Verhaltens ist eine Äußerung in *Hayek* (1969a, S. 38), wo es heißt: „Der Mensch befolgt die meisten Regeln, nach denen er handelt, ohne sie zu kennen." Siehe auch *Langlois* (1992, S. 176): „As in *Hayek's* theory of culture, the routines are often tacit and skill-like, followed unconsciously because they produced success in the past." Ebenso wie *Menger* betont *Hayek* damit die Bedeutung der Gewohnheit für die Evolution von Institutionen.

[94] Trotzdem führt jedoch nicht jede Regel bei entsprechendem Verhalten zu einer Ordnung. *Hayek* erklärt dies mit dem Entropiegesetz. Der zweite Hauptsatz der Thermodynamik stellt nämlich das physikalische Beispiel für eine Situation dar, in der die Einhaltung der Verhaltensregeln der Elemente zu einem Zustand der Unordnung anstatt zu einer Ordnung führt (vgl. *Hayek* 1969f, S. 172; *Hayek* 1980a, S. 67). Ebenso begründen Regeln, die eine Regelmäßigkeit von Verhalten verhindern, Unordnung anstatt Ordnung. Vgl. auch den Ansatz von *Georgescu-Roegen*, der seine evolutorische Analyse auf dem Gedanken des Entropiegesetzes aufbaut (vgl. *Georgescu-Roegen* 1971).

den Ordnungsarten zuzuordnen sind. Er ordnet zunächst konkrete Regeln (thesis) den Organisationen und abstrakte Regeln (nomos) den spontanen Ordnungen zu, wobei letztere u.a. durch ihre Komplexität gekennzeichnet sind. Diese einfache Unterteilung führt jedoch zu erheblicher Erklärungskonfusion, wenn auch die Organisation komplex ist. Damit komplexe Organisationen funktionieren, bedarf es nämlich, wie *Hayek* selbst betont, auch abstrakter Regeln:

> „Daß auch dort, wo es sich um eine Organisation und nicht um eine spontane Ordnung handelt, der Organisator die Mitglieder der Organisation großenteils durch Regeln und nicht durch spezielle Befehle lenken muß, ergibt sich aus dem grundlegenden Problem, das jede komplexe Ordnung aufwirft: nämlich, daß die Individuen, die in der Organisation zusammenarbeiten, von Wissen Gebrauch machen sollen, das der Organisator nicht besitzen kann" (*Hayek* 1969a, S. 41).[95]

Da der Komplexitätsgrad jedoch eines der wichtigsten Merkmale zur Unterscheidung zwischen intendiert geschaffenen und spontanen Ordnungen darstellt, kann *Hayeks* Hinweis, daß komplexe Organisationen auch abstrakte Regeln benötigen, u.U. mißverstanden werden. Die eindeutige Einteilung und Charakterisierung der Ordnungsarten kann nicht endgültig über die „Regelzuteilung" vorgenommen werden.

Indes bestehen insgesamt zwei wichtige Unterschiede zwischen den Regeln komplexer Organisationen und und denen spontaner Ordnungen. Wie bereits analysiert worden ist, muß die Einordnung der komplexen Organisation in das Schema der Arten der Ordnung auf der Seite der geschaffenen Ordnungen stattfinden. Selbst eine sehr große Organisation - oder auch ein umfassender Gesellschaftsentwurf -, die auf einer Vielzahl abstrakter Regeln basiert, kann niemals den Komplexitätsgrad einer spontanen Ordnung erreichen. Der Grund dafür liegt in der Ordnungsentstehung. Komplexe, nicht zweckgebundene spontane Ordnungen können sich lediglich dann bilden, wenn Menschen abstrakte Regeln befolgen. Organisationen sind dagegen - zumindest im Rahmen ihrer ursprünglichen Entstehung - das Ergebnis eines bestimmten Plans bzw. Zwecks. Diese Komplexitätszuordnung ergibt sich in erster Linie aus der erkenntnistheoretischen Annahme Hayeks, daß der menschliche Geist lediglich eine begrenzte Erkenntnisfähigkeit besitzt und sein Planungsvermögen nicht ausreicht, um mittels der Setzung von Regeln so komplexe spontane Ordnungen zu entwerfen wie die Ordnung der Sprache, die Ordnung des Marktes oder aber die Geldordnung.[96]

Ein weiterer, mit der Problematik der Entstehung von Ordnungen eng verbundener Unterschied der Arten der Ordnung besteht darin, daß in großen Organisationen die abstrakten Regeln lediglich eine notwendige Ergänzung zu den konkreten Anordnungen darstellen, um ein bestimmtes Ziel(bündel) zu erreichen. Sie füllen die offen gelassenen Lücken, um das verfügbare Wissen sowie die Fähigkeiten der Organisationsmitglieder im Hinblick auf das Organisationsziel(bündel) besser zu koordinieren.[97] Die Existenz konkreter Regeln ist dagegen die notwendige Voraussetzung für die Funktionsfähigkeit von

---

[95]   Die in der Literatur teilweise anzutreffende Unterscheidung der Arten der Ordnung nach dem Regelkriterium ist demnach, wie bereits angedeutet, nicht korrekt.

[96]   Vgl. *Hayek* (1980a, S. 23 f.), *Bouillon* (1991, S. 21), *Watrin* (1992, S. 208), *Witt* (1989, S. 141).

[97]   Vgl. *Hayek* (1969g, S. 212 f.), *Hayek* (1980a, S. 72 f.), *Vanberg* (1981, S. 19).

Organisationen. Auch in großen, komplexen Organisationen gilt somit das Primat der direkten Anweisungen.

Nun wird auch die unterschiedliche Wirkung abstrakter Regeln in den jeweiligen Arten der Ordnung deutlich. In intendiert geschaffenen Ordnungen werden abstrakte Regeln angewendet, um die zur Koordination der Wissens- und Arbeitsteilung nicht mehr ausreichenden konkreten Regeln zu ergänzen. Sie werden in der Organisation implementiert, um den Organisationszweck zu erfüllen. In spontanen Ordnungen dienen die abstrakten Regeln dagegen nicht nur einem Zweck, sondern haben die Aufgabe, unzählige individuelle Pläne in verschiedenen, sich ständig wandelnden Situationen zu koordinieren.[98] Dies ist auch der Grund, warum *Hayek* die spontane Ordnung mit Verweis auf *Polanyi* u.a. polyzentrische Ordnung nennt (vgl. *Hayek* 1969e, S. 151).

Die folgende Abbildung dient der Verdeutlichung des Gesagten.[99]

Abb. 4.1.: Arten der Ordnung, unterteilt nach Entstehungsweise, Komplexitätsgrad, Zweck und Regelsystem

	Organisation mit konkreten Regeln	*Große Organisation, die auch auf abstrakten Regeln basiert*	*Spontane Ordnung, die auf der unintendierten Evolution abstrakter Regeln beruht*

Komplexi-
tätsgrad   einfach ———————————→ hoch

Anzahl der
Ziel(bündel) ein Ziel(bündel) ——————————→ viele Ziele der
Gesellschaftsmitglieder

Entstehung intendiert ———————————→ unintendiert

4.3.2. Die Theorie der Regelselektion

Nach der Klärung der Merkmale zur Unterscheidung der Arten der Ordnung und des

---

[98] Organisationsregeln „... müssen im Lichte der Zwecke interpretiert werden, die durch die Befehle bestimmt sind. Ohne die Zuweisung einer Funktion und die Bestimmung der zu befolgenden Zwecke durch besondere Befehle würde die bloße abstrakte Regel nicht hinreichen, um jedem Individuum zu sagen, was es tun muß." Und: „Im Gegensatz dazu müssen die Regeln, die eine spontane Ordnung lenken, unabhängig von einem Zweck sein" (*Hayek* 1980a, S. 73).

[99] Die in der Literatur vereinzelt anzutreffende Verwirrung über die Unterscheidungskriterien der Ordnungsarten sollte damit entwirrt sein. Vgl. beispielsweise *Kley* (1992, S. 18 f.), der außerdem eine unhaltbare, weil unzutreffende Kritik an *Haykes* Theorie der spontanen Ordnung übt (vgl. *Kley* 1992, S. 19-32).

Zusammenhangs zwischen Regeln und Ordnung ist es nun möglich, *Hayeks* Theorie der Regelselektion zu analysieren. Diese bildet einen elementaren Bestandteil der *Hayek*schen Theorie der Institutionen und muß deshalb noch berücksichtigt werden, um die österreichische Theorie der Evolution von Institutionen zu vervollständigen.

Nach *Hayek* werden kulturelle Regeln in erster Linie durch Imitation übertragen. Individuen imitieren bewußt und unbewußt das erfolgreiche, regelgeleitete Handeln anderer Individuen, ohne daß der Zusammenhang zwischen der Regelbefolgung und dem Erfolg der Handlung jederzeit erkannt werden müßte. „Kuitur" stellt nach *Hayek* eine Tradition erlernter Verhaltensregeln dar, deren Funktionen von den planenden und handelnden Individuen nicht verstanden werden müssen und oft auch nicht werden.[100]

Nun besteht aber ein inneres Spannungsverhältnis zwischen dem für die Ordnungsentstehung notwendigen Verhalten der Mehrheit der Gruppenmitglieder und dem für den Entwicklungsprozeß kultureller Regeln unerläßlichen „innovativen" Verhalten einzelner Gruppenmitglieder. Das innovative Gruppenmitglied riskiert wegen seines abweichenden Verhaltens, durch Ausschluß aus der Gruppe „bestraft" zu werden. Ist sein neues Vorgehen jedoch erfolgreicher als das traditionelle, ist es möglich, daß die übrigen Gruppenmitglieder sein Verhalten imitieren und als neue Regel etablieren.[101]

Die Parallelen zur ökonomischen Innovationstheorie, wie sie seit *Schumpeter* weiterentwickelt worden ist, sind in *Hayeks* Analyse des Einfließens neuer Regeln in den gegebenen institutionellen Rahmen nicht zu übersehen. Abweichendes Regelverhalten erscheint als „Prozeß der schöpferischen Zerstörung", als kultureller Lernprozeß.

Der Prozeß der Regelevolution, wie ihn *Hayek* beschreibt, ist darüber hinaus mit *Lachmanns* Innovationstheorie der Evolution von Institutionen ohne Probleme vereinbar. Der Prozeß ist sowohl bei *Hayek* als auch bei *Lachmann* gekennzeichnet durch Innovation und Imitation. Innovative Gruppenmitglieder verfolgen nutzen- bzw. gewinnorientiert neue Pläne. Wenn sich im Zeitablauf, der durch den Wettbewerb der unterschiedlichen Verhaltensweisen charakterisiert ist, herausstellt, daß das kreative Verhalten erfolgreicher ist als das traditionelle, bestehen auch für die übrigen Gruppenmitglieder Anreize, die überlegene Strategie des innovativen Gruppenmitglieds zu imitieren. Dabei entstehen innerhalb der Gruppe Spannungen, die dazu führen können, daß sich das überlegene, innovative Verhalten gegenüber dem traditionellen nicht durchsetzt.[102] Aus dem

---

[100] Vgl. *Hayek* (1969e, S. 145), *Hayek* (1980a, S. 66), *Hayek* (1981, S. 211), *Hodgson* (1991, S. 68).

[101] Vgl. *Hayek* (1969e, S. 157 f.), wo er auf den beeinflussenden Faktor der Gruppenhierarchie aufmerksam macht. Die Chance dafür, daß erfolgreiches innovatives Verhalten imitiert wird, hängt nicht nur von dem Verhalten an sich ab, sondern auch von der Stellung des Innovators innerhalb der Gruppe. Vgl. auch *Hayek* (1981, S. 225), *Vanberg* (1984, S. 90-92).

[102] In stationären Gesellschaften dominiert das traditionelle Verhalten. Insbesondere für „primitive" Gesellschaften, die aufgrund von Umweltbedingungen und Produktionstechniken wenig Spielraum besitzen, um neue Überlebensmodelle auszuprobieren, sind Institutionen rational, die innovatives Verhalten der Gesellschaftsmitglieder zu verhindern suchen. „Rule-following makes sense when the consequences of deviations can be disastrous for one's group" (*Vaughn* 1994b, S. 232). Meines Erachtens besteht eine inverse Beziehung zwischen der Innovationskraft einer Gesellschaft und der Wirkung des

Phänomen der „res extensa", daß die Mittel knapp sind und dem Phänomen der „res cogitans", daß die Informationsverarbeitungskapazität der Menschen begrenzt ist, ergibt sich, daß gerade die Furcht vor neuen Ideen und Verhaltensweisen im Menschen angelegt ist.[103] Demnach haben auch die widerstrebenden Kräfte gegenüber kreativem Handeln einen Sinn. Zu schneller Wandel kann die kognitiven Fähigkeiten der Menschen überfordern.[104] Werden die widerstrebenden Kräfte jedoch überwunden, wird das ursprünglich innovative Verhalten im Laufe der Zeit zu traditionellem Verhalten. Es bilden sich neue „Regeln des Verhaltens" (vgl. *Horwitz* 1994b, S. 282 f.; *Vaughn* 1994b, S. 230).[105] Zur „Produktion" von Regeln sind demnach - wie bereits im Rahmen der Analyse der Innovationstheorie der Evolution von Institutionen von *Lachmann* herausgearbeitet - sowohl Innovatoren wie auch Imitatoren notwendig.

Aus diesem Grund ist nach Hayek gewachsenes „Recht" effizienter als „gesetzliche Regelungen". Im wettbewerblichen trial-and-error Prozeß haben sich als unintendiertes Ergebnis intentionalen Verhaltens lediglich die Regeln durchgesetzt, die sich aus der Sicht der Wirtschaftssubjekte als überlegen herausgestellt haben. Der „Test der Zeit" führt dazu, daß die Evolution des Rechts effiziente Ergebnisse hervorruft.[106] Das nicht-wissenschaftliche Wissen über die Nutzung der kulturell beeinflußten Umstände von Ort und Zeit fließt im Laufe des Evolutionsprozesses in die Regeln ein. Gewachsene Regeln beinhalten dementsprechend nicht-zentralisierbares Wissen.[107] Im Gegensatz dazu ist es

---

[103]   institutionellen Rahmens. Je geringer (größer) die Innovationskraft, desto stärker (weniger) wird das Verhalten der Wirtschaftssubjekte durch den existierenden Regelrahmen angeglichen.
Sie ist begründet durch die Angst vor der Orientierungslosigkeit, die im Angesicht einer feindlichen Natur den Tod bedeuten kann (vgl. *Hayek* 1969e, S. 159 f.).

[104]   In diesem Sinne besteht ein ständiger Wettstreit zwischen den beiden anthropologischen Konstanten menschlichen Handelns, auf die im Rahmen der vorliegenden Arbeit abgestellt wird. Die Fähigkeit zur Kreativität und die Furcht vor Veränderungen sind wahrscheinlich sogar in jedem Menschen angelegt, jedoch unterschiedlich ausgeprägt. Auf die gesellschaftliche Ebene bezogen, verändern sich Gesellschaften unterschiedlich, je nachdem welche Konstante in dem betrachteten Zeitraum gesellschaftlich überwiegt. In diesem Sinne ist auch die Wirkung des institutionellen Rahmens zu beurteilen. Institutionen, welche die Angst vor Veränderungen vermindern und kreatives Verhalten der Wirtschaftssubjekte ermöglichen, können einen Zustand evolutionärer Effizienz begründen. Vgl. dazu das Kapitel 4.5.

[105]   *Kirzner* unterscheidet evolutionäre Prozesse der Institutionenentstehung von marktlichen spontanen Ordnungen. Der institutionelle Rahmen begründet die Funktionsfähigkeit marktlicher Koordinationsprozesse. Spontane ökonomische Prozesse sind „nicht-moralisch", d.h., gewinnorientierte, eigeninteressierte Individuen produzieren und tauschen auf Märkten ohne die Notwendigkeit moralischer, ethischer oder anderer Übereinstimmungen der Ansichten lediglich unter Einhaltung von kodifizierten Regeln. Im Gegensatz dazu stellen nicht-kodifizierte Regeln das Ergebnis von gemeinsamen ethischen Überzeugungen dar. Im evolutionären Prozeß entstandene Institutionen sind das Ergebnis gemeinsamer Moralvorstellungen, kulturell geprägter subjektiver Problemlösungsmodelle und Erwartungen über das Verhalten der übrigen Gesellschaftsmitglieder (vgl. *Kirzner* 1994a, S. 106 f.).

[106]   Vgl. *Arnold* (1980, S. 346), *Dietl* (1993, S. 52), *Vaughn* (1994b, S. 231).

[107]   Darin kann natürlich auch ein gewisser Nachteil von gewachsenen Regeln bestehen. Sobald sich die Situation, in der sie entstanden sind, grundlegend ändert, können Spannungen in der Struktur der Institutionen auftreten. Diesem Problem sind jedoch auch intendiert geschaffene Institutionen ausgesetzt, sobald nicht-antizipierte Veränderungen auftreten. Dies

durchaus möglich, daß in intendiert geschaffene Institutionen wissenschaftliches Wissen eingeht - und sei es das wissenschaftliche Wissen über den Nutzen und die legislative Bestätigung gewachsener Regeln, die den „Test der Zeit" überstanden haben. Damit ist die unintendierte Evolution von Institutionen nicht nur durch die Menge an Wissen, sondern auch die Art des Wissens, das in die Regel einfließt, von der intendierten Institutionenschaffung zu unterscheiden. Damit sind zugleich aber auch Chance und Risiko intendierter Reformen des institutionellen Rahmens spezifiziert.

Der bisherige historische Prozeß der wettbewerblichen Evolution von Regeln hat nach *Hayek* darüber hinaus dazu geführt, daß sich wichtige Regeln und Grundsätze zur Konstituierung einer „großen Gesellschaft" bzw. in *Poppers* Worten einer „offenen Gesellschaft" herausgebildet haben, die es zu nutzen gilt. Zu gewährleisten ist die individuelle Freiheit der Gesellschaftsmitglieder durch generelle Regeln des „Rechts" („rule of law") und Wettbewerb im Sinne des freien Marktzutritts und -austritts, wobei die Existenz dieser drei Elemente einer „großen Gesellschaft" durch die Akzeptanz eines gemeinsamen Moralkodexes garantiert werden muß. Insgesamt zeichnet sich eine „große Gesellschaft" damit durch die Chancengleichheit und Freiheit ihrer Gesellschaftsmitglieder aus.[108]

Insgesamt ist die kulturelle Evolution als wettbewerblicher Prozeß zu verstehen. Der evolutionäre Wettbewerb führt - unter bestimmten Voraussetzungen - systematisch zum Überleben erfolgreichen Verhaltens (vgl. *Hayek* 1991, passim, S. 34, 69). *Hayek* läuft mit seiner Argumentation jedoch immer Gefahr, tautologisch zu argumentieren und in einen wissenschaftlich unangebrachten „*Pangloss*ismus" zu verfallen.[109] Wird lediglich der Mechanismus des Wettbewerbs bezüglich der im Evolutionsprozeß stattfindenden Ausschaltung weniger bewährter Institutionen betrachtet, ergibt sich immer die Gefahr, die existierende Welt als die beste aller möglichen Welten ansehen zu müssen. Die Regeln, welche effizienter sind als die anderen, haben sich im Evolutionsprozeß durchgesetzt. Und: Weil sie sich durchgesetzt haben, sind sie effizienter. Tautologie oder *Pangloss'* beste Welt - die Ergebnisse der Analyse sind gleichermaßen unbefriedigend. Das Problem ergibt sich jedoch nur, wenn die Pfadabhängigkeit evolutionärer Prozesse nicht berücksichtigt wird.[110] Das gemeinsame kulturelle Erbe führt in Gesellschaften dazu, daß sich in diesem Kulturkreis die Erfahrungen der Menschen ähneln und damit auch die subjektiven Modelle, mit denen sie versuchen, ihre Umwelt zu erklären und

---

verdeutlicht erneut, daß neben der Stabilität auch die Flexibilität des institutionellen Rahmens eine elementare Bedeutung für die Funktionsfähigkeit einer volkswirtschaftlichen Ordnung besitzt.

[108]   Vgl. *Hayek* (1991, S. 40, 78-84), *Arnold* (1980, S. 346-351), *Böhm* (1983, S. 153) und *Rothbard* (1980, S. 47-50), der sich hier kritisch zu *Hayeks* Definition der individuellen Freiheit und des Zwangs in der „Verfassung der Freiheit" äußert. *Heuß* verteidigt *Hayek* allerdings gegen die Kritik von *Rothbard* (vgl. *Heuß* 1981, S. 112-114).

[109]   Bereits im Kapitel über *Adam Smiths* Theorie der Institutionen wurde nachgewiesen, daß *Hayek* diesen Denkfehler zwar nicht begeht, teilweise jedoch Interpretationsspielraum in dieser Richtung beläßt (vgl. auch *O'Driscoll* und *Rizzo* 1985, S. 40).

[110]   *Leipold* meint dazu: „Obwohl der Begriff der Pfadabhängigkeit bei *Hayek* nicht auftaucht, basiert die Erklärung der sozialen Evolution implizit auf diesem Gedanken" (*Leipold* 1996, S. 101).

neue Problemlösungsmöglichkeiten zu suchen. Darüber hinaus betont *Kerber*, daß sich der Regelrahmen zu jedem Zeitpunkt der gesellschaftlichen Entwicklung dadurch auszeichne, daß einige Aktionsparameter verboten sind, während der Gebrauch anderer erwünscht ist und schließlich eine dritte Gruppe von (innovativen) Aktionsparametern noch keine gesetzliche Regelung erfahren hat. Dadurch beeinflußt der Regelrahmen den Wirtschaftsprozeß als offenen, historischen und irreversiblen Prozeß (vgl. *Kerber* 1992, S. 188-192 sowie Kapitel 4.5.3.).

Wenn nun aber Pfadabhängigkeiten die Entwicklung der gesellschaftsspezifischen formalen Gesetze und der informellen Regeln des Verhaltens beeinflussen, ist es nicht mehr sinnvoll, das Ergebnis von Evolutionsprozessen als das beste aller möglichen Ergebnisse zu interpretieren. Weder bezüglich des eingeschlagenen Pfades - hier besteht jederzeit die Gefahr einer institutionellen Evolutionsblockade -, noch bezüglich alternativ wahrgenommener Pfade ist gesichert, daß aus dem Evolutionsprozeß langfristig immer effizientere Ergebnisse resultieren. Die Möglichkeit institutionellen Reformbedarfs ist nicht auszuschließen.

Auch in dieser Hinsicht ist eine Verbindung der Institutionentheorien *Lachmanns* und *Hayeks* produktiv. *Lachmanns* Unterscheidung zwischen den Ebenen der Institutionen bildet die Basis für die Analyse von Pfadabhängigkeiten. Stabile äußere Institutionen einer Gesellschaft stellen den Rahmen dar für die Evolution innerer Institutionen. Obwohl die äußeren Regeln - hier könnte eine weitere Differenzierung zwischen der Verfassungsebene, der Gesetzesebene und der Ebene der nicht-kodifizierten gesellschaftlichen Normen vorgenommen werden - selbst dem (pfadabhängigen) Wandel unterliegen, beeinflussen sie nachhaltig die Evolution der inneren Institutionen. Der Möglichkeitsraum für die Veränderung der inneren Institutionen ist eingegrenzt. Die Entwicklung verläuft pfadabhängig. Wie *Lachmann* herausgearbeitet hat, unterliegen jedoch auch die äußeren Institutionen der horizontalen und der vertikalen Kohärenzproblematik. Obwohl diese nicht marktkonform sein müssen - dies ist ja das Unterscheidungsmerkmal zu den inneren Institutionen -, bestehen Interdependenzen zwischen den Institutionenebenen, die dazu führen, daß die Evolution der äußeren Institutionen auch von der Entwicklung der inneren Institutionen beeinflußt wird. Letztere werden darüber hinaus wiederum von der Entwicklung der Märkte beeinflußt. Aufgrund der größeren Stabilität der äußeren Institutionen bestimmen diese jedoch wesentlich, wenn eben auch nicht alleine, die Richtung des Evolutionsprozesses.

Der evolutionäre trial-and-error Prozeß kann unter Berücksichtigung des Phänomens der Pfadabhängigkeit im Vergleich gesellschaftlicher Entwicklungen zu unterschiedlich effizienten Ergebnissen führen. Zu jedem Zeitpunkt der Entwicklung stellt sich deshalb die Frage nach sinnvollen institutionellen Reformen, die dazu dienen können, „bessere" Pfade einzuschlagen oder aber den eingeschlagenen Weg zu „verbessern". Dabei besteht jedoch auch immer die Gefahr der Anmaßung von Wissen und die Möglichkeit der „Produktion" institutioneller Evolutionsblockaden.[111] Das Menschenbild des *homo discens* ist jedenfalls sowohl für die intendierte Schaffung von Institutionen als auch für

---

[111]   Im Rahmen des Kapitels über die Möglichkeit politischer Reformen wird die Konstruktivismusgefahr anhand der Erkenntnisse *Poppers* und *Hayeks* systematisch untersucht.

die unintendierte Entstehung von Institutionen maßgebend. Aufgrund des Phänomens, daß Menschen nicht alle ihre Hypothesen an der Realität gleichermaßen scheitern lassen und durch neue, leistungsfähige Hypothesen ersetzen, werden entsprechend dem gewählten Hypothesenkern sowie der positiven Heuristik subjektiv rationale Lernanstrengungen in eine vorgegebene Richtung durchgeführt. Erst infolge dauerhaft negativer Rückmeldungen wird das „Weltbild", das aus den Hypothesen des Kerns und der positiven Heuristik besteht, einer kritischen Prüfung unterzogen. Das Menschenbild des *homo discens* erklärt auf individueller Ebene, warum es zu Pfadabhängigkeiten in den individuellen Lernanstrengungen kommen kann. Werden gleichzeitig kulturelle Gemeinsamkeiten in den Problemlösungsaktivitäten der Menschen ausgemacht, können mit diesem Ansatz auch Pfadabhängigkeiten auf der Marktebene sowie den Institutionenebenen erklärt werden. Ergeben sich solche Pfadabhängigkeiten, besteht immer die Gefahr, daß sowohl die unintendierten Ergebnisse der spontanen Bildung von Institutionen wie auch die Ergebnisse intendierter Institutionenreformen zu institutionellen Evolutionsblockaden führen.[112]

Des weiteren wird *Hayek* verschiedentlich vorgeworfen, daß seine Theorie der Regelselektion eine inkonsistente Mischung aus methodologischem Individualismus und einer kollektivistischen Komponente darstelle. Demnach würde *Hayeks* gesamte Theorie der kulturellen Evolution eine methodologisch inkonsistente Theorie verkörpern.[113] Diesen Vorwurf gilt es im folgenden zu prüfen.

Die individualistische Seite der Theorie der Regelselektion drückt sich im Wettbewerb zwischen den Individuen um die erfolgreiche Befriedigung ihrer Bedürfnisse aus, der langfristig dazu führt, daß sich ihre Anstrengungen - bewußt oder unbewußt - darauf richten, neue, erfolgreiche Regeln zu entdecken oder das Verhalten anderer, erfolgreicher Konkurrenten zu imitieren. Es besteht kein Zweifel, daß dieser Teil der Theorie der Regelselektion auf dem methodologischen Individualismus basiert. Eine kollektivistische Komponente in der Argumentation *Hayeks* vermuten *Vanberg* u.a. dagegen in seiner Analyse der Bedingungen für den Erfolg von Gruppen.[114] Im wettbewerblichen Evolutionsprozeß werden nicht die Individuen selbst, sondern die Regeln der Gruppen selektiert. Annahme ist, daß sich im Wettbewerb der Regelsysteme zwischen den Gruppen im Evolutionsprozeß die leistungsfähigeren Regeln durchsetzen. Die Gruppen, welche die entsprechenden Regeln befolgen, setzen sich gegenüber anderen Gruppen durch. Regelselektion erfolgt demnach durch Gruppenselektion. Ausschlaggebend für den Gruppenerfolg sind nicht die von den Individuen wahrgenommenen Vorteile der Verhaltensregeln an sich, sondern die relative Effizienz der Handelnsordnung. Als Kriterium für den Gruppenerfolg wird u.a. der Gruppenzuwachs genannt. Dieses Kriterium sowie die Annahme,

---

[112]   Diese Problematik wird systematisch im Kapitel 4.5.4. über die Möglichkeit nicht-konstruktivistischer institutioneller Reformen analysiert.

[113]   Vgl. *Hodgson* (1991, S. 68 f., 78 f.), *Shearmur* (1986, S. 220), *Vanberg* (1984, S. 92-94), *Vanberg* (1994, S. 26-28). *Hodgsons* Kritik ist auf seine verfehlte Definition des methodologischen Individualismus zurückzuführen.

[114]   *Vanberg* ist beispielsweise der Meinung, daß „*Hayek* kulturelle Evolution als einen Prozeß beschreibt, der eher am Gruppenerfolg als an individueller Vorteilhaftigkeit orientiert ist" (*Vanberg* 1994, S. 23).

daß der Vorteil der Gruppe durch die Einhaltung der Verhaltensregeln mit dem Vorteil für jedes einzelne Gruppenmitglied gleichzusetzen ist, gilt als Nachweis für die kollektivistische Komponente in *Hayeks* Theorie der Regelselektion (vgl. *Vanberg* 1984, S. 100-109).[115]

Das Kriterium des Gruppenwachstums ist aufgrund der damit verbundenen Probleme als primäres Kriterium abzulehnen.[116] Als primäres Erfolgskriterium kann vielmehr der Zuwachs an Komplexität der Regelstruktur dienen, der die Überlebensfähigkeit der Gruppenmitglieder in sich wandelnden Umweltsituationen verbessert - und allenfalls als mittelbare Folge Gruppenwachstum hervorruft.[117] Das in die Zukunft gerichtete Komplexitätskriterium ist darüber hinaus leistungsfähiger als das Niveau des Wohlstands einer Gruppe, das in der Literatur verschiedentlich als Alternativkriterium genannt wird (vgl. beispielsweise *Bouillon* 1991, S. 45).[118] Im evolutionären Prozeß werden sich demnach die Regelsysteme durchsetzen, welche die Überlebensfähigkeit der Gruppenmitglieder verbessern - immer unter Berücksichtigung der Gefahr von institutionellen Evolutionsblockaden sowie des Phänomens der pfadabhängigen Entwicklung der Evolution von Institutionen. Ob damit gleichzeitig auch Gruppenwachstum einhergeht, hängt vom Inhalt der Regeln selbst ab - in erster Linie von der Möglichkeit zur Zuwanderung. Für die Gruppenmitglieder der Gruppe mit einem inferioren Regelsystem bestehen jedoch immer mindestens zwei Entscheidungsalternativen. Wenn sie sich wegen Zuwanderungsbeschränkungen der Gruppe mit der überlegenen Regelstruktur dieser nicht anschließen können, ist es immer noch möglich, die überlegenen Regeln zu imitieren oder neue, bessere Regeln zu entwickeln. Dieser Zusammenhang kann mit der bereits analysierten

---

[115] *Hayek* spricht davon, daß „... es den Gruppen, die danach (an den traditionellen Regeln orientiert; Anmerkung des Verfassers) handelten, besser als den anderen ging, und sie deshalb wuchsen" (*Hayek* 1981, S. 218). Vgl. auch *Bouillon* (1991, S. 41 f., 44), *Langlois* und *Everett* (1994, S. 15 f.), *Witt* (1989, S. 144, 146). *Schmidt* und *Moser* äußern sich vorsichtiger und sprechen von einer Unklarheit über das Kriterium, mit dem die Überlegenheit von Regeln überprüft werden kann (vgl. *Schmidt* und *Moser* 1992, S. 196).

[116] Aus empirischer Sicht sprechen sowohl die Probleme der Bevölkerungsexplosion für ein menschenwürdiges Dasein, als auch die Umweltproblematik sowie die Entwicklungsproblematik für Volkswirtschaften mit hohen Bevölkerungszuwachsraten gegen die Verwendung dieses Kriteriums. Aber auch aus analytischer Sicht ist es ohne ergänzende Annahmen, wie z.B. die Freiheit zur Emigration sowie zur Immigration abzulehnen.

[117] „Dabei setzten sich [im Evolutionsprozeß] solche Regelsysteme durch, welche einer Gruppe die Anpassung an unvorhersehbare Umstände besser ermöglichen als anderen Gruppen" (*Streit* 1992, S. 20), der damit zwar nur auf die adaptive Effizienz abstellt, aber auf *Hayek* selbst verweist: „*It is not the present number of lives that evolution will tend to maximise but the prospective stream of future lives*" (*Hayek* 1988, S. 132 (im Original alles hervorgehoben)). Hiermit wird jedoch eher deutlich, daß der späte *Hayek* extrem evolutionsoptimistisch argumentiert, als daß das Kriterium des Gruppenzuwachses durch das der Komplexitätserhöhung ersetzt wird.

[118] Auch *Hayek* spricht u.a. davon: „The extended order depends on this morality in the sense that it came into being through the fact that those groups following its underlying rules increased in numbers and in wealth relative to other groups" (*Hayek* 1988, S. 70). Wohlstand als Indikator für den Gruppenerfolg ist zu statisch und vergangenheitsbezogen. Als Ergebnis erfolgreicher Handlungen in vergangenen Situationen fehlt die Perspektive der möglichen Überlebensfähigkeit in zukünftigen, ungewissen, sich ändernden Umwelt- und Gruppensituationen.

Innovationstheorie der Institutionenevolution von *Lachmann* verdeutlicht werden. Dort wird die Entstehung von Regeln als interdependenter Prozeß innovativen und imitativen Verhaltens der Wirtschaftssubjekte analysiert. Die Initiative zur unintendierten Regelentwicklung geht dabei von innovativen Individuen aus, die im Austauschprozeß nach Gewinnen streben bzw. ihre Bedürfnisse befriedigen wollen. Kommen diese nun mit Wirtschaftssubjekten des überlegenen Kulturkreises in Kontakt, kann es vorkommen, daß sie von diesen lernen und der Prozeß der Institutionenentstehung in der von Lachmann beschriebenen Weise auch in der Gruppe mit dem zunächst noch inferioren Regelsystem in Gang kommt. Woher die Idee für das innovative Verhalten kommt, also im Fall des Wettbewerbs der Regelsysteme von außen, ist dabei irrelevant. Damit wird im Sinne des methodologischen Individualismus deutlich, daß die Frage, ob Gruppen mit einer inferioren Regelstruktur verdrängt werden, in erster Linie immer noch von den Menschen selbst abhängt und allenfalls in zweiter Linie von der relativen Effizienz des institutionellen Rahmens, der ihre Handlungen lediglich beeinflußt.[119] Der Gruppenerfolg hängt demnach letztendlich von den Entscheidungen der einzelnen Gruppenmitglieder bezüglich der Regelnutzung ab (vgl. *Rizzo* 1992b, S. 250, wo er das Beispiel der Technikadoption diskutiert).

Außerdem ergibt sich die ebenfalls von *Vanberg* angesprochene, vermeintlich kollektivistische Annahme des Nutzens der Verhaltensregeln für alle Individuen einer Gruppe aus der Berücksichtigung der immanenten Unsicherheit, welche die zielorientierten Handlungen der Wirtschaftssubjekte im Ungleichgewicht erschwert. Konsequent berücksichtigt Hayek hier den handlungsermöglichenden Aspekt von Institutionen, der sich im Rahmen evolutionärer Prozesse durch die Reduktion von Ungewißheit für alle Gruppenmitglieder ergibt.[120] Darin eine kollektivistische Komponente zu sehen, hieße u.a. die Zwillingsidee von Evolution und spontaner Ordnung nicht wahrzunehmen, die auf die Entstehung von spontanen Ordnungen als unintendiertem Ergebnis intentionalen Handelns auf individueller Ebene abstellt.

Insgesamt wird deutlich, daß sich aus der Verbindung der Ansätze *Mengers*, *Lachmanns* und *Hayeks* eine konsistente österreichische Institutionentheorie ergibt. Ihre Untersuchungen zur Evolution von Institutionen und zur damit inhärent verbundenen Problematik der Kohärenz der Institutionenordnung sind über *Hayeks* Theorie der Regelselektion miteinander verbunden (vgl. auch *Langlois* 1994a, S. 32). Der Prozeß der unintendierten Evolution von Institutionen wird systematisch auf die intentionalen Handlungen der Gruppenmitglieder zurückgeführt. *Lachmanns* Innovationstheorie der Evolution von Institutionen füllt *Hayeks* Theorie der Regelselektion in einem kritischen Punkt aus. Der Prozeß der Entstehung von Regeln innerhalb einer Gruppe, den *Hayek* lediglich andeutet,[121] wird von *Lachmann* systematisch erklärt. Allein die Intention ihrer For-

---

[119] Deutlich sollte auch geworden sein, daß diese Theorie ihrem Anspruch gemäß nur friedliche Prozesse des Wettbewerbs zwischen Regelsystemen durch die Handlungen von Wirtschaftssubjekten erklären kann. Kriegerische Auseinandersetzungen zwischen Gruppen werden nicht analysiert.

[120] Vgl. *Hayek* (1969f, S. 171), *Hayek* (1975, S. 9), *Schmidt* und *Moser* (1992, S. 194).

[121] Vgl. *Hayek* (1991, S. 189), *Leipold* (1996, S. 103 f.), *Streissler* (1993, S. 57). *Schmidt* und *Moser* sind gar der Meinung, daß *Hayek* nicht thematisiere, wie die Regeln innerhalb

schung ist jeweils eine etwas andere. *Lachmann* interessiert die Problematik der Kohärenz in der Institutionenstruktur, die durch den von ihm und *Menger* beschriebenen Wandel von Institutionen ständig gefährdet ist. *Hayek* untersucht in erster Linie den Wettbewerb der Regelsysteme, aber auch die Probleme, die sich für ein innovatives Gruppenmitglied bei der Einführung neuer Verhaltensweisen ergeben (vgl. *Hayek* 1991, S. 46). Während *Menger* zunächst den Schwerpunkt der Analyse auf der „Nachfrageseite" setzt, richtet *Lachmann* sein Augenmerk verstärkt auf die „Angebotsseite" des Evolutionsprozesses. Die Entwicklung und Ausscheidung von Regeln führt schließlich zur von *Hayek* beschriebenen Bildung von Ordnungen.

Die österreichische Theorie der Evolution von Institutionen - wie sie von *Menger*, *Lachmann* und *Hayek* begründet wird - wählt die Perspektive des handelnden Menschen zum methodischen Ausgangspunkt für die Erklärung des Wandels von Regeln und die Entstehung von Ordnungen. Institutionen verändern sich nicht primär aufgrund des exogenen Wandels der Umwelt, sondern aufgrund des menschlichen Verhaltens, insbesondere aber des Lernverhaltens.[122] Im Sinne des methodologischen Individualismus wird der Wandel von Institutionen endogen aus den Lernprozessen der Individuen erklärt.

Zusammenfassend sind folgende Elemente konstitutiv für eine österreichische Theorie der Evolution von Institutionen:

- Das im letzten Kapitel entworfene Menschenbild des *homo discens*.
- Die evolutionäre Entstehung von Institutionen ist charakterisiert als das Hervorbringen unintendierter Ergebnisse intentionalen - nämlich innovativen und anpassenden bzw. gewohnheitsmäßigen - Handelns.
- Innovatives Verhalten auf der Marktebene und die damit verbundene Evolution von Institutionen rufen das Problem der Kohärenz der Institutionenstruktur hervor.
- Pfadabhängigkeiten und institutionelle Evolutionsblockaden können aufgrund
  - des Phänomens der kulturabhängigen Problemlösungsvorgehensweise der Gesellschaftsmitglieder im Sinne von *Lakatos*,
  - der Hierarchie der Institutionen sowie
  - der spezifischen Struktur des heterogenen Kapitalstocks, die vergangene Investitionsentscheidungen repräsentiert und aufgrund existierender Kapitalkompatibilitäten das volkswirtschaftliche Veränderungspotential eingrenzt,
  entstehen.
- Reformen sind aufgrund von Pfadabhängigkeiten bei der Entwicklung von Institutionen und des Problems der institutionellen Kohärenz häufig notwendig.

---

einer Gruppe entstehen (vgl. *Schmidt* und *Moser* 1992, S. 195). Wie oben bereits gezeigt, geht diese Kritik jedoch zu weit. *Hayek* selbst nennt mit der Anerkennung von Privateigentum, des Wettbewerbs von Handwerkern und des Geldverleihens gegen Zins einige interessante historische Beispiele der Evolution neuer Verhaltensregeln als unintendiertes Ergebnis intentionalen Handelns (vgl. *Hayek* 1981, S. 219).

[122] Vgl. *Lachmann* (1973, S. 71), der diese These etwas abgeschwächt vertritt. Die Lernanstrengungen der Individuen können natürlich auch Reaktion auf den Wandel der Umwelt sein. Wie im Kapitel über die Theorie des Lernens ausgeführt, kann unter Lernen jedoch sowohl die passive Anpassung an geänderte Umstände als auch die aktive Suche nach neuen Handlungsmöglichkeiten verstanden werden.

- Eine umfassende Planung gesellschaftlicher Institutionen ist aufgrund des begrenzten Wissens und der mangelnden Zentralisierbarkeit der spezifischen Wissensbestände nicht möglich (Konstruktivismusgefahr).[123]
- Institutionen stellen das Ergebnis eines interdependenten Prozesses evolutionärer Institutionentwicklung sowie intendierter Weiterentwicklung dar.
- Institutionen stellen in einer Welt der Unsicherheit und des begrenzten Wissens ein notwendiges Mittel dar, damit erfolgreiches zweckrationales Handeln möglich ist. Sie beschränken demnach nicht nur die Handlungsmöglichkeiten der Individuen, sondern beinhalten im Ungleichgewicht auch einen handlungsermöglichenden Aspekt.

Diese kurze Übersicht über die konstitutiven Bestandteile der österreichischen Theorie der Evolution von Institutionen sollte für den nun folgenden Theorievergleich präsent bleiben. Ziel des nächsten Kapitels wird sein, die Unterschiede und Gemeinsamkeiten der prozeßorientierten Theorie der Institutionen der österreichischen Schule mit der gleichgewichtsorientierten Theorie des Wandels von Institutionen der Neoklassik, wie sie von *North* entwickelt worden ist, herauszuarbeiten. Insbesondere die Wirkung von Institutionen auf ökonomisches Verhalten sowie die vermuteten Quellen institutionellen Wandels werden kritisch miteinander verglichen.[124]

4.4. *Norths* New Institutional Economics - ein Theorievergleich

Die Beschränkung des Theorievergleichs auf *Norths* Theorie der Institutionen als *ein* Beispiel der (heterogenen) Neuen Institutionenökonomik[125] wird hier deshalb vorgenommen, weil zum einen im Rahmen des Theorievergleichs nicht auf die gesamte neoklassische Institutionentheorie eingegangen werden kann und zum anderen *North* einer der interessantesten Vertreter der NIE ist. Seine Theorie ist umfassend ausgearbeitet, historisch untermauert und mit der Formulierung eines umfassenden Menschenbilds abgesichert. Insbesondere die Weiterentwicklung der Vorstellungen *Norths* erscheint darüber hinaus für einen Theorievergleich geeignet.

Nach *North* stellen die gesellschaftlichen Institutionen den wesentlichen Bestimmungsfaktor für die langfristige Wirtschaftsleistung von Volkswirtschaften dar (vgl. *North* 1992, S. 127). Er diskutiert, warum Institutionen entstehen bzw. wie sie sich ändern. *Norths* Ausgangsthema ist die Einbindung der neoklassischen Wirtschaftstheorie in die Institutionentheorie, die den Rahmen für die Neoklassik bilden soll. Dies ist das Thema der „Theorie des institutionellen Wandels".

North definiert Institutionen im Sinne des Institutionenbegriffs der vorliegenden

---

[123]   Dies letzten beiden Punkte werden im Kapitel 4.5.4. noch ausführlich analysiert.

[124]   Interessant wäre darüber hinaus der Vergleich der österreichischen Institutionentheorie mit weiteren Ansätzen, wie z.B. dem amerikanischen Institutionalismus von *Veblen*, *Commons* u.a. Vgl. dazu beispielsweise *Boettke* (1989a; S. 73 ff.), *Caldwell* (1989, S. 91 ff.), *Coats* (1989, S. 101 ff.), *Fehl* und *Schreiter* (1996, S. 183 ff.), *Samuels* (1989, S. 53 ff.). Dieser Vergleich würde jedoch den Rahmen dieser Arbeit sprengen und muß deshalb weiteren Arbeiten vorbehalten bleiben.

[125]   Als Übersicht zu den Themengebieten der New Institutional Economics (NIE) eignen sich *Richter* und *Bindseil* (1995, S. 134), *Richter* (1994) und *Richter* (1996, S. 9-18).

Arbeit als kodifizierte und nicht-kodifizierte (Spiel-)Regeln einer Gesellschaft, die menschliche Interaktionen strukturieren.[126] Er nähert sich dem Thema der Entstehung von Institutionen aus der Perspektive des methodologischen Individualismus: „Institutions arise and evolve because of the interaction of individuals" (*North* 1986, S. 231 sowie *North* 1992, S. 6). Die Evolution von Institutionen basiert auf der zunehmenden Spezialisierung sowie der Arbeitsteilung in Gesellschaften. Sobald Menschen nicht mehr autark für ihre Bedürfnisse wirtschaften, sondern arbeitsteilig Produkte herstellen, werden Institutionen notwendig, um die wohlfahrtsfördernden Wirkungen des Tausches zu garantieren. In der Tradition von *Coase* hebt *North* für die weitere Analyse die Bedeutung von Transaktionskosten hervor, die in der traditionellen Neoklassik vernachlässigt wurden. Da im wirtschaftlichen Austausch zwischen Individuen Transaktionskosten entstehen, bedarf es Regeln und Institutionen, die als Regulatoren die Transaktionskosten für gesellschaftlich wünschenswerte Transaktionen verringern und für unerwünschte erhöhen.[127] In dem Maße, in dem Institutionen eine stabile Ordnung begründen und dadurch individuelle Ungewißheit vermindern, definieren und begrenzen sie gleichzeitig die Wahlbereiche der einzelnen Wirtschaftssubjekte (vgl. *North* 1992, S. 4, 6, 117 ff.; *Priddat* 1993, S. 607).[128]

North nennt in seinem Überblicks-Artikel zu „The New Institutional Economics" fünf Grundpfeiler seiner auf dem methodologischen Individualismus basierenden Institutionentheorie, die er in seiner weiteren Forschungsarbeit weiterentwickelt:[129]

1. Individuen maximieren ihren Nutzen unter der Restriktion hoher Informationskosten (diese sind nach *North* darüber hinaus der Schlüssel zum Verständnis der Struktur von Institutionen und Organisationen).

2. Transaktionskosten entstehen im wirtschaftlichen Austausch. Sie können zu Principal-Agent-Problemen führen.

3. Es existieren Kosten der Durchsetzung von Institutionen. Um erklären zu können, wie Institutionen entstehen, bedarf es einer Theorie des Staates, die die Rolle des Staates als „Durchsetzer von Institutionen" beinhaltet.

4. Die Theorie der Evolution von Institutionen hat die Beeinflussung der Verfügungsrechtsstrukturen von Gesellschaften durch den Wandel der Institutionen zum Gegenstand.

5. Es bedarf einer Präferenzen- und Ideologieberücksichtigung, da hierdurch das rele-

---

[126]   Vgl. *North* (1992, S. 3), *North* (1994a, S. 360), *North* (1995, S. 10). Organisationen sind keine Institutionen.

[127]   Die Transaktionskostenperspektive durchzieht das gesamte Werk *Norths*. Vgl. als Auswahl *North* (1986, S. 231), *North* (1989, S. 661 f.) und *North* (1992, S. 128). *North* definiert Transaktionskosten als Kosten der Spezifizierung des Tauschgegenstandes sowie der Durchsetzung der vereinbarten Bedingungen des jeweiligen Tausches (vgl. *North* 1994a, S. 361).

[128]   vgl. North, 1992, S. 4, 6, 117 ff.; Priddat, 1993, S. 607.

[129]   Die Weiterentwicklung *Norths* läßt sich von der „Theorie des institutionellen Wandels" und den in dieser Zeitperiode entstandenen Artikeln über sein nächstes Hauptwerk „Institutionen, institutioneller Wandel und Wirtschaftsleistung" sowie der sich darum gruppierenden Artikel bis hin zur Nobelpreisrede und den darin geäußerten Ansichten zu einem institutionell/kognitiven Ansatz verfolgen.

vante Handlungsfeld von Individuen und somit auch die Transaktionskosten mitbestimmt werden (vgl. *North* 1986, S. 231-233).

Im folgenden werden die Teilbereiche des institutionenökonomischen Werks von *North* unter besonderer Berücksichtigung seiner wissenschaftlichen Fortentwicklung analysiert.

4.4.1. *Norths* Theorie menschlichen Verhaltens

Die unter 1. genannte Verhaltensthese vom nutzenmaximierenden Individuum erfährt eine weitgehende Veränderung im Laufe der wissenschaftlichen Entwicklung *Norths*. In seinem zweiten großen Werk zur Theorie der Institutionen, „Institutionen, institutioneller Wandel und Wirtschaftsleistung", erkennt er die Komplexität menschlicher Motivationen sowie ihre Subjektivität an. Diese Subjektivität, verbunden mit der elementaren Unwissenheit, unter der die Individuen entscheiden müssen, führt dazu, daß das Verhalten der Gesellschaftsmitglieder immer nur eine unvollkommene Konvergenzneigung zeigt (vgl. *North* 1992, S. 21, 132). *North* bezeichnet hier schon seine Theorie der Institutionen nicht mehr nur als transaktionskostentheoretisch fundiert, sondern:

> „Meine Theorie der Institutionen ist aus einer Theorie menschlichen Verhaltens in Verbindung mit einer Transaktionskostentheorie hergeleitet" (*North* 1992, S. 32).[130]

Die Neoklassik geht dagegen von einem durch objektive Rationalität charakterisierten Menschenbild aus. Daß menschliches Verhalten in weiten Bereichen Rationalität widerspiegelt, wird dem Wettbewerb der individuellen Pläne in einer durch Knappheiten definierten realen Welt zugeschrieben. Nur diejenigen Akteure, bei denen die subjektive Rationalität mit den objektiven Gegebenheiten übereinstimmt oder ihnen nahekommt, werden erfolgreich sein und andere verdrängen. Der Konkurrenzdruck zwischen individuellen Wahlhandlungsmodellen ist somit konstitutiv für rationales Verhalten (vgl. *North* 1992, S. 24).[131]

Nach *North* ist das traditionelle Menschenbild des *homo oeconomicus* nicht ausreichend, um damit den Wandel von Institutionen erklären zu können. Er fordert die Entwicklung einer Theorie der Entscheidungsprozesse, die berücksichtigt, „... daß sowohl das Wissen wie die technischen Fähigkeiten des Entscheidungsträgers in gravierender Weise beschränkt sind" (*North* 1992, S. 28). Dazu greift *North* auf die Erkenntnisse der kognitiven Psychologie zurück. Subjektiv rational handelnde Menschen treffen danach ihre „... Entscheidungen in einer Art und Weise, die angesichts des verfügbaren Wissens und der gegebenen Berechnungsmöglichkeiten verfahrensmäßig rational ist" (*North* 1992, S. 28).

---

[130] Vervollständigt wird das Forschungsprogramm mit einer Produktionstheorie, in der die Transaktionskosten integriert sind.

[131] *North* äußert hier die Vermutung, daß Finanzmärkte aufgrund der hohen Reaktionsgeschwindigkeit und der hohen Informationsintensität eines der wenigen Anwendungsgebiete sind, bei denen die neoklassischen Verhaltensannahmen weitestgehend zutreffen. Gerade hier vermutet Lachmann dagegen die Subjektivität der Erwartungen als am stärksten ausgeprägt in ihrer Wirkung.

North rückt damit, ohne es selbst einzugestehen, in die Nähe des österreichischen Menschenbildes, das darauf abstellt, daß Menschen unter struktureller Unsicherheit mit ihrem begrenzten Wissen lediglich subjektiv rational handeln können.[132] Er verwendet damit ein anderes Menschenbild als das verwandter Autoren der New Institutional Economics, die zwar im Rahmen ihrer Principal-Agent-Modelle asymmetrische Informationen berücksichtigen, jedoch immer noch mit der objektiven Rationalität der Neoklassik argumentieren (vgl. *Elsner* 1987, S. 6; *Richter* und *Bindseil* 1995, S. 132).

Außerdem diskutiert *North* die Probleme, denen sich Menschen ausgesetzt sehen, wenn sie subjektiv rational handeln wollen. Aufgrund begrenzter Kapazitäten der Informationsverarbeitung und begrenzter Zeit müssen die Individuen, die lediglich mit unvollkommenen Informationen über die Marktdaten ausgestattet sind, unter Ungewißheit handeln. *North* weist hier vor allem auf die Probleme hin, die durch falsche Marktsignale (z.B. infolge von geldpolitisch verzerrten, nicht mehr den realen Knappheiten entsprechenden Marktpreisen), mangelhafte Informationsrückkopplung (und damit Unkenntnis besserer Handlungsalternativen) sowie sich nur bedingt wiederholender Entscheidungssituationen entstehen (vgl. *North* 1992, S. 29 f., 128).[133]

Insbesondere wendet sich *North* gegen das neoklassische Menschenbild des egoistischen Nutzenmaximierers. Unter Rückgriff auf dieses Modell kann nicht beantwortet werden, wie rein egoistisch handelnde Menschen in funktionierenden, stabilen Gesellschaften zusammenleben können. *North* setzt sich mit der Frage auseinander, warum Menschen gesellschaftliche Regeln einhalten, die sie doch zu ihrem eigenen Nutzen umgehen könnten (vgl. *North* 1988, S. 12). Zur Beantwortung dieser Frage bedarf es nach *North* einer Theorie der Ideologie. Menschen arbeiten mit normativen subjektiven Modellen über ihre Umwelt. Ohne die Verhaltensbeschränkungen infolge von moralischen und ethischen Verhaltensnormen ist eine funktionsfähige und stabile Gesellschaftsordnung nicht denkbar (vgl. *North* 1988, S. 18 f., 132; *Richter* 1996, S. 16).[134] Auch für die Erklärung des institutionellen Wandels ist die Berücksichtigung der Wirkung subjektiver Präferenzen auf der Basis eingehaltener Verhaltenskodizes, die das Menschenbild vom egoistischen, nutzenmaximierenden Gesellschaftsmitglied modifizieren, unerläßlich. *North* entwickelt eine Theorie, welche die Wechselwirkung zwischen

---

[132] *North* fragt: „Was ist die Mindestmenge an Wissen, die ein Akteur in einem gegebenen Milieu über die Vorstellungen und Wünsche anderer Akteure benötigt, um über deren Verhalten sich zusammenhängende Vorstellungen machen und dieses Wissen Dritten vermitteln zu können?" (*North* 1992, S. 18). Explizit verweist *North* lediglich auf die Idee der begrenzten Rationalität von *Simon* (vgl. *North* 1995, S. 7).

[133] „Die Institutionen haben den Zweck, die Unsicherheiten menschlicher Interaktion zu vermindern. Diese Unsicherheiten ergeben sich als Folge sowohl der Komplexität der zu lösenden Probleme wie der Problemlösungs-Software (um einen Ausdruck aus der Computersprache zu verwenden), über die der einzelne verfügt" (*North* 1992, S. 30). In diesem Zusammenhang weist *North* sogleich darauf hin, daß diese Feststellung keinesfalls automatisch bedeutet, daß Institutionen *ex ante* effizient sind.

[134] Dies haben freilich vor ihm bereits *A. Smith, Müller-Armack* sowie die Vertreter der deutschen Ordnungstheorie erkannt und auch sprachlich unmißverständlich, ohne Verwendung des Begriffs der „Ideologie", ausgedrückt.

212

subjektiven Präferenzen und institutionellen Rahmenbedingungen beinhaltet.[135]

Neben der Konzentration *Norths* auf die Transaktionskostentheorie verwendet er zudem die Spieltheorie als Analyseinstrument für die Frage der Kooperation. Es geht um die Frage, unter welchen Bedingungen Akteure freiwillig die Strategie der Kooperation wählen. Die Spieltheorie geht dabei von wohlfahrtsmaximierendem Verhalten der Akteure aus. Zusammenfassend nennt *North* folgende Tatbestände, die Kooperation wahrscheinlich werden lassen bzw. bei deren Fehlen es tendenziell nicht zu Kooperation kommen wird: a) Spielwiederholung, b) Besitz der vollständigen Informationen über die bisherigen Spielergebnisse der anderen Spieler und c) eine kleine Anzahl von Spielern (vgl. *North* 1992, S. 14 f.). Mit Hilfe ihres Instrumentariums untersuchen Spieltheoretiker, wie Normen entstehen und das Verhalten der Individuen beeinflussen.[136] So entdeckte etwa *Axelrod* die berühmte „tit-for-tat"-Strategie. In einem Spiel mit Wiederholungen - diese Annahme ist elementar für das Spiel - lautet die Gewinnstrategie, Gleiches mit Gleichem zu vergelten. Kooperation wird mit Kooperation „belohnt" bzw. Nicht-Kooperation ebenso „bestraft". Insgesamt hat sich die „tit-for-tat"-Strategie in Versuchen anderen Strategien als überlegen herausgestellt.[137]

Die Spieltheorie besitzt jedoch auch Schwächen. Eines der grundlegenden Probleme betrifft die Wissensannahmen, mit denen hier gearbeitet wird. In neoklassischer Tradition wird den Akteuren ein unrealistisch hoher Wissensbestand zugeschrieben, der erst im Gleichgewicht vorhanden sein kann. Sowohl die eigenen als auch die Präferenzen der anderen Individuen und die daraus abgeleiteten Strategien werden annahmegemäß (zumindest im stochastischen Sinne) als bekannt vorausgesetzt (vgl. *North* 1992, S. 17 f., 68; *Dietl* 1993, S. 83).

Diese Wissensannahmen sind aber auch notwendig, um wohlfahrtsmaximierendes Verhalten der Wirtschaftssubjekte ableiten zu können. Wenn das relevante Wissen in trial-and-error-Prozessen erst erworben werden müßte, wäre es nicht mehr möglich, menschliches Verhalten als Optimierungshandeln zu charakterisieren. Da die Spieltheorie in diesem entscheidenden Punkt nicht über die traditionelle, gleichgewichtige Neoklassik hinausgeht, muß sie sich auch die an der Neoklassik geübte Kritik bezüglich der verwendeten Wissens- und Verhaltensannahmen gefallen lassen. Die Spieltheorie bleibt im Kern dem Gleichgewichtsansatz verhaftet und ist deshalb auch nicht für die Prozeßtheorie verwendbar. Menschen verhalten sich in komplexen, evolutionären Umwelten nicht als „Optimierungsautomaten", sondern versuchen, im Prozeß des Lernens kreativ neue Handlungsalternativen zu erschließen. Zumindest solange das Wissen über sich in der

---

[135] „Ideen, organisierte Weltanschauungen und sogar übertriebener Glaubenseifer spielen eine wesentliche Rolle in der Ausgestaltung von Gesellschaften und Wirtschaften" (*North* 1992, S. 52).

[136] Siehe *Herrmann-Pillath* (1996, S. 124), wo er gar die Hypothese äußert, daß Institutionen „... Verhalten langfristig stabil determinieren." Wie jedoch bereits diskutiert worden ist, beeinflussen Institutionen allenfalls das Handeln der Individuen. Aufgrund der Möglichkeit kreativer, innovativer Handlungen - die *Herrmann-Pillath* ebenfalls betont -, sind Institutionen nicht in der Lage, menschliches Verhalten zu determinieren.

[137] Vgl. *North* (1992, S. 16 f.), *Dietl* (1993, S. 82), *Langlois* (1992, S. 173), *Langlois* und *Everett* (1994, S. 23-26).

historischen Zeit nicht genau wiederholende, irreversible und offene ökonomische Prozesse nicht zum Optimieren ausreicht, bestehen größere individuelle Gewinn- und Nutzenzuwachsmöglichkeiten im Rahmen der Suche nach neuen Handlungsmöglichkeiten.

4.4.2. Die transaktionskostentheoretische Fundierung der Theorie der Institutionen

Die Transaktionskostenperspektive durchzieht das gesamte Werk *Norths*. Sie bildet die Basis sowohl für den gedanklichen Ausgangspunkt der Kritik an der in manchen Bereichen mangelhaften Erklärungskraft der Neoklassik als auch für die späteren verhaltenstheoretischen und lernprozeßorientierten Betrachtungen.

Der entscheidende Aspekt der Transaktionskostentheorie ist nach *North* die systematische Berücksichtigung nicht-kostenloser Informationen. Messungs-, Erfüllungs-, Kontroll- wie auch Suchkosten erschweren ökonomisch rationales Handeln der Marktteilnehmer. Sie sind der Grund dafür, daß in entwickelten, komplexen Gesellschaften soziale, politische und ökonomische Regeln unabdingbar sind (vgl. *Richter* 1990, S. 75 f.). *North* berücksichtigt die Transaktionskosten systematisch als Teil der gesamten Produktionskosten (vgl. *North* 1992, S. 33).[138] Institutionen bestimmen nach *North*, wie kostspielig die Durchführung des Tausches ist. Immer wieder weist er darauf hin, daß Institutionen sowohl Transaktionskosten senken als auch erhöhen können (vgl. *North* 1989, S. 662; *North* 1992, S. 74 ff.).[139] Da politische Märkte i.d.R. unvollkommener sind als ökonomische Märkte, sind „... Institutionen überall ein Gemisch aus solchen, die die Kosten senken, und solchen, die sie erhöhen" (*North* 1992, S. 77),[140] wobei die Annahme hoher Transaktionskosten auf politischen Märkten mit der asymmetrischen Verteilung spezifischer und kostspieliger Informationen begründet wird (vgl. *North* 1992, S. 128, 165; *Richter* 1994, S. 56 f.). Es stellt sich dann natürlich die Frage, wie die relative Effizienz institutioneller Rahmenbedingungen festgestellt werden kann. *North* ist sich des mangelhaften Wissens für eine exakte Aussage in diesem Bereich sehr wohl bewußt und beschränkt seine Argumentation auf folgende Hypothese: „Das Niveau der Kapitalmarktzinsen ist vielleicht der augenscheinlichste quantitative Ausdruck der Effizienz der institutionellen Rahmenbedingungen" (*North* 1992, S. 83).

Der Unterschied zwischen ökonomischen und politischen Märkten besteht nach *North* zumindest in der unvollkommeneren Rückmeldung an die politisch Handelnden durch

---

[138] Er nähert sich in diesem Punkt *Kirzners* Kostentheorie an, der zwar alle Kosten als Verkaufskosten bezeichnet, jedoch einverstanden ist, den Begriff der Produktionskosten zu verwenden. Ihm kommt es dabei auf die Subjektivität der Kosten und damit auf die Unmöglichkeit ihrer Unterteilung in Produktions- und Verkaufskosten an (vgl. *Kirzner* 1978a, S. 116 f.).

[139] In diesem Punkt geht er über die traditionelle Transaktionskostentheorie hinaus, die alternative institutionelle Arrangements lediglich bezüglich ihrer Fähigkeit, Transaktionskosten zu senken, untersucht (vgl. beispielsweise *Picot* und *Dietl* 1990, S. 178 ff.; *Schmidtchen* 1989, S. 163). Damit nähert sich *North* aber bereits der österreichischen Theorie der Institutionen an, insbesondere der Theorie der institutionellen Kohärenz von *Lachmann*.

[140] In diesem Zusammenhang schneidet *North* auch die Problematik der teilweise mangelhaften Entwicklungsfähigkeit von Entwicklungsländern immer wieder an (vgl. u.a. *North* 1992, S. 71, 81, 83 f.).

Wahlen (voice), in der Komplexität der politischen Sachverhalte sowie in dem weniger effektiven Wettbewerb auf politischen Märkten (exit).[141] Dies hat natürlich Auswirkungen auf die Effizienz ökonomischer Märkte: „It is the polity that defines and enforces property rights, and in consequence it is not surprising that efficient economic markets are so exceptional" (*North* 1994a, S. 361).

Zur Analyse des institutionellen Wandels greift North auf Principal-Agent-Modelle zurück, die nicht nur die Wahrnehmung der Interessen des Principals (in Demokratien der Wählerschaft) durch den Agenten (Regierung, Gesetzgebung, Verwaltung) mit den damit verbundenen Kontrollproblemen untersuchen. Vielmehr betont er, daß die Nutzenfunktionen der Agenten, d.h. die Weltanschauungen der Vertreter von Exekutive, Judikative und Legislative, Einfluß auf den institutionellen Wandel haben. In *Norths* Wortwahl wird die Bedeutung der Ideologie für ökonomische Prozesse deutlich (vgl. *North* 1992, S. 26 f., Fn. 7 auf S. 28). Da die Überwachung der Agenten für den Principal mit Transaktionskosten verbunden ist, wird sie - selbst wenn es technisch möglich ist - nicht bis zur Vollkommenheit betrieben. Es verbleiben dem Agenten also immer Handlungsspielräume, die er aufgrund eigener Interessen potentiell auch nutzt. Dadurch erhalten Institutionen, die opportunistisches Verhalten der Agenten verhindern sollen, ihre Bedeutung (vgl. *North* 1992, S. 38-42, 65).[142]

Im Vergleich zur Sozial- und Institutionentheorie von *Adam Smith* wird jedoch deutlich, daß *North* die Kontrollen des Verhaltens der Wirtschaftssubjekte nicht ebenso systematisch untersucht. Als Kontrollen menschlichen Verhaltens werden - wie bereits im Kapitel über *Adam Smiths* Sozialtheorie analysiert - von *Smith* das Gewissen, die Sympathie, wechselseitiger Beistand, allgemeine Regeln gerechten Verhaltens, d.h. der Ethik oder der Moral, sowie die Verknüpfung gesellschaftlicher Institutionen zum Wohle der Gemeinschaft genannt (vgl. *Krüsselberg* 1984a, S. 188). Für große und offene Gesellschaften, in der die moralischen Bindungen im Vergleich zu kleinen Gruppen mit direkteren Sanktionsbeziehungen gelockert sind, stellt die Konkurrenz der Marktteilnehmer das wirksamste Mittel dar, um gesellschaftliche Gerechtigkeit und Wohlstand zu erreichen (vgl. *Recktenwald* 1984, S. 54; *Recktenwald* 1985, S. 24).[143] Damit analysiert Smith die in komplexen Gesellschaften ineinandergreifende Hierarchie von Kontrollmechanismen, die dazu beitragen, daß menschliches Verhalten nicht entartet. Dabei lautet die Hypothese: Fehlt eine Kontrollart, werden sich trotz der Existenz der übrigen Mechanismen gesellschaftliche Probleme ergeben - und zwar je nach jeweils fehlender Kontrollebene unterschiedliche Probleme.

Ohne Rückgriff auf die ausgearbeitete Sozial- und Institutionentheorie *Smiths* diskutiert *North* jedoch unter dem Aspekt der Transaktionskosten die Wirkungen formloser

---

[141]   Die Unterscheidung von Abwanderung und Widerspruch wird von *Hirschman* unter zusätzlicher Berücksichtigung der Wirkung von Loyalität systematisch zur Erklärung des Phänomens der „Schlaffheit", d.h. des Leistungsabfalls von Organisationen angewendet. Vgl. *Hirschman* (1974) sowie die kritischen Bemerkungen *Fehls* dazu in *Fehl* (1978, S. 402 ff.).

[142]   Im Zuge der Untersuchung des Phänomens institutioneller Evolutionsblockaden wird im Kapitel 4.4.3.2. noch einmal auf die Principal-Agent Theorie *Norths* eingegangen.

[143]   Vgl. auch das Schema von *Recktenwald*, das in Kapitel 2.1.4.1.1. abgedruckt ist.

und formgebundener Beschränkungen. Mit dem nicht ganz glücklich gewählten Begriff der formlosen Beschränkungen faßt *North* Verhaltenskodizes, Sitten, Gebräuche und Normen zusammen. Unter formgebundenen Beschränkungen sind dagegen kodifizierte Regeln zu verstehen.[144]

Die im nächsten Kapitel stattfindende Untersuchung des institutionellen Wandels setzt zunächst die Beantwortung der Frage voraus, warum institutionelle Rahmenbedingungen stabil bleiben. Eingebettet in das umfassende Phänomen der Kultur einer Gesellschaft wirken formlose Beschränkungen ordnungsstabilisierend.[145] Das von einer Generation auf die andere vermittelte Wissen sowie die verhaltensrelevanten Werte und Regeln führen als unintendiertes Ergebnis menschlichen Handelns zu einer gewissen Konvergenz der Verhaltensweisen in einem Kulturkreis. Der Austausch zwischen den Gesellschaftsmitgliedern erhält dadurch eine gemeinsame, stabilisierende Basis, auf die die Akteure bedingt vertrauen können.[146] In der Logik der Transaktionskostentheorie bedeutet dies: Transaktionskosten werden gesenkt.

Im Hinblick auf die Senkung von Transaktionskosten schätzt *North* Konventionen als Teil der formlosen Beschränkungen menschlichen Handelns leistungsfähiger als alternative formgebundene Beschränkungen ein. Infolge von Standardisierungen oder als Sicherung der Vertragserfüllung in Form von anerkannten Regeln des Geschäftsgebarens senken formlose Beschränkungen die Transaktionskosten in erheblichem Ausmaß (vgl. *North* 1992, S. 49 f.). Voraussetzung ist aber, daß die Regeln im Urteil der Menschen als gerecht empfunden werden. *North* wendet hier, ohne darauf hinzuweisen (ohne es zu wissen?), den grundlegenden Gedanken *Adam Smiths* zu einer gerechten Gesellschaftsordnung als Voraussetzung für die Funktionsfähigkeit und soziale Wünschbarkeit von Gesellschaftsordnungen an (vgl. *North* 1992, S. 91).

Neben den formlosen spielen außerdem die formgebundenen Beschränkungen, d.h. gesetzte Regeln des Rechts, eine zentrale Rolle für die Funktionsfähigkeit von Gesellschaften. *North* erkennt ein Kontinuum oder auch eine Hierarchie „.. von Tabus, Sitten und Traditionen am einen Ende bis zu geschriebenen Verfassungen am anderen .." (*North*

---

[144]   Vgl. *North* (1992, S. 43, 47 f., 98), *Priddat* (1993, S. 604 f.), *Richter* (1996, S. 26). Der Begriff der „Beschränkung" zeigt, daß *North* hier noch in Gleichgewichtskategorien denkt. In gleichgewichtsorientierten Ansätzen beschränken Institutionen das Verhalten der Wirtschaftssubjekte. Im Ungleichgewicht, d.h., im Rahmen evolutionärer Prozesse, besitzen Institutionen über ihre Wirkung der Unsicherheitsreduzierung durch die Wissensbereitstellung *ebenfalls* einen handlungsermöglichenden Aspekt. Diesen Aspekt fängt *North* mit dem Begriff der „Beschränkung" nicht ein, was um so ärgerlicher ist, da er den Aspekt der Reduktion von Unsicherheit durch Institutionen sehr wohl berücksichtigt.

[145]   Im Vergleich mit den institutionentheoretischen Vorstellungen *Lachmanns* wird deutlich, daß *North* die Wirkung formloser Beschränkungen - in der Terminologie *Lachmanns* stellen sie einen Teil der äußeren Institutionen dar, da sie einen Teil der Voraussetzungen für funktionierende Märkte bilden - als stabilitätsfördernd ansieht. Hier besteht Konsens zwischen den Ansätzen, ohne daß *North* explizit die Notwendigkeit der Flexibilität des Institutionenrahmens und den möglicherweise entstehenden Zielkonflikt sowie die Spannungen in der Institutionenstruktur behandelt.

[146]   Vgl. im Ergebnis ebenso *North* (1992, S. 44 f.). Das bedeutet natürlich *nicht*, daß komplexe Gesellschaften auf gesetztes Recht sowie - hierauf muß immer wieder hingewiesen werden - auf Wettbewerb verzichten können.

1992, S. 55). Er ist der Meinung, daß im Laufe der Evolution von Gesellschaften zu immer stärker arbeits- und wissensteiligen Gebilden eine Ko-Evolution der Regelarten - ausgehend von Normen, Sitten und Gebräuchen hin zu geschriebenen Gesetzen und Verfassungen - stattfand. Damit ist i.d.R. nicht der Ersatz, sondern die komplementäre Einführung von Regeln angesprochen, die zudem schwerer zu umgehen sein sollen. Denn „... typischerweise sind Verfassungen so angelegt, daß ihre Änderung kostspieliger ist als die von einfachen Gesetzen, ebenso wie die Änderung einfacher Gesetze kostspieliger ist als die individueller Verträge" (*North* 1992, S. 56).[147]

Hierin erkennt North ein verfassungstheoretisches Problem. Es besteht die Notwendigkeit der Schaffung eines funktionierenden rechtlichen Rahmens für die wohlstandsstiftenden Wirkungen von Märkten. Damit Recht nun auch durchgesetzt werden kann, bedarf es notwendigerweise einer Staatsgewalt. Diese beinhaltet jedoch die Gefahr, daß Staatsvertreter ihre Macht mißbrauchen und institutionellen Wandel aufhalten.[148]

Nunmehr ist es nach der Diskussion des Menschenbildes und der transaktionskostentheoretischen Fundierung der Theorie der Institutionen von *North* möglich, seine Theorie des institutionellen Wandels mit der österreichischen Theorie der Evolution von Institutionen zu vergleichen.

4.4.3. Der Wandel von Institutionen (institutional change)

4.4.3.1. Die Frage der Effizienz

Nach *North* muß eine Theorie des institutionellen Wandels auch eine Theorie des Staates sowie eine Theorie der Ideologie beinhalten.

Die Evolution von Institutionen hängt eng mit dem Wissen der Menschen in Gesellschaften zusammen. *North* stellt hier zunächst auf das technische Wissen ab: „Der Hang zur Erfindung und Neuerung scheint menschlichen Wesen angeboren" (*North* 1988, S. 16). Er arbeitet mit der Hypothese, daß der Bestand und die Zuwachsrate an Wissen, vor allem von technischem Wissen, zusammen mit dem Ordnungsrahmen von Gesellschaften die Leistung einer Wirtschaft bestimmt (vgl. *North* 1988, S. 17, 89).[149] Die Bedeutung

---

[147] Änderungs- und Durchsetzungskosten erhöhen sich mit der Zahl der Gesellschaftsmitglieder (bzw. gegebenenfalls der entsprechenden Volksvertreter), die einer jeweiligen Änderung zustimmen müssen.

[148] *Norths* Argumentation bewegt sich hier im Bereich der Constitutional Economics. Auf die Argumente in der relevanten Literatur geht er jedoch nicht ein. Lediglich einzelne Gedankengänge eines kleinen Teils amerikanischer Wissenschaftler, nämlich von *Madison*, *Ostrom* und *Olson*, führt er an. Seine Auseinandersetzung mit der wichtigen verfassungstheoretischen Frage, wie staatliche Machtmonopole kontrolliert werden können, damit einzelne Staatsvertreter ihre Macht nicht auf Kosten der Gesellschaft ausüben, ist deshalb auch wenig erhellend (vgl. *North* 1992, S. 70-73). Dasselbe gilt für die Aussage, daß politische Regeln gegenüber ökonomischen Regeln ein Primat besäßen (vgl. *North* 1989, S. 662).

[149] Als Beispiel nennt *North* das geistige Klima zu Beginn der Entwicklung der modernen Naturwissenschaften in Westeuropa. Nicht nur hier fällt jedoch *Norths* fehlende Kenntnis der deutschen Ordnungstheorie - oder aber auch des Ansatzes von *List* - auf. Vgl. dazu auch die harsche Kritik *Herrmann-Pillaths* in *Herrmann-Pillath* (1996, S. 126).

des institutionellen Rahmens ergibt sich vor allem aus dem Problem externer Effekte von Erfindungen. Können die Erträge der Innovationen nicht internalisiert werden, wird aufgrund fehlender individueller Anreize innovatives Verhalten eher selten sein. Es bedarf demnach eines Rechtsrahmens, der die Erträge und die Kosten der Innovationen internalisiert. Durch die vom Staat geschaffene und durchgesetzte Rechtsstruktur wird die allen Transaktionen zugrundeliegende Unsicherheit vermindert. Transaktionskosten werden infolge der genauen Spezifizierung und Durchsetzung der Eigentumsrechte seitens des Staates gesenkt und - da nach *North* die Gesetze ein öffentliches Gut sind - erhebliche Skalenerträge induziert (vgl. *North* 1988, S. 36-38).[150]

Des weiteren versucht North, die historisch immer wieder für lange Perioden nachzuweisende Ineffizienzen von gesellschaftlichen Ordnungen zu erklären. Er konzentriert sich dabei auf die Analyse der Interessen der Herrscher, die wirtschaftlich relevante Regeln aufstellen und sichern.[151] Interessant ist in diesem Zusammenhang vor allem der Aspekt des Wettbewerbs. Fehlender Wettbewerb zwischen gesellschaftlichen Regelsystemen ist u. U. der wichtigste Erklärungsgrund für die Möglichkeit, daß Gesellschaftsordnungen trotz ineffizienter Strukturen weiter existieren.[152]

Zunächst ist jedoch zu klären, von welchem Effizienzbegriff *North* ausgeht. Die Allokationseffizienz der neoklassischen Pareto-Optimalität ist jedenfalls ungeeignet, da sie gerade dadurch charakterisiert ist, daß sie den institutionellen Rahmen aus der Analyse verbannt oder bestenfalls als (perfekt) funktionierend mitdenkt. Deshalb arbeitet *North* mit dem Begriff der Anpassungseffizienz. In einer sich ändernden Umwelt erweist sich diejenige gesellschaftliche Ordnung als effizient, die über Regeln verfügt, die evolutionsstabil sind. Infolge von exogenen Schocks und endogenem Wandel aufgrund von Lernanstrengungen der Gesellschaftsmitglieder[153] verändern sich die Anforderungen an den Regelrahmen. *North* spezifiziert die effizientesten Regelarten folgendermaßen: Regeln, die den Erwerb von Wissen und Bildung begünstigen, Innovationen bewirken, d.h., die Übernahme von Risiko honorieren sowie kreatives Handeln der Menschen ermutigen (vgl. *North* 1992, S. 96). Als Effizienzmaß verwendet er darüber hinaus in einer langfristigen Perspektive die Wirtschaftswachstumsrate (vgl. *North* 1992, S. 109).[154] Dieses Maß ist jedoch problematisch. Es müßte zumindest die Wachstumsrate

---

[150] „Eine Theorie des Staates ist deshalb wesentlich, weil der Staat die Struktur der Eigentumsrechte festlegt" (*North* 1988, S. 17). *North* entwickelt eine neoklassische Theorie des Staates auf den Seiten 20-33. Hier stellt er zunächst ein Modell des Staates mit nur einem Herrscher auf und analysiert das sich aus dieser Konstellation ergebende Principal-Agent-Problem. In einem zweiten Schritt werden die destabilisierenden Einflüsse des technologischen Wandels sowie der Veränderung der relativen Preise auf diese Staatsform diskutiert.

[151] Vgl. *North* (1988, S. 44), *North* (1989, S. 665) sowie *North* (1992, S. 62, 130). Vgl. hierzu auch das nächste Kapitel.

[152] Vgl. *Norths* Analyse der Entwicklung Europas in *North* (1994b, S. 387-390).

[153] Dieser Punkt rückt bei *North* in den letzten Jahren immer stärker in den Mittelpunkt seiner Analysen.

[154] Konsequenterweise sind für *North* die institutionellen Rahmenbedingungen ineffizient, die nicht zu wirtschaftlichem Wachstum führen (vgl. *North* 1989, S. 665). *Schreiter* ist der Meinung, daß *North* diesen Gedanken von *Nelson* und *Pelikan* übernommen hat (vgl. *Schreiter* 1993, S. 339).

pro Kopf betrachtet werden. Außerdem kann es viele exogene wie endogene Gründe für unterschiedliche Wachstumsraten geben, nicht nur einen tatsächlich oder vermeintlich ineffizienten institutionellen Rahmen. Auch bedarf es der Analyse des relativen Wachstums zwischen Volkswirtschaften. Schließlich ist noch zu fragen, ob die Wachstumsperspektive überhaupt geeignet ist, um Effizienz abzubilden. *North* weist darauf hin, daß es eine signifikante Komplementarität von Wirtschaftsleistung und Investitionen zur Vermehrung und Verbreitung von Wissen gibt. Überall dort, wo es an Anreizen zu Investitionen in Wissen und Fertigkeiten fehlt, fehlt auch die Basis für andauernde Entwicklung (vgl. *North* 1992, S. 95). In der Terminologie *Krüsselbergs* ist demnach die Qualität des Humanvermögens und seine Nutzung entscheidend für die Wirtschaftsleistung von Volkswirtschaften (vgl. *Engelhard, Geue* und *Schädel* 1997, S. 221-224). Deshalb sollte - im Sinne des methodologischen Individualismus - das makroökonomische Kriterium des Wirtschaftswachstums durch das mikroökonomische Kriterium der Qualität des Humanvermögens und damit der Größe der individuellen Handlungspotentiale ersetzt werden.

Insgesamt ist *North* jedoch zuzustimmen, wenn er für die Erklärung evolutionärer Prozesse das statische Effizienzkriterium der Allokationseffizienz ablehnt und auf ein dynamisches Kriterium, das der Anpassungseffizienz, abhebt, Im nächsten Kapitel wird versucht, auf der Basis der Überlegungen *Hayeks, Kirzners* und *Cordatos* ein erweitertes Effizienzkriterium für die evolutionäre Wirtschaftstheorie zu entwickeln. Im Gegensatz zu *Norths* „passivem" Kriterium der Adaptionseffizienz muß dieses nämlich ein „aktives" Kriterium sein. Dabei geht es nicht in erster Linie um Rahmenbedingungen, welche die Anpassung an zukünftige Probleme voraussichtlich begünstigen, sondern um die Ko-Evolution des institutionellen Rahmens und der Lernanstrengungen der Wirtschaftssubjekte. Dazu jedoch im nächsten Kapitel mehr.

Mit Hilfe des Kriteriums der Anpassungseffizienz ist *North* in der Lage, Aussagen über die Regeln einer effizienten Ordnung abzuleiten. Dies sind Regeln, welche die Transaktionskosten des ökonomischen Tausches möglichst dem Wert von Null annähern (vgl. *North* 1992, S. 129, 140). Insbesondere wird die überragende Bedeutung der Institutionen für die Funktionsfähigkeit von Märkten analysiert. *North* nennt drei zentrale Bedingungen, die mindestens erfüllt sein müssen, damit Märkte wohlstandsfördernd wirken können:

1. Ein wohlbekanntes und anerkanntes Rechtssystem.
2. Eine staatliche Macht, um es zu garantieren.
3. Allgemeine moralische Regeln bzw. Sitten, die das Verhalten der Marktteilnehmer innerhalb des Rechtsrahmens kontrollieren und koordinieren (*North* 1986, S. 236).

Insbesondere die Definition und Durchsetzung von Verfügungsrechten entscheidet über die Höhe von Transaktionskosten in einer Volkswirtschaft und damit über ihre Effizienz. „*Property rights matter!*" (*Richter* 1994, S. 13 (Hervorhebungen im Original)).

North äußert sich darüber hinaus nicht nur über den geeigneten Regelrahmen von Märkten, sondern auch über die notwendigen Regeln für die politische Ebene. Er verweist in diesem Zusammenhang auf die Notwendigkeit der Rechtssicherheit, der funktionierenden repräsentativen Interessenvertretungen auf politischer Ebene sowie schließlich auf die transaktionskosteneffiziente Entschädigung der politischen Verlierer.[155]

Als logische Konsequenz stellt *North* nun die Frage, wie effiziente Institutionen entstehen. Bei der Beantwortung dieser Frage unterstreicht er noch einmal die Bedeutung formloser Beschränkungen sowie den Tatbestand der Transaktionskosten, die durch die formlosen Beschränkungen zwar verringert werden können, aber immer noch einen Freiheitsspielraum der Agenten gegenüber ihren Principalen auf politischen Märkten begründen (vgl. *North* 1992, S. 164 f.). Aus diesem Grunde bedarf es einer verfahrenseffizienten Lösung:

> „Man erhält *effiziente* Institutionen in einem Staatswesen, das eingebaute Anreize zur Schaffung und Sicherung effizienter Eigentumsrechte hat" (*North* 1992, S. 167 (Hervorhebung im Original)).

4.4.3.2. Gründe des institutionellen Wandels

Als Gründe für den institutionellen Wandel nennt *North*:

- Änderung der relativen Preise und Knappheiten sowie technologiebedingte Informationskostenänderungen.
- Änderung der Präferenzen.
- Lernanstrengungen der Wirtschaftsakteure.[156]

Änderungen in den relativen Preisen beinhalten Signale für die Wirtschaftssubjekte, ihre Pläne umzustellen. Dadurch wandern Produktionsfaktoren in einträglichere Verwendungen. Dieser Anpassungsprozeß hängt mit den damit verbundenen Informationskosten zusammen. Ändern sich jedoch die Informationskosten aufgrund der Evolution von Technologien, wird dies i.d.R. Auswirkungen auf das Angebot bzw. die Nachfrage nach institutionellem Wandel haben (vgl. *North* 1988, S. 9).[157] Die hier vorgestellten Ursachen

---

[155] „Es ist wesentlich, Regeln zu haben, die nicht nur die erfolglose wirtschaftliche Organisation, sondern auch die erfolglose politische Organisation eliminieren" (*North* 1992, S. 97). Vgl. auch *Schüller* (1987, S. 88). Insgesamt führen diese Regeln zu folgender Institutionenordnung: „Die Institutionenordnung, die am ehesten die Annäherung derartiger Bedingungen begünstigt, ist eine moderne demokratische Gesellschaft mit allgemeinem Wahlrecht" (*North* 1992, S. 129). *North* erkennt zudem, daß die Weiterentwicklung der Politischen Ökonomie, die die Integration von Politik und Ökonomie leistet, vonnöten ist (vgl. *North* 1992, S. 133).

[156] Vgl. *North* (1986, S. 234 f.), *North* (1989, S. 665 f.), *North* (1992, S. 98 ff.), *North* (1994a, S. 362).

[157] *North* erläutert diese These anhand des theoretischen Beispiels der landwirtschaftlichen Produktion. Die Veränderung der Produktionsfunktion durch technischen Fortschritt erhöht die Rentabilität der Bodennutzung, was zur Folge hat, daß das Nahrungsmittelangebot so lange erhöht wird, bis der neue Gleichgewichtspreis erreicht ist. In einer Situation der gewohnheitsrechtlichen Abmachung über die Nutzung von Ackerland (oder einem Veräußerungsverbot) ist es jedoch ungewiß, wie die Anpassung erfolgen wird. Sind die Verfügungsrechte nicht eindeutig definiert, ist es möglich, daß Investitionen in die neue Technik unterlassen werden. Seitens der investitionswilligen Bauern besteht nun eine Nachfrage nach institutionellem Wandel, die sich aus der Änderung der Transaktionskostenstruktur ergibt. Der Staat ist gefordert, ein institutionelles Angebot zu entwickeln, das die notwendigen Investitionen ermöglicht und das auch von denjenigen Nutzern des Bodens, die durch die Neudefintion der Verfügungsrechte schlechter gestellt werden, akzeptiert wird (vgl.

des institutionellen Wandels sind dabei nur zu einem geringen Teil als exogen, zum größeren Teil jedoch als endogen zu betrachten. Das auf Lernprozessen basierende Handeln der Menschen - *North* beschränkt sich in seiner Analyse lediglich auf die Aktivitäten der Unternehmer - führt dazu, daß sich Informationskosten, relative Preise und das Wissensniveau in einer Gesellschaft ständig ändern. Durch Wissenserwerb werden die relativen Preise beeinflußt und deren Veränderung übt wiederum einen Änderungsdruck auf den institutionellen Rahmen aus (vgl. *North* 1992, S. 99).[158]

Im Rahmen der Analyse von Präferenzenänderungen betont *North*, daß eine Theorie der Ideologie notwendig sei. Wie bereits diskutiert, beeinflussen Ideen, Dogmen, Moden und Ideologien die Austauschaktivitäten von Individuen. Sie werden dadurch zu wichtigen Ursachen des institutionellen Wandels. In diesem Zusammenhang weist *North* zum wiederholten Male darauf hin, daß entsprechende Institutionen die Preise senken würden, welche die Menschen für ihre Überzeugungen zu zahlen hätten (vgl. *North* 1992, S. 101).

North hebt außerdem die Bedeutung ökonomischer Unternehmer als „Motoren der Veränderung" hervor. Sie reagieren aktiv auf Anreize, die sich aus der spezifischen Struktur der Institutionen ergeben (vgl. *North* 1992, S. 98): „If institutions are the rules of the game, organizations and their entrepreneurs are the players" (*North* 1994a, S. 361). Die institutionellen Restriktionen sowie der Wettbewerb auf den Märkten bestimmen den Handlungsspielraum der vermögensmaximierenden politischen wie ökonomischen Unternehmer. Innerhalb dieser Restriktionen sind die Akteure gezwungen, Investitionen in Wissen und angewandte Fähigkeiten vorzunehmen. Die Richtung der Investitionen wird dabei vom institutionellen Rahmen beeinflußt. Werden durch die Struktur der Regeln Anreize eher für redistributive als für produktive Aktivitäten gesetzt, werden von den Unternehmen entsprechende wirtschaftliche Aktivitäten entfaltet, um Gewinne zu erzielen. Im Zuge dieser auf die Ausbeutung profitabler Vorhaben gerichteten Aktivitäten werden sich auch die institutionellen Gegebenheiten ändern.[159] Die eher kurzfristig ausgerichteten Gewinnerwartungen bestimmen den langfristigen Entwicklungspfad des institutionellen Wandels oftmals in unintendierter Weise mit. Insbesondere orientieren sich die Investitionsaufwendungen im Hinblick auf Wissen und angewandte Fähigkeiten bei den im Wettbewerb stehenden Unternehmern individuell rational nicht an den langfristigen gesellschaftlichen Konsequenzen, sondern an den eher kurz- bis mittelfristigen Profitmöglichkeiten (vgl. *North* 1989, S. 666 f.). Die am eigenen Erfolg ausgerichteten Aktivitäten der Unternehmer sowie die Rückmeldungen, d.h. Differenzen zwischen Erwartungen und Ergebnissen ihres Handelns, führen quasi automatisch dazu, daß institutionelle Lücken aufgedeckt werden. Diese Lücken wird es nach *North* immer geben, da Institutionen i.d.R. immer aus einer Mischung aus effizienten und ineffizienten Elementen bestehen - d.h., nach *Lachmann* die Kohärenz der Struktur der Institutionen im evolutio-

---

158   *North* 1988, S. 9 f.).
„The speed of economic change is a function of the rate of learning, but the direction of the change is a function of the expected payoffs to acquiring different kinds of knowledge" (*North* 1994a, S. 362). Ebenso *North* (1995, S. 11).

159   Vgl. das Beispiel zur landwirtschaftlichen Produktion aus Fußnote 157.

nären Prozeß nicht perferkt ist.[160]

In Analogie zum *Kirzner*-Unternehmer auf der Marktebene liegt hier die Frage nach dem findigen politischen Unternehmer, der institutionelle Koordinationslücken aufdeckt und schließt, nahe. Auch die Problematik der Kohärenz der Struktur von Institutionen kann durch findiges Politikerverhalten entschärft werden (vgl. *Schmidtchen* 1989, S. 172). Es stellt sich jedoch die Frage, welche Anreize auf politische Unternehmer wirken, institutionelle Koordinationslücken zu schließen und ob sie dazu überhaupt genug Wissen besitzen. Auf der Marktebene führt der monetäre Gewinnanreiz dazu, daß Unternehmer als unintendiertes Ergebnis ihres intentionalen Handelns Koordinationslücken schließen. Auf der politischen Ebene gibt es diesen Anreiz dagegen nicht. Hier dominieren die Anreize der Machtausübung, des Wunsches nach Wiederwahl in Demokratien sowie der Durchsetzung politischer Vorstellungen. Im Principal-Agent-Modell bedeutet dies, daß der Agent auf den Wunsch des Principals nach institutionellem Wandel lediglich entsprechend dem eigenen Nutzen und seinen politischen und moralischen Überzeugungen reagieren wird. Wenn jedoch der Principal aufgrund der Komplexität institutioneller Reformanstrengungen nicht zuordnen kann, warum seine Wünsche nicht in Erfüllung gehen, sind die Anreize für den Agenten, Koordinationslücken durch ein institutionelles Angebot zu schließen, geringer als auf ökonomischen Märkten. Außerdem besteht das Problem des Wissens darüber, wie funktionierende Institutionen geschaffen werden können.

Wie im Kapitel über den *Kirzner*-Unternehmer bereits analysiert, besteht ein Problem darin, die Wirkung von Unternehmern lediglich in Richtung Gleichgewicht zu definieren. Aufgrund der Möglichkeit, mittels kreativen Handelns die Zukunft selbst mitzugestalten, kann das Ergebnis durchaus auch heterogenitätserhöhend wirken. Wie in den Kapiteln über *Lachmanns* Ansichten zum Gleichgewichtsbegriff und über den *Fehl*schen Begriff der Ordnung in Anlehnung an die Theorie der dissipativen Strukturen analysiert worden ist, ist es zudem problematisch, den Begriff des Gleichgewichts auch für andere Ebenen als der des Individuums zu verwenden. Da sich im Zuge innovativen Verhaltens die ökonomischen Daten des ursprünglichen Gleichgewichts ständig ändern, fehlt ein Orientierungspunkt, auf den die Gleichgewichtsnähe bzw. -ferne hin definiert werden könnte. Es ist sinnvoller, von Ordnung im Ungleichgewicht zu sprechen. Vor diesem Hintergrund ist es jedoch nicht möglich, *ex ante* die Schließung von Koordinationslücken und die Entschärfung der Problematik der Kohärenz der institutionellen Struktur als unintendiertes Ergebnis aus dem wählerstimmenorientierten, findigen Handeln des politischen Unternehmers abzuleiten. Es kann durchaus sein, daß neue institutionelle Lücken und Spannungen durch die Handlungen politischer Unternehmer erst geschaffen werden.[161]

---

[160] Hier wird deutlich, daß *Lachmanns* Analyse zumindest im Hinblick auf die Untersuchung der Kohärenz der Struktur von Institutionen über die Arbeiten von *North* hinausgeht. Insbesondere das Einfließen neuer Regeln, das neue Probleme schafft und die Unvollständigkeiten in der institutionellen Struktur einer Volkswirtschaft sind als weitere Gründe für institutionelle Lücken zu nennen.

[161] Vgl. zur Problematik politisch intendierter, institutioneller Reformen das nächste Kapitel. Der hier beschriebene Zusammenhang gewinnt zudem noch an Bedeutung, wenn die Verbindung zwischen ökonomischen und politischen Unternehmern berücksichtigt wird. Öko-

Im Laufe der Weiterentwicklung der *North*schen Theorie der Institutionen gewinnt schließlich der dritte der eingangs genannten Gründe für den Wandel von Institutionen - die Lernanstrengungen der Individuen - immer mehr an Gewicht. *Norths* Theorie des institutionellen Wandels ist eine Prozeßtheorie. Er fragt nach den Prozessen, die den Wandel begründen, und gelangt zu der Erklärung, daß es letztendlich die Lernprozesse der Menschen sind, welche die relativen Preise, die angewandten Techniken sowie die Informationskosten ändern und damit den institutionellen Wandel vorantreiben. Insbesondere fragt er, wie sich formlose Beschränkungen ändern und nennt auch gleich als Antwort, „... daß dabei Zufälle, Lernen und natürliche Auslese alle eine Rolle spielen" (*North* 1992, S. 103). Von hier ist es nur noch ein kleiner Schritt zu der Analyse, wie Wettbewerb auf Märkten - aber auch auf der politischen Ebene - und individueller Wissenserwerb zusammenhängen.

North diskutiert diese Zusammenhänge in seiner Nobelpreisrede, in der er sich dem *Kirzner*schen Ansatz annähert. Seine Hypothese lautet, daß effiziente Märkte dann entstehen werden, wenn der Wettbewerb via Arbitrage und funktionierende Informationsrückmeldungen intensiv genug ist. Wettbewerb führt damit zur Disziplinierung von Verhalten. Die subjektiven Modelle der Akteure, nach denen diese handeln, werden je nach ihrer Übereinstimmung mit der objektiven Realität bestätigt oder falsifiziert und ersetzt (vgl. *North* 1994a, S. 360).

Im Rahmen der Prozeßtheorie des institutionellen Wandels betont *North* darüber hinaus die Bedeutung der Pfadabhängigkeit von Entwicklungen. Pfadabhängigkeit bedeutet, daß „history matters" (*North* 1989, S. 667):[162] „Wenn Institutionen bei Transaktionskosten von null existierten, dann wäre die Geschichte ohne Belang; eine Veränderung von relativen Preisen oder Präferenzen würde unmittelbar eine Umgestaltung der Institutionen bewirken, die sich (...) effizient dem Wettbewerbsmodell angleichen würden" (*North* 1992, S. 110).[163]

North führt Beispiele für Pfadabhängigkeit in der Technik an, wie z.B. in der Motorentechnik den Sieg des Benzinmotors über den Dampfmotor. Ist einmal ein bestimmter Weg eingeschlagen, kann der Nutzen aus der Technikstandardisierung dazu führen, daß weniger effiziente Techniken alternativen Techniken trotz deren Überlegenheit vorgezogen werden (vgl. *North* 1992, S. 110 f.). In Anlehnung an *Arthur* nennt *North* vier sich selbstverstärkende Mechanismen, die zu einer pfadabhängigen Entwicklung führen: hohe Fixkosten, Lerneffekte, Koordinationseffekte und adaptive Erwartungen. Dadurch sind

---

nomische Unternehmer können sich an politische Unternehmer wenden, um den ihnen genehmen institutionellen Wandel voranzutreiben. Da erstere jedoch allenfalls indirekt an der Kohärenz der institutionellen Struktur interessiert sind - nämlich nur insoweit, wie dadurch der Erfolg ihrer Wirtschaftspläne positiv beeinflußt wird - erhöht sich die Wahrscheinlichkeit der Bildung neuer institutioneller Inkohärenzen gegenüber der des Abbaus der bisherigen Lücken in der institutionellen Struktur.

[162] Vgl. auch *North* (1992, S. 117 ff. und 133-139), wo er seine Theorie mit der Analyse der unterschiedlichen historischen Entwicklungen des britisch-nordamerikanischen und des spanisch-lateinamerikanischen Weges untermauert.

[163] Daraus wird ersichtlich, daß in einer Welt ohne Transaktionskosten und reversibler Prozesse Institutionen überflüssig wären. Da sie sich ständig ändern würden, böten sie keine Orientierung mehr und verlören ihren Sinn.

grundsätzlich in einer Welt mit positiven Transaktionskosten multiple Gleichgewichte ebenso wie ineffiziente Sackgassen möglich. Die Entwicklung ist verlaufsabhängig, was nichts anderes bedeutet, als daß auch der Zufall eine Rolle spielen kann (vgl. *North* 1992, S. 111-113; *Schreiter* 1993, S. 337-340).[164] Die historisch, in einem bestimmten, sich wandelnden kulturellen Rahmen gewonnenen Erfahrungen prägen die Entscheidungen der Gesellschaftsmitglieder und dadurch auch die Evolution des institutionellen Rahmens.[165]

Es wird deutlich, daß die Vorstellungen *Norths* mit den konstitutiven Elementen des Menschenbildes des *homo discens* durchaus vereinbar sind. Insbesondere die Erklärung pfadabhängigen Lernens durch die Erkenntnisse *Lachmanns* und *Poppers* sowie die Übertragung der wissenschaftstheoretischen Ansichten *Lakatos'* auf die Lernanstrengungen der Wirtschaftssubjekte, aber auch die Berücksichtigung der Kulturabhängigkeit der Evolution von Regeln durch *Hayek*, sind vereinbar mit den Ansichten *Norths* zur Bedeutung der Ideologie für evolutionäre Prozesse.

Pfadabhängigkeit bedeutet also, daß vergangene Investitionen, Erfahrungen und Ideen für heutige Aktivitäten eine Rolle spielen. Im Rahmen der Untersuchung von Pfadabhängigkeiten stellt sich nun die Frage, warum sich im historischen Ablauf immer wieder über lange Zeiträume hinweg ineffiziente institutionelle Strukturen erhalten konnten. *North* kritisiert in diesem Zusammenhang die These der institutionellen Effizienz, der er nach eigenem Bekunden früher anhing. Kern der Effizienzthese ist die Annahme, daß Veränderungen der relativen Preise sowie der Wettbewerb zwischen den Institutionen Anreize zur Errichtung transaktionskostensenkender Institutionen schaffen, so daß sich im Laufe der Zeit allmählich effiziente institutionelle Formen herausbilden werden.[166] Schon in der „Theorie des institutionellen Wandels" nimmt *North* dagegen eine differenzierte Sichtweise ein. Lange historische Phasen ineffizienter Gesellschaftsstrukturen erklärt er mit dem Eigeninteresse der Herrscher. Die „Ineffizienzthese" lautet:

> „Herrscher schufen Eigentumsrechte in ihrem eigenen Interesse, und Transaktionskosten sorgten dafür, daß typisch ineffiziente Eigentumsrechte überwogen" (*North* 1992, S. 8).[167]

---

[164]   *North* bezieht sich hier wie gesagt auf das Gedankengut von *Arthur* (vgl. *Arthur* 1989, S. 116 ff.). Vgl. außerdem die ausführliche Untersuchung der Übertragungsmöglichkeiten der Erklärungsmuster technologischer Pfadabhängigkeiten auf institutionelle Pfadabhängigkeiten von *Leipold* (1996, S. 95-100, 106-112) sowie von *Kiwit* und *Voigt* (1995, S. 127-132).

[165]   Vgl. *North* (1992, S. 113), *Priddat* (1995, S. 209, 232), *Richter* (1994, S. 57). Sowohl die Erwartungen als auch die Ideen sowie Präferenzen der Akteure wirken auf die Evolution von Institutionen ein.

[166]   Vgl. *North* (1992, S. 8, 109), *Leipold* (1996, S. 94), *Priddat* (1993, S. 604).

[167]   *North* analysiert, daß Institutionen - soweit sie überhaupt bewußt geschaffen werden - i.d.R. nicht aus Effizienzgründen implementiert werden, „vielmehr werden sie, oder zumindest die formalen Regeln, geschaffen, um den Interessen derjenigen zu dienen, die der Verhandlungsmacht haben, neue Regeln aufzustellen" (*North* 1992, S. 19). Stabile Gesellschaftssysteme dürfen daher keineswegs mit effizienten institutionellen Rahmenbedingungen verwechselt werden. Die *ex ante* Gleichsetzung von Stabilität und Effizienz ist nicht gerechtfertigt (vgl. *North* 1989, S. 666; *North* 1992, S. 99; *Priddat* 1993, S. 607).

North erklärt die Situation einer institutionellen Evolutionsblockade unter Rückgriff auf die Principal-Agent Theorie. Er geht davon aus, daß die Nutzenfunktionen der Agenten einen Einfluß auf die Entscheidungen und damit die Ergebnisse politischer Prozesse haben. Die Agenten werden die ihnen übertragene Macht in ihrem eigenen Interesse u.U. auf Kosten der Interessen des Principals wahrnehmen (vgl. *North* 1992, S. 26, 70; *Richter* 1994, S. 54). Die Überwachung des Agenten ist mit Kontrollkosten verbunden. Entsprechend der gleichgewichtstheoretischen Grenzkosten-Grenznutzen-Regel wird die Überwachung nicht bis zur Vollkommenheit betrieben, sondern bis zum ökonomisch optimalen Punkt (vgl. *North* 1992, S. 38). Aus der Annahme, daß auf politischen Märkten die Transaktionskosten relativ hoch sind, folgt, daß die politischen Akteure bei rationalem Verhalten des Principals u.U. über erhebliche Freiheitsgrade verfügen.

Über Jahrhunderte stellten nicht Demokratien die vorherrschende Staatsform dar, sondern autoritäre Regime. *Norths* These lautet nun, daß im historischen Vergleich institutionelle Arrangements, die den Nutzen des Herrschers maximieren, das Wachstum der Wirtschaft behindern oder gar verhindern können. Es bestanden - und bestehen in vielen Regionen der heutigen Welt - häufig Spannungen zwischen den Regeln, die es dem Herrscher bzw. der herrschenden Gruppe erleichtern, ihre Monopolrenten zu maximieren, und einem effizienten System der Verfügungsrechte, das Transaktionskosten senkt und Wirtschaftswachstum ermöglicht. Aufgrund der Machtfülle der herrschenden Gruppe können ineffiziente institutionelle Strukturen zementiert werden. Es kommt zu institutionellen Evolutionsblockaden.[168]

Konsequenterweise stellt sich *North* im weiteren die Frage, warum auch der Wettbewerbsdruck zwischen Regelsystemen oftmals nicht für die Beseitigung ineffizienter Institutionenstrukturen sorgt. Die Antwort ist entsprechend der Komplexität des Sachverhalts vielschichtig. Zum einen betont *North* das Problem der Unwissenheit. Die nach *Hayek* „konstitutionelle Unwissenheit" und der dadurch begründete (oft unbewußte) Rückgriff auf verhaltensstabilisierende Regeln mindern den potentiell möglichen Wettbewerbsdruck.[169] Außerdem weist *North* auf das sich hieraus ergebende Phänomen hin, daß nämlich intentionales menschliches Handeln immer auch unbeabsichtigte und in diesem Sinne zufällige Folgen hat.[170] Es kann somit zu ungewollten institutionellen Evolutions-

---

[168] Vgl. *North* (1988, S. 25-28), *Leipold* (1996, S. 94), *Priddat* (1993, S. 605 f.), *Richter* (1996, S. 28 f.). Überall dort, wo der Wettbewerb beschränkt oder außer Kraft gesetzt wird, kann beobachtet werden, daß sich ineffiziente Formen politischer Strukturen über lange Zeitspannen erhalten (vgl. *North* 1988, S. 6 f.). Auf die Bedeutung des institutionellen Wettbewerbs weist *North* im Zusammenhang mit der Entwicklung Europas hin. Der intensive Wettbewerb zwischen den Ordnungen wird als Grund für die relativ erfolgreiche Entwicklung Europas gegenüber derjenigen in anderen Weltregionen (z.B. China) angesehen (vgl. *North* 1992, S. 154 f.; *North* 1994a, S. 365). Vgl. auch *Jones* (1991).

[169] „Dementsprechend waren - und sind - Institutionen immer ein Gemisch aus produktivitätssteigernden und produktivitätssenkenden Vorkehrungen" (*North* 1992, S. 10). Kulturbegründete Pfadabhängigkeiten führen m.E. dazu, daß sich auch im Wettbewerb der Regelsysteme nicht unbedingt das effizienteste System durchsetzen muß, sondern unterschiedlich begründete Ordnungen durchaus auch nebeneinander existieren können.

[170] Auch in diesem Bereich nähert er sich der langen Tradition der schottischen Moralphilosophie sowie der österreichischen Schule an.

blockaden kommen, aus denen sich Gesellschaften u.U. Jahrhunderte lang nicht befreien können. Am wichtigsten dürfte für die Erklärung langanhaltender institutioneller Evolutionsblockaden die These sein, daß politische Konkurrenz zwischen autoritären Herrschern Anreize zur Begründung politischer Kartelle stiftet (vgl. *Richter* 1994, S. 55). Durch spontane Kollusionen werden ineffiziente institutionelle Strukturen zementiert. Der Wettbewerb zwischen den Regelsystemen findet nur noch sehr eingeschränkt statt.

North setzt sich außerdem mit der Problematik der Kohärenz des institutionellen Rahmens im Laufe der Evolution von Institutionen auseinander. Es besteht zu jedem Zeitpunkt ein potentielles und zum Teil auch aktuelles Spannungsverhältnis zwischen den Regelarten. Die Evolution kulturspezifischer Normen und Regeln kann nicht als Funktion der Änderung formgebundener Beschränkungen interpretiert werden (vgl. *North* 1992, S. 54; *Priddat* 1993, S. 606). Vielmehr führt die unterschiedliche Geschwindigkeit der Änderung von formlosen und formgebundenen Beschränkungen immer wieder zu institutionellen Spannungen, welche die Richtung und Dynamik des institutionellen Wandels beeinflussen.[171] *North* diskutiert diese Spannungen im Rahmen der Analyse von Revolutionen. Im Zuge gesellschaftlicher Revolutionen sind die formgebundenen Regeln, nicht jedoch automatisch auch die formlosen Beschränkungen, Gegenstand der Veränderung (vgl. *North* 1992, S. 106 f.).[172]

Im Rahmen der Untersuchung des institutionellen Wandels analysiert *North* außerdem die Bestimmungsgründe der Evolution von Organisationen. Organisationen sind „.. Gruppen von Einzelpersonen, die ein gemeinsamer Zweck, die Erreichung eines Zieles, verbindet" (*North* 1992, S. 5). Die Evolution von Organisationen, die nach *North* vorsätzlich geschaffen werden, hängt dabei wesentlich von den institutionellen Rahmenbedingungen ab. Organisationen werden geschaffen, um die durch die institutionellen Rahmenbedingungen spezifizierten Chancen zur erfolgreichen Durchführung von Wirtschaftsplänen wahrzunehmen. Der institutionelle Rahmen beeinflußt den Einsatz der zum Organisationserfolg notwendigen spezifischen Informations- und Wissensarten. Gleichzeitig ist aber zu berücksichtigen, daß Interdependenzen zwischen der Struktur der Institutionen und der Entwicklung von Organisationen bestehen. Im Zuge der Evolution von Organisationen wird der institutionelle Rahmen über einen Rückkopplungsprozeß ebenfalls beeinflußt. Organisationen sind nach *North* sogar die Akteure, die im Zuge ihrer Zielverfolgung die primäre Quelle des Wandels von Institutionen darstellen.[173]

Obwohl *North* dem neoklassischen Gedankengut der Transaktionskostentheorie bis zu

---

[171] Auch in diesem Punkt ist die Institutionentheorie *Norths* mit den Vorstellungen *Lachmanns* zur Kohärenzproblematik institutioneller Strukturen aufgrund des innovativen Verhaltens einzelner Gesellschaftsmitglieder vereinbar.

[172] Es liegt vielmehr die These nahe, daß den revolutionären Umwälzungen eine Veränderung der inneren Einstellungen und Normen vorausgeht.

[173] Vgl. *North* (1992, S. 5, 8) und siehe S. 87 f., wo es wörtlich heißt: „Im Zuge der Verfolgung ihrer Ziele verändern Organisationen schrittweise die Institutionenordnung." Organisationen sind nach *North* Aktionsgruppen, die ein gemeinsames Ziel verfolgen (vgl. *North* 1995, S. 10; *Priddat* 1993, S. 607). In diesem Sinne ist die Aussage mit dem methodologischen Individualismus vereinbar, auch wenn zusätzlich der Zielbildungsprozeß in der Organisation sowie die Rückwirkung institutioneller Veränderungen auf diesen untersucht werden müßte.

einem gewissen Grad nach wie vor verhaftet bleibt, geht er in neueren Arbeiten immer stärker auf eigentlich österreichische Fragestellungen ein. Schon die instruktiven Kapitel zum institutionellen Wandel in dem Werk „Institutionen, institutioneller Wandel und Wirtschaftsleistung" deuten dies an, was in *Norths* beachtenswerter Nobelpreisrede weiter vertieft wird.

4.4.4. Institutioneller Wandel und Wissen: Die Entwicklung eines institutionell/kognitiven Ansatzes

Norths Nobelpreisrede ist durch die Intention gekennzeichnet, die transaktionskostentheoretische Erklärung des institutionellen Wandels durch einen kognitiven Ansatz zu erweitern und in Teilen zu ersetzen. *North* „neuer" Ansatz ist nach eigenem Bekunden ein „institutional/cognitive approach" (*North* 1994a, S. 365 f.).

Schon in seinem zweiten Hauptwerk formuliert *North* eindeutige Aussagen zum Zusammenhang zwischen der Entwicklung von Gesellschaften und ihrem Wissensbestand. Er ist der Meinung, daß der institutionelle Rahmen die Richtung beeinflußt, die beim Erwerb von Wissen und Fertigkeiten eingeschlagen wird, wobei dieser letztendlich den entscheidenden Faktor in der langfristigen Entwicklung einer Gesellschaft darstellt (vgl. *North* 1992, S. 93). Außerdem gestalten innerhalb des gegebenen institutionellen Rahmens die Organisationen infolge des Maximierungshandelns ihrer Mitglieder den institutionellen Wandel mit.[174] Sie formulieren im Rahmen ihrer ökonomischen Aktivitäten eine abgeleitete Nachfrage nach Investitionen in für sie relevantes Wissen. Dabei ergeben sich unintendierte Interdependenzen zwischen ökonomischen Aktivitäten, dem Wissensniveau und den institutionellen Rahmenbedingungen. Selbst die Evolution formloser Beschränkungen wird unintendiert durch die ökonomischen Aktivitäten beeinflußt (*North* 1992, S. 93 f.). Nicht jede durch Unternehmensaktivitäten ausgelöste Änderung des institutionellen Rahmens entspringt dabei jedoch den unintendierten Nebenwirkungen des ökonomischen Handelns. Unternehmen besitzen prinzipiell zwei Alternativen. Zum einen kann sich das Maximierungshandeln der Wirtschaftssubjekte auf gewinnträchtige ökonomische Investitionen beziehen. Zum anderen können Mittel zur intendierten Veränderung institutioneller Rahmenbedingungen aufgewendet werden (vgl. *North* 1992, S. 94, 102).

Das sind die Wurzeln, die *North* zu seinen Aussagen in der Nobelpreisrede führen. Die grundlegendste Entwicklung erfährt im Laufe seiner wissenschaftlichen Arbeit - wie bereits analysiert - das verwendete Menschenbild. Die ursprünglich strikt neoklassische Sichtweise wird entscheidend modifiziert, bis schließlich nicht mehr ausschließlich Optimierungs- oder Maximierungshandeln angenommen wird, sondern in Anlehnung an *Nelson* und *Winter* Routinen das menschliche Handeln im täglichen Austauschprozeß mitbestimmen (vgl. *North* 1994a, S. 361 f.).

Mit den Hypothesen der evolutionären Institutionenökonomik kompatibel sind *Norths*

---

[174] Daß *North* nach wie vor von Maximierungshandeln spricht, zeigt, daß er den endgültigen Sprung zur Prozeßtheorie, welche die Implikationen struktureller Unsicherheit systematisch berücksichtigt, unter der Wirtschaftssubjekte handeln müssen, noch nicht vollzogen hat.

Vorstellungen zur Notwendigkeit einer Theorie des Lernens. Institutioneller Wandel ergibt sich nun nicht primär aus der Änderung der relativen Preise und Knappheiten sowie der Veränderung von Präferenzen, sondern in erster Linie aufgrund des Lernens der Akteure.[175]

Und jetzt vollzieht *North* auch die bereits in der vorliegenden Arbeit angemahnte Verbindung des Wettbewerbsgedankens mit der Erklärung des institutionellen Wandels. Er wagt die These, daß „... the rate of learning will reflect the intensity of competition among organizations" (*North* 1994a, S. 362). Der Wettbewerb zwingt die Unternehmen dazu, sich Lernvorsprünge zu erarbeiten bzw. solche der anderen aufzuholen. Geschwindigkeit und Richtung des institutionellen Wandels hängen nach *North* folgendermaßen mit dem Wissen und Lernen der Wirtschaftssubjekte zusammen: „The speed of economic change is a function of the rate of learning, but the direction of that change is a function of the expected payoffs to acquiring different kinds of knowledge" (*North* 1994a, S. 362).

North spezifiziert seine Theorie des Lernens weiter. Erfahrungen ergeben sich aus dem Umgang mit der physischen Umwelt ebenso wie aus dem Leben in sozio-kulturellen Beziehungen. Von frühester Kindheit an bilden Menschen Kategorien, in die sie ihre Erfahrungen einordnen. Darüber hinaus entwickeln sie subjektive mentale Modelle, um sich ihre Umwelt zu erklären. Die Rückkoppelung gesammelter Erfahrungen führt zur ständigen Anpassung der subjektiven Modelle an die objektive, sich ebenfalls ändernde Umwelt. Darin drückt sich die Fähigkeit der Menschen zum Abstrahieren und Verallgemeinern konkreter Erfahrungen aus (vgl. *North* 1994a, S. 362 f.). Bestimmungsgründe des Lernprozesses sind nach *North* die Art und Weise, wie gegebene Überzeugungen (belief structure) die Erfahrungen filtern, sowie die unterschiedlichen Erfahrungen, welche die Menschen in verschiedenen Kulturkreisen zu unterschiedlichen Zeiten machen.[176]

Dadurch ergeben sich nun aber Pfadabhängigkeiten der irreversiblen Lernprozesse, wie sie bereits im Rahmen der Entwicklung des Menschenbilds des *homo discens* aufgezeigt wurden.[177] Subjektive Modelle über die ökonomische Umwelt werden durch die gemeinsamen kulturellen Erfahrungen der Menschen in einer Gesellschaft beeinflußt. *North* spricht hier von „shared mental models", die insbesondere durch die Kommunikation der Individuen, aber auch durch gemeinsame Institutionen wie beispielsweise die Sprache, dazu führen, daß sich individuelle Lernprozesse innerhalb eines Kulturkreises annähern (vgl. *Denzau* und *North* 1994, S. 18-21).

Die Verwendung von shared mental models läßt sich wiederum mit dem in der vorliegenden Arbeit verwendeten Lernverhalten erklären. Der harte Kern der von den Indivi-

---

[175] „But the most fundamental long-run source of change is learning by individuals and entrepreneurs of organizations" (*North* 1994a, S. 362). Hier wird der Wandel in *Norths* Ansichten manifest. Vgl. auch *North* (1994b, S. 383 f.).

[176] Vgl. *Denzau* und *North* (1994, S. 3 f., 14 f., 22), *North* (1994a, S. 364), *North* (1995, S. 8).

[177] „This [ein von *North* analysiertes Experiment über menschliches Lernverhalten] strongly supports the idea that learning is irreversible" (*Denzau* und *North* 1994, S. 8). Siehe auch S. 27: „The presence of learning creates path-dependence in ideas and ideologies and then in institutions."

duen verwendeten Hypothesen wird durch den Gürtel ergänzender Hypothesen geschützt. Dadurch führt das Testen der Hypothesen am Markt und in anderen Lebensbereichen dazu, daß im Falle des Mißerfolgs der Pläne zunächst die Hilfshypothesen falsifiziert werden. Die gegebenen Überzeugungen filtern demnach die Erfahrungen entsprechend der Ausgestaltung des harten Kerns, des schützenden Gürtels sowie der positiven Heuristik. Auf der Basis entsprechend gefilterter Erfahrungen werden in einem weiteren Schritt subjektiv rationale Erwartungen gebildet, welche die Richtung der Lernprozesse beeinflussen.

In diesen Punkten stimmen die Ausprägungen des kognitiv/institutionellen Menschenbildes von *North* mit denen des *homo discens* überein. Lediglich bezüglich des Aktivitätspotentials menschlicher Lernprozesse unterscheiden sich die Vorstellungen (noch). Die auf den Überlegungen *Lachmanns* und *Poppers* basierende Theorie des Lernens hebt auf die Möglichkeit des aktiven, innovativen Testens von Hypothesen seitens der Individuen ab. Wirtschaftssubjekte bilden subjektive mentale Modelle, um sich die Umwelt zu erklären und erfolgreich zu handeln. Im Zuge von Lernprozessen werden diese Modelle aufgrund der Interpretation der gesammelten Erfahrungen geändert. Individuen lernen jedoch nicht nur durch Anpassung an veränderte und anders wahrgenommene Tatbestände, sondern sind auch in der Lage, aktiv neue Hypothesen zu testen und daraus zu lernen. Der Lernprozeß des *homo discens* ist nicht lediglich durch die passive Anpassung an geänderte Tatbestände gekennzeichnet, sondern ebenso durch die aktive Möglichkeit, neue Hypothesen zu testen. Dadurch ist es u.a. möglich, Pfade zu verlassen, die bisherige Lern- und u.U. auch Marktprozesse bestimmt haben. *Zum einen* ergibt sich die Pfadabhängigkeit von Lernprozessen aus der Beharrung auf traditionellen, kulturgeprägten Weltbildern, d.h. aus dem Verhalten, den harten Kern eigener Vorstellungen sowie u.U. auch die positive Heuristik zukünftiger Bemühungen nicht ändern zu wollen. Planhypothesen vergangener Perioden werden zudem durch die Struktur des heutigen Kapitalstocks repräsentiert. Versunkene Kosten, die sich in Anforderungen an Kapitalkomplementaritäten ausdrücken, grenzen sowohl das individuelle als auch das gesellschaftliche Veränderungspotential ein. Diese Begrenzungen, kombiniert mit der Beharrung auf bisherigen Hypothesenkernen, begründen individuelle - und volkswirtschaftliche - Pfadabhängigkeiten des Lernverhaltens. *Zum anderen* werden Pfadabhängigkeiten durch aktives Lernverhalten mittels der von *Hesse* beschriebenen Fähigkeit zur kognitiven Kreation überwunden. Neue Hypothesen werden an der Realität getestet, die Richtung der Suche nach neuen Ziel-Mittel-Kombinationen, d.h. die positive Heuristik, wird u.U. geändert. Auf bisherige Ziel-Mittel-Rahmen bezogene Kapitalkomplementaritäten gelten bei der Schaffung neuer Ziel-Mittel-Kombinationen dann zum Teil nicht mehr. Neue Substitutionsbeziehungen werden entdeckt, bevor - bezogen auf die neuen Pläne - wieder die Komplementarität der heterogenen Struktur der Kapitalgüter vorherrscht. Eine entsprechende Mustervorhersage über den aktiven Part des Lernverhaltens berücksichtigt *North* (noch) nicht. Ansonsten hat sich seine Theorie menschlichen Verhaltens dem Menschenbild des *homo discens* jedoch stark angenähert. Mittlerweile spricht er sogar davon, daß es notwendig sei, menschliches Handeln zu „verstehen".[178]

---

[178]   „Problems in political economy, economic development, economic history, for example, all

Insgesamt fordert *North* eine „kognitive Institutionentheorie", welche die Interdependenzen zwischen den institutionellen Strukturen, den Wahrnehmungssystemen und Überzeugungen der Wirtschaftssubjekte sowie den Anreizen und Hemmnissen zur Akkumulation von Wissen erforscht (vgl. *North* 1994a, S. 364). Dabei ist er ebenso wie die Vertreter der österreichischen Schule der Überzeugung, daß das begrenzte Wissen der Individuen, die echte Unsicherheit sowie die sich daraus ergebende Komplexität ökonomischer Prozesse bei der Weiterentwicklung des institutionell/kognitiven Ansatzes berücksichtigt werden müssen (vgl. *Denzau* und *North* 1994, S. 7-9).

Insbesondere die Berücksichtigung der Komplexität führt *North* dazu, die komplexitätsreduzierende und damit handlungsermöglichende Wirkung der Institutionen zu untersuchen (vgl. *Denzau* und *North* 1994, S. 9, 12):

„Mental models are the internal representations that individual cognitive systems create to interpret the environment; institutions are the external (to the mind) mechanisms individuals create to structure and order the environment" (*North* 1994a, S. 363 bzw. wortwörtlich ebenso *Denzau* und *North* 1994, S. 4).

Unter Rückgriff auf diese Überlegungen erklärt *North* auch die produktiven Unterschiede zwischen Gesellschaften. Die Divergenzen in den kulturellen Erfahrungen ergeben sich ursprünglich aus den unterschiedlichen natürlichen Umwelten, die zu unterschiedlichen Sprachen und subjektiven Modellen der Umwelterklärung geführt haben. Diese Divergenzen führten schließlich zu Gesellschaften, deren institutionelle Rahmenbedingungen und Lernanstrengungen zu den Umwelterfahrungen und Lernprozessen der Menschen passen. Der relative Erfolg sowie Mißerfolg der Gesellschaften beruht demnach neben den natürlichen Voraussetzungen der Umwelt in erster Linie auf der unterschiedlichen Effizienz institutioneller Rahmenbedingungen. Diese induzieren in unterschiedlichem Ausmaß Lernprozesse, die notwendig sind, um mit dem fundamentalen Problem der Knappheit zurecht zu kommen, mit dem sich die Mitglieder jeder Gesellschaft auseinandersetzen müssen.[179] Tatsächlich kommt es im historischen Kontext oft zu ineffizienten institutionellen Arrangements, Gesellschaften „bleiben stecken".[180]

Insgesamt wird deutlich, daß in der „neuen" *North*schen Theorie der Institutionen die

---

require an *understanding* of the mental models and ideologies that have guided choices" (*Denzau* und *North* 1994, S. 10 (Hervorhebung des Verfassers)). Ob damit schon der Boden für die systematische Anwendung der Methode des Verstehens bereitet ist, muß die Zukunft zeigen.

[179] Vgl. *North* (1994a, S. 363), *North* (1995, S. 8, 11), *Priddat* (1993, S. 607). Siehe außerdem *North* (1994b, S. 386): „The learning process is a function of (1) the way in which the belief structure filters the information derived from experiences and (2) the different experiences (local learning) that confront individuals in different societies at different times."

[180] „Societies that get 'stuck' embody belief systems and institutions that fail to confront and solve new problems of societal complexity" (*North* 1994a, S. 364). Die Anwendung des analytischen Instrumentariums der Pfadabhängigkeit, d.h. der Bedeutung der Geschichte für heutige Entscheidungen und Entwicklungen, führt *North* noch einmal zur Diskussion des Effizienzbegriffs. Er betont, daß für langfristiges Wachstum die adaptive Effizienz, nicht die allokative Effizienz die relevante Kategorie darstelle (vgl. *North* 1994a, S. 367; *North* 1995, S. 9, 12). Das Problem, das sich für erfolgreiche politische Reformen jedoch stellt und auf das *North* auch (noch?) keine Antwort weiß, lautet: „We do not know how to create adaptive efficiency in the short run" (*North* 1994a, S. 367).

konstitutiven Elemente der österreichischen evolutionären Institutionenökonomik eine Rolle spielen. Die mit den Annahmen des begrenzten Wissens der Individuen, der *Knight*schen Unsicherheit, des Lernens in der historischen Zeit und der Irreversibilität und Offenheit evolutionärer Prozesse zusammenhängenden Erkenntnisobjekte sind auch für den institutionell/kognitiven Ansatz forschungsleitend. Unter Verwendung des methodologischen Individualismus wird die Evolution von Institutionen systematisch auf das Lernverhalten der Individuen zurückgeführt. Gerade dadurch wird deutlich, wie nahe *North* mittlerweile dem Gedankengut der österreichischen Schule steht.

4.4.5. Fazit des Theorievergleichs

Das Fazit des Theorievergleichs muß die Weiterentwicklung der Theorie *Norths* von einem transaktionskostentheoretischen hin zu einem kognitiv/institutionellen Ansatz zur Erklärung der Evolution von Institutionen berücksichtigen. Demnach wird zunächst auf die transaktionskostentheoretische Basis Norths eingegangen, bevor der neue Ansatz gewürdigt wird.

Ausgangspunkt für *Norths* Theorie der Institutionen stellt ebenso wie in der traditionellen Neoklassik und in der österreichischen Schule der methodologische Individualismus dar. Von Anfang an verwendet er jedoch ein zum *homo oeconomicus* alternatives Menschenbild. Die Verwendung des Kriteriums der verfahrensmäßigen Rationalität unter Berücksichtigung der Implikationen des begrenzten Wissens und des Handelns unter Ungewißheit rückt den Ansatz *Norths* bereits zu diesem Zeitpunkt in die Nähe österreichischer Überlegungen. Die Vorstellung, Verhalten werde durch Ideologie kontrolliert weist trotz der unglücklichen Wortwahl in die Richtung der Vorarbeiten der schottischen Moralphilosophie, die für die Entwicklung des Menschenbildes des *homo discens* genutzt werden. Insgesamt ist *Norths* Theorie menschlichen Verhaltens in dieser Phase mit dem Menschenbild der evolutionären Institutionenökonomik kompatibel, ohne alle wichtigen Aspekte aufzugreifen.

Anders sieht es mit *Norths* Verwendung der neoklassischen Theorie der Transaktionskosten zur Erklärung des institutionellen Wandels aus. Ohne die zum Teil ausführliche Kritik an der Transaktionskostentheorie noch einmal zu wiederholen - vgl. hierzu insbesondere die Kritik *Schreiters* aus einer evolutionstheoretischen Perspektive (vgl. *Schreiter* 1993, Kapitel III) -, sei der Punkt des Effizienzmaßstabes Transaktionskostensenkung durch institutionellen Wandel noch einmal kurz aufgegriffen.

Die alleinige Betrachtung der Transaktionskosten als Effizienzkriterium greift insgesamt zu kurz. Zwar gewinnen die Transaktionskosten mit zunehmender gesellschaftlicher Arbeits- und Wissensteilung und einer erhöhten Anzahl und Qualität von Transaktionen an Bedeutung. Die gesellschaftliche Arbeitsteilung wurde und wird jedoch nicht praktiziert, um Transaktionskosten zu senken, sondern vielmehr um Vorteile bzw. Gewinne zu erwirtschaften. Der Gewinnaspekt ist somit der eigentlich relevante. Gewinne sind definiert als der Überschuß der Erträge über die Kosten. In diesem Sinne spielen natürlich auch die Transaktionskosten (aus subjektiver Sicht sind alle Kosten Opportunitätskosten) eine Rolle. Im evolutionären Prozeß stellt jedoch die Gewinnperspektive den handlungsrelevanten Aspekt dar.

Die Frage nach der Effizienz von institutionellen Rahmenbedingungen und deren Wandel wird von *North* allerdings nicht nur aus der Perspektive der Senkung von Transaktionskosten betrachtet. Zum einen können nach *North* Institutionen Transaktionskosten sowohl senken als auch erhöhen. Durch Regeln können die Kosten z.B. volkswirtschaftlich unerwünschter Transaktionen deutlich erhöht werden.[181] Zum anderen verwendet *North* nicht das statische Kriterium der Allokationseffizienz, sondern zieht das dynamische Kriterium der Anpassungseffizienz zur Beurteilung alternativer institutioneller Rahmenbedingungen heran. Effiziente Regeln des Rechts müssen dafür sorgen, daß die positiven externen Effekte von Inventionen und Innovationen internalisiert werden können. Insbesondere sollen sie auch den Erwerb von Wissen und Bildung begünstigen und die Übernahme von Risiko honorieren. Damit reichert *North* das dynamische Kriterium der Anpassungseffizienz eigentlich schon mit Kriterien eines evolutionären Effizienzbegriffs an, wie er im nächsten Kapitel entwickelt wird.

Die Gründe, welche *North* für die Dynamik des institutionellen Wandels nennt - Änderung der relativen Preise und der relativen Knappheiten, technologiebedingte Modifikation der Informationskosten, Wandel der Präferenzen sowie Lernanstrengungen der Individuen - sind kompatibel mit den österreichischen Vorstellungen zur Evolution von Institutionen. Insbesondere die Quelle der Lernanstrengungen der Individuen wird im Rahmen der Varianten der unintendierten Entstehung von Institutionen in den Mittelpunkt gestellt. Schließlich ist auch die Begründung der kulturbedingten Pfadabhängigkeit gesellschaftlicher Entwicklungen sowie der Gefahr institutioneller Evolutionsblockaden mit dem Menschenbild des *homo discens* sowie der Theorie des institutionellen Wandels der evolutionären Institutionenökonomik vereinbar.

Obwohl schon die transaktionskostentheoretisch geprägte Phase der *North*schen Theorie erstaunliche Übereinstimmungen mit österreichischen Fragestellungen, aber auch Antworten aufweist, nähert sich *North* mit der Formulierung der institutionell/kognitiven Theorie dem Gedankengut der evolutionären Institutionenökonomik weiter an, ohne die Entwicklung bereits abgeschlossen zu haben.[182]

Der institutionell/kognitive Ansatz zeichnet sich dadurch aus, daß nicht mehr das Transaktionskostenargument des Wandels von Institutionen im Mittelpunkt steht, sondern die Frage nach den mentalen Fähigkeiten der Wirtschaftssubjekte. Insbesondere die Berücksichtigung der Wissensproblematik unter echter Unsicherheit führt *North* zur Ausarbeitung einer Theorie des Lernens, die mit den in der vorliegenden Arbeit formu-

---

[181] Hier kann eine Verbindung mit den Überlegungen *Lachmanns* hergestellt werden, der das Kriterium der Marktkonformität wählt, um äußere und neutrale Institutionen von inneren Institutionen abzugrenzen. Ein Aspekt der Entwicklung marktkonformer Institutionen stellt sicher auch ihre Wirkung zur Senkung von Transaktionskosten dar. Nicht marktkonforme Institutionen können dagegen die Transaktionskosten durchaus auch erhöhen.

[182] Siehe auch *Leipold* (1996, S. 98 f.): „... ist *North* auf dem Wege, sich vom ökonomischen Erklärungsansatz zu lösen und sich vielleicht unbewußt oder ungewollt dem evolutorischen Ansatz anzunähern.“ Dieser methodische Pfadwechsel ist bisher jedoch noch nicht überzeugend gelungen." Sobald sich *North* endgültig von der gleichgewichtstheoretischen Transaktionskostentheorie zur Erklärung des Wandels von Institutionen löst, ist m.E. auch der methodische Pfadwechsel überzeugend gelungen, wobei auch der evolutorische Ansatz ein ökonomischer Ansatz ist.

lierten Überlegungen zum Lernverhalten des *homo discens* absolut kompatibel ist.

Nach diesem Theorievergleich ist es abschließend noch notwendig, die Diskussion um ein zur Neoklassik alternatives Effizienzkriterium für die evolutionäre Institutionenökonomik zu führen sowie die Frage zu klären, ob politische Eingriffe in den Mechanismus der unintendierten Evolution von Institutionen immer auch eine Anmaßung von Wissen darstellen.

4.5. Kriterien evolutionärer Effizienz und die Erfolgschancen intendierter institutioneller Reformen

„Die Möglichkeit aber, Institutionen zu manipulieren, sie zu Instrumenten der Politik zu machen, ist möglicherweise die folgenschwerste gesellschaftliche Entdeckung, die die Menschen in der Neuzeit gemacht haben" (*Watrin* 1992, S. 212).

Evolutionäre Prozesse sind irreversibel und offen. Dafür sorgt in erster Linie die nicht-antizipierbare Kreativität menschlichen Verhaltens. Neuerungen fließen so in den Prozeß ein, die *ex ante* nicht bekannt sein können. Deshalb ist es nicht möglich, im strengen Sinne einen evolutionären Effizienzbegriff zu entwickeln, der direkt am Suchprozeß als Entdeckungsverfahren ansetzt. Es ist allein möglich - und mehr soll hier auch nicht versucht werden - Überlegungen zu institutionellen Arrangements zu formulieren, die den Rahmen für offene evolutionäre Marktprozesse bilden.

Ein geeigneter institutioneller Rahmen erleichtert Koordinationsaufgaben. Außerdem beeinflußt er die Anreize, zu lernen, neue Ideen zu entwickeln und Innovationen durchzusetzen.[183] An diese Überlegungen soll im folgenden angeknüpft werden. Eine evolutionäre Theorie der Institutionen, die das Einwirken von Regeln auf menschliches Verhalten sowie die Evolution von Institutionen selbst zum Gegenstand hat, ist gefordert, einen zur Gleichgewichtstheorie alternativen Effizienzbegriff zu entwickeln, will sie sich bei ihren Aussagen nicht in Beliebigkeit verlieren.

Das neoklassische Effizienzkriterium der Pareto-Effizienz ist jedenfalls nicht in der Lage, als Kriterium für die Erfassung der innovativen Evolutorik von Marktprozessen und ihrer Voraussetzungen zu dienen. Es ist zwar mit dem methodologischen Individualismus vereinbar. Aufgrund seines statischen Chrarakters sowie der darin implizit enthaltenen Wissensannahmen versagt es jedoch als Grundlage für die Beurteilung evolutionärer Prozesse.[184] Hier bedarf es eines evolutionären Effizienzbegriffs, mit dem auch

---

[183] *Kerber* ist der Meinung, daß „... rechtliche Regelungen des Wettbewerbsprozesses erhebliche Auswirkungen auf das Tempo und die Intensität der Suche nach Innovationen und damit auf die Dynamik des evolutionären Marktprozesses [haben]" (*Kerber* 1992, S. 188).

[184] Vgl. *Vaughn* (1995, S. 111 f.), die zusätzlich das Kompensationsprinzip der neoklassischen Wohlfahrtsökonomik mit demselben Ergebnis analysiert. Im Ungleichgewicht fehlt das perfekte Wissen über die Zukunft, gleichgewichtige allokative Effizienz ist nicht möglich. Handeln ist hier vielmehr charakterisiert als Lernprozeß, in dem sich insbesondere auch die Ziele der Wirtschaftssubjekte verändern. Ein statisches Gleichgewichts-Effizienzkriterium ist nicht adäquat, um ökonomische Prozesse im Ungleichgewicht zu modellieren (vgl. *Rothbard* 1979, S. 90). Schon 1965 verweist *Krüsselberg* auf die Bedeutung eines alternativen Effizienzkriteriums: „Effizienz solle somit nicht bloß 'im Sinne der Grenzkosten' (zu verstehen als Grenzkostenvergleich), sondern auch im Sinne der Fähigkeit ver-

Aussagen für eine Theorie möglich sind, die sich mit der ständigen Abfolge von Situationen des Ungleichgewichts auseinandersetzt, wobei der Wirtschaftsprozeß insbesondere als Entdeckungs- und Innovationsprozeß verstanden wird. Wann ist dieser Prozeß nun aber effizient? Ist es möglich, einen zur allokativen Gleichgewichtseffizienz alternativen Effizienzbegriff zu formulieren? Diesen Fragen wird im folgenden nachgegangen.

Vertreter der österreichischen Schule der Nationalökonomie sprechen seit *Mises* und *Hayek* im Zusammenhang mit der Marktprozeßanalyse von der Katallaxie. Die Begriffsverwendung verdeutlicht, daß hier ein Koordinationsmechanismus angesprochen ist, der nicht der Verfolgung eines einzigen Zieles dient, sondern sich dadurch auszeichnet, daß Wirtschaftssubjekte dezentral ihre unterschiedlichen subjektiven Ziele verfolgen können. Dagegen sind die gleichgewichtsorientierten Vergleiche der Neoklassik zwischen individuellem Nutzen und „sozialem" Nutzen zur Ableitung der „sozialen Effizienz" methodisch abzulehnen, da das Konstrukt des „sozialen" Nutzens das Prinzip des methodologischen Subjektivismus, das bei der theoretischen Erfassung der Katallaxie verwendet wird, verletzt.[185] Der Nutzen der Wirtschaftssubjekte ist weder kardinal, so daß er aufaddiert und interpersonell verglichen werden könnte, noch konstant. Durch den Begriff des „sozialen" Nutzens wird die Heterogenität der Wirtschaftssubjekte negiert. Menschen verfolgen i.d.R. weder identische Ziele noch schöpfen sie den gleichen Nutzen aus den verfügbaren Mitteln. Die Opportunitätskosten des Handelns verändern sich ständig. Sie müssen ebenso wie überlegene Ziel-Mittel-Kombinationen im Wirtschafts- und Wettbewerbsprozeß als Entdeckungsverfahren erst herausgefunden werden (vgl. *Egger* 1979, S. 121).[186]

Auch innerhalb der österreichischen Schule gibt es nicht viele Wissenschaftler, die sich mit der Formulierung einer zur Neoklassik alternativen Theorie der Effizienz beschäftigt haben. *Cordato*, der sich als einer der wenigen neben *Kirzner* und *Hayek* intensiv mit der Fragestellung eines Effizienzbegriffs für eine prozeßorientierte ökonomische Theorie auseinandergesetzt hat, weist darauf hin, wie wichtig ein alternativer Effizienzbegriff ist. Es genüge nicht, lediglich die Gleichgewichtstheorie wegen der Ausblendung wichtiger

---

[185] standen werden, überlegene oder allgemein begehrte Neuerungen einzuführen" (*Krüsselberg* 1965, S. 121).
Vgl. *Cordato* (1994, S. 131 f.), *Kirzner* (1981, S. 118 f.), *Kirzner* (1986b, S. 151-155), *Kirzner* (1992a, S. 184 f.), *Rizzo* (1979, S. 80 f.), *Rothbard* (1979, S. 92-94).

[186] *Egger* ist jedoch der Meinung, daß aufgrund der Annahme der subjektiven Rationalität und der damit verbundenen Ablehnung eines objektiven, idealen Referenzkriteriums ein ökonomischer Effizienzbegriff überflüssig sei. Er leitet ein alternatives Effizienzkriterium aus der ethischen Theorie ab. Handlungen innerhalb eines entsprechend ausgestalteten ethischen Rahmens sind nach *Egger* effizient, während Aktivitäten, die ethische Prinzipien verletzen, als ineffizient bezeichnet werden. So unbefriedigend diese Lösung auch sein mag (wer setzt die ethischen Prinzipien fest?; ist Wandel möglich?; inwiefern leiten sich ethische Prinzipien aus der Knappheit ab?), so ist doch auch *Egger* der Meinung, daß sich die ökonomische Theorie ohne ein Effizienzmaß in Beliebigkeit verliere (vgl. *Egger* 1979, S. 121 f.). Selbst *Rothbard* spricht sich überraschenderweise gegen die Möglichkeit eines ökonomischen Effizienzbegriffs und für die Notwendigkeit eines ethischen Effizienzbegriffs - des Konzepts der Gerechtigkeit - zur Beurteilung des für ökonomische Prozesse konstitutiven Rechtsrahmens aus (vgl. *Rothbard* 1979, S. 95). Hier gelten jedoch die gleichen Einwände wie gegen das Konzept von *Egger*.

Problemstellungen aus der Theorie zu kritisieren.[187] Notwendig sei vielmehr die Formulierung alternativer Theorien, die ökonomische Prozesse auch unter Effizienzgesichtspunkten besser erklären können.

Die Ableitung von Kriterien für einen evolutionären Effizienzbegriff ist dabei aus dem „hard core" der österreichischen Theorie vorzunehmen - d.h., unter Berücksichtigung des Handelns unter struktureller Unsicherheit, der Subjektivität des Wissens, Planens und Handelns sowie der Implikationen der historischen Zeit. Nur so ist gewährleistet, daß die evolutionäre Institutionenökonomik über ein funktionsfähiges Effizienzkriterium verfügen könnte, das der Beurteilung evolutionärer Prozesse gerecht wird. Außerdem ist auf die Vereinbarkeit mit der positiven Heuristik des methodologischen Individualismus zu achten.

4.5.1. Findigkeit und Effizienz

Kirzners Vorstellung von gesellschaftlicher Effizienz ist eng mit dem Konzept der Findigkeit verbunden. Er entwickelt seine Überlegungen anhand der Untersuchung und Unterscheidung zweier Wissensprobleme. Das „basic knowledge problem" lautet nach *Kirzner*: „Because of inadequacies in the planner's knowledge of his true circumstances, his plan may fail to yield an attainable optimum" (*Kirzner* 1992a, S. 154). Das grundlegende Wissensproblem ergibt sich aus dem Phänomen der bereits in Kapitel 3.3.2.2. analysierten natürlichen Unwissenheit. Zum anderen ist das von *Hayek* untersuchte Problem des Wissens, nämlich das Problem des verstreuten, nicht-zentralisierbaren Marktwissens über die Nutzung der Umstände von Ort und Zeit, zu nennen. Beide Beschränkungen des Wissens berücksichtigt *Kirzner* im folgenden.

Der natürlichen Unwissenheit stehen alle handelnden Individuen gegenüber. Individuelle Lernprozesse können deshalb lediglich subjektive Effizienz garantieren. Infolge von individuellen Lernprozessen wird das Wissen verbessert und subjektiv superiore Ziel-Mittel-Kombination werden erreicht und genutzt. Wegen der im Ungleichgewicht natürlichen Unwissenheit ist es für den einzelnen jedoch nicht möglich, durch autonome, individuelle Lernanstrengungen eine objektiv optimale Situation zu erreichen (vgl. *Cordato* 1980, S. 396 f.).[188]

Wegen des grundlegenden Wissensproblems ist es auch nicht möglich, einen evolutio-

---

[187] Angesprochen sind beispielsweise die Berücksichtigung echter Unsicherheit, die sich aus der Endogenität innovativer Prozesse ergibt, sowie die konsequente Berücksichtigung der Subjektivitäten, die sich *vor* dem Gleichgewicht nicht nur auf den Nutzen, sondern auch auf die Kosten, d.h. den entgangenen Nutzen, die Rationalität, das Wissen und die Erwartungen erstrecken.

[188] *Kirzner* diskutiert u.a., daß ein zentraler Planer vor dem doppelten Wissensproblem steht, das in der Gesellschaft verstreute, relevante Wissen nicht zentralisieren zu können, sowie bei seiner Planung u.U. ineffizient zu handeln. Es besteht prinzipiell immer die Möglichkeit, daß sich sein subjektives Wissen über die objektiven Planbedingungen signifikant von dem unterscheidet, was er wissen könnte, wenn er findiger gehandelt hätte. Die Ineffizienz zentraler Planung ergibt sich somit zum einen aus dem grundlegenden Wissensproblem - dem sich jedes handelnde Subjekt ausgesetzt sieht - und zum anderen aus dem von *Hayek* lokalisierten Problem der mangelnden Zentralisierbarkeit von Wissen (vgl. *Kirzner* 1992a, S. 158; *Streit* 1992, S. 10).

nären Begriff der Effizienz allein bezogen auf individuelle Lernanstrengungen zu entwickeln. Wie bereits untersucht worden ist, vertritt *Kirzner* die Meinung, daß sich der im evolutionären Prozeß ergebende „natürliche" Mangel an individuellem Wissen nicht für die mögliche Ineffizienz des Handelns von Wirtschaftssubjekten verantwortlich machen läßt. Der Maßstab für Effizienz kann lediglich die Nutzung des im evolutionären Prozeß maximal verfügbaren individuellen Wissens sein. Nicht vorhandenes Wissen, das wegen der natürlichen Unwissenheit auch nicht durch autonome, individuelle Lernanstrengungen erworben werden kann, stellt nach *Kirzner* dagegen kein Kriterium für individuelle Ineffizienz dar (vgl. *Kirzner* 1987, S. 47 f.).

In der Situation natürlicher Unwissenheit kommt deshalb dem Marktmechanismus eine überragende Bedeutung zu. Nach *Kirzner* bewegt sich das Marktsystem als unintendierte Folge des findigen Schließens von Koordinationslücken in Richtung Effizienz. Lücken in der Koordination rufen findige Unternehmer hervor, die erkannte Gewinnchancen wahrnehmen und das System dadurch in Richtung Gleichgewicht führen. Damit wird deutlich, daß für *Kirzner* die Bewegung des Marktprozesses in Richtung Gleichgewicht eine Bewegung in Richtung gesellschaftlicher Effizienz darstellt.[189] Die Unternehmeraufgabe bestehe darin, „... etwas zu entdecken, das bereits kostenlos vorhanden ist" (*Kirzner* 1987, S. 48). Die Lücken der Koordination am Markt und damit die Gewinngelegenheiten, die sich durch unternehmerisches Handeln erzielen lassen, stellen demnach das Maß für die Ineffizienz im Marktprozeß dar. Der Prozeß ist effizient, wenn er Wissen „produziert", das durch *autonome* individuelle Lernanstrengungen allein nicht erreicht werden könnte (vgl. *Vaughn* 1995, S. 113).[190]

Vor diesem Hintergrund liegt nun aber die Frage nahe, wie die effizienteste Struktur der Unternehmungen in einer Volkswirtschaft aussieht. *Kirzner* gibt hier eine Antwort, die *Krüsselberg* in der Auseinandersetzung mit dem neoklassischen Leitbild der vollkommenen Konkurrenz schon früh als wettbewerbspolitisches Leitbild eingefordert hat: das Kontinuum effizienter Unternehmensgrößen.[191] *Kirzner* formuliert: „Competition between firms of different sizes and scope will tend, therefore, to reveal the optimal extent of such 'central planning'" (*Kirzner* 1992a, S. 162).[192]

---

[189] Vgl. *Cordato* (1980, S. 398 f.) und siehe *Cordato* (1992, S. 47): „In *Kirzner's* framework, knowledge, coordination, equilibration, and efficiency always move in the same direction."

[190] Eine gewisse Schwäche der Betonung der natürlichen Unwissenheit bei der Übertragung dieser Perspektive auf die Suche nach einem evolutionären Effizienzkriterium wird hier deutlich. Zu keinem Zeitpunkt des evolutionären Prozesses kann spezifiziert werden, was durch autonome individuelle Lernanstrengungen noch erlernt werden kann bzw. ob die Grenze der natürlichen Unwissenheit schon erreicht ist. Für das Individuum bedeutet dies, daß der ständige Prozeß des Testens von Hypothesen, um Vermutungswissen zu erarbeiten, niemals enden wird. Gleichwohl ist darauf hinzuweisen, daß die fehlende Spezifizierung der Lücke des subjektiv vorhandenen Wissens und der Grenze der natürlichen Unwissenheit, die gleichsam das Maximum der durch autonome Lernanstrengungen erreichbaren Wissenmenge darstellt, für *Kirzner* kein Problem ergibt. Letztendlich setzt er nämlich nicht an den autonomen Lernanstrengungen der Individuen an, sondern betrachtet den Marktprozeß, der durch findige Unternehmer in Richtung Gleichgewicht bewegt wird.

[191] Vgl. *Krüsselberg* (1980b, S. 99-103), *Krüsselberg* (1983a, S. 90-94), *Krüsselberg* (1997, S. 171).

[192] Vgl. auch *Fehl*, der ebenso aus der evolutorischen Perspektive - d.h. unter Berücksichti-

Sind schließlich alle Gewinngegelegenheiten durch findiges, unternehmerisches Verhalten entdeckt, ist die Situation optimaler gesellschaftlicher Effizienz erreicht. Dieser Zustand ist jedoch durch den idealen Gleichgewichtszustand der vollkommenen Konkurrenz auf allen Märkten gekennzeichnet und mit dem Begriff der Pareto-Effizienz unter Berücksichtigung des Kompensationskriteriums belegt. *Kirzners* Vorstellung eines effizienten Systems, in dem Unternehmer infolge des Schließens von Koordinationslücken als unintendiertes Ergebnis Wissen produzieren und durch die Vermehrung des Wissens das System zu immer mehr Koordination führen, läßt sich somit mit dem Gleichgewichts-Effizienzbegriff der Neoklassik verbinden. Der Unterschied besteht lediglich darin, daß *Kirzner*, vor dem Hintergrund der im Ungleichgewicht wegen des grundlegenden Wissensproblems gegebenen natürlichen Ineffizienz, schon den Koordinationsprozeß in Richtung Gleichgewicht als effizient bezeichnet und nicht nur das Gleichgewicht an sich, das er zudem in komplexen Gesellschaften als nicht erreichbar ansieht. Die effizienteste Situation stellt nach dieser Argumentation jedoch sowohl für *Kirzner* als auch für die Neoklassik das Gleichgewicht bei vollkommener Konkurrenz auf allen Märkten dar.

Die Prozeßsicht *Kirzners* stellt zwar einen Fortschritt im Hinblick auf die Formulierung eines zur Neoklassik alternativen Effizienzkriteriums dar. Sie basiert jedoch auf der umstrittenen These, daß unternehmerisches Handeln die Gleichgewichtstendenz von Marktprozessen garantiere (vgl. *Cordato* 1992, S. 47 f.). Diese Annahme gibt *Kirzner* nie auf. Wie bereits in Kapitel 3.3.2.2.3. erläutert, deutet er die Kreativität menschlichen Handelns, die sich u.a. in der Fähigkeit zur „Imagination" offenbart, als Teil des Handlungspotentials von findigen Unternehmern. Die Fähigkeit zur Kreativität stellt danach eine Voraussetzung zum findigen Schließen auch intertemporaler Koordinationslücken dar. Sie dient jedoch nicht der Schaffung neuer Koordinationslücken, die ja immer nur exogen entstehen können. Wie ebenfalls bereits diskutiert worden ist, muß eine Zunahme des Wissens der Marktakteure nun aber nicht unbedingt in Richtung verstärkter Koordination wirken (vgl. *Gordon* 1993, S. 106). Vielmehr bestehen Zweifel, ob die Frage der Tendenz von Marktprozessen in Richtung Gleichgewicht oder Ungleichgewicht überhaupt sinnvoll gestellt ist - jedenfalls, wenn die Offenheit und Irreversibilität evolutionärer Prozesse berücksichtigt wird. Genau unter Berücksichtigung dieser Fragestellung entwickelt *Cordato* das Kriterium der katallaktischen Effizienz, das im nächsten Kapitel untersucht wird.

Zuvor ist jedoch noch die Rolle des institutionellen Rahmens als Voraussetzung für (evolutionäre) Effizienz zu untersuchen. Nach *Kirzner* muß der institutionelle Rahmen so ausgestaltet sein, daß Unternehmer die Funktion der Entdeckung von Koordinationslücken auf Märkten wahrnehmen können, um so die Effizienz des Marktprozesses zu sichern. Märkte als Koordinationsmechanismen werden deshalb favorisiert, weil sich im Prozeß der Evolution von regelbegründeten Ordnungen bisher noch keine Ordnung

---

gung des Aspekts der Entdeckung von Wissen - das Konzept der optimalen Unternehmensgröße ablehnt (vgl. *Fehl* 1988b, S. 349-353). Siehe auch *Kerber* und *Vanberg* (1994, S. 8): „Consequently, heterogeneity of firms and diversity of their ‚conjectures' are not shortcomings of the market process, as the concept of market imperfections suggests, but an essential positive resource. Evolutionary competitive processes generate more knowledge, if a larger variety of hypotheses are advanced and tried out."

entwickelt hat, mit deren Hilfe das Wissensproblem in komplexen Gesellschaften besser gelöst werden könnte, als eben mit der Ordnung des Marktes (vgl. *Hayek* 1989, S. 397; *Kirzner* 1992a, S. 113 f.). Hier läßt sich auch ein logischer Zusammenhang zu *Lists* Milieutheorie des Lernens herstellen. *Kirzner* spricht ähnlich wie *List* von einem „Klima" (besser: institutionellen Rahmenbedingungen), das notwendig sei, um findige Unternehmeraktivitäten anzuregen.[193] Die Effizienz eines ökonomischen Systems hängt dann davon ab, inwiefern es die Kapazität besitzt, Entdeckungen zu induzieren: „We are interested in the extent to which an economy possesses *a capacity to induce discoveries* ..." (*Kirzner* 1990b, S. 34). In diesem Zusammenhang stellt sich jedoch die Frage, ob eine vorsichtigere Formulierung nicht angebracht wäre. Da Institutionen (nicht nur kreatives) menschliches Verhalten lediglich beeinflussen, erscheint es passender, davon zu sprechen, daß der institutionelle Rahmen so ausgestaltet sein sollte, daß kreative unternehmerische Aktivitäten nicht unterdrückt werden und daß die Diffusion des Wissens über findiges Unternehmerhandeln nicht durch die institutionellen Rahmenbedingungen behindert wird. Der Vorgang der kognitiven Kreation selbst bleibt für die Wissenschaft nach wie vor eine „black box".[194] Deshalb ist es jedoch auch schwierig, den Einfluß der Institutionen auf die „Induzierung von Entdeckungen" abzuschätzen.

Als konstitutive Voraussetzung effizienzfördernder marktlicher Prozesse ist jedenfalls die Gewährleistung individueller Freiheit durch geeignete institutionelle Rahmenbedingungen notwendig (vgl. *Kirzner* 1992a, S. 52). Da der Ansatz von *Kirzner* auf der gewinnmotivierten Entdeckung von Ineffizienzen, nämlich Koordinationslücken, durch findige Marktteilnehmer beruht, sind aus dieser Perspektive staatliche Interventionen in den Marktmechanismus mit Gefahren verbunden. Dadurch kann die effizienzfördernde Wirkung findiger Unternehmer empfindlich gestört bzw. im Extremfall sogar außer Kraft gesetzt werden - es entstehen u.U. staatliche Markteintrittsbarrieren.[195] Vor diesem Hintergrund ist es deshalb notwendig, Kriterien zur Beurteilung institutioneller Reformen zu entwickeln, die dem Vorwurf der Anmaßung von Wissen nicht ausgesetzt sind.[196]

4.5.2. Katallaktische Effizienz

Cordato arbeitet mit dem Begriff der katallaktischen Effizienz. Schon *Mises* und *Hayek* bezeichnen, wie gesagt, die Marktordnung als „Katallaxie". Grund ist der schon durch den Namen ausgedrückte wichtigste Charakter der so bezeichneten Ordnung,

---

[193] „Solch ein Klima wird gefördert, wenn Menschen neuen Ideen gegenüberstehen, wenn Unternehmer von ihren - immer noch riskanten Aktivitäten - auch selbst profitieren können und wenn überall Wettbewerb toleriert wird, in dem niemand priviligiert wird oder geschützt ist gegen die stimulierenden Winde unternehmerischen Wandels" (*Kirzner* 1987, S. 49).

[194] Endogene, spontane Kreativität begründet die Indeterminiertheit menschlicher Handlungen (vgl. *Hesse* 1992, S. 118). Zumindest im Moment scheint es für Ökonomen (und wohl auch für andere Sozialwissenschaftler) keine Methode zu geben, um in die „black box" des Prinzips der kognitiven Kreation weiter einzudringen (vgl. *Hesse* 1995, S. 27 f.).

[195] Die Möglichkeit der Verhinderung oder auch nur Veränderung von (reinen) Gewinnmöglichkeiten durch den Staat führt dazu, daß *Kirzner* selbst staatliche Wettbewerbspolitik als interventionistisch ablehnt (vgl. *Kirzner* 1990b, S. 37 f.).

[196] Vgl. dazu das Kapitel 4.5.4.

nämlich daß sie „... der Erzielung einer Vielheit von individuellen Zwecken zuträglich sein kann, die in ihrer Gesamtheit niemand kennt" (*Hayek* 1969i, S. 255).[197] Die Katallaxie ist demnach charakterisiert durch eine Vielzahl individueller Ziele der Wirtschaftssubjekte sowie durch den Tatbestand des verstreuten Wissens - insbesondere des Wissens über die Nutzung der Umstände von Ort und Zeit. Damit wird darauf hingewiesen, daß es zumindest in demokratischen Gesellschaften keine Hierarchie der Ziele oder eine Homogenität der Nutzen und Werte gibt (vgl. *Cordato* 1992, S. 57 f.).[198]

Ebenso wie *Kirzner* wendet sich *Cordato* gegen ideale Effizienzbegriffe der Gleichgewichtstheorie. Ökonomische Effizienz muß so formuliert werden, daß sie sich auf die Konsistenz des individuellen Ziel-Mittel-Rahmens unter Berücksichtigung des Möglichkeitenraums eines Individuums bezieht, d.h. vor allem des Handelns unter struktureller Unsicherheit mit lediglich begrenztem Wissen über die Umstände von Ort und Zeit. Die in diesen Beschränkungen ausgedrückten „natürlichen" Ineffizienzen sind nicht politikrelevant und schon gar kein Zeichen für Marktversagen (vgl. *Cordato* 1980, S. 400 f.; *Cordato* 1992, S. 59 f.).[199]

Katallaktische Effizienz muß bezogen auf die subjektive Rationalität der Wirtschaftssubjekte formuliert werden. Dabei müssen allerdings die institutionellen Rahmenbedingungen, welche die gesellschaftlichen Wissensbedingungen beeinflussen, direkt berücksichtigt werden. Der institutionelle Rahmen muß garantieren, daß das in Wirtschaftsprozessen von den Subjekten erreichbare und in diesem Sinne *nutzbare* Wissen koordiniert und genutzt wird. Der Unterschied zur allokativen Effizienz der Pareto-Optimalität besteht gerade darin, daß eben nicht alles „objektive" Wissen genutzt werden kann. Nicht die Vermeidung *natürlicher* Ineffizienzen erscheint als Ideal - dies ist bei subjektiver Rationalität nicht zu leisten -, sondern die Vermeidung *gesellschaftlicher* Ineffizienzen. Demnach ist nach *Cordato* katallaktische Effizienz „... to be judged by the extent to which the catallaxy encourages individuals existing in a social context, to pursue their own goals as consistently as possible" (*Cordato* 1992, S. 62).[200]

Im Gegensatz zu *Kirzner* vermeidet *Cordato* somit die Gleichsetzung von Wissenszunahme, Koordinationszunahme und Effizienz. Infolge der Zunahme des Wissens im Marktprozeß durch die findige Arbitragetätigkeit einzelner Marktteilnehmer kann es durchaus auch zur Diskoordination auf der Marktebene kommen. Insbesondere die Subjektivität der Lernanstrengungen sowie der Erwartungsbildung führt im evolutionären Prozeß u.U. dazu, daß die Zunahme des Wissens und damit des Handlungspotentials der

---

[197] Vgl. auch *Hayek* (1969g, S. 225), *Streissler* (1993, S. 28).

[198] Damit umgeht *Cordato* von vornherein ein Problem, das *Rizzo* anprangert. *Rizzo* diskutiert die Möglichkeit eines Effizienzbegriffs innerhalb der ökonomischen Theorie des Rechts und kommt zu dem Ergebnis, daß viele Wissenschaftler implizit die Effizienzkonzeption eines wohlmeinenden Diktators verwenden: „This is the efficiency conception of the central planner: he tries to minimize or maximize objectively measurable costs and benefits using either his own subjective or some pseudo-objective probability distributions" (*Rizzo* 1979, S. 86).

[199] Auch *Böhm* wendet sich gegen die ebenso weitverbreitete wie falsche Vorgehensweise der Formulierung eines idealen, nicht-erreichbaren Zustandes, der als Referenzkriterium zur Messung von Effizienz eines sozialen Systems verwendet wird (vgl. *Böhm* 1994a, S. 167).

[200] Vgl. auch *Cordato* (1980, S. 396-400).

Wirtschaftssubjekte aufgrund des dadurch angeregten innovativen Verhaltens nicht zu einer verstärkten Koordination auf den Märkten führt. *Cordato* formuliert den Effizienzbegriff der katallaktischen Effizienz folgerichtig ohne die problematische Annahme der Gleichgewichtstendenz von Marktprozessen. Die Effizienz des sozialen Systems wird an dem Maßstab gemessen, inwiefern das System es den Wirtschaftssubjekten ermöglicht, ihre subjektiven Ziele zu erreichen.[201]

Cordatos Theorie der Effizienz vermeidet jedoch nicht nur die Gleichsetzung von zunehmender Koordination und Effizienz, sondern berücksichtigt von vornherein die Bedeutung des institutionellen Rahmens. Die Aussagen zur institutionellen Ebene der katallaktischen Effizienz sind dabei immer vor dem Hintergrund des individuellen Wissensproblems zu verstehen (vgl. *Cordato* 1994, S. 132).[202] *Cordato* sucht nach dem institutionellen Rahmen, der den „... open-ended process of pursuing goals, where people make mistakes, readjust their plans in light of information, and continue on" (*Cordato* 1992, S. 64 f.), ermöglicht. Dabei leitet er aus der abstrakten Effizienzanforderung, die darin besteht, denjenigen institutionellen Rahmen bereit zu stellen, der den Wirtschaftssubjekten ihre ökonomischen Freiheiten sichert, einige konkrete Voraussetzungen ab. Zunächst muß der freie Zugang zu ökonomisch relevanten Ressourcen zugelassen werden. Dies sind zum einen natürliche Ressourcen, zum anderen geht es aber auch um den Zugang zu Informationen. Mit frei ist nicht kostenlos gemeint, sondern lediglich rechtlich zugänglich. Dazu ist die eindeutige Definition und Durchsetzung von Verfügungsrechten notwendig. Privateigentum und die Institution des Tauschs auf Märkten, wodurch Wissen diffundiert, sind wichtige Voraussetzungen für die Garantie katallaktischer Effizienz. Diese Institutionen stellen die Voraussetzung für die effiziente Verfolgung individueller Ziele unter Berücksichtigung des Wissensproblems in der Zeit dar.[203]

Cordato ist der Meinung, hiermit Existenzbedingungen eines institutionellen Rahmens formuliert zu haben, der katallaktische Effizienz garantiert. In einer Welt, in der „... inefficiency is a fact of life" (*Cordato* 1994, S. 135), stellen entsprechend ausgestaltete Ordnungsbedingungen die Voraussetzung für die subjektive, nicht-antizipierbare Zielverfogung der Individuen dar. Der Begriff der katallaktischen Effizienz berücksichtigt damit die Offenheit evolutionärer Prozesse. Es sollte jedoch deutlich geworden sein, daß *Cordato* damit Effizienzbedingungen formuliert, die *Eucken* schon Jahrzehnte früher als Elemente des Grundgedankens der Wirtschaftsverfassung entwickelt hat - Privateigentum, Vertragsfreiheit, Wettbewerb und Offenheit der Märkte (vgl. *Eucken* 1959, S. 52 f.). *Cordato* sieht die entsprechende Ausgestaltung des institutionellen Rahmens, der von *Eucken* durch die regulierenden und konstituierenden Prinzipien weiter konkretisiert

---

[201] „The problem consists in constructing an organized social system that will most efficiently utilize the limited resources of 'society' for the satisfaction of the desires of 'society' for consumer goods and services. (...) Efficiency for a social system means the efficiency with which it permits its individual members to achieve their several goals" (*Kirzner* 1963, S. 35). Vgl. auch *Cordato* (1980, S. 397), *Cordato* (1994, S. 132).

[202] *Hayek* diskutiert diese Gedankengänge im Zusammenhang mit der Ableitung von Allgemeinregeln aus den „fundamentalen Grundsätzen des Individualismus". Ihm geht es hier darum, eine Gesellschaftsordnung zu finden, die in der Lage ist, „... das Gesamtausmaß von Zwang auf ein Minimum zu reduzieren" (*Hayek* 1952a, S. 29).

[203] Vgl. *Cordato* (1992, S. 64f.), *Cordato* (1994, S. 133 f.), *Gordon* (1993, S. 107).

wird, als Voraussetzung für die Existenz katallaktischer Effizienz an. Diese Art der Effizienzbezeichnung war *Eucken* fremd, da er sich auf die Ordnungsvoraussetzungen konzentrierte, die den Preismechanismus nach dem Ideal der vollständigen Konkurrenz garantieren sollten. Trotzdem wird deutlich, daß die Ordnungsvorstellungen des *Euckenschen* Ordoliberalismus wesentlich weiter ausgearbeitet sind als beispielsweise *Cordatos* Vorstellungen zu diesem Thema.[204]

In Übereinstimmung mit *Cordato* spricht darüber hinaus auch *Vaughn* davon, daß „institutionelle Effizienz" die größtmögliche Nutzung des existierenden Wissensstands zum Gegenstand hat. Die Fragestellung der institutionellen Effizienz lautet „... what kind of institutions were most likely to generate the knowledge necessary to act economically" (*Vaughn* 1990, S. 393).[205] Dabei geht es in Anlehnung an *Hayek* vor allem um das Wissen über die Nutzung der Umstände von Ort und Zeit.

Cordatos katallaktische Effizienz - bzw. *Vaughns* institutionelle Effizienz - ist demnach insgesamt dann gegeben, wenn unter Berücksichtigung der im evolutionären Prozeß nicht zu verhindernden „natürlichen Ineffizienzen" die größtmögliche Nutzung des volkswirtschafltich existierenden Wissensstands gewährleistet ist. Dies beinhaltet, wie gesagt, die ordungstheoretische Frage nach dem institutionellen Rahmen, der dies leistet. In der Geschichte der Menschheit ist nun noch kein Mechanismus mit höherer Effizienz als der Marktmechanismus bekannt geworden. Er gewährleistet, daß verstreutes Wissen diffundiert, wenn die - bei *Eucken* nachzulesenden - konstituierenden Prinzipien garantiert werden. Als unintendiertes Ergebnis ihres Handelns tragen gewinn- bzw. nutzenorientiert handelnde Marktteilnehmer dazu bei, daß ihr zunächst privates, subjektives Wissen über Marktpreise und andere Aktionsparameter den übrigen Wirtschaftssubjekten vermittelt wird. Dieser (nicht kostenlose) Mechanismus, der „Wettbewerb als Entdeckungsverfahren", führt in Marktwirtschaften dazu, daß die größtmögliche Menge an Wissen wirtschaftlich genutzt wird. Eng verbunden ist der Begriff der katallaktischen Effizienz demnach mit den Vorstellungen *Hayeks* zur Wissensnutzung.[206] Voraussetzung für die größtmögliche Menge an Wissensnutzung im evolutionären Wirtschaftsprozeß stellt die Schaffung individueller Freiheit durch Dezentralisation dar, die gewährleistet, daß die individuelle Kenntnis der besonderen Umstände von Ort und Zeit sofort umgesetzt und damit als unintendiertes Ergebnis volkswirtschaftlich nutzbar gemacht wird (vgl. *Hayek* 1952c, S. 111 f.; *Streissler* 1993, S. 20, 24). Katallaktische Effizienz wird damit nicht in erster Linie bezogen auf die Allokation knapper Ressourcen definiert, sondern auf den Mechanismus der Diffusion von Wissen, ohne dabei *Kirzners* Vorstellung von der dadurch hervorgerufenen Gleichgewichtstendenz des Marktprozesses zu folgen

---

[204] Auch wenn diese Arbeit in erster Linie auf die Weiterentwicklung der österreichischen Schule abstellt, stellt sie im Bereich der institutionellen Voraussetzungen für effiziente Wirtschaftsprozesse ebenso den Versuch der Aufarbeitung und Fortführung ordoliberaler Thesen dar.

[205] Vgl. auch *Krüsselberg* (1984b, S. 54 f.).

[206] Vgl. *Hayek* (1969g, S. 226), *Hayek* (1969i, S. 249, 256 f.), *Kirzner* (1992a, S. 152 f.), *Streissler* (1993, S. 15), *Streit* (1992, S. 10 f.). Siehe auch *Hayek* (1952c, S. 115): „Das bedeutungsvollste an diesem System ist die Wirtschaftlichkeit, mit der es das Wissen ausnützt." Siehe außerdem *Böhm* (1994a, S. 172): „For *Hayek*, the market is an epistemic institution which serves to economize on the scarcest of all resources - knowledge."

ieht. Eine evolutio-
näre Theorie der Effizienz kann nicht bei Feststellungen zur Diffusion gegebenen Wissens verharren. Es muß eine Auseinandersetzung stattfinden mit der schwierigen Frage,
wie gewährleistet werden kann, daß *neues* Wissen zum bisherigen Wissensstand hinzugefügt *und* genutzt wird. Diese Aufgabe wird im nächsten Kapitel angegangen.

4.5.3. Kriterien evolutionärer Effizienz - Versuch einer Fixierung

Im Sinne des methodologischen Individualismus müssen Kriterien evolutionärer Effizienz an der Ebene des Individuums anknüpfen und diese mit den Wirkungen des institutionellen Rahmens verbinden. Evolutionäre Prozesse sind durch Offenheit gekennzeichnet, da das individuelle, kreative Testen von Neuerungen, die dadurch in den Prozeß
einfließen, nicht antizipiert werden kann. Das führt wiederum dazu, daß es logisch ausgeschlossen ist, einen evolutionären Effizienzbegriff zu formulieren, der sich direkt auf
den offenen Prozeß bezieht. Deshalb müssen Kriterien evolutionärer Effizienz an der
institutionellen Ebene anknüpfen.

Zunächst besteht das wissenschaftstheoretische Problem, wie eine konsequente Pro-
zeßorientierung des Effizienzbegriffs geleistet werden kann. Die Benennung einer bestimmten effizienzsichernden institutionellen Ordnung garantiert nicht die Lösung
zukünftiger Herausforderungen, die sich durch die Integration neuen Wissens in entwickelten Gesellschaften ergeben. Ein evolutionärer institutioneller Effizienzbegriff kann
deshalb nicht einen bestimmten Ordnungsrahmen benennen, der unabhängig von Ort und
Zeit die Durchführung von Innovationen gewährleistet. Hierbei besteht außerdem das
Problem, daß durch Innovationen durchaus auch volkswirtschaftliche Probleme entstehen
können. Deshalb ist nur die Existenz von Innovation als notwendiger Teil von Lernprozessen positiv einzuschätzen, nicht aber auch schon jeder denkbare Inhalt. Aufgabe ist
es demnach insgesamt, *verfahrenseffiziente* Kriterien anzuführen, die sichern, daß sich
die institutionellen Rahmenbedingungen mit den aus dem kreativen Testen von Hypothesen ergebenden Anforderungen an die Ordnung mitentwickeln.[208]

---

[207]   Hayek ist sehr (zu?) optimistisch, was die Leistung des Preismechanismus angeht: „Im
wesentlichen ist es also so, daß in einem System, in dem die Kenntnis der relevanten Fakten
unter viele Menschen verteilt ist, die Preise imstande sind, die gesonderten Tätigkeiten der
verschiedenen Menschen in derselben Weise zu koordinieren, wie die subjektiven Werte
dem Individuum helfen, die verschiedenen Teile seines Planes zu koordinieren" (*Hayek*
1952c, S. 113).

[208]   So im Prinzip bezüglich der Funktionsfähigkeit von Wettbewerb auch schon *Hoppmann*:
„Weil die Evolution des Marktsystems fortlaufend neue, nicht vorhersehbare Probleme
hervorruft, läßt sich ein konsistentes System von Verhaltensregeln, das Funktionsbedin-
gung für Wettbewerb ist, nicht ausarbeiten. Jedoch sind Aussagen über Anpassungen
möglich ..." (*Hoppmann* 1981, S. 230). Siehe auch *Fehl* (1988a, S. 165): „Damit wird
hinreichend deutlich, daß sich die Chancen für Freiheit und Wettbewerb eben nicht auto-

In diesem Sinne wird folgende Hypothese aufgestellt, die im weiteren kritisch getestet werden soll. *Evolutionäre institutionelle Effizienz* liegt danach vor, wenn die größtmögliche *gesellschaftliche* Nutzung des vorhandenen Wissensstandes gewährleistet ist (natürliche Ineffizienzen sind nicht angesprochen) *und* die Vermehrung *und* Nutzung des Wissensstandes über entsprechende Mechanismen dauerhaft ermöglicht werden.[209] Bezogen auf die individuelle Ebene formuliert, ist evolutionäre institutionelle Effizienz außerdem gegeben, wenn sich infolge evolutionärer Prozesse das individuelle Handlungspotential erhöht. Neues Wissen ergibt sich dadurch, daß Menschen lernen. Dazu müssen sie Gelegenheit bekommen. Deshalb kann evolutionäre institutionelle Effizienz auch folgendermaßen eingefordert werden: „Weil der Mensch ein Wesen ist, das aus der Erfahrung lernen muß, darum sind die Institutionen am produktivsten, die ihm kein bestimmtes Handeln vorschreiben, sondern Lernprozesse institutionalisieren" (*Jonas* 1968, S. 97).

Gesellschaftlich genutztes und nutzbares Wissen beinhaltet von vornherein den Koordinationsaspekt. Es stellt sich die Frage, wie komplementäres Wissen zu dem bisher über den Marktmechanismus genutzten Wissen in den Prozeß eingespeist werden kann. Durch die Vorarbeiten über die Theorie des Lernens ist es nun möglich, diese Anforderungen an den institutionellen Rahmen zu konkretisieren. Es wurde herausgearbeitet, daß problemlösendes Lernen durch den Vorgang des Testens von Hypothesen charakterisiert ist. Wirtschaftssubjekte stellen Pläne bzw. Hypothesen auf, die ihren Wissensstand bezüglich der zur Erreichung ihrer Ziele vorgenommenen Mittelkombinationen repräsentieren. Durch das Testen ihres Vermutungswissens, d.h. die Durchführung der Pläne, lernen sie hinzu.

Welche Mechanismen garantieren nun, daß vorhandenes Wissen genutzt und durch komplementäres Wissen so vermehrt wird, daß sich die individuellen Handlungspotentiale erhöhen?

Wichtigster Mechanismus für die Diffusion gegebenen Wissens sowie die Produktion neuen Wissens ist der Wettbewerb auf der Marktebene. Die Funktionsfähigkeit von Märkten ist durch den entsprechenden Ordnungsrahmen zu gewährleisten. Es gilt jedoch, den Wettbewerb ebenso auf der institutionellen Ebene wie auf der marktlichen Ebene zuzulassen, um durch das „passing the test of time under competition" negativen Entwicklungen (rechtzeitig) gegensteuern zu können. Der institutionelle Rahmen muß „... eine wettbewerbliche Umwelt sicherstellen, in der etablierte Praktiken stets der potentiel-

---

[209] matisch erneuern, sondern daß im Gegenteil ständig die Gefahr besteht, daß eine oder mehrere der marktlichen Triebkräfte Arbitrage, Akkumulation und Neuerung geschwächt oder gar stillgelegt werden."
In einem interessanten Artikel wendet *Giersch* den Gedanken der *Thünen*schen Ringe auf die Wissensproduktion an. Er kommt zu dem Ergebnis, daß es für die Wissensproduktion günstig sei, je mehr Zentren höchster Ordnung (Kerne der Wissensproduktion) existieren (vgl. *Giersch* 1994, S. 13). Es fehlt jedoch die Ausarbeitung des Gedankens der Wissensnutzung. Ein breiter Strom an Wissensproduktion garantiert keinesfalls von selbst eine intensive Nutzung desselben. Dazu sind ergänzende institutionelle Rahmenbedingungen notwendig. Auf die komplementäre Bedeutung des „Selektionsmechanismus" zum Kriterium der Vielzahligkeit dezentraler Experimente weist z.B. *Schreiter* hin. Erst dann sei der Effizienzmechanismus vollständig (vgl. *Schreiter* 1993, 85-91).

len Herausforderung durch überlegenere Innovationen ausgesetzt sind" (*Vanberg* 1994, S. 45).

Kern des evolutionären Wettbewerbs stellt der Wettlauf der Wirtschaftssubjekte um neues, überlegenes Wissen dar. Der Wettbewerb besitzt demnach sowohl „wissensschaffenden" als auch „wissensverbreitenden" Charakter.[210]

Wettbewerb auf der Markt- sowie den institutionellen Ebenen ist notwendig, weil dann der Schaden begrenzt ist, wenn Wirtschaftssubjekte Fehler machen, die einen elementaren Bestandteil von Lernprozessen darstellen. Denn aus ihren Fehlern lernen Menschen und stellen ihre Pläne um. Damit ist aber der institutionelle Rahmen aus der evolutionären Perspektive danach zu beurteilen, ob Lernprozesse möglich sind und belohnt werden.[211]

Der institutionelle Rahmen muß dezentrales Testen von Hypothesen innerhalb komplexer Wirtschaften zulassen. Hypothesen, die von Unternehmen auf dezentraler Ebene, nämlich auf der Marktebene, getestet werden oder politische Pläne, die von Gemeinde- sowie Landesbehörden, die untereinander im Wettbewerb (z.B. um Industrieansiedlungen) stehen, durchgeführt werden, stellen ein Verfahren da, mit dem Vermutungswissen relativ schnell getestet *und* ausgewählt werden kann.[212] Stellen sich Pläne bezüglich möglicher Alternativen als inferior heraus, werden, unter Voraussetzung eindeutig und vollständig definierter property rights, die damit verbundenen Kosten von den dezentralen Einheiten getragen, nicht von der gesamten Volkswirtschaft. Die umfassende zentrale Planung seitens des Staates in Zentralverwaltungswirtschaften stellt dagegen ein Extrem dar. Nicht nur, daß gesellschaftlich deutlich weniger Wissen genutzt werden kann als in Marktwirtschaften - hierauf weisen bereits *Mises* und *Hayek* hin -, auch Fehler in der Planung haben aufgrund quantitativ bedeutender Fehlallokationen von Ressourcen volkswirtschaftlich extrem negative Auswirkungen. Der Leitung der Volkswirtschaft nach einem einheitlichen Plan steht als Alternative die Konkurrenzwirtschaft gegenüber, die durch dezentrales Planen der Wirtschaftssubjekte und wirtschaftspolitische Planungs-

---

[210] Vgl. *Fehl* (1990, S. 305), *Hoppmann* (1981, S. 222-224), *Kerber* (1989, S. 67 f.).

[211] „But injection of the possibility of genuine error arising out of simple utter ignorance introduces us to the possibility of *genuine* discoordination - and to the possibility of evaluating the institutional environment in terms of its potential to inspire genuine discovery" (*Kirzner* 1992a, S. 191 (Hervorhebung im Original)). Vgl. auch *Klausinger* (1991, S. 101). *Ritter* spricht in diesem Zusammenhang von der Notwendigkeit der Gewährleistung der „.... Evolutionsfähigkeit von Wirtschaftssystemen. Gemeint sind damit die in einem Wirtschaftssystem bestehenden Möglichkeiten und die diese fördernden Anreize und Strukturen, neue Hypothesen über Problembearbeitungen zu generieren, bestehende Hypothesen zu überprüfen, sie ggf. den sich wandelnden Problemsituationen anzupassen oder durch neue Hypothesen zu ersetzen" (*Ritter* 1995, S. 234 f.). Im folgenden hebt *Ritter* vor allem die Bedeutung des Minderheitenschutzes, der Wettbewerbsfreiheit und der dazu komplementären Meinungsfreiheit (also nach *Lachmann* der äußeren Institutionen) als politische Voraussetzungen innovativer marktlicher Prozesse hervor (vgl. *Ritter* 1995, S. 238 f.).

[212] Vgl. *Vaughn* (1994b, S. 233-235) und siehe S. 236: „Decentralization of experiments serves to limit the consequences of a failed vision." Insbesondere sind Regierungsmonopole abzulehnen, die wettbewerbliches Experimentieren unmöglich machen (vgl. *Hayek* 1988, S. 103).

aktivitäten des föderalen Staates gekennzeichnet ist. Die Koordination marktlicher Pläne geschieht über den Preismechanismus. Über diesen Koordinationsmechanismus ist nicht nur gewährleistet, daß volkswirtschaftlich wesentlich mehr Wissen genutzt werden kann,[213] es besteht zudem die Möglichkeit des individuellen Testens von Hypothesen, d.h. des Fehlermachens und -korrigierens, ohne daß volkswirtschaftlich auf einmal große Mengen an Produktionsfaktoren fehlgeleitet werden. Insbesondere bei Akzeptanz der Existenz von Pfadabhängigkeiten auch bei individuellen Lernprozessen liegt die Annahme nahe, daß die „Produktion" neuen Wissens von der Anzahl der entdeckten und verfolgten Pfade abhängig ist (vgl. *Langlois* und *Everett* 1994, S. 30). In diesem Sinne ist Heterogenität im evolutionären Prozeß nicht nur als Faktum, sondern auch als Ideal zu begreifen.

Insbesondere in evolutionär gewachsenen Institutionen ist mehr Wissen enthalten, als dies jemals bei intendiert geschaffenen Institutionen der Fall sein könnte (vgl. *Baird* 1989, S. 226). Ein System kann demnach dann als effizient bezeichnet werden, wenn es die Evolution von Institutionen zumindest nicht behindert. Bevor jedoch entsprechende Aussagen über den effizienzsichernden institutionellen Rahmen getroffen werden können, ist es notwendig, die Mechanismen der Evolution von Institutionen zu berücksichtigen. Aus dem Charakter der Institutionen und der von ihnen zu erfüllenden Aufgaben ist die Erklärungsrichtung vorgezeichnet. Institutionen entstehen als Reaktion auf individuelle Problemlösungsaktivitäten. Dementsprechend darf im Sinne der katallaktischen Effizienz das problemlösende Verhalten der Wirtschaftssubjekte durch den institutionellen Rahmen nicht be- oder gar verhindert werden. Dabei ist zu berücksichtigen, daß Institutionen zwar über lange Zeiträume die Suche nach überlegenen Ziel-Mittel-Kombinationen verhindern können. Das Streben der Wirtschaftssubjekte, ihre Mittel innerhalb gegebener Ziel-Mittel-Rahmen in die subjektiv besten Verwendungen zu transferieren, kann dagegen sehr viel schlechter unterdrückt werden. Diese Aussagen beruhen auf der These, daß sich in Gesellschaften weniger Menschen innovativ als traditionell verhalten. Dann ist es nämlich einfacher, weniger Menschen in ihrem Streben nach der Verwirklichung neuer Ziel-Mittel-Kombinationen zu unterdrücken, als viele Menschen in ihrem Streben nach der Zielverwirklichung in gegebenen Ziel-Mittel-Rahmen zu behindern. Die Wirkung ökonomischer Gesetzmäßigkeiten begrenzt die Macht von Institutionen, die letzteres zum Ziel haben. Deshalb müssen Kriterien evolutionärer Effizienz vor allem an dem problematischen Punkt der Verhinderung von Innovationen ansetzen.

Mit der Analyse des Spannungsverhältnisses von Macht und ökonomischen Gesetzmäßigkeiten ist außerdem das Phänomen der Pfadabhängigkeit von marktlichen Entwicklungsprozessen angesprochen. Der Regelrahmen zeichnet sich dadurch aus, daß einige Aktionsparameter verboten sind, der Gebrauch anderer dagegen mit Anreizen versehen ist und schließlich eine dritte Gruppe von Aktionsparametern noch keine gesetzliche Berücksichtigung erfahren hat. Es werden je nach Regelrahmen verschiedene Aktionsparameter eingesetzt und weiterentwickelt. Der Wirtschaftsprozeß als offener, histori-

---

[213]   Vgl. *Hayek* (1952c, S. 105 f.) und siehe S. 112: „Wir brauchen Dezentralisation, weil wir nur so erreichen können, daß die Kenntnis der besonderen Umstände von Zeit und Ort sofort ausgenützt wird."

scher und irreversibler Prozeß entwickelt sich in eine bestimmte Richtung. Die Entwicklung dabei ist pfadabhängig (vgl. *Kerber* 1992, S. 188-192). Bezüglich der Formulierung eines evolutionären Effizienzbegriffs bedeutet dies, daß der Regelrahmen so ausgestaltet werden muß, daß das dezentrale Testen neuer Pfade auf der Marktebene nicht verhindert wird. Innovatives Lernverhalten muß demnach tendenziell belohnt werden, ohne daß die Kosten derjenigen Innovationen, deren negative Effekte sich *ex post* herausgestellt haben, „sozialisiert" werden. Dazu müssen auf der Ebene der Institutionen Mechanismen installiert werden, die garantieren, daß eine Ko-Evolution des institutionellen Rahmens und der Ergebnisse innovativen Lernverhaltens stattfindet. Hier wird der Wettbewerb der Regelsysteme und das im föderalen Gesellschaftsaufbau dezentrale, wettbewerbliche Testen von Hypothesen alternativer Politikvorhaben vorgeschlagen. Wettbewerb auf der politischen und der institutionellen Ebene erscheint dabei als Mechanismus, der garantiert, daß möglichst viele Pfade ausprobiert und die besten gesellschaftlich genutzt werden können.

Darüber hinaus erhöht insbesondere das Phänomen der Pfadabhängigkeit die Problematik eines evolutionären Effizienzbegriffs. Pfadabhängigkeiten, die sich durch positive Netzwerkexternalitäten oder spezifische Lerneffekte ergeben können, sind prinzipiell in der Lage zu verhindern, daß die Ergebnisse des Lernprozesses, die den „Test der Zeit" überstanden haben, evolutionär effizient sind (im Sinne der Erhöhung des Handlungspotentials der Menschen). Es kann aufgrund von Pfadabhängigkeiten zu technischen oder auch institutionellen Evolutionsblockaden kommen (vgl. auch *Langlois* und *Everett* 1994, S. 34 f.).

In diesem Zusammenhang wird auch deutlich, daß ein evolutionärer Effizienzbegriff nicht vollständig formuliert ist, ohne die explizite Berücksichtigung einer vermögenstheoretischen Perspektive. In Fortführung des Forschungsansatzes von *Smith* spricht insbesondere *Krüsselberg* von der „Verpflichtung zur Erhaltung des wirtschaftlichen Handlungspotentials" (*Krüsselberg* 1988a, S. 23). Handlungspotential sowie die Existenz freiheitsfördernder Institutionen, wie die Regeln des Marktes, die effizienz- und freiheitsfördernden Tausch institutionalisieren, garantieren die „... Offenheit (von Ordnungen) gegenüber der Zukunft, die Möglichkeit zur Alternative, zur Änderung des Status quo" (*Krüsselberg* 1995, S. 100).

Dabei ist zu beachten, daß das Handlungspotential den Aspekt des Realvermögens dominiert. Wird Realvermögen entwertet und vernichtet, ist es immer noch möglich, daß neues Realvermögen geschaffen wird, wenn Menschen über die entsprechenden Fähigkeiten und das entsprechende Wissen verfügen. Wird Humanvermögen vernichtet, ist der umgekehrte Zusammenhang nicht denkbar. Die Korrelation zwischen der Qualität des Human- und des Realvermögens ist eine kausale. Die Güte des Humanvermögens bestimmt die Nutzung und Schaffung neuen Realvermögens. Im evolutionären Prozeß müssen demnach institutionelle Sicherungsmechanismen existieren, die garantieren, daß entwertetes Humanvermögen als handlungsrelevantes Wissen wieder aufgebaut wird. Anreize sind notwendig, damit die Lernmotivation der Wirtschaftssubjekte gewährleistet bleibt. Sie müssen Fähigkeiten entwickeln, um mit dem im evolutionären Prozeß ständigen Fluß an potentiellen Überraschungen fertig zu werden. Es muß demnach durch den institutionellen Rahmen gewährleistet werden, daß innovative, evolutionäre Prozesse die

Real- sowie Humanvermögensbasis dauerhaft verbessern. Neue Ziele und Mittel können prinzipiell in ökonomische Prozesse integriert werden. Sie müssen sich dabei dem Wettbewerb stellen, der durch die Wertungen Dritter darüber entscheidet, ob sie komplementär oder substitutiv zu bisherigen Mitteln und Zielen verwendet werden (vgl. *Krüsselberg* 1995, S. 100).

Als Problem bleibt der durch innovative Handlungsweisen ausgelöste „schöpferische Prozeß der Zerstörung". Insofern sind innovative Prozesse auch immer durch Vermögensvernichtung und -entwertung gekennzeichnet. Dies bezieht sich sowohl auf das Realvermögen als auch auf das Humanvermögen. Durch Innovationen werden bisherige, in anderen Verwendungen eingesetzte Realvermögensbestände entwertet. Dadurch wird aber auch das zu diesem Einsatz notwendige Wissen der Wirtschaftssubjekte entwertet. Neues Wissen, neue Fähigkeiten vermindern in einem Prozeß schöpferischer Zerstörung den Wert alter Fähigkeiten. Ein evolutionärer, vermögenstheoretischer Effizienzbegriff muß demnach so formuliert werden, daß als Voraussetzung für evolutionäre Effizienz dieser Prozeß nicht nur „Zerstörung" darstellt, sondern das Adjektiv „schöpferisch" das Geschehen tatsächlich auch dominiert. Letztendlich führt damit auch die vermögenstheoretische Perspektive zur Hervorhebung der Bedeutung wettbewerblicher Konkurrenz. Wettbewerb ist nicht nur als wissensschaffender und -verwertender Prozeß gekennzeichnet, sondern eben auch als Kontrollverfahren. Allein der Mechanismus des Wettbewerbs als Kontrollverfahren eigennützigen Verhaltens kann verhindern, daß Wettbewerb als Innovations- und Entdeckungsverfahren Vermögen dauerhaft vernichtet, ohne überlegene Vermögenspotentiale zu schaffen. Auch hier wird noch einmal der Sinn des dogmenhistorischen Rückgriffs auf die Arbeiten der Vertreter der schottischen Moralphilosophie deutlich.

Schließlich kann aus vermögenstheoretischer Perspektive begründet werden, inwiefern Institutionen (gesellschaftliches) Vermögen darstellen. Institutionen als Sammelstellen des in der Vergangenheit im Evolutionsprozeß kritisch getesteten Wissens ermöglichen in komplexen Gesellschaften, die sich durch die endogene Produktion von Ungewißheit auszeichnen, das intentionale Handeln der Wirtschaftssubjekte. Sie erhöhen das individuelle Handlungspotential. In diesem Sinne stellen Institutionen Vermögen dar.[214] Mit dem vermögenstheoretischen Ansatz kann demnach aus einer anderen Richtung *Hayeks* Forderung, mit gewachsenen Institutionen ob ihres wertvollen Charakters vorsichtig umzugehen, untermauert werden.

Insgesamt wird deutlich, daß es zwar einige Ansatzpunkte zur Formulierung eines Kriteriums der evolutionären Effizienz gibt, es jedoch schwierig ist, aus der abstrakten Forderung nach institutioneller Zulassung wettbewerblicher Lernprozesse konkrete ordnungspolitische Handlungsanweisungen abzuleiten. Die Schwierigkeit ergibt sich daraus, daß ein evolutionärer Effizienzbegriff immer in die Zukunft gerichtet ist. Neues Wissen

---

[214] *Buchanan* zufolge machen „bestehende Institutionen, die eine Geschichte haben, (..) einen Teil des Kapitalbestandes eines Gemeinwesens aus" (*Buchanan* 1981, S. 45). Auch *Dietl* spricht mit Verweis auf *Buchanan* davon, daß „Institutionen (..) einen Teil des gesellschaftlichen Kapitals [bilden]" (*Dietl* 1993, S. 55). Da durch gewachsene Institutionen jedoch das Handlungspotential von Menschen im evolutionären Prozeß erhöht wird, muß von gesellschaftlichem Vermögen gesprochen werden.

ist definitionsgemäß heute noch nicht vorhanden. Die fortschrittsfördernden Bedingungen können deshalb heute auch noch nicht definiert werden. Dadurch ist aber die positive Formulierung eines endgültigen, allgemeingültigen effizienten institutionellen Rahmens logisch für offene Prozesse nicht möglich. Es ist jedoch möglich, „... uns Bedingungen vorzustellen, unter denen der Fortschritt zum Stillstand käme" (*Popper* 1987, S. 120). Die institutionelle Analyse der Bedingungen innovativen Verhaltens, die weit über eine reine Analyse psychologischer Neigungen hinausgeht, kann sich demnach über die negative Formulierung der Rahmenbedingungen, die technischen und institutionellen Fortschritt be- oder verhindern, einem evolutionären Effizienzbegriff annähern.

Abstrakt formuliert muß der evolutionäre Effizienzbegriff insgesamt auf die Existenz *und* den Wandel institutioneller Rahmenbedingungen abstellen, die evolutionäre Marktprozesse ermöglichen, da dies der Mechanismus ist, der dafür sorgt, daß gegebenes Wissen verbreitet *und* neues Wissen unter Berücksichtigung des Nutzungsaspekts und damit des Aspekts der Erhöhung des individuellen Handlungspotentials geschaffen wird. Da die Evolution von Institutionen häufig das unintendierte Ergebnis intentionalen, nicht-antizipierbaren Verhaltens darstellt, kann als ordnungspolitische Handlungsanweisung nur die Zulassung von Wettbewerb sowohl auf marktlicher Ebene als auch auf den Ebenen der Institutionen benannt werden. Neben dem Kriterium des Wettbewerbs auf allen Ebenen müssen außerdem Beschränkungen für individuelle Lernanstrengungen aufgehoben werden, insbesondere da der Humanvermögensaspekt den wichtigsten Aspekt für die Evolutorik der Marktprozesse darstellt. Dabei ist als weiteres Kriterium aus der Kostenperspektive das dezentrale Testen von Hypothesen dem zentralen Hypothesen-Testen vorzuziehen. Im Falle positiver Ergebnisse der dezentralen Tests können die Pläne auch auf der zentralen Ebene verwirklicht werden. Sowohl auf der Marktebene als auch auf der Institutionenebene sind die volkswirtschaftlich *erwünschten* unintendierten Ergebnisse des intentionalen Verhaltens der Wirtschaftssubjekte zu nutzen und die *unerwünschten* Ergebnisse zu ändern. Kriterium der Wünschbarkeit stellt dabei der Vermögenszuwachs, insbesondere der Humanvermögenszuwachs im Sinne der Erhöhung des Handlungspotentials in einer Gesellschaft dar.

Im folgenden soll vor dem Hintergund der beschriebenen Schwierigkeiten, den Begriff der evolutionären Effizienz zu konkretisieren, analysiert werden, welche Möglichkeiten eigentlich noch bestehen, intendierte institutionelle Reformen durchzuführen, die nicht dem Vorwurf der Anmaßung von Wissen ausgesetzt sind.

4.5.4. Institutionelle Reformen unter Berücksichtigung der Kriterien evolutionärer Effizienz

Im Rahmen dieses Kapitels werden die Fragen, die sich *Blankart* und *Stoetzel* insbesondere bezüglich der *Hayek*schen Evolutionstheorie stellen, analysiert und über mögliche Antworten nachgedacht:

> „Wo verläuft die Grenze zwischen sinnvollen und nützlichen Verbesserungsvorschlägen einerseits und Organisationsentwürfen im Sinne des konstruktivistischen Rationalismus andererseits? In welchem Sinn kann man sicher sein, daß sich durch die beschriebenen Evolutionsprozesse die besseren Regelungen durchsetzen werden?" (*Blankart* und *Stoetzer* 1991, S. 170).

Institutionelle Reformen beinhalten immer auch die Gefahr des Fehlschlagens. Die Kosten für die Gesellschaft sind dabei um so größer, je zentraler der politische Plan angesetzt ist. Reformen sind gesellschaftliche Experimente, bei denen bestimmte politische Vorstellungen umgesetzt werden. Ob diese gesamtwirtschaftlich positiv wirken, entscheidet sich immer erst *ex post*. Aus der Kostenperspektive erscheinen dezentrale Experimente attraktiver, da das Fehlschlagen individueller Pläne gesamtwirtschaftlich wesentlich weniger Kosten verursacht als die negativen Ergebnisse konstruktivistischer institutioneller Reformen. Das Testen von Hypothesen durch die Wirtschaftssubjekte am Markt ist jedoch nicht nur aus der Kostenperspektive als überlegen anzusehen. Die erhöhte Flexibilität sowie die Fähigkeit, mehr Wissen zu nutzen, sprechen dafür, dort, wo es möglich ist, auf die Evolution von Institutionen infolge von privaten Austauschprozessen zu setzen (vgl. *Vaughn* 1994b, S. 234-236).[215]

4.5.4.1. Die Anmaßung von Wissen und das Konstruktivismusproblem

Hayek wendet sich gegen die Vorstellungen der französischen Aufklärung und den darauf aufbauenden reformoptimistischen Ansätzen, daß vernunftbegabte Menschen in der Lage sind, die Struktur und die Veränderungsnotwendigkeiten gesellschaftlicher Institutionen quasi am „Reißbrett" zu konstruieren. Insbesondere den Reformvorschlägen, die unintendiert gewachsenen Institutionen durch „vernünftig" geplante Regeln zu ersetzen, begegnet er mit Mißtrauen.[216] Er sieht hierin eine Anmaßung von Wissen, da Menschen aufgrund der Nichtzentralisierbarkeit relevanten Wissens nicht in der Lage seien, so komplexe Ordnungen auf der Basis gesetzter Regeln zu schaffen, wie spontane Ordnungen als Ergebnis eines historischen trial-and-error-Prozesses entstehen können. Konstruktivistische Illusionen schlügen aufgrund der Komplexität der Aufgabe fehl (vgl. *Hayek* 1975, S. 4).[217] Die Komplexität ergibt sich dabei in erster Linie aus dem Phänomen der unintendierten Ergebnisse des intentionalen Handelns der Menschen. Deshalb ist die Forderung des Konstruktivismus, daß funktionierende Institutionen geschaffen werden, wenn sich vernunftbegabte Gesellschaftsplaner dabei nur von ihrer „Einsicht in die Zusammenhänge von Ursache und Wirkung" leiten lassen, verfehlt (vgl. *Hayek* 1975, S. 8).

Sobald die Funktionsweise marktlicher Prozesse betrachtet wird, tritt die Unmöglichkeit der Zentralisierbarkeit von Wissen deutlich hervor. Die Koordinationsebene des Marktes ist mit der Entscheidungsebene des Individuums über die Informationsdiffusion mittels existierender und erwarteter Marktpreise verbunden. Wie bereits analysiert wor-

---

[215] Wie bereits *Menger* in seiner Theorie der Staatsentstehung analysiert hat, ist selbst (oder nach *Hayek* gerade) die komplexe Ordnung des Staates in einem evolutionären Prozeß entstanden.

[216] „Der Grundgedanke des Konstruktivismus läßt sich am einfachsten in der zunächst unverfänglich klingenden Formel ausdrücken, daß der Mensch die Einrichtungen der Gesellschaft und der Kultur selbst gemacht hat und sie daher auch nach seinem Belieben ändern kann" (*Hayek* 1975, S. 4). Vgl. zur Entwicklung des Konstruktivismus *Hayek* (1975, S. 17 f.), *Hayek* (1952a, S. 17 f.).

[217] *„Wir haben unser Wirtschaftssystem nicht entworfen, dazu waren wir nicht intelligent genug"* (*Hayek* 1981, S. 222: (im Original alles hervorgehoben)). Vgl. auch *Blankart* und *Stoetzer* (1991, S. 168), *Prisching* (1989, S. 55).

den ist, müssen die Informationen, die in Marktpreisen enthalten sind, vom Wirtschaftssubjekt interpretiert werden. In diesem Sinne sind Preise Signale (vgl. *Garrison* 1986a, S. 439). Da in die gegenwärtigen Preise auch die Erwartungen der Wirtschaftssubjekte über die Zukunft eingehen, stellen Preise u.a. Gegenwartssymbole der in die Zukunft gerichteten Erwartungen dar (vgl. *Utzig* 1987, S. 268). Damit sind in den Gegenwartspreisen Informationen darüber enthalten, welche Knappheiten die Wirtschaftssubjekte bezogen auf ihre zukünftigen Bedürfnisse erwarten. In diesem Sinne müssen Ungleichgewichtspreise interpretiert werden. Das Ergebnis dieser Interpretation bildet zusammen mit den individuellen Erwartungen die Entscheidungsbasis für weitere ökonomische Pläne. Das neue Verhalten, das nicht unbedingt unterschiedlich zu dem ursprünglichen sein muß, fließt in die neuen Preise ein. Dabei bilden die neuen Preisinformationen die Entscheidungsbasis für andere Wirtschaftssubjekte. Dieser Prozeß läuft simultan ab. Das Besondere des Wissens, das in Marktpreisen „transportiert" wird, besteht nun darin, daß es erst durch das Handeln der Marktteilnehmer entsteht. In diesem Sinne handelt es sich um „soziales" Wissen, d.h., Wissen, das sich nur im sozialen Prozeß ergibt, welches jedoch niemandem in seiner Gesamtheit gegeben ist. Aus diesem Grund ist es auch nicht voll zentralisierbar.[218]

Notwendig ist die Entwicklung von Kriterien, die es ermöglichen, konstruktivistische Reformen von solchen institutionellen Reformen zu unterscheiden, die nicht dem Vorwurf der Anmaßung von Wissen ausgesetzt sind. Nicht vereinbar mit den Vorstellungen *Hayeks* ist jedenfalls die Strategie des evolutionären „laissez-faire", d.h. der Ablehnung jeglicher intendierter Reformen.[219] Wie bereits diskutiert, sieht *Hayek* zwar die Analyse der Evolution spontaner Ordnungen für die Sozialwissenschaften als wichtige Aufgabe an. Trotzdem berücksichtigt er ebenso wie *Lachmann* und in der Tradition von *Menger* die Bedeutung intendiert geschaffener Ordnungen (taxis) für die Entwicklung von Gesellschaften (vgl. *Hayek* 1969a, S. 34). Insbesondere unter Berücksichtigung der Problematik von Pfadabhängigkeiten ist der evolutionäre trial-and-error Prozeß immer der Gefahr institutioneller Evolutionsblockaden ausgesetzt. Zu jedem Entwicklungszeitpunkt einer Gesellschaft stellt sich deshalb die Frage nach sinnvollen institutionellen Reformen, die dazu dienen können, potentiell effizientere Pfade einzuschlagen bzw. bereits eingeschlagene Pfade zu verbessern (vgl. *Vanberg* 1981, S. 16; *Watrin* 1992, S. 210). Dabei besteht jedoch ebenso wie im Falle der unintendierten Evolution von Institutionen die Gefahr institutioneller Evolutionsblockaden. Es gibt kein gesellschaftliches Entwicklungsverfahren für Institutionen, das diese Gefahr vollständig ausschließt. Die Evolution

---

[218] „Die spezifischen Preis/Mengen-Strukturen des Marktsystems signalisieren die Knappheiten bezogen auf die 'subjektiven Daten'" (*Hoppmann* 1981, S. 224). *Gray* und *Böhm* sprechen hier von „systemic or holistic knowledge" (*Böhm* 1994a, S. 169 f.; *Gray* 1986, S. 38). Vgl. auch *Utzigs* Interpretation der *Hayek*schen Vorstellungen in *Utzig* (1987, S. 243 f.).

[219] Vgl. *von Delhaes* (1993, S. 314), *Streissler* (1993, S. 39) sowie *Schmidt* und *Moser* (1992, S. 199 f.), die *Hayek* gegen die unberechtigte Kritik *Buchanans* und *Vanbergs* verteidigen. Auch *Eucken* wendet sich gegen das „laissez-faire". Er sieht als vornehmste ordnungstheoretische Aufgabenstellung, kluge institutionelle Reformen denkend vorzubereiten: „Die Ordnung ist zu suchen, welche der Sache, der historischen Situation und dem Menschen entspricht" (*Eucken* 1961, S. 66).

von Gesellschaften stellt einen ständigen trial-and-error Prozeß dar, der weder durch die Strategie des „laissez-faire" noch durch die Strategie intendierter (konstruktivistischer) Reformen ersetzt werden kann. Deshalb sind im „middle ground" zwischen diesen Vorstellungen Kriterien für funktionierende ordnungspolitische Versuchs- und Irrtumsprozesse zu entwickeln.

Es kann außerdem auch nicht das Kriterium für die Einordnung intendierter institutioneller Reformen sein, Verfassungsentwürfe abzulehnen, der Entwicklung von Regeln auf der Gesetzesebene dagegen zuzustimmen. Dies stimmt schon nicht mit *Hayeks* eigener Vorgehensweise überein, der im Rahmen seiner wissenschaftlichen Forschung zwei Entwürfe für Verfassungsänderungen präsentiert hat (vgl. *Streit* 1992, S. 20, 24 f.).[220] Die Rede ist zum einen von dem Entwurf eines Zwei-Kammern-Systems zur Kontrolle der sich nach *Hayek* in Richtung der unbeschränkten Demokratie entwickelnden westeuropäischen Gesellschaften sowie zum anderen von dem Vorschlag des Wettbewerbs der Währungen als überlegene Alternative zur monopolistischen Notenbankverfassung.

Bevor auf die Kriterien für erfolgsversprechende intendierte Reformen im einzelnen eingegangen wird, sei noch einmal *Hayek* selbst zitiert. Nirgends werden seine Ansichten zu den Chancen und Risiken institutioneller Reformen so deutlich wie in folgender Passage:

> „Denn aus jenen Überlegungen ergibt sich keineswegs, daß wir das Alte, Überkommene unbesehen hinnehmen dürfen, ja nicht einmal, daß es irgendwelche Werte oder Moralprinzipien gibt, die die Wissenschaft nicht gelegentlich in Frage stellen darf. (...) Was aus dem bisher Gesagten folgt, ist nur, daß wir nie gleichzeitig alle Werte unserer Gesellschaft anzweifeln können, daß ein 'absolutes In-Frage-Stellen aller Werte' nur zur Zerstörung unserer Kultur - und, bei den heutigen Bevölkerungszahlen, zum extremsten wirtschaftlichen Elend und zur Not führen würde" (*Hayek* 1975, S. 21 f.).

Im folgenden werden vier *additive, nicht alternative* Kriterien aus den bisherigen Erkenntnissen abgeleitet und in Kapitel 4.5.4.2. mit *Poppers* Vorschlag der „Stückwerk-Sozialtechnik" verbunden, die bei ihrer Einhaltung verhindern sollen, daß intendierte institutionelle Reformen der Anmaßung von Wissen ausgesetzt sind.[221]

(1) Setzung abstrakter Regeln, um Lernprozesse zu ermöglichen.

Nach *Hayek* entstehen spontane Ordnungen auf der Basis abstrakter Regeln. Im Gegensatz zu konkreten Anweisung beeinflussen abstrakte Regeln das Handeln der Individuen aufgrund ihres Charakters der Allgemeingültigkeit, der negativen Formulierung und der Geltung unabhängig von individuellen Zielen. Sie lassen genügend Freiraum, um entsprechend den eigenen Präferenzen zu handeln und um zu lernen. Regeln gerechten Verhaltens zeichnen sich nach *Hayek* vor allem durch ihre Allgemeingültigkeit aus. Das erste Kriterium lautet demnach, daß institutionelle Reformen die Setzung *abstrakter Regeln*, nicht konkreter Anordnungen zum Ziel haben müssen, wollen sich

---

[220] Deshalb ist es auch für *Hayek* kein Problem, die Leistung des Entwurfs der amerikanischen Verfassung als Muster einer „Verfassung der Freiheit" zu würdigen - und die Kritik von *Vanberg* in dieser Frage ist unberechtigt (vgl. *Vanberg* 1981, S. 22).

[221] Damit ist natürlich nicht gleichzeitig schon ihr jeweiliger Erfolg gesichert.

politische Unternehmer nicht dem Vorwurf der Anmaßung von Wissen aussetzen.[222] Die Begründung hierfür ergibt sich daraus, daß die allgemeinen, abstrakten Regeln, welche eine spontane Ordnung begründen können, dazu führen, daß im Vergleich zu gesetzten Ordnungen mehr Wissen genutzt werden kann.[223] Es gilt, die Prinzipien, die hinter den gewachsenen Institutionen stehen, welche den „Test der Zeit" erfolgreich überstanden haben, zu verstehen und diese zur Ausgestaltung legislativer Akte zu nutzen (vgl. *Shearmur* 1986, S. 215, 218; *Buchanan* 1981, S. 47 f.). Institutionelle Reformen sollten darauf gerichtet sein, durch die Setzung abstrakter Regeln, d.h., durch allgemeine, nicht-diskriminierende und vorhersehbare Maßnahmen, Raum für die Evolution spontaner Ordnungen zu schaffen.[224] Gefordert ist demnach eine Ordnungspolitik, die über die Herstellung „katallaktischer Effizienz" einen Teil der evolutionären Effizienz sichert (vgl. auch *Streissler* 1993, S. 40 f. und *Vanberg* 1994, S. 38). Da das Planungsvermögen der Menschen auf die Schaffung von Ordnungen mit einem geringen Komplexitätsgrad beschränkt ist,[225] sind Reformen, welche der Intention folgen, über die Formulierung konkreter Anweisungen Ordnungen zu entwickeln, unter den Kriterien evolutionärer Effizienz abzulehnen. Es ist zu berücksichtigen, daß der „Test der Zeit unter Wettbewerb" die Effizienz evolutionär gewachsener Institutionen auch unter Berücksichtigung des Phänomens der Pfadabhängigkeit weitestgehend gewährleistet, während bei dem Entwurf kodifizierter Regeln - nicht bei der weiteren Entwicklung - dieser Mechanismus der Effizienz fehlt.[226] Infolge der Zulassung und Nutzung evolutionärer Prozesse der Institutionenentstehung kann gesellschaftlich mehr Wissen „produziert" und genutzt werden, als dies allein mit der Methode der intendierten Entwicklung von Institutionen der Fall sein könnte (vgl. *Hayek* 1969b, S. 86; *Hayek* 1975, S. 13).[227]

---

[222] „Der allgemeinste Grundsatz, auf den sich ein individualistisches System gründet, ist, daß es als Mittel zur Schaffung einer Ordnung in sozialen Dingen die universelle Geltung allgemeiner Grundsätze verwendet." Und: „Die individualistische Ordnung beschränkt die Ausübung der Zwangsgewalt in der Hauptsache auf eine bestimmte Methode, aber die läßt dem menschlichen Scharfsinn noch fast unbegrenzten Spielraum für den Entwurf der wirksamsten Regeln" (*Hayek* 1952a, S. 31 und 32 f.). Vgl. auch *Hayek* (1969a, S. 42). Dasselbe Argument gilt natürlich auch für die Marktakteure, deren Handeln auf die intendierte Änderung bestehender äußerer und neutraler Institutionen ausgerichtet ist. Vgl. auch *Hoppmann* (1987, S. 40 f.).

[223] Vgl. *Hayek* (1969f, S. 177), *Hayek* (1969g, S. 223), *Streit* (1992, S. 18), *Vanberg* (1981, S. 8 f.).

[224] Damit stehen wichtige politische Regelungsbereiche, wie z.B. das Wettbewerbsrecht, das Steuerrecht, das Arbeitsrecht usw., dem Gesetzgeber weiterhin offen, soweit sich die Regelungen eben durch Allgemeinheit, Vorhersehbarkeit und einen nicht-diskriminierenden Charakter auszeichnen.

[225] Vgl. *Hayek* (1980a, S. 61, 63 f.). Vgl. auch *Bouillon* (1991, S. 21 f.), *Fehl* (1994, S. 204), *Rockwell* (1995, S. 6).

[226] Vgl. *Arnold* (1980, S. 346), *Dietl* (1993, S. 52), *Vaughn* (1994b, S. 231).

[227] Das Wissensproblem ist es auch, welches das von *Buchanan* auf die politische Ebene bezogene Kriterium der Einstimmigkeit als nicht adäquat erscheinen läßt. Im Rahmen der Constitutional Economics verwendet *Buchanan* dieses Kriterium in Analogie zum Effizienzmerkmal des freiwilligen, ökonomischen Tausches (vgl. beispielsweise *Hartwig* 1987, S. 19; *Leipold* 1987, S. 106, 126 f.; *Vanberg* 1981, S. 28-34 sowie S. 39-41), wo er zu Unrecht behauptet, daß die Einstimmigkeit auch das Effizienzkriterium *Hayeks* sei. *Leipold* weist darauf hin, daß ein Kernproblem des *Buchanan*schen Ansatzes „ ... in der

(2) Anwendung des Subsidiaritätskriteriums.

Ein weiteres Kriterium zur Beurteilung institutioneller Reformen stellt die Ebene dar, auf der diese angestrebt werden. Angesprochen ist demnach das *Subsidiaritätskriterium* auch in bezug auf institutionelle Reformen. Im Rahmen der Kriterien evolutionärer Effizienz wurde herausgearbeitet, daß Reformvorhaben auf dezentraler Ebene zunächst getestet werden sollten, da die gesellschaftlichen Kosten bei einem Fehlschlagen gegenüber Reformen auf der Zentralebene minimiert werden und die Erträge der Reformen immer noch durch eine vorsichtige Übertragung der Erkenntnisse auf die höhere Ebene realisiert werden können.[228] Außerdem folgt aus der Existenz von Pfadabhängigkeiten, daß die „Produktion" neuen Wissens von der Anzahl der entdeckten und verfolgten Pfade abhängig ist. In diesem Sinne ist Heterogenität im evolutionären Prozeß nicht nur als Faktum, sondern auch als politisches Ideal zu begreifen. Voraussetzung für die Umsetzung des *Subsidiaritätskriteriums* stellt ein föderaler Staatsaufbau dar, bei dem auf den unteren Staatsebenen der Wettbewerb zwischen den Gebietskörperschaften umzusetzen ist. Dazu müssen die Reformanstöße nicht von „oben", d.h., von einer der Ebenen der Staatsgewalt entwickelt werden, sondern können durchaus von „unten", d.h., von der Ebene der lokalen Selbstverwaltung oder anderen freiwilligen Verbindungen kommen (vgl. *Hayek* 1952a, S. 36).[229]

(3) Berücksichtigung der Kohärenzproblematik.

Als weiteres Kriterium ist die *Struktur der bestehenden Ordnung* bei der Planung institutioneller Reformen zu berücksichtigen *(Problematik der Kohärenz)*. Nur wenn die Wirkungen der geltenden Regeln einkalkuliert werden, kann durch die Schaffung bzw. Veränderung einzelner Regeln die Kohärenzproblematik der gesellschaftlichen Struktur der Institutionen entschärft werden. Angesprochen ist damit das Interdependenzproblem. Nach *Lachmann* ist die Problematik der Kohärenz durch vier Merkmale gekennzeichnet: das der Dauerhaftigkeit (Permanenz), der Widerspruchsfreiheit, der Einheit und der umfassenden Komplementarität (Lückenlosigkeit) der Institutionenstruktur (vgl. *Lach-*

---

methodologischen Gleichbehandlung von bilateralen und kollektiven Austauschbeziehungen zu sehen [ist]" *(Leipold* 1987, S. 127). Er hebt dabei auf die Problematik der Berücksichtigung unterschiedlicher Gruppeninteressen ab. In der subjektiven, evolutionstheoretischen Perspektive interessiert vor allem das Wissensproblem unter Berücksichtigung der Lernanstrengungen der Individuen. Die Heterogenität der Menschen in einer Gesellschaft äußert sich u.a. in ihrem unterschiedlichen Wissen sowie in ihren (Lern-) Fähigkeiten. Die Heterogenitäten in den Lernprozessen der Menschen führen nun aber dazu, daß Einstimmigkeit immer nur bezogen auf einen Zeitpunkt definiert werden kann, nicht jedoch auf einen Zeitraum. Das Kriterium ist demnach statisch und nicht verwendbar für die evolutionäre Institutionentheorie. Auch *Schmidt* und *Moser* sind der Meinung, daß die zentrale Schwäche in der Argumentation *Buchanans* in der „Vernachlässigung der Unwissenheit des Menschen" zu sehen ist *(Schmidt* und *Moser* 1992, S. 193).

[228]   „Wir brauchen Dezentralisation, weil wir nur so erreichen können, daß die Kenntnis der besonderen Umstände von Zeit und Ort sofort ausgenützt wird" *(Hayek* 1952c, S. 112). Vgl. auch *Vaughn* (1994b, S. 235) und siehe S. 236: „Decentralization of experiments serves to limit the consequences of a failed vision."

[229]   *von Delhaes* spricht in diesem Zusammenhang von der föderalen Zuordnung öffentlicher Aufgaben nach dem Subsidiaritätsprinzip (vgl. *von Delhaes* 1993, S. 316 sowie *Streissler* 1993, S. 43).

mann 1973, S. 68 ff. und 119 ff.). Unter Berücksichtigung der Merkmale dieses Kriteriums stehen nicht alle möglichen Regeln zur Reform frei, sondern lediglich diejenigen, welche die Kohärenz der Institutionenstruktur gefährden.[230] Aber auch die Setzung neuer Regeln muß immer unter Berücksichtigung der Anforderung der Kohärenz - insbesondere unter Berücksichtigung der kulturellen Basis der gesellschaftlichen Ordnung - beurteilt werden (vgl. *von Delhaes* 1993, S. 309, 311).[231] Die kulturelle Basis äußert sich darin, daß sich die Hypothesenkerne der Wirtschaftssubjekte in einer Gesellschaft ähneln. Daraus ergeben sich Pfadabhängigkeiten, die es bei der intendierten Reform von Institutionen zu beachten gilt.

Zudem muß neben der horizontalen auch die vertikale Kohärenz beachtet werden. Die vertikale Komplementarität zwischen inneren und äußeren Institutionen muß gesichert sein, damit es nicht zu Spannungen zwischen den Institutionenebenen sowie der Handlungsebene der Individuen kommt (vgl. *Lachmann* 1973, S. 119 f.). Potentielle Probleme für intendierte Reformen erwachsen aus der gleichzeitigen Anforderung an Flexibilität in bezug auf die inneren und aus der Stabilitätsanforderung an die äußeren Institutionen. Die Kohärenz der institutionellen Ordnung ist jederzeit sowohl durch den intendierten Wandel von Institutionen als auch durch die evolutionäre Veränderung von Regeln gefährdet. Die von *Lachmann* angeführten interdependenten Probleme, die sich aus der Vielfalt der Interessen der Befürworter institutioneller Reformen, der notwendigen Anpassung an bestehende Institutionen sowie der Zukunftsgerichtetheit der Reformmaßnahmen ergeben, rücken das Wissensproblem für die zentralen Planer in den Mittelpunkt. Unter Berücksichtigung der Komplexität der zu reformierenden Sachverhalte ergibt sich daraus das Postulat der vorsichtigen Zurückhaltung umfassender Reformvorhaben sowie der Berücksichtigung der Interdependenzen zwischen den Ordnungen gesellschaftlichen Zusammenlebens (vgl. auch *Fehl* 1988a, S. 166).

(4) Zulassung des Wettbewerbs zwischen Regelsystemen.

Lachmann hebt hervor, daß es in jeder Gesellschaft Institutionen gibt, die nicht marktkonform sein müssen. Äußere Institutionen stehen innerhalb einer Gesellschaft nicht unter dem selben Wettbewerbsdruck, dem sich die inneren Institutionen ausgesetzt sehen. Um so wichtiger erscheint die Zulassung des Wettbewerbs der Regelsysteme (vgl. *Schmidt* und *Moser* 1992, S. 202; *Kerber* und *Vanberg* 1994, S. 15). Institutionelle Reformen, die zunächst auf dezentraler föderaler Ebene durch konkurrierende Gebietskörperschaften kritisch getestet wurden, stehen nach Anwendung der Ergebnisse auf der zentralen Ebene innerhalb der Volkswirtschaft kaum mehr unter Wettbewerbsdruck. Allenfalls die politische Opposition wird mittels Alternativvorschläge eine potentielle Konkurrenz entwickeln. Daneben führt vor allem der Wettbewerb der Regelsysteme

---

[230] Als Beispiel wäre daran zu denken, daß im Zuge der europäischen Einigung nationales Recht geändert werden muß, damit auch die institutionellen Rahmenbedingungen die neuen politischen Verhältnisse widerspiegeln.

[231] „Soweit er [der Mensch] die bestehende Ordnung verbessern wollte, hatte er so nie freie Hand, willkürlich *irgendeine* beliebige Regel niederzulegen, sondern immer eine Aufgabe zu lösen, die ihm zwar durch die Unvollkomenheit der bestehenden Ordnung gestellt wurde, aber durch die Unvollkommenheit einer Ordnung, die als Ganzes zu schaffen er völlig unfähig gewesen wäre" (*Hayek* 1975, S. 13 f. (Hervorhebung im Original)).

dazu, daß institutionelle Evolutionsblockaden auf der zentralen Ebene negativ sanktioniert und Anreize für institutionelle Reformen geschaffen werden. Der Wettbewerb auf allen Ebenen führt dazu, daß Alternativen ausprobiert und durch die Aussetzung des Wettbewerbs kritisch getestet werden.[232] Wettbewerb ist der Mechanismus, der auch auf den unterschiedlichen institutionellen Ebenen dazu führt, daß zum einen Wissen geschaffen und verwertet wird[233] und zum anderen das Rentenstreben („rent-seeking") der organisierten Gesellschaftsmitglieder kontrolliert wird (vgl. *Fehl* 1988a, S. 165). In diesem Zusammenhang paßt auch das von *Vanberg* entworfene „... Bild eines mehrfach abgestuften Systems von Regeln, in welchem die Regeln auf jeder einzelnen Stufe wettbewerblichen Beschränkungen unterworfen sind, die von den Regeln einer anderen Ebene bestimmt werden" (*Vanberg* 1994, S. 43 f.).

Insgesamt ist nochmals darauf hinzuweisen, daß die *additiven, nicht alternativen* Kriterien zur Beurteilung nicht-konstruktivistischer institutioneller Reformen in Übereinstimmung mit österreichischen, insbesondere mit *Hayeks* Überlegungen entwickelt wurden. Auch unter Berücksichtigung des Problems des begrenzten Wissens ist es nicht notwendig, in politische Untätigkeit zu verfallen und auf die Ergebnisse des „passing the test through time" zu warten. Im folgenden werden die Kriterien mit den Vorstellungen *Poppers* zur vorsichtigen Vorgehensweise des „piecemeal social engineering" verbunden. Damit sind dann verfahrenseffiziente Kriterien für Ordnungspolitik formuliert, welche die dazu beitragen kann, evolutionäre Effizienz zu sichern.

4.5.4.2. *Poppers* Vorschlag der „Stückwerk-Sozialtechnik"

Popper hat sich ausführlich mit dem Problem der rationalen Durchführung institutioneller Reformen unter Berücksichtigung des von *Hayek* untersuchten Problems des verstreuten und begrenzten Wissens auseinandergesetzt. Um der Komplexität offener evolutionärer Prozesse Rechnung zu tragen, favorisiert er für institutionelle Reformen die sog. „Stückwerk-Sozialtechnik".

Diese Methode ermöglicht in Verbindung mit der kritischen Analyse der Reformschritte das Herausfiltern nicht-konstruktivistischer Resultate. Durch das schrittweise Vorgehen kann in einem kritischen trial-and-error Verfahren festgestellt werden, ob die politische Handlungsweise erwartete und erwünschte Folgen nach sich zieht.[234] Damit werden Parallelen zu *Poppers* darwinistischer Theorie des Lernens deutlich. Dasselbe Prinzip wird auch hier angewendet. Zunächst werden Reformhypothesen im politischen

---

[232] *Hayeks* Warnungen vor dem Konstruktivismus „... sind keine Argumente gegen Experimente, sondern Argumente gegen jede ausschließliche monopolistische Macht, auf einem bestimmten Gebiet zu experimentieren - Macht, die keine Alternative verträgt und den Anspruch erhebt, überlegenes Wissen zu besitzen - und gegen die daraus folgende Ausschließung von Lösungen, die besser sind als die, auf die sich die an der Macht befindlichen festgelegt haben" (*Hayek* 1991, S. 88). Vgl. auch *Hayek* (1991, S. 46 f.).

[233] Siehe *Vanberg* (1994, S. 38-40), insbesondere S. 40: „Entscheidend für die evolutorische Natur des übergeordneten Prozesses, ist nicht, daß die experimentellen Inputs ungeplant sind, sondern daß diese Inputs einer wettbewerblichen Selektion unterworfen werden."

[234] Vgl. *Popper* (1944/1995, S. 293), *Popper* (1987, S. 47), *Ritter* (1991, S. 177 f.), *Vaughn* (1994b, S. 238 f.).

Prozeß durchgesetzt und ausgeführt, deren Wirkungen dann kritisch getestet werden. Versuch und Irrtum, verbunden mit der Bereitschaft, aus den begangenen Fehlern zu lernen, stellen die Voraussetzung für erfolgreiche Reformen dar.[235] *Popper* stellt sich den rationalen Reformprozeß als Prozeß von Versuch und Irrtum vor. Das schrittweise Vorgehen dient dem ständigen Vergleich der erwarteten Resultate mit den tatsächlichen und bei dem Auftreten unerwünschter Nebenwirkungen der Fehlerkorrektur. Die Komplexität potentieller Reformen wird demnach durch das Kriterium der Zuordbarkeit von reformspezifischen Ursachen und Wirkungen begrenzt (vgl. *Popper* 1944/1995, S. 298 f.). Dies bedeutet *nicht*, daß in bestimmten historischen Situationen keine ordnungspolitischen Grundsatzentscheidungen getroffen werden könnten. Die Transformation Westdeutschlands nach 1945 von der Kommandowirtschaft hin zur Sozialen Marktwirtschaft oder die Transformation ehemals sozialistischer Länder hin zu Marktwirtschaften seit den späten 1980er Jahren mußte und müssen auf einer verfassungsmäßigen Grundsatzentscheidung beruhen, damit die neuen Ordnungen Aussicht auf Erfolg besitzen. Im Sinne der additiven Kriterien zur Beurteilung nicht-konstruktivistischer ordnungspolitischer Reformen gilt dabei jedoch das Wort von *Eucken*: „Die Ordnung ist zu suchen, welche der Sache, der historischen Situation und dem Menschen entspricht" (*Eucken* 1961, S. 66) - und zwar in einem kritischen Prozeß von Versuch und Irrtum, muß hinzugefügt werden.[236]

Es stellt sich natürlich auch hier das Problem, welche Erkenntnisse politische Reformer aus den empirischen Daten ziehen werden. Wie bereits erarbeitet, ist davon auszugehen, daß nicht alle Hypothesen und damit alle Teile eines Reformprojekts gleichermaßen der Widerlegung offenstehen. Aus negativen - wie auch positiven - empirischen Ergebnissen werden je nach der Ausgestaltung der Hypothesenbündel der politisch Verantwortlichen unterschiedliche Schlußfolgerungen gezogen. Aus diesem Grund garantiert das Subsidiaritätsprinzip ohne Berücksichtigung des Prinzips der Zulassung des Wettbewerbs zwischen den Regelsystemen aus evolutionstheoretischer Perspektive keine effizienten Ergebnisse.

Auch *Popper* muß sich darüber hinaus dem Problem stellen, wie er konstruktivistische - aufgrund des Wissensproblems abzulehnende - Reformen theoretisch von der Methode der „Stückwerk-Sozialtechnik" abgrenzt, ohne in das Extrem des absoluten Anti-Interventionismus, d.h., des „laissez-faire" zu verfallen. Letzteres kann - wie bereits analysiert - keine attraktive Lösung sein, vor allem wenn zugegeben wird, daß evolutionäre Entwicklungen auch zu institutionellen Evolutionsblockaden führen können.[237] *Popper*

---

[235] Vgl. *Popper* (1987, S. 69), *Popper* (1992a, S. 194), *Prisching* (1989, S. 59).

[236] Wahrscheinlich stellt genau diese Bedingung der Zuordbarkeit von Ursachen und Wirkungen auch die harte Grenze für erfolgreiche ordnungspolitische Grundsatzentscheidungen im Transformationsprozeß der ehemaligen Zentralverwaltungswirtschaften des Ostblocks dar. Sie können bei der verfassungsmäßigen und gesetzlichen Fixierung äußerer Institutionen zwar auf Erfahrungen westeuropäischer Länder zurückgreifen, müssen jedoch auf die Kohärenz mit den übrigen, in ihren Gesellschaften gewachsenen äußeren Institutionen achten. Diese Problematik der Kohärenz kann dauerhaft aber nur durch ordnungspolitische Grundsatzentscheidungen gelöst werden, bei denen die Zuordnung von Ursache und Wirkung und damit die Fehlerkorrektur noch möglich ist.

[237] *Popper* weist darüber hinaus darauf hin, daß ein konsequenter Anti-Interventionismus logisch nicht zu realisieren ist, da politische Interventionen zur Verhinderung von Interven-

favorisiert aufgrund des Wissensproblems die „Stückwerk-Technik" gegenüber der utopischen Sozialtechnik, die er als *Platon*ische Methode bezeichnet (vgl. *Popper* 1992a, S. 187, 193). Im Gegensatz zu utopischen Reformentwürfen drückt der Terminus „Stückwerk-Technik" aus, daß private und öffentliche Akteure zur Verwirklichung der angestrebten Ziele nur das Wissen benützen (können), das ihnen zur Verfügung steht - einschließlich des Wissens über die Grenzen des Wissens (vgl. *Popper* 1944/1995, S. 297; *Popper* 1992a, S. 31). Für den politischen Reformer bedeutet dies, daß gesellschaftliche Institutionen so entwickelt, verbessert und erhalten werden, daß dem grundlegenden - ausführlich diskutierten - Phänomen des begrenzten Wissens auch tatsächlich Rechnung getragen wird, nämlich daß „... nur eine Minderheit sozialer Institutionen bewußt geplant wird, während die große Mehrzahl als ungeplantes Ergebnis menschlichen Handelns einfach „gewachsen" ist" (*Popper* 1944/1995, S. 297 f.).[238]

Ziel der bewußten Schaffung von Institutionen ist es, im politischen Prozeß als schädlich eingestufte gesellschaftliche Entwicklungen abzubrechen bzw. positive Prozesse zu lenken und gegebenenfalls zu beschleunigen - immer unter Berücksichtigung der Restriktion des begrenzten Wissens.[239] Die Komplementaritätsanforderungen des institutionellen Rahmens können nur durch einen ständigen trial-and-error Prozeß erforscht werden (vgl. *Popper* 1992a, S. 194). Wie *Lachmann* sieht *Popper*, daß insbesondere auf die Komplementarität zwischen gewachsenen, moralischen und sittlichen Verhaltensnormen und dem gesetzlichen Rahmen zu achten, d.h., das Kriterium der Problematik der Kohärenz zu berücksichtigen ist.[240]

---

[238] tionen eingesetzt werden müßten (vgl. *Popper* 1944/1995, S. 295).
Siehe außerdem *Popper* (1944/1995, S. 298): „Wie Sokrates weiß der Stückwerk-Ingenieur, wie wenig er weiß. Er weiß, daß wir nur aus unseren Fehlern lernen können." Die gesamte Passage, auf die hier Bezug genommen wird, ist außerdem ebenso abgedruckt in *Popper* (1987, S. 52-54). Auch *Hayek* arbeitet unter Verweis auf *Popper* mit der *Sokra*tischen Idee des Nicht-Wissens (vgl. *Hayek* 1972, S. 34; *Hayek* 1991, S. 34; *Arnold* 1980, S. 344; *Krupp* 1989, S. 20).

[239] Vgl. *Popper* (1987, S. 36, 51 f.), wo er in Fn. 16 im Hinblick auf den Ausdruck „Sozialtechnik" den Ansatz *Hayeks* untersucht. Auch *Popper* favorisiert dezentrale soziale Experimente. Konstruktivistische Planer sind bestenfalls in der Lage, die notwendige Macht zu zentralisieren - nicht aber das relevante Wissen (vgl. *Popper* 1992a, S. 189, *Popper* 1944/1995, S. 306 f.). *Popper* leitet aus dem Argument, „je größer die politische Macht ist, desto größer wird der Verlust an Wissen sein", die inverse Beziehung von politischer Macht und gesellschaftlichem Wissen ab. In dem Zusammenhang mit der Nutzung des begrenzten Wissens zur Umsetzung institutioneller Reformen kann auch nach der Rolle der Wissenschaft in diesem Prozeß gefragt werden. Es ist beispielsweise durchaus möglich, daß über die wissenschaftliche Forschung wieder auf im gesellschaftlichen Prozeß verloren gegangene historische Erfahrungen aufmerksam gemacht wird - wie z.B. *Hayeks* Vorschlag des Wettbewerbs der Währungen zeigt. Wie im 5. Kapitel gezeigt wird, existierten nämlich im 19. Jahrhundert in vielen wichtigen Volkswirtschaften free-banking Ordnungen, die in den meisten konstitutiven Punkten mit *Hayeks* Vorschlag zur institutionellen Reform der Geldordnung übereinstimmen.

[240] „Infolgedessen sind die sittlichen Werte einer Gesellschaft - die Forderungen oder Vorschläge, die von allen oder von fast allen ihrer Mitglieder anerkannt werden - mit ihren Institutionen und Traditionen eng verbunden, und sie können die Zerstörung der Institutionen und Traditionen einer Gesellschaft nicht überleben" (*Popper* 1992b, S. 110 f.). *Popper* leitet aus den anthropologischen Konstanten der „Angst vor Veränderungen" und

Deutlich geworden ist, daß die Vorstellungen *Hayeks* und *Poppers* zur Möglichkeit nicht-konstruktivistischer institutioneller Reformen übereinstimmen. Es kann nicht die Rede davon sein, daß aus evolutionstheoretischer Perspektive unter Berücksichtigung des Wissensproblems lediglich eine Politik des „laissez-faire" rational ist. Vielmehr sind Kriterien entwickelt worden, die, wenn sie additiv (nicht alternativ!) angewendet werden, einen Leitfaden für institutionelle Reformen auch im evolutionären Prozeß liefern, ohne daß die Gefahr des Vorwurfs des Konstruktivismus besteht.

Bevor im nächsten Kapitel zur Evolution von Währungsverfassungen die Erkenntnisse über die Bestimmungsgründe evolutionärer Prozesse insbesondere im Hinblick auf die mögliche Gefahr institutioneller Evolutionsblockaden angewendet werden und die Frage nach den Möglichkeiten zur Reform gegenwärtig existierender monopolistischer Währungsverfassungen gestellt wird, sei hier zusammenfassend die erarbeitete Formel der evolutionären Effizienz genannt.

Evolutionäre Effizienz ist gegeben, wenn

> *institutionelle Rahmenbedingungen als Voraussetzung für evolutionäre Markt-prozesse in der Weise existieren **und** sich wandeln, daß gegebenes Wissen verbreitet **und** neues Wissen unter Berücksichtigung des ordnungsabhängigen Aspekts der Erhöhung individuellen Handlungspotentials geschaffen wird.*

Dazu ist die unintendierte Evolution äußerer und innerer institutioneller Arrangements zu nutzen, welche Anreize für individuelle Lernanstrengungen und das kreative Testen neuen Vermutungswissens setzen. Intendierte institutionelle Reformen, die passiv auf die Korrektur pfadabhängiger institutioneller Evolutionsprozesse oder aktiv auf das Testen innovativer institutioneller Hypothesen gerichtet sind, müssen die erarbeiteten Kriterien der evolutionären Effizienz beachten. Im Rahmen der Stückwerk-Technologie dürfen lediglich abstrakte Regeln unter Berücksichtigung des Kriteriums der Subsidiarität, der Problematik der Kohärenz und der Zulassung des Wettbewerbs zwischen Regelsystemen gesetzt werden. Bezogen auf das Menschenbild des *homo discens* begründen Institutionen, welche die individuellen Ängste vor Veränderungen vermindern und kreatives Verhalten der Wirtschaftssubjekte fördern, evolutionäre Effizienz.

„des Versuchs, andere zu überzeugen" die Evolution von Traditionen - und bis zu einem gewissen Grad auch die Evolution von Institutionen - ab (vgl. *Popper* 1969, S. 132 f.).

5. Die Evolution von Währungsverfassungen

Dieses Kapitel dient der Anwendung und Prüfung der in den vorangegangenen Kapiteln entwickelten Bestandteile der evolutionären Institutionenökonomik. Da bisher oftmals anhand des Beispiels der Evolution des Geldes die Aussagen zur Evolution von Institutionen konkretisiert wurden, bietet es sich nun an, daran anknüpfend die Evolution von Währungsverfassungen zu analysieren. Ziel ist es, die Frage zu beantworten, wie die historisch beobachtbare Entwicklung ausgehend von wettbewerblichen Währungsordnungen hin zu monopolistischen Währungsverfassungen zu erklären ist. Insbesondere wird die Frage behandelt, ob dieser Prozeß ein Zeichen für die Effizienz dieser Art der Währungsverfassung darstellt oder ob es sich hierbei um den Fall einer institutionellen Evolutionsblockade handelt. Dazu wird auf historische Beispiele wettbewerblicher Währungsverfassungen in Schottland (1727-1845) und in den USA (1837-1863) eingegangen, die sich im Laufe der Zeit zu monopolistischen Währungsverfassungen gewandelt haben.

5.1. Die Evolution des Bankensystems als unintendiertes Ergebnis intentionalen Handelns

Im Rahmen des Kapitels über *Mengers* Vorstellungen zur Evolution von Institutionen wurde bereits die Evolution des Geldes diskutiert. Geld kann danach in *Lachmanns* Terminologie als innere Institution, als Geschöpf des Marktes erklärt werden. Nun hängt aber die Funktionsfähigkeit von Märkten sowie von auf der marktlichen Ebene entstandenen Institutionen bekanntermaßen von der Wirkung äußerer Institutionen ab. Im Laufe der Evolution des Geldes - ausgehend von marktfähigen Gütern, die sich sowohl durch einen Tauschwert als auch durch einen hohen Gebrauchswert auszeichneten, über Geld-Güter, bei denen der erste Aspekt den zweiten immer mehr dominierte, wie z.B. Gold, Silber und Kupfer, bis hin zu modernen Geldformen, wie der Banknote und der Kreditkarte, die sich nur noch durch den Tauschwert auszeichnen - hat sich diese Institution verändert.[1] Die sich aufgrund der kreativen Handlungen der Wirtschaftssubjekte ergebende Veränderung der Erscheinungsform des Geldes führt darüber hinaus zu einer steigenden Komplexität des Geldangebots- und nachfrageprozesses in modernen Gesellschaften (vgl. *Horwitz* 1992, S. 113).[2]

Horwitz diskutiert drei Faktoren, welche die Evolution von Geldordnungen bestimmen. Zum ersten hebt er auf die Kreativität der Handelnden und die dadurch forcierte Evolution eines Tauschmediums ab - wobei die Hervorhebung der Wirkung kreativen Verhaltens der Wirtschaftssubjekte mit dem in der vorliegenden Arbeit entwickelten Menschenbild des *homo discens* korrespondiert. Zum zweiten führen die zunehmenden Kosten der Koordination in wachsenden Volkswirtschaften zur Evolution des Tausch-

---

[1]   *Rothbard* weist darauf hin, daß die Erklärung des Prinzips der marktlichen Evolution des Geldes aus dem *Mises*schen Regressionstheorem gewonnen werden kann. *Mises'* Vorgehensweise zur Ermittlung des subjektiven Geldwertes führt quasi automatisch zur Erklärung der Entwicklung der Erscheinungsformen des Geldes (vgl. *Rothbard* 1976b, S. 169).

[2]   Beispielsweise ist die Entwicklung der Geldformen eng verknüpft mit der Evolution des Bankwesens.

und Kommunikationsmediums Geld. Zum dritten ruft die zunehmende Komplexität der Tauschvorgänge in sich entwickelnden Volkswirtschaften und die damit einhergehende Steigerung der Ungewißheit beim Tausch eine Nachfrage nach unsicherheitsreduzierenden Institutionen, wie z.B. dem Geld, seitens der Marktakteure hervor.[3] In diesem Sinne besteht eine Ko-Evolution zwischen der Entwicklung des Marktes sowie der Veränderung von Institutionen, die im folgenden anhand einer Mustererklärung der Evolution des Bankensystems verdeutlicht wird.

Die Entstehung von Banken hängt eng mit der Entwicklung des Tausches zusammen. Die Zunahme des Handels zwischen den Marktplätzen führte dazu, daß findige Händler nach Mitteln suchten, um die Kosten des Geldtransfers zu verringern, ohne die gewinnbringenden Tauschgelegenheiten einzubüßen. Vor dem Hintergrund dieser Entwicklung gibt es mindestens zwei Gründe für die Entstehung von Bankunternehmen. Zum einen führt der unterschiedliche Wert verwendeter Münzen an verschiedenen Marktplätzen dazu, daß Händler Anreize besitzen, ihr Warengeld bei Organisationen zu hinterlegen, die gegen die Zahlung einer Gebühr zwischen den beiden Orten vermitteln. Zum anderen ist die Verwahrung des Warengeldes bei solchen Organisationen unabhängig vom interregionalen Tausch auch aus Sicherheitsgründen vorteilhaft (vgl. *Horwitz* 1992, S. 115).[4] Daraus folgt, daß Bankenorganisationen erst infolge der Evolution des Geldes von Waren, die sich sowohl durch ihren Tauschwert als auch durch ihren Gebrauchswert auszeichnen, hin zu Warengeld, bei dem der Aspekt des Tauschwertes den des Gebrauchswertes überwiegt, entstanden sind. Erst durch die Evolution des Geldes ist eine Situation entstanden, in der innovative Wirtschaftssubjekte erkennen können, daß durch die Einrichtung von Bankenstellen Gewinne zu realisieren sind. Im evolutionären Prozeß entsteht außerdem infolge der Schaffung neuer Gütermärkte wiederum eine Nachfrage nach institutionellen Arrangements, welche die Funktionsfähigkeit der neu entstandenen Märkte sichern sollen. Institutionen- und Marktevolution beeinflussen sich

---

[3] „These three elements allow for an increased amount of trade and specialization and enable the evolution of the more complex banking arrangements that follow" (*Horwitz* 1992, S. 115). Hier bietet sich auch noch einmal ein Verweis auf die österreichische Haushalts- und Nutzentheorie an. Insbesondere aus der im Ungleichgewicht elementaren Heterogenität der Güter und der daraus folgenden notwendigen Beachtung von Komplementaritäten ergibt sich nämlich die Bedeutung der Institution des Geldes. Durch Geld werden heterogene Güter wertmäßig in Beziehung gesetzt. Wie bereits in Kapitel 2.2.3. analysiert worden ist, geht die prozeßorientierte Nutzen- und Haushaltstheorie der österreichischen Zwischenkriegsgeneration von der Annahme aus, daß Bedürfnisse in einem kausalen Verhältnis zueinander stehen (erst vollständige Befriedigung des einen Bedürfnisses, bevor die Befriedigung eines zweiten Bedürfnisses angestrebt wird) und deren Befriedigung damit komplementären Charakter besitze (vgl. *Illy* 1949, S. 179; *Mayer* 1953, S. 65; *Weber* 1953, S. 9, 11 f.). Dieser komplementäre Charakter, dessen Komplexität im evolutionären Prozeß durch das Angebot neuer Güter steigt, ist es nun aber, der aus der Sicht des Haushalts die Nachfrage nach Geld bestimmt.

[4] Historisch spielten hier die englischen Goldschmiede und Münzstätten eine wichtige Rolle (vgl. *Hutter* 1993, S. 32; *Meyer* und *Schüller* 1976, S. 28 f.; *Schüller* 1977, S. 38 f.; *Schüller* 1983b, S. 303 f.; *Selgin* 1987, S. 436 f.). Vgl auch *Ford* (1994b, S. 176, 179 f.) und *Selgin* und *White* (1987, S. 442 f.), die hier u.a. auf die evolutionäre Entstehung des Bankenwesens im Genua des 12. Jahrhunderts verweisen.

demnach wechselseitig.[5]

Die hier beschriebenen Bankunternehmen sind jedoch noch keine Finanzintermediäre. Die Aufbewahrung der Geldgüter gegen Quittung stellt lediglich die Voraussetzung für das Bankgeschäft dar. Zum Finanzintermediär wird der innovative „Geldaufbewahrer" erst, wenn er erkennt, daß er durch die Weiterverleihung eines Teils der Einlagen Zinserträge erwirtschaften kann.[6] Damit ist die Vermittlung zwischen Sparangebot und Kreditnachfrage jedoch noch nicht erschöpft. Als Ergebnis der Verleihung von Geld gegen Zins ist es dem Finanzintermediär nun möglich, auch für Einlagen Zinsen zu zahlen und somit die Grundlage für seine Kreditgeschäfte zu vergrößern (vgl. *Horwitz* 1992, S. 115).[7] Dabei stellt die Ausleihung der Einlagen gegen Zins das initiative Moment in der unintendierten Evolution des Bankensystems dar.[8] Die Möglichkeit, *mehr* Spareinlagen durch die Gewährung von Einlagenzinsen an sich zu binden, ist dagegen das unintendierte Ergebnis der innovativen Kreditvergabe. Diese Möglichkeit erschließt sich den Unternehmern erst durch einen Lernprozeß.

Die relativ hohen Transaktionskosten des Transfers von Warengeld führen schließlich dazu, daß Finanzintermediäre ein Interesse entwickeln, den Austausch mit Geld-Gütern durch handelbare Sichtverbindlichkeiten zu ersetzen. Der evolutionäre Prozeß der Entstehung von Banknoten stellt dabei ein hervorragendes Beispiel für die unintendierte Entwicklung von Institutionen dar. Aus diesem Grund wird er im folgenden etwas ausführlicher analysiert.

Im 17. Jahrhundert deponierten Kaufleute und adlige Grundbesitzer ihre Goldvorräte bei englischen Goldschmieden und unterhielten Konten, die sie auch zu Überweisungen nutzten. Für die Einlagen aus Gold gaben die Schmiede verzinsliche Quittungen aus, die gegen Vorlage in Gold eingelöst werden konnten. Ohne daß dies ursprünglich von den Goldschmieden intendiert worden war, zirkulierten nun aber Mitte des 17. Jahrhunderts die Quittungen im Geschäftsverkehr. Die Eigentümer der Quittungen hatten diese zur Bezahlung von Schulden weitergegeben, ohne den mit Zeit und Mühe verbundenen

---

[5]   Vgl. das Beispiel der (uneinheitlichen) Auflösung der europäischen Fronhofverfassung im 12. und 13. Jahrhundert und der dadurch hervorgerufenen Ausbreitung der Geldwirtschaft. Die Entwicklung städtischer Märkte führte dazu, daß die Grundherren Geld benötigten, um die Produkte z.B. der städtischen Handwerker bezahlen zu können. Die wirtschaftsgeschichtliche These lautet nun, daß aus diesem Grunde die bäuerlichen Frondienste durch Geld- und Naturalabgaben ersetzt wurden. Durch die Aufhebung der Fron erhöhte sich die Produktivität der Bauern, so daß sie auch für den städtischen Markt produzieren konnten. Dies wirkte sich wiederum auf das Wachstum der Märkte und damit die Wachstumsmöglichkeiten der Städte aus (vgl. *M. North* 1994, S. 34-37).

[6]   Vgl. *Horwitz* (1992, S. 115) und *Selgin* und *White* (1987, S. 443), die zwei Faktoren nennen, welche die Intermediation ermöglichen. Zum einen sind Geldgüter fungibel und zum anderen ermöglicht das Gesetz der großen Zahl die Verleihung des Teils des Geldes, das nicht als Liquiditätsreserve für mögliche Abhebungen seitens des Publikums benötigt wird.

[7]   Finanzintermediäre sind gekennzeichnet durch die Übernahme der volkswirtschaftlich wichtigen Funktionen der Fristentransformation, der Risikotransformation und der Losgrößentransformation.

[8]   „The creative element is the lending out of depositor balances. This is an act of true entrepreneurship as the imaginative powers of individual bankers recognize the gains to be made through financial intermediation" (*Horwitz* 1992, S. 117).

Umweg über den Goldschmied zu wählen. Da außerdem nie alle Quittungen gleichzeitig eingelöst wurden, verfügten die Goldschmiede immer über einen „Bodensatz" an Gold.[9] Die Kombination dieser beiden unintendierten Ergebnisse der Vergabe von verzinslichen Quittungen gegen Gold machte nun aber den Weg frei für innovative Goldschmiede. Diese erkannten, daß sie durch die Ausgabe von unverzinslichen Noten (inside money), die auf den Inhaber zahlbar waren und durch Gold (commodity money) nur noch zum Teil gedeckt wurden, Gewinne erzielen konnten. Dadurch gelangten jedoch immer mehr Noten in Umlauf. Die Nachfrage nach diesem Tauschmittel führte außerdem dazu, daß von anderen Bankstellen die Ausgabe von Noten imitiert wurde. Letztendlich ist dadurch, in einem langsamen evolutionären Prozeß als unintendiertes Ergebnis intentionalen Handelns, die Banknote entstanden.[10]

Des weiteren erhöht die Ausgabe von Banknoten, die durch ein Geldgut, wie z.B. Gold, gedeckt sind, die Komplexität des Bankgeschäftes. Zum einen besteht die Gefahr der Illiquidität, da Banken nicht in der Lage sind, das Waren-Geldgut selbst zu produzieren. Zum anderen besteht für eine einzelne Bank das Problem, daß ihre Banknoten nur in einem begrenzten geographischen Umfang pari getauscht werden, da die Kosten der Einlösung mit zunehmender Entfernung zum Bankplatz steigen. Dieses Problem kann mit der Eröffnung von Zweigstellen gelöst werden, was jedoch auch wieder Kosten verursacht (vgl. *Selgin* und *White* 1987, S. 445).[11] Zum anderen stellt sich im Wettbewerbsprozeß die Frage, warum die Banknoten konkurrierender Banken gegenseitig akzeptiert werden. Auch hier ist die Erklärung beim Eigeninteresse der Bankunternehmer zu finden. Zunächst besteht natürlich ein Widerstreben, fremde Banknoten zu akzeptieren, und eher ein Anreiz, durch den Versuch des Verdrängungswettbewerbs die Verbreitung der Banknoten des Konkurrenten zugunsten der eigenen Produkte zu unterdrücken und wenn möglich auszuschalten.[12] Im Zuge von Lernprozessen realisieren die Anbieter jedoch, daß infolge der gegenseitigen Akzeptanz konvertibler Noten die Verbreitung der eigenen Banknoten und damit des Tauschmediums Banknote insgesamt gefördert wird. Außerdem können die Noten zum Ankauf zinsbringender Vermögensbestände verwendet werden.[13] Demnach erkennen im marktlichen Lernprozeß die findigen Bankunternehmer, daß die Vorteile der Akzeptanz fremder Banknoten die Nachteile überwiegen.[14]

---

[9] Aus diesem Grund war es den Goldschmieden schon lange vor der Entstehung der Banknote möglich, das Kreditgeschäft zu betreiben.

[10] Vgl. *Ford* (1994b, S. 182), *M. North* (1994, S. 113), *Selgin* (1987, S. 437).

[11] Der Vorteil der Nähe zum Kunden, der sich mit Zunahme der Entfernung von der Bankstelle immer weiter verringert, sowie die mit der Eröffnung von Zweigstellen verbundenen Kosten, dürften ein wichtiger Grund dafür sein, daß es sich beim Emissionsmarkt von Banknoten nicht um ein natürliches Monopol handelt. Vgl. dazu auch das Kapitel 5.2.

[12] Als historisches Beispiel kann die Geschäftspolitik der beiden ersten Banknotenanbieter Edinburghs - der Bank of Scotland und der Royal Bank of Scotland - in Schottland Anfang des 18. Jahrhunderts genannt werden. Sie weigerten sich einige Jahre lang, die Noten regionaler Banken zu akzeptieren (vgl. *Selgin* und *White* 1987, S. 446). Vgl. auch das Kapitel 5.2.1. zur Evolution der schottischen wettbewerblichen Währungsverfassung.

[13] „In other words, a bank can maintain a permanently larger circulation of its own notes by continually replacing other notes with its own, and correspondingly can hold more earning assets than it otherwise could" (*Selgin* und *White* 1987, S. 446).

[14] Vgl. *Chown* (1994, S. 189), *Horwitz* (1992, S. 118), *Selgin* und *White* (1987, S. 447 f.).

262

Auch die Evolution gemeinsam genutzter Clearingstellen stellt das Ergebnis intentionalen, gewinnorientierten Handelns der Bankunternehmer dar. Die Entstehung von Clearinghouses ergibt sich daraus, daß findige Unternehmer erkennen, daß sie durch gemeinsame Treffen an einem Marktplatz zur Verrechnung ihrer Forderungen Kosten einsparen können. Die zunächst zufälligen Treffen werden institutionalisiert, es entstehen Clearingstellen. Diese dienen zum einen der gegenseitigen Verrechnung der Forderungen, so daß nur noch der jeweilige Saldo übertragen werden muß. Zum anderen wird die Geschwindigkeit des Umtauschs erhöht, so daß das mit der Annahme fremder Banknoten verbundene Risiko verringert wird. Ein möglicherweise unseriöses Geschäftsgebaren eines Notenemittenten wird dadurch früh entdeckt, was dazu führt, daß dessen Noten nur noch mit Abschlag gehandelt bzw. von den übrigen Bankhäusern überhaupt nicht mehr akzeptiert werden. So wird die Gefahr, durch den Konkurs eines Konkurrenten u.U. selbst Verluste zu erleiden, verringert. Ungewißheit wird reduziert. Schließlich ermöglicht auch noch der mit dem Interbankenverkehr durch Clearingstellen verbundene Übergang von der Brutto- zur Nettoabrechnung eine weitere Verringerung der notwendigen Reservehaltung. Dadurch erhöht sich aber wiederum das Gewinnpotential durch Notenemission.[15]

Auch hier wird der bereits analysierte Zusammenhang zwischen kompexitätssteigernden gewinnorientierten Handlungen und der Nachfrage nach unsicherheitsreduzierenden Institutionen deutlich. Infolge von kreativem Verhalten, nämlich des Angebots von Banknoten, ist es notwendig, die Beziehungen zwischen den Banken zu koordinieren. Durch die unternehmerische Planumsetzung der Wirtschaftssubjekte steigt die Komplexität der Austauschbeziehungen. Dadurch wird eine Nachfrage nach unsicherheits- und kostenreduzierenden Institutionen hervorgerufen - den Clearingstellen.

Insgesamt wird durch diese Mustererklärung deutlich, wie ein leistungsfähiges, unreguliertes Bankensystem in westlichen Volkswirtschaften als unintendiertes Ergebnis intentionalen Handelns entstanden ist. Für die Volkswirtschaft ergeben sich infolge der Evolution des Bankensystems - z.B. durch die Finanzierung innovativer Investitionen - ungeahnte Wachstumsmöglichkeiten.[16] Dabei wird die Entstehung eines leistungsfähigen, funktionierenden Bankensystems aus dem Eigeninteresse der Marktakteure erklärt.[17] Es bleiben aber die Fragen bestehen, aus welchem Grund monopolistische Zentralbankverfassungen entstanden sind und welche Rolle sie für den Prozeß der weiteren Evolution des Bankensystems spielen. Als Antwort auf die erste Frage betont *Horwitz*:

„The logic of the evolutionary story shows no tendency toward the monopolization of either reserve or liability production. Historically, central banks have not been the result of any natural market evolution but rather the logical step of governments wishing to raise revenue (particulary for war) through monopolized note issue and inflation, and for bankers wishing to capture the profits from a

[15] Vgl. *Dowd* (1988a, S. 25 f.), *Horwitz* (1992, S. 119 f.), *Selgin* und *White* (1987, S. 449).
[16] Nach *Norths* Kriterium für effiziente institutionelle Arrangements sind die Regelungen des Bankenmarktes dann effizient, wenn hierdurch realwirtschaftliches Wachstum induziert wird.
[17] Bereits *Mises* hat die Idee der Bankenfreiheit und ihre immanenten Schranken der Notenausgabe systematisch untersucht (vgl. *Mises* 1949, S. 431-445; *Rothbard* 1976b, S. 179).

government-protected cartel" (*Horwitz* 1992, S. 121).[18]

Offensichtlich sind, historisch gesehen, monopolistische Notenbankverfassungen intendiert geschaffen worden. Trotz gegenteiliger Hypothesen gibt es historisch keine Anzeichen dafür, daß es Marktkräfte waren, die zu einer spontanen Entwicklung monopolistischer Zentralbanken geführt haben.[19] Im folgenden wird deshalb anhand zweier historischer Fallbeispiele die Funktionsfähigkeit wettbewerblicher Geldverfassungen untersucht. Anschließend wird analysiert, warum monopolistische Notenbankverfassungen entstanden sind. Dabei werden insbesondere die Fragen diskutiert, ob diese evolutionär effizienter sind als wettbewerbliche Geldordnungen, oder ob sie nicht vielmehr ein klassisches Beispiel für eine institutionelle Evolutionsblockade darstellen.[20]

5.2. Erfahrungen mit wettbewerblichen Geldordnungen

Im folgenden werden die historischen Erfahrungen mit wettbewerblichen Geldordnungen anhand der Fallbeispiele der USA und Schottlands untersucht. Obwohl es im 19. Jahrhundert eine ganze Reihe mehr oder weniger erfolgreicher wettbewerblicher Währungsordnungen gab,[21] beschränkt sich die folgende Untersuchung auf die beiden genannten Fälle.[22] Die Unterschiede und Gemeinsamkeiten der institutionellen Gegeben-

---

[18] Siehe auch *Selgin* und *White* (1987, S. 442), die zu einer ähnlichen Einschätzung kommen: „States seem to have monopolized coinage early in history, but not by outcompeting private mints. Rather, the evidence suggests that state coinage monopolies were regularly established by legal compulsion and for reasons of propaganda and monopoly profit. State-minted coins functioned both as a symbol of rule and as a source of profits from shaving, clipping, and seign(i)orage."

[19] „We find no market forces leading to the spontaneous emergence of a central bank" (*Selgin* und *White* 1987, S. 454). Vgl. auch *Vollmer* (1996, S. 203 f.).

[20] Die Auseinandersetzung mit den historischen Phasen der wettbewerblichen Bereitstellung des Geldangebotes in zwei ausgewählten Ländern dient dem Zweck, die Mustervoraussagen der evolutionären Institutionenökonomik am konkreten Problem zu prüfen. Dabei werden außerdem auch noch Aspekte der Theorie des Währungswettbewerbs diskutiert. In diesem Zusammenhang wendet jedoch ausgerechnet *Rothbard*, der die Gültigkeit der praxeologischen Theoreme ebenso wie *Mises* aus dem introspektiv abgesicherten Grundaxiom und den deduktiv abgeleiteten Kategorien annimmt, gegen die Theorie des Währungswettbewerbs das Argument ein, daß auch die wettbewerbliche Währungsverfassung Schottlands keinen historischen Beleg für reinen Währungswettbewerb darstelle (es durften lediglich Noten mit einem Mindestnennwert von 1 Pfund Sterling angeboten werden und außerdem waren sog. „option clauses" - diese werden in Kapitel 5.2. noch analysiert - zugelassen). *Horwitz* erinnert dagegen zu Recht daran, daß *Rothbard* unter Berücksichtigung seiner eigenen wissenschaftstheoretischen Regeln lediglich eine a priori gültige, theoretische Widerlegung der Theorie des Währungswettbewerbs anstreben, nicht jedoch ein historisch-empirisches Argument anführen könne (vgl. *Horwitz* 1994a, S. 167 f.).

[21] Vgl. die Übersicht in *Vollmer* (1996, S. 217 f.). Beispielsweise stellte die Phase der Bankenfreiheit in der Schweiz im 19. Jahrhundert eines der erfolgreichen Beispiele wettbewerblicher Notenemission dar (vgl. *Neldner* 1989, S. 551-553; *E.J. Weber* 1988, S. 459 ff.). Vgl. auch die Untersuchung der australischen free banking-Erfahrungen von fast einem Jahrhundert bis zum Jahre 1959 von *Dowd* (1991c).

[22] *Schuler* ist sogar der Meinung, daß im 19. Jahrhundert free banking-Währungsverfassungen vorherrschten: „It spread so far that, by the 1800s and early 1900s, most economically advanced nations had free banking, for periods of a few years to more than a century" (*Schuler* 1994, S. 415). Lediglich in Osteuropa, Afrika und im Nahen Osten gab es nie-

heiten, die den Erfolg oder Mißerfolg erklären, werden anhand des Vergleichs der beiden
Länder deutlich werden. Während sich nämlich die schottische Währungsordnung durch
eine Phase der Stabilität auszeichnete, fallen die amerikanischen Erfahrungen deutlich
negativer aus. Gemeinsam ist den beiden Beispielen jedoch, daß die betrachteten
Perioden der Bankenfreiheit in die Zeit der Edelmetallwährungen fallen. Um die Analyse
der Ergebnisse nicht zusätzlich zu erschweren, werden zudem zwei Volkswirtschaften
untersucht, die einen vergleichbaren kulturellen Hintergrund besitzen. Dadurch kann sich
die Analyse auf die Gemeinsamkeiten und Unterschiede in den kodifizierten Regeln beschränken.[23]

Die Evolution wettbewerblicher Geldordnungen in Schottland und den USA wird
systematisch unter Hinweis auf folgende Argumente, die von Kritikern des Wettbewerbs
der Währungen immer wieder betont werden, untersucht. Im wesentlichen geht es dabei
zunächst um den Vorwurf der Instabilität des notenausgebenden Bankensektors, die sich
durch häufig wiederkehrende Finanzkrisen und Konjunkturschwankungen auszeichnen
soll. Außerdem wird die Herausbildung von Beschränkungen des Wettbewerbs durch
ausgeprägte Tendenzen zur Konzentration vermutet, die auf economies of scale der
Notenproduktion oder gar auf die Existenz eines natürlichen Monopols zurückgeführt
werden. Bezüglich der Besitzer von Banknoten wird darüber hinaus die Gefahr von
Verlusten durch die Zusammenbrüche von Banken und die Fälschungen von Noten vermutet (mangelhafter Schutz des Konsumenten). Außerdem lautet eines der Haupt-
argumente gegen den Wettbewerb der Währungen, daß dadurch hohe Transaktionskosten des Zahlungsverkehrs entstünden. Schließlich muß aus der evolutionstheoretischen Perspektive noch die Frage geprüft werden, ob der Wettbewerb der Währungen
die Kriterien der evolutionären Effizienz erfüllt.[24]

Friedman u.a. wenden außerdem gegen die These von der Funktionsfähigkeit des
Währungswettbewerbs das Produktionskostenargument ein. Zum einen seien die Kosten
der Banknotenproduktion verschwindend gering. Zum anderen seien aufgrund der
Besonderheiten des Geldes - da beim Geld die Tauschmittelfunktion im Mittelpunkt
steht, erhöht sich der Volkswohlstand nicht mit der Zunahme der Produktion des Gutes
Geld - die privaten Grenzkosten des zusätzlichen Notenangebotes geringer als die sozialen Grenzkosten. Unter Wettbewerbsbedingungen werde deshalb die Geldproduktion der
gewinnmaximierenden Notenanbieter weit über die inflationsfreie Geldnachfrage ausgedehnt. Aus den negativen externen Effekten resultiere eine Hyperinflation. Die gesetzliche Errichtung eines Geldangebotsmonopols sei notwendig (vgl. *Dowd* 1992, S. 384 f.,

---

mals wettbewerbliche Notenbankverfassungen. *Selgin* und *White* sprechen von „... at least
60 countries or colonies that allowed note-issue by competing private banks, subject to
varying degrees of regulation" (*Selgin* und *White* 1994, S. 1732).

[23] Bestehende kulturelle Unterschiede zwischen Schottland und den USA sollen damit nicht in
Abrede gestellt werden. Hier wird lediglich mit der Hypothese gearbeitet, daß diese Unterschiede keine Relevanz für die Beurteilung der Erfolgsaussichten einer wettbewerblichen
Notenbankverfassung besitzen - eine Hypothese, die beispielsweise in einem Vergleich mit
den institutionellen Rahmenbedingungen Japans so nicht aufrechterhalten werden könnte.

[24] Vgl. zu den ersten vier Punkten die Zusammenfassung von *Goodhart* (1988, S. 103 f.)
sowie *Brennan* und *Buchanan* (1981, S. 16-18 („money is different")) und *Neldner* (1989,
S. 549 f.).

Issing 1993, S. 14). Im wettbewerblichen Prozeß ist es jedoch nicht korrekt, nur die „reinen" Produktionskosten in die Analyse einzubeziehen. Die gesamten Verkaufskosten sind zu berücksichtigen (vgl. *Kirzner* 1978a, S. 116 f.; *Vollmer* 1996, S. 194 f.), wobei dieses im Falle der Geldproduktion in erster Linie in der Aufrechterhaltung der Konvertibilität und des Vertrauens in das sensible Produkt Geld bestehen: „... the cost of issuing a convertible note and keeping it in circulation is much more than the cost of printing it" (*Dowd* 1992, S. 385).[25] Unter Berücksichtigung dieses Sachverhaltes ist es deshalb nicht mehr korrekt, von negativen externen Effekten wettbewerblicher Notenemission zu sprechen.[26]

5.2.1. Wettbewerbliche Notenemission in Schottland

Die Periode der Bankenfreiheit in Schottland erstreckt sich über ein Jahrhundert von 1716 bis 1845. Zunächst wurde 1695 die Bank von Schottland gegründet, die mit dem Recht des Notenausgabemonopols versehen war. Die Besonderheit der rechtlichen Regelung bestand darin, daß das Monopol zunächst nur für 21 Jahre garantiert wurde, allerdings mit einer Verlängerungsmöglichkeit. Als im Jahre 1716 das Monopolrecht der Notenausgabe ablief, beantragte die Bank von Schottland jedoch keine Verlängerung des Rechts, da sie sich vor Wettbewerbern sicher fühlte (vgl. *Paul* und *Lehrman* 1982, S. 147).

Entgegen den Erwartungen der Bank traten jedoch weitere Emittenten in den Markt für die Notenproduktion ein, die neben der Bank von Schottland - die trotz ihres Titels keine staatliche Organisation war - Geld emittierten, wobei alle Banknoten auf Pfund Sterling lauten mußten (vgl. *Hodgson* 1992b, S. 401; *White* 1984a, S. 24 f.).

5.2.1.1. Die Evolution des Rechtsrahmens für die wettbewerbliche Notenemission in Schottland

Die wichtigsten äußeren Institutionen für den Markt der Banknotenemission stellten folgende gesetzliche Vorschriften dar. Weder die Banknoten einer schottischen Bank noch das englische Pfund der Bank von England waren in Schottland gesetzliches Zahlungsmittel (vgl. *White* 1984a, S. 39).[27] Die Konvertibilität der vom Gesetz vollkommen gleich behandelten privaten Banknoten wurde dadurch gesichert, daß die Emittenten ihre Noten bei Vorlage durch die Kunden zum Nennwert gegen staatlich geprägte Goldmünzen einlösen mußten. Außerdem durften nach 1765 lediglich Banknoten mit einem

---

[25]   Vgl. im Ergebnis ebenso *Schwartz* (1989, S. 44 f.). Auf dieser Überlegung basiert auch *Hayeks* Vorschlag der Konkurrenz der Währungen (vgl. z.B. *Hayek* 1979b, S. 2-6).

[26]   Siehe auch *White* (1984a, S. 140): „Where free competition makes better notes available, there is no reason for the public to suffer dubious notes to remain in circulation."

[27]   Die von privaten Banken emittierten Banknoten verdrängten das Gold als Zahlungsmittel weitestgehend - es wirkte das Greshamsche Gesetz. Durch die Fixierung des nominellen Goldpreises wirkte das Gold jedoch immer noch als nomineller Anker für die Preise in der Volkswirtschaft (vgl. *Dowd und Sampson* 1993, S. 382). Recheneinheitsmittel war das gesetzlich festgelegte Goldpfund. Die Fixierung des Goldpreises stellt, neben dem privatwirtschaftlichen Rentabilitätskalkül der Goldproduzenten, das konstitutive Element für die Funktionsfähigkeit der sog. Goldbremse dar (vgl. *Fehl* 1987, S. 454).

Mindestnennwert in Höhe von 1 Pfund Sterling emittiert werden (vgl. *White* 1984a, S. 30).[28] Diese spezifisch banktechnischen gesetzlichen Regelungen wurden schließlich durch die allgemeinen schottischen Haftungsvorschriften ergänzt. Diese sahen für die Aktienbesitzer der notenemittierenden Banken eine unbeschränkte Haftungspflicht für alle Verbindlichkeiten gegenüber Dritten vor (vgl. *Neldner* 1989, S. 550; *White* 1984a, S. 144).[29] Darüber hinaus war der Eintritt in den Emissionsmarkt vollkommen frei. Zwischen 1716 und 1845 gab es weder eine Zentralbank noch eine staatliche Geldpolitik oder andere regulierende staatliche Eingriffe in den Markt der Banknotenproduktion.[30] Insbesondere gab es keine 100%-Deckungspflicht für die ausgegebenen Banknoten. Den Bankunternehmern wurde die unternehmerische Freiheit zugestanden, die Notenausgabe entsprechend ihren eigenen Vorstellungen abzusichern - immer unter Berücksichtigung der verhaltenskontrollierenden Institution der unbeschränkten Haftung.[31]

Mitte des 18. Jahrhunderts wurde zudem die nicht-kodifizierte innere Institution des Noten-Clearings seitens der Notenemittenten ins Leben gerufen. Der Austausch von Noten wurde regelmäßig an einem zentralen Ort (ab 1771 in London) durchgeführt. Dabei wurden die Abrechnungssalden ausgeglichen. Für die einzelne Bank bedeutete dies, daß sie ihre Notenausgabe lediglich so weit ausdehnen konnte, daß sie noch über ausreichende Guthaben in Form von Goldreserven oder zinstragenden Wertpapieren verfügte, um neben der Einlösungspflicht gegenüber dem Publikum (den Nichtbanken) auch die Defizite gegenüber den anderen Banken im Clearing-Verkehr auszugleichen (vgl. *Dowd* 1988a, S. 26; *Neldner* 1989, S. 550).[32] Die Regeln des Clearingverkehrs

---

[28]   Die Bilanz einer notenemittierenden Bank sah folgendermaßen aus:

Vermögen	**Kapital**
Metallgeld (Gold)	(ausgegebene) Banknoten
(Zinstragende) Vermögenswerte	Einlagen
	Gründungskapital

   Quelle: Übersetzte und erweiterte Tabelle 1.1. aus *White* (1984a, S. 4).

[29]   *Euckens* konstituierendes Prinzip der Haftung war demnach in Schottland voll erfüllt.

[30]   Vgl. *White* (1984a, S. 23 und S. 25), wo er in diesem Zusammenhang auf die politischen Rahmenbedingungen Schottlands verweist, nämlich auf den Anschluß der Krone Schottlands an das Königshaus von England (seit 1603) sowie das gemeinsame Parlament Englands und Schottlands (seit 1707).

[31]   „The sufficient quantity of reserves, however, was something that bankers could learn only through trial and error" (*White* 1984a, S. 28). *Horwitz* diskutiert die Forderung *Rothbards* nach 100%iger Banknotendeckung unter evolutionstheoretischen Aspekten. Zum einen hält er *Rothbards* Forderung entgegen, daß sich nirgendwo im Rahmen evolutionärer Prozesse eine entsprechende Regel durchgesetzt habe. Vielmehr hat sich die für innovative Wachstumsprozesse wichtige Kreditfunktion der Banken evolutionär entwickelt. Durch eine 100%-Deckungsregel für alle Banken würde der kreative wissenschaffende und -verwertende Prozeß des kreditfinanzierten Testens von „Investitionshypothesen" unterdrückt (vgl. *Horwitz* 1994a, S. 173 f.). Es bestehen demnach gute Gründe dafür anzunehmen, daß eine 100%-Deckungsregel - gleich ob für notenausgebende oder nicht-emittierende Banken - nicht evolutionär effizient ist. *White* weist darauf hin, daß *Rothbards* Befürwortung der 100%-Regel außerdem mit der von ihm formulierten und eingeforderten individuellen Souveränität kollidiere (vgl. *White* 1992b, S. 120).

[32]   Der Clearingverkehr wirkte darüber hinaus im Sinne der Unterdrückung nennenswerter Fälschungsaktivitäten (vgl. *Neldner* 1989, S. 551). Es diente nicht - wie *Goodhart* meint und aus diesem Grund ein angebliches Versagen des Clearing-Systems ableitet - dem Schutz gegen eine Überemission des gesamten Bankensystems. Dieser Schutz wird viel-

können als Geschöpfe des Marktes angesehen werden, d.h. als innere Institutionen, die als unintendiertes Ergebnis des gewinnorientierten Verhaltens der Geldanbieter entstanden sind. Die Gewinnmotivation war die treibende Kraft hinter der Einrichtung einer Stelle, an der die gegenseitigen Forderungen ohne hohe Transaktionskosten verrechnet werden konnten. Dadurch wurde jedoch zugleich die Kontrolle der einzelwirtschaftlichen Notenemission bewirkt. Stabilitätswidrige Überemissionen einzelner Notenanbieter wurden sogleich bemerkt und durch die Einlösung der Noten dieser Bank, zunächst gegen eigene Banknoten und dann gegen Gold, unterdrückt.[33]

Bis 1765 war es den Banken außerdem nicht verboten, die gesetzliche Konvertibilitätspflicht mit sog. „option clauses" einzuschränken.[34] Auch die Nutzung der option clauses in der Anfangszeit der wettbewerblichen Emission von Banknoten seitens der Notenabieter hat die Stabilität des schottischen Emissionsmarktes nicht gefährdet.[35] Die Wirkung der option clause ist jedoch nicht ganz klar. *Zum einen* wird argumentiert, sie schütze die Anbieter vor „bank runs" und sei damit letztendlich auch eine Regel, welche die Notenhalter schütze. Wenn der Konkurs durch die option clause verhindert wird, ist dem Banknotenbesitzer in der Tat gedient. Aber auch wenn der Konkurs nicht zu verhindern ist, können alle Gläubiger der Bank gleichermaßen entschädigt werden, ohne daß nur diejenigen Notenbesitzer, die bei einem bank run ihre Banknoten zuerst umtauschen, keine Verluste erleiden, die übrigen Notenhalter dagegen u.U. alles verlieren.[36] *Zum anderen* verringern option clauses jedoch die Konvertibilität der emittierten Noten, welche wiederum eine der Voraussetzungen dafür darstellt, daß wettbewerbliche Emissionsprozesse nicht zu (temporärer) Inflation führen.

Der historische Test in Schottland gibt jedenfalls keine Hinweise auf die Gültigkeit der konkurrierenden Argumente. Der Emissionsmarkt war sowohl vor 1765 als auch danach durch Stabilität gekennzeichnet.[37] Offensichtlich stand außerdem nicht der Schutz der Konsumenten im Vordergrund bei der innovativen Einführung dieser Klausel seitens der Bank of Scotland im Jahre 1730, sondern der Schutz der Bank vor dem aggressiven Verdrängungswettbewerb ihres ersten Konkurrenten, der im Jahre 1727 gegründeten Royal Bank of Scotland (vgl. *Gherity* 1995, S. 716, 719).

Die folgende Untersuchung der Entwicklung des Marktes für Banknoten wird Aufschluß darüber geben, ob sich die hier beschriebene Struktur der Institutionen durch

---

[33] mehr durch die gesetzlich festgeschriebene Konvertibilitätspflicht gewährleistet (vgl. auch *Dowd* 1994, S. 410).

[34] Vgl. dazu das Kapitel 5.1.

Die auf die Noten gedruckten option clauses formulierten die Erlaubnis für die Bank, der Einlösungspflicht in Goldmünzen für einen Zeitraum bis zu 6 Monaten gegen die Zahlung eines Zinssatzes an die Banknotenhalter nicht nachzukommen (vgl. *Gherity* 1995, S. 713). 1765 wurden option clauses in Schottland gesetzlich verboten (vgl. *Goodhart* 1988, S. 30 f.; *White* 1984a, S. 30).

[35] Vgl. *Dowd* (1988b, S. 320, 328-331), *Dowd* (1991a, S. 822), *Horwitz* (1994a, S. 168), *Schuler* (1994, S. 416).

[36] Vgl. *Dowd* (1988a, S. 34 f.), *Gherity* (1995, S. 715), *Selgin* und *White* (1994, S. 1729).

[37] Vgl. auch die Untersuchung über die historischen Begründungen für das Auftreten der option clause und über deren begrenzten Einsatz in Schottland vor 1765 von *Gherity* (1995, S. 713 ff.).

Kohärenz auszeichnet und inwieweit sie den Kriterien der evolutionären Effizienz genügt.

5.2.1.2. Die Entwicklung der wettbewerblichen Notenemission in Schottland

Nach Ablauf des Notenausgabemonopols der Bank von Schottland traten 1727 und 1746 zwei weitere Konkurrenten in den Markt ein. Während diese ersten drei emittierenden Banken noch mit einer speziellen Konzession („charter") des schottischen Parlaments versehen waren, boten ab 1749 auch nichtkonzessionierte Banken Noten an (vgl. *Neldner* 1989, S. 550; *White* 1984a, S. 28).[38] Zwischen 1749 und 1769 erhöhte sich die Zahl der Notenanbieter von 5 auf 32 Banken (vgl. *White* 1984a, S. 30).

Der schottische Emissionsmarkt zeichnete sich von Anfang an durch einen intensiven Wettbewerb aus. Die zunächst in den städtischen Gebieten auftretenden Anbieter übten die Praxis, eingehende fremde Banknoten den jeweiligen Emittenten sogleich zur Einlösung vorzulegen. Dadurch wurde das Emissionsverhalten der Banken viel strenger kontrolliert, als dies durch die Vorlage der Banknoten allein durch das Nichtbankenpublikum der Fall hätte sein können (vgl. *Neldner* 1989, S. 550). Ebenso wirkte die bereits vorgestellte innere Institution des ab Mitte des 18. Jahrhunderts eingeführten Notenclearings. Der institutionelle Rahmen des schottischen Bankenmarktes führte somit dazu, daß das eigeninteressierte Verhalten der Geldemittenten kontrolliert wurde. Versuche, das „Clearinghouse" als Instrument der Koordination für kollusives Verhalten zu mißbrauchen, scheiterten eindeutig. Empfohlene Zinssätze wurden von den Clearinghouse-Nutzern nicht eingehalten. Dabei wirkte sicher auch die Gefahr des potentiellen Wettbewerbs verhaltensdisziplinierend (vgl. *Selgin* und *White* 1987, S. 450).

Auch zeichnete sich die Bankenordnung durch Stabilität aus. Die spezifischen rechtlichen Regelungen sowie der Wettbewerb verhinderten, daß das System durch eine übermäßige Notenausgabe Inflation „produzierte". Das Geldangebot mußte sich an der Nachfrage des Publikums nach Geld orientieren. Konvertibilitätspflicht und Wettbewerbsdruck führten dazu, daß eine vermehrte Notenausgabe des gesamten Systems lediglich dann möglich war, wenn das Publikum mehr Gold anbot, um stattdessen Banknoten nachzufragen oder der Wert zinstragender Vermögensanlagen, welche die Banknoten deckten, anstieg.[39]

Neben dem Argument der Inflationsgefahr wird von Gegnern des Wettbewerbs der Währungen immer wieder auf die Gefahr von Bankenzusammenbrüchen und damit auf die mögliche Instabilität des Bankensystems hingewiesen. Freilich sind in Schottland im Jahrhundert der Bankenfreiheit auch Banken in Konkurs gegangen. *Neldner* spricht von 36 Banken, die in der Zeit von 1695 bis 1845 Bankrott gegangen sind oder zwangsliquidiert wurden (vgl. *Neldner* 1989, S. 550). Bezogen auf 109 Bankengründungen in dieser Zeit ist das eine Quote von etwa 33%. Ein Drittel der Banken wurde demnach im wett-

---

[38] *Selgin* und *White* haben untersucht, ob die konzessionierten Banken im Wettbewerbsprozeß Vorteile besaßen, kommen aber zu einer eindeutig verneinenden Antwort: „Evidence on bank structure and conduct indicates that the answer is no: competition was in fact vigorous" (*Selgin* und *White* 1994, S. 1732).

[39] Vgl. *Dowd* (1988a, S. 25), *Neldner* (1989, S. 550), *White* (1984a, S. 143).

bewerblichen Ausscheidungsprozeß vom Markt verdrängt. Trotzdem gab es keine ernsthafte Bankenkrise (vgl. *Dowd* 1988a, S. 34; *White* 1989a, S. 53), was nur mit der Ausgestaltung der institutionellen Rahmenbedingungen erklärbar ist.[40] Insbesondere die strikten Haftungsregeln werden dazu geführt haben, daß in die subjektiv rationalen Erwartungen der Banknotenhalter die Vorstellung von der Sicherheit des Tauschmediums Banknote eingeflossen und dadurch die Stabilität des Wettbewerbsprozesses begründet worden ist. Die Aktienbesitzer der in den Konkurs gegangenen Banken unterlagen der unbeschränkten Haftungspflicht für alle Verbindlichkeiten gegenüber Dritten, d.h. auch für alle ausgegebenen Banknoten.[41] Zusätzlich scheint das Eigeninteresse der überlebenden Banken als ergänzender Schutz für die Besitzer „fauler" Banknoten gewirkt zu haben. Im Fall des Zusammenbruchs der *Ayr Bank* haben sich die *Royal Bank* und die *Bank of Scotland* bereit erklärt, die Noten der zusammengebrochenen Bank gegen den vollen Nennwert einzulösen, um die potentielle Gefahr einer Panik und damit eines „runs" auf ihre eigenen Einlagen im Keim zu ersticken.[42] Insgesamt haben in der Zeit des Bankenwettbewerbs die Notenbesitzer nur sehr geringe Verluste infolge des Konkurses von Banken erlitten.

Die Stabilität des schottischen Bankenwesens wird eindrucksvoll im Vergleich mit der Zahl englischer Bankenzusammenbrüche zwischen 1809 und 1830 verdeutlicht.

---

[40]   *Goodharts* Einwand, daß *de facto* die Bank von England als lender of last resort agierte (vgl. *Goodhart* 1988, S. 51 f.), wird von *Selgin* und *White* unter Verweis auf die historischen Daten als unzutreffend zurückgewiesen: „The Scottish banks did buy and sell assets in the London financial market, but they did not hold deposits at the Bank of England nor, it seems, any significant quantity of its notes. Nor did the bank of England make last-resort loans to the Scottish banks" (*Selgin* und *White* 1994, S. 1732). Vgl. auch *Dowd* (1990, S. 102 f.), *White* (1990b, S. 531-533).

[41]   *Neldner* berichtet von folgenden eindrucksvollen Zahlen: „So sind etwa die *Ayr Bank*-Aktionäre für ungedeckte Verbindlichkeiten in Höhe von rund zwei Drittel Millionen Pfund aufgekommen, und im Zusammenhang mit dem 1829 erfolgten Zusammenbruch der *Fife Bank* wird berichtet, daß jeder Aktionär pro 50 Pfund Aktienanteil einen Betrag von 5500 Pfund nachschießen mußte" (*Neldner* 1989, S. 551). Auch *White* hebt den im Vergleich mit den englischen Verhältnissen sehr guten Schutz der schottischen Banknotenbesitzer hervor (vgl. *White* 1984a, S. 41 f.).

[42]   Der Zusammenbruch der *Ayr Bank (Douglas, Heron & Co.)* im Jahre 1772 bildet den „spektakulärsten Fall" in der „free banking"-Phase, da noch dreizehn kleinere Banken aus Edingburgh mit in den Konkurs gerissen wurden (vgl. *Neldner* 1989, S. 550 f.; *Paul* und *Lehrman* 1982, S. 148 f.; *White* 1984a, S. 30-32). *Selgin* ist außerdem der Meinung, daß sich die Geldnachfrage der Besitzer von Banknoten einer Bank, die zahlungsunfähig wird, nicht in Richtung einer vermehrten Nachfrage nach commodity money entwickelt, sondern in einer vermehrten Nachfrage nach inside money der übrigen notenemittierenden Banken (vgl. *Selgin* 1994, S. 455). Wenn diese Hypothese zutreffen sollte, sind in free banking-Systemen aufgrund des Verlusts an Vertrauen in eine bestimmte Bank „bank runs" auf die übrigen Banken nicht wahrscheinlich. Das System ist mithin aufgrund des Verhaltens der Wirtschaftssubjekte stabil.

Tabelle 5.1.: Englische und schottische Bankenzusammenbrüche, 1809-30

Year	Licensed English note issues[a] (1)	English bankruptcies[b] (Gilbart) (2)	(Pressnell)	English bankruptcies per thousand (3)	Scottish bankruptcies per thousand (4)
1809	702	4	5	5.7	0
1810	782	20	13	25.6	0
1811	789	4	11	5.1	0
1812	825	17	11	20.6	0
1813	922	8	6	8.7	14.3
1814	940	27	20	28.7	0
1815	916	25	33	27.3	9
1816	831	37	16	44.5	14.1
1817	752	3	1	4.0	0
1818	765	3	8	3.9	0
1819	787	13	9	16.5	0
1820	769	4	6	5.2	13.2
1821	781	10	12	12.8	0
1822	776	9	5	11.6	13.0
1823	779	9	11	11.6	0
1824	788	10	3	12.8	0
1825	797	37	60	46.4	12.0
1826	809	43	-	53.1	11.1
1827	668	8	-	11.9	0
1828	672	3	-	4.5	0
1829	677	3	-	4.4	11.4
1830	671	14	-	20.9	0
Total	-	311	-	-	-
Avg/vr	781.7	14.1	-	18.1	4.0

a   Beginning 1808 a licensing duty was imposed on note-issuing English banks. The number of licensed note issues represents roughly but not precisely the number of country banks. Nonissuing banks were not licensed, whereas a few note issuers reportedly engaged in no other banking business. Banks having more than one note-issuing office were required to take out a separate license for each office up to the fourth. In computing the Scottish bank failure rate, up to three branches of a bank were similarly included in the computation, whereas nonissuing banks were excluded. The number of branches was estimated by interpolation where figures for a particular vear were not available. No more than one Scottish bank failed during any year in the sample.

b   Although *Gilbart* and *Pressnell* offer differing figures on the number of English bankruptcies in each year 1809-25, their totals for those years are nonetheless the same.

Quelle: *White* 1984a, S. 48.

Als weiterer Einwand gegen die Möglichkeit eines funktionierenden Wettbewerbs der Währungen wird in der Literatur die These diskutiert, daß es sich beim Geldangebot um ein natürliches Monopol handle. Die gleichgewichtstheoretische Vorstellung vom natürlichen Monopol stellt für die evolutionäre Theorie zwar nicht die richtige Perspektive dar, es kann jedoch gefragt werden, ob im Währungswettbewerb als wissenschaffendem und -diffundierendem Prozeß, der zudem das Verhalten der Wirtschaftssubjekte kontrolliert, Konzentrationstendenzen wahrgenommen werden können oder nicht. Die empirischen Daten zeichnen für Schottland ein eindeutiges Bild. Es sind keine Tendenzen zur Konzentration zu entdecken (vgl. *Vollmer* 1996, S. 200 f.; *White* 1989a, S. 59).[43] Die Entwicklung verlief vielmehr so, wie es die Mustervoraussage des *Heuß*schen Marktphasenschemas auch für gewöhnliche Märkte erwarten läßt. Als nach 1717 der freie Marktzutritt rechtlich möglich wurde, traten nach und nach weitere Wettbewerber in den Markt ein. Schon 1769 gab es 32 Notenanbieter, von denen einige jedoch wieder schließen mußten. Bis 1826 erhöhte sich die Zahl der Geldanbieter dann wieder bis auf 29 Banken, und 1845 hatte sich die Zahl bei 19 notenemittierenden Banken stabilisiert (vgl. die Abbildung 5.1. sowie Tabelle 5.2.) (vgl. *White* 1984a, S. 30, 34).[44]

Abb. 5.1.:   Entwicklung des schottischen Bankenmarktes von 1717-1845

Zahl notenemittierender Banken

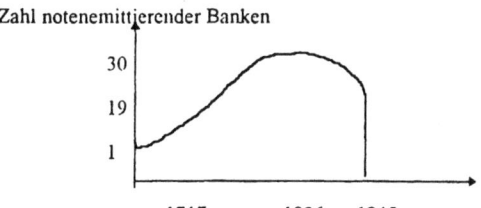

Tabelle 5.2.:   Notenausgebende Banken in Schottland 1826 und 1845

Scottish banks, 1826

Name of bank, date established	Head office	Number of partners	Number of branch offices
Chartered banks			
1. Bank of Scotland, 1695	Edinburgh		16
2. Royal Bank of Scotland, 1727	Edinburgh		1
3. British Linen Co., 1746	Edinburgh		27

[43]   „The years prior to 1845 had seen the entrances of some 109 distinct banking firms. Of those, 36 had failed or been wound up, 12 had disappeared for reasons unrecorded, 11 had retired voluntarily or ended without apparent failure, and 30 had merged into other banks. Twenty banks remained in business in 1845, 19 of them banks of issue" (*White* 1984a, S. 36).

[44]   *Neldner* nennt für die Schlußphase der wettbewerblichen Notenemission außerdem noch folgende Marktanteilszahlen: „Demnach entfielen 1844/45 auf den größten Emittenten lediglich 14,2% des Gesamtnotenumlaufs, und auch der Anteil der Gruppe der größten fünf war mit 56,3% noch relativ gering" (*Neldner* 1989, S. 551). Auch diese Zahlen lassen weder auf die Existenz eines natürlichen Monopols noch auf das Wirken übermäßiger Konzentrationskräfte schließen. Vgl. auch *Dowd* (1992, S. 388 f.) und siehe *White* (1984a, S. 36): „No one bank could serve the entire market so cheaply as to exclude others. Scottish experience offers no reason to suppose that there exist 'natural monopoly' characteristics in the production of convertible currency."

Provincial banks, joint-stock banks,
and private banks of issue

4.	Sir William Forbes & Co., c. 1730	Edinburgh	7	0
5.	Ramsay, Bonars & Co., c. 1738	Edinburgh	8	0
6.	Glasgow Ship Bank, 1749	Glasgow	3	0
7.	Thistle Bank, 1761	Glasgow	6	0
8.	Dundee Banking Co., 1763	Dundee	61	0
9.	Perth Banking Co., 1766	Perth	147	5
10.	Banking Co. of Aberdeen, 1767	Aberdeen	80	6
11.	Hunters & Co., 1773	Ayr	8	3
12.	Commercial Bank of Aberdeen 1778	Aberdeen	15	0
13.	Paisley Banking Co., 1783	Paisley	6	4
14.	Greenock Banking Co., 1785	Greenock	14	3
15.	Paisley Union Bank, 1788	Paisley	4	3
16.	Leith Banking Co., 1792	Leith	15	4
17.	Dundee New Bank, 1802	Dundee	6	1
18.	Renfrewshire Banking Co., 1802	Greenock	6	5
19.	Dundee Union Bank, 1809	Dundee	85	4
20.	Glasgow Bank, 1809	Glasgow	19	1
21.	Com. Banking Co. of Scotland, 1810	Edinburgh	521	31
22.	Perth Union Bank, 1810	Perth	69	0
23.	Montrose Bank, 1814	Montrose	97	2
24.	Exchange & Deposit Bank, 1818	Aberdeen	1	4
25.	Shetland Banking Co., 1821	Lerwick	4	0
26.	Aberdeen Town & County Bank, 1825	Aberdeen	446	4
27.	Arbroath Banking Co., 1825	Arbroath	112	2
28.	Dundee Commercial Bank, 1825	Dundee	202	0
29.	National Bank of Scotland, 1825	Edinburgh	1.238	8

Nonissuing private banks

30.	Thomas Kinnear & Co., 1731	Edinburgh	-	-
31.	James & Robert Watson, c. 1763	Glasgow	-	-
32.	Donald Smith & Co., 1773	Edinburgh	-	-
33.	Alexander Allan & Co., c. 1776	Edinburgh	-	-
34.	Robert Allan & Son., 1776	Edinburgh	-	-
35.	Inglis, Borthwick & Co., 1805	Edinburgh	-	-

Scottish banks, 1845

Name of bank, date established	Head office	No. of shareholders	No. of branches	Paid-up capital £	Note-issue[a] £
1. Bank of Scotland, 1695	Edinburgh	654	33	1.000.000	300.485
2. Royal Bank of Scotland, 1727	Edinburgh	854	6	2.000.000	183.000
3. British Linen Co., 1746	Edinburgh	206	43	500.000	438.024
4. Dundee Banking Co., 1763	Dundee	57	1	60.000	33.451
5. Perth Banking Co., 1766	Perth	185	3	100.000	38.656
6. Bank. Co.of Aberdeen, 1767	Aberdeen	370	15	240.000	88.467
7. Com. Bank of Scotland, 1810	Edingburgh	550	52	600.000	374.880
8. National Bank of Scotl., 1825	Edingburgh	1.482	34	1.000.000	297.024
9. Aberdeen T.&C. Bank, 1825	Aberdeen	489	10	150.000	70.133

10. Union Bank of Scotl., 1830	Glasgow	598	30	1.000.000	327.223
11. Ayrshire Banking Co., 1830	Ayr	109	12	50.000	53.656
12. Western Bank of Scotl. 1832	Glasgow	703	39	1.000.000	284.282
13. Central Bank of Scotl., 1834	Perth	405	7	65.000	42.933
14. North of Scotl. Bank., 1836	Aberdeen	1.605	27	300.000	154.319
15. Clydesdale Bank. Co., 1838	Glasgow	947	11	500.000	104.028
16. Eastern Bank of Scotl., 1838	Dundee	552	4	600.000	33.636
17. Caledonian Bank. Co., 1838	Inverness	938	10	75.000	53.434
18. Eding. & Glasg. Bank , 1838	Edingburgh	1.546	20	1.000.000	136.657
19. City of Glasgow Bank, 1839	Glasgow	906	6	1.000.000	72.921
Totals		13.156	363	11.240.000	3.087.209

[a]   As authorized by the Act of 1845, equal to the bank's average outstanding note-issue for the year ending May 1, 1845.

Quelle: *White* 1984a, S. 35, 37.[45]

Schließlich wird insbesondere das Transaktionskostenargument gegen den Wettbewerb der Währungen ins Feld geführt. Die Kosten des Umtauschs, der Verrechnung im Falle eines Disagios zwischen Währungen und der Informationsbeschaffung lassen eine einzige Währung in einem Währungsraum prima vista als überlegen erscheinen. Die Informationskosten werden deshalb als hoch eingestuft, weil der Geldbenutzer verschiedene Geldnoten unterscheiden und über deren Wert informiert sein muß. Namentlich wenn sich die Wertrelationen im Marktprozeß dauernd ändern, ist es notwendig, häufig Umtauschtransaktionen durchzuführen. Diese gewichtigen Einwände richten sich denn auch weniger gegen die prinzipielle Funktionsfähigkeit, sondern gegen die Effizienz eines Systems wettbewerblicher Notenemission. Um so wichtiger erscheinen die Ergebnisse der historischen Fallbeispiele zur Beurteilung der Transaktionskostenproblematik.

Wie bereits erwähnt, zeichnete sich das wettbewerbliche Bankensystem Schottlands durch Stabilität aus. Das Wettbewerbsrecht sowie der Wettbewerb selbst verhinderten, daß es zu hohen Inflationsraten kam. Aber auch die Transaktionskosten haben sich offenbar moderat entwickelt. Die Stabilität des Bankensystems führte dazu, daß die privaten Banknoten weitestgehend zu ihrem Nennwert getauscht wurden.[46] Im Vergleich mit der Situation Englands im 19. Jahrhundert fällt auf, daß das produzierende Gewerbe geringeren Konjunkturschwankungen ausgesetzt war und sich die schottische Industrialisierung während der free banking Periode sehr viel schneller entwickelte als in England. Die makroökonomischen Erfahrungen bezüglich Konjunktur und Wachstum sprechen eindeutig für die auch realwirtschaftlich positiven Wirkungen des Währungswettbewerbs

---

[45]   Selbst *Mengers* Theorie der Marktevolution kann den hier feststellbaren Verlauf der Marktentwicklung erklären. Wie bereits diskutiert, steht bei *Menger* das Monopol logisch am Anfang der Marktentwicklung (vgl. *Menger* 1871/1968, S. 201-205). Im Falle des erfolgreichen Pionierunternehmers steigt der Bedarf nach dessen innovativen Produkten an. Dadurch entsteht ein Nachfragesog, der dazu führt, daß findige Imitatoren in den Markt eintreten und die Nachfrage bedienen. Als unintendiertes Ergebnis des innovativen Verhaltens des Anbieters entwickelt sich ein wettbewerblicher Markt, der verhindert, daß der etablierte Monopolist seinen Spielraum am Markt dauerhaft effizienzmindernd ausschöpfen kann (vgl. *Menger* 1871/1968, S. 212; *Zuidema* 1988, S. 32).

[46]   „Spätestens ab 1771 wurden alle Banknoten grundsätzlich zu ihrem vollen Nennwert in Zahlung genommen, so daß spezifische Transaktionskosten trotz einer Vielzahl von Emissionen von da an nicht mehr entstanden sind" (*Neldner* 1989, S. 551).

in Schottland (vgl. *White* 1984a, S. 44 f.; *White* 1984b, S. 278) - womit jedoch keiner monokausalen Erklärung der realwirtschaftlichen Entwicklung Schottlands das Wort geredet werden soll.

Auch die in der evolutionären Perspektive zentrale Frage der Innovationskraft des schottischen Notenbanksystems kann positiv beantwortet werden. Im historischen Vergleich zu den Notenbankverhältnissen Englands im 18. und 19. Jahrhundert wird eine vergleichsweise hohe Innovationsneigung der schottischen Notenemittenten deutlich (vgl. *Neldner* 1989, S. 556; *White* 1984a, S. 26 f., 43).[47] Der durch die ordnungspolitischen Grundsatzentscheidungen freigehaltene Raum für evolutionäre Entwicklungen ermöglichte außerdem die Evolution von inneren Institutionen, wie z.B. der des Noten-Clearings.

Nicht wegen einer möglichen Erfolglosigkeit des wettbewerblichen Emissionsmarktes, sondern aufgrund der Ausdehnung der Bestimmungen der *Peel*schen Bankakte aus dem Jahr 1844 auf das Gebiet Schottlands, wurde 1845 die darin festgeschriebene monopolistische Notenbankverfassung Englands auch auf Schottland ausgedehnt. Der Marktzutritt für potentielle Anbieter wurde verboten. Die existierenden Emittenten konnten ihre Notenausgabetätigkeit unter Einhaltung einer 100%igen Metallgeldreserveforderung auf alle im folgenden ausgegebenen Banknoten zwar fortführen. Die gesetzlich erlaubte Umlaufmenge der von den Banken emittierten Noten wurde darüber hinaus jedoch auch noch auf die Menge der durchschnittlichen Zirkulation der vergangenen Perioden je Bank begrenzt (vgl. *White* 1984a, S. 77).[48]

Als Fazit des Beispiels der wettbewerblichen Notenemission Schottlands läßt sich festhalten, daß sich das schottische Bankensystem über mehr als ein Jahrhundert durch Stabilität und Innovationskraft ausgezeichnet hat. Vor diesem Hintergrund wird im folgenden analysiert, warum die Erfahrungen in den USA weniger positiv ausfielen, und was dies für die Evolution wettbewerblicher Notenbankverfassungen bedeutete.

5.2.2. Die „Free Banking Era" in den USA

Die neuere Geldgeschichte der Vereinigten Staaten von Amerika kann in drei Phasen unterteilt werden. Die Free Banking Era umfaßte im wesentlichen das Vierteljahrhundert vor dem amerikanischen Bürgerkrieg, also von 1837 bis 1863. In dieser Zeit gab es zwar Unterschiede zwischen den Währungsverfassungen der einzelnen Staaten, eine amerikanische Nationalnotenbank war nach der Schließung der ursprünglich vom amerikanischen Kongreß konzessionierten *Second Bank of the United States* im Jahre 1836 jedoch nicht

---

[47]   „... the payment of interest on deposits; the option clause, which allowed banks temporarily to defer redemption demands provided they subsequently paid compensation; the cash credit account, an early form of overdraft; and the development of branch banking" (*Dowd* 1994, S. 412). Siehe auch *Schwartz* (1989, S. 42): „At the time of the debates [über die Peelsche Bankakte] banking in Scotland was at a far more advanced stage than in England."

[48]   Heute emittieren unter nicht-wettbewerblichen institutionellen Rahmenbedingungen noch drei Banken schottische Pfundnoten - die Bank of Scotland, die Royal Bank of Scotland und die Clydesdale Banking Co. (vgl. *White* 1984a, S. 36).

mehr vorhanden.[49] Die wettbewerblichen Bankenverfassungen dieser Periode waren gekennzeichnet durch das Fehlen nationaler Regulierungen und durch geringe Markteintrittsschranken für Banken, die Noten emittierten und das Kredit- sowie das Einlagengeschäft betrieben. Daran anschließend wurde im Zuge des amerikanischen Bürgerkrieges das National Banking System eingeführt. Es war von 1863 bis 1913 in Kraft und zeichnete sich durch die einheitliche bundesstaatliche Überwachung privater Bankemissionen aus. Schließlich wurde 1913 mit dem Federal Reserve System eine monopolistische Notenbankverfassung begründet, die in ihren wesentlichen Aspekten auch heute noch Gültigkeit besitzt (vgl. *Rolnick* und *Weber* 1983, S. 1080).

In der Free Banking Era war es den einzelnen Staaten überlassen, mittels Währungsgesetzen funktionierende Währungsordnungen zu begründen. Als Ergebnis konstituierte sich ein heterogenes Bild unterschiedlicher gesetzlicher Regelungen. Einige Staaten votierten für sog. „free banking"-Gesetze, welche im wesentlichen den freien Marktzugang zur Banknotenemission begründeten, während andere Staaten den Weg der Schaffung monopolistischer Notenbankverfassungen wählten. Dazwischen lag ein Kontinuum von Ordnungen mit unterschiedlich ausgeprägten staatlichen Eingriffen (vgl. *Dowd* 1993, S. 10).[50]

Tabelle 5.3.: Notenbankverfassungen in den Staaten der USA in der Free Banking Era

States with and without free banking laws by 1860

States with free banking laws	year passed law	states without free banking laws
Michigan	1837[a]	Arkansas
Georgia	1838[b]	California
New York	1838	Delaware
Alabama	1849[b]	Kentucky
New Jersey	1850	Maine
Illinois	1851	Maryland
Massachusetts	1851[b]	Mississippi
Ohio	1851[c]	Missouri
Vermont	1851[b]	New Hampshire
Conneticut	1852	North Carolina
Indiana	1852	Oregon
Tennessee	1852[b]	Rhode Island
Wisconsin	1852	South Carolina
Florida	1853[b]	Texas
Louisiana	1853	Virginia
Iowa	1858[b]	
Minnesota	1858	
Pennsylvania	1860[b]	

---

[49] *Neldner* berichtet, daß diese als Kassenführerin des Staates zuvor zentralbankähnliche Funktionen wahrgenommen habe (vgl. *Neldner* 1989, S. 553).

[50] Bis zum Beginn des Bürgerkrieges hatten 18 von 33 Staaten free banking-Gesetze eingeführt (vgl. *Paul* und *Lehrman* 1982, S. 66).

a   Michigan prohibited free banking after 1839 and then passed a new free banking law in 1857.

b   According to *Rockoff*, very little free banking was done under the laws in these states.

c   In 1845, Ohio passed a law that provided for the establishment of „Independent Banks" with a bond-secured note issue.

Quelle: *Rolnick* und *Weber* 1983, S. 1082.

5.2.2.1. Die Evolution des institutionellen Rahmens

Im Staate New York wurde 1838 ein „free banking"-Gesetz verabschiedet, an dem sich fast alle weiteren bundesstaatlichen wettbewerblichen Notenbankregelungen orientierten. Das free banking-Gesetz New Yorks erlaubte unter bestimmten Voraussetzungen den freien Eintritt in den Emissionsmarkt für Banknoten. So mußten potentielle Geldproduzenten ein Grundkapital von mindestens 100.000 $ vorweisen, wenigstens eine 12,5%ige Metallgeldforderung gegen die emittierten Noten halten und ihre Noten jederzeit gegen Nachfrage in staatlich geprägte Edelmetallmünzen einlösen (Konvertibilitätspflicht).[51] Die Noten mußten außerdem durch Einlagen festverzinslicher Schuldverschreibungen des Staates New York, anderer anerkannter Bundesstaaten oder der USA selbst bis zu 100% abgesichert werden. Die zur Deckung der emittierten Banknoten bei der staatlichen Aufsichtsbehörde hinterlegten Wertpapiere wurden von dieser im Konkursfall zur Entschädigung der Noteninhaber verwendet (vgl. *Bodenhorn* und *Haupert* 1995, S. 703; *Neldner* 1989, S. 554).[52] Schließlich waren die Aktienbesitzer der Bankunternehmung begrenzt haftbar. Die Nutzer der Banknoten hatten darüber hinaus das erste Pfandrecht (first lien) auf die Vermögensbestände - in erster Linie auf die hinterlegten Anleihen - der Bank, welche die emittierten Noten deckten (vgl. *Dowd* 1993, S. 150 f.; *Rolnick* und *Weber* 1983, S. 1082 f.). Schon zwei Jahre später, nämlich 1840, wurde jedoch die Verpflichtung zur Metallgeldhaltung sowie die Möglichkeit, Schuldverschreibungen anderer Bundesstaaten sowie der USA selbst als Sicherheiten zu halten, durch Gesetz wieder aufgehoben - offensichtlich um die Nachfrage nach Schuldverschreibungen des Staates New York zu sichern (vgl. *Dowd* 1993, S. 151).[53] Die

---

[51]   Die Konvertibilitätsforderung bestand gegenüber dem US-Münzdollar, der in der amerikanischen Ära des Bimetallismus entweder auf Gold oder Silber basierte (vgl. *Chown* 1994, S. 189). Wie wichtig die Konvertibilitätspflicht für die Stabilität wettbewerblicher Währungsverfassungen ist, zeigt das Beispiel Michigans. Dort wurde 1837, drei Monate nach der Verabschiedung des free banking-Gesetzes, das suspension law erlassen, welches die notenemittierenden Banken von der Münzgeldeinlösungspflicht befreite. Dadurch wurde die institutionelle Kontrolle einer überhöhten Notenemission abgeschafft. Folge war, daß das Bankensystem innerhalb kürzester Zeit zusammenbrach. Bereits 1838 wurde das free banking-Gesetz ausgesetzt, 1839 aufgehoben und 1844 für verfassungswidrig erklärt (vgl. *Dowd* 1993, S. 154 f.).

[52]   Verweigerte eine Bank die Rücknahme ihrer Noten, konnte der Notenhalter dieses Verhalten bei der Aufsichtsbehörde melden. Daraufhin wurde der Bank eine Frist von 30 Tagen eingeräumt, um die Noten gegen Metallmünzen einzutauschen. In der Regel wurde der eingeklagte Betrag zudem mit einem Zinssatz zwischen 5 und 20% verzinst. Kam die Bank der Aufforderung zum Umtausch innerhalb der 30 Tage nicht nach, besaß die Aufsichtsbehörde das Recht, die als Sicherheit dienenden Staatsanleihen der Bank zur Finanzierung des Notenumtausches zu verkaufen und die Bank zu schließen (vgl. *Hasan* und *Dwyer* 1994, S. 272 f.).

[53]   1846 wurde darüber hinaus die Haftung der Aktienbesitzer auf die persönliche Haftung bis

Noten der privaten Banken mußten außerdem auf Dollar lauten. Die Banken besaßen das Recht zur Notenausgabe, während die technische Seite des Drucks der Banknoten und ihre Registrierung durch staatliche Stellen vorgenommen wurde (vgl. *Hodgson* 1992b, S. 401).

Infolge der gesetzlichen Öffnung des Emissionsmarktes trat in den Jahren nach 1838 eine große Anzahl von Banken in den Markt ein. Anfang der 1840er Jahre boomte der Markt trotz des Rückschlags einiger insolventer Banken, deren Sicherheiten im wesentlichen aus Schuldverschreibungen westlicher und südlicher Bundesstaaten bestanden, die aufgrund der Einstellung der Rückzahlung von Staatsschulden erheblich an Wert verloren hatten (vgl. *Dowd* 1993, S. 151).[54] Dadurch wird der durch den institutionellen Rahmen hergestellte Zusammenhang zwischen Geldproduktion und den Anreizen zur Schaffung öffentlicher Haushaltsdefizite deutlich:

> „This provision deliberately tied banks and bank credit expansion to the public debt; it meant that the more public debt the banks purchased, the more they could create and lend out new money. Banks, in short, were encouraged to go into debt, and hence, government and bank inflation were intimately linked" (*Paul* und *Lehrman* 1982, S. 67).

Das free banking-Gesetz New Yorks ist wie gesagt u.a. deshalb interessant, weil es als Vorbild für die gesetzliche Begründung wettbewerblicher Währungsordnungen in anderen Bundesstaaten der USA diente. Bis in die 1860er Jahre hatten 18 Staaten ähnliche Gesetze erlassen (vgl. *Dowd* 1993, S. 152 sowie Tabelle 5.3.). Die Orientierung anderer Staaten an dem Regelwerk New Yorks hatte mehrere Gründe. Zum einen hatte dieser Staat einen deutlichen Erfolg zu verzeichnen, das Bankensystem war stabil und der Markt wuchs stetig. Zum anderen erkannten findige politische Vertreter anderer Staaten, daß die Regelungen New Yorks die Staatseinnahmen infolge der gesicherten Nachfrage nach staatlichen Schuldverschreibungen auf relativ billige Weise erhöhten.[55]

5.2.2.2. Die Entwicklung des wettbewerblichen Marktes für Notenemission in den USA

Die Free Banking Era sowie die Phase des National Banking Systems der USA werden in der Literatur als Beispiele für instabile Währungsverfassungen genannt. Die Bankgeschichte der USA ist zum Teil durch Phasen schmerzhafter Bankenkrisen gekennzeichnet, in denen die Finanzmärkte zerrüttet waren. Als negativstes Beispiel galt lange Zeit die Free Banking Era. In der neueren free banking-Literatur haben sich jedoch einige Autoren die Mühe gemacht, die Verhältnisse dieser Zeit näher zu untersuchen und sind

---

[54] zur Höhe des von ihnen gezeichneten Kapitals ausgedehnt (doppelte Haftung) (vgl. *Dowd* 1993, S. 151). Außerdem durfte die staatliche Aufsichtsbehörde keine Staatsanleihen „... at a rate above its par value, nor above its current marked value" als Sicherheiten akzeptieren (*Rolnick* und *Weber* 1988, S. 49). *Chown* spricht in diesem Zusammenhang von einer „technisch imperfekten" Lösung (vgl. *Chown* 1994, S. 189).

[55] „The usefulness of 'free banking' in this regard is illustrated by the fact that the New York 'free banking' system held no less than 57 per cent of New York's state debt in 1860" (*Dowd* 1993, S. 153).

zu einer differenzierten Beurteilung der Erfahrungen mit wettbewerblichen Notenbankverfassungen in den USA gekommen.

Insbesondere erscheint es notwendig, die unterschiedlichen Entwicklungen in den einzelnen Bundesstaaten zu berücksichtigen. Einige Staaten, wie z.B. New York, erlebten nach Anfangsschwierigkeiten eine Phase produktiver Stabilität, während andere Bundesstaaten, wie z.B. Indiana, große Probleme hatten. Was sind nun aber die Gründe für die Probleme in einigen Staaten der USA?

Zum einen sind die Interventionen der Bundesstaaten in den Markt für die Notenausgabe zu nennen. Insbesondere die Deckungsvorschrift der ausgegebenen Noten in staatlichen Schuldverschreibungen diente nicht der Verbesserung der Funktionsfähigkeit der wettbewerblichen Notenbankverfassungen, sondern lediglich der möglichst günstigen Finanzierung der Staatshaushalte der Bundesstaaten sowie des Gesamtstaates (vgl. *Vollmer* 1996, S. 202 f.).[56]

In einigen Staaten der USA waren die Behörden offensichtlich auch nicht in der Lage, die Auswüchse des sog. „wildcat banking" zu unterdrücken. Die Besitzer dieser „wildcat" Banken gaben örtlich begrenzt Banknoten aus, um nach kurzer Zeit (im Regelfall nach wenigen Monaten) gesetzeswidrig die Bank zu schließen und mit den durch die Notenausgabe erzielten illegalen Gewinnen über die Staatsgrenze zu verschwinden. Zurück blieben die geschädigten Besitzer der nun wertlosen Banknoten (vgl. *Rolnick* und *Weber* 1983, S. 1083).[57]

Um die Gründe für die schlecht funktionierenden wettbewerblichen Währungsverfassungen in einigen Staaten herauszufiltern, bietet es sich an, die Ergebnisse in ausgewählten Bundesstaaten miteinander zu vergleichen. Dadurch kann auch der kausale Zusammenhang zwischen spezifischen institutionellen Rahmenbedingungen und dem Funktionieren der Emissionsmärkte verdeutlicht werden. *Rolnick* und *Weber* untersuchen vier Bundesstaaten - New York, Wisconsin, Indiana und Minnesota -, für die ausreichend Zahlenmaterial vorliegt und welche die unterschiedlichen Erfahrungen in der Free Banking Era belegen. Systematisch vergleichen die Autoren die Ergebnisse in diesen Staaten anhand der Rate der Zusammenbrüche von Banken, der ökonomischen Lebensdauer der

---

[56] Bezüglich der Regelungsdichte des Emissionsmarktes vermuten *Rolnick* und *Weber*: „Because of the U.S. public's concern about financial instability and the misuse of financial power, banking has historically been one of the nation's most regulated and supervised industries" (*Rolnick* und *Weber* 1983, S. 1081). In der Zeit nach der Free Banking Era nahm die Regelungsdichte in den USA auf dem Bankenmarkt sogar noch zu. *Rolnick* und *Weber* sprechen u.a. vom Verbot staatsübergreifender Bankfilialen, von gesetzlichen Beschränkungen der Bankgrößen, vom Verbot des Einsatzes nicht-staatlicher Sicherheiten und davon, daß „no less than three separate federal agencies (as well as state banking authorities) play a role in regulating, supervising, and examining bank operations" (*Rolnick* und *Weber* 1983, S. 1082).

[57] Auch hier wird deutlich, welche Rolle der institutionelle Rahmen spielt. Während in Schottland das Phänomen des wildcat banking nicht auftrat, nutzten die verbrecherischen amerikanischen Emittenten von Banknoten die besonderen Bedingungen in den USA aus. Da sie kein Bundesgesetz gebrochen hatten, mußten sie lediglich über die nächste Staatsgrenze fliehen und waren vor der Strafverfolgung des Staates, in dem sie das Verbrechen begangen hatten, geschützt.

Anbieter von Banknoten sowie der Sicherheit der Banknotenwerte bzw. der Verluste für Banknotenbesitzer (vgl. *Rolnick* und *Weber* 1983, S. 1084-1090). Dabei treffen sie die nützliche - und deswegen im folgenden ebenfalls verwendete - Unterscheidung zwischen der geregelten Schließung von Banken, die im Zuge des Marktprozesses ausscheiden mußten, aber ihre Gläubiger entschädigen konnten und solchen Zusammenbrüchen von Banken, die dadurch gekennzeichnet sind, daß die Besitzer der emittierten Banknoten nicht zum Nennwert ihrer Noten, also unter pari, entschädigt wurden (vgl. *Rolnick* und *Weber* 1983, S. 1084).[58]

Insbesondere die Zahl der Zusammenbrüche von Banken ist elementar für die Einschätzung der Stabilität der entsprechenden Währungsverfassung. *Rolnick* und *Weber* kommen anhand der historischen Unterlagen zu dem Ergebnis, daß von den insgesamt 709 Banken in den vier betrachteten Staaten 339, das sind 48%, aus dem Wettbewerbsprozeß ausschieden. Allerdings sind die Zahlen für die aus Konsumentensicht wichtigen Zusammenbrüche von Banken wesentlich moderater. Lediglich 15%, nämlich 104 von 678 Banken - für welche die Autoren die entsprechenden Unterlagen beschaffen konnten -, entschädigten die Banknotenbesitzer unter pari. Das bedeutet, daß nur jeder dritte der Anbieter von Geldnoten, der im Marktprozeß ausscheiden mußte, nicht in der Lage war, seine Kunden voll zu entschädigen. Überdurchschnittlich betroffen waren die Nachfrager in Indiana, wohingegen der Prozentsatz in New York mit nur 8% vergleichsweise gering ausfiel (vgl. die Tabelle 5.4. sowie *Rolnick* und *Weber* 1983, S. 1085).[59] Trotzdem sind eindeutige Konzentrationstendenzen für die Emissionsmärkte dieser Staaten nicht zu beobachten gewesen (vgl. *Neldner* 1989, S. 554).[60]

Tabelle 5.4.: Zahl der privaten Notenemittenten, der Bankenschließungen sowie der Bankenzusammenbrüche in vier Bundesstaaten

State (free banking years)	(1)	free banks redemption information (2)	free banks with	free banks that closed (% of Col. 1) (3)	free banks that failed (% of Col. 2) (4)
New York (1838-63)	449	445		160 (36)	34 (8)
Wisconsin (1852-63)	140	140		79 (56)	37 (26)
Indiana (1852-63)	104	77		89 (86)	24 (31)
Minnesota	16	16		11	9

[58] Das verwendete Kriterium ist demnach das des Konsumentenschutzes.

[59] Obwohl damit in 2/3 der Fälle die Haftung der Aktienbesitzer ausreichte, um die Halter von Noten zu entschädigen, zeigen selbst die New Yorker Zahlen, daß die Sicherheit für die Notenbesitzer nicht so ausgeprägt war, wie beispielsweise in Schottland.

[60] *Goodharts* These, daß sich im Wettbewerbsprozeß ein enges Oligopol aufgrund von Informationsvorteilen entwickeln würde, trifft demnach weder für Schottland noch die Free Banking Era der USA zu (vgl. *Goodhart* 1988, S. 34 f.; *Dowd* 1993, S. 208 f.). *Goodharts* Beispiel des amerikanischen National Banking Systems zwischen 1863 und 1913 zeigt lediglich, daß eine staatlich durchregulierte und kontrollierte wettbewerbliche Währungsverfassung nicht funktionieren kann (vgl. auch *Horwitz* 1992, S. 150-160). Dies ist ein weiteres Argument für die These, daß wettbewerbliche Notenemissionsmärkte nicht ohne eine adäquate Ausgestaltung des institutionellen Rahmens funktionieren können.

(1858-62)			(69)	(56)
Total	709	678	339	104
			(48)	(15)

Quelle:*Rolnick* und *Weber* 1983, S. 1085.

Neldner weist außerdem auf die Gefahr des inneren Zusammenhangs zwischen den Zusammenbrüchen der Banken hin. Im Konkursfall einer Bank wurden die von ihr bei der Aufsichtsbehörde deponierten Wertpapiere verkauft. Wenn daher das Kursniveau der Papiere sank, verschlechterte sich auch die Relation zwischen Notendeckung und Notenumlauf der übrigen Banken. Dadurch konnten nun aber auch ursprünglich solvente Institute in Schwierigkeiten kommen (vgl. *Neldner* 1989, S. 554). Der hier aufgedeckte Zusammenhang ist jedoch vor allem ein Zeichen für den mangelhaft ausgestalteten institutionellen Rahmen. Durch Gesetz war es den Emittenten verboten, ein ausgewogenes, ihren Sicherheitsbedürfnissen entsprechendes Wertpapierportfolio zur Deckung ihrer Notenausgabe aufzubauen. Stattdessen wurde ihnen vorgeschrieben, Staatspapiere als Sicherheit zu halten (vgl. *Schuler* 1994, S. 414). Dadurch waren sie jedoch besonders anfällig gegenüber Kursschwankungen bei dieser Art von Wertpapieren. Wertverluste der Staatspapiere, beispielsweise infolge einer ungenügenden Qualität staatlicher Politik, verursachten damit zum Teil die Instabilität des Notenausgabesektors (vgl. *Dowd* 1991b, S. 18; *Dowd* 1993, S. 185).[61] Damit wird deutlich, daß die Kriterien der evolutionären Effizienz durch diese Regelungen verletzt wurden. Die institutionellen Rahmenbedingungen verringerten die handlungsbegrenzenden Ungewißheiten privater Emissionstätigkeit lediglich mangelhaft. Den Wirtschaftssubjekten wurde nicht die ökonomische Freiheit gegeben, in einem Lernprozeß die Höhe und Zusammensetzung des Wertpapierportfolios herauszufinden, das die Weiterführung des eigenen Betriebs sicherte. Insbesondere wird sich im Marktprozeß das subjektiv beste Portfolio dauernd ändern. Den Bankunternehmern war es jedoch durch die gesetzlichen Regelungen verwehrt, darauf zu reagieren und zu lernen. Dadurch ist aber auch die Chance, daß sich im offenen Marktprozeß passende innere Institutionen als Reaktion auf die marktinhärente Ungewißheit bilden, unterbunden. Die aus dem Menschenbild des *homo discens* abgeleiteten Voraussetzungen für evolutionäre Effizienz sind nicht erfüllt.[62] Zusätzlich wirkte außerdem die Verunsicherung über die Beständigkeit des institutionellen Rahmens erwartungsdestabilisierend. Während der gesamten Free Banking Era konnten die Bankunternehmer nämlich nie

---

[61] Systematisch arbeiten *Hasan* und *Dwyer* diesen Zusammenhang heraus. Anhand der Beispiele von Wisconsin und Illinois, deren Staatsanleihen infolge des Bürgerkrieges rapide an Wert verloren, sowie des Beispiels von Indiana, wo die Staatsanleihen Anfang 1855 wegen einer Gesetzesänderung an Wert einbüßten, wird deutlich, daß viele Banken aufgrund exogener Schocks in Liquiditätsschwierigkeiten kamen (vgl. *Hasan* und *Dwyer* 1994, S. 275-280). Diese Schocks konnten aufgrund des institutionellen Rahmens - nämlich der Verpflichtung zum Halten von Staatsanleihen als Sicherheit für die Notenausgabe - nicht durch kluges kaufmännisches Verhalten vermieden bzw. gemildert werden.

[62] *Bodenhorn* und *Haupert* analysieren, welche Auswirkungen die gesetzliche Einfrierung des Aktionsparameters Portfolio-Selection für die privaten Notenemittenten hatte. Sie kommen zu dem Ergebnis, daß deshalb und aus den Gründen der Rechtsunsicherheit, verbunden mit direkten staatlichen Interventionen in den Emissionsmarkt New Yorks, die Banken sehr vorsichtig agierten und weit weniger Banknoten als erlaubt emittierten (vgl. *Bodenhorn* und *Haupert* 1995, S. 708-710).

vollkommen sicher sein, daß ihr Notenausgabeprivileg in der nächsten Legislaturperiode noch Bestand haben würde.

Außerdem ist in den vorstehenden Kapiteln herausgearbeitet worden, daß institutionelle Reformen - sollen sie nicht dem Vorwurf der Anmaßung von Wissen ausgesetzt sein - im Rahmen der Stückwerk-Technologie lediglich abstrakte Regeln unter Berücksichtigung des Kriteriums der Subsidiarität, der Problematik der Kohärenz sowie der Zulassung des Wettbewerbs zwischen Regelsystemen setzen dürfen. Mindestens eine dieser Voraussetzungen für evolutionär effiziente Ordnungsreformen ist jedoch in den Währungsverfassungen der Free Banking Era nicht berücksichtigt worden. Die Ersetzung der notwendig abstrakten Regelung zur Sicherung emittierter Banknoten durch die konkrete Anweisung der alleinigen Akzeptanz staatlicher, festverzinslicher Schuldverschreibungen hat offensichtlich die im Vergleich zu den schottischen Erfahrungen deutlich schlechteren Marktergebnisse in den USA begründet. Da diese Regelung in allen Bundesstaaten mit wettbewerblichen Währungsverfassungen galt, konnte selbst der Wettbewerb zwischen den Regelsystemen nicht dafür sorgen, daß diese evolutionär ineffiziente Regel ersetzt wurde.

Für die Einschätzung der Funktionsfähigkeit einer wettbewerblichen Währungsordnung ist jedoch nicht nur die Zahl der Zusammenbrüche von Banken entscheidend, sondern auch die Höhe der sich aus den Bankenzusammenbrüchen ergebenden Verluste bei den Besitzern von Banknoten. Die Untersuchung von *Rolnick* und *Weber* fällt hier vergleichsweise günstig aus. Außer im Staate Minnesota, wo die Nutzer von Banknoten in der Anfangszeit der Free Banking Era mit Verlusten von bis zu 50 cents je Dollar rechnen mußten, zeichnet sich insgesamt ein recht positives Bild ab. In New York sank der „expected value of a randomly selected Dollar bank note"[63] in keiner Phase der Era unter 0.993 $ ab, in Wisconsin lag der schlechteste Wert bei 0.882 $ und in Indiana bei 0.922 $, wobei in allen drei Staaten der Wert in den meisten Jahren nahe oder sogar bei 1 $ lag. Selbst in Minnesota stabilisierte sich die Situation ab Mitte 1859. Im Oktober des Jahres betrug der errechnete Sicherheitskoeffizient bereits 0.810 $. Danach stieg der Wert ständig an, bis er schließlich 1863 1 $ betrug (vgl. die Tabelle 5.5. sowie *Rolnick* und *Weber* 1988, S. 51).

---

[63] Dieses Maß ermitteln die Autoren indem sie „... multiplied the circulation of each free bank in each condition report by its final redemption rate, totaled the products for all banks for each report date, and divided the sum by the total circulation of all banks for which we had redemption rate information" (*Rolnick* und *Weber* 1983, S. 1087). *Kahn* kritisiert die Autoren wegen Ermittlung und Verwendung dieses *ex post*-Maßes. Er entwickelt eine alternative Methode, kommt aber zu ähnlichen, geringfügig niedrigeren Werten - im Durchschnitt für New York beispielsweise 0.95 $ und für Wisconsin 0.87 $. Dabei weist er jedoch darauf hin, daß auch dies *ex post*-Werte seien und bezeichnet sie deshalb auch nicht als erwartete Werte, im Gegensatz zu *Rolnick* und *Weber* (vgl. *Kahn* 1985, S. 884).

Tabelle 5.5.: Sicherheit des Dollars während der Free Banking Era

State	Date of coalition report	Expected value of a randomly selected dollar bank note $	Note circulation of all free banks $	Number of free banks	Average circulation per bank $
New York	1843 (Nov.)	0.997	3.362.737	50	67.254,74
	1844 (Nov.)	0.998	5.036.953	65	77.491,58
	1845 (Nov.)	0.999	5.544.311	67	82.750,91
	1846 (Nov.)	0.999	6.235.397	70	89.077,10
	1847 (Feb.)	0.998	5.970.941	70	85.299,16
	1848 (Mar.)	0.993	8.621.269	93	92.701,82
	1849 (Dec.)	0.998	10.191.000	109	93.495,41
	1850 (Dec.)	0.998	13.197.995	130	101.523,04
	1852 (June)	0.999	14.621.582	158	92.541,66
	1853 (Dec.)	0.999	21.029.339	221	95.155,38
	1854 (Sept.)	0.999	21.435.545	232	92.394,59
	1855 (Sept.)	1.00	23.169.329	239	96.942,80
	1856 (Sept.)	1.00	26.476.389	261	101.442,10
	1857 (Sept.)	1.00	22.015.221	266	82.763,99
	1858 (Dec.)	1.00	23.229.189	268	86.676,08
	1859 (Dec.)	1.00	24.524.209	273	89.832,27
	1860 (Dec.)	1.00	23.900.049	279	85.663,26
	1861 (Dec.)	1.00	25.990.007	276	94.166,69
	1862 (Dec.)	1.00	35.049.604	289	121.278,91
Wisconsin	1853 (July)	1.00	301.748	8	37.718,50
	1854 (July)	0.991	786.216	19	41.379,79
	1855 (Jan.)	0.991	740.764	23	32.207,13
	1856 (Jan.)	0.983	1.060.165	30	35.338,83
	1857 (Jan.)	0.964	1.702.570	45	37.834,89
	1858 (Jan.)	0.936	2.913.071	68	42.839,28
	1859 (Jan.)	0.928	4.695.168	99	47.425,94
	1860 (Jan.)	0.896	4.429.855	107	41.400,51
	1861 (Jan.)	0.882	4.283.175	108	39.659,03
	1862 (July)	1.00	1.643.148	60	27.385,80
Indiana	1853 (Dec.)	0.922	3.167.547	30	105.584,90
	1854 (July)	0.949	5.219.105	46	113.458.80
	1856 (July)	0.997	1.423.895	34	41.879,26
	1857 (July)	0.992	1.453.703	26	55.911,65
	1858 (July)	0.989	1.043.608	18	57.978,22
	1859 (July)	0.989	1.080.577	17	63.563,35
	1860 (July)	0.990	1.143.466	18	63.525,89
	1861 (Jan.)	1.00	1.035.664	18	57.536,89
	1862 (July)	1.00	1.109.411	18	61.633,94
	1863 (Jan.)	1.00	1.223.426	17	71.966,24
Minnesota	1859 (Jan.)	0.456	50.000	2	25.000,00
	1859 (Oct.)	0.810	155.258	11	14.114,36
	1860 (Jan.)	0.876	34.481	6	5.746,83
	1860 (Oct.)	0.850	49.145	5	9.829,00
	1863 (Oct.)	1.00	100.161	5	20.032,20

Quelle: Auszug aus: *Rolnick* und *Weber* 1983, S. 1088.

Trotzdem schätzen die Autoren, daß die Besitzer von Banknoten während der Free Banking Era allein in den vier Bundesstaaten zwischen 1.4 und 2.1. Millionen Dollar

Verluste durch Bankenzusammenbrüche hinnehmen mußten (vgl. *Rolnick* und *Weber* 1983, S. 1089).

Im Rahmen der Analyse der chaotischen Erfahrungen in Minnesota interessieren sich *Rolnick* und *Weber* außerdem für die Frage, warum Banknotenhalter in Minnesota noch Banknoten ihrer unsicheren Banken hielten und nicht Noten von Emittenten aus anderen Staaten benutzten. Dazu ist es notwendig, auf die institutionellen Rahmenbedingungen des Emissionsmarktes des Staates Minnesota einzugehen. Das free banking-Gesetz des Staates wurde 1858 erlassen und orientierte sich weitestgehend an den Bestimmungen des New Yorker free banking-Gesetzes. Es gab jedoch mindestens eine wichtige Ausnahme. Nur die Staatsanleihen des Staates Minnesota oder der USA, die als Sicherheit für die ausgegebenen Noten dienen sollten, konnten zu einem vom „state auditor" festgelegten gegenwärtigen Wert in der Bilanz verbucht werden. Die Anleihen anderer Bundesstaaten mußten dagegen zu dem Wert in die Bilanz übernommen werden, der in den letzten sechs Monaten am Marktplatz New York im Durchschnitt erzielt wurde. Dieses Schlupfloch nutzten nun wiederum die Banken Minnesotas, um staatliche Eisenbahnanleihen zu kaufen.[64] Obwohl es für diese Anleihen keinen Marktwert des Marktplatzes New York gab, autorisierte der Gouverneur des Staates Minnesota den „state auditor", die Eisenbahnanleihen als Sicherheit für emittierte Banknoten zu 95 cents pro Dollar zu akzeptieren (vgl. *Rolnick* und *Weber* 1988, S. 57). Als jedoch im Sommer 1859 die Eisenbahnunternehmen in Konkurs gingen, folgten ihnen nach kurzer Zeit die notenemittierenden Banken, welche Eisenbahnanleihen als Sicherheit verbucht hatten (vgl. Tabelle 5.6. sowie *Dowd* 1993, S. 158; *Rolnick* und *Weber* 1988, S. 57, 69).

Tabelle 5.6.:   Bankenzusammenbrüche in Minnesota

Minnesota's free banks (1858-63)

Bank	Estimated date bank closed[a]	Date of first issue	Total issue $[b]	Estimated circulation $[c]	Backing	Redemption rate (c/$)
Bank of Rochester	6/20/59	4/20/59	49.400	36.045	Minnesota 7s	16.25
Bank of Owatonna	7/13/59	3/17/59	35.000	24.680	Minnesota 7s	20.75
Fillmore County Bank	7/25/59	5/28/59	25.000	6.900	Minnesota 7s	20.00
Exchange Bank of Glencoe	7/26/59	11/12/58	80.500	58.725	Minnesota 7s	21.25
Chicago County Bank	9/7/59	3/9/59	33.361	32.286	Minnesota 7s	19.25
Nicollet County Bank	10/14/59	2/4/59	40.000	12.000	Minnesota 10s	35.00
Bank of the State	10/20/59	11/11/58	35.000	15.000	Minnesota 8s, 10s	70.00

[64]   *Rolnick* und *Weber* berichten von der Entstehungsgeschichte der sog. „Five Million Loan" des Staates Minnesota, die aufgelegt wurde, um die Investitionen der Eisenbahngesellschaften zu finanzieren. Da die Verfassung des Staates die öffentliche Verschuldung jedoch auf $ 250.000 beschränkte, wurde der Umweg über die Notenemittenten gewählt. Die mit 7% verzinsten Staatsanleihen, die sog. *Minnesota 7s*, wurden von den Banken als Deckung ihrer Notenausgabe aufgekauft (vgl. *Rolnick* und *Weber* 1988, S. 55-57).

of Minnesota

Bank of St. Paul	6/22/61	1/15/59	25.000	24.415	Ohio 6s, Minnesota 7s	98.00
Central Bank	6/28/61	6/9/59	23.000	11.400	Minnesota 7s	30.00
Farmer's Bank	-	1/20/59	25.000	25.000	Minnesota 8s	-
La Crosse & La Cresent Bank	-	6/11/59	50.700	24.140	Minnesota 7s	-
Bank of Red Wing		6/29/59	25.000	1.533	Minnesota 7s	-
Bank of Chatfield	-	7/5/59	50.000	40.907	Minnesota 7s	-
People's Bank	-	5/27/59	25.905	15.661	Minnesota 7s	-
State Bank of Minnesota		4/9/59	25.000	25.000	Ohio 6s	-
Winona County Bank		5/18/59	25.000	3.863	Minnesota 7s	-
Total			572.866	357.555		

[a]   Date of first bond return after last published balance sheet.
[b]   Calculated from the ledger of the state auditor.
[c]   Total issue minus bonds returned by owners, when available; otherwise, largest circulation reported on a published balance sheet.

Quelle: *Rolnick* und *Weber* 1988, S. 53.

Warum hielten Wirtschaftssubjekte in Minnesota jedoch die Noten dieser Banken? *Rolnick* und *Weber* stellen die These auf, daß die Noten von Anfang an unter pari ausgegeben und gehandelt wurden. Dem Publikum wurde unmißverständlich klar gemacht, daß es nicht erwarten könne, die Banknoten gegen ihren Nennwert einzutauschen. Bestenfalls würde im Falle eines „bank runs" eine Rückzahlung in Höhe des Wertes der *Minnesota 7s* erfolgen können (vgl. *Rolnick* und *Weber* 1988, S. 59).[65] Vom Publikum wurden die Banknoten offensichtlich auch als Kapitalanlage angesehen und aus diesem Grund gehalten.[66]

---

[65]   Die Autoren diskutieren auch die Möglichkeit von asymmetrischen Informationen zwischen Banknotenemittenten und Notenbesitzern, welche die Nachfrage nach den mit Eisenbahnanleihen gedeckten Noten erklären könnten. Sie kommen jedoch zum Ergebnis, daß wegen der staatlichen Informationspolitik sowie zahlreicher Zeitungsartikel das Publikum über die Deckungspolitik der Banken sehr gut informiert war (vgl. *Rolnick* und *Weber* 1988, S. 64 f., 69). *Hasan* und *Dwyer* sind außerdem der Meinung, daß Bankunternehmer aufgrund der Gefahr von „bank runs" ein originäres Interesse besitzen, etwaige Informationsasymmetrien abzubauen (vgl. *Hasan* und *Dwyer* 1994, S. 275). Ansonsten können, wie in Schottland, räumlich begründete Abschläge der Noten im Austausch festgestellt werden: „... free bank notes generally circulated at par in the geographical area near the bank of issue, while outside this area notes were discounted. (For example notes of Indiana free banks were discounted in Philadelphia.)" (*Rolnick* und *Weber* 1988, S. 51).

[66]   „Purchasing the bank notes of railroad banks was the only way the general public could share in the capital gains possible if the railroads were successful and the railroad bonds appreciated in value" (*Rolnick* und *Weber* 1988, S. 58). Die Autoren erläutern hier auch, daß das jährliche Einkommen eines Landarbeiters in den USA 1859 maximal $ 200 betrug

Minnesota stellt im Vergleich zu den übrigen Bundesstaaten mit wettbewerblichen Währungsverfassungen eine Ausnahme dar. Die ausgesprochen schlechten Erfahrungen mit dem Emissionswettbewerb in diesem Staat lassen sich in erster Linie aus den Defekten des institutionellen Rahmens erklären. Das semi-legale Verhalten der Vertreter der Legislative und Exekutive sowie der notenemittierenden Banken führte letztendlich dazu, daß den Banknotenbesitzern trotz des Handels der Noten unter pari, infolge des Zusammenbruchs der Eisenbahngesellschaften und dadurch der Banken, empfindliche Verluste entstanden.

Neben der Frage der prinzipiellen Funktionsfähigkeit der Notenausgabemärkte spielt außerdem die Frage der Effizienz eine Rolle. Die Transaktionskosten des Währungswettbewerbs steigen mit der Instabilität der Märkte. Dies gilt insbesondere für die Informationskosten, die mit der Zahl der Banknotenanbieter, deren Noten mit einem Abschlag gehandelt werden, zunehmen. Außerdem steigen in komplexen Märkten die Gefahren von Fälschungen und die Kosten, sich gegen diese zu schützen. Im Vergleich zu den schottischen Verhältnissen kann hier die Mustervoraussage getroffen werden, daß die Transaktionskosten in den amerikanischen Bundesstaaten höher lagen. Anhaltspunkte dafür bilden zum einen die höhere Zahl amerikanischer Banknotenanbieter gegenüber den schottischen Notenemittenten, zum anderen aber vor allem die größere Instabilität der Märkte, resultierend aus der höheren Zahl von Zusammenbrüchen der Banken und Fälschungen der Noten. Dieser Eindruck läßt sich trotz transaktionskostensenkender Reaktionen innovativer Finanzmakler rechtfertigen: So wurde zum einen ein sog. „Bank Note Reporter" herausgegeben, wobei es sich um regelmäßig veröffentlichte Informationsblätter über Fälschungsaktivitäten und Banknotenkursabschläge handelte. Zum anderen konnte sich das Publikum jederzeit in den Zeitungen über den Wert der gehaltenen Banknoten informieren (vgl. *Hasan* und *Dwyer* 1994, S. 272; *Neldner* 1989, S. 555).

Nach dieser eingehenden Untersuchung der amerikanischen Verhältnisse anhand ausgewählter Staaten während der Free Banking Era kann als Fazit nicht mehr eindeutig von einem Versagen des Wettbewerbs um die Notenausgabe in den USA gesprochen werden. Erfahrungen mit relativ stabilen Währungsverfassungen, wie mit derjenigen des Staates New York beispielsweise, konkurrieren mit chaotischen Verhältnissen, etwa in den 1850er Jahren in Minnesota.[67]

---

[67] und deswegen eine $ 1000-Anleihe, auch mit einem 50%igen Abschlag, als Vermögensanlage für diese Menschen nicht in Betracht kam.
„Our preliminary conclusion from this evidence is that it is misleading to characterize the overall free banking experience as a failure of *laissez-faire* banking" (*Rolnick* und *Weber* 1983, S. 1090 (Hervorhebung im Original)). Vgl. auch *Hasan* und *Dwyer* (1994, S. 273), *Kahn* (1985, S. 885).

Tabelle 5.7.: Ergebnisse in den Staaten mit (leidlich) wettbewerblichen Bankenverfassungen, mit monopolistischen Währungsverfassungen und ohne
Bankenzulassung

States with (reasonably) competitive banking regimes

State	Dates	Outcome
Alabama	1849 on	financial recovery
Florida	1843 on?	moderately successful
Georgia	1850s?	successful
Illinois	1851 on	successful until 1861
Indiana	1852 on	moderately successful
Louisiana	1853 on?	moderately successful
Maryland	throughout	successful
Massachussetts	throughout	successful
Minnesota	1858 on	quite successful
New York	1838 on	very successful
North Carolina	1850s, and maybe earlier	very successful
Ohio	1845 on	successful
Pennsylvania	throughout	successful
South Carolina	throughout?	very successful
Tennessee	1852 on?	successful
Virginia	throughout	successful
Wisconsin	1852 on	successful until 1860

Note: The table includes only states where one can reasonably maintain the banking system was competitive. The competitiveness of the banking systems of Connecticut, Delaware, Iowa, Kentucky, Maine, Michigan (1857), New Hampshire, New Jersey, Rhode Island and Vermont is hard to assess. Note that Michigan (1837) is omitted as a misleading case in view of the suspension law that followed.

States with monopoly state banks

State	Period	Outcome
Illinois	until 1842	failure
Iowa	1858	?
Missouri	until 1857	failure

Note: Table excludes Indiana, which had a state monopoly bank in name only, and Michigan, which chartered a bank that 'imitated almost exactly' the Indiana bank but was already in liquidation by the end of the next year.

States which prohibited banking

State	Period of prohibition	Outcome
Arkansas	1846 on[a]	failure
California	1849 on	?
Florida	1845-53	failure[b]
Iowa	until 1858	failure
Oregon	1857 on	?
Texas	1845 on	failure
Wisconsin	until 1852	?

[a] New charters were prohibited in 1846, but the last already existing bank disappeared only in the 1850s.

[b] The Florida bank failed only in the sense that it failed to achieve its objectives. Private bankers actually provided Florida with a reasonably good banking system.

Quelle: *Dowd* 1993a, S. 172 f.

Der Vergleich der Währungsverfassungen in den USA zwischen 1837 und dem Beginn des Bürgerkriegs zeigt eindeutig (vgl. die Tabelle 5.7.), daß die wettbewerblichen Währungsverfassungen trotz der analysierten Probleme den monopolistischen Notenbankverfassungen sowie den staatlichen Regelungen, die jegliche Emission von Banknoten verboten hatten, deutlich überlegen waren (vgl. *Dowd* 1991b, S. S. 25-30).

Offensichtlich waren in erster Linie die unterschiedlichen institutionellen Verhältnisse der Grund für die differierenden Marktergebnisse des Wettbewerbs der Währungen. Insbesondere staatliche Interventionen in die wettbewerblichen Emissionsmärkte sowie die gesetzliche Vorschrift zur Haltung von Staatsanleihen als Sicherheit der Notenausgabe riefen die in den Bundesstaaten mehr oder weniger auftretenden Probleme hervor (vgl. *Dowd* 1993, S. 163 f.; *Selgin* und *White* 1994, S. 1731). Vor dem Hintergrund der im Hinblick auf staatliche Regulierungseingriffe anhaltenden Rechtsunsicherheit ist es jedoch nicht verwunderlich, daß die Ergebnisse, verglichen mit den schottischen Erfahrungen, vergleichsweise unbefriedigend ausfielen. In einer Situation, in der die Bankunternehmer nicht sicher erwarten konnten, daß die gesetzliche Grundlage ihrer Emissionsgeschäfte auf längere Sicht erhalten blieb, ist es nicht verwunderlich, daß viele Notenanbieter das kurzfristige Gewinnmotiv verfolgten, anstatt die langfristige Überlebensperspektive ihrer Bank in den Vordergrund zu stellen.[68]

Insgesamt ist jedenfalls deutlich geworden, daß *evolutionäre Effizienz* - die auf Existenz und Wandel institutioneller Rahmenbedingungen zur Ermöglichung evolutionärer Marktprozesse abhebt, damit gegebenes Wissen verbreitet und neues Wissen unter Berücksichtigung des ordnungsabhängigen Aspekts der Erhöhung individuellen Handlungspotentials geschaffen wird - für die Free Banking Era in den USA als *nicht gegeben* angenommen werden kann.

5.3. Vergleich der Fallbeispiele

Insgesamt liegt der grundlegende Unterschied zwischen der Phase der wettbewerblichen Notenemission in Schottland und der Free Banking Era in den USA darin, daß die Banken in Schottland staatlichen Regulierungen in einem geringeren Maße ausgesetzt waren als die Anbieter von Banknoten in den Bundesstaaten der USA mit wettbewerblichen Währungsverfassungen (vgl. *Dowd* 1994, S. 411).

Die Kriterien der evolutionären Effizienz waren in Schottland weitaus mehr erfüllt als in den USA. Notwendig abstrakte Regeln begründeten die wettbewerbliche Ordnung des Notenangebots in Schottland, während in den USA infolge der direkten Anordnungen des Staates - z.B. in Form der bekannten Vorschrift, lediglich die Schuldverschreibung des jeweiligen Bundesstaates als Sicherheit halten zu können -, die Marktordnung nicht befriedigend funktionieren konnte. Ohne freie Auswahl der notensichernden Vermögenswerte kann die Freiheit der privaten Notenausgabe keine stabilen Marktprozesse hervorbringen (vgl. *White* 1992b, S. 119). Dies gilt bis zu einem gewissen Grad auch im

---

[68]   „Given the uncertainty about their constitutional standing at both the federal and state level and the possibility that free banking could be abolished or its rules altered nearly as quickly as it was instituted, it is not surprising that state-regulated free banks chose not to invest everything in a single risky venture" (*Bodenhorn* und *Haupert* 1995, S. 711).

Hinblick auf das Kriterium der Zulassung von Wettbewerb zwischen den Währungsverfassungen. Die Staaten der USA schotteten mittels Gesetz ihre Währungsmärkte bezüglich der Möglichkeit, Bankfilialen staatsübergreifend zu eröffnen, ab. Der zwischenstaatliche Notenumlauf wurde zwar gesetzlich nicht verboten, da die Aktivitäten der Notenanbieter jedoch auf ihren Heimatstaat begrenzt waren, wurden ihre Noten in anderen Staaten mit einem Abschlag gehandelt. Dadurch verminderte sich jedoch der Wettbewerbsdruck.[69] Dagegen mußten sich schottische Notenanbieter jederzeit auch gegenüber englischen Anbietern, insbesondere der Bank von England, behaupten, was ihnen überdies mit großem Erfolg nicht nur bezüglich der Stabilität des Währungssystems, sondern auch bezüglich der Innovationskraft des Emissionsmarktes gelang (vgl. *Neldner* 1989, S. 555 f.).

Unterschiede in der Struktur des institutionellen Rahmens ergaben sich zwischen Schottland und den USA sowohl auf der Ebene der äußeren als auch auf der Ebene der inneren Institutionen. So waren zum einen die Haftungsvorschriften in Schottland wesentlich strenger und damit konsumentenfreundlicher als in den USA, was einen wesentlichen Grund für die Stabilität des schottischen Bankenwesen darstellte. Aber auch marktstabilisierende innere Institutionen, wie die des Noten-Clearings, setzten sich nicht in allen Staaten der USA durch.[70] Gerade durch diese Institution konnten jedoch Notenfälschungen frühzeitig aus dem Verkehr gezogen werden, ohne daß der Emissionsmarkt in Gefahr geriet. In den USA hingegen konnte das Problem der Fälschungen von Banknoten zu keinem Zeitpunkt befriedigend gelöst werden (vgl. *Neldner* 1989, S. 555).

Es stellt sich außerdem die Frage, wie diese institutionellen Vorkehrungen auf die Erwartungsbildung der Wirtschaftssubjekte wirkten.[71] Bezogen auf die historischen Phasen der wettbewerblichen Notenemission in Schottland und den USA interessieren dabei die Unterschiede in Quantität und Qualität der Informationen, über welche die Marktakteure jeweils *ex ante* verfügt haben. Mittels der kausal-genetischen Methode des Verstehens sollen deshalb im folgenden Mustererklärungen der Erwartungsbildung entwickelt werden, welche dazu beitragen, die unterschiedlichen Marktergebnisse in den Ländern zu erklären. Dabei ist in erster Linie auf die Wirkung von unvorhersehbaren Änderungen wichtiger Regeln einzugehen.

Die im Hinblick auf die Erwartungsbildung destabilisierende Wirkung diskretionärer

---

[69] Nach *White* begründen diese mangelhaften institutionellen Rahmenbedingungen sogar die negativen amerikanischen Erfahrungen mit den wildcat Banken (vgl. *White* 1989a, S. 53).

[70] *Dowd* analysiert beispielsweise die stabilitätsfördernden Wirkungen des Suffolk Clearing Systems in New England, das auf die Zeit zwischen 1825 und 1858 beschränkt blieb (vgl. *Dowd* 1988a, S. 27). *Selgin* und *White* diskutieren außerdem die Unterschiede zwischen amerikanischen und schottischen Clearinghouses. Im Gegensatz zur spontanen Entstehung in Schottland, waren ihre Funktionen in den USA „... by-products of legal restrictions peculiar to the United States particularly restrictions on note-issue and branch banking" (*Selgin* und *White* 1994, S. 1733).

[71] Wie im Kapitel 3.2. analysiert worden ist, lautet die Grundhypothese der Theorie subjektiv rationaler Erwartungen, daß Wirtschaftssubjekte mit in die Zukunft gerichteten Modellen arbeiten, die nicht objektiv rational, sondern lediglich subjektiv rational sind. Insbesondere sind Erwartungen institutionenabhängig. Institutionen ermöglichen über ihre unsicherheitsreduzierende Wirkung die Bildung subjektiv rationaler Erwartungen.

Prozeßpolitik wird nur noch von den Wirkungen diskretionärer Ordnungspolitik übertroffen. Letztere wirkt deshalb noch verhängnisvoller als die Prozeßpolitik, weil die Logik der Regelhierarchie außer Kraft gesetzt wird. Besteht keine Sicherheit über die Dauerhaftigkeit der Regeln, die in der Regelhierarchie oben stehen, können diese ihre Stabilisierungsaufgabe im Hinblick auf den Marktprozeß nicht mehr erfüllen.[72] Wenn aber die Wirtschaftssubjekte jederzeit mit einer Änderung der institutionellen Voraussetzungen für die Emissionsmärkte rechnen müssen, werden ihre subjektiv rationalen Erwartungen bezüglich zukünftiger Marktergebnisse immer ein nicht zu vernachlässigendes Maß an potentieller Überraschung aufweisen.[73]

Solche Wirkungen zeigen sich deutlich im Prozeß des Wettbewerbs der Banken in den USA. Dort hat die anhaltende Rechtsunsicherheit über die Dauerhaftigkeit wettbewerblicher Währungsverfassungen, verbunden mit den konkreten Regeln für den Emissionsmarkt und kombiniert mit den regulierenden Eingriffen in den Marktprozeß dazu geführt, daß Bankunternehmer und Notenbesitzer nicht über diejenigen Informationen verfügten, welche für die Bildung stabiler subjektiv rationaler Erwartungen bezüglich der zukünftigen Entwicklung des Marktprozesses notwendig sind. Durch die fehlende Entlastung kognitiver Kapazitäten sind auf diese Weise zum einen Anreize zu innovativem Verhalten unterdrückt worden und zum anderen Verluste aufgrund nicht-antizipierter Marktergebnisse entstanden. Damit wird aber deutlich, daß nicht nur der im Vergleich zu Schottland relativ ineffiziente institutionelle Rahmen der free banking-Bundesstaaten die schlechteren Marktergebnisse begründete, sondern daß auch die fehlende Sicherheit über die Konstanz der äußeren Institutionen einen Teil der Verantwortung zu tragen hat.

Als Fazit der historischen Fallbeispiele kann festgehalten werden, daß unter der Voraussetzung evolutionär effizienter institutioneller Rahmenbedingungen wettbewerbliche Währungsverfassungen funktionieren, und zwar effizient funktionieren. *Dowd* resümiert:

> „No free banking system ever abandoned convertibility and there is no evidence that competition in banking leads to a monetary explosion and rapid inflation" (*Dowd* 1994, S. 411).

Nach dieser Feststellung erhebt sich jedoch die Frage, warum dann wettbewerbliche Geldordnungen durch monopolistische Währungsverfassungen ersetzt wurden.[74] Sind letztere effizienter oder handelt es sich hier um politisch durchgesetzte und zementierte institutionelle Evolutionsblockaden?

---

[72] *Buchanan* verwendet aus diesem Grund als konstitutives Kriterium für die Effizienz von Währungsverfassungen das der Vorhersagbarkeit des Geldwertes. Ist diese bezüglich der Entwicklung des Geldwertes gegeben, werden die Erwartungen der Wirtschaftssubjekte stabilisiert und die Durchführung ökonomischer Pläne unter Ungewißheit möglich (vgl. *Buchanan* 1962, passim, insb. S. 163).

[73] Vgl. dazu die Kapitel 3.2.1.3. und 3.2.1.4.1.

[74] *Selgin* und *White* stellen diese Frage ebenfalls, beantworten sie leider jedoch nicht (vgl. *Selgin* und *White* 1994, S. 1732).

5.4. Der Übergang zu monopolistischen Notenbankverfassungen - Ergebnis überlegener Effizienz oder institutionelle Evolutionsblockade?

„Alle Schriftsteller, die das Geld zum Gegenstand ihrer Abhandlungen gemacht haben, sind sich darin einig, daß die Wertbeständigkeit des Umlaufmittels das erstrebenswerteste Ziel darstellt. Jede Verbesserung, die eine Annäherung an dieses Ziel fördern kann, indem sie die Ursachen der Wertschwankungen vermindert, sollte durchgeführt werden" (*Ricardo* 1927, S. 11).

„Free banking should be regarded as a potential solution to monetary instability, and not as a likely cause of such instability. In contrast, centralized currency supply should be regarded as a likely cause of instability and not as a cure" (*Selgin* 1987, S. 454).

Schuler lokalisiert im wesentlichen drei Gründe für den Übergang von wettbewerblichen zu monopolistischen Währungsverfassungen. Zum einen nennt er die Entwicklung der ökonomischen Theorie und ihre Auswirkungen auf die Politik - womit er auf die Banking-Currency-Debatte abstellt -, zum zweiten spielten negative Erfahrungen mit den Bankzusammenbrüchen und Fälschungsaktivitäten in (stark regulierten) free banking-Systemen eine Rolle, und schließlich dominierte der Wunsch von Politikern, das Währungssytem als Einnahmemittel (i.d.R. zur Finanzierung von Kriegen) zu mißbrauchen (vgl. *Schuler* 1994, S. 416 f.). Da diese Gründe eine Mischung aus Effizienz- und Machtargumenten darstellen, werden sie im folgenden getrennt analysiert.

Der erste Grund spielt vor allem im Falle Schottlands die ausschlaggebende Rolle. Nach der Verabschiedung der *Peel*schen Bankakte in England im Jahre 1844, die entsprechend den Vorstellungen der Currency-Theoretiker - unter ihnen der wissenschaftlich angesehene und mit politischem Einfluß versehene *David Ricardo* - eine monopolistische Notenbankverfassung für Großbritannien etablierte, wurde ein Jahr später das schottische free banking-System gesetzlich verboten.[75]

In den USA wurden dagegen die negativen Erfahrungen mit den wettbewerblichen Währungsverfassungen zum Anlaß genommen, um letztendlich eine monopolistische Notenbankverfassung zu etablieren, wobei das National Banking System den Zwischenschritt bildete. Obwohl in Wahrheit die institutionellen Defizite den Hauptgrund für die schlechten Erfahrungen bildeten - insbesondere die verfehlten direkten Einwirkungsmöglichkeiten des Staates auf die Notenausgabe -, wurde nicht eine verbesserte Marktlösung, sondern die staatliche Regie als Lösung propagiert. Diese Linie der Argumentation wurde während der Ära des National Banking Systems bis hin zur Etablierung des Federal Reserve Systems im Jahre 1913 beibehalten.[76]

---

[75] Ausführlich setzt sich *White* mit den Auswirkungen der Banking-Currency-Kontroverse auf die Entwicklung der schottischen Währungsverfassung auseinander. Hierbei wird deutlich, daß die Kontroverse an der tatsächlichen Situation des Emissionswettbewerbs privater schottischer Banken vorbeiging bzw. sich neben den Currency- und den Banking-Theoretikern eine dritte Gruppe, nämlich die der free banking-Theoretiker, in der politischen Diskussion zu wenig Gehör verschaffen konnte (vgl. *White* 1984a, passim, insbesondere für die schottische Situation S. 78-80 und die Übersicht auf S. 135).

[76] *Dowd* spricht in diesem Zusammenhang von Staatsversagen (vgl. *Dowd* 1993, S. 201). Vgl. auch *Meyer* und *Schüller* die unabhängig vom konkreten historischen Beispiel vor al-

Es bleibt jedoch festzuhalten, daß es erst gesetzlicher Eingriffe bedurfte, um die wettbewerblichen Währungsverfassungen in den USA endgültig abzuschaffen. Der Wettbewerb zwischen den Regelsystemen, der in den USA zwischen 1837 und 1863 stattfand, führte jedenfalls nicht dazu, daß die Banknoten der Staaten mit monopolistischen Notenbankverfassungen die Banknoten privater Notenemittenten aus den free banking-Staaten verdrängt hätten. Daß es diese Verdrängung trotz der nicht unbedeutenden Probleme in den free banking-Staaten nicht gegeben hat, ist vielleicht der stärkste empirische Hinweis auf die Funktionsfähigkeit und Effizienz wettbewerblicher Währungsverfassungen. Das Beispiel Schottlands zeigt darüber hinaus, daß dieser Ausgang des Wettbewerbsprozesses zwischen einem System des free banking und einer (vor 1844 lediglich) staatlich privilegierten Bank kein historischer Zufall ist. Auch in Schottland wäre es für das Publikum jederzeit möglich gewesen, Pfundnoten der Bank von England den schottischen Banknoten vorzuziehen. Dies war jedoch aufgrund der Stabilität und Effizienz des schottischen Bankwesens ebensowenig der Fall wie in den USA.

Als Hauptgrund für den Übergang zu monopolistischen Notenbankverfassungen wird in der free banking-Literatur deshalb auch der politische Wunsch der Staatsvertreter nach einer zusätzlichen Einnahmequelle diskutiert. Die These lautet, daß nicht ökonomische Ineffizienzen wettbewerblicher Systeme, sondern die Möglichkeit zusätzlicher Staatseinnahmen durch die Zeichnung von Staatsanleihen sowie die Möglichkeit zur Seigniorage, die allein in monopolistischen Systemen gegeben ist, zum institutionellen Wandel führt (vgl. *Lewin* 1986, S. 219; *Vollmer* 1996, S. 201 f.).[77] *White* wendet sich allerdings gegen die Überbetonung des zweiten Teils der Argumentation. Er verweist darauf, daß unter den institutionellen Bedingungen der Goldwährung Seigniorage nur eingeschränkt möglich war (vgl. *White* 1989b, S. 71 f.).[78] In erster Linie scheint die Notwendigkeit der Finanzierung von Kriegen der Hauptgrund für den Übergang zu staatlich kontrollierten Währungen gewesen zu sein. Sowohl in Großbritannien, als König *Wilhelm III.* 1694 zur Gründung der Bank von England eine 1.2 Millionen Pfund Anleihe von dieser zeichnen ließ, um den Krieg mit Frankreich zu finanzieren, als auch in den USA, wo das Bankensystem im Zuge des Bürgerkrieges unter staatliche Aufsicht gestellt wurde, war insbesondere infolge von Kriegsanstrengungen der Bedarf an finanziellen Mitteln groß (vgl. *Dowd* 1993, S. 186; *White* 1989b, S. 72 f.).[79] In der Folgezeit

---

lem staatliche Interventionen als Hauptgrund für das mögliche Versagen wettbewerblicher Währungsverfassungen ansehen (vgl. *Meyer* und *Schüller* 1976, S. 6, 12, 28; *Schüller*, 1977, S. 40).

[77] „Free banking ended, not because it had 'failed' economically, but because it was suppressed for essentially political reasons, the usual reason being that it was an obstacle to the government's desire to extract seigniorage revenues from the banking system" (*Dowd* 1994, S. 411).

[78] Bei Volldeckung der Banknoten (inside money) durch Gold (outside money), das privatwirtschaftlich gefördert wird, fällt die Seigniorage tatsächlich sogar vollkommen weg.

[79] Selbst *Goodhart* gibt als Vertreter der Idee einer monopolistischen Notenbankverfassung zu, daß „Countries in the throes of war, revolution or collapsing civil order will, inevitably, turn to the printing press" (*Goodhart* 1994, S. 1434). Vgl. auch *Hoppe* (1993, S. 84), der sich ebenfalls gegen den Wettbewerb der Währungen ausspricht. Im Zusammenhang mit kriegerischen Auseinandersetzungen sollte außerdem nicht vernachlässigt werden, daß nationales Geld auch immer ein Symbol der Macht darstellte.

wurden jedoch mit monopolistischen Notenbankverfassungen sowohl in Großbritannien als auch in den USA ausgesprochen schlechte Erfahrungen gesammelt.[80] Die historischen Erfahrungen sprechen jedenfalls für die These, daß Währungsverfassungen immer dann nicht befriedigend funktionieren, wenn der Staat die Währung kontrolliert. Die Entwicklung in Richtung der staatlich legitimierten Monopole der Notenausgabe erscheint vor diesem Hintergrund als eine institutionelle Evolutionsblockade (vgl. *Selgin* und *White* 1987, S. 454).[81] In den Fällen Großbritanniens und der USA wäre die überlegene Alternative aus Sicht der Konsumenten offensichtlich die Zulassung der Marktkräfte unter ordungspolitisch effizienten Rahmenbedingungen gewesen. Ursprünglich entsprach die Vorgehensweise der USA eigentlich auch dem für institutionelle Reformen eingeforderten Kriterium der Subsidiarität. Es wurden auf bundesstaatlicher Ebene alternative institutionelle Arrangements getestet, wobei allerdings der zusätzlich notwendige Wettbewerb der Regelsysteme durch bundesstaatliche Regelungen zum Teil gleich wieder außer Kraft gesetzt worden sind. Trotzdem waren diese Ansätze erfolgversprechend. Leider wurden die Erfahrungen mit den stabilen Währungsverfassungen nicht auf die anderen Bundesstaaten übertragen - der Bürgerkrieg überlagerte die ökonomischen Probleme und stoppte die Evolution wettbewerblicher Währungsverfassungen in den USA (vgl. *Dowd* 1991b, S. 31).

Insgesamt ist bezüglich der Entstehung monopolistischer Notenbankverfassungen jedenfalls festzuhalten: „Central banks have emerged from legislation contravening, not complementing, spontaneous market developments" (*Selgin* und *White* 1987, S. 454 f.).

Der Übergang zu monopolistischen Notenbankverfassungen erfolgte demnach gerade nicht aus Gründen überlegener Effizienz. Dies führt aber zu der abschließenden These, daß wettbewerbliche Währungsverfassungen den monopolistischen Notenbankverfassungen insbesondere aufgrund des Wissensproblems überlegen sind. Unter evolutionären Effizienzbedingungen stellen letztere deshalb geradezu eine institutionelle Blockade für die weitere Entwicklung dar.

Konkret geht es dabei um die Frage, ob gerade das Wissen zentralisiert werden kann, welches notwendig ist, um eine monopolistische Notenbank in die Lage zu versetzen, den Geldangebotsprozeß anstelle des Koordinationsmechanismus Markt effizient zu steuern. Die entscheidende Frage beim theoretischen Vergleich der Koordinationsmechanismen bezieht sich auf die in den unterschiedlichen Geldordnungen existierende Möglichkeit, „*die verfügbaren Gelegenheiten den Entscheidungsträgern zur Kenntnis zu bringen*" (*Kirzner* 1978a, S. 186 (Hervorhebungen im Original)).[82] Dabei geht es um

---

[80] „Governments have regularly debased their currencies, driven their banking systems into insolvency, and plundered their subjects' wealth by various means of legalised fraud - at the same time wearing the mantle of defender of the monetary system" (*Dowd* 1988a, S. 20). Vgl. auch *White* (1984a, S. 137).

[81] Diese These wird auch durch die vergleichsweise schlechten Erfahrungen mit monopolistischen Währungsverfassungen im 20. Jahrhundert gestützt. Vgl. beispielsweise *Hülsmann* (1996, S. 3), *Rothbard* (1985, S. 48-62). Vgl. auch *Hayeks* Begründung zur Entwicklung einer Theorie des Währungswettbewerbs (vgl. *Hayek* 1977, S. 3 f.; *Hayek* 1980b, S. 139, 141; *Hayek* 1984, S. 325; *Brennan* und *Buchanan* 1981, S. 60; *Schüller* 1977, S. 24).

[82] Mit der Wissensproblematik eng verknüpft ist die Motivationsproblematik. Auf den fehlenden verhaltenskontrollierenden Wettbewerb für Mitarbeiter monopolistischer Noten-

Wissen über Marktgegebenheiten und die Verwertung der Informationen, die über den Markt gewonnen werden (vgl. *Hayek* 1952c, S. 106-108; *Herrmann-Pillath* 1989, S. 142).

Einig sind sich Geldtheoretiker, daß die Geldmenge durch eine monopolistische Notenbank nicht exogen bestimmt werden kann. Die Endogenität des Geldangebots drückt nicht zuletzt das angesprochene Wissensproblem aus. Insbesondere die Gefahr der „Produktion" von Inflation erscheint in monopolistischen Währungsverfassungen wegen des Wissensproblems sowie des politischen Drucks, dem auch faktisch weitestgehend unabhängige Notenbanken ausgesetzt sind, deutlich höher als in wettbewerblichen Währungsverfassungen.[83] In erster Linie verhindert nämlich in wettbewerblichen Geldordnungen das „law of adverse clearings" die Verursachung von Inflation seitens der privaten Notenanbieter. Diese „Gesetzmäßigkeit" sagt aus, daß eine Bank, die zu einem gegebenen Preisniveau mehr Noten ausgibt als vom Publikum letztendlich nachgefragt werden, sehr bald mit dem Abfluß ihrer commodity money-Reserven in der Höhe der Überemissionen rechnen muß (vgl. *Selgin* 1987, S. 438). Der Mechanismus des Wettbewerbs wird bei gesetzlich vorgeschriebener Konvertibilitätspflicht dafür sorgen, daß die zusätzliche Notenemission durch die Notwendigkeit, über weitere Reservemittel zu verfügen, begrenzt bleibt. Das „law of adverse clearings" verhindert somit, daß es zu Inflation kommt. Da es jedoch nur unter Wettbewerbsbedingungen gilt, wirkt es im Falle der Existenz von monopolistischen Notenbankverfassungen eben nicht (vgl. *Selgin* 1987, S. 438 f.; *White* 1992b, S. 124). Außerdem führt in wettbewerblichen Geldordnungen das Gewinnmotiv der Bankunternehmer, verbunden mit dem Mechanismus des Wettbewerbs, dazu, daß einer Erhöhung der Geldnachfrage des Publikums sogleich entsprochen wird. Schließlich bewirkt die Konvertibilitätspflicht, daß eine Verringerung der Geldnachfrage wegen der damit verbundenen Umtauschaktionen sofort auch die umlaufende Gesamtgeldmenge vermindert. Insgesamt wird deutlich, daß durch diese Mechanismen das für die Steuerung des privaten Geldangebotes notwendige Wissen diffundiert und somit sowohl Inflation als auch Deflation vermieden werden.[84]

---

banken und die damit verbundenen Probleme sei hier lediglich hingewiesen.

[83] *Horwitz* unterscheidet im Hinblick auf das Wissensproblem bei der monopolistischen Steuerung des Geldangebotes zwei Teilprobleme: „First, it will almost always be the case that acquired data are out-of-date by the time policy is implemented, and second, the necessary data may not exist in form accessible by a central authority" (*Horwitz* 1992, S. 127). Die Erfolgsquote monopolistischer Notenbanken kann anhand einer der erfolgreichsten Notenbanken der Welt verdeutlicht werden, der Deutschen Bundesbank. In den vergangenen zwanzig Jahren hat die Bundesbank ihre selbst gesteckten Geldmengenziele jedes zweite Mal verfehlt (vgl. *Kloepfer* 1994, S. 15). Dabei ist zu beachten, daß drei Grundvoraussetzungen der geldmengenorientierten Geldpolitik erfüllt sein müssen, damit eine monopolisierte Geldangebotsverfassung eine Chance auf Erfolg hat. Zu nennen sind hier der stabile Transmissionsmechanismus monetärer Impulse auf reale Kreisläufe, die stabile Geldnachfrage und die Möglichkeit der exogenen Geldangebotssteuerung durch die Notenbank (vgl. *Kloepfer* 1994, S. 15. Alle drei Voraussetzungen sind jedoch in monopolistischen Währungsverfassungen nicht immer gegeben. Vgl. auch *Hodgson* (1993, S. 400).

[84] „The knowledge aspect of this process is that free banks would not need to obtain data on aggregate money demand or other macroeconomic variables. (...) Free banks can supply more appropriate amounts of liabilities without ever having to know the exact state of money demand or why it might be changing. Prices and profits make that knowledge

Es ist genau das Wissen über die Entwicklung der Geldnachfrage, das in free banking-Verfassungen über den Mechanismus des Wettbewerbs diffundiert und das den monopolistischen Notenbanken nicht zur Verfügung steht. In wettbewerblichen Währungsverfassungen dienen die Preis- und Gewinnsignale den Unternehmern als „Wissenssurrogate".[85] In monopolistischen Notenbankverfassungen fehlt dieser Wissensübermittler dagegen. Das spezifische Wissen über Ort und Zeit im Hinblick auf die individuellen Nachfragen nach Geld kann von einer Zentralnotenbank nicht zentralisiert werden. Sie ist allenfalls in der Lage, mittels der Festlegung eines antizipierten Geldmengenkorridors im Rahmen einer potentialorientierten Geldmengenpolitik die voraussichtliche Entwicklung der aggregierten Geldnachfrage abzuschätzen. Nicht simulieren kann sie hingegen den wettbewerblichen Entdeckungsprozeß, der in effizienter Weise Wissen schafft und verwertet.[86]

Insgesamt erscheint der Wettbewerb der Währungen als das Verfahren, nach dem Geldtheoretiker - unter Berücksichtigung des Wissensproblems sowie der Eigeninteressen von monopolistischen Notenbankleitern - lange gesucht haben, um eine „automatisch" funktionierende Währungsverfassung zu erhalten.[87]

Wie muß nun aber eine Währungsreform ausgestaltet sein, die die gegenwärtige institutionelle Evolutionsblockade überwindet und eine moderne Währungsordnung begründet? Vor dem Hintergrund der vorgestellten Erfahrungen mit ausgewählten wettbewerblichen Währungsverfassungen und nach der Analyse der Gründe für den Übergang zu monopolistischen Notenbankverfassungen sowie der theoretischen Untermauerung der Erkenntnisse zum Wettbewerb der Währungen sei abschließend ein Vorschlag für eine Währungsreform aufgegriffen, der den Kriterien der evolutionären Effizienz genügt und deshalb nicht der Anmaßung von Wissen ausgesetzt ist.

Insbesondere die Erfahrungen in Schottland legen den Schluß nahe, daß ein free ban-

---

available in a low-cost way" (*Horwitz* 1992, S. 139). Vgl. auch *Selgin* (1987, S. 447) und siehe S. 449: „To summarize: a demand-elastic supply of bank money has desirable properties. Free banking provides it automatically; monopolized banking cannot. Central banks and monetary management, usually supposed to solve the problem of controlling the supply of bank money, instead create the problem." Vgl. außerdem *Selgin* (1994, S. 1454).

[85] „Price and profit signals act as 'knowledge surrogates', that is, they lead entrepreneurs and producers to adjust their actions *as if* they actually knew consumers' preferences" (*Selgin* 1987, S. 453).

[86] Siehe ebenso *Selgin*: „In a monopoly system there are no spontaneous knowledge surrogates to guide production. (...) Such planning suffers from an inherent incapacity for using localized (dispersed) information. Monetary policy is nothing than a crude, makeshift knowledge surrogate erected in place of the vastly more effective knowledge surrogates that function under free banking. (...) A central bank cannot avail itself of a similar discovery procedure; it must rely upon knowledge surrogates of a decidedly inferior sort" (*Selgin* 1987, S. 453 f.).

[87] „Wie die Wettbewerbsordnung selber sollte sie [die Währungsverfassung] möglichst automatisch funktionieren; nicht einfach nur deshalb, weil die 'Systemgerechtigkeit' erfordert, Währungsverfassung und allgemeine Wirtschaftsverfassung auf demselben Prinzip aufzubauen, sondern vor allem, weil die Erfahrung zeigt, daß eine Währungsverfassung, die den Leitern der Geldpolitik freie Hand läßt, diesen mehr zutraut, als ihnen im allgemeinen zugetraut werden kann" (*Eucken* 1990, S. 257). Vgl. auch *Bernholz* (1989, S. 31 f.), *Folz* (1970, S. 175), *Issing* (1989, S. 351 f.; 354, 358 f.), *Schüller* (1977, S. 27).

king-System die Voraussetzung für das „automatische" Funktionieren des klassischen Goldwährungssystems des 19. Jahrhunderts (bis 1914) darstellte.[88] Die wettbewerbliche Emission von Banknoten (inside money) ergänzte die private Förderung der Goldvorkommen (commodity money) unter den Bedingungen des Wettbewerbs (vgl. *Selgin* und *White* 1994, S. 1733 f.).[89]

Vor diesem Hintergrund lautet der Vorschlag, daß das Währungssystem einer Wettbewerbsordnung unter dem Aspekt der Kohärenz der Struktur der Institutionen selbst auf dem Mechanismus des Wettbewerbs beruhen muß. Nur so ist gewährleistet, daß dezentrale Pläne in einem wettbewerblichen Entdeckungsprozeß aufeinander abgestimmt werden können, ohne daß die in den Preisen enthaltenen „Wissenssurrogate" monetär verzerrt werden. Das institutionelle System, das den Anforderungen der evolutionären Effizienz genügt, stellt demnach der institutionell abgesicherte Bankenwettbewerb um die Ausgabe von Banknoten (inside money) bei gleichzeitiger wettbewerblicher Förderung der Gold-(und Silber)vorräte (outside oder commodity money) dar.[90] Die institutionelle Absicherung orientiert sich an den positiven schottischen Erfahrungen. Der Staat hat sich auf die Bereitstellung der ordnungspolitischen Voraussetzungen der Währungsverfassung zu beschränken: der Einräumung der Freiheit zur wettbewerblichen Förderung der Goldvorkommen (commodity money) unter privatwirtschaftlichen Rentabilitätskalkülen, der gesetzlichen Festlegung des Goldpreises, der uneingeschränkten Pflicht zur Konvertibilität für inside money, der strengen Haftungsbestimmungen für die privaten Notenemittenten, der Freiheit der Zusammenstellung des notensichernden Vermögensportfolios sowie der ergänzenden Wettbewerbspolitik.

In diesem System ist auch gewährleistet, daß die Wirtschaftssubjekte ihre Hypothesen bezüglich überlegener Ziel-Mittel-Kombinationen - in diesem Zusammenhang bezüglich

---

[88] „Free banking systems had better records at maintaining convertibility into gold or silver, and hence in maintaining long-run stability of prices, than the central banking systems that succeeded them" (*Schuler* 1994, S. 416). Im Zusammenhang mit der Analyse der Kosten alternativer Währungsverfassungen argumentiert außerdem *Garrison* ziemlich optimistisch, daß es im Falle gewachsener Institutionen wie beispielsweise der Regeln der Goldwährung für den Staat schwieriger sei, diese zu mißbrauchen, da sie gegenüber den im politischen Prozeß geschaffenen Institutionen eine gewisse Immunität besäßen (vgl. *Garrison* 1985a, S. 63).

[89] Dieser Vorschlag paßt zudem in die österreichische Tradition, was folgender Textpassage *Yeagers* entnommen werden kann: „*Walter Block*, speaking at a *Mises* Institute conference in New York on 16 October 1987, said that when Austrians advocate the gold standard, what they 'really mean is competitive money or choice in money or free-enterprise money'" (*Yeager* 1988, S. 100).

[90] Vgl. auch *Bernholz* (1987, S. 104), *White* (1992b, S. 113) sowie *White* (1984a, S. 138). Siehe insbesondere *White* (1984a, S. 149): „The monetary system of free banking is not a government device for the achievement of government policy goals, but a private means toward - and the product of - the individual pursuit of private ends." Die Kriterien des mikroökonomischen evolutionären Effizienzbegriffs sind demnach unter den hier beschriebenen institutionellen Arrangements erfüllt. Bewußt wird nicht auf makroökonomische Kriterien wie Vollbeschäftigung oder Preisniveaustabilität abgehoben. Evolutionäre Effizienz bedeutet ja gerade, daß ein immanenter Zusammenhang zwischen individueller Souveränität und volkswirtschaftlich günstigen Entwicklungen angenommen wird. Vgl. dazu auch *White* (1992b, S. 114-117).

der Art und Verwendung der volkswirtschaftlichen Tauschmittel - dezentral testen kön-nen.[91] Außerdem ist Raum gegeben für die Entwicklung innerer Institutionen, welche die Flexibilität der Währungsordnung begünstigen. Die dafür notwendige ordnungspolitische Reform ist auch nicht dem Vorwurf der Anmaßung von Wissen ausgesetzt, da sich das doppelt wettbewerbliche System des edelmetallgestützen Notenemissionswettbewerbs historisch im wettbewerblichen Prozeß als unintendiertes Ergebnis intentionalen Han-delns der Marktakteure herausgebildet und als evolutionär effizient erwiesen hat.[92] Daran gilt es anzuknüpfen, um im Sinne des Primats der Währungspolitik herauszufinden, was der Wettbewerb als Entdeckungsverfahren an weiteren Überraschungen bereithält.

---

[91] Aufgrund des Wissensproblems von Notenbankleitern ist *White* der Meinung, daß das beschriebene System dem System einer Goldwährung mit monopolistischer Notenbank überlegen sei, die zwar unter Einhaltung der Spielregeln der Goldwährung keine Inflation „produzieren" kann, wegen des Problems des Wissens aber Konjunkturschwankungen ver-ursacht (vgl. *White* 1992b, S. 121-124).

[92] Vgl. *Garrison* (1985a, S. 62), *Rothbard* (1976b, S. 177 f.), *White* (1984a, S. 149). Im Evolutionsprozeß haben sich sowohl reine Goldwährungen, als auch Gold/Silber-Währun-gen, d.h. der sog. Bimetallismus, entwickelt, bevor durch gesetzlichen Akt die Goldwäh-rung festgeschrieben wurde (vgl. beispielsweise *Rothbard* 1985, S. 3). Ob das Warengeld dementsprechend lediglich aus Gold oder aus Gold und Silber besteht, ist deshalb sekun-där. *White* spricht sich in diesem Zusammenhang dafür aus, daß auch die Wahl des com-modity money, das dem Bankenwettbewerb um die Emission des inside money zugrunde liegt, in einem wettbewerblichen Entdeckungsprozeß herausgefunden werden könnte (vgl. *White* 1992b, S. 125).

Literatur

Abbott, Lawrence (1958), Qualität und Wettbewerb. Ein Beitrag zur Wirtschaftstheorie, München, Berlin.

Albert, Hans (1968), Traktat über kritische Vernunft, Tübingen.

Albert, Hans (1977), Individuelles Handeln und soziale Steuerung. Die ökonomische Tradition und ihr Erkenntnisprogramm, in: *Hans Lenk* (Hrsg.), Handlungstheorien interdisziplinär IV, München, S. 177-225.

Albert, Hans (1984), Modell-Denken und historische Wirklichkeit, in: *Hans Albert* (Hrsg.), Ökonomisches Denken und soziale Ordnung, Festschrift für Erik Boettcher, Tübingen, S. 39-61.

Albert, Hans (1985), Grundprobleme rationaler Ordnungspolitik. Vom wohlfahrtstheoretischen Kalkül zur Analyse institutioneller Alternativen, in: *Helmuth Milde* und *Hans G. Monissen* (Hrsg.), Rationale Wirtschaftspolitik in komplexen Gesellschaften, Gérard Gäfgen zum 60. Geburtstag, Stuttgart u.a., S. 53-65.

Albert, Hans (1994), Kritik der reinen Hermeneutik. Der Antirealismus und das Problem des Verstehens, Tübingen.

Alter, Max (1982), Carl Menger and Homo Oeconomicus: Some Thoughts on Austrian Theory and Methodology, in: Journal of Economics Issues, Vol. 16, No. 1, S. 149-160.

Alter, Max (1990a), What do we know about Menger?, in: *Bruce J. Caldwell* (ed.), Carl Menger and his legacy in economics. Annual supplement to volume 22, History of political economy, Durham, London, S. 313-348.

Alter, Max (1990b), Carl Menger and the Origins of Austrian Economics, Boulder u.a.

Anderson, Gary M. (1992), The Struggle of methods and the Missed Opportunity, in: Cultural Dynamics, Vol. 5, No. 3, S. 287-302.

Arnold, Roger A. (1980), Hayek and Institutional Evolution, in: The Journal of Libertarian Studies, Vol. IV, No. 4, Fall, S. 341-352.

Arthur, Brian W. (1989), Competing Technologies, Increasing Returns, and Lock-In by Historical Events, in: The Economic Journal, Vol. 99, S. 116-131.

Baird, Charles W. (1987), The Economics of Time and Ignorance: A Review, in: The Review of Austrian Economics, Vol. 1, S. 189-206.

Baird, Charles W. (1989), James Buchanan and the Austrians: The Common Ground, in: Cato Journal, Vol. 9, No. 1, S. 201-230.

Barry, Norman P. (1981), Austrian Economists on Money and Society, in: National Westminster Bank Quarterly Review, S. 20-31.

Baumol, William J. (1970), Economic Dynamics. An Introduction, third edition, New York.

Berger, Wolfgang (1970), Lernprozesse in der Wirtschaftstheorie. Zu einer neuen, lerntheoretischen Grundlegung der Wirtschaftstheorie, Berlin.

Bernholz, Peter (1987), The Implementation and Maintenance of a Monetary Constitution, in: *James A. Dorn* und *Anna J. Schwartz* (eds.), The Search for Stable Money: Essays on Monetary Reform, Chicago and London, S. 83-118.

Bernholz, Peter (1989), Geldwertstabilität und Währungsordnung, Tübingen.

Blaas, Wolfgang (1982), Zur Rolle der Institutionen in der ökonomischen Theorie, in: *Christian Leipert* (Hrsg.), Konzepte einer humanen Wirtschaftslehre: Beiträge zur institutionellen Ökonomie und zur Integration der Sozialwissenschaften, Frankfurt am Main, S. 263-292.

Blankart, Charles Beat und *Matthias-Wolfgang Stoetzer* (1991), Ökonomische Theorien des Staates, in: WiSt, Heft 4, S. 164-170.

Blaug, Mark (1980), The methodology of economics or how economists explain, Cambridge u.a.

Blaug, Mark (1990), Comment on O'Brien's „Lionel Robbins and the Austrian connection", in: *Bruce J. Caldwell* (ed.), Carl Menger and his legacy in economics. Annual supplement to volume 22, History of political economy, Durham, London, S. 185-188.

Bloch, Henri-Simon (1940), Carl Menger: The Founder of the Austrian School, in: Journal of Political Economy, Vol. 48, S. 428-433.

Block, Walter (1973), A Comment On 'The Extraordinary Claim Of Praxeology' by Professor Gutiérrez, in: Theory and Decision, Vol. 3, S. 377-387.

Block, Walter (1980), On Robert Nozick's 'On Austrian Methodology', in: Inquiry, Vol. 23, S. 397-444.

Bodenhorn, Howard und *Michael Haupert* (1995), Was There a Note Issue Conundrum in the Free Banking Era?, in: Journal of Money, Credit, and Banking, Vol. 27, No. 3, S. 702-711.

Böhm, Stephan (1982), The Ambiguous Notion Of Subjectivism: Comment on Lachmann, in: *Israel M. Kirzner* (Hrsg.), Method, Process, and Austrian Economics, Lexington, Toronto, S. 41-52.

Böhm, Stephan (1983), Das Beispiel der „unsichtbaren Hand", in: *Karl Acham* (Hrsg.), Gesellschaftliche Prozesse. Beiträge zur historischen Soziologie und Gesellschaftsanalyse, Graz, S. 149-159.

Böhm, Stephan (1989), The Austrian Tradition: Schumpeter and Mises, in: *Klaus Hennings* and *Warren J. Samuels* (eds.), Neoclassical Economic Theory, 1870-1930, Boston, S. 1-57.

Böhm, Stephan (1994a), Hayek and knowledge: some question marks, in: *M. Colonna, H. Hagemann* und *O.F. Hamouda* (eds.), Capitalism, Socialism and Knowledge. The Economics of F.A. Hayek - Vol. II, Aldershot, S. 160-177.

Böhm, Stephan (1994b), Spontaneous Order, in: *Geoffrey M. Hodgson, Warren J. Samuels* und *Marc R. Tool* (eds.), The Elgar Companion to Institutional and Evolutionary Economics L-Z, Aldershot, S. 296-301.

Böhm-Bawerk, Eugen von (1914), Macht oder ökonomisches Gesetz?, in: Zeitschrift für Volkswirtschaft, Sozialpolitik und Verwaltung, Bd. 23, S. 205-271.

Böhm-Bawerk, Eugen von (1924), Die österreichische Schule, in: *Franz X. Weiss* (Hrsg.), Gesammelte Schriften von Eugen von Böhm-Bawerk, Wien, S. 205-229.

Boettke, Peter J. (1989a), Evolution and Economics: Austrians as Institutionalists, in: Research in the History of Economic Thought and Methodology, Vol. 6, S. 73-89.

Boettke, Peter J. (1989b), Austrian Institutionalism: A Reply, in: Research in the History of Economic Thought and Methodology, Vol. 6, S. 181-202.

Boland, Lawrence A. (1994), Scientific Thinking without Scientific Method, in: *Roger E. Backhouse* (ed.), New Directions in Economic Methodology, London, New York, S. 154-172.

Boos, Margarete (1986), Die Wissenschaftstheorie Carl Mengers, Wien u.a.

Borch, Karl (1973), The Place of Uncertainty in the Theories of the Austrian School, in: *J.R. Hicks* und *W. Weber* (Hrsg.), Carl Menger and the Austrian School of Economics, Oxford, S. 61-74.

Bouillon, Hardy (1991), Ordnung, Evolution und Erkenntnis: Hayeks Sozialphilosophie und ihre erkenntnistheoretische Grundlage, Tübingen.

Brennan, H. Geoffrey und *James M. Buchanan* (1981), Monopoly in Money and Inflation, London.

Brühlheimer, Daniel (1991), Adam Smith als politischer Denker im Kontext von Liberalismus, Institutionalismus und Republikaismus, in: *Arnold Meyer-Faje* und *Peter Ulrich* (Hrsg.), Der andere Adam Smith, Bern, Stuttgart, S. 277-302.

Buchanan, James M. (1962), Predictabillity: The Criterion of Monetary Constitutions, in: *Leland B. Yeager* (ed.), In Search of a Monetary Constitution, Cambridge, S. 155-183.

Buchanan, James M. (1969), Cost and Choice: An Inquiry in Economic Theory, Chicago.

Buchanan, James M. (1971), Das Verhältnis der Wirtschaftswissenschaft zu ihren Nachbardisziplinen, in: *Reimut Jochimsen* und *Helmut Knobel* (Hrsg.), Gegenstand und Methoden der Nationalökonomie, Köln, S. 88-105.

Buchanan, James M. (1981), Möglichkeiten institutioneller Reformen im Rahmen kulturell geformter abstrakter Verhaltensregeln, ergänzender Beitrag zu: *Viktor Vanberg*, Liberaler Evolutionismus oder vertragstheoretischer Konstitutionalismus?, Tübingen, S. 45-48.

Buchanan, James M. (1992), I did not call him „Fritz": Personal Recollections of Professor F.A.v. Hayek, in: Constitutional Political Economy, Vol. 3, No. 2, S. 129-135.

Caldwell, Bruce J. (1984), Praxeology and its critics: an appraisal, in: History of Political Economy, Vol. 16, No. 3, S. 363-379.

Caldwell, Bruce J. (1986), Towards a broader conception of criticism, in: History of Political Economy, Vol. 18, No. 4, S. 675-681.

Caldwell, Bruce J. (1989), Austrians and Institutionalists: The Historical Origins of their Shared Characteristics, in: Research in the History of Economic Thought and Methodology, Vol. 6, S. 91-100.

Caldwell, Bruce J. (1991), Clarifying Popper, in: Journal of Economic Literature, Vol. 29, S. 1-33.

Chown, John (1994), A History of Money. From AD 800, London, New York.

Clark, Charles M.A. (1993), Spontaneous Order Versus Instituted Process: The Market as Cause and Effect, in: Journal of Economic Issues, Vol. XXVII, No. 2, S. 373-385.

Coase, Ronald H. (1976), Adam Smith's View of Man, in: The Journal of Law and Economics, Vol. 19, S. 529-546.

Coats, A.W. (1989), Reflections on the Austrian/Institutionalism Symposium, in: Research in the History of Economic Thought and Methodology, Vol. 6, S. 101-106.

Colander, David (1994), Economists, Institutions, and Change, in: Advances in Austrian Economics, Vol. 1, S. 119-128.

Cordato, Roy E. (1980), The Austrian Theory of Efficiency and the Role of Government, in: The Journal of Libertarian Studies, Vol. 4, No. 4, S. 393-403.

Cordato, Roy E. (1992), Welfare Economics and Externalities in an Open Ended Universe: A Modern Austrian Perspective, Boston, Dordrecht, London.

Cordato, Roy E. (1994), Efficiency, in: *Peter J. Boettke* (ed.), The Elgar Companion to Austrian Economics, Aldershot, S. 131-136.

Cubeddu, Raimondo (1993), The Philosophy of the Austrian School, London, New York.

Delhaes, Karl von (1993), Aktive Ordnungspolitik in der Transformation: Konstruktivismus oder Voraussetzung freiheitlicher Entwicklung?, in: ORDO, Bd. 44, Stuttgart und New York, S. 307-318.

Denzau, Arthur T. und *Douglass C. North* (1993), Shared Mental Models: Ideologies and Institutions, in: Kyklos, Vol. 47, Fasc. I, S. 3-31.

Dietl, Helmut (1993), Institutionen und Zeit, Tübingen.

Dorn, James A. and *Anna J. Schwartz* (eds.) (1987), The Search for Stable Money: Essays on Monetary Reform, Chicago and London.

Dow, Sheila C. (1987), The Scottish Political Economy Tradition, in: Scottish Journal of Political Economy, Vol. 34, S. 335-348.

Dowd, Kevin (1988a), Private Money: The Path to Monetary Stability, London.

Dowd, Kevin (1988b), Option Clauses and the Stability of a Laisser Faire Monetary System, in: Journal of Financial Services Research, Vol. 1, S. 319-333.

Dowd, Kevin (1990), Did central banks evolve naturally? A review of Charles Goodhart's the evolution of central banks, in: Scottish Journal of Political Economy, Vol. 37, No. 1, S. 96-104.

Dowd, Kevin (1991a), Sechrest on Scottish Free Banking, in: Cato Journal, Vol. 10, No. 3, S. 821-824.

Dowd, Kevin (1991b), United States Banking in the Free Banking Period, London.

Dowd, Kevin (1991c), Free Banking in Australia, London.

Dowd, Kevin (1992), Is Banking a Natural Monopoly?, in: Kyklos, Vol. 45, Fasc. 3, S. 379-392.

Dowd, Kevin (1993), Laissez-faire banking, London and New York.

Dowd, Kevin (1994), Free Banking, in: *Peter J. Boettke* (ed.), The Elgar Companion to Austrian Economics, Aldershot, S. 408-413.

Dowd, Kevin und *Anthony A Sampson* (1993), A new model of the gold standard, in: Canadian Journal of Economics, Vol. 26, No. 2, S. 380-391.

Ebeling, Richard M. (1981), Mises' Influence on Modern Economic Thought, in: Wirtschaftspolitische Blätter, Nr. 4, S. 15-24.

Ebeling, Richard M. (1986), Toward a Hermeneutical Economics: Expectations, Prices, and the Role of Interpretation in a Theory of the Market Process, in: *Israel M. Kirzner* (ed.), Subjectivism, Intelligibility and Economic Understanding: Essays in Honor of Ludwig M. Lachmann on his Eightieth Birthday, New York, S. 39-55.

Ebeling, Richard M. (1990), Money, Method, and the Market Process: Essays by Ludwig von Mises, Norwell, Massachusetts.

Ebeling, Richard M. (1994), Expectations and expectations formation in Mises's theory of the market process, in: *Peter J. Boettke* und *David L. Prychitko* (eds.), The Market Process. Essays in Contemporary Austrian Economics, Aldershot, S. 83-95.

Eckstein, Walther (1985), Einleitung des Herausgebers, in: Adam Smith: Theorie der ethischen Gefühle, Philosophische Bibliothek Band 200 a/b, Hamburg, S. XI-LXXI.

Egger, John B. (1978), The Austrian Method, in: *Louis M. Spadaro* (ed.), New Directions in Austrian Economics, Kansas City, S. 19-39.

Egger, John B. (1979), Comment: Efficiency is Not a Substitute for Ethics, in: *Mario J. Rizzo* (ed.), Time, Uncertainty, and Disequilibrium, Lexington, Toronto, S. 117-125.

Elsner, Wolfram (1986), Ökonomische Institutionenanalyse, Berlin.

Elsner, Wolfram (1987), Institutionen und ökonomische Institutionentheorie: Begriffe, Fragestellung, theoriegeschichtliche Ansätze, in: WiSt, Heft 1, S. 5-14.

Elsner, Wolfram (1989), Adam Smith's Model of the Origins and Emergence of Institutions: The Modern Findings of the Classical Approach, in: Journal of Economic Issues, Vol. XXIII, No. 1, S. 189-213.

Endres, A.M. (1984), Institutional Elements in Carl Menger's Theory of Demand: A Comment, in: Journal of Economic Issues, Vol. 18, No. 3, S. 897-903.

Engelhard, Peter, Ulrich Fehl und *Heiko Geue* (1996), Praxeology as a 'Quasi-Formal' Science, in: Cultural Dynamics, Vol. 8, No. 3, S. 271-293.

Engelhard, Peter, Heiko Geue und *Cornelia Schädel* (1997), Das Reconstruction and Development Programme (RDP) Südafrikas - eine humanvermögenstheoretische Analyse, in: Zeitschrift für Wirtschaftspolitik, Jg. 46, Heft 2, S. 215-240.

Erdmann, Georg (1993), Elemente einer evolutorischen Innovationstheorie, Tübingen.

Eucken, Walter (1959), Die Grundlagen der Nationalökonomie, 7. Auflage, Berlin u.a.

Eucken, Walter (1961), Nationalökonomie - Wozu?, 4. unveränderte Auflage, Düsseldorf und München.

Eucken, Walter (1990), Grundsätze der Wirtschaftspolitik, 6. Auflage, Tübingen.

Fehl, Ulrich (1978), Abwanderung und Widerspruch - Bemerkungen zu dem gleichnamigen Buch von Albert O. Hirschman, in: ORDO, Bd. 29, Stuttgart und New York, S. 402-412.

Fehl, Ulrich (1979), Rezension des Buches von Lachmann, Ludwig M., Capital, Expectations, and the Market Process. Essays on the Theory of the Market Economy, in: Weltwirtschaftliches Archiv, Bd. 115, S. 582-586.

Fehl, Ulrich (1983), Die Theorie dissipativer Strukturen als Ansatzpunkt für die Analyse von Innovationsproblemen in alternativen Wirtschaftsordnungen, in: *Alfred Schüller, Helmut Leipold* und *Hannelore Hamel* (Hrsg.), Innovationsprobleme in Ost und West, Stuttgart, S. 65-89.

Fehl, Ulrich (1984), Besprechung des Bandes von Schüller, Alfred (Hrsg.), Property Rights und ökonomische Theorie, in: Zeitschrift für die gesamte Staatswissenschaft, Bd. 140, Nr. 4, S. 769-772.

Fehl, Ulrich (1986), Spontaneous Order and the Subjectivity of Expections: A Contribution to the Lachmann-O'Driscoll Problem, in: *Israel M. Kirzner* (ed.), Subjectivism, Intelligibility and Economic Understanding: Essays in Honor of Ludwig M. Lachmann on his Eightieth Birthday, New York, S. 72-86.

Fehl, Ulrich (1987), Zur Wirkungsweise der „Goldbremse", in: WISU, Nr. 8-9, S. 450-457.

Fehl, Ulrich (1988a), Freiheit, Wettbewerb, Politik und die Rolle des Wirtschaftswissenschaftlers, in: Ordo, Bd. 39, S. 163-167.

Fehl, Ulrich (1988b), Optimale Unternehmensgröße versus Vielfalt von Unternehmensgrößen. Einige grundsätzliche Überlegungen zu einem alten Thema, in: *Joachim Klaus* und *Paul Klemmer* (Hrsg.), Wirtschaftliche Strukturprobleme und soziale Fragen: Analyse und Gestaltungsaufgaben. Festgabe für J. Heinz Mueller zum 70. Geburtstag, Berlin, S. 343-353.

Fehl, Ulrich (1988c), Rezension des Buches von Witt, Ulrich: Individualistische Grundlagen der evolutorischen Ökonomik, in: Journal of Institutional and Theoretical Economics, Bd. 144, S. 737-739.

Fehl, Ulrich (1990), Innovation, Wettbewerb und Evolution. Zu dem gleichnahmigen Buch von Alexander Gerybadze, in: Ordo, Bd. 41, S. 305-308.

Fehl, Ulrich (1992), Lachmann on Economic Formalism, in: The South African Journal of Economics, Vol. 60, No. 1, S. 106-116.

Fehl, Ulrich (1994), Spontaneous order, in: *Peter J. Boettke* (ed.), The Elgar Companion to Austrian Economics, Aldershot, S. 197-205.

Fehl, Ulrich und *Carsten Schreiter* (1992), Arbeitsteilung, Wissen, Koordination und Konzentration, in: ORDO, Band 43, S. 157-172.

Fehl, Ulrich und *Carsten Schreiter* (1996), Zu den kapitaltheoretischen Vorstellungen Thorstein Veblens, in: *Reinhard Penz* und *Holger Wilkop* (Hrsg.), Zeit der Institutionen - Thorstein Veblens evolutorische Ökonomik, Marburg, S. 183-217.

Felderer, Bernhard und *Stefan Homburg* (1989), Makroökonomik und neue Makroökonomik, 4., verbesserte Auflage, Berlin u.a.

Fleischmann, Gerd und *Ingeborg Fleischmann* (1984), Karl Poppers Wissenschafts- und Lerntheorie, in: *Hans Albert* (Hrsg.), Ökonomisches Denken und soziale Ordnung. Festschrift für Erik Boettcher, Tübingen, S. 9-37.

Folz, Willibald J. (1970), Das geldtheoretische und geldpolitische Werk Walter Euckens, Berlin.

Ford, James L. (1994a), G.L.S. Shackle. The dissenting economist's economist, Aldershot.

Ford, James L. (1994b), Financial Evolution and Innovation, in: Advances in Austrian Economics, Vol. 1, S. 175-196.

Foss, Nicolai Juul (1992), What is wrong with Austrian Economics (or Austrian Economists)? - Informal Reflections on a Degenerating Research Programme, Kopenhagen.

Garrison, Roger W. (1982), Austrian Economics as the Middle Ground: Comment on Loasby, in: *Israel M. Kirzner* (Hrsg.), Method, Process, and Austrian Economics, Lexington, Toronto, S. 131-138.

Garrison, Roger W. (1985a), The Costs of a Gold Standard, in: *L.H. Rockwell* (ed.), The Gold Standard: An Austrian Perspective, Lexington, S. 61-79.

Garrison, Roger W. (1985b), West's „Cantillon and Adam Smith": A Comment, in: The Journal of Libertarian Studies, Vol. VII, No. 2, S. 287-294.

Garrison, Roger W. (1985c), Intertemporal coordination and the invisible hand: an Austrian perspective on the Keynesian vision, in: History of Political Economy, Vol. 17, No. 2, S. 309-319.

Garrison, Roger W. (1986a), Hayekian Trade Cycle Theory: A Reappraisal, in: Cato Journal, Vol. 6, No. 2, S. 437-453.

Garrison, Roger W. (1986b), From Lachmann to Lucas: On Institutions, Expectations, and Equilibrating Tendencies, in: *Israel M. Kirzner* (ed.), Subjectivism, Intelligibility and Economic Understanding: Essays in Honor of Ludwig M. Lachmann on his Eightieth Birthday, New York, S. 87-101.

Georgescu-Roegen, Nicholas (1971), The Entropy Law and the Economic Process, Cambridge, Massachusetts.

Gherity, James A. (1995), The Option Clause in Scottish Banking, 1730-65: A Reappraisal, in: Journal of Money, Credit, and Banking, Vol. 27, No. 3, S. 713-726.

Giersch, Herbert (1994), Kern und Rand in der spontanen Ordnung, in: FAZ, Nr. 117, 21.5. 1994, S.13.

Goodhart, Charles (1988), The Evolution of Central Banks, Cambridge, Massachusetts.

Goodhart, Charles (1994), What Should Central Banks Do? What Should be their Macroeconomic Objectives and Operations?, in: The Economic Journal, Vol. 104, S. 1424-1436.

Gordon, David (1993), Toward a Deconstruction of Utility and Welfare Economics, in: The Review of Austrian Economics, Vol. 6, No. 2, S. 99-112.

Gray, John (1986), Hayek on Liberty, 2. Edition, Oxford.

Grinder, Walter E. (1984), Auf der Suche nach dem subjektiven Paradigma, in: *Ludwig M. Lachmann* (Hrsg. mit e. Einf. von Walter E. Grinder), Marktprozeß und Erwartungen. Studien zur Theorie der Marktwirtschaft, München, Wien, S. 11-31.

Gutiérrez, Claudio (1971), The Extraordinary Claim of Praxeology, in: Theory and Decision, Vol. 1, S. 327-336.

Haesler, Aldo (1979), Weiterführende Diskussion der Popperschen Ansätze, in: *Walter, Adolf Jöhr* (Hrsg.), Einführung in die Wissenschaftstheorie für Nationalökonomen, Band 1, St Gallen, S. 258-277.

Hahn, Frank H. (1973), On the notion of equilibrium in economics, Cambridge.

Harper, David A. (1994), A New Approach to Modeling Endogenous Learning Processes in Economic Theory, in: Advances in Austrian Economics, Vol. 1, S. 49-79.

Harper, David A. (1996), Entrepreneurship and the Market Process. An enquiry into the growth of knowledge, London, New York.

Hartwig, Karl-Hans (1987), Wissenschaftstheoretische Ortsbestimmung ausgewählter Ordnungskonzeptionen, in: Forschungsstelle zum Vergleich wirtschaftlicher Lenkungssysteme (Hrsg.), Ordnungstheorie: Methodologische und institutionentheoretische Entwicklungstendenzen, Arbeitsberichte zum Systemvergleich Nr. 11, Marburg, S. 1-29.

Hasan, Iftekhar und *Gerald P. Dwyer, Jr.* (1994), Bank Runs in the Free Banking Period, in: Journal of Money, Credit, and Banking, Vol. 26, No. 2, S. 271-288.

Hayek, Friedrich A. von (1952a), Wahrer und falscher Individualismus, in: Hayek, F.A. von (Hrsg.), Individualismus und wirtschaftliche Ordnung, Erlenbach-Zürich, S. 9-48.

Hayek, Friedrich A. von (1952b), Wirtschaftstheorie und Wissen, in: *F.A. von Hayek* (Hrsg.), Individualismus und wirtschaftliche Ordnung, Erlenbach-Zürich, S. 49-77.

Hayek, Friedrich A. von (1952c), Die Verwertung des Wissens in der Gesellschaft, in: *F.A. von Hayek* (Hrsg.), Individualismus und wirtschaftliche Ordnung, Erlenbach-Zürich, S. 103-121.

Hayek, Friedrich A. von (1952/53), Die Ungerechtigkeit der Steuerprogression, in: Schweizer Monatshefte, 32. Jahrgang, S. 508-517.

Hayek, Friedrich A. von (1965), Wiener Schule, in: Handwörterbuch der Sozialwissenschaften, 12. Band, Stuttgart u.a., S. 68-71.

Hayek, Friedrich A. von (1968), Einleitung zu „Carl Menger. Gesammelte Werke", Band 1, Grundsätze der Volkswirtschaftslehre (1871), 2. Auflage, Tübingen, S. VII-XXXVI.

Hayek, Friedrich A. von (1969a), Arten der Ordnung, in: *F.A. von Hayek* (Hrsg.), Freiburger Studien. Gesammelte Aufsätze, Tübingen, S. 32-46.

Hayek, Friedrich A. von (1969b), Arten des Rationalismus, in: *F.A. von Hayek* (Hrsg.), Freiburger Studien. Gesammelte Aufsätze, Tübingen, S. 75-89.

Hayek, Friedrich A. von (1969c), Die Ergebnisse menschlichen Handelns, aber nicht menschlichen Entwurfs, in: *F.A. von Hayek* (Hrsg.), Freiburger Studien. Gesammelte Aufsätze, Tübingen, S. 97-107.

Hayek, Friedrich A. von (1969d), Dr. Bernhard Mandeville, in: *F.A. von Hayek* (Hrsg.), Freiburger Studien. Gesammelte Aufsätze, Tübingen, S. 126-143.

Hayek, Friedrich A. von (1969e), Bemerkungen über die Entwicklung von Systemen von Verhaltensregeln, in: *F.A. von Hayek* (Hrsg.), Freiburger Studien. Gesammelte Aufsätze, Tübingen, S. 144-160.

Hayek, Friedrich A. von (1969f), Rechtsordnung und Handelnsordnung, in: *F.A. von Hayek* (Hrsg.), Freiburger Studien. Gesammelte Aufsätze, Tübingen, S. 161-198.

Hayek, Friedrich A. von (1969g), Die Sprachverwirrung im politischen Denken, in: *F.A. von Hayek* (Hrsg.), Freiburger Studien. Gesammelte Aufsätze, Tübingen, S. 206-231.

Hayek, Friedrich A. von (1969h), Die Rechts- und Staatsphilosophie David Humes, in: *F.A. von*

Hayek (Hrsg.), Freiburger Studien. Gesammelte Aufsätze, Tübingen, S. 232-248.

Hayek, Friedrich A. von (1969i), Der Wettbewerb als Entdeckungsverfahren, in: *F.A. von Hayek* (Hrsg.), Freiburger Studien, Gesammelte Aufsätze, Tübingen, S. 249-265.

Hayek, Friedrich A. von (1972), Die Theorie komplexer Phänomene, Tübingen.

Hayek, Friedrich A. von (1975), Die Irrtümer des Konstruktivismus und die Grundlagen legitimer Kritik gesellschaftlicher Gebilde, Tübingen.

Hayek, Friedrich A. von (1977), Entnationalisierung des Geldes: Eine Analyse der Theorie und Praxis konkurrierender Umlaufsmittel, Tübingen.

Hayek, Friedrich A. von (1978), Adam Smith's Message in Today's Language, in: *F.A. von Hayek*, New Studies in Philosophy, Politics, Economics and the History of Ideas, London and Henley, S. 267-269.

Hayek, Friedrich A. von (1979a), Missbrauch und Verfall der Vernunft: Ein Fragment, 2. Auflage, Salzburg.

Hayek, Friedrich A. von (1979b), Toward a Free-Market Monetary System, in: Journal of Libertarian Studies, Vol. 3, No. 1, S. 1-8.

Hayek, Friedrich A. von (1980a), Recht, Gesetzgebung und Freiheit, Band 1: Regeln und Ordnung, München.

Hayek, Friedrich A. von (1980b), Freie Wahl der Währungen: Ein Mittel gegen die Inflation, in: *Jürgen Badura* und *Otmar Issing* (Hrsg.), Geldpolitik, Stuttgart, New York, S. 136-146.

Hayek, Friedrich A. von (1981), Die drei Quellen menschlicher Werte, Epilog zu: *F.A. von Hayek*, Recht, Gesetzgebung und Freiheit, Band 3: Die Verfassung einer Gesellschaft freier Menschen, Landsberg am Lech, S. 207-236.

Hayek, Friedrich A. von (1984), The Future Monetary Unit of Value, in: *Barry N. Siegel* (ed.), Money in Crisis: The Federal Reserve, the Economy, and Monetary Reform, Cambridge, Massachusetts, S. 323-335.

Hayek, Friedrich A. von (1988), The Fatal Conceit: The Errors of Socialism, London.

Hayek, Friedrich A. von (1989), Die Vortäuschung von Wissen, in: *Horst Claus Recktenwald* (Hrsg.), Die Nobelpreisträger der ökonomischen Wissenschaft 1969-1988, Düsseldorf, S. 384-398.

Hayek, Friedrich A. von (1990), Mengers „Grundsätze" - Ihr Platz in der Geschichte des ökonomischen Denkens, in: *F.A. von Hayek, J.R. Hicks.* und *I.M. Kirzner*, Carl Mengers wegweisendes Werk, Vademecum zu einem Klassiker der subjektiven Wertlehre und des Marginalismus, Düsseldorf, S. 21-37.

Hayek, Friedrich A. von (1991), Die Verfassung der Freiheit, 3. Auflage, Tübingen.

Heinemann, Klaus (1969), Grundzüge einer Soziologie des Geldes, Stuttgart.

Herrmann-Pillath, Carsten (1989), Das Grundproblem der Geldverfassung in den jüngsten wirtschaftspolitischen Erfahrungen der Volksrepublik China, in: Zeitschrift für Wirtschaftspolitik, Vol. 38, Heft 2/3 S. 139-187.

Herrmann-Pillath, Carsten (1996), Thorstein Veblen's Menschenbild: Theoretische Grundlagen und empirische Relevanz, in: *Reinhard Penz* und *Holger Wilkop* (Hrsg.), Zeit der Institutionen - Thorstein Veblens evolutorische Ökonomik, Marburg, S. 83-131.

Hesse, Günter (1987), Innovationen und Restriktionen. Zum Ansatz der Theorie der langfristigen wirtschaftlichen Entwicklung, in: *Manfred Borchert, Ulrich Fehl* und *Peter Oberender* (Hrsg.), Markt und Wettbewerb, Festschrift für Ernst Heuß zum 65. Geburtstag, Bern, Stuttgart, S. 195-226.

Hesse, Günter (1992), A New Theory of „Modern Economic Growth", in: *Ulrich Witt* (ed.),

Explaining process and change: approaches to evolutionary economics, Michigan, S. 81-103.

Hesse, Günter (1995), Wirtschaftswissenschaftliche Evolutionstheorie. Gründe und Beispiele, in: *R. Haupt* und *W. Lachmann* (Hrsg.), Selbstorganisation in Markt und Management?, Neuhausen, S. 25-36.

Heuß, Ernst (1981), Wie man Sozialwissenschaften nicht betreiben soll, in: ORDO, Band 32, S. 109-115.

Heuß, Ernst (1993), Der Sozialismus, ein Opfer der Neoklassik?, in: *Egon Görgens* und *Egon Tuchtfeld* (Hrsg.), Die Zukunft der wirtschaftlichen Entwicklung - Perspektiven und Probleme. Ernst Dürr zum 65. Geburtstag, Bern u.a., S. 101-110.

Hewel, Brigitte und *Renate Neubäumer* (1991), Postkeynesianismus, in: WISU, Nr. 7, S. 499-500.

Hicks, John R. (1965a), Value and Capital. An Inquiry into some Fundamental Principles of Economic Theory, 2. Auflage, Oxford.

Hicks, John R. (1965b), Capital and Growth, Oxford.

Hicks, John R. und *Wilhelm Weber* (eds.) (1973), Carl Menger and the Austrian School of Economics, Oxford.

High, Jack (1982), Alertness and Judgment: Comment on Kirzner, in: *Israel M. Kirzner* (ed.), Method, Process, and Austrian Economics. Essays in Honor of Ludwig von Mises, Lexington, Toronto, S. 161-168.

High, Jack und *Howard Bloch* (1989), On the history of ordinal utility theory: 1900-1932, in: History of Political Economy, Vol. 21, No. 2, S. 351-365.

Hirschman, Albert O. (1974), Abwanderung und Widerspruch, Tübingen.

Hodgson, Geoffrey M. (1988), Economics and Institutions: A Manifesto for a Modern Institutional Economics, Cambridge and Oxford.

Hodgson, Geoffrey M. (1991), Hayek's theory of cultural evolution: an evaluation in the light of Vanberg's critique, in: Economics and Philosophy, Nr. 7, S. 67-82.

Hodgson, Geoffrey M. (1992a), Commentary: Institutional Evolution and Methodological Individualism, in: *Bruce J. Caldwell* and *Stephan Boehm* (eds.), Austrian Economics: Tensions and New Directions, Boston and London, S. 184-192.

Hodgson, Geoffrey M. (1992b), Carl Menger's theory of the evolution of money: some problems, in: Review of Political Economy, Vol. 4, No. 4, S. 396-412.

Hodgson, Geoffrey M. (1993), The Economy as an Organism - not a Machine, in: Futures, Vol. 25, No. 4, S. 392-403.

Hodgson, Geoffrey M. (1994a), Methodological Individualism, in: The Elgar Companion to Institutional and Evolutionary Economics L-Z, Aldershot, S. 63-67.

Hodgson, Geoffrey M. (1994b), Money, Evolution of, in: *Geoffrey M. Hodgson, Warren J. Samuels* und *Marc R. Tool* (eds.), The Elgar Companion to Institutional and Evolutionary Economics L-Z, Aldershot, S. 103-107.

Hoppe, Hans-Hermann (1983), Kritik der kausalwissenschaftlichen Sozialforschung. Untersuchungen zur Grundlegung von Soziologie und Ökonomie, Opladen.

Hoppe, Hans-Hermann (1993), The Economics and Ethics of Private Property. Studies in Political Economy and Philosophy, Boston, Dordrecht, London.

Hoppmann, Erich (1967), Wettbewerb als Norm der Wettbewerbspolitik, in: ORDO, Bd. 18, S. 77-94.

Hoppmann, Erich (1977), Marktmacht und Wettbewerb, Tübingen.

Hoppmann, Erich (1981), Über die Funktionsprinzipien und Funktionsbedingungen des Marktsystems, in: *Lothar Wegehenkel* (Hrsg.), Marktwirtschaft und Umwelt, Tübingen, S. 219-235.

Hoppmann, Erich (1987), Ökonomische Theorie der Verfassung, in: ORDO, Bd. 38, Stuttgart und New York, S. 31-45.

Hoppmann, Erich (1993), Prinzipien freiheitlicher Wirtschaftspolitik, Tübingen.

Horwitz, Steven (1992), Monetary Evolution, Free Banking, and Economic Order, Boulder u.a.

Horwitz, Steven (1994a), Misreading the „Myth": Rothbard on the theory and history of free banking, in: *Peter J. Boettke* und *David L. Prychitko* (eds.), The Market Process. Essays in Contemporary Austrian Economics, Aldershot, S. 166-176.

Horwitz, Steven (1994b), Subjectivism, Institutions, and Capital: Comment on Mongiovi and Lewin, in: Advances in Austrian Economics, Vol. 1, S. 279-288.

Howey, R.S. (1960), The Rise of the Marginal Utility School 1870-1889, Lawrence.

Hutt, W.H. (1936/1990), Economists and the public: a study of competition and opinion, Wiederabdruck der Originalausgabe von 1936, New Brunswick, New Jersey.

Hutter, Michael (1993), The emergence of bank notes in 17th century England, in: Sociologia Internationalis, 31. Band, Heft 1, S. 23-39.

Hülsmann, Jörg Guido (1996), Free Banking and the Free Bankers, in: The Review of Austrian Economics, Vol. 9, No. 1, S. 3-53.

Illy, Leo (1949), Grundprobleme der Preistheorie, in: *Alexander Mahr* (Hrsg.), Neue Beiträge zur Wirtschaftstheorie. Festschrift anläßlich des 70. Geburtstages von Hans Mayer, Wien, S. 150-186.

Issing, Otmar (1989), Vom Primat der Währungspolitik, in: ORDO, Band 40, S. 351-361.

Issing, Otmar (1993), Hayek's suggestion for currency competition - a central banker's view, in: Deutsche Bundesbank, Auszüge aus Presseartikeln, Nr. 32, 30.4. 1993, S. 12-14.

Jaffé, William (1976), Menger, Jevons and Walras De-Homogenized, in: Economic Inquiry, Vol. 14, S. 511-524.

Jonas, Friedrich (1968), Geschichte der Soziologie, Band I, Aufklärung, Liberalismus, Idealismus, Hamburg.

Jones, Eric Lionel (1991), Das Wunder Europa: Umwelt, Wirtschaft und Geopolitik in der Geschichte Europas und Asiens, Tübingen.

Kahn, James A. (1985), Another Look at Free Banking in the United States, in: The American Economic Review, Vol. 75, No. 4, S. 881-889.

Kastrop, Christian (1993), Rationale Ökonomik? Überlegungen zu den Kriterien der ökonomischen Theoriedynamik, Berlin.

Kauder, Emil (1957), Intellectual and Political Roots of the Older Austrian School, in: Zeitschrift für Nationalökonomie, Vol. 17, No. 4, S. 411-425.

Kaufmann, Franz-Xaver (1984), Solidarität als Steuerungsform - Erklärungsansätze bei Adam Smith, in: *Franz-Xaver Kaufmann* und *Hans-Günter Krüsselberg* (Hrsg.), Markt, Staat und Solidarität bei Adam Smith, Frankfurt, New York, S. 158-184.

Kerber, Wolfgang (1989), Evolutionäre Marktprozesse und Nachfragemacht, Baden-Baden.

Kerber, Wolfgang (1992), Innovation, Handlungsrechte und evolutionärer Marktprozeß, in: *Ulrich Witt* (Hrsg.), Studien zur Evolutorischen Ökonomik II, Berlin, S. 171-195.

Kerber, Wolfgang (1996), Recht als Selektionsumgebung für evolutorische Wettbewerbs-prozesse, in: Birger P. Priddat und Gerhard Wegner (Hrsg.), Zwischen Evolution und Institution. Neue Ansätze in der ökonomischen Theorie, Marburg, S. 301-330.

Kerber, Wolfgang (1997), Wettbewerb als Hypothesentest: eine evolutorische Konzeption wis-senschaffenden Wettbewerbs, in: Karl von Delhaes und Ulrich Fehl (Hrsg.), Dimensionen des Wettbewerbs, Stuttgart, S. 29-78.

Kerber, Wolfgang und Viktor Vanberg (1994), Competition Among Institutions: Evolution Within Constraints, Walter Eucken Institut, Freiburg.

Keynes, John Maynard (1936/1994), Allgmeine Theorie der Beschäftigung, des Zinses und des Geldes, 7. Auflage, Berlin.

Kirzner, Israel M. (1960), The Economic Point of View. An Essay in the History of Economic Thought, Prunceton, New Jersey u.a.

Kirzner, Israel M. (1963), Market Theory and the Price System, Toronto u.a.

Kirzner, Israel M. (1978a), Wettbewerb und Unternehmertum, Tübingen.

Kirzner, Israel M. (1978b), Economics and Error, in: Louis M. Spadaro (Hrsg.), New Directions in Austrian Economics, Kansas City, S. 57-76.

Kirzner, Israel M. (1978c), The Entrepreneurial Role in Menger's System, in: Atlantic Economic Journal, Vol. VI, No. 3, S. 31-45.

Kirzner, Israel M. (1981a), Mises on Entrepreneurship, in: Wirtschaftspolitische Blätter, Nr. 4, S. 51-57.

Kirzner, Israel M. (1981b), The „Austrian" perspective on the crisis, in: Daniel Bell and Irving Kristol (eds.), The Crisis in Economic Theory, Mew York, S. 111-122.

Kirzner, Israel M. (1982a), Uncertainty, Discovery, and Human Action: A Study of the Entre-preneuriel Profile in the Misesian System, in: Israel M. Kirzner (ed.), Method, Process, and Austrian Economics: Essays in Honor of Ludwig von Mises, Lexington and Toronto, S. 139-159.

Kirzner, Israel M. (1982b), Introduction, in: Israel M. Kirzner (ed.), Method, Process, and Aus-trian Economics: Essays in Honour of Ludwig von Mises, Lexington and Toronto, S. 1-5.

Kirzner, Israel M. (1984), Prices, the Communication of Knowledge, and the Discovery Process, in: Kurt R. Leube and Albert H. Zlabinger (eds.), The Political Economy of Freedom: Essays in Honour of F.A. Hayek, München und Wien, S. 193-206.

Kirzner, Israel M. (1986a), Ludwig von Mises and Friedrich von Hayek: The Modern Extension of Austrian Subjectivism, in: Norbert Leser (Hrsg.), Die Wiener Schule der National-ökonomie, Wien u.a., S. 133-155.

Kirzner, Israel M. (1986b), Another Look at the Subjectivism of Costs, in: Israel M. Kirzner (ed.), Subjectivism, Intelligibility and Economic Understanding: Essays in Honor of Lud-wig M. Lachmann on his Eightieth Birthday, New York, S. 140-156.

Kirzner, Israel M. (1987), Finder von Beruf, in: Wirtschaftswoche, Nr. 3, 9.1.1987, S. 46-49.

Kirzner, Israel M. (1989), The Use of Labels in Doctrinal History: Comment on Baird, in: Cato Journal, Vol. 9, No. 1, S. 231-235.

Kirzner, Israel M. (1990a), Menger, classical liberalism, and the Austrian school of economics, in: Bruce J. Caldwell (ed.), Carl Menger and his legacy in economics. Annual supplement to volume 22, History of political economy, Durham, London, S. 93-106.

Kirzner, Israel M. (1990b), The Market Process: An Austrian View, in: K. Groenveld, J.A.H. Maks and J. Muysken (eds.), Economic Policy and the Market Process, Amsterdam u.a., S. 23-39.

Kirzner, Israel M. (1992a), The meaning of market process, Essays in the development of modern Austrian economics, London and New York.

Kirzner, Israel M. (1992b), Subjectivism, Freedom and Economic Law, in: The South African Lournal of Economics, Vol. 60, No. 1, S. 44-62.

Kirzner, Israel M. (1994a), The limits of the market: the real and the imagined, in: *Wernhard Möschel, Manfred E. Streit* und *Ulrich Witt* (Hrsg.), Marktwirtschaft und Rechtsordnung. Festschrift zum 70. Geburtstag von Prof. Dr. Erich Hoppmann, Baden-Baden, S. 101-110.

Kirzner, Israel M. (1994b), On the economics of time and ignorance, in: *Peter J. Boettke* and *David L. Prychitko* (eds.), The Market Process. Essays in Contemporary Austrian Economics, Aldershot, S. 38-44.

Kirzner, Israel M. (1994c), Entrepreneurship, in: *Peter J. Boettke* (ed.), The Elgar Companion to Austrian Economics, Aldershot, S. 103-110.

Kiwit, Daniel und *Stefan Voigt* (1995), Überlegungen zum institutionellen Wandel unter Berücksichtigung des Verhältnisses interner und externer Institutionen, in: Ordo, Bd. 46, S. 117-148.

Klausinger, Hansjörg (1991), Theorien der Geldwirtschaft: Von Hayek und Keynes zu neueren Ansätzen, Berlin.

Kley, Roland (1992), F.A. Hayeks Idee einer spontanen sozialen Ordnung: Eine kritische Analyse, in: Kölner Zeitschrift für Soziologie und Sozialpsychologie, 44. Jg., Heft 1, S. 12-34.

Kloepfer, Inge (1994), Die neue Ehre der Geldpolitik, in: FAZ, Nr. 285, 8.12. 1994, S. 15.

Knight, Frank H. (1921/1964), Risk, Uncertainty and Profit, New York.

Knight, Frank H. (1932), Das Wertproblem in der Wirtschaftstheorie, in: *Hans Mayer, Frank A. Fetter* und *Richard Reisch* (Hrsg.), Die Wirtschaftstheorie der Gegenwart, 2. Band, Wien, S. 52-72.

Kornai, Janos (1975), Anti-Äquilibrium. Über die Theorien der Wirtschaftssysteme und die damit verbundenen Forschungsaufgaben, Budapest u.a.

Krupp, Hans-Jürgen (1989), Die Gnade des Glaubens, in: DIE ZEIT, Nr. 21, 19.5. 1989, S.20.

Krüsselberg, Hans-Günter (1965), Organisationstheorie, Theorie der Unternehmung und Oligopol. Materialien zu einer sozialökonomischen Theorie der Unternehmung, Berlin.

Krüsselberg, Hans-Günter (1969), Marktwirtschaft und Ökonomische Theorie, Freiburg.

Krüsselberg, Hans-Günter (1977), Die vermögenstheoretische Dimension in der Theorie der Sozialpolitik, in: Soziologie und Sozialpolitik, Zeitschrift für Soziologie und Sozialpsychologie, Sonderheft 19, Köln, S. 232-259.

Krüsselberg, Hans-Günter (1980a), Die vermögenstheoretische Tradition in der Ordnungstheorie, in: *Hans-Günter Krüsselberg* (Hrsg.), Vermögen in ordnungstheoretischer und ordnungspolitischer Sicht, Köln, S. 13-32.

Krüsselberg, Hans-Günter (1980b), Marktwirtschaft versus optimale Unternehmensgröße, in: *Josef Popkiewicz* und *Jochen Schumann* (Hrsg.), Aufgaben und Funktionsweisen der Unternehmungen in den Wirtschaftsordnungen Polens und der Bundesrepublik Deutschland, Bad Honnef, S. 89-106.

Krüsselberg, Hans-Günter (1983a), Paradigmawechsel in der Wettbewerbstheorie?, in: *Harald Enke, Walter Köhler* und *Wilfried Schulz* (Hrsg.), Struktur und Dynamik der Wirtschaft. Beiträge zum 60. Geburtstag von Karl Brandt, Freiburg, S. 75-97.

Krüsselberg, Hans-Günter (1983b), Property Rights-Theorie und Wohlfahrtsökonomik, in: Schüller, Alfred (Hrsg.), Property Rights und ökonomische Theorie, München, S. 45-77.

Krüsselberg, Hans-Günter (1984a), Wohlfahrt und Institutionen: Betrachtungen zur Systemkonzeption im Werk von Adam Smith, in: *Franz-Xaver Kaufmann* und *Hans-Günter Krüsselberg* (Hrsg.), Markt, Staat und Solidarität bei Adam Smith, Frankfurt, New York, S. 185-216.

Krüsselberg, Hans-Günter (1984b), Vermögen, Kapital, Eigentum - Schlüsselbegriffe der Ordnungstheorie?, in: *Hans-Günter Krüsselberg* (Hrsg.), Vermögen im Systemvergleich, Schriften zum Vergleich von Wirtschaftsordnungen, Heft 34, Stuttgart, S. 37-60.

Krüsselberg, Hans-Günter (1988a), Das handelnde Subjekt in der Wirtschafts- und Sozialwissenschaft, in: Loccumer Protokolle, Theologische Aspekte der Wirtschaftsethik IV, Loccum, S. 13-29.

Krüsselberg, Hans-Günter (1988b), Die wertschaffende Leistung der Frau im Haus - Sinn und Unsinn der Erfassung -, in: *Hildegard Rapin* (Hrsg.), Frauenforschung und Hausarbeit, Frankfurt, New York, S. 105-122.

Krüsselberg, Hans-Günter (1988c), Vermögenspolitik im Sozialen Rechtsstaat, in: ORDO, Band 39, S. 301-313.

Krüsselberg, Hans-Günter (1989), Politische Ökonomik, in: WISU, 18. Jg., Heft 2, S. 85-88.

Krüsselberg, Hans-Günter (1991), Adam Smith und die Deutschen: Gedanken zu den Ethischen Grundlagen von Wirtschaftssystemen, in: Forschungsstelle zum Vergleich wirtschaftlicher Lenkungssysteme (Hrsg.), Zur Transformation von Wirtschaftssystemen: Von der sozialistischen Planwirtschaft zur sozialen Marktwirtschaft, 2. überarbeitete und erweiterte Auflage, Arbeitsberichte zum Systemvergleich Nr. 15, Marburg, S. 27-43.

Krüsselberg, Hans-Günter (1995), Der wissenschaftliche Umgang mit dem Thema: Wirtschaftliche und gesellschaftliche Ordnungen - Probleme, methoden, Experimente -, in: *Gerhard Kleinhenz* (Hrsg.), Soziale Ausgestaltung der Marktwirtschaft. Die Vervollkommnung einer „Sozialen Marktwirtschaft" als Daueraufgabe der Ordnungs- und Sozialpolitik, Festschrift zum 65. Geburtstag für Prof. Dr. Heinz Lampert, Berlin, S. 87-103.

Krüsselberg, Hans-Günter (1997), Humanvermögen in evolutionären Wettbewerbsprozessen, in: *Karl von Delhaes* und *Ulrich Fehl* (Hrsg.), Dimensionen des Wettbewerbs, Stuttgart, S. 139-176.

Krüsselberg, Utz (1993), Theorie der Unternehmung und Institutionenökonomik. Die Theorie der Unternehmung im Spannungsfeld zwischen neuer Institutionenökonomik, ordnungstheoretischem Institutionalismus und Marktprozeßtheorie, Heidelberg.

Lachmann, Ludwig M. (1943), The Role of Expectations in Economics as a Social Science, in: Economica, 10, S. 12-23.

Lachmann, Ludwig M. (1951), The Science of Human Action, in: Economica, Vol. XVIII, S. 412-427.

Lachmann, Ludwig M. (1954), Some Notes on Economic Thought, 1933-1953, in: South African Journal of Economics, No. 22, S. 22-31.

Lachmann, Ludwig M. (1956), Capital and ist Structure, London.

Lachmann, Ludwig M. (1959), Böhm-Bawerk und die Kapitalstruktur, in: Zeitschrift für Nationalökonomie, Band 19, Heft 3, S. 235-245.

Lachmann, Ludwig M. (1963), Wirtschaftsordnung und wirtschaftliche Institutionen, in: ORDO, 14. Band, S. 63-77.

Lachmann, Ludwig M. (1966a), Marktwirtschaft und Modellkonstruktion, in: ORDO, Band 17, S. 261-279.

Lachmann, Ludwig M. (1966b), Die geistesgeschichtliche Bedeutung der österreichischen Schule in der Volkswirtschaftslehre, in: Zeitschrift für Nationalökonomie, Band XXVI, Heft 1-3, S. 152-167.

Lachmann, Ludwig M. (1973), Drei Essays über Max Webers geistiges Vermächtnis, Tübingen.

Lachmann, Ludwig M. (1975), Makroökonomischer Formalismus und die Marktwirtschaft, Tübingen.

Lachmann, Ludwig M. (1976a), From Mises to Shackle: An Essay on Austrian Economics and the Kaleidic Society, in: Journal of Economic Literature, Vol. 14, S. 54-62.

Lachmann, Ludwig M. (1976b), On the Central Concept of Austrian Economics: Market Process, in: *Edwin G. Dolan* (ed.), The Foundation of Modern Austrian Economics, Kansas City, S. 126-132.

Lachmann, Ludwig M. (1976c), On Austrian Capital Theory, in: *Edwin G. Dolan* (ed.), The Foundation of Modern Austrian Economics, Kansas City, S. 145-151.

Lachmann, Ludwig M. (1979), On the Recent Controversy Concerning Equilibration, in: Austrian Economics Newsletter, Fall 1979, S. 6.

Lachmann, Ludwig M. (1982), Ludwig von Mises and the Extension of Subjektivism, in: *Israel M. Kirzner* (ed.), Method, Process, and Austrian Economics: Essays in Honour of Ludwig von Mises, Lexington and Toronto, S. 31-40.

Lachmann, Ludwig M. (1984a), Die Österreichische Schule der Volkswirtschaftslehre und die gegenwärtige Krise des nationalökonomischen Denkens, in: *Lachmann, Ludwig M.* (Hrsg. mit e. Einf. von Walter E. Grinder), Marktprozeß und Erwartungen. Studien zur Theorie der Marktwirtschaft, München, Wien, S. 32-47.

Lachmann, Ludwig M. (1984b), Shackles Ansichten über die ökonomische Bedeutung der Zeit, in: *Lachmann, Ludwig M.* (Hrsg. mit e. Einf. von Walter E. Grinder), Marktprozeß und Erwartungen. Studien zur Theorie der Marktwirtschaft, München, Wien, S. 85-96.

Lachmann, Ludwig M. (1984c), Methodologischer Individualismus und Marktwirtschaft, in: *Lachmann, Ludwig M.* (Hrsg. mit e. Einf. von Walter E. Grinder), Marktprozeß und Erwartungen. Studien zur Theorie der Marktwirtschaft, München, Wien, S. 146-161.

Lachmann, Ludwig M. (1984d), Nationalökonomie als Sozialwissenschaft, in: *Lachmann, Ludwig M.* (Hrsg. mit e. Einf. von Walter E. Grinder), Marktprozeß und Erwartungen. Studien zur Theorie der Marktwirtschaft, München, Wien, S. 162-176.

Lachmann, Ludwig M. (1984e), Ludwig von Mises und der Marktprozeß, in: *Lachmann, Ludwig M.* (Hrsg. mit e. Einf. von Walter E. Grinder), Marktprozeß und Erwartungen. Studien zur Theorie der Marktwirtschaft, München, Wien, S. 177-189.

Lachmann, Ludwig M. (1986), The Market as an Economic Process, Oxford, New York.

Lachmann, Ludwig M. (1992), Socialism and the Market: A Theme of Economic Sociology Viewed from a Weberian Perspective (unpublished paper by Ludwig Lachmann), in: The South African Journal of Economics, Vol. 60, No. 1, S. 24-43.

Lachmann, Ludwig M. (1994a), A Note on the Elasticity of Expectations, in: *Don Lavoie* (ed.), Expectations and the Meaning of Institutions. Essays in economics by Ludwig Lachmann, London and New York, S. 124-130.

Lachmann, Ludwig M. (1994b), Vicissitudes of Subjectivism and the Dilemma of the Theory of Choice, in: *Don Lavoie* (Hrsg.), Expectations and the Meaning of Institutions. Essays in economics by Ludwig Lachmann, London, New York, S. 218-228.

Lachmann, Ludwig M. (1994c), Carl Menger and the Incomplete Revolution of Subjectivism, in: *Don Lavoie* (ed.), Expectations and the Meaning of Institutions. Essays in economics by Ludwig Lachmann, London and New York, S. 213-217.

Lachmann, Ludwig M. (1994d), The Flow of Legislation and the Permanence of the Legal Order, in: *Don Lavoie* (ed.), Expectations and the Meaning of Institutions. Essays in economics by Ludwig Lachmann, London and New York, S. 249-260.

Lachmann, Ludwig M. (1994e), The Salvage of Ideas. Problems of the revival of Austrian economic thought, in: *Don Lavoie* (Hrsg.), Expectations and the meaning of Institutions. Essays in economics by Ludwig Lachmann, London, New York, S. 164-183.

Lachmann, Ludwig M. (1994f), The Monetary System of a Market Economy, in: *Don Lavoie* (ed.), Expectations and the Meaning of Institutions. Essays in economics by Ludwig Lachmann, London and New York, S. 261-269.

Lachmann, Ludwig M. (1994g), Speculative Markets and Economic Complexity, in: *Don Lavoie* (ed.), Expectations and the Meaning of Institutions. Essays in economics by Ludwig Lachmann, London and New York, S. 270-275.

Lachmann, Ludwig M. (1994h), Austrian Economics: A hermeneutic approach, in: *Don Lavoie* (ed.), Expectations and the Meaning of Institutions. Essays in economics by Ludwig Lachmann, London and New York, S. 276-290.

Lakatos, Imre (1974), Falsifikation und die Methodologie wissenschaftlicher Forschungsprogramme, in: *Imre Lakatos* und *Alan Musgrave* (Hrsg.), Kritik und Erkenntnisfortschritt, Braunschweig, S. 89-189.

Lange, Oskar (1963), Politische Ökonomie, Band I: Allgemeine Probleme, Berlin.

Lange, Oskar (1977), Preisflexibilität und Beschäftigung, in: *Halina Jaroslawska* (Hrsg.), Oskar Lange. Ökonomisch-theoretische Studien, Frankfurt am Main, Köln, S. 78-207.

Langlois, Richard N. (1982), Austrian Economics as Affirmative Science: Comment on Rizzo, in: *Israel M. Kirzner* (ed.), Method, Process, and Austrian Economics, Lexington, Toronto, S. 75-84.

Langlois, Richard N. (1986a), The New Institutional Economics: an introductory essay, in: *Richard N. Langlois* (ed.), Economics as a process. Essays in the New Institutional Economics, Cambridge u.a., S. 1-25.

Langlois, Richard N. (1986b), Rationality, institutions, and explanation, in: *Richard N. Langlois* (ed.), Economics as a process. Essays in the New Institutional Economics, Cambridge u.a., S. 225-255.

Langlois, Richard N. (1986c), Coherence and Flexibility: Social Institutions in a World of Radical Uncertainty, in: *Israel M. Kirzner* (ed.), Subjectivism, Intelligibility and Economic Understanding: Essays in Honor of Ludwig M. Lachmann on his Eightieth Birthday, New York, S. 171-191.

Langlois, Richard N. (1990), Bounded Rationality and Behavioralism: A Clarification and Critique, in: Journal of Institutional and Theoretical Economics (JITE), Vol. 146, S. 691-695.

Langlois, Richard N. (1992), Orders and Organizations: Toward an Austrian Theory of Social Institutions, in: *Bruce J. Caldwell* and *Stephan Boehm* (eds.), Austrian Economics: Tensions and New Directions, Boston and London, S. 165-183.

Langlois, Richard N. (1994a), The market process: an evolutionary view, in: *Peter J. Boettke* and *David L. Prychitko* (eds.), The Market Process. Essays in Contemporary Austrian Economics, Aldershot, S. 29-37.

Langlois, Richard N. (1994b), Risk and Uncertainty, in: *Peter J. Boettke* (ed.), The Elgar Companion to Austrian Economics, Aldershot, S. 118-122.

Langlois, Richard N. and *Metin M. Cosgel* (1993), Frank Knight on Risk, Uncertainty, and the Firm: A New Interpretation, in: Economic Inquiry, Vol. 31, S. 456-465.

Langlois, Richard N. and *Michael Everett* (1994), What is Evolutionary Economics?, in: *Lars Magnusson* (ed.), Evolutionary and Neo-Schumpeterian Approaches to Economics, Boston u.a., S. 11-47.

Lavoie, Don (1981), Mises, the Calculation Debate, and „Market Socialism", in: Wirtschaftspolitische Blätter, Nr. 4, S. 58-65.

Lavoie, Don (1986), Euclideanism versus Hermeneutics: A Reinterpretation of Misesian Apriorism, in: *Israel M. Kirzner* (ed.), Subjectivism, Intelligibility and Economic Understanding. Essays in Honor of Ludwig M. Lachmann on his Eightieth Birthday, New York, S. 192-210.

Lavoie, Don (1990), Understanding differently: hermeneutics and the spontaneous order of communicative processes, in: *Bruce J. Caldwell* (ed.), Carl Menger and his legacy in economics. Annual supplement to volume 22, History of political economy, Durham, London, S. 359-377.

Lavoie, Don (1994), A political philosophy for the market process, in: *Peter J. Boettke* and *David L. Prychitko* (eds.), The Market Process. Essays in Contemporary Austrian Economics, Aldershot, S. 274-284.

Leipold, Helmut (1987), Constitutional Economics als Ordnungstheorie, in: Forschungsstelle zum Vergleich wirtschaftlicher Lenkungssysteme (Hrsg.), Ordnungstheorie: Methodologische und institutionentheoretische Entwicklungstendenzen, Arbeitsberichte zum Systemvergleich Nr. 11, Marburg, S. 101-134.

Leipold, Helmut (1989), Neuere Ansätze zur Weiterentwicklung der Ordnungstheorie, in: *Erik Boettcher, Philipp Herder-Dorneich* und *Karl-Ernst Schenk* (Hrsg.), Jahrbuch für Neue Politische Ökonomie, 8. Band, Tübingen, S. 13-29.

Leipold, Helmut (1996), Zur Pfadabhängigkeit der institutionellen Entwicklung, Erklärungsansätze des Wandels von Ordnungen, in: *Dieter Cassel* (Hrsg.), Entstehung und Wettbewerb von Systemen, Berlin, S. 93-115.

Lewin, Peter (1986), Economic Policy and the Capital Structure, in: *Israel M. Kirzner* (ed.), Subjectivism, Intelligibility and Economic Understanding. Essays in Honor of Ludwig M. Lachmann on his Eightieth Birthday, New York, S. 211-220.

Lewin, Peter (1994), Knowledge, Expectations, and Capital. The Economics of Ludwig M. Lachmann: Attempting a New Perspective, in: Advances in Austrian Economics, Vol. 1, S. 233-256.

List, Friedrich (1927), Das natürliche System der Politischen Ökonomie, Berlin.

List, Friedrich (1930), Das nationale System der Politischen Ökonomie, Berlin.

Littlechild, Stephen C. (1982), Equilibrium and the Market Process, in: *Israel M. Kirzner* (ed.), Method, Process, and Austrian Economics. Essays in Honor of Ludwig von Mises, Lexington, Toronto, S. 85-102.

Littlechild, Stephen C. (1983), Subjectivism and Method in Economics, in: *Jack Wiseman* (ed.), Beyond Positive Economics?, London, Basingstoke, S. 38-49.

Littlechild, Stephen C. (1986), Three types of market process, in: *Richard N. Langlois* (ed.), Economics as a process. Essays in the New Institutional Economics, Cambridge u.a., S. 27-39.

Loasby, Brian J. (1982), Economics of Dispersed and Incomplete Information, in: *Israel M. Kirzner* (Hrsg.), Method, Process, and Austrian Economics, Lexington, Toronto, S. 111-129.

Loasby, Brian (1983), Knowledge, Learning and Enterprise, in: *Jack Wiseman* (Hrsg.), Beyond Positive Economics?, London, Basingstoke, S. 104-121.

Loasby, Brian J. (1993), Institutional Stability and Change in Science and the Economy, in: *Uskali Mäki, Bo Gustafsson* and *Christian Knudsen* (eds.), Rationality, Institutions and Economic Methodology, London, New York, S. 203-221.

Lowe, Adolph (1965), Politische Ökonomik, Frankfurt am Main.

Loy, Claudia (1985), Radikaler Subjektivismus, Modellkonstruktion und Marktprozesse, in: ORDO, Band 36, S. 233-242.

Loy, Claudia (1988), Marktsystem und Gleichgewichtstendenz, Tübingen.

Lucas, Robert E., Jr. (1989), Theorie der Konjunkturzyklen, Regensburg.

Machinek, Peter (1968), Behandlung und Erkenntniswert der Erwartungen in der Wirtschaftstheorie, Berlin.

Machlup, Fritz (1977), Würdigung der Werke von Friedrich A. von Hayek, Tübingen.

Mahr, Alexander (1949), Das Gesetz vom Grenznutzenniveau im Lichte der Kritik, in: *Alexander Mahr* (Hrsg.), Neue Beiträge zur Wirtschaftstheorie. Festschrift anläßlich des 70. Geburtstages von Hans Mayer, Wien, S. 198-208.

Mahr, Alexander (1959), Volkswirtschaftslehre, 2. wesentlich erweiterte Auflage, Wien.

Mantzavinos, Chrysostomos (1994), Wettbewerbstheorie: Eine kritische Auseinandersetzung, Berlin.

Martin, Dolores Tremewan (1979), Alternative views of Menegerian entrepreneurship, in: History of Political Economy, Vol. 11, No. 2, S. 271-285.

Mayer, Hans (1932), Der Erkenntniswert der funktionellen Preistheorien. Kritische und positive Untersuchungen zum Preisproblem, in: *Hans Mayer, Frank A. Fetter* und *Richard Reisch* (Hrsg.), Die Wirtschaftstheorie der Gegenwart, 2. Band, Wien, S. 147-239.

Mayer, Hans (1953), Zur Frage der Rechenbarkeit des subjektiven Wertes. Eine Lösungsmöglichkeit für ein altes, immer noch offenes Problem der ökonomischen Grundlagenforschung, in: *Valentin F. Wagner* und *Fritz Marbach* (Hrsg.), Wirtschaftstheorie und Wirtschaftspolitik. Festschrift für Alfred Amonn zum 70. Geburtstag, Bern, S. 57-78.

Menger, Carl (1871/1968), Grundsätze der Volkswirtschaftslehre, Band I von Carl Menger, Gesammelte Werke, 2. Auflage, Tübingen.

Menger, Carl (1883/1969), Untersuchungen über die Methode der Sozialwissenschaften und der Politischen Ökonomie insbesondere, Band II von Carl Menger, Gesammelte Werke, 2. Auflage, Tübingen.

Menger, Carl (1891/1970), Die Sozialtheorien der klassischen Nationalökonomie und die moderne Wirtschaftspolitik, in: *Carl Menger*, Gesammelte Werke, Band III, Kleinere Schriften zur Methode und Geschichte der Volkswirtschaftslehre, Tübingen, S. 219-245.

Menger, Carl (1909/1970), Geld, in: *Carl Menger*, Gesammelte Werke, Band IV, Schriften über Geld und Währungspolitik, 2. Auflage, Tübingen, S. 1-116.

Meyer, Fritz W. und *Alfred Schüller* (1976), Spontane Ordnungen in der Geldwirtschaft und das Inflationsproblem, Tübingen.

Meyer, Willi (1972), Wissenschaftstheorie und Erfahrung: Zur Überwindung des methodologischen Dogmatismus, in: Zeitschrift für allgemeine Wissenschaftstheorie, Band III, Heft 2, S. 267-284.

Meyer, Willi (1973), Die Methodologie des Kritischen Rationalismus, in: WiSt, Heft 10, S. 462-467.

Meyer, Willi (1974), Von List bis Chenery - und zurück: Dogmengeschichte in wissenschaftstheoretischer Perspektive, in: Zeitschrift für die gesamte Staatswissenschaft, 130. Band, 1. Heft, S. 20-122.

Meyer, Willi (1976), Das Vermächtnis des Adam Smith, in: Rheinischer Merkur, Nr. 11, S. 18-19.

Meyer, Willi (1980), Erkenntnistheoretische Orientierungen und der Charakter des ökonomischen Denkens, in: *Erich Streissler* und *Christian Watrin* (Hrsg.), Zur Theorie marktwirtschaftlicher Ordnungen, Tübingen, S. 80-110.

Meyer, Willi (1981), Ludwig von Mises und das subjektivistische Erkenntnisprogramm, in: Wirtschaftspolitische Blätter, Vol. 28, Heft 4, S. 35-50.

Meyer, Willi (1986), Beyond Choice, in: *Israel M. Kirzner* (ed.), Subjectivism, Intelligibility and Economic Understanding: Essays in Honor of Ludwig M. Lachmann on his Eightieth Birthday, New York, S. 221-235.

Meyer, Willi (1992a), Erkenntnis und Alltagsdenken: Kognition, Institution und Tradition, in: *Egon Görgens* und *Egon Tuchtfeld* (Hrsg.), Die Zukunft der wirtschaftlichen Entwicklung: Perspektiven und Probleme, Ernst Duerr zum 65. Geburtstag, Bern u.a., S. 45-66.

Meyer, Willi (1992b), Stichworte zum Kapitel II. Wissenschaftstheoretische Probleme und Grundbegriffe, in: *Alfred Schüller* und *Hans Günter Krüsselberg* (Hrsg.), Grundbegriffe zur Ordnungstheorie und Politischen Ökonomik, Arbeitsberichte zum Systemvergleich Nr. 7, 3. Auflage, Marburg, S. 17-39.

Mises, Ludwig von (1930), Begreifen und Verstehen, in: Schmollers Jahrbuch für Gesetzgebung, Verwaltung und Volkswirtschaft im Deutschen Reiche, 54. Jahrgang, I. Halbband, S. 139-151.

Mises, Ludwig von (1932), Die Stellung des Geldes im Kreise der wirtschaftlichen Güter, in: *Hans Mayer, Frank A. Fetter* und *Richard Reisch* (Hrsg.), Die Wirtschaftstheorie der Gegenwart, 2. Band, Wien, S. 309-318.

Mises, Ludwig von (1933), Grundprobleme der Nationalökonomie, Jena.

Mises, Ludwig von (1940), Nationalökonomie: Theorie des Handelns und Wirtschaftens, unveränderter Nachdruck der 1. Auflage, München.

Mises, Ludwig von (1949), Human Action. A Treatise on Economics, New Haven.

Mises, Ludwig von (1961), Artikel „Markt", in: Handwörterbuch der Sozialwissenschaften, Siebter Band, Stuttgart u.a., S. 131-136.

Mises, Ludwig von (1962), The Ultimate Foundation of Economic Science. An Essay on Method, Princeton u.a.

Mises, Ludwig von (1969), The Historical Setting of the Austrian School of Economics, New York.

Mittermaier, K.H.M. (1992), Ludwig Lachmann (1906-1990), A Biographical Sketch, in: The South African Journal of Economics, Vol. 60, No. 1, S. 7-23.

Mongiovi, Gary (1994), Capital, Expectations, and Economic Equilibrium: Some Notes on Lachmann and the So-Called „Cambridge School", in: Advances in Austrian Economics, Vol. 1, S. 257-277.

Morgenstern, Oskar (1934), Das Zeitmoment in der Wertlehre, in: Zeitschrift für Nationalökonomie, V. Band, Heft 4, S. 433-458.

Morgenstern, Oskar (1935), Vollkommene Voraussicht und wirtschaftliches Gleichgewicht, in: Zeitschrift für Nationalökonomie, Band VI, Heft 3, S. 337-357.

Moss, Lawrence S. (1978), Carl Menger's Theory of Exchange, in: Atlantic Economic Journal, Vol. VI, No. 3, S. 17-30.

Mühlmann, Wilhelm E. (1966), Max Weber und die rationale Soziologie, Tübingen.

Negishi, Takashi (1989), History of Economic Theory, Amsterdam u.a.

Neldner, Manfred (1989), Bankenfreiheit: Erfahrungen mit wettbewerblichen Geldordnungen in Schottland, der Schweiz und den USA, in: WiSt, Heft 11, S. 549-556.

Nelson, Richard R. (1994), Routines, in: *Geoffrey M. Hodgson, Warren J. Samuels* und *Marc R.*

Tool (eds.), The Elgar Companion to Institutional and Evolutionary Economics L-Z, Aldershot, S. 249-253.

North, Douglass C. (1986), The New Institutional Economics, in: Journal of Theoretical Economics (JITE), Nr. 142, S. 230-237.

North, Douglass C. (1988), Theorie des institutionellen Wandels: Eine neue Sicht der Wirtschaftsgeschichte, Tübingen.

North, Douglass C. (1989), A Transaction Cost Approach to the Historical Development of Polities and Economies, in: Journal of Theoretical Economics (JITE), Nr. 145, S. 661-668.

North, Douglass C. (1992), Institutionen, institutioneller Wandel und Wirtschaftsleistung, Tübingen.

North, Douglass C. (1994a), Economic Performance Through Time, in: The American Economic Review, Vol. 84, No. 3, S. 359-368.

North, Douglass C. (1994b), The Historical Evolution of Polities, in: International Review of Law and Economics, No. 14, S. 381-391.

North, Douglass C. (1995), The Adam Smith Address: Economic Theory in a Dynamic Economic World, in: Business Economics, Vol. 30, No. 1, S. 7-12.

North, Michael (1994), Das Geld und seine Geschichte: Vom Mittelalter bis zur Gegenwart, München.

Northrop, F.S.C. (1941) The Impossibility of a Theoretical Science of Economic Dynamics, in: The Quarterly Journal of Economics, Vol. LVI, S. 1-17.

Nozick, Robert (1977), On Austrian Methodology, in: Synthese, Vo. 36, S. 353-392.

O'Driscoll, Gerald P. Jr. (1978), Spontaneous Order and the Coordination of Economic Activities, in: *Louis M. Spadaro* (ed.), New Directions in Austrian Economics, Kansas City, S. 111-142.

O'Driscoll, Gerald P., Jr. (1979), Rational Expectations, Politics, and Stagflation, in: *Mario J. Rizzo* (ed.), Time, Uncertainty, and Disequilibrium, Lexington, Toronto, S. 153-176.

O'Driscoll, Gerald P., Jr. (1982), Monopoly in Theory and Practice, in: *Israel M. Kirzner* (ed.), Method, Process, and Austrian Economics. Essays in Honor of Ludwig von Mises, Lexington, Toronto, S. 189-213.

O'Driscoll, Gerald P. Jr. (1986a), Money: Menger's evolutionary theory, in: History of Political Economy, Vol. 18, No. 4, S. 601-616.

O'Driscoll, Gerald P., Jr. (1986b), Competition as a process: a law and economics perspective, in: *Richard N. Langlois* (ed.), Economics as a process. Essays in the New Institutional Economics, Cambridge u.a., S. 153-169.

O'Driscoll, Gerald P. Jr. (1994), An Evolutionary Approach to Banking and Money, in: *Jack Birner* and *Rudy van Zijp* (eds.), Hayek, Co-Ordination and Evolution: His legacy in philosophy, politics, economics and the history of ideas, London and New York, S. 126-137.

O'Driscoll, Gerald P., Jr. and *Mario J. Rizzo* (1985), The Economics of Time and Ignorance, Oxford and New York.

O'Driscoll, Gerald P., Jr. and *Mario J. Rizzo* (1986), Subjectivism, Uncertainty, and Rules, in: *Israel M. Kirzner* (ed.), Subjectivism, Intelligibility and Economic Understanding: Essays in Honor of Ludwig M. Lachmann on his Eightieth Birthday, New York, S.252-267.

Ötsch, Walter (1993), Die mechanistische Metapher in der Theoriegeschichte der Nationalökonomie, Arbeitspapier Nr. 9313 des Instituts für Volkswirtschaftslehre der Johannes Kepler Universität Linz, Linz.

Paul, Ron and *Lewis Lehrman* (1982), The Case For Gold. A Minority Report of the U.S. Gold

Commission, Washington, D.C.

Pheby, John (1994), Shackle, George Lennox Sharman, in: The Elgar Companion to Institutional and Evolutionary Economics, L-Z, Aldershot, S. 281-284.

Picot, Arnold und *Helmut Dietl* (1990), Transaktionskostentheorie, in: WiSt, Heft 4, S. 178-183.

Popper, Karl R. (1944/1995), Die Stückwerk-Sozialtechnik, in: *David Miller* (Hrsg.), Karl R. Popper Lesebuch, Tübingen, S. 293-308.

Popper, Karl R. (1961/1992), Tatsachen, Maßstäbe und Wahrheit: Eine weitere Kritik des Relativismus, in: *Karl R. Popper,* Die offene Gesellschaft und ihre Feinde, Band 2, 7. Auflage, Tübingen, S. 460-493.

Popper, Karl R. (1967/1995), Das Rationalitätsprinzip, in: *David Miller* (Hrsg.), Karl R. Popper Lesebuch, Tübingen, S. 350-359.

Popper, Karl R. (1969), Towards a Rational Theory of Tradition, in: *Karl R. Popper,* Conjectures and Refutations. The Growth of Scientific Knowledge, 3. Auflage, London, S. 120-135.

Popper, Karl R. (1970), Die Logik der Sozialwissenschaften, in: *Heinz Maus* und *Friedrich Fürstenberg* (Hrsg.), Der Positivismusstreit in der deutschen Soziologie, Neuwied, Berlin, S. 103-123.

Popper, Karl R. (1987), Das Elend des Historizismus, 6. durchgesehene Auflage, Tübingen.

Popper, Karl R. (1992a), Die offene Gesellschaft und ihre Feinde, Band 1: Der Zauber Platons, 7. Auflage, Tübingen.

Popper, Karl R. (1992b), Die offene Gesellschaft und ihre Feinde, Band 2: Falsche Propheten: Hegel, Marx und die Folgen, 7. Auflage, Tübingen.

Popper, Karl R. (1994), Ausgangspunkte: meine intellektuelle Entwicklung, 2. Auflage, Hamburg.

Popper, Karl R. (1995), Objektive Erkenntnis: ein evolutionärer Entwurf, 3. Auflage, Hamburg.

Priddat, Birger P. (1993), Douglass C. North und Robert W. Fogel. Anmerkungen zu den Nobelpreisträgern 1993, in: Wirtschaftsdienst, Nr. 11, S. 603-608.

Priddat, Birger P. (1995), Ökonomie und Geschichte: Zur Theorie der Institutionen bei D.C. North, in: *E.K. Seifert* und *B.P. Priddat* (Hrsg.), Neuorientierungen in der ökonomischen Theorie, Marburg, S. 205-239.

Prisching, M. (1989), Evolution and Design of Social Institutions in Austrian Theory, in: *J.J. Krabbe, A. Nentjes* and *H. Visser* (eds.), Austrian Economics: Roots and Ramifications Reconsidered - Part 2, Bradford, S. 47-62.

Radnitzky, Gerard (1995), Karl R. Popper, Friedrich-Naumann-Stiftung, Reihe „Denker der Freiheit", Sankt Augustin.

Recktenwald, Horst Claus (1976), Adam Smith. Sein Leben und sein Werk, München.

Recktenwald, Horst Claus (1984), Die Klassik der ökonomischen Wissenschaft, in: *Otmar Issing* (Hrsg.), Geschichte der Nationalökonomie, München, S. 49-71.

Recktenwald, Horst Claus (1985), Ordnungstheorie und ökonomische Wissenschaft, Erlanger Forschungen, Reihe A, Geisteswissenschaften, Band 36, Erlangen.

Recktenwald, Horst Claus (1987), Über das Selbstinteresse, Ein (auch) ethisches Prinzip moderner Ordnungstheorie, in: *Manfred Borchert, Ulrich Fehl* und *Peter Oberender* (Hrsg.), Markt und Wettbewerb, Festschrift für Ernst Heuß zum 65. Geburtstag, Bern und Stuttgart, S. 513-530.

Recktenwald, Horst Claus (1990), Würdigung des Werkes, in: *Adam Smith,* Der Wohlstand der

Nationen. Eine Untersuchung seiner Natur und seiner Ursachen, 5. Auflage, dtv klassik, München, S. XV-LXXIX.

Reuter, Norbert (1994), Institutionalismus, Neo-Institutionalismus, Neue Institutionelle Ökonomie und andere „Institutionalismen". Eine Differenzierung konträrer Konzepte, in: Zeitschrift für Wirtschafts- und Sozialwissenschaften, Nr. 114, S. 5-23.

Ricardo, David (1927), Vorschläge für eine wirtschaftliche und sichere Währung, Halberstadt.

Richter, Rudolf (1990), Geldtheorie, 2. Auflage, Berlin u.a.

Richter, Rudolf (1994), Institutionen ökonomisch analysiert, Tübingen.

Richter, Rudolf (1996), Die Neue Institutionenökonomik des Marktes, Schriftenreihe des Max-Planck-Instituts zur Erforschung von Wirtschaftssystemen, Heft 5, Jena.

Richter, Rudolf und *Ulrich Bindseil* (1995), Neue Institutionenökonomik, in: WiSt, Heft 3, S. 132-140.

Ritter, Ulrich Peter (1991), Überlegungen zu einer Theorie wirtschaftspolitischer Reformen anhand ausgewählter Beispiele, in: *H. Sautter* (Hrsg.), Wirtschaftspolitische Reformen in Entwicklungsländern, Berlin, S. 161-189.

Ritter, Ulrich Peter (1995), Die Evolution von Wirtschaftssystemen, das Interdependenztheorem und die Poppersche Falsifikationsidee, in: *Adolf Wagner* und *Hans-Walter Lorenz* (Hrsg.), Studien zur Evolutorischen Ökonomik III. Evolutorische Mikro- und Makroökonomik, Berlin, S. 227-242.

Rizzo, Mario J. (1978), Praxeology and Econometrics: A Critique of Positivist Economics, in: *Louis M. Spadaro* (Hrsg.), New Directions in Austrian Economics, Kansas City, S. 40-56.

Rizzo, Mario J. (1979), Uncertainty, Subjectivity, and the Economic Analysis of Law, in: *Mario J. Rizzo* (ed.), Time, Uncertainty, and Disequilibrium, Lexington, Toronto, S. 71-89.

Rizzo, Mario J. (1982), Mises and Lakatos: A Reformulation of Austrian Methodology, in: *Israel M. Kirzner* (ed.), Method, Process, and Austrian Economics, Lexington, Toronto, S. 53-72.

Rizzo, Mario J. (1990), Hayek's Four Tendencies toward Equilibrium, in: Cultural Dynamics, 3, S. 12-31.

Rizzo, Mario J. (1992a), Equilibrium Visions, in: The South African Journal of Economics, Vol. 60, No. 1, S. 117-130.

Rizzo, Mario J. (1992b), Afterword: Austrian Economics for the Twenty-First Century, in: *Bruce J. Caldwell* and *Stephan Boehm* (eds.), Austrian Economics: Tensions and New Directions, Boston, Dordrecht, London, S. 245-255.

Rizzo, Mario J. (1994a), Cost, in: *Peter J. Boettke* (ed.), The Elgar Companion to Austrian Economics, Aldershot, S. 92-95.

Rizzo, Mario J. ((1994b), Time in Economics, in: *Peter J. Boettke* (ed.), The Elgar Companion to Austrian Economics, Aldershot, S. 111-117.

Robbins, Lionel (1948), An Essay On The Nature & Significance Of Economic Science, 2. Edition, London.

Rockwell, Llewellyn H., Jr. (1995), Why Austrian Economics Matters, The Ludwig von Mises Institute, Auburn, Alabama.

Rolnick, Arthur J. and *Warren E. Weber* (1983), New Evidence on the Free Banking Era, in: The American Economic Review, Vol. 73, No. 5, S. 1080-1091.

Rolnick, Arthur J. and *Warren E. Weber* (1988), Explaining the Demand for Free Bank Notes, in: Journal of Monetary Economics, Vol. 21, S. 47-71.

Rosenberg, Nathan (1960), Some Institutional Aspects of the Wealth of Nations, in: The Journal of Political Economy, Vol. LXVIII, No. 6, S. 557-570.

Rosenstein-Rodan, Paul N. (1930), Das Zeitmoment in der mathematischen Theorie des wirtschaftlichen Gleichgewichts, in: Zeitschrift für Nationalökonomie, Band 1, Heft 1, S. 129-142.

Rothbard, Murray N. (1951a), Mises' „Human Action": Comment, in: American Economic Review, Vol. 41, No. 1, S. 181-185.

Rothbard, Murray N. (1951b), Praxeology: Reply to Mr. Schuller, in: American Economic Review, Vol. 41, No. 5, S. 943-946.

Rothbard, Murray N. (1957), In Defense of „Extreme Apriorism", in: Southern Economic Journal, Vol. 25, S. 314-320.

Rothbard, Murray N. (1976a), Praxeology: The Methodology of Austrian Economics, in: *Edwin G. Dolan* (ed.), The Foundation of Modern Austrian Economics, Kansas City, S. 19-39.

Rothbard, Murray N. (1976b), The Austrian Theory of Money, in: *Edwin G. Dolan* (ed.), The Foundations of Modern Austrian Economics, Kansas City, S. 160-184.

Rothbard, Murray N. (1979), Comment: The Myth of Efficiency, in: *Mario J. Rizzo* (ed.), Time, Uncertainty, and Disequilibrium, Lexington, Toronto, S. 90-95.

Rothbard, Murray N. (1980), F.A. Hayek and the Concept of Coercion, in: ORDO, Band 31, Stuttgart, New York, S. 43-50.

Rothbard, Murray N. (1985), What has government done to our money?, 3. edition, San Rafael.

Rothbard, Murray N. (1987), Adam Smith Reconsidered, in: Austrian Economics Newsletter, Vol. 9, No. 1, S. 5-8.

Rothbard, Murray N. (1989), The Hermeneutical Invasion of Philosophy and Economics, in: The Review of Austrian Economics, Vol. 3, S. 45-59.

Rothbard, Murray N. (1993), Man, Economy, and State. A Treatise on Economic Principles, Auburn.

Salerno, Joseph T. (1982), Ludwig von Mises and the Monetary Approach to the Balance of Payments: Comment on Yeager, in: *Israel M. Kirzner* (ed.), Method, Process, and Austrian Economics. Essays in Honor of Ludwig von Mises, Lexington, Toronto, S. 247-256.

Samuels, Warren J. (1964I und II), The Classical Theory of Economic Policy: Non-Legal Social Control, Part I und Part II, in: The Southern Economic Journal, Vol. XXXI, No. 1 (I) S.1-20 (I) und No. 2 (II), S. 87-100.

Samuels, Warren J. (1989), Austrian and Institutional Economics: Some Comment Elements, in: Research in the History of Economic Thought and Methodology, Vol. 6, S. 53-71.

Sax, Emil (1884/1995), Analyse der sozialökonomischen Grundverhältnisse: Individualismus und Kollektivismus, in: *Kurt R. Leube* (Hrsg.), Die österreichische Schule der Nationalökonomie: Texte - Band 1 von Menger bis Mises, Wien, S.107-118.

Schmidt, Johannes und *Peter Moser* (1992), Unwissenheit und Regelevolution: Friedrich A. von Hayek vs. James M. Buchanan, in: Zeitschrift für Wirtschaftspolitik, Jg. 41, Heft 2, S. 191-206.

Schmidtchen, Dieter (1989), Evolutorische Ordnungstheorie oder: Die Transaktionskosten und das Unternehmertum, in: ORDO, Band 40, Stuttgart, New York, S. 161-182.

Schmidtchen, Dieter und *Matthias Leder* (1990), Die Produktion von Recht: Ein Literaturaufsatz, in: Journal of Institutional and Theoretical Economics (JITE), Nr. 146, S. 749-757.

Schönfeld-Illy, Leo (1924), Grenznutzen und Wirtschaftsrechnung, unveränderter Nachdruck der 1. Auflage, München, Wien.

Schor, Gabriel (1991), Zur rationalen Lenkung ökonomischer Forschung, Frankfurt, New York.

Schreiter, Carsten (1993), Evolution und Wettbewerb von Organisationsstrukturen. Ein evolutionsökonomischer Beitrag zur volkswirtschaftlichen Theorie der Unternehmung, Marburg.

Schuler, Kurt (1994), The history of free banking, in: *Peter J. Boettke* (ed.), The Elgar Companion to Austrian Economics, Aldershot, S. 414-418.

Schüller, Alfred (1977), Konkurrenz der Währungen als geldwirtschaftliches Ordnungsprinzip, in: Institut für Wirtschaftspolitik an der Universität zu Köln, Wirtschaftspolitische Chronik, 26. Jahrgang, Heft 1, 1977, S. 23-50.

Schüller, Alfred (1983a), Property Rights, Theorie der Firma und wettbewerbliches Marktsystem, in: *Alfred Schüller* (Hrsg.), Property Rights und ökonomische Theorie, München, S. 145-183.

Schüller, Alfred (1983b), Grundprobleme der Geldwirtschaft, in: *Heinrich Fisch* (Hrsg.), Sozialwissenschaften: Gesellschaft, Staat, Wirtschaft, Recht, 5. Auflage, Frankfurt am Main 1983, S. 301-331.

Schüller, Alfred (1986), Die institutionellen Voraussetzungen einer marktwirtschaftlichen Ordnung, in: *Roland Vaubel* und *Hans D. Barbier* (Hrsg.), Handbuch Marktwirtschaft, Pfullingen, S. 34-44.

Schüller, Alfred (1987), Ordnungstheorie - Theoretischer Institutionalismus: Ein Vergleich, in: Forschungsstelle zum Vergleich wirtschaftlicher Lenkungssysteme (Hrsg.), Ordnungstheorie: Methodologische und institutionentheoretische Entwicklungstendenzen, Arbeitsberichte zum Systemvergleich Nr. 11, Marburg, S. 74-100.

Schwartz, Anna J. (1989), Banking School, Currency School, Free Banking School, in: The New Palgrave Money, London, Basingstoke, S. 41-49.

Scott, W.R. (1937), Neues über Adam Smith, in: Jahrbücher für Nationalökonomie und Statistik, Band 145, Heft 1, S. 51-57.

Selgin, George A. (1987), The Stability and Efficiency of Money Supply Under Free Banking, in: Journal of Institutional and Theoretical Economics (JITE), Nr. 143, S. 435-456.

Selgin, George A. (1994), Free Banking and Monetary Control, in: The Economic Journal, Vol. 104, S. 1449-1459.

Selgin, George A. and *Lawrence H. White* (1987), The Evolution of a Free Banking System, in: Economic Inquiry, Vol. 25, S. 439-457.

Selgin, George A. and *Lawrence H. White* (1994), How Would the Invisible Hand Handle Money?, in: Journal of Economic Literature, Vol. 32, S. 1718-1749.

Sennholz, Hans F. (1985), The Monetary Writings of Carl Menger, in: *L.R. Rockwell* (ed.), The Gold Standard: An Austrian Perspective, Lexington, S. 19-34.

Shackle, George L.S. (1942), A Theory of Investment-Decisions, in: Oxford Economic Papers, No. 6, S. 77-94.

Shackle, George L.S. (1943), The Expectional Dynamics of the Individual, in: Economica, Vol. 10, No. 38, S. 99-129.

Shackle, George L.S. (1945), An Analysis of Speculative Choice, in: Economica, Vol. 12, No. 43, S. 10-21.

Shackle, George L.S. (1952), Expectations in Economics, 2. Auflage, Cambridge.

Shackle, George L.S. (1969), Decision Order And Time In Human Affairs, 2. Auflage, Cambridge.

Shackle, George L.S. (1972), Epstemics & Economics. A critique of economic doctrines, Cambridge.

Shackle, George L.S. (1986), The Origination of Choice, in: *Israel M. Kirzner* (ed.), Subjectivism, Intelligibility and Economic Understanding: Essays in Honor of Ludwig M. Lachmann on his Eightieth Birthday, New York, S. 281-287.

Shackle, George L.S. (1994), Insight and the creative potential of mind, in: *Peter J. Boettke* and *David L. Prychitko* (ed.), The Market Process. Essays in Contemporary Austrian Economics, Aldershot, S. 135-136.

Shearmur, Jeremy (1986), The Austrian Connection: Hayek's Liberalism and the Thought of Carl Menger', in: *Wolfgang Grassl* and *Barry Smith* (eds.), Austrian Economics. Historical and Philosophical Background, London, Sydney, S. 210-224.

Shearmur, Jeremy (1990), From Hayek to Menger: biology, subjectivism, and welfare, in: *Bruce J. Caldwell* (ed.), Carl Menger and his legacy in economics. Annual supplement to volume 22, History of political economy, Durham, London, S. 189-212.

Shearmur, Jeremy (1992), Subjectivism, Explanation and the Austrian Tradition, in: *Bruce J. Caldwell* and *Stephan Boehm* (eds.), Austrian Economics: Tensions and New Directions, Boston u.a., S. 103-128.

Shearmur, Jeremy (1994), Hayek and the Case for Markets, in: *Jack Birner* and *Rudy van Zijp* (eds.), Hayek, Co-Ordination and Evolution: His legacy in philosophy, politics, economics and the history of ideas, London and New York, S. 190-206.

Skinner, Andrew S. (1984), Adam Smith: Ein System der Sozialwissenschaft, in: *Franz-Xaver Kaufmann* und *Hans-Günter Krüsselberg* (Hrsg.), Markt, Staat und Solidarität bei Adam Smith, Frankfurt, New York, S. 74-94.

Smith, Adam (1776/1990), Der Wohlstand der Nationen. Eine Untersuchung seiner Natur und seiner Ursachen, 5. Auflage, dtv klassik, München.

Smith, Adam (1759/1985), Theorie der ethischen Gefühle, Philosophische Bibliothek Band 200 a/b, Hamburg.

Song, Hyun-Ho (1995), Adam Smith as an Early Pioneer of Institutional Individualism, in: History of Political Economy, Vol. 27, No. 3, S. 425-448.

Stigler, George J. (1937), The Economics of Carl Menger, in: The Journal of Political Economy, Vol. 45, S. 229-250.

Stigler, George J. (1976), The Xistence of X-Efficiency, in: The American Economic Review, Vol. 66, No. 1, S. 213-216.

Stigler, George J. and *Gary S. Becker* (1977), De Gustibus Non Est Disputantum, in: The American Economic Review, Vol. 67, No. 2, S. 76-90.

Streissler, Erich W. (1972), To What Extent Was the Austrian School Marginalist?, in: History of Political Economy, Vol. 4, No. 2, S. 426-441.

Streissler, Erich W. (1973), Menger's Theories of Money and Uncertainty - A Modern Interpretation, in: *J.R. Hicks* and *W. Weber* (eds.), Carl Menger and the Austrian School of Economics, Oxford, S. 164-189.

Streissler, Erich W. (1989), Carl Menger, in: *Joachim Starbatty* (Hrsg.), Klassiker des ökonomischen Denkens, 2. Band, München, S. 119-134.

Streissler, Erich und *Monika* (1993), Friedrich August von Hayek, Friedrich-Naumann-Stiftung, Reihe „Denker der Freiheit", Sankt Augustin.

Streissler, E. and *W. Weber* (1973), The Menger Tradition, in: *J.R. Hicks* and *W. Weber* (eds.), Carl Menger and the Austrian School of Economics, Oxford 1973, S.226-232.

Streit, Manfred E. (1992), Wissen, Wettbewerb und Wirtschaftsordnung - Zum Gedenken an Friedrich August von Hayek, in: ORDO, 43, S. 1-29.

Streit, Manfred E. und *Gerhard Wegner* (1989), Wissensmangel, Wissenserwerb und Wettbewerbsfolgen - Transaktionskosten aus evolutorischer Sicht, in: ORDO, Band 40, S. 183-200.

Strigl, Richard von (1923), Die ökonomischen Kategorien und die Organisation der Wirtschaft, Jena.

Strigl, Richard von (1937), Einführung in die Grundlagen der Nationalökonomie, Wien.

Strigl, Richard von (1994), Economic Theory in the Service of Economic Policy, in: *Israel M. Kirzner* (ed.), Classics in Austrian Economics. A Sampling in the History of a Tradition, Vol II, London, S. 3-16.

Suchanek, Andreas (1994), Ökonomischer Ansatz und theoretische Integration, Tübingen.

Sweezy, Alan R. (1934), The Interpretation of Subjective Value Theory in the Writings of the Austrian Economists, in: Review of Economic Studies, Vol. 1, S. 176-185.

Sweezy, Alan R. (1936), Collected Works of Carl Menger, in: Quarterly Journal of Economics, Vol. 50, S. 719-730.

Tenbruck, Friedrich H. (1986), Das Werk Max Webers: Methodologie und Sozialwissenschaften, in: Kölner Zeitschrift für Soziologie und Sozialpsychologie, 38. Jg., Heft 1, S. 13-31.

Torr, C.S.W. (1992), Lachmann and Hodgson on institutions, in: The South African Journal of Economics, Vol. 60, No. 1, S. 131-136.

Tuchtfeldt, Egon (1981), Nationalökonomie - Theorie des Handelns und des Wirtschaftens, in: Neue Zürcher Zeitung, Nr. 207, 9.9. 1981, S. 14.

Utzig, Siegfried (1987), Konjunktur, Erwartungen und spontane Ordnung. Eine Interpretation der Arbeiten Hayeks unter Berücksichtigung interdisziplinärer Forschungsergebnisse, Frankfurt am Main u.a.

Vanberg, Viktor (1975), Die zwei Soziologien: Individualismus und Kollektivismus in der Sozialtheorie, Tübingen.

Vanberg, Viktor (1981), Liberaler Evolutionismus oder vertragstheoretischer Konstitutionalismus? Zum Problem institutioneller Reformen bei F.A. von Hayek und J.M. Buchanan, Tübingen.

Vanberg, Viktor (1983), Der individualistische Ansatz zu einer Theorie der Entstehung und Entwicklung von Institutionen, in: *Erik Boettcher, Philipp Herder-Dorneich* und *Karl-Ernst Schenk* (Hrsg.), Jahrbuch für Neue Politische Ökonomie, 2. Band, Tübingen, S. 50-69.

Vanberg, Viktor (1984), Evolution und spontane Ordnung. Anmerkungen zu F.A. von Hayeks Theorie der kulturellen Evolution, in: *Hans Albert* (Hrsg.), Ökonomisches Denken und soziale Ordnung. Festschrift für Erik Boettcher, Tübingen, S. 83-112.

Vanberg, Viktor (1989), Carl Menger's evolutionary and John R. Commons' collective action approach to institutions: a comparison, in: Review of Political Economy, Vol. 1, No. 3, S. 334-360.

Vanberg, Viktor (1994), Kulturelle Evolution und die Gestaltung von Regeln, Tübingen.

Vanberg, Viktor and *Wolfgang Kerber* (1994), Institutional Competition Among Jurisdications: An Evolutionary Approach, in: Constitutional Political Economy, Vol. 5, No. 2, S. 193-219.

Vaughn, Karen I. (1978), The Reinterpretation of Carl Menger: Some Notes on Recent Scholarship, in: Atlantic Economic Journal, Vol. VI, No. 3, S. 60-64.

Vaughn, Karen I. (1982), Subjectivism, Predictability, and Creativity: Comment on Buchanan, in: *Israel M. Kirzner* (ed.), Method, Process, and Austrian Economics. Essays in Honor of Ludwig von Mises, Lexington, Toronto, S. 21-29.

Vaughn, Karen I. (1990), The Mengerian roots of the Austrian revival, in: *Bruce J. Caldwell* (ed.), Carl Menger and his legacy in economics. Annual supplement to volume 22, History of political economy, Durham, London, S. 379-407.

Vaughn, Karen I. (1992), The problem of order in Austrian economics: Kirzner vs. Lachmann, in: Review of Political Economy, Vol. 4, No. 3, S. 251-274.

Vaughn, Karen I. (1994a), Austrian economics in America. The migration of a tradition, Cambridge.

Vaughn, Karen I. (1994b), Can democratic society reform itself? The limits of constructive change, in: *Peter J. Boettke* and *David L. Prychitko* (eds.), The Market Process. Essays in Contemporary Austrian Economics, Aldershot, S. 229-243.

Vaughn, Karen I. (1995), Should There be an Austrian Welfare Economics?, in: Advances in Austrian Economics, Vol. 2A, S. 109-123.

Veblen, Thorstein (1993), Theorie der feinen Leute. Eine ökonomische Untersuchung der Institutionen, Frankfurt am Main.

Vollmer, Uwe (1996), Entstehung und Wettbewerb von Notenbanken: Brauchen wir eine Europäische Zentralnotenbank?, in: Cassel, Dieter (Hrsg.), Entstehung und Wettbewerb von Systemen, Berlin, S. 191-218.

Wagner, Richard E. (1978), Final Remarks, in: Atlantic Economic Journal, Vol. VI, No. 3, S. 65-69.

Watrin, Christian (1992), Friedrich A. von Hayek - Die schöpferischen Kräfte einer freien Gesellschaft, in: Zeitschrift für Wirtschaftspolitik, Jg. 41, Heft 2, S. 207-212.

Weber, Ernst Juerg (1988), Currency Competition in Switzerland, 1826-1850, in: Kyklos, Vol. 41, S. 459-478.

Weber, Max (1988a), Die Grenznutzenlehre und das „psychologische Grundgesetz", in: *Johannes Winckelmann* (Hrsg.), Max Weber: Gesammelte Aufsätze zur Wissenschaftslehre, 7. Auflage, Tübingen, S. 384-399.

Weber, Max (1988b), Über einige Kategorien der verstehenden Soziologie, in: *Johannes Winckelmann* (Hrsg.), Max Weber: Gesammelte Aufsätze zur Wissenschaftslehre, 7. Auflage, Tübingen, S. 427-474.

Weber, Wilhelm (1953), Wirtschaftswissenschaft heute. Ein Überblick über moderne ökonomische Forschungen, Wien.

Weber, Wilhelm und *Erich Streissler* (1961), Erwartungen, Unsicherheit und Risiko, in: Handwörterbuch der Sozialwissenschaften, 3. Band, Göttingen 1961, S. 330-339.

Weinberg, Peter (1981), Entscheidungsverhalten des Konsumenten, Paderborn u.a.

White, Lawrence H. (1977), Methodology of the Austrian School, The Center for Libertarian Studies, Occasional Paper Series #1, New York.

White, Lawrence H. (1984a), Free banking in Britain. Theory, experience, and debate, 1800-1845, Cambridge.

White, Lawrence H. (1984b), Free Banking as an Alternative Monetary System, in: *Barry N. Siegel* (ed.), Money in Crisis: The Federal Reserve, the Economy, and Monetary Reform, Cambridge, Massachusetts, S. 269-302.

White, Lawrence H. (1989a), Competitive Money, Inside and Out, in: *White, Lawrence H.*, Competition and Currency. Esaays on Free Banking and Money, New York, S. 48-69.

White, Lawrence H. (1989b), Problems Inherent in Political Money Supply Regimes: Some Historical and Theoretical Lessons, in: *White, Lawrence H.*, Competition and Currency. Essays on Free Banking and Money, New York, S. 70-90.

White, Lawrence H. (1990a), Restoring an „Altered" Menger, in: *Bruce J. Caldwell* (ed.), Carl Menger and his legacy in economics. Annual supplement to volume 22, History of political economy, Durham, London, S. 349-358.

White, Lawrence H. (1990b), Scottish Banking and the Legal Restrictions Theory: A Closer Look, in: Journal of Money, Credit, and Banking, Vol. 22, No. 4, S. 526-536.

White, Lawrence H. (1992a), Afterword: Appraising Austrian Economics: Contentions and Misdirections, in: *Bruce J. Caldwell* and *Stephan Boehm* (eds.), Austrian Economics: Tensions and New Directions, Boston, Dordrecht, London, S. 257-268.

White, Lawrence H. (1992b), Free Banking and the Gold Standard, in: *Llewellyn H. Rockwell, Jr.* (ed.), The Gold Standard. Perspectives in the Austrian School, Auburn, S. 113-128.

Wiese, Leopold von (1956), Art. Institutionen, in: Handwörterbuch der Sozialwissenschaften, Band 5, Stuttgart u.a., S. 297-299.

Wieser, Friedrich Freiherr von (1911), Das Wesen und der Hauptinhalt der theoretischen Nationalökonomie, in: Jahrbuch für Gesetzgebung, Verwaltung und Volkswirtschaft im Deutschen Reich, 35. Jahrgang, 2. Heft, S. 395-417.

Winch, Donald (1984), Adam Smith als politischer Theoretiker, in: *Franz-Xaver Kaufmann* und *Hans-Günter Krüsselberg* (Hrsg.), Markt, Staat und Solidarität bei Adam Smith, Frankfurt, New York, S. 95-113.

Windsperger, Josef (1988), Erwartungen und ökonomische Theoriebildung: Grundlegung einer Theorie der Erwartungsbildung und deren Anwendung auf die Keyne'sche Theorie, Berlin.

Witt, Ulrich (1987), Individualistische Grundlagen der evolutorischen Ökonomik, Tübingen.

Witt, Ulrich (1989), Bemerkungen zu Hayeks Theorie sozioökonomischer Evolution, in: Wirtschaftspolitische Blätter, Nr. 2, S. 140-148.

Witt, Ulrich (1990), Einleitung: Warum evolutorische Ökonomik?, in: *Ulrich Witt* (Hrsg.), Studien zur Evolutorischen Ökonomik I, Berlin, S. 9-17.

Witt, Ulrich (1992), Überlegungen zum gegenwärtigen Stand der evolutorischen Ökonomik, in: *Bernd Bievert* und *Martin Held* (Hrsg.), Evolutorische Ökonomik: Neuerungen, Normen, Institutionen, Frankfurt und New York, S. 23-55.

Witt, Ulrich (1995), Moralität vs. Rationalität - Über die Rolle von Innovation und Imitation in einem alten Dilemma, in: *Adolf Wagner* und *Hans-Walter Lorenz* (Hrsg.), Studien zur Evolutorischen Ökonomik III. Evolutorische Mirko- und Makroökonomik, Berlin, S. 11-33.

Wright, David McCord (1950), Review of Human Action, in: The Annals of the American Academy of Political and Social Science, Vol. 268, S. 229-230.

Yeager, Leland B. (1954), The Methodology of Henry George and Carl Menger, in: The American Journal of Economics and Sociology, Vol. 13, S. 233-238.

Yeager, Leland B. (1987), Why Subjectivism?, in: *Murray N. Rothbard* (ed.), The Review of Austrian Economics, Volume 1, Washington D.C., S. 5-31.

Yeager, Leland B. (1988), The Austrian School on Money and Gold, in: *J.J. Krabbe, A. Nentjes* and *H. Visser* (eds.), Austrian Economics: Roots and Ramifications Reconsidered - Part 1, Bradford, S. 92-105.

Zlabinger, Albert H. (1994), Ludwig von Mises, Friedrich-Naumann-Stiftung, Denker der Freiheit, Band 4, Königswinter.

Zuidema, J.R. (1988), Carl Menger, Author of a Research Programme, in: *J.J. Krabbe, A. Nentjes* and *H. Visser* (eds.), Austrian Economics: Roots and Ramifications Reconsidered - Part 1, Bradford, S. 13-35.

Zundel, Stefan (1995), Der methodologische Status der Rationalitätsannahme in der Ökonomie, Berlin.

Zwiedineck-Südenhorst, Otto von (1953), Subjektivismus in der sozialökonomischen Theorie. Seine Grenzen und Relativität, in: *Valentin F. Wagner* und *Fritz Marbach* (Hrsg.), Wirtschaftstheorie und Wirtschaftspolitik. Festschrift für Alfred Amonn zum 70. Geburtstag, Bern, S. 19-38.

Bei Fragen zur Produktsicherheit wenden Sie sich bitte an:
If you have any questions regarding product safety,
please contact:

Walter de Gruyter GmbH
Genthiner Straße 13
10785 Berlin
productsafety@degruyterbrill.com